YoungJin.com Y.
영진닷컴

머리말

처음 안드로이드 서적을 집필할 때만 해도, 국내의 안드로이드 시장이 처음 열리던 시기였고 필자 역시 안드로이드 프로그래밍을 시작한지 얼마 안되던 때였기에 많은 부분이 미숙했었던 것 같다. 그 이후로부터 4년간 정말로 셀 수 없는 만큼의 안드로이드 개발 프로젝트를 직접 개발을 하는 개발자로서나 프로젝트를 총괄하는 PM으로 참여하여 수행해왔을 뿐만 아니라, 학원 수강생들을 대상으로 수 차례의 주말 강의나 강연을 해왔으니 이번 책은 좀 더 나은 내용을 담을 수 있을 것이라 위안을 삼는다.

안드로이드와 아이폰 개발을 동시에 하는 것을 좋아하는 한 사람의 개발자로서, 국내 스마트폰 시장이 국산 안드로이드폰 천하가 되어버린 현실은 다소 아쉽게 생각한다. 사실 피처폰 시절에도 외국 업체들의 피처폰은 나름 특수한 국내 시장에서 기를 펴지 못했었다. 스마트폰으로 넘어온 지금도 국내 업체들이 사용자들의 기호에 맞는 제품들을 발빠르게 계속 쏟아내고 있는 반면, 아이폰은 애플이 늘 그래왔듯이 자신의 페이스를 유지하면서 자신들의 제품에 사용자가 따라오도록 하는 정책을 고수하고 있기 때문에 당연한 결과일 것이다. 하지만, 지금의 스마트폰 시장의 모습은 마치 윈도우와 ActiveX가 국내 PC 시장을 장악해왔던 예전 모습을 다시 보는 것 같아서 썩 마음에 들지는 않는다.

반대로 이야기하면, 최소한 국내 스마트폰 시장에서는 "안드로이드" 개발만 잘해도 충분히 경쟁력이 있는 개발자가 될 수 있다는 뜻이 되기도 한다. 실제로 교육기관의 교육 과정이나 개발 서적 출간 및 판매량 등만 놓고 보아도 절대적으로 안드로이드에 집중되어 교육이 되고 있는 상황이고,

IT 업계에 첫발을 내딛는 신규 개발자들 대부분도 안드로이드로 공부해왔으며 안드로이드 개발을 희망하고 있다. 이처럼 국내 스마트폰 시장이 "안드로이드" 체제로 굳어진 만큼, 이전에 아이폰 개발을 하던 개발자들도 지금이라도 늦지 않았으니 안드로이드 개발을 준비할 필요가 있다. 이왕이면 안드로이드/아이폰을 동시 개발할 수 있는 것이 개인적이나 업무적으로도 도움이 될 터이니, 일부러라도 시간을 내어 자기 계발을 위해 투자하는 것이 좋을 것이다.

"실전 안드로이드 프로그래밍"의 내용이 너무 어렵다는 서평을 많이 본 터라, 이번 책에서는 좀더 기초적인 부분을 보강하고 전체적으로 설명을 많이 달아서 보완하고자 노력하였다. 그럼에도 불구하고 글솜씨를 타고나지 못한 엔지니어의 한계 때문에 본의 아니게 내용이 어려울 수 있는 점은 부디 양해해주기 바란다. 필자의 모든 책에서 사용된 예제들이 그랬던 것처럼, 이 책에 실린 모든 내용과 예제는 필자가 실제로 프로그래밍을 하면서 많이 사용해왔던 것들이기 때문에 여러분들이 실전 프로그래밍을 할 때에도 도움이 될 것이라고 자신한다. 또한, 직접 강의를 하면서 학생들과 함께 직접 코딩하면서 만들어보았던 예제들이기도 하기 때문에 충분히 검증도 되었다.

이미 시중에 좋은 안드로이드 프로그래밍 서적들이 많이 출간되어 있기는 하지만, **이 책은 현역 안드로이드 프로그래머가 자신의 개발 노하우와 개발 팁을 정리해놓은 레퍼런스**라는 데 의미를 두고 싶다. 누구나 조금만 시간을 내어서 찾아보면 알 수 있는 것들이지만, 그것을 잘 정리해서 쉽고 편하게 찾아서 사용할 수 있도록 만드는 것도 중요한 일이라고 생각한다. 그리고 무엇보다도 이러한 작업은 필자 자신에게도 큰 도움이 되는 일이기 때문에 집필하는 과정을 즐거운 마음으로 진행할 수 있었다. 아무쪼록 이 책을 구입하신 여러분께도 조금이나마 도움이 되기를 희망한다.

새로운 안드로이드 서적을 집필할 수 있는 기회를 주신 영진닷컴 관계자분들께 진심으로 감사를 드린다. 그리고 항상 그 자리에서 지켜봐주시는 양가 부모님과 나의 소중한 가족들, 친구들과 동료들에게 감사의 마음을 전하고 싶다.

2013년 가을.
조촐한 나의 서재에서... 집사람이 내려준 커피를 마시면서

이 책은 총 11개의 Chapter와 하나의 부록(Appendix)으로 이루어져 있다. 각 Chapter에서 다루고 있는 내용을 간략하게 소개하면 다음과 같다.

Chapter 01. 안드로이드 프로그래밍 개요

이 Chapter에서는 안드로이드의 기본 개념과 발전 과정, 각 버전별 주요 특징들을 소개하고 있다. 또한 안드로이드 애플리케이션 개발 시 주의해야 할 사항이나 iOS와 Windows Phone 등 다른 모바일 프로그래밍 개발 환경과도 비교 분석한 내용을 소개하고 있다.

Chapter 02. 안드로이드 개발 환경 구축하기

여기서는 안드로이드 프로그래밍을 하기 위한 개발 환경을 구축하는 방법을 소개하고 있다. JDK 설치부터 시작해 이클립스(Eclipse)와 안드로이드 SDK를 설치한 후 HelloWorld 메시지를 출력하는 내용까지 다룬다. 그리고 윈도우뿐만 아니라 Mac에서 안드로이드 개발 환경을 구축하는 방법도 다루고 있다.

Chapter 03. Java 기초 노트

안드로이드 애플리케이션은 Java 언어를 사용해 개발한다. 그래서 Java 언어 기초를 간략하게 다루면서 본격적인 안드로이드 프로그래밍을 위한 워밍업을 한다. 참고로 여기서는 클래스와 인터페이스, 패키지, 제어문, 배열 같은 안드로이드에서 쓰이는 개념들을 위주로 소개한다.

Chapter 04. 안드로이드 애플리케이션 분석

이제부터 본격적인 안드로이드 프로그래밍을 시작하게 된다. 실습을 통해 액티비티와 서비스, 인텐트, 그리고 컨텐츠 프로바이더를 살펴보고 리소스에 대한 내용과 환경설정 기능을 구현하는 방법까지 다루고 있다.

Chapter 10. 앱스토어 소개

이 Chapter에서는 구글에서 운영하는 구글 Play 스토어와 국내의 대표적인 안드로이드 앱스토어인 SKT T스토어에 대해 알아보고 애플리케이션 등록과 판매 과정까지 소개하고 있다.

Chapter 11. 애플리케이션 기획 및 개발

여기서는 안드로이드 애플리케이션을 개발하기 위한 사전 단계로, 어떤 애플리케이션을 개발해야 하는지, 그리고 프로젝트의 성공 요인과 실패 요인은 과연 어떤 것들이 있는지 성공하는 애플리케이션을 개발하기 위해 어떻게 기획을 해야하는지를 필자의 경험을 바탕으로 간략하게 소개하고 있다.

Appendix. 개발 방법론 및 개발 도구

여기서는 필자가 애플리케이션 개발 프로젝트를 진행하면서 적용한 애자일(Agile) 개발 방법론과 팀 협업을 위해 필요한 개발 도구들을 소개하고 있다. 여기서 소개하는 개발 도구는 소스 코드 관리를 위한 SVN, 이슈 관리 도구인 Mantis, 개발 정보 관리를 위한 MediaWiki와 팀 협업 시 유용하게 쓸 수 있는 VSTS, SFEE도 소개하고 있다.

Chapter 05 레이아웃 설계

Chapter 06 실전 안드로이드 애플리케이션 개발

Chapter 07 안드로이드 시스템 건드리기

Chapter 08 외부 Java 라이브러리 활용하기

Chapter 11 애플리케이션 기획 및 개발

Chapter 12 개발 방법론 및 개발 도구의 활용

안드로이드 프로그래밍 개요

01

1. 안드로이드 소개

2008년 9월 안드로이드 1.0이 발표되었다. 이미 너무나도 유명한 구글이 주도하여 만들어낸 모바일 OS인 만큼, 당시 그에 대한 관심과 기대가 대단했다. 게다가 ADC라는 대규모의 공모전을 두 차례나 진행하면서 전 세계 개발자들의 관심과 흥미를 충분히 이끌어 내는 데에도 성공했다. 2008년 10월 첫 번째 상용 안드로이드폰인 HTC의 G1을 시작으로 지금까지 전 세계적으로 여러 종류의 안드로이드폰이 출시되었고 앞으로도 계속 쏟아져나올 계획이다. 이 정도면 첫 출시 후 불과 2년만에 아주 성공적으로 스마트폰 시장을 장악했다고도 볼 수 있을 것이다.

그림 01-01_ HTC "G1"

필자는 2009년 초반 안드로이드 1.1 버전 때부터 안드로이드 애플리케이션 개발을 시작했다 (불안정적이고 미완성된 개발 버전은 별로 좋아하지 않기 때문에 안정화가 될 때까지 기다리는 편이다). 사실 Java로 애플리케이션을 개발하는 것은 생전 처음이었지만, C/C++과 Java의 언어적인 차이 때문에 약간 헤맨 정도일 뿐 새로운 개발 환경에 적응하는 것이 어렵지 않았다.

이클립스(Eclipse)의 경우에는 C/C++로 Qt 애플리케이션을 개발하기 위해 이전부터 사용해 왔었기 때문에 그 때 경험이 큰 도움이 되었었다. 필자가 지금까지 안드로이드 개발을 하면서 느낀 안드로이드에 대한 소감이라면 **오픈 소스의 장점을 최대한 발휘하고 있는 개발 환경**을 제공하고 있다는 것이다. 이것은 프로그램 개발에 입문하는 학생들이 안드로이드를 더 선호하게 되는 중요한 원인이 되고 있다고 생각한다.

아이폰(iPhone)은 애플(Apple)이 자신들이 오랫동안 다듬어온 Xcode를 이용한 개발 환경을, Windows Phone은 마이크로소프트(Microsoft)가 엔터프라이즈 시장에서 확실한 입지를 다져놓은 강력한 개발 도구인 비주얼 스튜디오(Visual Studio)를 이용한 개발 환경을 제공한다. 아이폰 애플리케이션 개발을 하기 위해서는 상대적으로 비싼 Mac이 반드시 필요하고, Windows Mobile 애플리케이션을 개발하기 위해서는 상용인 비주얼 스튜디오가 필요하다(물론 학생들은 무료 버전을 이용할 수 있음). 이에 반해 안드로이드의 개발 환경은 철저히 Java를 기반으로 한 오픈 소스 개발 환경을 제공하고 있다. 상용 개발 도구와 견주어도 손색이 없는 이클립스는 Java 개발자들에게는 가장 기본적이고 훌륭한 통합 개발 도구이기 때문에, 안드로이드가 기본 개발 언어로 Java를 선택한 것은 탁월한 선택이라고 본다(물론 NDK를 이용하여 C로도 개발이 가능하다). 요즘에는 학교에서도 학생들에게 C/C++보다는 Java를 기본으로 가르치고 있기 때문에 개발자 확보에도 유리한 상황이다.

게다가 Java는 플랫폼에 독립적으로 운용이 가능하기 때문에 어디서든 개발이 가능하다는 것도 큰 장점이 된다. 실제로 필자도 Mac으로 아이폰용 애플리케이션을 개발하고 있을 때, Mac에 이클립스와 안드로이드 SDK를 설치하고 안드로이드용 애플리케이션 개발을 병행하기도 했었다. Mac에서 작성하던 코드를 가져와서 별도의 추가 작업이 없이 윈도우가 설치된 PC에서도 계속 개발이 가능하다는 것은 충분히 훌륭한 장점이 될 수 있다.

그림 01-02_ 구글 "넥서스원"

그림 01-03_ 삼성 "갤럭시S"

국내의 안드로이드폰 시장은 2010년 초에 모토롤라의 "모토로이"를 시작으로 LG "안드로-1", HTC "디자이어", 삼성 "갤럭시A", "갤럭시S", LG "옵티머스 Q", 팬택 "시리우스",

"베가" 등등 다수의 안드로이드폰이 출시되면서 본격적으로 열리게 되었다. 삼성의 "갤럭시S"는 2011년 갤럭시S 2, 2012년 갤럭시 S 3, 2013년 갤럭시 S4, 그리고 2014년 갤럭시 S5까지 대표적인 모델로 자리잡는다. 이외에 삼성 갤럭시 노트 시리즈, LG 옵티머스 G 시리즈, LG 옵티머스 뷰 시리즈, 팬택 베가R3, 팬택 베가레이서 시리즈 등이 국내 시장에서 많은 판매량을 기록하고 있는 제품들이다.

2013년 2월 기준으로 국내 스마트폰 시장의 90%를 안드로이드가 차지하고 있으며, iOS는 10% 미만의 시장 점유율을 가지고 있다. 전 세계 시장의 평균 점유율에 비해 국내에는 안드로이드의 비중이 훨씬 높으며, 10명 중 9명은 모두 안드로이드폰을 사용하고 있는 상황이다. 국내 시장에서 판매되는 안드로이드폰 중에서 60% 이상은 삼성 제품이, 각각 15% 전후로 LG와 팬택 제품이 차지하고 있다.

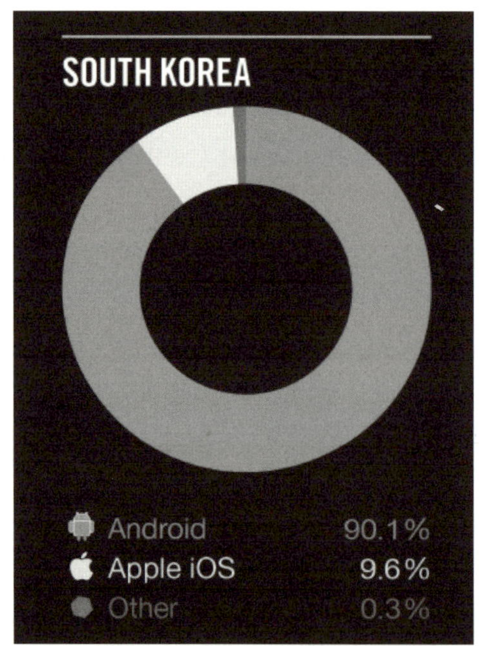

그림 01-04_ 한국 시장 모바일 OS 점유율 (2013년 2월 기준) 〈자료 출처 : 영국 iCrossing〉

현재 전세계 시장으로만 놓고 보아도 안드로이드폰은 80%에 육박하는 시장 점유율을 차지하고 있다. 이는 13.2%대에 그친 iOS나 3.7%에 불과한 Windows Phone이 뛰어넘는 것을 기대하기는 거의 불가능한 상황이며, 스마트폰 OS 시장에서 안드로이드가 독점에 가까운 위치에 들어섰다고 해도 과언이 아닌 상황이다. 이렇게 판매되고 있는 안드로이드폰 중에서 39%가 삼성 제품이고 6.5% 정도가 LG 제품이니, 전체 스마트폰 시장의 40% 정도를 삼성과 LG가 차지하고 있는 셈이다.

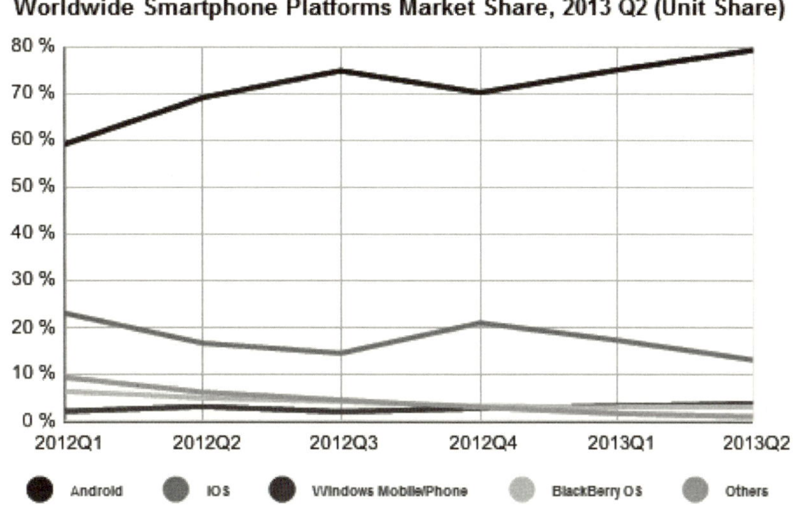

그림 01-05_ 전 세계 스마트폰 분기별 시장 점유율(2013년 2분기 기준) 〈자료 출처 : IDC〉

그런 면에서 현재 본인이 웹 개발을 하고 있다거나 아니면 스마트폰과는 아무 상관이 없는 분야의 소프트웨어 개발을 하고 있기 때문에 아직까지도 안드로이드 개발에 입문하지 않았다면 지금부터라도 시작하기를 권하고 싶다. 만일 여러분이 소프트웨어 개발을 전공하는 학생이라면 너무나도 당연하게 안드로이드 개발에 대해서 공부를 시작해야 한다. 안드로이드처럼 비용이 거의 들지 않으면서 손쉽게 포트폴리오를 만들 수 있는 개발 환경과 개발 도구는 흔하지 않기 때문이고, 4년이나 지났지만 여전히 진행 중인 스마트폰 붐에 어렵지 않게 동참해볼 수 있는 계기가 될 수 있기 때문이다.

이제 스마트폰 애플리케이션 시장은 단순히 화려하고 복잡한 "기술"보다는 단순하면서도 사용자들에게 어필할 수 있는 "아이디어"가 중요한 시기가 되었다. 즉, 이제는 스마트폰의 애플리케이션 개발 기술을 익히는 것은 필수이고 그에 더해서 남들이 미처 생각하지 못하는 참신한 아이디어를 발굴하는데 총력을 기울여야 하는 상황이 되었다. 그동안 우리가 말로만 떠들었던 창의력에다가 사업적인 감각까지 절실하게 필요한 시기가 된 것이다(솔직히 웬만한 아이디어는 이미 상품화되었다). 빠르게 변하고 있는 특정 플랫폼의 개발 기술을 제대로 익히는 것만으로도 벅찬데, 거기에 상품 기획까지 해야한다니 결코 쉬운 일은 아닐 것이다.

하지만 아직 늦지 않았다. 장기적인 관점에서 보면 이제서야 겨우 스마트폰이라는 플랫폼이 제대로 자리를 잡기 시작한 시기에 불과하다. 여러분은 앞으로 본격적인 스마트폰 전성 시대가 오게 되었을 때 그 흐름에 적극 동참하여 많은 특혜를 누릴 것인지, 단지 방관자로 남아서 그들만의 리그를 지켜보기만 할 것인지를 이제는 결정해야할 때이다.

2. 안드로이드 플랫폼

2008년 8월에 안드로이드 플랫폼의 정식 릴리즈가 발표되었고, 2008년 10월에는 구글은 안드로이드의 소스 코드를 아파치 2.0 GPL 라이선스로 공개하여 사상 최대의 「오픈 소스 프로젝트」임을 선언하였다.

다음의 표를 보면, 2009년 한 해는 안드로이드 프로젝트에 있어서 아주 중요한 시기였음을 알 수 있다. 2009년 2월에 출시된 Android 1.1부터 2009년 12월에 출시된 Android 2.0.1까지 정신없이 4~5개의 메이저 업그레이드를 순식간에 단행했기 때문이다. 솔직히 일반적인 소프트웨어 개발 프로젝트였다면 거의 불가능한 일일 수도 있겠지만, 구글에서 전략적으로 추진하여 야심차게 진행한 차세대 모바일 운영체제 개발 프로젝트였기 때문에 가능한 일이었을 것이다. 만일 2009년도의 안드로이드 프로젝트 목표가 경쟁력을 가지는 모바일 운영체제의 기틀을 마련하는 것이었다면, 충분히 그 목표를 달성했다고 필자는 평가하고 있다.

버전	발표 시기	주요 특징
Android 1.0(Apple Pie)	2008년 8월	첫 번째 정식 버전 릴리즈
Android 1.1 (Banana Bread)	2009년 2월	
Android 1.5(Cupcake)	2009년 4월	− 캠코더 모드를 이용한 비디오의 녹화 및 재생 제공 − 유튜브에 비디오 업로드, 피카사에 이미지 업로드 기능 지원 − 키보드 입력 시 문자 예측 기능 제공 − 블루투스 지원 − 홈 화면을 띄울 수 있는 새로운 위젯과 폴더 제공 − 애니메이션 화면 효과 추가
Android 1.6(Donut)	2009년 9월	− 안드로이드 마켓 지원 − 카메라, 캠코더, 갤러리 인터페이스 내장 − 보이스 검색 업데이트 − WVGA 해상도 지원 − 검색 및 카메라 애플리케이션 속도 향상
Android 2.0(Eclair)	2009년 10월	− 하드웨어 속도 최적화 − 다양한 화면 사이즈 및 해상도 지원 − 새로운 브라우저 UI 및 HTML5 지원 − 구글 지도 3.1.2 업데이트 − 마이크로소프트 익스체인지 지원 − 내장 플래시, 디지털 줌 지원 − 모션 이벤트 클래스 추가

		– 가상 키보드 업데이트 – 블루투스 2.1 지원 – 라이브 배경 화면 지원
Android 2.0.1	2009년 12월	
Android 2.1	2010년 1월	

표 1-01_ 안드로이드 초기 버전 특징

2.1 Android 2.2 (Froyo)

애플의 iOS 4.0과 비교가 되어지는 Android 2.2 프로요는 2010년 5월 20일에 발표되었으며 다음과 같은 주요한 특징을 가지고 있다. 가장 큰 특징이라면 플래시의 지원과 SD 카드에 애플리케이션이 설치 가능하게 된 점이다.

특징	설명
빨라진 속도	새로운 버전의 Dalvik JIT 컴파일러와 JavaScript 엔진을 사용하여 구동 속도가 개선되었다.
플래시 지원	Adobe Flash와 Flash Air를 지원한다.
테더링 기본 지원	아이폰에서 지원되던 인터넷 접속 공유 기능을 지원한다.
모바일 핫스팟 지원	3G 접속을 무선으로 중계하는 기능을 제공한다.
SD 카드 설치	SD 카드에 애플리케이션을 설치할 수 있다.
자동 업데이트	애플리케이션의 새 버전이 등록되면 자동으로 업데이트를 할 수 있다.
애플리케이션 백업	외부 서버를 이용하여 애플리케이션의 데이터를 백업하거나 복구할 수 있다.
C2DM 기능	C2DM(Cloud-to-Device Messaging)은 웹에서 안드로이드폰으로 웹페이지 링크를 push하거나 안드로이드 마켓에서 애플리케이션을 push하는 것은 가능하게 한다. 서버와 모바일 애플리케이션 간에 손쉬운 데이터 싱크가 가능해졌다.
메모리 관리 향상	메모리 회수 기능을 개선하여 애플리케이션 전환 속도가 향상되었다.
PC에서 애플리케이션 설치	PC의 웹브라우저에서 애플리케이션을 설치할 수 있다.
블루투스 음성 다이얼링	
구글 서치바 세분화	안드로이드 검색창에 웹, 애플리케이션, 주소록 등으로 카테고리를 세분화하였다.
익스체인지 지원 강화	향상된 보완 기능, 원격 데이터 삭제, 익스체인지 달력 지원, 자동 탐색 기능, 주소록 검색 기능 등을 지원한다.

표 1-02_ 안드로이드 2.2의 특징

2.2 Android 2.3 (Gingerbread)

Android 2.3 진저브레드는 프로요 출시 이후 6개월만인 2010년 12월 7일에 조용히 발표되었다. 프로요가 발표될 때 처럼 큰 이슈가 될만한 사항은 없었지만, 안드로이드는 끊임없이 개선되고 있음을 보여주고 있다.

특징	설명
게임 개발 지원	전반적인 반응성 향상을 위한 concurrent garbage collector를 추가하고, 시스템의 많은 부분에 직접 액세스가 가능한 Native API를 제공한다.
리치 멀티미디어	새로운 비디오 포맷인 VP8, AAC, AMR-wideband 인코딩에 대한 지원을 추가하고, reverb, equalization, headphone virtualization, bass boost 등의 음향 효과를 제공한다.
새로운 커뮤니케이션 형식	전방 카메라, 인터넷 전화(SIP/VOIP), 근거리 무선 통신(NFC : Near Field Communication) 등을 지원한다.
UI 개선	사용자가 쉽게 배우고 빠르게 사용할 수 있을뿐만 아니라, 상대적으로 낮은 전력을 사용하도록 사용자 인터페이스가 개선되었다.
텍스트 입력 방식 개선	안드로이드 소프트 키보드를 최적화하고 재설계하여 빠른 텍스트 입력과 편집이 가능하도록 하였다.
원터치 선택 및 복사/붙이기 기능	텍스트 입력 시 원하는 부분을 손쉽게 선택하여 클립보드에 복사하여 사용할 수 있다.
향상된 전원 관리	실행 중인 애플리케이션이 소모하는 소비 전력을 직접 확인할 수 있고, 백그라운드에서 실행되어 배터리를 많이 소모시키는 애플리케이션 관리 기능을 제공한다.
다운로드 관리자	사용자가 웹 브라우저나 이메일, 일반 애플리케이션 등에서 다운로드한 모든 파일을 쉽게 사용할 수 있도록 개선하였다.
새로운 센서 지원	자이로스코프, rotation vector, linear acceleration, 중력계, 기압계 등의 새로운 타입의 다양한 센서를 위한 API를 지원한다.

표 01-03_ 안드로이드 2.3의 특징

2.3 Android 3.x (Honeycomb)

안드로이드 태블릿용으로 만들어진 버전으로 2011년 2월 24일에 출시되었다. 필자 개인적으로는 안드로이드 메이저 버전 중에 실패작이라고 생각하는 버전이기도 하다. 안드로이드 태블릿 전체가 허니콤을 탑재한 것도 아니었고, 아이패드에 비하면 허니콤이 탑재된 안드로이드 태블릿은 시장 성적도 초라했을 뿐만 아니라 전용 앱 지원도 많이 부족했다. 결국 시기적으로 허니콤은 아이스크림 샌드위치로 가기 위한 교두보 역할에 불과했다고 보인다. 실제로 허니콤이 출시된 당시에도 출시되는 태블릿 단말기에 진저브레드를 먼저 적용하고, 차후에 아이스크림 샌드위치로 업데이트하는 제조사들도 있었다.

특징	설명
태블릿에 최적화된 UI 지원	화면 아래/위에 시스템 바와 액션바를 배치하고, 사용자 설정이 가능한 홈스크린을 제공한다. 최근 실행된 앱 기능을 이용하여 손쉬운 비주얼 멀티태스킹이 가능하다.
3차원 데스크탑 화면	5개의 홈 스크린이 큰 격자 형태로 하나의 화면에 나열되는 전용 비주얼 레이아웃 모드를 사용한다.
멀티태스팅 기능 개성	사용자가 다양한 앱 작업을 수행하고 있는 경우, 시스템 바에서 최근 실행된 앱으로 바로 이동할 수 있다.
웹 브라우저 개선	PC용 구글 크롬 브라우저의 기능(다중 탭 방식 이동, 시크릿 모드 등)을 도입했다.
영상 통화 지원	구글 사용자간의 영상 통화를 지원한다.
최근 사용 앱 목록 확장	사용자가 빠르게 사용했던 앱을 인식할 수 있도록 마지막 앱 실행 화면을 스냅샷으로 보여준다.
위젯 크기 조절 가능	
조이스틱, 게임패드 지원	
태블릿 화면 미지원 앱 확대/축소 옵션	

표 01-04_ 안드로이드 3.x의 특징

2.4 Android 4.0 (Ice Cream Sandwich)

2011년 10월에 공개되었으며, 모바일 단말기와 태블릿 단말기를 동시에 지원하도록 만들어진 안드로이드 버전이다. 사용자 인터페이스 관련된 전반적인 부분들이 새로운 틀로 만들어졌으며, 리눅스 커널을 허니콤까지 사용해왔던 2.6.x 버전에서 3.0.x 버전으로 변경하였다. 안드로이드라는 모바일 운영체제는 아이스크림 샌드위치에 이르러서야 비로소 안정화되었다고 생각한다. 아이스크림 샌드위치를 기점으로 수시로 업데이트되어 제조사와 사용자들의 혼선만 가중시켰던 관행도 바뀌었다.

특징	설명
UI 변경	스마트폰의 하드웨어 버튼을 제거하고, 가상 버튼을 도입했다.
다중 작업 관리	최근 실행했던 앱들을 멀티태스크 리스로 보여주고, 사용하지 않는 앱을 종료시켜서 메모리를 관리할 수 있다.
알림 표시 변경	
쉬운 홈 화면 폴더 생성	iOS와 유사하게 아이콘을 이용하여 폴더를 생성하고, 이름을 변경할 수 있게 되었다.

위젯 크기 조절	위젯 리스트가 추가되어 실제 적용 사이즈를 사용자 마음대로 확대 축소를 하거나 데스크탑으로 이동할 수 있다.
새로운 잠금 화면 조작	잠금 화면 인터페이스에서 앱을 실행하거나, 알림 목록 조회가 가능하게 되었다.
수신 전화에 대한 문자 전송	
문자 입력, 오탈자 확인 개선	향상된 오타 자동 수정 기능, 복사/붙여넣기 기능, 음성 인식, 연속 문장 입력 기능 등을 지원한다.
데이터 용량 관리	환경 설정에 데이터 사용량 항목 추가하여, 일정 이상의 데이터를 사용하면 경고/제한하는 기능이 추가되었다.
프로필 강화한 연락처	새 연락처 앱은 소셜 기능, 자동 업데이트, HD급 이미지, 빠른 메일 전송 등을 지원한다.
일정 통합 관리	
빠르고 편리해진 카메라 기능	셔터 오류 제거, 타이머 기능, 녹화 중 확대/축소 기능, 파노라마 사진 촬영 등을 지원한다.
사진 편집기 내장	사진을 크롭하거나 회전, 서명 등을 적용할 수 있다.
잠금 화면에서 얼굴 인식	얼굴을 인식하여 잠금 화면을 해제할 수 있다.
안드로이드 빔	NFC를 통하여 웹 사이트, 연락처, 위치, 유튜브 등을 교환할 수 있다.

표 01-05_ 안드로이드 4.0의 특징

2.5 Android 4.3 (Jellybean)

2012년 6월 28일 안드로이드 4.1 발표, 2012년 11월 13일 안드로이드 4.2 발표, 그리고 2013년 7월 24일 안드로이드 4.3이 발표되었다. 4.1 버전부터 4.3 버전까지는 모두 **젤리빈**이라는 이름으로 불리고 있는 것처럼, 대대적인 업그레이드라기 보다는 아이스크림 샌드위치의 기능 개선 및 안정화 버전이라고 볼 수 있다. 이러한 흐름으로 유추해보면 이제 안드로이드라는 모바일 운영체제도 혁신적으로 변화하는 시기를 지났으며 사용자들의 사용 환경에 맞는 형태로 조금씩 나아가고 있는 상황이 되었다고 보인다(이러한 추세는 iOS도 마찬가지 상황이다).

버전	특징	설명
안드로이드 4.1	프로젝트 버터	애니메이션 처리 속도와 터치 스크린의 반응성이 개선되었다.
	알림 바 UI 변경	앱과 연계되는 알림 기능을 확장하였고, 상단 바의 UI를 변경하였다.
	음성 검색	음성 인식률 향상 및 처리 속도가 빨라졌다.
	홈 런처 개선	홈스크린의 위젯 크기 자동 조정 등이 가능하다.

안드로이드 4.2	포토 스피어 카메라	360도 회전 가능한 파노라마 사진 촬영 기능이 추가되었다.
	제스처 타이핑	손가락을 하나의 키에서 다른 키로 미끄러뜨리는 방식으로 입력이 가능하다.
	다중 이용자 계정	태블릿에서 다중 계정 사용이 가능하다.
	무선 디스플레이	미러캐스트 기능을 지원한다.
	잠금 화면 위젯 활성	잠금화면에 위젯 추가가 가능하며, 스와이프 시 카메라 실행된다.
	구글 나우 카드 추가	구글 나우를 개선했다.
안드로이드 4.3	OpenGL 3.0 지원	뛰어난 3D 그래픽을 구현 가능하게 되었다.
	블루투스 LE 지원	블루투스 로우 에너지 기술이 적용되어 저전력 액세서리에서도 페어링이 가능하게 되었다.
	빠른 사용자 전환 지원	잠금 화면에서 사용자 전환 시 속도가 개선되었다.
	보안 강화	프라이버시 기능과 컨텐츠 관리 감독 기능이 일부 추가되었다.
	사용자 권한 확대	
	와이파이 성능 개선	와이파이를 켜지 않고도 와이파이 정보를 얻을 수 있게 되어 배터리 수명을 늘리고 액세스 포인트를 신속하게 찾을 수 있게 되었다.

표 01-06_ 안드로이드 4.1~4.3의 특징

2.6 Android 4.4 (KitKat)

현재 가장 최신 버전인 안드로이드 4.4 킷캣은 2013년 10월 31일에 발표되었다. 이번 버전의 가장 큰 특징은 시스템 전반적으로 「메모리 사용 최적화」를 했다는 점이다. 이로 인해서 기존에 출시된 단말기나 저사양의 단말기에서도 업그레이드를 통해서 성능을 향상시킬 수 있게 되었다. 그 동안 안드로이드폰의 경우, 지나치게 하드웨어 스펙의 향상에만 초점이 맞춰있었다. 분명히 최고 사양의 스마트폰을 사용하고 있음에도 탑재된 운영체제(안드로이드) 퍼포먼스 역시 향상되고 있다는 느낌을 받기 힘들었기 때문에 이러한 변화는 반가운 소식이다.

특징	설명
메모리 관리 기능	메모리 사용 최적화로 터치 스크린 응답 속도 개선 및 부드러운 멀티태스킹을 지원한다.
GPU 가속화	
UI 변경	화면 면적을 효과적으로 사용하고, 반투명한 탐색바와 새로운 글꼴이 적용되는 등 소폭 변경된 인터페이스 디자인이 적용하여 사용성을 개선했다.
기기 화면 녹화 기능 추가	화면을 통영상으로 캡처할 수 있다.

클라우드 프린팅 지원	HP 프린트 서비스와 구글 클라우드 프린트를 탑재하여 무선랩 프린터와 연동된다.
전화 번호부에 엘로우페이지 추가	구글 지도와 위치 정보를 이용하여 전화 번호부와 지도 기능이 통합하였다.
카메라 기능 개선	여러 장의 사진을 겹쳐서 한 장의 사진을 생성해내는 HDR+ 기능이 추가되었다.
행아웃, SMS, 전화 통합	셀룰러 음성 통화를 제외한 행아웃, 문자 메시지, 음성 통화/영상 통화 등을 통합하여 제공한다.
음성 인식 개선	홈 화면에서 "오케이 구글(OK Google)"이라고 명령하면 구글 나우를 실행한다.
탭&페이 기능 탑재	안드로이드 전자 지갑 기능을 NFC에 연동시킨 전자 결제 시스템이 기본으로 탑재되었다.

표 01-07_ Android 4.4(KitKat)의 특징

3. 국내에 출시된 안드로이드폰

3.1 안드로이드 여명기 - 2010년

국내 스마트폰 시장은 2009년 중반까지 Windows Mobile을 이용하여 명맥만 겨우 유지해왔었다. 하지만, 2009년 하반기부터는 국내에도 아이폰이 출시되면서 스마트폰의 시장 점유율이 급격히 늘기 시작했다. 그리고 2010년 초부터 안드로이드폰이 하나 둘 출시되기 시작하면서 더 이상 스마트폰은 극소수의 매니아만 사용하는 휴대폰이 아닌 상황으로 바뀌었다. 2010년 2분기의 국내 휴대폰 시장에서 스마트폰이 차지하는 비중은 전체의 약 16퍼센트 정도로, 불과 2009년까지만 해도 1퍼센트 수준에 불과했던 것에 비하면 사용자수가 엄청나게 증가했음을 알 수 있다.

표 01-08을 보면 알 수 있듯이, 이때 국내에 출시된 대부분의 안드로이드폰은 Android 2.1이 기본으로 설치되어 있고 3.5인치 전후의 화면에서 WVGA(800×480) 해상도를 지원하고 있다.

제품명	OS	디스플레이	메모리	터치 방식
모토로이	Android 2.01	3.7인치 WVGA 16M Color TFT LCD	내장 256MB 외장 8GB	정전식
갤럭시A	Android 2.1	3.7인치 WVGA 16M Color AMOLED	내장 590MB 외장 8GB	정전식

시리우스	Android 2.1	3.7인치 WVGA 16M Color AMOLED	내장 500MB 외장 8GB	감압식
디자이어	Android 2.0	3.7인치 WVGA 16M Color AMOLED	내장 576MB 외장 8GB	정전식
X10	Android 1.6	4인치 WVGA TFT LCD	내장 1GB 외장 16GB	정전 터치
MOTO QRTY	Android 2.1		외장 8GB	
갤럭시S	Android 2.1	4.0인치 WVGA 16M Super AMOLED	내장 512MB 외장 16GB	정전식 풀터치
MOTO GLAM	Android 2.1	3.7인치 WVGA TFT LCD	내장 512MB 외장 ??	
Vega	Android 2.1	3.7인치 WVGA 16M Color AMOLED	내장 500MB 외장 8GB	정전용량방식
안드로-1	Android	3.0인치 HVGA	내장: 170MB 외장 2GB	
옵티머스Q	Android 1.6	3.5인치 WVGA HD LCD	내장 3GB 외장 4GB	
옵티머스Z	Android 2.1	3.5인치 WVGA Hyper HD LCD	내장 500MB 외장 8GB	
넥서스원	Android 2.2	3.7인치 WVGA AMOLED	내장 512MB 외장 512MB	정전식

표 01-08_ 2010년 상반기에 국내 출시된 안드로이드폰

국내 시장에서 가장 먼저 포문을 연 안드로이드폰은 모토롤라의 **모토로이**였다. 하지만 내장 메모리 용량 문제 등의 이유로 큰 성공을 거두지 못했고, 2010년 상반기에 기대작이었던 HTC의 **디자이어** 등 몇몇 안드로이드폰들 역시 기대만큼 선전하지 못했다. 삼성의 안드로이드폰 출시가 예정보다 많이 늦어졌음에도 불구하고, 오랜 기다림 끝에 출시된 **갤럭시S**는 국산 스마트폰의 역사를 다시 쓰면서 성공적으로 데뷔했다.

갤럭시S는 국내 제조업체들의 고질적인 문제였던 하드웨어 스펙 위주의 제품 기획을 버리고 스마트폰은 물론 기존 휴대폰 사용자들의 취향까지도 세밀하게 분석하여 강력하면서도 쉽고 편리한 사용 환경을 제공하도록 개발되었다. 덕분에 안드로이드폰의 대중화를 실현하면서 당분간은 삼성의 안드로이드폰이 독주 체제로 갈 수 있는 여건을 충분히 만들어놓았다.

그림 01-06_ 펜텍 "베가"

그림 01-07_ LG "옵티머스Z"

이외에도 삼성의 **갤럭시A**, 펜텍의 **시리우스** 등 국산 안드로이드폰 위주로 많이 판매된 것으로 보이며, 대부분의 외국산 안드로이드폰의 판매는 예상보다 저조한 편이다. 피처폰 시절부터 국산 폰들의 강세가 유난히 거셌던 국산 휴대폰 시장이었는데, 스마트폰 시장에서도 아이폰을 제외한다면 국산 스마트폰이 크게 선전하고 있는 모습이다. 이것은 여전히 외국산 스마트폰들이 국내 사용자들의 성향을 여전히 제대로 파악하지 못하고 있으며 제대로 공략하지 못함을 뜻하는 것이다.

3.2 안드로이드 전성기 – 2013년

안드로이드가 시장에 출시된지 불과 3~4년만에 전성기라고 할만한 시기가 도래하였다. WVGA(480×800)가 주류이던 해상도는 LTE가 도입되던 시기에 768×1280(720×1280 또는 800×1280)으로 확장되었다가, 현재는 1080×1920이라는 Full HD 해상도까지 올라왔다. 더불어서 스크린 사이즈도 4인치 이하에서 5인치 이상으로 대형화 되었으며, RAM 사이즈는 2GB대, 내장메모리 사이즈는 32GB대로 증가하였다. 안드로이드 단말의 하드웨어 스펙은 평준화가 되었고, OS 커스터마이징 실력도 예전에 비해 향상되었기 때문에 안정적인 사용 환경을 제공해주고 있다.

그림 01-08_ 삼성 갤럭시S4

그림 01-09_ LG G2

그림 01-10_ 펜택 베가 LTE-A

삼성, LG, 팬택 등 3사가 국내 스마트폰 시장에서 90% 이상의 점유율을 차지하고 있으며, 애플의 아이폰을 제외하면 외국 업체의 스마트폰은 거의 발을 붙이지 못하고 있는 상황이다. 국내 스마트폰 시장은 유난히 단말기 사이즈의 대형화 경쟁과 통신 속도, 처리 속도 경쟁이 치열하기 때문에 어설픈 스펙을 가진 제품으로는 경쟁을 하기 쉽지 않기 때문이다. 2013년 9월에 발표된 아이폰 5s의 경우, 최초로 64비트 AP를 채용하기는 했지만 여전히 4인치의 스크린 사이즈와 상대적으로 낮은 해상도(640×1136)를 가지고 있고 LTE-A를 지원하지 못한다는 한계 때문에 국내 스마트폰 시장에서 여전히 저조한 판매 성적을 올릴 것으로 보인다.

제조사	삼성	LG	팬택
제품명	갤럭시 S4 LTE-A	LG G2	베가 LTE-A
출시일	2013.06	2013.08	2013.08
OS	Android 4.2.2 젤리빈	Android 4.2 젤리빈	Android 4.2.2 젤리빈
AP	퀄컴 스냅드래곤 800 2.3 Ghz 쿼드코어	퀄컴 스냅드래곤 800 2.26Ghz 쿼드코어	퀄컴 스냅드래곤 800 2.3GHz 쿼드코어
GPU	Adreno 330@450	Adreno 330@450	Adreno 330
RAM	2GB DDR3	2GB DDR3	2GB DDR3
디스플레이	4.99인치 Full HD Super AMOLED	5.2인치 Full HD IPS	5.6인치 샤프 Natural IPS Full HD LCD
해상도	1080×1920	1080×1920	1080×1920
내장 메모리	32GB	32GB	16GB/32GB

카메라	전면 : 200만 화소	전면 : 210만 화소	전면 : 210만 화소
	후면 : 1300만 화소	후면 : 1300만 화소	후면 : 1300만 화소
통신 방식	LTE-A	LTE-A	LTE-A
배터리	2600mAh	2610mAh	3100mAh
특장점		후면 키	후면 지문인식 시크릿키(터치 가능)
기타	NFC/블루투스 4.0	NFC/블루투스 4.0	NFC/블루투스 4.0

표 01-09_ 2013년 출시 안드로이드폰 스펙 비교표

국내 스마트폰 사용자들은 상당히 빠른 주기로 단말기를 업그레이드하고 있기 때문에, 트랜드에 민감한 애플리케이션이나 게임을 개발하는 경우에는 최신 단말기에서의 충분한 테스트가 반드시 필요하다. 예전에 비해 안드로이드의 업그레이드 주기나 속도가 더뎌진 덕분에 OS로 인한 사용 환경의 차이는 그다지 많지 않지만, 대신 해상도의 변화 속도가 빠르고 그에 따른 파편화가 심화되고 있기 때문에 이러한 부분에 대한 대처를 잘 해야 애플리케이션의 생명 주기를 늘려줄 수 있을 것이다.

4. 안드로이드 애플리케이션 개발 시 유의 사항

안드로이드의 장점에 대해서는 이미 많은 매체나 서적, 블로그 등에서 다루고 있으므로, 여기서는 필자가 실제로 안드로이드 애플리케이션을 개발하면서 느꼈던 안드로이드의 단점에 대해서 짚어 보도록 하겠다. 개발자라면 일반 사용자들과 같이 특정 플랫폼에 대한 맹목적인 추종은 금물이다. 비록 본인이 개인적으로 선호하거나 그것을 통해 큰 수익을 창출하고 있다고 하더라도, 안드로이드가 가지고 있는 문제점들을 직시하고 그것을 감안하여 개발에 임하는 것이 올바른 태도일 것이다.

4.1 오픈 소스의 단점

안드로이드 OS는 소스 코드가 모두 공개되는 **오픈 소스 플랫폼**이기 때문에 많은 개발자들이 열광하고 있지만, 사실 오픈 소스라고 해서 반드시 좋은 것만은 아니라는 점에 유의해야 한다. 개발자 스스로가 오픈 소스를 선호하고 그것을 편리하게 사용하고 있다고 해도, 대다수의 안드로이드폰 사용자들은 오픈 소스라는 개념 자체를 전혀 모르는 경우가 대부분인 일반 소비자에 불과하다. 언제나 그렇지만 개발자와 사용자의 인식의 차이가 심하면 심할수록 좋은 제품이 만들어지기 힘들기 때문에 오픈 소스의 장점을 무조건 강요하고 주입시키기 보다는 사용자들이 체

감할 수 있도록 잘 다듬어서 제공해주는 친절함이 반드시 필요하다.

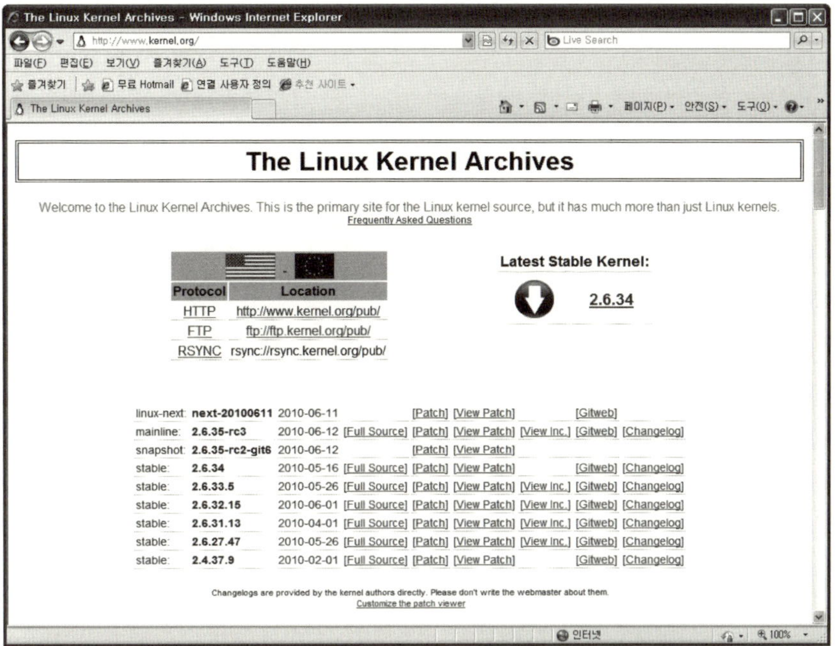

그림 01-11_ 리눅스 커널(www.kernel.org) 사이트

리눅스만 해도 다양한 커널 버전이 존재하며, 배포판에 따라 채택하는 커널 버전이 다를 수도 있다. 또한 공식적으로 배포되는 안정 버전 뿐만 아니라 충분히 검증되지 않은 개발 버전도 사용자들이 원한다면 얼마든지 사용할 수 있기 때문에 하나의 운영체제가 사용자마다 저마다 다른 버전으로 운용이 되고 있다. 이를 위해서는 사용자가 원하는 버전의 커널을 다운받고 해당 버전의 커널을 적용시키기 위해 커널 컴파일이라는 과정을 거쳐야 하는데, 이와 같은 부분이 바로 일반 사용자들 입장에서 리눅스를 쉽게 접하지 못하는 요인 중에 하나가 된다.

예를 들어 어떤 사용자가 "현재 제가 쓰는 리눅스에서는 새로 출시된 특정 하드웨어가 인식이 안 되는데 인식시키려면 어떻게 해야 하나요?"라고 묻는다면, 리눅스 사용자들을 당연히 "해당 하드웨어의 디바이스 드라이버를 지원하는 버전의 커널을 받아서 컴파일하세요"라고 답변할 것이다. 물론 그것이 정답이기는 하지만, 「디바이스 드라이버」라는 용어도 모르는 사용자에게 "커널 컴파일"이라는 일은 불가능에 가까울 수 밖에 없다. 혹시라도 "컴퓨터를 쓰겠다는 사람이 자신이 쓰는 컴퓨터에 대해서 잘 모른다는 것이 잘못된 것이다."라고 주장하는 개발자가 있을지도 모르겠지만, 우리가 자동차의 동작 원리를 전혀 모르더라도 운전하는 데는 지장이 없다는 것을 상기해보자.

4.2 안드로이드 OS의 버전 문제

현재 국내에 출시된 안드로이드폰만 해도 버전의 차이가 존재한다. 물론, 상위 버전의 운영체제는 하위 버전과의 호환성을 유지하기 때문에 큰 문제가 없다고도 할 수 있겠지만, 수시로 버전업이 되고 있는 운영체제에 맞춰서 하드웨어 업체들이 보조를 맞추는 것은 생각처럼 쉬운 일이 아니다. 운영체제 자체는 무료이지만, 그 무료 운영체제를 자사의 하드웨어에 맞게 커스터마이징을 하는 작업에는 시간과 인력, 비용이 당연히 소모된다. 그런데 이러한 업그레이드 과정이 자주 일어나게 된다면 하드웨어 제조업체 입장에서는 당연히 큰 부담이 될 수 밖에 없다.

구글에서는 현재까지 출시된 안드로이드폰에 탑재된 OS 버전을 계속 집계하여 공개하고 있다. 구글 개발자 사이트의 Platform Versions 페이지(http://developer.android.com/about/dashboards/index.html)에서는 이러한 정보를 언제든지 확인할 수 있으니 참고하도록 하자. 2013년 9월 4일자에 공개된 정보를 바탕으로 보면, 현재 가장 많이 사용되고 있는 안드로이드 OS 버전은 Android 4.1(젤리빈) 이상이다(약 45% 정도). 그 다음은 Android 4.0(아이스크림 샌드위치)로 약 21%를 차지하고 있다. 그런데 아직도 Android 2.2(프로요)나 Android 2.3(진저브레드)를 탑재한 안드로이드폰도 33%에 가깝다는 사실도 놓치면 안되는 사항이다.

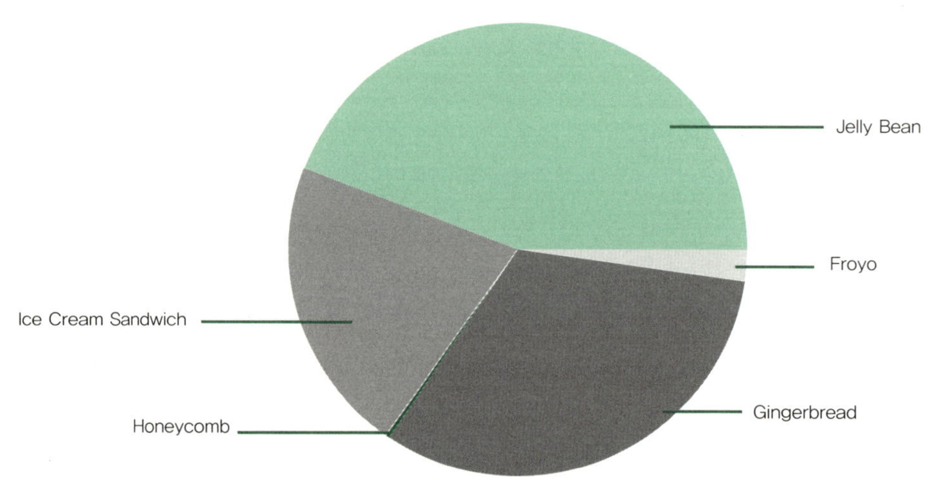

그림 01-12_ 현재 사용 중인 디바이스의 안드로이드 버전 그래프 (2013년 9월 4일 기준)

〈출처 : 안드로이드 개발자 사이트〉

만일 얼리어답터 성향을 가진 개발자 입장이라면, 여전히 Android 2.x의 OS를 사용하고 있는 비율이 전체의 33%나 차지한다는 점이 놀라운 사실일 것이다. 아마도 Android 2.x가 설치된 안드로이드폰들은 "Android 4.x"로의 업그레이드가 쉽지 않거나 업그레이드가 가능하더라도 신경쓰지 않기 때문에, 기존에 구매한 단말기를 계속 사용하고 있는 사용자들의 수일 것이다. 그럼에도 불구하고 전체적으로 보면 여전히 적지 않은 사용자들이 Android 2.x를 사용하고 있음에 주목해야한다.

안드로이드폰이 처음 출시되던 시기의 대부분의 단말기는 WVGA(800×480)을 지원하고 hdpi를 사용했었으나, 현재 대부분의 안드로이드폰은 1280×720(1280×768 또는 1280×800)의 해상도를 기본적으로 지원하고 있고 xhdpi를 사용하고 있다. 그러나 전 세계적으로는 아직까지도 hdpi를 사용하는 단말기가 33.6%에 달하며, xhdpi는 아직까지는 23.1%로 2위에 그쳐있다. 하지만 갈수록 고해상도 고밀도를 가진 단말기가 보급될 예정이니 xhdpi나 xxhdpi의 비율은 높아질 수 밖에 없을 것이다.

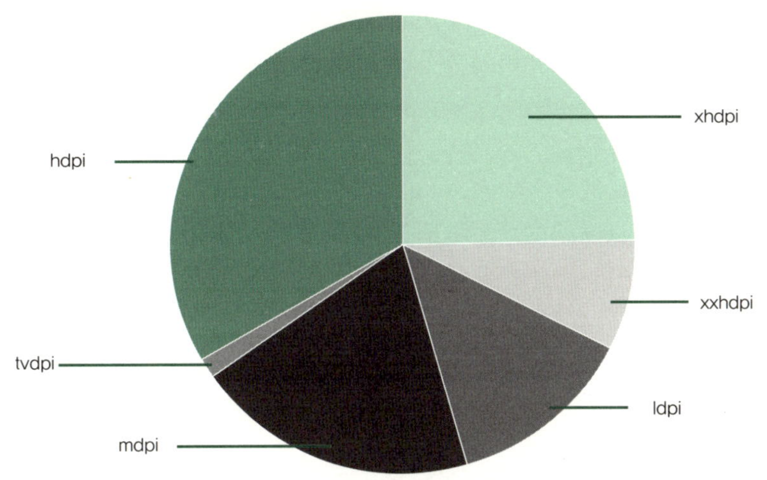

그림 01-13_ 안드로이드 화면 밀도 그래프 (2013년 9월 4일 기준)
〈출처 : 안드로이드 개발자 사이트〉

일반적으로 하드웨어에 임베디드된 소프트웨어는 가급적이면 출시 후 버전 업이 필요 없는 구조가 되어야 한다. 만약 냉장고를 샀는데, 냉장고에 내장된 운영체제나 소프트웨어를 업그레이드 해야만 더욱 좋은 기능을 이용할 수 있다면 얼마나 불편할지 생각해보자. 기본적으로 냉장고는 음식물을 냉장/냉동 보관을 위해 사용하는 제품이다. 따라서 냉장고에 내장된 운영체제나 소프트웨어는 그 사용 목적에 맞게 최적화되어 있어야 하며, 10년을 쓰더라도 문제 없이 안정적으로 동작을 해야 한다.

그런데 스마트폰은 일반 PC와 유사한 개념으로 접근한다고 하더라도 잦은 운영체제의 변경은 결코 바람직한 현상은 아니다. 국내에서는 스마트폰을 포함한 휴대폰이라는 제품은 특성 상 사용 기간이 1~2년 정도 밖에 안 되는 사용 기간이 짧은 소비성 상품이다. 그런 소비성 상품의 운영체제가 수시로 변경된다면, 사용자로 하여금 자신이 사용하고 있는 스마트폰이 금새 구형이 되어버린 것과 같은 느낌을 주게 되어 결과적으로 해당 상품의 수명을 더욱 줄여버리게 된다.

이런 면에서는 2010년도에 출시된 아이폰 3Gs를 iOS 6까지 업그레이드할 수 있도록 만든 애플이 경쟁력을 가지고 있다. 물론 가장 최근에 출시된 iOS 7의 경우에는 아이폰 3Gs가 하드웨어 스펙 상의 한계로 인해 더 이상 업그레이드가 안되기는 하지만, 제조사의 간택을 받지 않으면 자신이 사용하는 기종의 안드로이드폰은 최신 OS로 업그레이드를 하지 못하는 것보다는 훨씬 낫기 때문이다.

2010년 초에 크게 이슈가 되었던 쇼 옴니아의 Windows Mobile 6.5 업그레이드 문제, 일부 제조업체들의 안드로이드 4.0 업그레이드 모델별 제한 지원 문제 등만 봐도, 스마트폰의 운영체제 업그레이드는 하드웨어 제조 회사 뿐만 아니라 이동 통신사들에게도 큰 부담이며, 결과적으로 사용자들에게도 심각한 피해를 줄 수 있는 문제라는 것을 확인할 수 있다. 기존에 출시된 안드로이드폰들 역시 최신 버전의 안드로이드로의 업그레이드를 약속하고 있지만, 현실적으로 많은 어려움이 있을 수 밖에 없다. 따라서, 개발자라면 이러한 부분을 감안하여 최신 버전의 안드로이드에서만 제공될 수 있는 기능을 사용하지 않는다면 가급적 낮은 버전을 기준으로 애플리케이션을 개발할 필요가 있다.

이것은 Windows XP가 출시된 이후에 세 번의 메이저 업그레이드(Windows Vista, Windows 7, Windows 8의 출시)가 있었지만 여전히 많은 애플리케이션과 게임들이 Windows XP를 지원하고 있는 이유와 같은 이유 때문이다. 전체 PC 사용자 중에 단종되어 기술 지원마저 종료될 예정인 Windows XP를 사용하고 있는 사용자들의 수가 여전히 많은 것처럼, 안드로이드 4.3까지 출시되었지만 현재까지 판매되었던 안드로이드폰에는 2.3 버전 이하가 설치되어 사용되고 있고 그러한 안드로이드폰을 사용하고 있는 사용자의 수는 결코 적지 않다. 그러므로 개발자라면 얼리어답터처럼 새로운 버전의 운영체제 출시에 열광을 하고 곧바로 새로운 환경으로 넘어가버리는 것은 자제를 하도록 하자.

4.3 안드로이드폰을 만드는 제조사가 다른 문제

Windows mobile은 안드로이드처럼 오픈 소스 운영체제가 아니지만, 둘 사이에는 하나의 공통점이 있다. 운영체제를 만드는 주체와 하드웨어를 만드는 주체가 분리되어 있다는 점이다. 여러 종류의 안드로이드폰이 속속 출시되면서 보이는 현상은 기존에 Windows Mobile 폰이 보여 주었던 상황과 많은 부분에서 유사하다.

가장 큰 문제 중에 하나는 같은 운영체제를 사용하지만, 적용된 하드웨어가 저마다 다르기 때문에 하나의 하드웨어에서만 완벽하게 테스트할 수 없다는 점이다. 그나마 안드로이드의 경우에는 Windows Mobile에 비해서 하드웨어 접근 방법이 대부분 공통 API에 의해 통일되어 있기 때문에 상대적으로 나은 편이지만, 그렇다고 해서 완벽한 해결책이 되어주지는 못하고 있다.

그림 01-14_ 삼성 "옴니아2"

그림 01-15_ 삼성 "옴니아"

예를 들어 국내에 최초로 출시된 안드로이드폰인 모토로이의 내장 메모리나 RAM의 크기는 상당히 적다. 그러나 삼성의 갤럭시A의 경우에는 충분한 내장 메모리 공간과 RAM 용량을 가지고 있는데, 개발자가 갤럭시A로만 테스트해서 애플리케이션을 개발하다 보면(모토로이와 같이 상대적으로 적은 메모리와 RAM을 가진 안드로이드폰을 고려하지 않으면), 다른 안드로이드폰에서는 해당 애플리케이션의 실행 뿐만 아니라 설치조차 안될 수도 있는 문제가 생긴다.

반대로, 모토로이의 화면 해상도는 일반적인 WVGA(480×800)보다 좀더 큰 사이즈인 480×854인데, 이에 맞춰서 화면을 디자인하고 구현하게 되면 WVGA를 사용하는 대부분의 안드로이드폰에서는 레이아웃이 깨질 수 있는 문제가 있다. HVGA(320×480)를 사용하는 「안드로-1」에서는 더욱 더 문제가 생길 수 있다.

필자가 안드로이드 초기 시장에 출시된 단말기들로 SMS 관련 애플리케이션을 개발하면서 알게 된 사실 중에 하나는, 안드로이드 SDK에서 제공하는 SMS 수신 API를 통해서 전달되는 값이 제조사마다 다르다는 것이다. 모토로나 디자이어는 정상적인 데이터를 넘겨주지만, 갤럭시A는 넘겨주면 안되는 값까지 같이 넘겨주고 시리우스의 경우에는 넘겨주면 안되는 값만 넘

겨주는 등 제조사마다 같은 API에 대한 결과 처리가 다르다. 이런 경우에는 모든 안드로이드 폰에서 충분히 테스트하고 대안이 없는 경우에는 지원하지 않는 모델로 지정을 해주어야 한다.

또한 삼성 안드로이드폰의 경우에는 수신된 SMS에 대한 접근 방법이 달라서, 다른 안드로이드폰과 달리 SMS 목록에 접근할 수 있는 방법이 없다. 만일 여러분이 SMS 관련 애플리케이션을 만들고 있다면, 최악의 경우 삼성의 안드로이드폰은 지원 대상에서 빼야하는 상황도 발생할 수 있다는 이야기이다. 아니면 애플리케이션이 설치된 이후에 수신된 SMS를 따로 저장하여 관리하는 편법을 쓸 수밖에 없다.

이런 부분만 놓고 본다면 안드로이드도 Windows Mobile이 보여 주었던 문제점들을 몇몇 부분에서 그대로 답습하고 있다고 밖에 볼 수 없다. 마이크로소프트 같은 경우에는 이러한 문제점을 충분히 인식해서인지 모르겠지만, Windows Phone 7 출시 이후부터는 스마트폰 제조에도 직접 관여를 하는 등 예전과는 전혀 다른 행보를 하고 있는 상황이다.

iOS의 경우에는 하드웨어와 소프트웨어를 애플이라는 하나의 업체에서 모두 관리를 하기 때문에 이런 문제에 있어서는 상대적으로 유리하다. 최근 출시된 아이폰 5s(1136×640)의 경우, 기존의 아이폰 4s/4(960×640), 아이폰 3Gs(480×320)과 해상도와 성능의 차이가 있기는 하지만 애플이 통합적으로 관리하여 제공하는 SDK를 이용하면 관련 애플리케이션을 개발하는데 있어서 큰 불편함을 느낄 수 없다.

Note... 물론 플랫폼이나 운영체제가 업그레이드되면서 기존에 제공되던 API가 호환이 안되는 것과 같은 문제들은 존재한다.

따라서, 안드로이드 애플리케이션 개발자라면 다양한 안드로이드폰이 출시된 시장 상황을 고려하여 다양한 디바이스에서 충분히 테스트할 수 있는 방안을 마련해야 한다. 이러한 문제를 개인적으로 해결하기란 쉽지 않은데, 다행히 T스토어의 개발자로 등록되어 있다면 SKT에서 운영하는 **테스트 센터**를 이용할 수 있다. 테스트 센터를 사전에 예약하고 방문하면 SKT에서 출시된 대부분의 안드로이드폰을 이용하여 개발하고 있는 애플리케이션의 테스트를 충분히 해볼 수 있으니 많이 이용하도록 하자.

5. iOS와 Windows Phone 개발 환경과의 비교

다음 표는 안드로이드, iOS 그리고 Windows Phone 8의 개발 환경에 대해서 정리해 본 것이다. 개발 환경만 놓고 본다면 어느 쪽에 우열을 가리기가 힘들겠지만, 아무래도 어떤 플랫폼에서든 개발이 가능한 안드로이드가 유리하다고 볼 수 있다. 이것은 안드로이드가 채택하여 사용하고 있는 개발 언어인 Java와 개발 도구인 이클립스가 대부분의 플랫폼에서 지원되기 때문에 가능한 일이다.

iOS는 반드시 Mac OS가 탑재된 Mac에서만 개발이 가능하고, Windows Phone 8은 최신 윈도우 8에서만 개발이 가능한 단점이 있다. 즉, iOS용 애플리케이션과 Windows Phone 8용 애플리케이션을 동시에 개발하기 위해서는 두 대의 개발용 PC가 필요하다는 이야기가 된다(물론 Mac에 윈도우를 멀티 부팅하게 하면 동시 개발도 가능할 수 있겠지만 동시 작업은 불가능하다).

	Android	iOS	Windows Phone 8
개발 PC 운영 체제	Linux, Windows, Mac	Mac OS X 이상	윈도우 8 이상
개발 도구	이클립스	Xcode	비주얼 스튜디오 2012
개발 언어	Java	Objective C	C#/C++/HTML 5
개발 레퍼런스	Android Developers	Apple Developer (iOS Dev Center)	MSDN
지원 이미지 포맷	JPEG, GIF, PNG, BMP	PNG, JPG, TIFF, GIF	JPEG, PNG, GIF
지원 오디오 코덱	AAC, MP3, MIDI, Ogg, PCM/WAVE 등	AAC, MP3, VBR, AIFF, Apple lossless, WAV 등	WAV, MP3, WMA, AAC-LC, AMR-NB, AMR-W, Qcelp 등
지원 비디오 코덱	H.263, H.265 AVC, MPEG-4 SP	M4V, MP4, MOV	WMV, MPG-4 Part 2, DivX, MPEG-4 Part 10, H.263 등
지원 디바이스	Android Phone, Pad	아이폰, 아이팟 터치, 아이패드	Windows Phone
앱스토어	구글 플레이 스토어, T스토어	애플 앱스토어	Windows 마켓

표 01-10_ 개발 환경 비교

현재 많은 개발자들이 사용하고 있는 Java를 지원하는 것도 안드로이드의 장점이라고 할 수 있는데, 이에 비하면 전체적인 비중으로 봤을 때 상대적으로 개발자층이 적은 Objective C보다는 그나마 대중적으로 많이 사용되는 C#이나 C++을 택한 Windows Phone 8이 유리하다고 볼 수 있다(그럼에도 불구하고 Objective C를 새로 공부해서 사용하는 개발자들도 적지 않

다). 안드로이드나 iOS도 개발자를 위한 전용 레퍼런스 사이트를 운영하고 있지만, 마이크로소프트가 오랫동안 모든 개발 레퍼런스를 망라해놓은 MSDN에 비하면 아직은 부족한 실정이다. 윈도우용 애플리케이션 개발 시에는 MSDN 하나만 있으면 개발이 크게 어렵지 않지만, 안드로이드나 iOS는 열심히 구글링을 해서 원하는 정보를 찾아내는 기술도 필요하다.

지원하는 오디오 코덱이나 비디오 코덱의 경우, 후발 주자(!?)인 Windows Phone이 훨씬 많은 종류의 코덱을 지원해주고 있다. iOS에서만 애플의 기본 비디오 코덱인 MOV를, Windows Phone 8에서만 윈도우의 주력 비디오/오디오 코덱인 WMV, WMA를 지원하고 있다. 무엇보다 인상적인 것은 Windows Phone 7부터는 그동안 모든 윈도우 시리즈에서 지원을 해왔던 BMP를 더 이상 지원하지 않는다는 점이다.

각각의 모바일 운영체제를 탑재한 디바이스 측면에서는 아직까지는 아이폰이나 아이패드가 좀 더 낫다고 판단된다. 물론 안드로이드 역시 안드로이드폰 뿐만 아니라 안드로이드 패드 등 다양한 디바이스를 지원하는 추세이기는 하지만, 안드로이드라는 같은 운영체제를 사용함에도 제조업체마다 조금씩 다르게 커스터마이징을 하기 때문에 발생하는 문제들이 적지 않아서 지원 디바이스가 늘어나면 늘어날수록 모든 안드로이드 디바이스를 제대로 지원하는 것도 쉽지 않게 된다는 딜레마에 빠질 수 있다. 물론 현재에는 안드로이드 관련 기술력이 평준화되어서 제조사별 단말기의 특성은 상대적으로 줄어들기는 했다. Windows Phone 8의 경우에는 아직 국내에 정식으로 출시된 디바이스가 없어서, 정식 출시된 이후에나 디바이스에 대한 평가가 가능하다는 것이 리스크이다.

무엇보다도 개발 전용 디바이스를 제공하는 것은 안드로이드가 유일했었다. 다른 플랫폼의 경우에는 개발 전용 디바이스라는 개념 자체가 없기 때문에, 어쩔 수 없이 일반 사용자들처럼 스마트폰을 개통해서 개발용으로 사용할 수 밖에 없다. iOS의 경우에는 아이팟 터치(iPod Touch)가 비슷한 역할을 할 수 있지만, 카메라와 같이 핵심적인 기능이 빠지기 때문에 아쉬운 부분이 있다. 하지만, 안드로이드의 경우에는 처음 발표된 시기부터 전화를 개통하지 않아도 개발용으로 사용할 수 있도록 만들어진 Android Dev Phone을 안드로이드 개발자들에게 판매를 했었다.

연습 문제

1. 안드로이드는 어떤 운영체제를 기반으로 만들어진 모바일 운영체제인가?

① Linux

② MS–DOS

③ OS X

④ Windows XP

2. 푸시 서비스 구현이 가능한 C2DM 기능이 추가된 버전은?

① 진저브레드(2.3)

② 프로요(2.2)

③ 아이스크림샌드위치(4.0)

④ 킷캣(4.4)

3. 어떤 PC용 운영체제에서든 개발이 가능한 모바일 운영체제는?

① Android

② Windows Phone 8

③ iOS

④ Windows CE

안드로이드 개발 환경 구축하기

02

1. JDK 설치하기

JDK(Java Development Kit)는 썬 마이크로시스템즈(현재는 오라클 사에 인수되었음)에서 제공하는 Java 소프트웨어 개발 환경을 말한다. JDK는 Java 버추얼 머신(JVM), 컴파일러, 디버거, 애플릿이나 애플리케이션 개발을 위한 도구들을 포함하고 있다. 그래서 안드로이드를 비롯해 Java를 이용해서 프로그램을 개발하기 위해서는 반드시 JDK를 사용해야 한다.

JRE(Jave Runtime Environment)는 Java가 실행되는데 필요한 기본 환경을 뜻하며, Java 개발자가 아니라 일반 사용자의 경우에는 JRE만 설치하여 사용하면 된다.

Oracle Technology Network 사이트(http://www.oracle.com/technetwork/java/index.html)를 방문하면 항상 최신 버전의 JDK를 다운받을 수 있다. JDK를 다운받으려면 [Java Downloads] 버튼을 클릭하면 된다.

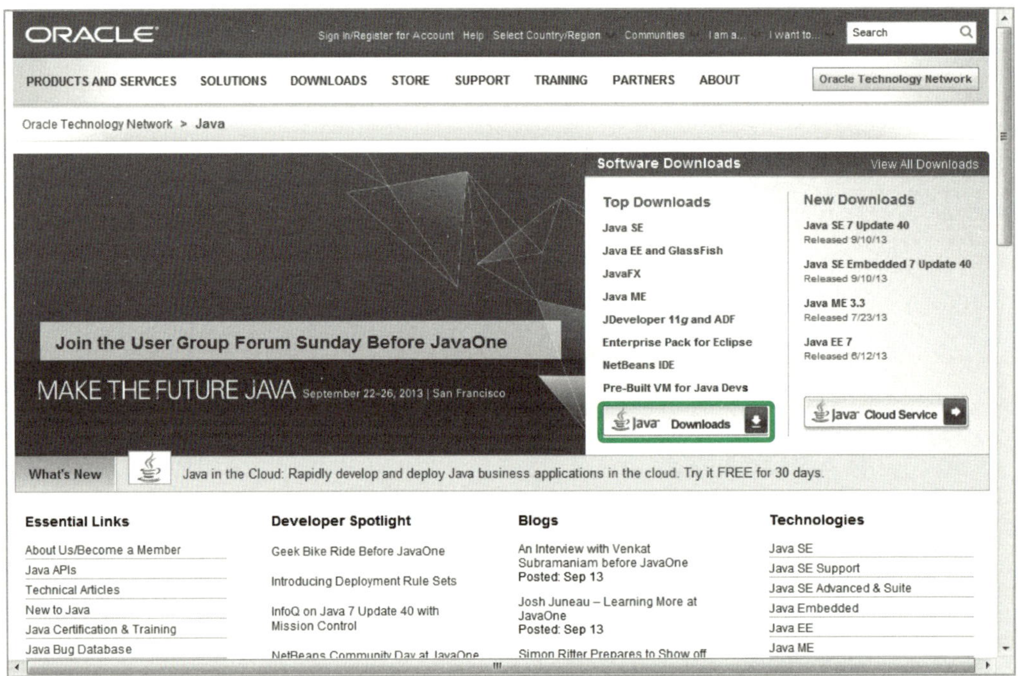

그림 02-01_ Oracle Technology Network 사이트

그리고 가운데에 있는 [Java Platform (JDK) Download] 버튼을 클릭한다.

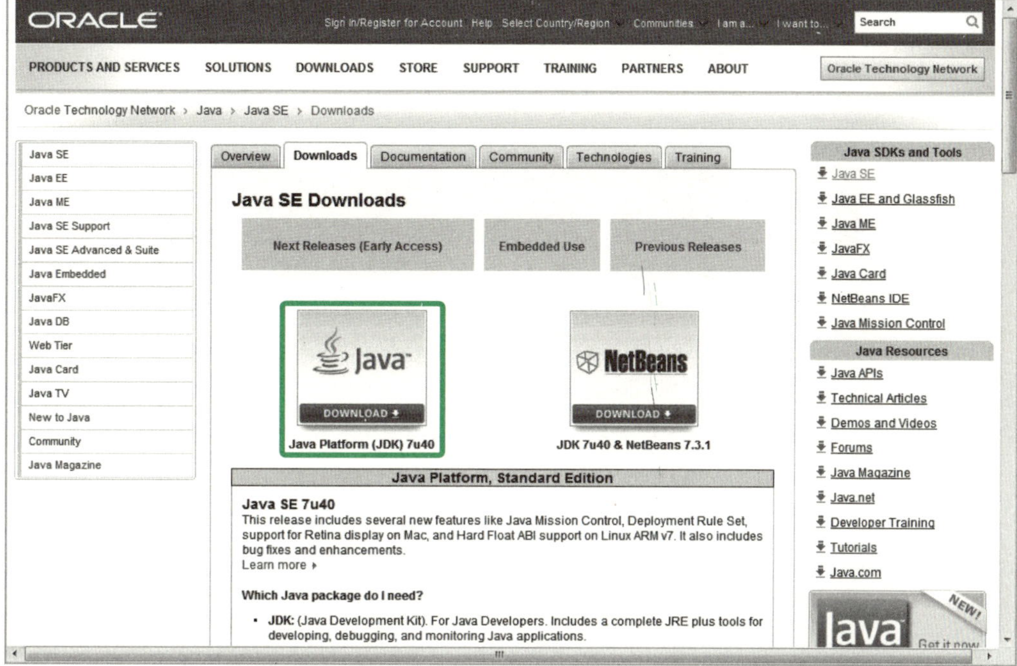

그림 02-02_ Java SE 다운로드 페이지

Java 다운로드 페이지에서 「Accept License Agreement」를 먼저 체크하고, 현재 사용 중인 윈도우에 맞는 설치 파일(32비트/64비트 선택)을 클릭해서 다운로드하면 된다.

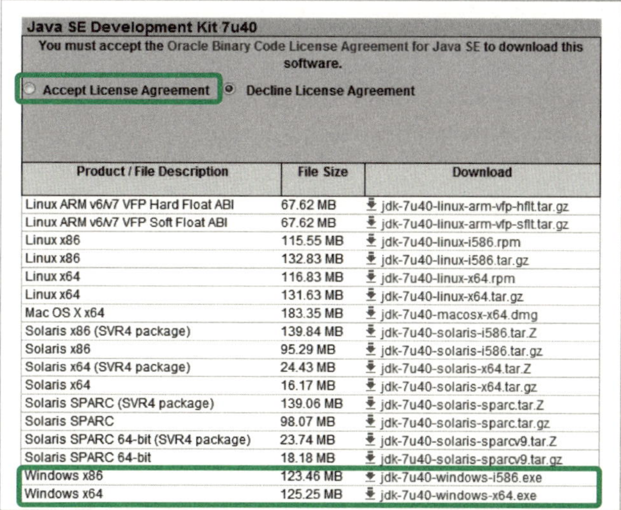

Java SE Development Kit 7u40

You must accept the Oracle Binary Code License Agreement for Java SE to download this software.

○ Accept License Agreement   ◉ Decline License Agreement

Product / File Description	File Size	Download
Linux ARM v6/v7 VFP Hard Float ABI	67.62 MB	jdk-7u40-linux-arm-vfp-hflt.tar.gz
Linux ARM v6/v7 VFP Soft Float ABI	67.62 MB	jdk-7u40-linux-arm-vfp-sflt.tar.gz
Linux x86	115.55 MB	jdk-7u40-linux-i586.rpm
Linux x86	132.83 MB	jdk-7u40-linux-i586.tar.gz
Linux x64	116.83 MB	jdk-7u40-linux-x64.rpm
Linux x64	131.63 MB	jdk-7u40-linux-x64.tar.gz
Mac OS X x64	183.35 MB	jdk-7u40-macosx-x64.dmg
Solaris x86 (SVR4 package)	139.84 MB	jdk-7u40-solaris-i586.tar.Z
Solaris x86	95.29 MB	jdk-7u40-solaris-i586.tar.gz
Solaris x64 (SVR4 package)	24.43 MB	jdk-7u40-solaris-x64.tar.Z
Solaris x64	16.17 MB	jdk-7u40-solaris-x64.tar.gz
Solaris SPARC (SVR4 package)	139.06 MB	jdk-7u40-solaris-sparc.tar.Z
Solaris SPARC	98.07 MB	jdk-7u40-solaris-sparc.tar.gz
Solaris SPARC 64-bit (SVR4 package)	23.74 MB	jdk-7u40-solaris-sparcv9.tar.Z
Solaris SPARC 64-bit	18.18 MB	jdk-7u40-solaris-sparcv9.tar.gz
Windows x86	123.46 MB	jdk-7u40-windows-i586.exe
Windows x64	125.25 MB	jdk-7u40-windows-x64.exe

그림 02-03_ 윈도우용 Java SE 다운로드 페이지

다운받은 설치 프로그램을 실행시키면 다음과 같은 화면이 뜨면서 설치가 시작된다. 설치할 때 Development Tools, Demos and Sample, Source Code, Public JRE, Java DB 등을 선택해서 설치할 수 있게 되어있다. 특별한 이유가 없다면 기본 상태(모두 선택되어 있는 상태)로 설치를 진행한다.

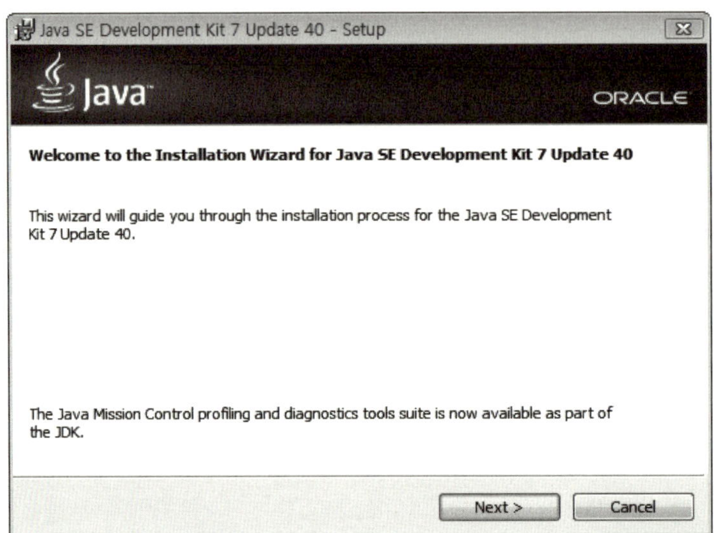

그림 02-04_ JDK 설치 화면

JDK를 설치하고 있을 때에는 웹 브라우저와 이클립스 등은 종료해야 한다. JDK가 모두 설치되면 다음과 같은 창이 뜬다.

그림 02-05_ JDK 설치 종료 화면

이제 명령 프롬프트 창을 띄우고 다음과 같이 java –version을 입력하여 JDK가 제대로 설치되었는지 확인한다. 방금 설치한 JDK 7 Update 40은 "1.7.0_40" 버전을 뜻한다.

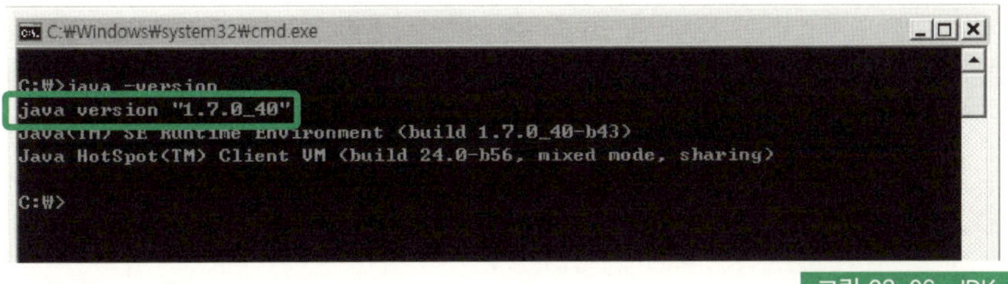

그림 02-06_ JDK 설치 확인

2. 이클립스 설치하기

이클립스(Eclipse)는 Java로 만들어진 통합 개발 환경이다. 공개 소프트웨어이지만 마이크로소프트의 비주얼 스튜디오(Visual Studio)나 애플의 XCode 못지않은 강력한 개발 환경을 제공하며, Java로 만들어졌기 때문에 다양한 플랫폼에서 사용할 수 있는 장점을 가지고 있다. 덕분에 이클립스를 개발 환경으로 사용하는 안드로이드 역시 다양한 플랫폼에서 개발을 할 수 있다.

이클립스 홈페이지(www.eclipse.org)에서 다양한 개발 언어를 지원하는 여러가지 버전의 이클립스를 다운받을 수 있다. 안드로이드 애플리케이션 개발을 위해서는 [Eclipse IDE for Java Developers] 버전을 사용하면 된다. 이클립스 메인 페이지의 [Get Started now… Download Eclipse] 버튼을 클릭하면 이클립스 다운로드 페이지로 이동한다.

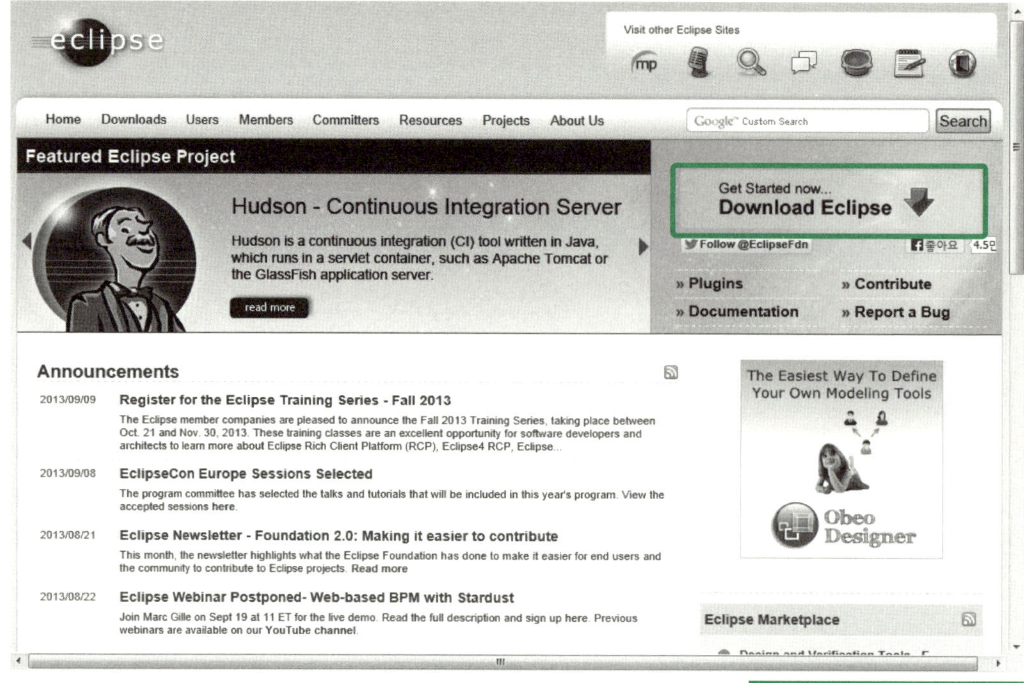

이클립스는 1년 단위로 정기적인 버전업이 되고 있다. 필자의 경우 2008년에는 Ganymede(가니메데-3.4 버전)를 한동안 쓰다가 2009년부터는 Galieo(갈릴레오-3.5 버전)를 쓰고 있었는데, 2010년 6월에 역시나 새 버전인 Helios(헬리오스-3.6 버전)가 나왔다. 2011년에는 Indigo(인디고-3.7 버전), 2012년에는 Juno(주노-4.2 버전), 그리고 지금 다운로드 받아서 사용할 수 있는 버전은 Kepler(캐플러-4.3 버전)이다.

이클립스는 별다른 설치 과정이 필요 없다. 원하는 곳에 압축을 풀고 실행 파일인 eclipse.exe만 실행하면 된다.

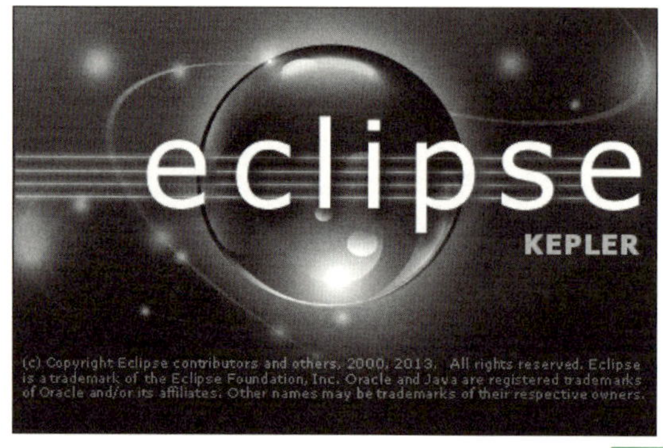

이클립스는 기본적으로 실행시킬 때마다 작업 공간(워크스페이스, workspace)를 지정하라는 창이 뜬다. 하나의 작업 공간에서 계속 작업을 한다면 왼쪽 아래의 [Use this as the default and do not ask again] 체크 박스를 체크하면 더 이상 실행시킬 때마다 뜨지 않게 된다.

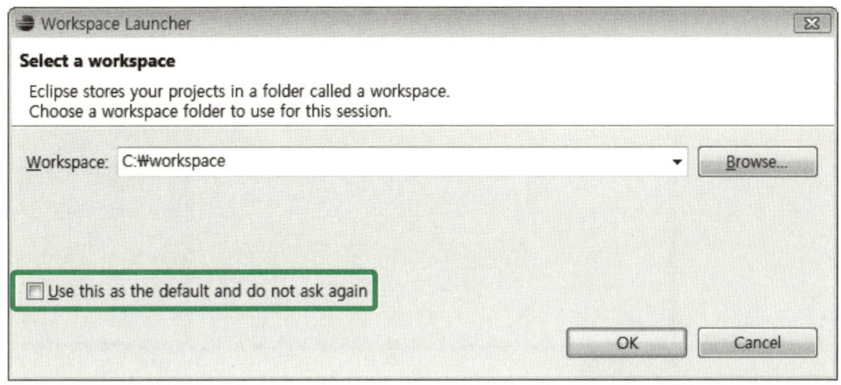

그림 02-09_ 이클립스 작업 공간 설정 창

처음 이클립스를 실행시키면 다음과 같은 시작 화면이 뜨는데, 여기서 오른쪽에 있는 "Workbench" 아이콘을 클릭하면 기본 화면으로 넘어갈 수 있다.

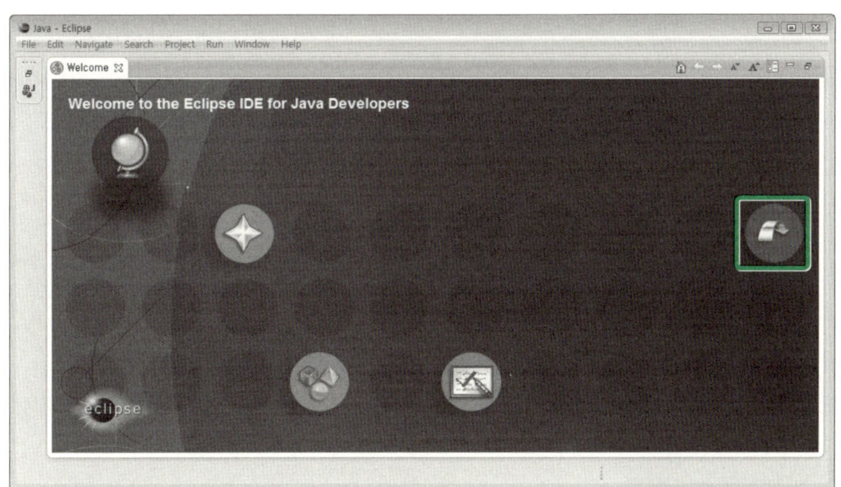

그림 02-10_ 이클립스 시작 화면

이클립스의 기본 화면은 다음과 같다(Java 개발 모드일 경우).

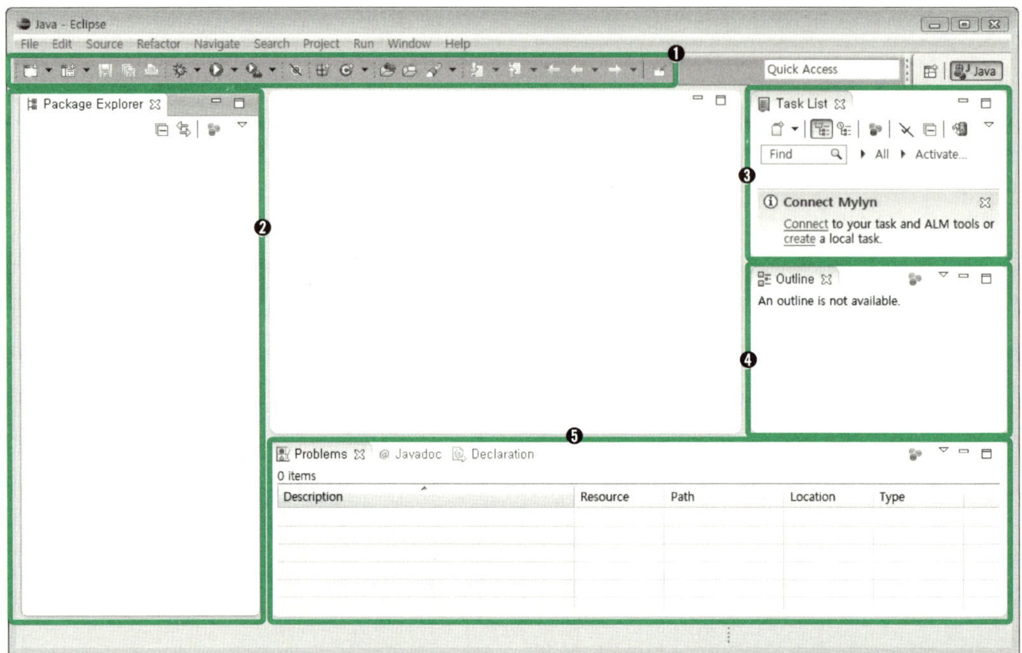

그림 02-11_ 이클립스 기본 화면

❶ 메뉴/툴바

Java 개발 모드일 경우에 이클립스에서 제공하는 기능들에 대한 메뉴와 주요 기능을 아이콘으로 배치한 툴바이다.

❷ Package Explorer

이클립스에서 생성하거나 임포트(Import)한 프로젝트들의 목록과 해당 프로젝트들의 관련 파일 목록을 탐색할 수 있는 창이다.

❸ Task List

Task Repository를 이용하여 애플리케이션 개발과 관련된 이슈(issue)를 등록하거나 관리할 때 사용한다.

❹ Outline

현재 작업 중인 java 파일이나 xml 파일의 구성 요소를 목록으로 표시해준다.

❺ Problems/Javadoc/Declaration

현재 작업 중인 프로젝트의 디버깅 정보나 실행 결과 등을 표시해주는 창이다.

3. 안드로이드 SDK 설치하기

안드로이드 애플리케이션 개발을 위해서는 이클립스 뿐만 아니라 안드로이드 SDK를 설치해야 한다. 초기의 안드로이드 SDK는 다소 번거로운 설치 과정을 거쳐야 했지만, 지금은 이클립스용 안드로이드 플러그인만 설치하면 나머지는 자동으로 설치되도록 개선되었다.

3.1 윈도우에서 개발 환경 구축하기

이클립스를 실행시키고 [Help]-[Install New Software] 메뉴를 선택한다. 그리고 다음과 같이 [Add] 버튼을 클릭하면 Add Repository 창이 뜬다. 여기서 Name 항목에 Android Development Tool를, 그리고 Location 항목에 https://dl-ssl.google.com/android/eclipse를 입력한다.

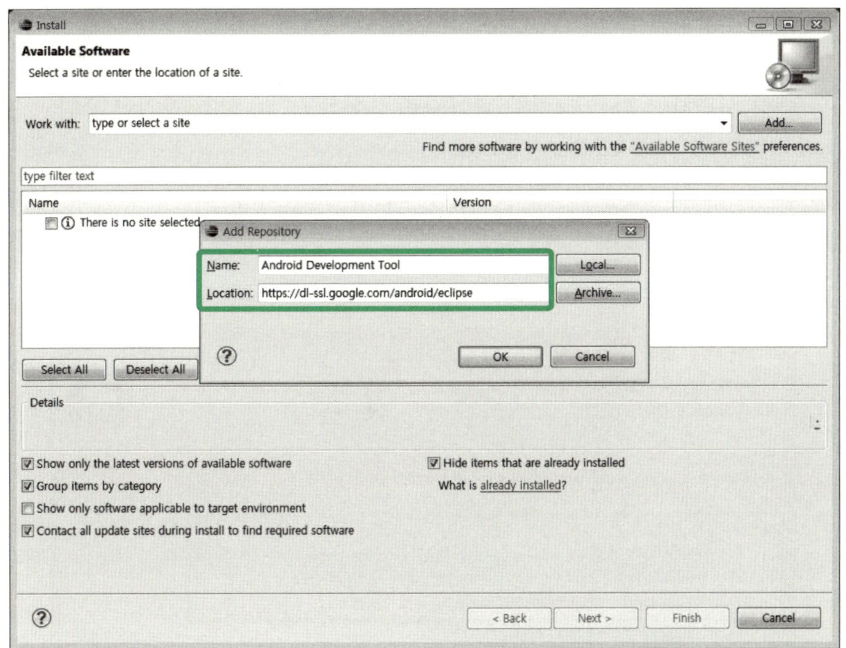

그림 02-12_ 이클립스용 안드로이드 플러그인 세팅 화면

다음과 같이 목록에 Android DDMS와 Android Development Tools(ADT) 등 관련 항목이 리스트에 뜨면 모두 선택해주고 [Next] 버튼을 클릭해서 설치를 진행한다. 안드로이드 플러그인 설치가 끝나면 이클립스를 다시 시작해야 한다.

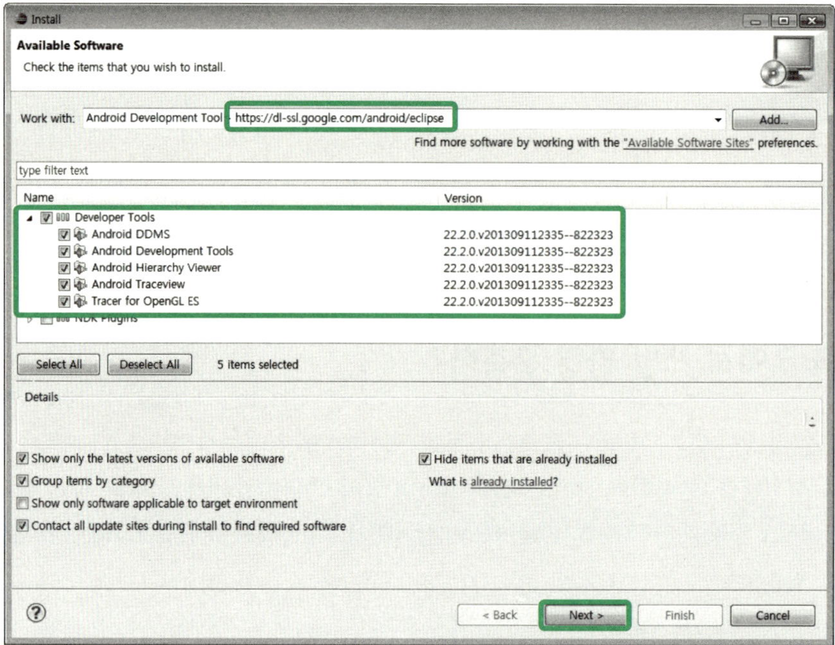

그림 02-13_ 이클립스용 안드로이드 플러그인 설치 화면

이클립스를 다시 시작하면 다음 그림과 같이 안드로이드 SDK 설치 팝업이 뜬다. 기본적으로 가장 최신 버전의 SDK를 설치하는 항목만 체크되어 있는데, Android 2.2 버전까지 설치하도록 체크해준다. 현재 기본적으로 사용하는 SDK 버전은 4.x 이상이지만, 최소 지원 OS 버전은 2.2 이상으로 해주는 것이 좋다.

그림 02-14_ 안드로이드 SDK 설치 화면

네트워크 상태에 따라서 다소 시간이 걸려서 안드로이드 SDK가 설치된다. 안드로이드 SDK의 설치가 끝나면, [Window]–[Preferences] 메뉴를 클릭한다. 왼쪽에 "Android" 항목이 추가된 것을 확인할 수 있고, 오른쪽에는 안드로이드 SDK가 설치된 폴더와 현재 설치되어 있는 SDK 버전이 명시되어 있는 것을 확인할 수 있다(여기에서는 Android 2.2와 Android 4.3 버전을 설치하였다).

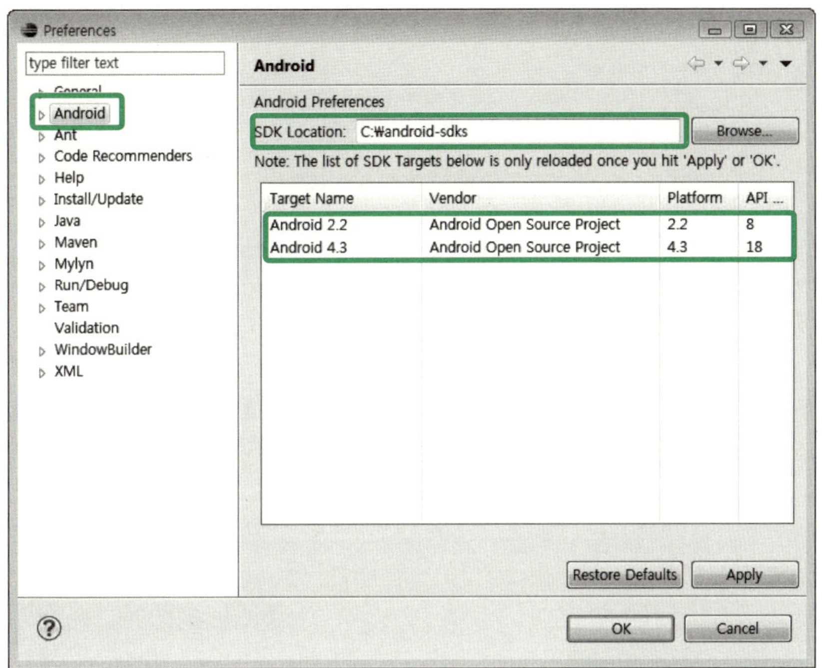

그림 02-15_ 안드로이드 SDK 설정 화면

지금 설치한 버전의 이외의 SDK를 설치하려면 [Window]–[Android SDK Manager] 메뉴를 선택하고, 설치를 원하는 버전을 체크하고 설치하면 된다. [Android SDK Manager]를 실행한 다음 반드시 "Extras" 항목에 있는 [Android Support Library]를 체크하여 설치하도록 한다.

이렇게 해서 안드로이드 애플리케이션을 개발할 준비가 모두 끝났다. 이제 남은 것은 프로그램을 만드는 일이다.

3.2 HelloWorld 만들기

지금까지 준비한 이클립스와 안드로이드 SDK를 이용하여 첫 번째 안드로이드용 애플리케이션을 만들어보도록 하자. [File]–[New]–[Other] 메뉴를 선택하고 [Android Application Project] 항목을 선택한 다음 [Next] 버튼을 클릭한다.

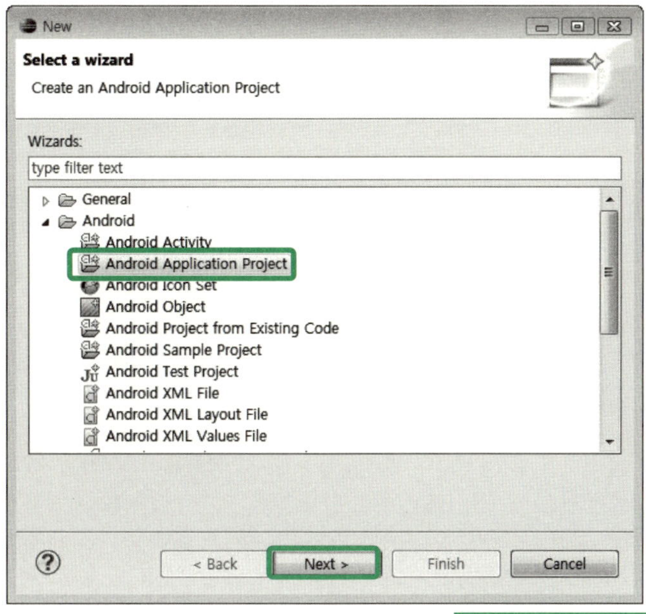

새로 생성할 애플리케이션의 애플리케이션 이름을 입력하면 프로젝트 이름과 패키지 이름이
자동으로 입력된다. 애플리케이션 이름으로 "HelloWorld"라고 입력하고 [Next] 버튼을 클릭
해서 프로젝트를 만들어 준다. 기본적으로 최소 요구 SDK 버전은 2.2로, 타깃 SDK와 컴파일
되는 버전은 4.3으로 선택한다.

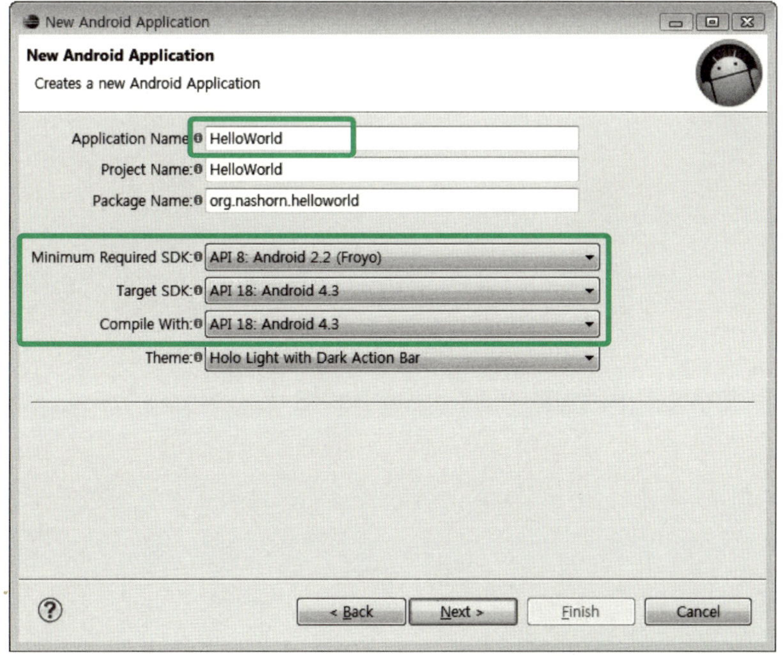

프로젝트 생성 시의 옵션으로 아이콘 이미지, 기본 액티비티(Activity), 워크스페이스에 프로젝트 생성 등이 체크되어 있다. 특별한 경우가 아니면 굳이 변경할 필요가 없으니 그냥 [Next] 버튼을 클릭한다.

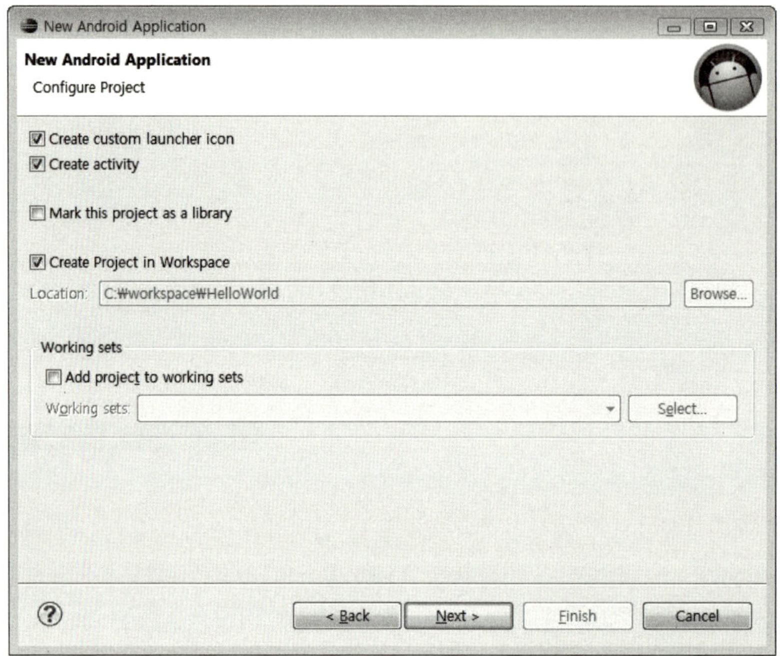

그림 02-19_ 안드로이드 프로젝트 설정 화면

다음 화면에서는 애플리케이션의 아이콘으로 사용할 이미지를 선택하면 화면 밀도에 맞는 사이즈의 아이콘 이미지 파일로 자동 생성해준다.

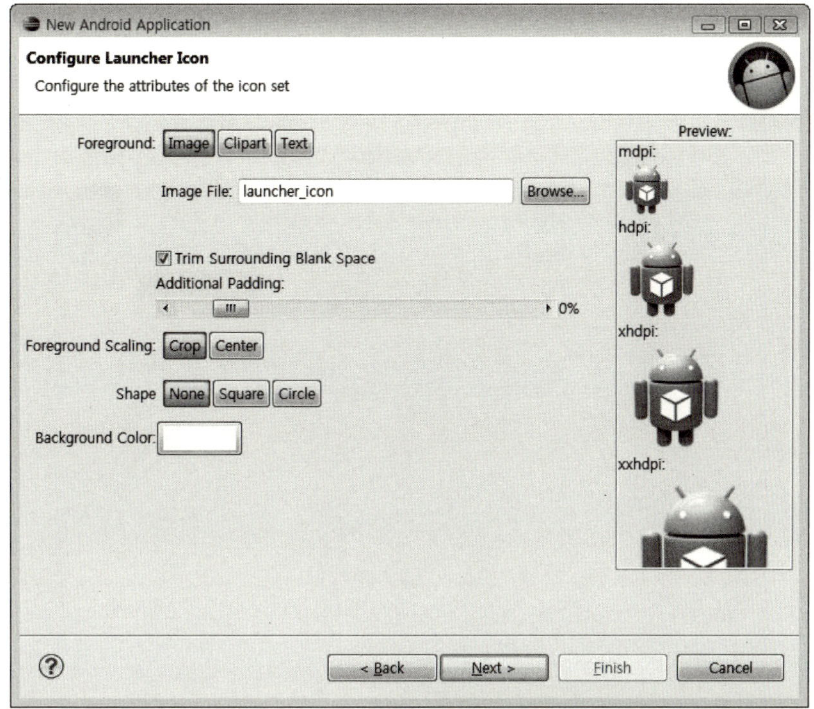

그림 02-20_ 안드로이드 프로젝트 속성 및 아이콘 설정 화면

생성할 액티비티의 스타일을 선택하고 [Next] 버튼을 클릭한다.

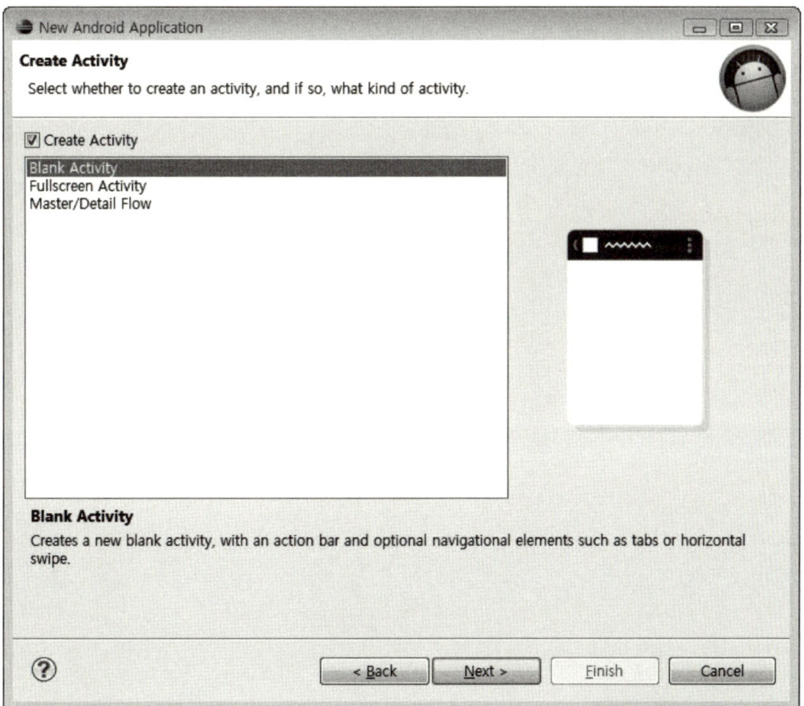

그림 02-21_ 액티비티 생성 화면

마지막으로 액티비티의 이름과 레이아웃 XML의 이름 등을 입력한 다음, [Finish] 버튼을 클릭하면 HelloWorld라는 이름의 프로젝트가 생성된다.

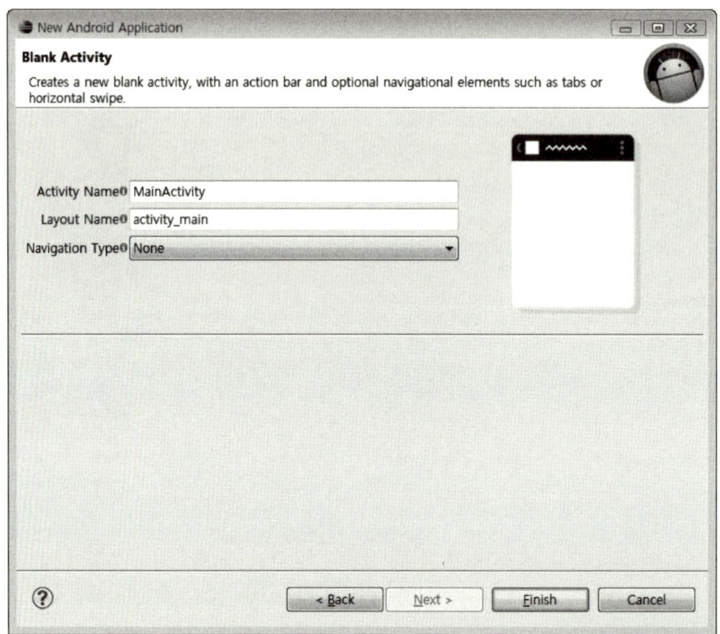

프로젝트가 생성되면 왼쪽의 Package Explorer에 새로 만들어진 HelloWorld 프로젝트가 등록된다. 화면 가운데에 있는 편집 창에서 java 파일이나 xml 파일을 열고 원하는 코드를 작성할 수 있는데, 최초에는 디폴트 액티비티에서 사용되는 레이아웃 XML의 미리보기 화면이 뜬다.

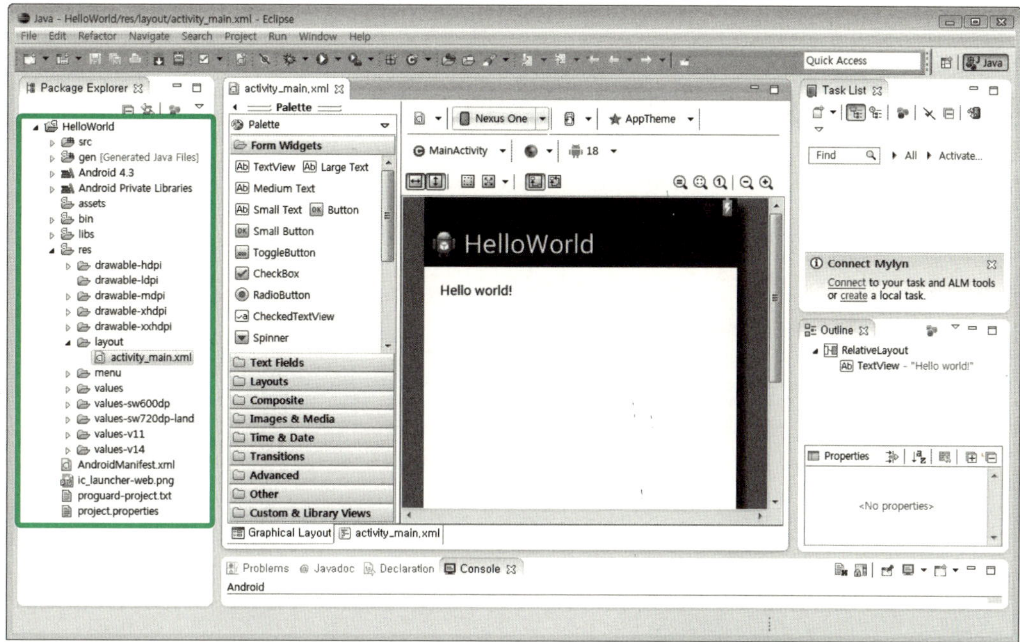

그림 02-23_ 이클립스 프로젝트 편집 화면

[Window]–[Android Virtual Device Manager]를 선택하면 다음과 같은 창이 뜬다. 오른쪽의 [New] 버튼을 클릭하면 테스트를 위한 새로운 AVD(Android Virtual Device)를 등록할 수 있다.

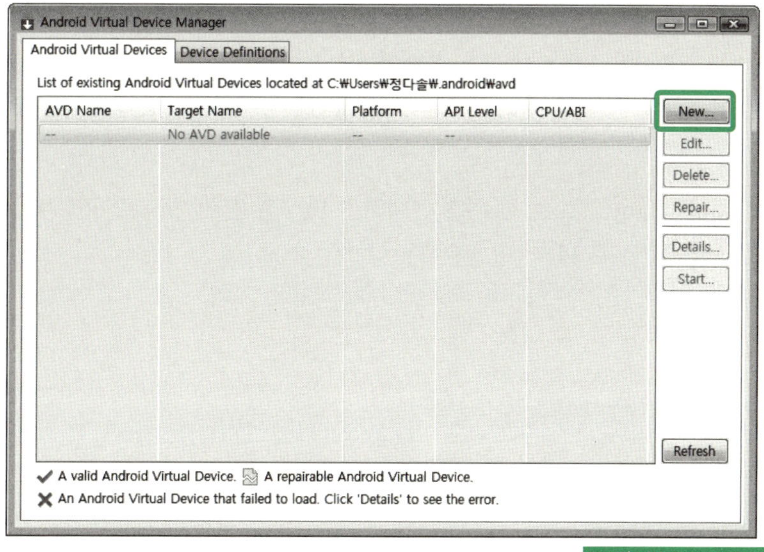

그림 02-24_ AVD Manager 화면

AVD의 이름은 "TestEmul"이라 입력하고 타깃은 "Android 4.3"으로 지정한다. SD Card
용량(Size)은 1000MB로 잡아주고, 디바이스는 "Nexus 7", CPU는 "ARM"을 선택해준 다음
[OK] 버튼을 눌러주면 테스트용 AVD가 만들어진다.

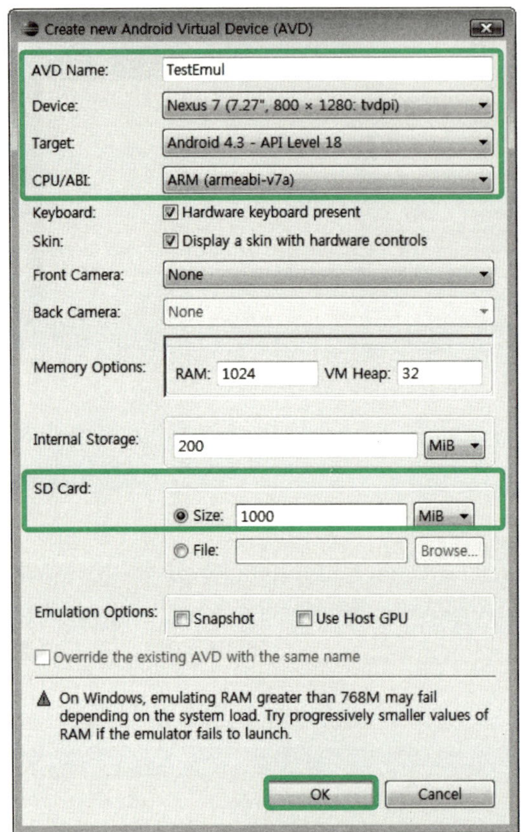

그림 02-25_ 새로운 안드로이드 버추얼 디바이스 추가 화면

이제 이클립스에서 [Run]–[Run] 메뉴를 선택하면 다음과 같이 안드로이드 에뮬레이터가 실
행되면서 HelloWorld 프로그램이 실행된다.

그림 02-26_ 안드로이드 버추얼 디바이스 구동 화면

3.3 Mac에서 개발 환경 구축하기

Mac에서 안드로이드 개발자 사이트(http://developer.android.com)에서 Mac OS X (intel)용 안드로이드 SDK 파일을 다운받아서 임의의 폴더에 압축을 푼다.

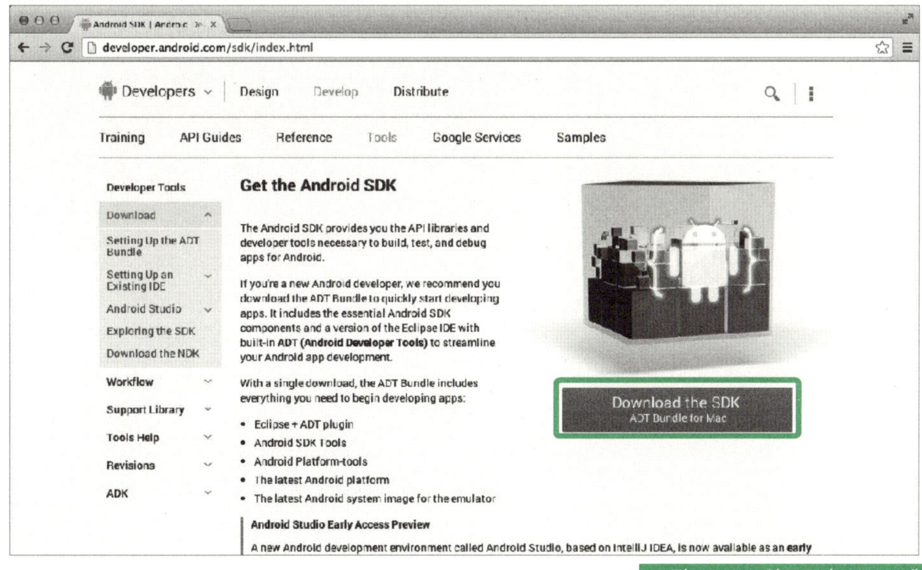

그림 02-27_ 안드로이드 SDK 페이지

SDK의 설치가 끝나면 이클립스를 실행시키고, [Help]–[Install New Software] 메뉴를 선택한다. 다음과 같이 https://dl-ssl.google.com/android/eclipse를 추가해주면 목록에 Android DDMS와 Android Development Tools 항목이 리스트에 뜬다. 둘다 선택해주고 [Next] 버튼을 클릭하면 설치가 진행된다.

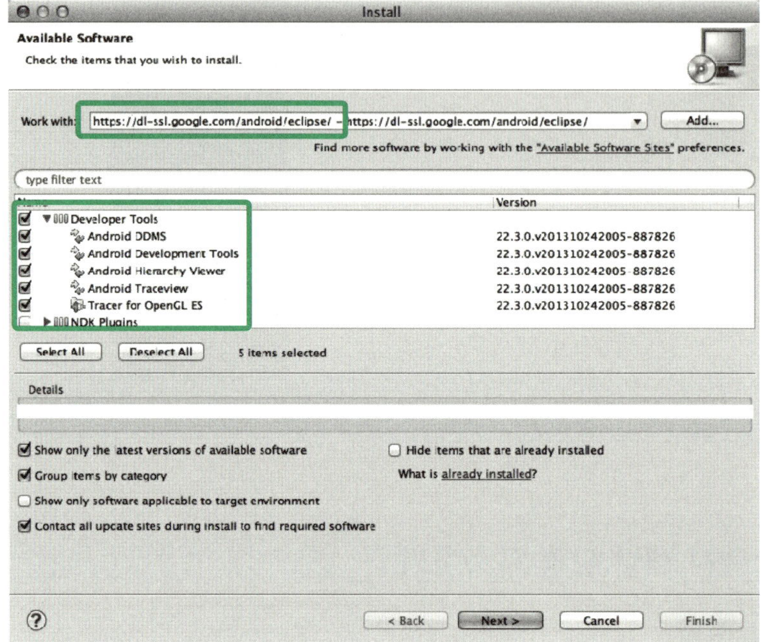

Developer Tools의 설치가 끝나면, [Eclipse]–[환경설정] 메뉴를 클릭한다. 왼쪽에 「Android」 항목이 추가된 것을 확인할 수 있고, [Browse] 버튼을 클릭해서 Android SDK가 설치된 루트 폴더를 선택해주면 다음과 같이 설치된 SDK의 목록이 화면에 뜬다.

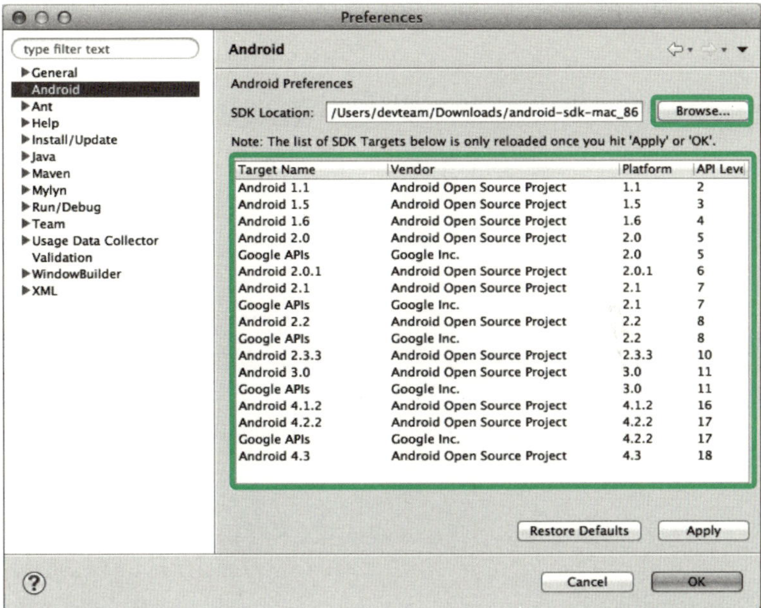

이제「Android SDK and AVD Manager」를 실행시켜서 필요한 SDK 버전을 선택하여 설치한다.

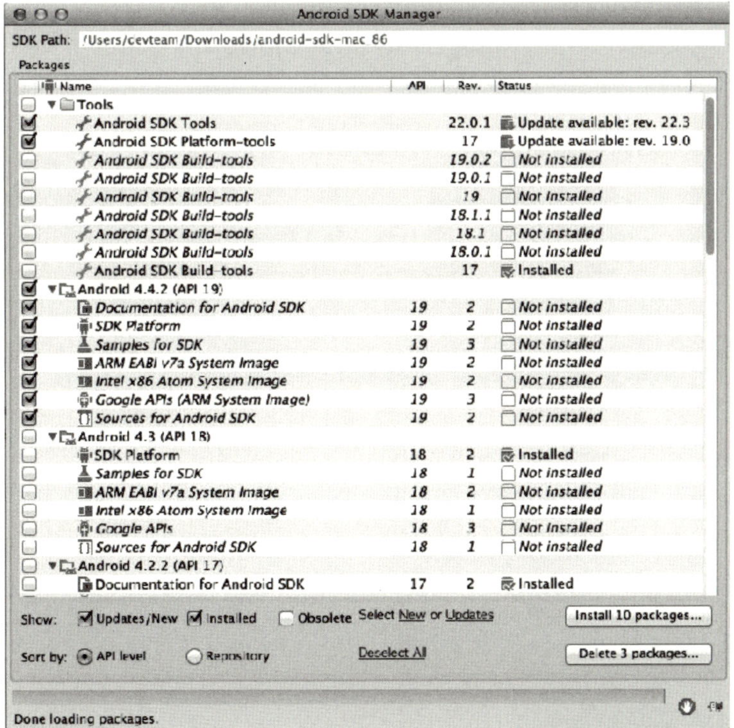

「Installed Packages」 메뉴에서 [Update All…] 버튼을 클릭하면 아래 그림과 같이 설치할 패키지를 선택하는 창이 뜬다. 설치할 패키지를 선택하고 [Install] 버튼을 클릭하면 설치가 진행된다.

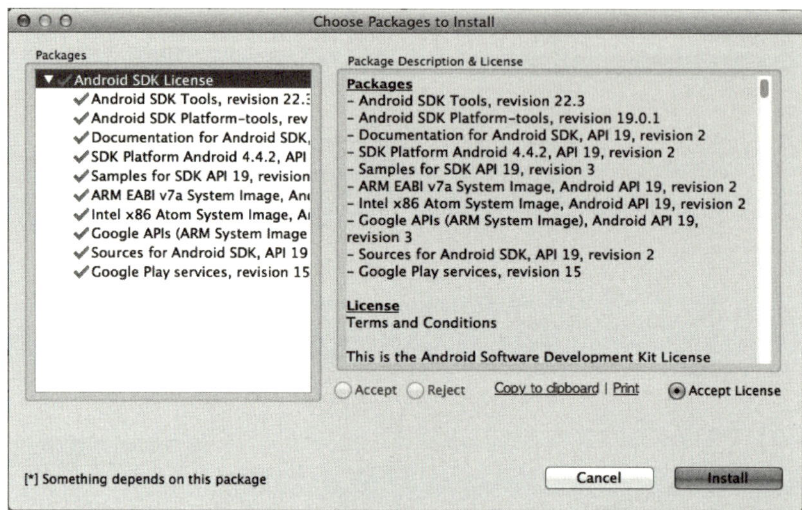

그림 02-31 안드로이드 패키지 설치

이클립스의 UI나 기능, 사용 방법은 윈도우 환경과 동일하다. 이것이 Java 애플리케이션인 Eclipse의 장점이라고 할 수 있다. [File]-[New]-[Other] 메뉴를 선택한 후, Android Application Project를 선택하고 [Next] 버튼을 클릭한다.

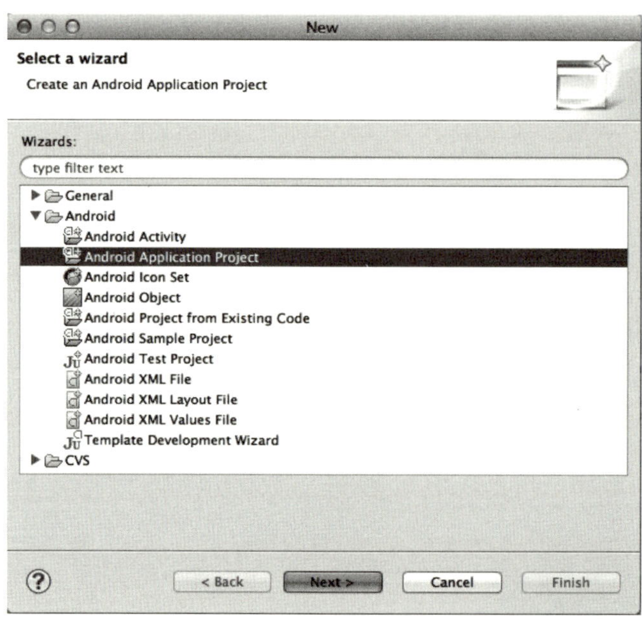

그림 02-32 안드로이드 프로젝트 선택

「New Android Application」 창이 뜨면 애플리케이션 이름과 프로젝트 이름으로 "HelloWorld"라고 입력한다. 필요에 따라서 패키지 이름을 원하는 이름으로 변경해주고, 최소 필요 SDK와 대상 SDK를 선택한 다음 [Next] 버튼을 클릭하면 프로젝트 생성 과정이 시작된다.

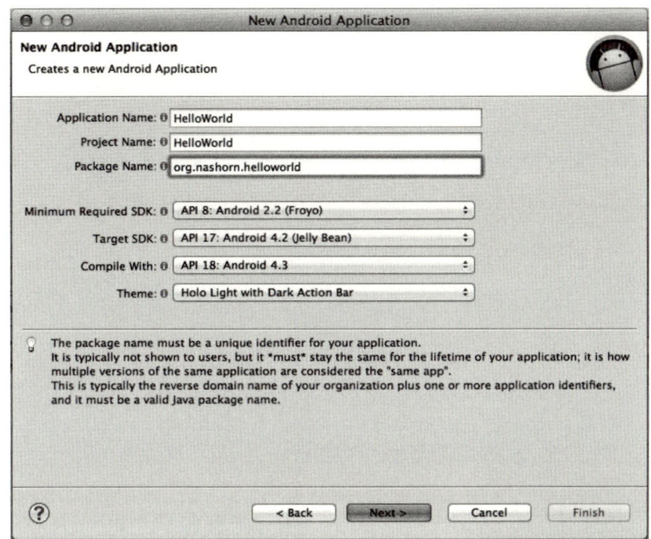

그림 02-33 안드로이드 프로젝트 생성

프로젝트 생성 시의 옵션으로 아이콘 이미지, 기본 액티비티, 워크스페이스에 프로젝트 생성 등이 체크되어 있다. 특별한 경우가 아니면 굳이 변경할 필요 없으니 그냥 [Next] 버튼을 누른다.

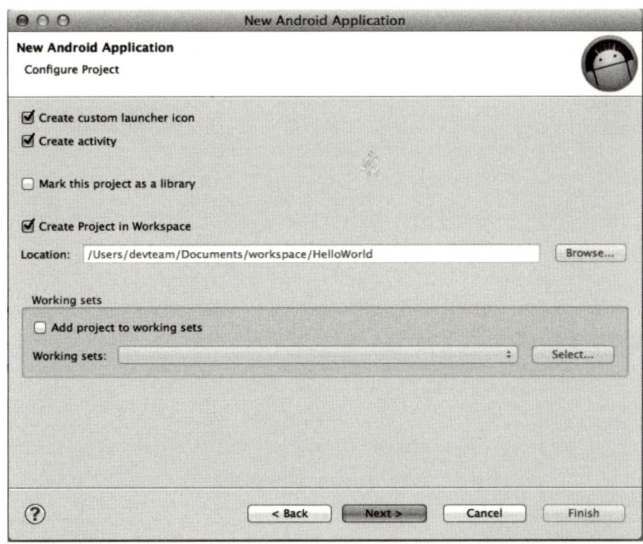

그림 02-34 Android 프로젝트 설정 화면

다음 화면에서는 애플리케이션의 아이콘으로 사용할 이미지를 선택해주면 화면 밀도에 맞는 사이즈의 아이콘 이미지 파일로 자동 생성해준다.

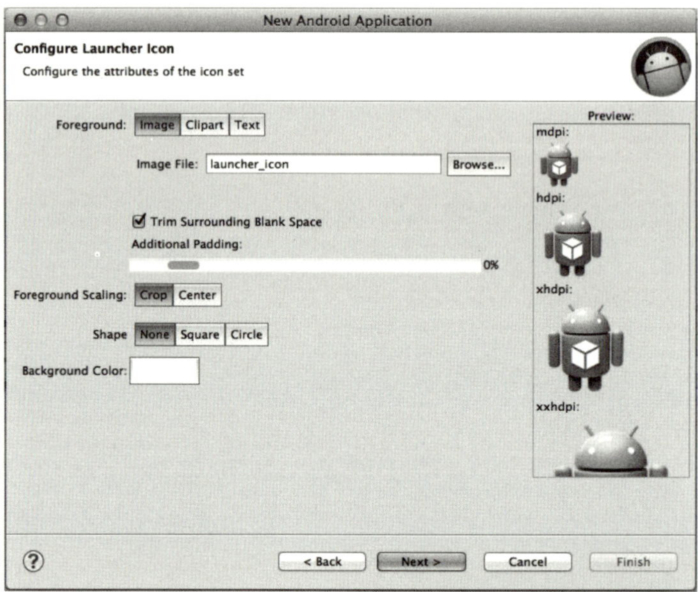

그림 02-35 Android 프로젝트 속성 및 아이콘 설정 화면

생성할 액티비티의 스타일을 선택하고 [Next] 버튼을 클릭한다.

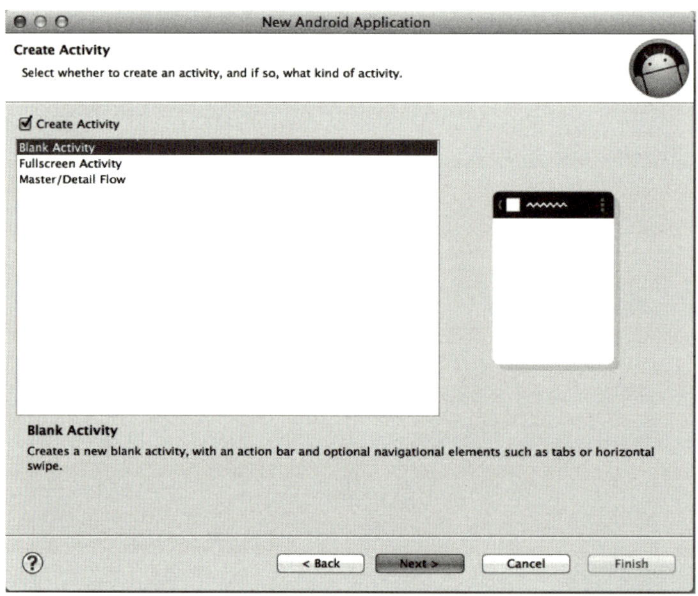

그림 02-36 Activity 생성 화면

마지막으로 액티비티의 이름과 레이아웃 XML의 이름 등을 입력한 다음, [Finish] 버튼을 누르면 HelloWorld라는 이름의 프로젝트가 생성된다.

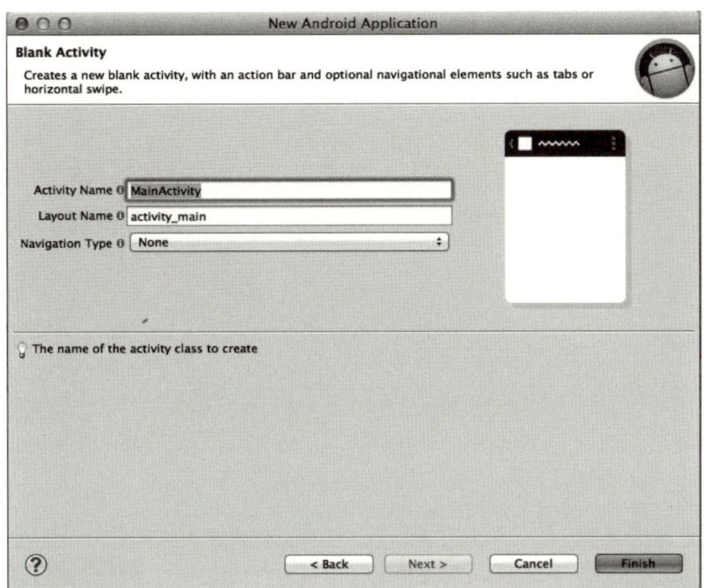

그림 02-37 Activity 설정 화면

HelloWorld 프로젝트가 생성되면 다음과 같이 기본 액티비티와 레이아웃이 생성된 것을 확인할 수 있다.

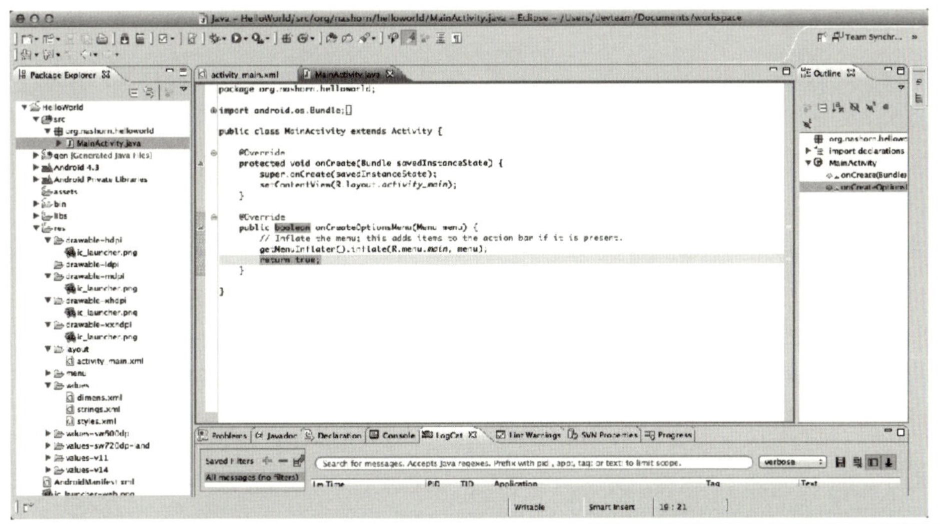

그림 02-38 안드로이드 프로젝트 편집 화면

[Window]-[Android SDK and AVD Manager]를 선택하면 다음과 같은 창이 뜬다. [New]
버튼을 클릭하면 테스트를 위한 새로운 AVD(Android Virtual Device)를 등록할 수 있다.

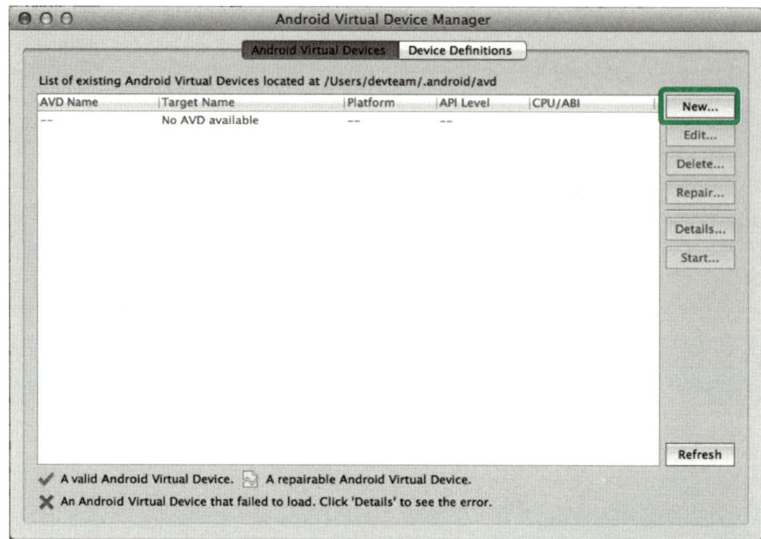

그림 02-39 AVD Manager 화면

이름은 "TestEmul"이라고 입력하고 타겟은 "Android 2.3.3"으로 지정해 준다. SD Card 용
량은 1000MB로 잡아준 다음 [OK] 버튼을 클릭하면 테스트용 AVD가 만들어진다.

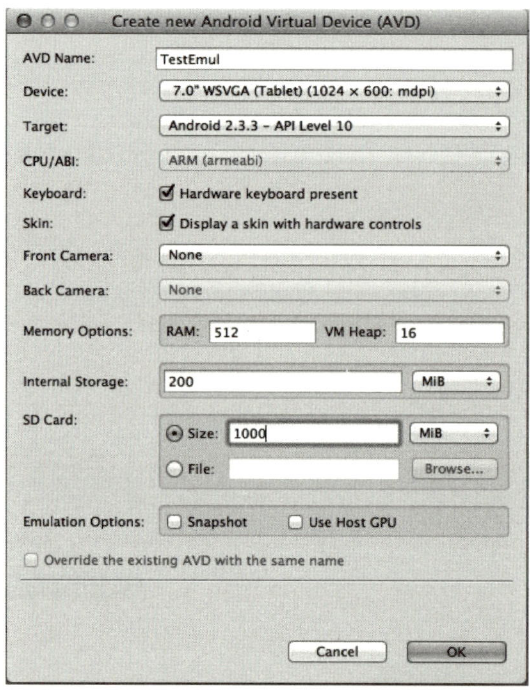

그림 02-40 안드로이드 버추얼 디바이스 추가

이제 [Run]-[Run] 메뉴를 선택하면 다음과 같이 안드로이드 에뮬레이터가 실행되면서 HelloWorld 프로그램이 실행된다.

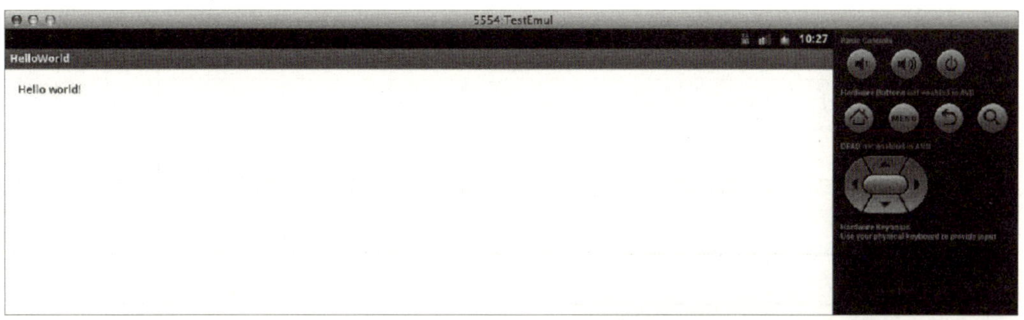

그림 02-41 안드로이드 버추얼 디바이스 구동 화면

4. ADT 22.6 버전 이상에서 프로젝트 생성하기

2014년 3월경에 ADT의 버전이 22.6으로 업그레이드 되면서 이전과는 다른 방식으로 안드로이드 프로젝트가 생성되도록 변경되었다. 이전부터 개발자가 필요에 따라 선택하여 사용할 수 있었던 「Action Bar(액션 바)」와 「Fragment(프래그먼트)」를 기본적으로 사용하도록 강제한 것이 그 특징이다. 물론, 약간의 번거로움을 감수하면 이전과 같은 방법으로 애플리케이션을 개발할 수도 있겠지만, 구글에서 앞으로는 Action Bar와 Fragment를 활용한 애플리케이션 프로그래밍을 권장하는 것이기 때문에 이러한 변화에 빨리 적응하는 것이 좋다.

초창기 안드로이드 애플리케이션은 레이아웃 XML을 이용하여 화면 구성을 정의하면 충분했지만, 갈수록 단말기의 해상도가 높아지고 복잡한 구조의 레이아웃을 구현해야 함에 따라서 Fragment라는 인터페이스 구성 요소가 등장했다. Fragment를 이용하면 액티비티의 UI를 구성할 때 하나의 화면을 여러 개의 독자적인 레이아웃으로 구분하여 배치할 수 있다. 물론 기존 방식으로도 유사하게 구현하는 것이 가능하지만, Fragment를 이용하면 각각의 Fragment를 독립적으로 처리할 수 있다는 점이 다르다.

- 하나의 액티비티는 여러 개의 Fragment를 조합하여 임베디드 시킬 수 있다.
- Fragment는 독립적인 라이프사이클을 가진다(속해있는 액티비티의 라이프사이클에 영향을 받음).
- Fragment는 자신의 레이아웃을 정의할 수 있다.
- Fragment와 Fragment 사이의 통신은 반드시 액티비티를 거쳐야 한다.
- Fragment에서 액티비티의 메소드를 호출할 수 있다.

이러한 Fragment는 애플리케이션이 다양한 해상도의 단말기에서 구동이 되어야 할 때, 기본적인 UI 흐름은 유지한 채로 단말기 특성에 맞게 동작하도록 만들어주는 장점이 있다. 예를 들어서 태블릿과 같은 단말기에서는 다음과 같이 왼쪽에는 목록을 표시하고, 오른쪽에는 선택된 항목에 대한 상세 정보를 보여주는 것이 일반적인 UI 구성이다. 이때 목록을 표시하는 부분과 상세 정보를 표시하는 부분을 Fragment로 만든 다음, 두 개의 Fragment를 해당 액티비티 레이아웃에 임베디드시키도록 구현할 수 있다.

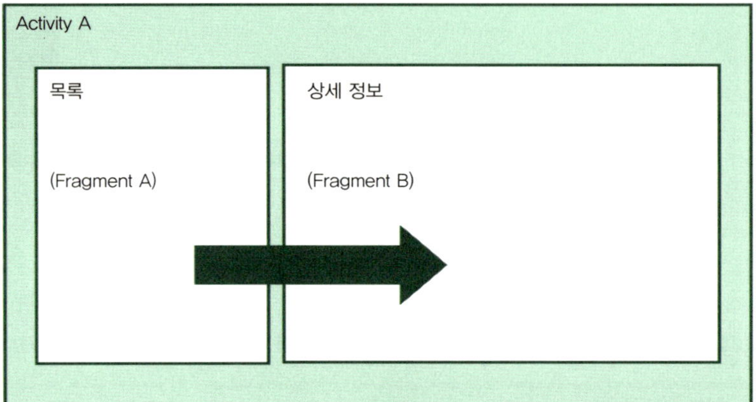

그림 02-42 하나의 액티비티 안에 두 개의 Fragment를 배치

그런데 스마트폰에서는 해상도와는 상관없이 화면 자체의 물리적인 크기가 제한되어 있기 때문에 태블릿과 같은 방법으로 목록과 상세 정보를 한 화면에 같이 보여주는 것이 적합하지 않는 경우가 있을 수도 있다. 그런 경우에는 아래 그림처럼 각각의 Fragment를 서로 다른 액티비티에 임베디드시킨 후 순차적으로 실행되도록 만들어서 동일한 방식으로 기능이 수행되도록 할 수 있다.

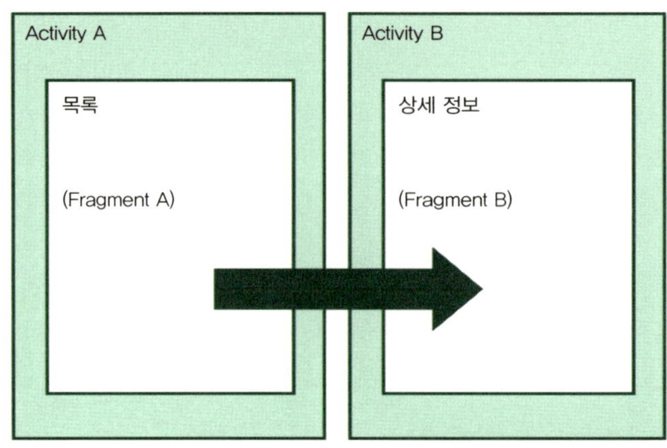

그림 02-43 액티비티마다 하나씩 Fragment를 배치

즉, Fragment는 기능이 단순하고 사용 방법도 간단한 일반적인 「컨트롤」이나 「위젯」에 비해 좀 더 복잡한 기능을 가질 수 있는 일종의 「사용자 UI 컨트롤」이라고 보면 된다. 따라서 애플리케이션 개발 시에 적당한 단위로 UI를 쪼개서 각각을 Fragment로 정의해두면 필요에 따라서 동적인 레이아웃 배치가 용이한 애플리케이션으로 손쉽게 만들 수 있게 된다.

Action Bar도 역시 안드로이드 3.0부터 추가된 기능으로, 기존의 Title Bar를 대체하는 컴포넌트이다. 단순히 애플리케이션 제목만을 표시했던 Title Bar와는 달리 제목과 애플리케이션 아이콘을 표시하는 것은 물론 오버플로우 메뉴, 단축 메뉴(액션 아이템), 탭 등을 사용할 수 있도록 해준다. 안드로이드 3.0 (API Level 11)부터는 기본적으로 사용할 수 있으며, 안드로이드 2.1 이상부터 안드로이드 3.0 미만까지는 Android Support Library를 이용하여 구현할 수 있다.

ADT 22.6 버전으로 업그레이드를 한 다음, 프로젝트를 생성하면 이전 버전과 동일한 형태의 프로젝트 생성 창이 뜬다. 기본적인 선택 항목은 이전과 달라진 것이 없어 보인다.

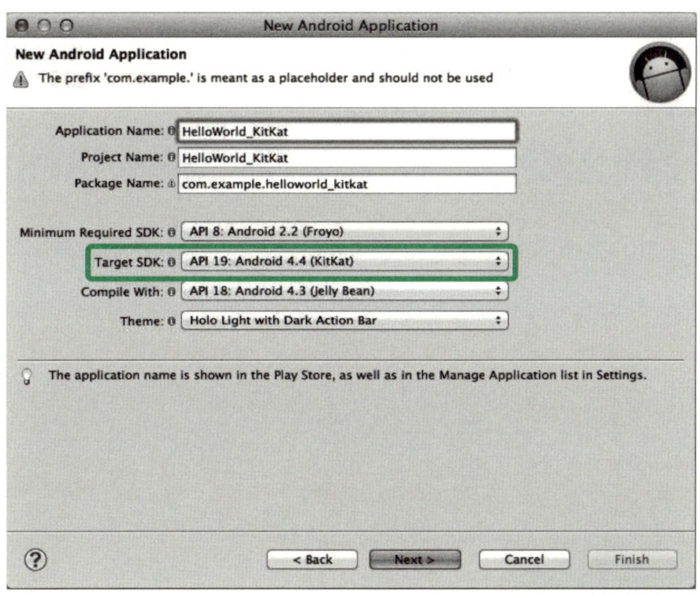

그림 02-44 안드로이드 프로젝트 생성

자동으로 생성될 Blank Activity에 대한 사항을 입력하는 창에 「Fragment Layout Name」이라는 항목이 추가된 것을 볼 수 있다. 이것이 기본적으로 생성되는 Fragment에 대한 정의 파일 이름이다.

그림 02-45 Blank Activity 설정 화면

생성된 프로젝트를 살펴보면 MainActivity가 ActionBarActivity에서 상속받아서 만들어졌고, res/layout 폴더에 fragment_main.xml 파일이 추가된 것을 볼 수 있다. 화면 구성에 필요한 사항을 직접 정의했던 activity_main.xml의 경우, 단순 컨테이너 역할만 하기 때문에 다음과 같이 프레임 레이아웃을 이용하여 틀만 잡아놓고 실제 화면 구성에 필요한 정보는 fragment_main.xml에 정의한 다음, onCreate( )에서 컨테이너에 임베디드시키도록 만들어져 있다.

```
<FrameLayout xmlns:android=http://schemas.android.com/apk/res/android
    xmlns:tools=http://schemas.android.com/tools
    android:id="@+id/container"
    android:layout_width="match_parent"
    android:layout_height="match_parent"
    tools:context="org.nashorn.helloworld_kitkat.MainActivity"
    tools:ignore="MergeRootFrame" />
```

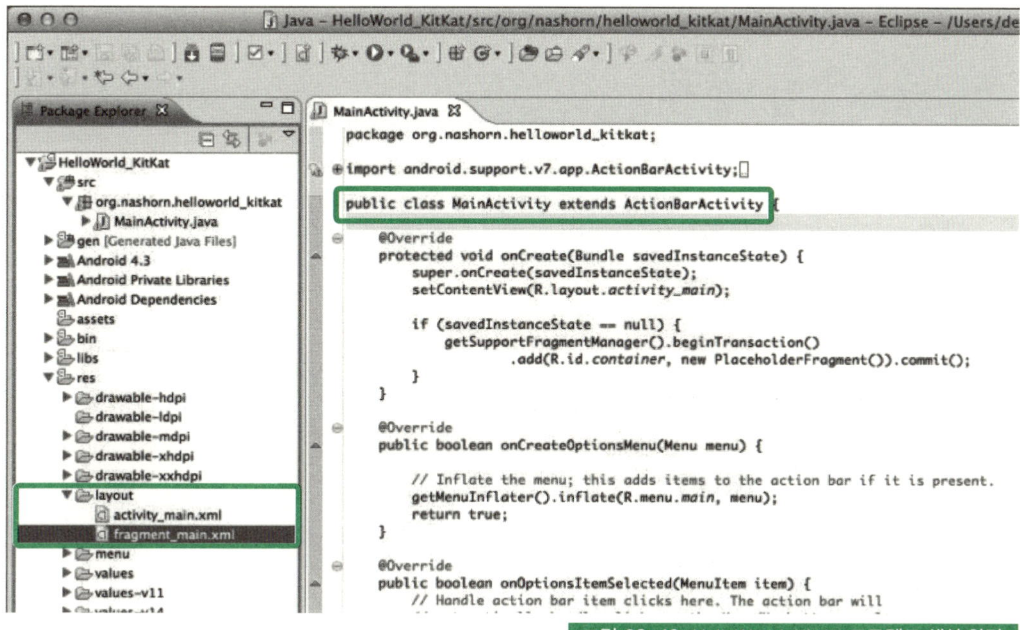

그림 02-46 HelloWorld_KitKat 프로젝트 생성 화면

Note... 지금 설명한 방식은 이 책에 사용된 모든 예제가 만들어진 시점 이후에 변경된 사항이기 때문에 앞으로 다루는 모든 예제들은 기존 방식대로 구현이 되어 있는 점은 부디 양해해주기 바란다. 대부분의 예제가 activity_main.xml을 수정하여 원하는 정보를 표시하도록 되어 있는데, 대신 fragment_main.xml을 수정하면 동일한 결과를 확인할 수 있다. 별도로 제공되는 샘플 소스들도 이클립스에서 [File]–[Import] 메뉴을 이용하여 가져오면 ADT의 버전에 상관없이 정상적으로 동작하는 것을 확인할 수 있다.

생성한 프로젝트를 실행시키면 다음과 같은 실행 결과를 확인할 수 있다. 이전과는 달리 애플리케이션 상단에 "Title Bar" 대신 "Action Bar"가 표시되는 것을 확인할 수 있다.

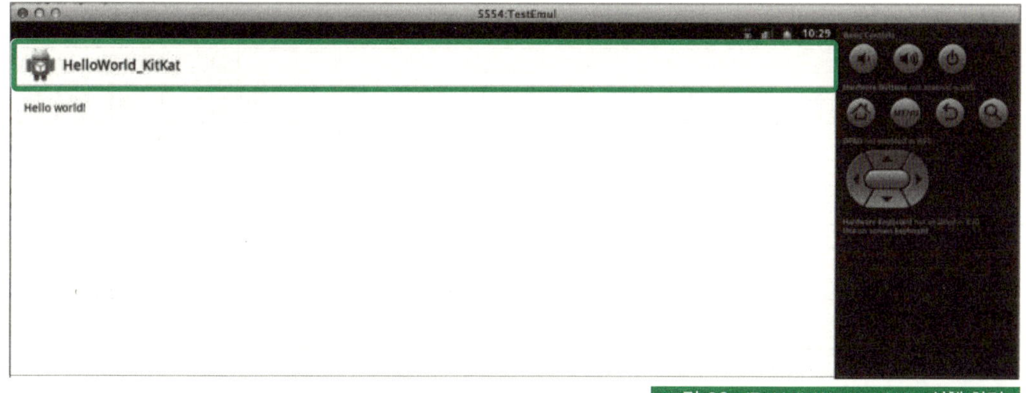

그림 02-47 HelloWorld_KitKat 실행 화면

연습 문제

1. 안드로이드 개발을 위해 반드시 설치해야 하는 Java 관련 도구는?

① JIL(Joint Innovation Lab)

② JSP(Java Server Pages)

③ JDK(Java Development Kit)

④ JRE(Java Runtime Environment)

2. 다음중 안드로이드 애플리케이션을 개발하기 위해 필요한 개발도구는?

① Vim

② Visual Studio

③ Xcode

④ Eclipse

3. 이클립스(Eclipse)에서 안드로이드 개발을 하기 위해 제일 먼저 설치해야 하는 애드온은?

① svn

② ADT(Android Development Tools)

③ git

④ CVS

Java 기초 노트

03

이번 Chapter에서는 안드로이드 애플리케이션 개발에 사용되는 Java 언어의 기본 문법과 Java를 이용한 개발에 필요한 기초 사항에 대해서 정리해보도록 하자.

1. Java의 특징

Java는 썬 마이크로시스템즈에서 만들어서 1995년에 발표한 프로그래밍 언어이다. 초기에는 가전 제품 등에 탑재되는 프로그램을 위해 설계되었지만, 웹 애플리케이션 개발에 많이 활용되어왔다. 1997년 2월에 JDK 1.1을 선보였으며 이후에 꾸준히 버전업을 해오고 있다.

기본적으로 Java의 특징은 다음과 같이 요약할 수 있다.

- 플랫폼에 독립적이다.
- 거의 모든 것이 객체로 구성된 객체지향 프로그래밍(OOP:Object Oriented Programming) 언어이다.
- 다중 쓰레드 실행을 지원해 동시 작업이 가능하다.
- "Garbage Collector"를 사용하기 때문에 메모리 관리가 편하다.
- 예외 처리가 가능하다.
- 분산 환경을 기본으로 지원한다.
- 포인터 개념이 없고 유형 정의가 견고하여 실행 전에 프로그램의 검사가 가능하다.

무엇보다도 Java는 자바 가상머신(JVM)을 사용하는 것이 가장 특징이라고 할 수 있다. 네이티브(Native) 언어가 플랫폼에 종속적인 기계어 코드를 생성하여 동작하는데 반해, Java는 JVM에서 동작되는 코드를 생성한다. 그렇기 때문에 JVM이 동작할 수 있는 모든 플랫폼에서 Java로 만든 프로그램이 동작할 수 있는 것이다. 반대로 JVM 상에서 동작되기 때문에 네이티브 언어로 만들어진 프로그램에 비해서 실행 속도가 상대적으로 느리다는 단점이 있다.

Java는 C/C++과 많은 부분이 유사하지만, 상대적으로 익히기 쉽고 개발이 용이하도록 만들어졌기 때문에 현재에는 가장 많은 개발자들이 사용하고 있다. 그렇기 때문에 C/C++ 언어를 사용하던 개발자라면 어렵지 않게 Java 언어를 배울 수 있기도 하다.

2. Java 프로그램 구조

하나의 Java 소스 파일 구조는 다음과 같다.

그림 03-01_ Java 소스 파일 구조

Java 소스 파일의 이름은 반드시 .java라는 확장자로 끝나야 하며, 소스 파일 안에 public인 Top 레벨 클래스가 있을 경우에는 반드시 파일 이름과 클래스 이름이 같아야 한다. 하나의 소스 파일 내에는 Public인 클래스가 2개 이상 존재할 수 없으며, 반대로 public인 클래스가 하나도 없을 경우에는 클래스 이름을 어떻게 정하든 상관없다.

```
class HelloWorld {
    public static void main(String[ ] args){
        System.out.println("Hello, World!");
    }
}
```

```
 Problems  @ Javadoc  Declaration  Console 
<terminated> HelloWorld [Java Application] D:\Program Files\Java\jre7\bin\javaw.exe
Hello, World!
```

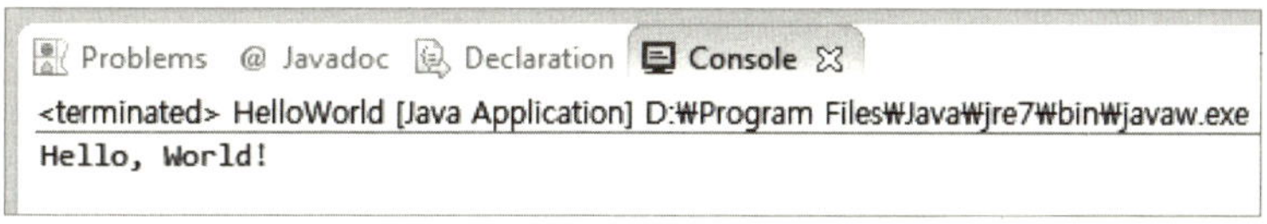

그림 03-02_ HelloWorld 프로젝트 실행 화면

2.1 패키지(package)

Java의 소스 코드는 계층 이름(hierarchical name)들을 가지고 있는 패키지(package)로 구성된다. 패키지란 하나의 소스 파일 내에 있는 클래스(class)와 인터페이스(interface)들의 묶음이라고 할 수 있다.

패키지 이름의 각 요소는 식별자(identifier)이지만, 자바 애플리케이션에서 패키지 이름은 실제로는 디렉토리 이름을 가리킨다. 예를 들어 「org.nashorn.exam0101」이라고 패키지 이름을 썼을 경우, 「\org\nashorn\exam0101」이라는 폴더 경로를 가리키는 것이다. 개인적인 용도가 아닌 일반 사용자들을 대상으로 배포되는 애플리케이션의 패키지 이름은 반드시 전 세계에서 유일한 이름을 가지고 있어야 한다. 그렇기 때문에 대부분의 패키지 이름은 전 세계적으로 유일한 이름 중에 하나인 인터넷 주소를 거꾸로 쓰는 경우가 많다.

각각의 패키지는 몇 개의 컴파일 유닛(Compilation Unit)으로 구성된다.

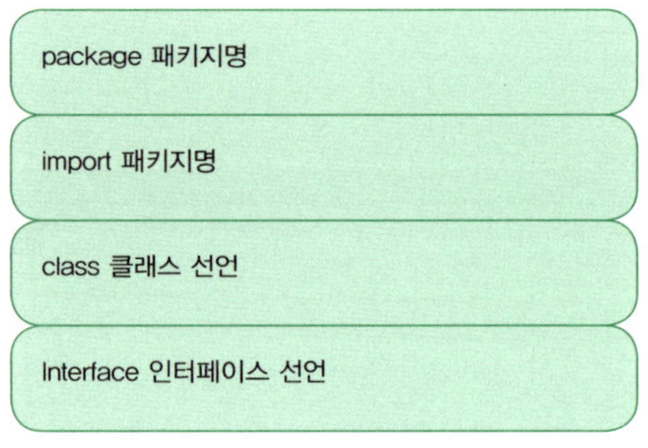

컴파일 유닛에 패키지 선언문이 없으면 유닛(unit)은 별도의 이름을 가지지 않는 디폴트 패키지(default package)로 대치한다. 또한, 컴파일 유닛에 클래스와 인터페이스를 여러 개 선언할 수도 있고, 하나도 선언하지 않을 수 있다. 만일 클래스와 인터페이스가 여러 개 선언 되었다면, public으로 선언된 클래스나 인터페이스는 반드시 하나만 존재해야 한다.

2.2 임포트(Import)문

임포트(import)는 다른 곳에서 정의된 클래스나 인터페이스를 사용하고자 할 때 이용한다. C/C++에서의 #include문과 같은 기능을 하는데, C/C++에서 헤더 파일을 인클루드(include)해서 그 헤더 파일에 선언된 함수나 변수들을 사용하는 것처럼 Java에서도 패키지나 클래스, 인터페이스 등을 임포트해서 거기에 선언된 클래스나 인터페이스의 멤버 변수와 메소드를 가져다가 쓸 수 있다. 예를 들면 다음과 같다.

import java.applet.Applet;	classes java applet Applet.class
import java.io.File;	classes java io File.class
import java.awt.*;	classes java awt *.*
import java.util.Vector;	classes java util Vector.class

```java
import java.util.Random;

class Exam {
    public static void main(String[] args) {
        Random rand = new Random( );
        int randnum = rand.nextInt(10);
        System.out.println("무작위로 추출된 값은 "+randnum+"입니다.");
    }
}
```

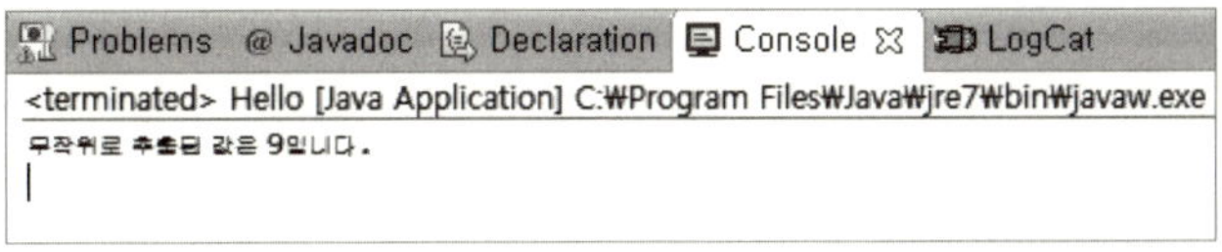

Problems @ Javadoc Declaration Console LogCat
<terminated> Hello [Java Application] C:₩Program Files₩Java₩jre7₩bin₩javaw.exe
무작위로 추출된 값은 9입니다.

그림 03-03_ 임포트문 예시의 실행 결과

2.3 주석문

주석문(Comments)은 프로그램의 코드에 대한 설명을 써놓은 것을 말하는데, 프로그램의 실행에는 전혀 영향을 주지 않는다. Java 프로그램에서 주석을 처리하는 방법은 C나 C++과 동일하다. 주석문은 다음과 같이 3가지 종류가 있다.

- 단행 주석문 : "//"의 뒤에 있는 문장 전체를 주석으로 처리한다.
- 다행 주석문 : "/*"에서 "*/" 사이의 문장을 주석으로 처리한다.
- HTML 문서화 주석문 : "/**"에서 "*/" 사이의 문장을 주석으로 처리하며, 도움말 페이지 생성에 사용된다.

주석문 안에 중복해서 주석문을 넣을 수 없다. 그리고 "//" 다음에 나오는 "/* */" 주석문은 의미가 없으며, "/*" 또는 "/**" 다음에 나오는 "//" 주석문도 역시 아무런 의미를 가지지 않는다.

2.4 키워드

키워드(Keywords)는 Java가 사용하는 고유한 예약어로 다른 명칭과 중복하여 사용할 수 없으며 정해진 용도로만 사용할 수 있다. Java에서 정의된 키워드는 다음과 같다.

abstract	do	implement	package	throw
boolean	double	import	private	throws
break	else	inner	protected	transient
byte	extends	instanceof	public	try
case	finally	interface	return	void
catch	float	long	short	Volatile
char	for	native	static	While
class	future	new	super	const
generic	null	switch	continue	goto
operator	synchronized	default	if	outer
this				

2.5 식별자

식별자(Identifiers)란 개발자(프로그래머)가 클래스명, 변수명, 메소드 명으로 사용하기 위해 만든 키워드 이외의 단어를 말한다. 식별자는 길이의 제한없이 유니코드 문자와 숫자(아스키 숫자 0~9)로 구성되며, 시작은 반드시 문자(a~z, A~Z, '_', '$')로 써야 한다.

패키지 명	모두 소문자로 표기한 명사형을 사용한다.
클래스/인터페이스 명	각 단어의 첫자를 대문자로 표기하고 나머지는 소문자로 표기한 명사 또는 명사구를 사용한다.
메소드 명	소문자 동사를 사용하거나, 두 번째 단어부터는 대문자로 시작하는 동사구를 사용한다.
상수(final형 변수) 명	모두 대문자로 표기하고 분리자로는 "_"를 사용한다.

표 03-01_ 식별자 규칙

2.6 표현어

표현어(리터럴, Literals)는 변수의 값을 나타내기 위한 표현을 말한다. 데이터 타입(byte, short, int, long, float, double, char, boolean) 또는 스트링(String) 타입, 널(null) 타입

등에 따라 변수의 표현 방법을 다르게 한다. 정수 표현어, 부동소수점 표현어, 부울 표현어, 문자 표현어, 문자열 표현어, 널 표현어 등이 있다.

3. Java 기본 문법

3.1 변수와 상수

변수(variable)는 지정된 타입의 값을 저장하는 메모리 공간을 뜻하며, 반드시 지정한 타입의 값만 저장할 수 있다. 변수를 선언하게 되면 JVM에 데이터를 저장할 메모리를 할당해달라고 요청을 하게 되는 것이며, JVM은 지정된 데이터 타입(자료형)에 맞는 크기 만큼의 메모리를 할당해준다. 이러한 변수를 사용할 때 주의할 점은 다음과 같다.

- 변수는 유니코드 문자(UTF-8)로 구성된다.
- 변수명은 숫자로 시작될 수 없다. 즉, 반드시 문자로 시작해야 한다.
- 변수명은 대소문자를 구분해서 사용한다.
- 키워드로 지정된 이름은 변수명으로 사용할 수 없다.
- 변수는 중괄호({ })로 묶여 있는 곳이면 어디에서나 선언될 수 있다.

Java에서 지원하는 데이터 타입은 다음 표와 같이 총 8가지다. 변수는 반드시 하나의 데이터 타입을 가져야 한다.

데이터 타입	키워드	크기	기본값	범위
정수형	byte	1 byte	0	−128 ~ 127
	short	2 byte	0	−34,768 ~ 32,767
	int	4 byte	0	−2,147,483,648 ~ 2,147,483,647
	long	8 byte	0	−9,223,372,036,854,775,808 ~ 9,223,372,036,854,775,807
실수형	float	4 byte	0.0	−3.4E38 ~ 3.4E38
	double	8 byte	0.0	−1.7E308 ~ 1.72E308
문자형	char	2 byte	₩u0000 (NULL문자)	0 ~ 65,535
논리형	boolean	1 bit	False	True, False

표 03-02_ Java 데이터 타입 목록

이와 달리, 참조 데이터 타입(Reference Data Type)은 C/C++의 포인터 처럼 어떤 값이 저장되어 있는 메모리의 주소를 저장한다. 주로 배열이나 클래스 객체, 인터페이스 등에서 사용되며 new 연산자를 이용하여 동적으로 힙(heap) 메모리에서 할당받아서 사용한다.

변수와 마찬가지로 상수(Constant)도 데이터 타입에 따라 사용 방법이 달라진다.

- 논리형 상수 : true, false
- 문자형 상수 : 작은따옴표 사이에 들어있는 문자(유니코드 문자 사용 가능)
- 정수형 상수 : 10진수, 8진수, 16진수의 숫자를 사용하며, long형 상수에는 반드시 뒤에 대문자 "L"을 붙여주어야 한다.
- 실수형 상수 : 뒤쪽에 대문자 "F"가 붙으면 float형을, 대문자 "D"가 붙으면 double형임을 뜻한다.

```java
int x = 100; // 정수형 변수 x에 100을 저장한다.
int y = 50;  // 정수형 변수 y에 50을 저장한다.
System.out.println("x의 값은 "+x+"입니다."); //x에 저장된 값을 출력한다.
System.out.println("y의 값은 "+y+"입니다."); //y에 저장된 값을 출력한다.
System.out.println("합계는 "+(x+y)+"입니다.");       //x와 y를 더한 값을 출력한다.
System.out.println("평균은 "+(x+y)/2+"입니다.");
                                      //x와 y를 더한 다음 2로 나눈 값을 출력한다.
```

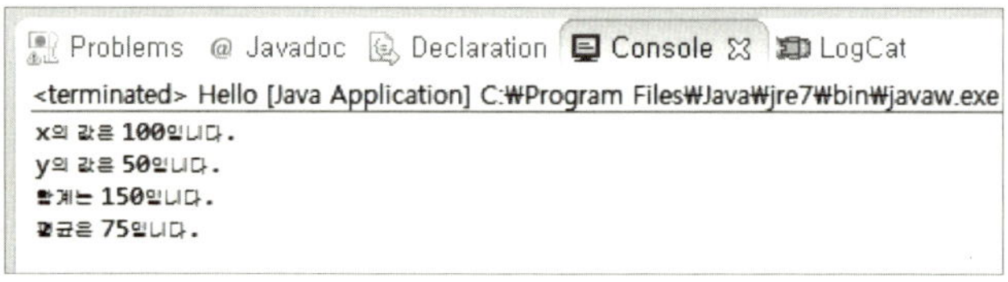

Problems @ Javadoc Declaration Console LogCat
<terminated> Hello [Java Application] C:₩Program Files₩Java₩jre7₩bin₩javaw.exe
x의 값은 100입니다.
y의 값은 50입니다.
합계는 150입니다.
평균은 75입니다.

그림 03-04_ 변수와 상수 예시

3.2 연산자

연산자는 변수의 값을 변경하거나 대입하는데 사용되며, 각각의 연산자마다 연산 대상이 될 수 있는 데이터 타입이 정해져 있다(데이타의 종류에 따라 연산자가 정해지는 경우가 있다). Java의 경우, 데이터 타입이 허용하는 범위를 넘는 연산에 대해서는 에러가 일어나지 않고 연산 결과에 쓰레기값이 들어가는 점에 주의를 해야한다.

다양한 연산자의 종류를 간단하게 정리해보면 다음과 같이 분류할 수 있다.

연산자 이름	설명
수치 연산자	정수, 실수의 수학적 연산과 관련된 연산자를 말한다. (+, −, *, /, %)
대입 연산자	"=" 연산자 오른쪽에 할달된 변수나 상수의 값을 왼쪽의 변수에 대입하는 동작을 한다.
연산후 대입 연산자	변수 자신의 원래 값에 연산을 한 후, 다시 변수 자신에 대입할 때 사용하는 연산자이다. (+=, −=)
증감 연산자	변수의 앞이나 뒤에 붙어서, 변수의 값을 하나 증가 시키거나, 감소시킬때 사용하는 연산자 이다. (++, −−)
비교 연산자	비교 연산자의 결과 값은 논리형 데이터이기 때문에 true나 false 둘 중에 하나를 반환한다.
비트 연산자	정수형 데이터에만 사용할 수 있으며 하나의 변수가 가지는 각 비트 값을 가지고 연산한다.
시프트 연산자	비트 연산 중의 하나이므로 정수형 데이터만 사용할 수 있다. 시프트 연산자는 변수의 비트 값을 정해진 숫자만큼 이동하는 연산이다. (<<, >>)
조건 연산자	조건 연산자는 비트 논리 연산과 유사한 동작을 하지만 조건 연산의 대상은 논리형 데이터 에만 한정된다.
삼항 연산자	삼항 연산자는 조건 연산자라고도 하는데, 조건문을 대신해서 사용된다. 삼항 연산자는 대 부분 대입 연산자와 같이 사용되는 경우가 많다. (변수 = 조건 ? 값1 : 값2;)
instanceof 연산자	참조 데이터 타입에서만 사용할 수 있는 연산자로 해당 객체의 run-time 타입을 알아내는 데 사용한다.

표 03-03_ Java 연산자 종류

```java
import java.util.Scanner;
class Exam {
    public static void main(String[] args) {
        Scanner stdIn = new Scanner(System.in);

        System.out.println("x와 y의 사칙연산을 합니다.");
        System.out.print("x의 값:");
        double x4 = stdIn.nextDouble();//double형 변수 x4에 실수를 입력받는다.
        System.out.print("y의 값:");//double형 변수 y4에 실수를 입력받는다.
        double y4 = stdIn.nextDouble();

        System.out.println("x+y="+(x4+y4));
        System.out.println("x-y="+(x4-y4));
        System.out.println("x*y="+(x4*y4));
        System.out.println("x/y="+(x4/y4));
        System.out.println("x%y="+(x4%y4));
    }
}
```

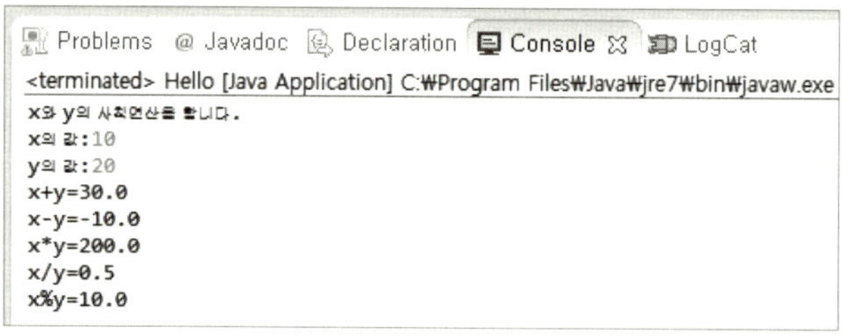

그림 03-05_ 사칙연산 실행 결과

3.3 제어자

Java에서 제어자(modifier)는 선언을 통해 식별자(identifier)를 컴파일러에게 알려줄 때, 단순히 타입 정보 뿐만 아니라 그 이외의 다양한 정보를 전달하게 해준다. 제어자는 선언문에 쓰여지는데 반드시 데이터 타입의 앞 쪽에 와야 한다. 하나의 대상에 대해서 여러 제어자를 조합하여 사용하는 것이 가능하지만, 접근 제어자는 한 번에 한 가지만 선택해서 사용할 수 있다. 또한, 제어자들 간에 순서가 정해져 있지는 않지만, 일반적으로 접근 제어자를 가장 왼쪽에 명시한다.

제어자는 크게 접근 제어자(access modifier)와 그 외의 제어자로 나뉘어진다. 접근 제어자는 주로 메소드나 멤버 변수를 선언할 때 사용하는 제어자를 말하며 public, private, friendly, protected 등이 있다. 이러한 접근 제어자는 해당 멤버 또는 클래스를 외부에서 접근하지 못하도록 제한하는 역할을 한다. 그 외의 제어자들로는 final, static, abstract, native, synchronized, volatile, transient 등이 있다. 이 중에서 static, final, abstract 제어자를 간단하게 보도록 하자.

① static 제어자
- 멤버 변수 : 모든 인스턴스에 공통적으로 사용되는 클래스 변수(공유 변수)로 취급되어 별도의 인스턴스를 생성하지 않고도 사용 가능하다.
- 메소드 : 인스턴스를 생성하지 않고도 호출이 가능한 static 메소드가 되며 static 메소드 내에서는 인스턴스 멤버들을 사용할 수 없다.

② final 제어자
- 클래스 : 변경되거나 확장될 수 없는 클래스가 된다.
- 메소드 : 변경될 수 없고, 오버라이딩을 통해서 재정의 될 수 없다.
- 멤버 변수, 지역 변수 : 변수 앞에 final이 붙으면 값을 변경할 수 없는 상수가 된다.

③ abstract 제어자
- 클래스 : 클래스 내에 추상 메소드가 선언되어 있음을 의미한다.

- 메소드 : 선언부만 작성하고 구현부는 작성하지 않은 추상 메소드를 의미한다.

이러한 제어자의 사용 대상을 요약하면 다음 표와 같이 정리될 수 있다.

	클래스	메소드	멤버 변수	지역 변수
public	○	○	○	X
protected	X	○	○	X
(friendly)	○	○	○	X
private	X	○	○	X
final	○	○	○	○
abstract	○	○	X	X
static	X	○	○	X
native	X	○	X	X
transient	X	X	○	X
synchronized	X	○	X	X

표 03-04_ 제어자 사용 대상

3.4 배열

배열(Array)이란 동일한 데이터 타입을 가진 자료들의 모임 또는 집합을 말한다. 데이터 타입에 따라 기본 데이터 타입 배열과 객체형 배열로 구분되는데, Java에서는 배열도 하나의 객체로 취급하는 것이 특징이다. 배열은 다음과 같이 선언할 수 있다.

```java
int[ ] a;
```

여기서는 정수형 배열을 선언했는데, 객체형 배열(레퍼런스 배열)도 데이터 타입 대신 클래스명을 명시하는 것 이외에는 사용 방법이 동일하다. 이렇게 배열의 변수만 선언할 때에는 배열의 객체가 할당되지 않고 배열을 참조하는 변수만 생성된다. 즉, 배열을 위한 메모리 공간은 만들어지지 않는다는 것이다.

정수형으로 선언되었기 때문에 배열에는 다음과 같이 정수형 객체를 만들어서 참조하게 만든다. 이 과정을 거쳐야 비로소 메모리 상에 배열의 객체가 할당되어 사용할 수 있는 상태가 된다.

```java
a = new int[10];
```

배열의 값을 초기화하는 방법은 여러가지가 있지만, 일반적으로는 다음과 같이 초기화할 수 있다.

```java
int[ ] a = new int[ ] {1, 2, 3, 4, 5, 6, 7, 8, 9, 10};
```

또한 C나 C++ 사용하는 방법처럼 다음과 같이 초기화할 수도 있다.

```java
int[ ] a = {1, 2, 3, 4, 5, 6, 7, 8, 9, 10};
```

배열이 가지고 있는 각각의 데이터 항목에 접근하려면 정수형 인덱스 값을 이용하는데, 인덱스 값은 0부터 시작해서 「배열의 길이-1」까지의 값을 가지게 된다. 예를 들어 위에서 만든 a 배열의 3번째 값을 "3"에서 "9"로 바꾸려면 다음과 같이 하면 된다.

```java
a[2] = 9;
```

전체 배열의 길이는 final 변수인 .length 멤버 변수를 이용하여 알아낼 수 있다. 이 멤버 변수는 final로 선언되어 있기 때문에 값을 대입시켜서 배열의 길이를 임의로 변경할 수는 없다. 즉, 배열의 객체가 한번 할당되면 배열의 길이는 동적으로 변경시킬 수 없다는 뜻이다. 실제 배열의 길이를 넘어서는 인덱스값으로 배열의 특정 객체에 접근하려고 하면, ArrayIndexOutOfBoundsException이 발생하게 된다.

```java
int[ ] a4 = {1,2,3,4,5};

//for문으로 정수형 배열 a4에 저장된 값을 모두 출력한다.
for(int i = 0 ; i < a4.length ; i++) {
    System.out.println("a["+i+"] = "+a4[i]);
}
```

Problems @ Javadoc Declaration Console ⊠ LogCat
<terminated> JavaExam04 [Java Application] C:\Program Files\Java\jre7\bin\javaw.exe
```
a[0] = 1
a[1] = 2
a[2] = 3
a[3] = 4
a[4] = 5
```

그림 03-06_ 배열 예시

Java에서는 기본적으로 다차원의 배열이라는 개념은 존재하지 않는다. 모든 배열은 1차원 배열이지만, 다차원 배열이 필요한 경우에는 「**1차원 배열의 배열**」로 구현하여 마치 2차원 배열처럼 사용할 수 있도록 한다. 앞에서 설명한 것처럼 배열은 하나의 객체로 취급이 되는데, 객체형 배열도 존재할 수 있기 때문에 이러한 방법으로 다차원 배열을 표현할 수 있는 것이다. 마찬가지로 3차원 배열은 「**2차원 배열의 배열**」이 된다.

다차원 배열을 선언하는 방법은 다음과 같다.

```java
int[ ][ ] b = new int[10][10];
int[ ][ ][ ] c = new int[10][10][10];
```

원한다면 다음 예제처럼 항목의 수가 동일하지 않은 다차원 배열을 선언할 수도 있다.

```java
int[ ][ ] d = new int[10][ ];
d[0] = new int[10];
d[1] = new int[9];
d[2] = new int[8];
    :          :
d[9] = new int[1];

int[ ][ ][ ] e = new int[2][ ][ ];
e[0] = new int[2][ ];
e[0] = new int[1][ ];
e[0][0] = new int[2];
e[0][1] = new int[1];
e[1][0] = new int[1];
```

C/C++에서는 char형 배열을 이용하여 문자열을 저장하도록 구현하지만, Java에서는 문자열을 String 클래스를 이용하여 처리한다. 따라서 문자열을 저장하려면 다음과 같이 String형 객체를 생성해서 사용하면 된다.

```java
String str1 = "test";
String str2 = new String("sample");
```

4. 제어문

Java 프로그램의 흐름을 제어하는 제어문으로는 반복문, 선택문, 예외 처리문, 분기문 등이 있다. 이제 이 제어문들을 간략하게 살펴보도록 하겠다.

4.1 반복문

조건이 만족할 때까지 반복해서 명령을 수행하는 제어문을 반복문이라고 한다. 반복문의 종류는 while문, do-while문, for문 등이 있다.

while문

while문은 조건식(boolean형)의 계산 결과가 true일 동안 명령문을 반복해서 실행하는 반복문이다. while문은 명령문을 실행하기 전에 먼저 조건식의 결과 값을 검사하기 때문에 명령문이 한 번도 실행되지 않을 수 있다. while문의 구조는 다음과 같다.

```
while (조건식) {
        명령문
}
```

만일 실행문이 한 개라면 중괄호는 생략할 수 있다. 주의할 사항은 while문 안의 조건이 항상 true인 경우에는 while문 내의 명령문이 무한 루프에 빠질 수 있기 때문에 무한 루프에 빠지지 않도록 감안해서 코드를 작성해야 한다.

```
int n = 10;
int i = 0;
while (i < n) { //i에 저장된 값이 n보다 작을 때에만 반복한다.
    System.out.println("#"); //결과적으로 i가 0부터 9일 동안만 반복된다.
    i++;
}
```

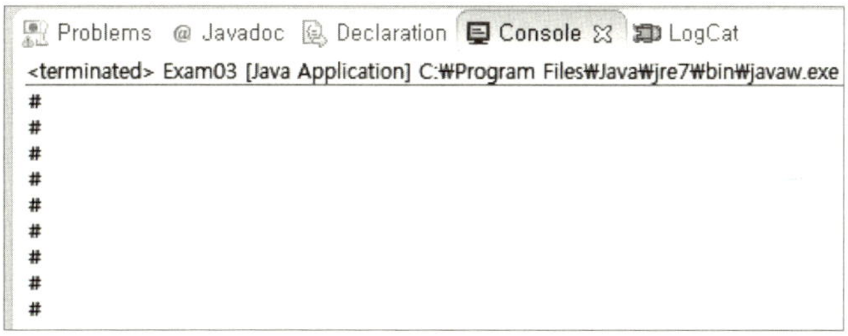

그림 03-07_ while문 예시

do-while문

do-while문은 조건식(boolean형)의 결과가 true가 될 때까지 명령문을 반복해서 실행하는 반복문이다. while문과의 차이는 먼저 명령을 한 번 실행한 다음에 조건식을 검사하기 때문에 최소한 한 번은 명령이 실행된다는 점이다. do-while문의 구조는 다음과 같다.

```
do {
        명령문 ;


} while(조건식);
```

while문은 조건식을 먼저 검사하고 명령문이 반복되기 때문에, 처음 실행될 때 조건이 false가 되면 명령문이 한번도 실행되지 않을 수 있다. 그러나 do-while 문은 while문과 달리 일단 명령문이 실행된 다음에 조건을 검사하게 된다. do-while문에서 while문 다음에 반드시 세미콜론을 붙여야 하는 점에 유의해야 한다.

for문

for문은 while문이 구문적으로 간소화된 것으로 다음과 같은 구조를 가진다.

```
for (초깃값 ; 조건식 ; 증분식 ) {
        명령문
}
```

초깃값은 반복문을 실행시키기 위해서 변수를 초기화하고, 조건식은 반복문을 빠져나가기 위한 조건을 가리킨다. 매번 반복문을 수행하기 전에 조건식이 false인지를 확인하고, 만일 조건식이 false가 되면 반복문을 빠져나가서 루프를 중단하게 된다. 반대로 조건식이 true이면 명령문을 수행하고 증분식에 맞춰 변수의 값을 증가 또는 감소시킨 후 다음 루프를 진행한다.

for문도 while문과 마찬가지로 반복해야 할 실행문이 하나라면 중괄호를 생략해도 된다.

```
int n = 10;
for (int i = 0; i < n; i++) {
    System.out.println("*");
}
```

```
Problems  @ Javadoc  Declaration  Console ✕  LogCat
<terminated> Exam03 [Java Application] C:\Program Files\Java\jre7\bin\javaw.exe
*
*
*
*
```

그림 03-08_ for문 예시

4.2 선택문

선택문은 선택적 제어를 위하여 사용되는 제어문인데 if문과 switch문이 있다.

if문

if문 하나만 있을 경우에는 조건식이 true일 경우에만 명령어를 수행한다.

```
if (조건식) {
    명령어
}
```

만약 if-else문일 경우에는 조건식이 true일 때에는 명령어1을, false일 때는 명령어2를 실행
시킨다.

```
if (조건식) {
    명령어1
} else {
    명령어2
}
```

다음과 같이 if문을 여러 개의 else if를 사용하여 복합 if문을 구성할 수도 있다. 특정 조건식이 true일 경우에는 해당 명령어가 수행되고, 어떠한 조건식도 true가 아닐 경우에는 마지막의 else문에 있는 명령어4가 실행된다.

```
if (조건식1)
    명령어1
else if(조건식2)
    명령어2
else if (조건식3)
    명령어3
else
    명령어4
```

```java
Scanner stdIn = new Scanner(System.in);
System.out.print("가위바위보! (0-가위/1-바위/2-보):");
int hand = stdIn.nextInt();

if (hand == 0)  //사용자가 입력한 정수에 해당하는 항목을 출력한다.
    System.out.println("가위");
else if (hand == 1)
    System.out.println("바위");
else if (hand == 2)
    System.out.println("보");
```

```
Problems  @ Javadoc  Declaration  Console ☒  LogCat
<terminated> Exam02 [Java Application] C:\Program Files\Java\jre7\bin\javaw.exe
가위바위보! (0-가위/1-바위/2-보):1
바위
```

그림 03-09_ if문 예시

switch문

switch문은 하나의 조건에 의해 여러 명령문 중에서 하나를 선택해서 실행할 경우에 사용한다. 그리고 조건의 타입은 반드시 char형, byte형, short형, int형 중 하나이어야 한다.

switch문은 다음과 같은 형식으로 사용된다.

```
switch(조건식) {
case 상수:
    명령어
    break;
    ..
default : ...
    break;
}
```

switch문이 실행될 때는 조건식을 계산하여 모든 case문의 상수와 비교를 하고, 만일 하나의 case문 상수와 값이 일치하면 해당 case문의 명령어를 실행한다. 그러나 일치되는 값을 찾을 수 없을 때에는 default문이 존재할 경우 default문의 명령을 수행하게 된다. default문 마저 없을 경우에는 switch문은 아무 명령도 실행하지 않는다. 지정된 명령어 실행이 끝났을 경우에는 break를 이용하여 switch문을 빠져나올 수 있다.

```
Scanner stdIn = new Scanner(System.in);
System.out.print("가위바위보!  (0-가위/1-바위/2-보):");
int hand = stdIn.nextInt();
switch(hand) {
case 0:
    System.out.println("가위");
    break;
case 1:
    System.out.println("바위");
    break;
case 2:
    System.out.println("보");
    break;
}
```

4.3 예외 처리

Java에서는 프로그래밍에서 발생할 수 있는 문제를 두 가지로 구분하여 처리한다. 화면에 오류 메세지를 표시하고 실행을 멈출 만큼 프로그램 자체에 문제가 있는 것은 「에러(error)」로 분류하고, 문제가 발생될 것이 예측되어 프로그래밍 과정 중에 잡아낼 수 있는 문제들은 「예외(exception)」로 간주한다.

에러는 에러 관련 클래스(OutOfMemoryError, StackOverflowError 등)에서 파생된 클래스를 이용하여 오류를 처리한다. 에러의 경우, 에러 처리 코드가 명확하게 정의되어 있지 않아도 문제없이 컴파일이 된다. 예외도 역시 java.lang 패키지의 Exception 클래스에서 파생된다.

예외의 종류는 다음과 같이 두 가지로 나눌 수 있다.

종류	설명
RuntimeException 클래스에서 파생된 예외	주로 프로그래머의 부주의로 발생되는 예외이다.
Exception 클래스에서 파생된 예외	주로 사용자의 잘못된 사용으로 인해 발생하는 예외이다.

표 03-05_ 예외 종류

이러한 예외는 try-catch문을 사용하거나 예외 처리 클래스에게 던져서(throw) 처리할 수 있다. try-catch문은 다음과 같은 구조로 사용한다.

```java
try {
    명령문;
}
catch (예외종류1 e) {
    복구 루틴1;
}
catch (예외종류2 e) {
    복구 루틴2;
}
catch (예외종류3 e) {
    복구 루틴3;
}
finally {
    명령문;
}
```

try문의 블럭 안쪽의 명령문을 실행하는 동안 아무런 예외가 발생하지 않았다면 catch문의 블럭은 실행되지 않는다. 하지만 try문 블럭 안쪽의 명령문에서 예외가 발생했을 경우에는 발생된 예외에 해당되는 catch문의 명령문(복구 루틴)이 실행된다.

여러 개의 catch문이 나열되어 있을 때, 발생된 예외가 중복으로 catch문에 해당되더라도 가장 순서가 위쪽에 나열된 catch문이 수행되고 그 이후에는 더 이상의 catch문을 체크하지 않는다. 즉, 하나의 예외에 대해서 수행되는 catch문은 반드시 하나 뿐이다. finally문은 생략이 가능하지만, finally문을 명시하면 예외 발생 여부와 상관없이 무조건 실행이 된다.

이렇게 try문 내에서 예외가 발생할 때 catch문으로 예외 상황에 대한 처리를 맡기는 방법도 있지만, 생성된 객체의 대상 클래스가 가지고 있는 메소드에서 예외가 발생한 경우에 해당 예외에 대한 처리를 해당 객체를 생성한 클래스와 같은 상위 클래스로 던져서 처리하는 방법도 있다. 이러한 방법은 인위적으로 예외 발생시키는 것이며, 이때 사용되는 구문이 throws, throw문 이다.

throw는 인위적으로 예외를 발생시키는 키워드로, 메소드의 선언부에 사용된다. 만일 throw 문이 try문 안에서 사용되었다면 당연히 이에 매칭되는 catch문에서 throw에 의해 발생된 예외를 처리할 수 있다. 그러나 호출된 메소드에서 try-catch문을 사용하지 않고 throw를 통해 예외를 던졌다면 그 순간 수행이 중단되며, 이 예외를 잡아서 처리하는 try-catch문이 있는 위치까지(호출 관계가 누적된 스택의 정보를 참조한다) 예외는 상위 클래스로 전달된다.

throw문은 다음과 같이 사용한다.

```
class
{
    method( ) throws 예외명
    {
        throw new 예외명( );
    }
}
```

지정한 예외명으로 발생시킨 예외를 상위 클래스에서 찾아서 처리를 하게 되는데, 상위 클래스에도 해당 예외에 대한 처리 부분이 없으면 그 상위 클래스로 다시 던져지게 된다. 어디에선가 예외에 대한 처리를 마치고 finally문이 수행되면 원래 예외를 발생시켰던 코드에서 그 이후의 명령은 더 이상 실행되지 않는다. 이 부분은 try-catch문 내에서 예외가 발생했을 경우와 동일하다.

4.4 분기문

분기문은 지정된 레이블(Label)로 프로그램의 흐름을 이동시킨다. 특정 명령문에 레이블을 부여하려면 명령문 앞에 레이블과 콜론(:)을 붙여주면 된다. 분기문으로는 break문, continue문, return문 등이 있다.

① break문

- 레이블이 없는 break문 : 가장 가까운 switch문, for문, while문, do-while문을 이탈할 수 있다. (break;)
- 레이블이 있는 break문 : 그 레이블과 연관된 switch문, for문, while문, do-while문을 이탈한다.
  (break 레이블;)

② continue문

- continue문 : 가장 가까운 반복문의 현재 반복을 종료하고 조건식을 다시 계산한다. (continue;)
- 레이블이 있는 continue문 : 레이블과 연관된 반복문의 현재 반복을 종료하고 해당 레이블의 명령문이 반복된다. (continue 레이블;)

③ return문

- return문 : 리턴 타입이 정해지지 않은 메서드의 실행을 종료하고 메소드를 호출한 곳으로 되돌아간다.
  (return;)
- 계산식이 있는 return문 : 메소드의 리턴 타입이 void가 아닌 메서드를 종료하고 결과값을 메소드를 호출한 곳으로 넘겨준다. 계산식의 결과값은 반드시 메소드의 리턴 타입과 동일해야 한다. (return 계산식;)

5. 클래스와 인터페이스

5.1 클래스

클래스(class)는 어떠한 기능을 수행하기 위해서 필요한 변수와 메소드를 정의하고 있는 "틀"을 말한다. 객체지향 프로그래밍(OOP) 관점에서 보면 클래스는 실세계에 존재하는 객체들이 가질 수 있는 상태와 행동들에 대해 소프트웨어적으로 추상화(abstraction)해 놓은 것이라고 할 수 있고, Java 관점에서 보면 클래스는 하나의 객체(Object)를 생성하기 위한 틀이라고도 할 수 있다.

하나의 객체가 갖는 상태를 멤버 변수로, 행동을 메소드로 정의한 다음 이를 하나의 묶음으로 캡슐화한다. 이렇게 정의된 클래스를 이용하여 실제 객체로 생성할 수 있으며 객체를 선언하는

방법은 기본 데이터 타입에 대한 변수를 선언하는 것과 같다. 즉, 클래스형 변수를 선언한다고 생각하면 된다.

하나의 클래스를 기준으로 해당 클래스의 상위 클래스를 슈퍼 클래스라 하고, 하위 클래스는 서브 클래스라고 부른다. this 키워드는 클래스 객체 안에서 자신을 참조할 때 사용하며 super 키워드는 상위 클래스의 객체를 참조할 때 사용한다. 이 두 키워드는 생성된 객체 내에서 사용되는 것이기 때문에 static으로 선언된 메소드에서는 사용될 수 없다.

패키지(Package) 선언

패키지를 사용하는 이유는 다음과 같다.

- 클래스들을 하나의 묶음(그룹) 단위로 구성한다.
- 클래스들을 묶음 단위로 제공하여 필요할 때만 사용할 수 있게 한다.
- 클래스명의 혼란을 막아서 충돌을 방지한다.
- 패키지명과 함께 클래스명을 사용함으로써 클래스를 효율적으로 관리할 수 있다.
- 클래스를 관련이 있는 것들끼리 묶어 놓음으로써, 필요한 클래스의 식별을 용이하게 한다.
- 패키지 단위로 다양한 접근 권한을 지정할 수 있다.

메소드 오버로딩(Method overloading)

메소드 오버로딩(Method overloading)은 매개변수의 데이터 타입이나 개수를 다르게 하여, 메소드 이름이 같은 또 다른 메소드를 추가로 정의할 때 사용된다. 오버로딩된 메소드의 경우, 실제로는 다른 메소드로 처리되지만 개발 시에 메소드 유연한 메소드 관리를 위한 방법이라고 할 수 있다.

주의할 점은 리턴 타입이나 액세스 접근 권한, 예외 선언 등은 오버로딩에 아무런 영향을 미치지 않는 다는 점이다.

메소드 오버라이딩(Method overriding)

베이스 클래스로부터 파생된 클래스는 이미 베이스 클래스의 메소드들을 상속받아서 가지고 있게된다. 메소드 오버라이딩이란, 파생된 클래스에서 베이스 클래스에 정의된 메소드와 동일한 이름을 가진 메소드를 재정의하는 것을 말한다.

이렇게 재정의되는 메소드는 리턴 타입과 매개변수 개수 및 데이터 타입 등의 선언부를 베이스 클래스의 메소드와 동일하게 만들어주어야 한다. 메소드 오버라이딩은 베이스 클래스의 코드를 바탕으로 새로운 기능을 추가하거나 수정하고자 할 때 주로 사용된다.

생성자(Constructor)

생성자는 클래스 명과 동일한 이름을 가진 메소드를 말하며, 다른 메소드들처럼 클래스의 객체가 만들어진 후 필요에 따라 언제든지 호출할 수 있는 것이 아니라 객체가 만들어지는 순간에만 딱 한번만 수행되는 메소드를 가리킨다.

이러한 생성자는 객체의 멤버 변수들의 초기화에 관련된 작업을 수행할 때 주로 사용된다. 별도로 생성자를 선언하지 않은 경우에는 아무런 동작을 하지 않는 디폴트 생성자(default constructor)가 수행된다.

상속(Inheritance)

모든 객체지향 기반의 환경에서는 클래스를 기반으로 하는 프로그래밍이 이루어지며 각 클래스간의 관계는 「상속」과 「포함」으로 이루어진다.

새로운 클래스를 만드는 것보다 기존에 만들어놓은 클래스 중에서 유사한 클래스를 찾아서 그것을 베이스 클래스로 하여 새로운 기능만 추가하고 클래스를 만들게 되면, 보다 더 효율적으로 소프트웨어를 개발할 수 있다. 이러한 과정을 상속이라고 부른다. 상속은 만들어져 있는 코드의 재사용성을 향상시켜주는 방법이다. Java에서 상속을 명시하는 키워드는 「extends」이며, 반드시 「단일 상속(single inheritance)」만 가능하다.

Java의 클래스들은 런타임(run-time)에 동적으로 바인딩(binding)되기 때문에 베이스 클래스에 새로운 멤버 변수나 메소드가 추가되거나 기존의 코드가 변경되어도 이미 컴파일되어 있던 파생 클래스를 다시 컴파일시키지 않아도 변경된 정보를 그대로 상속받을 수 있는 장점을 가진다.

다형성

같은 클래스형의 객체가 동일한 이름의 메소드를 호출하더라도 상속이나 오버라이딩된 메소드 등으로 인해서 경우에 따라 전혀 다르게 동작할 수 있다. 이러한 방식으로 메소드가 동작되는 것을 다형성(Polymorphism)이라고 부른다.

C언어는 컴파일 시점에서 바인딩(compile time binding)이 이루어지지만, C++이나 Java와 같은 객체지향 언어는 런타임 바인딩(run-time binding)이 가능하기 때문에 다형성이 발생할 수 있다. 예를 들어 부모 클래스의 객체에 자식 클래스를 생성했을 때, 생성된 객체의 메소드를 호출하면 C언어일 경우에는 객체의 타입을 선언해준 부모 클래스의 메소드가 호출되지

만 Java에서는 런타임에서 실제로 생성된 자식 클래스의 메소드가 호출되는 것이다.

하지만, 만일 자식 클래스 내에 해당하는 메소드가 존재하지 않는 경우에는 에러가 발생하게 된다. 이런 경우에는 부모 클래스에서 해당 메소드를 추상 메소드(abstract method)로 선언하고 자식 클래스에서 실제 구현하게 되면 문제가 해결된다. 단, 이러한 다형성은 메소드에 대해서만 동작되고 멤버 변수나 숨겨진 메소드에서는 이루어지지 않는다.

5.2 인터페이스

인터페이스(Interface)는 상수(const)와 추상 메소드(선언만 있는 메소드)들의 집합이라고 할 수 있다. 추상 클래스는 추상 메소드외에도 일반 메소드나 멤버 변수를 가질 수 있지만, 인터페이스는 추상 메소드와 상수만을 가질 수 있는 것이 차이점이라고 할 수 있다. 즉, 모든 멤버 변수가 public static final로 선언되어야 하고 모든 메소드는 public abstract로 선언되어야만 한다.

Java에서는 다중 상속(multiple inheritance)이 지원되지 않기 때문에 하나의 클래스로부터만 상속받을 수 있다. 그래서 이미 하나의 클래스로부터 상속을 받은 클래스에서 또 다른 클래스의 구성 요소들이 필요할 경우에는 인터페이스를 사용해야 하는 것이다. 따라서 인터페이스는 abstract로 선언된 추상 클래스가 제공하지 못하는 다중 상속을 지원한다.

인터페이스는 프로그래밍 과정 중에 만들어지는 메소드들의 정의를 표준화시키기 위한 도구로써, 클래스와 동일하게 멤버 변수와 메소드를 갖는 구조로 선언된다. 인터페이스는 생성문을 통해 객체를 만들 수 없으며, 단지 베이스 클래스처럼 상속을 시켜주는 역할만 한다. 인터페이스로 선언되면 클래스처럼 데이터 타입으로 사용할 수 있기 때문에, 일반 변수, 매개 변수, 리턴 값 등의 타입으로 사용할 수 있다.

인터페이스도 역시 인터페이스로부터 상속되어질 수 있는데, implements라는 키워드를 이용하여 상속을 선언할 수 있다. 인터페이스는 선언된 메소드를 가지고 베이스 클래스와 같이 상속을 시켜줌으로써, 관계없는 클래스 간의 메소드를 오버라이딩하여 사용할 수 있게 해준다.

연습 문제

 **Java의 특징이 아닌 것은?**

① 플랫폼 독립적이다.

② 객체지향언어이다.

③ 메모리 관리가 편하다.

④ 포인터 개념을 사용한다.

•2• 패키지(Package)의 장점이 아닌 것은?

① 패키지 단위로 접근 권한을 지정할 수 없다.

② 클래스를 효율적으로 관리할 수 있다.

③ 필요한 클래스의 식별을 용이하게 한다.

④ 클래스들을 하나의 그룹으로 구성한다.

•3• 같은 클래스형의 객체가 동일한 이름의 메소드를 호출하더라도 상속이나 오버라이딩된 메소드 등 때문에 때에 따라 전혀 다르게 동작할 수 있는 것을 무엇이라고 부르는가?

① 인터페이스(interface)

② 상속(inheritance)

③ 다형성(polymorphism)

④ 생성자(constructor)

안드로이드 애플리케이션 분석

1. 안드로이드 애플리케이션 구성 요소

2. 리소스 완벽 활용

1. 안드로이드 애플리케이션 구성 요소

안드로이드 애플리케이션은 기본적으로 다음과 같은 구성 요소를 가지고 있다. 다른 플랫폼의 애플리케이션을 개발했던 사람이라면 대부분은 생소한 개념들이기 때문에 정확하게 개념을 잡 a조합하여 운영하도록 개발되기 때문이다.

- 액티비티(Activity) : 애플리케이션에서 실행하는 고유한 하나의 태스크(task)를 뜻한다. 사용자로부터 입력을 받고 처리 결과를 화면에 보여주는 기능을 한다.
- 서비스(Service) : 사용자와의 상호작용과는 상관없이 항상 백그라운드로 동작한다.
- 인텐트(Intent) : 다른 액티비티를 호출하고 데이터를 전달하기 위한 역할을 한다.
- 컨텐츠 프로바이더(Content Provider) : 다른 애플리케이션에서도 데이터를 이용할 수 있도록 제공해주는 기능이다.
- 브로드캐스트 리시버(Broadcast Receiver) : 시스템이나 애플리케이션의 메시지에 응답하는 역할을 한다.

이번 Chapter에서는 이러한 주요 구성 요소들의 개념을 살펴보고 이해를 돕기 위해서 관련 예제를 만들어 보도록 하겠다.

1.1 액티비티

액티비티(Activity)는 애플리케이션 구성 요소 중에서 가장 많이 사용되는 것으로, 하나의 레이아웃을 가지면서 독립적인 기능을 수행하는 단위이다.

하나의 애플리케이션은 여러 개의 액티비티를 가질 수 있다. 액티비티는 반드시 메니페스트(Manifest) 파일에서 정의되어 있어야 하고, 해당 액티비티에 대한 기능 구현 코드를 담고 있는 java 파일과 액티비티의 화면 레이아웃 정보를 담고 있는 xml 파일을 가지게 된다(액티비티에 따라서는 레이아웃이 없는 경우도 있다). 이것을 그림으로 표현하면 다음과 같다.

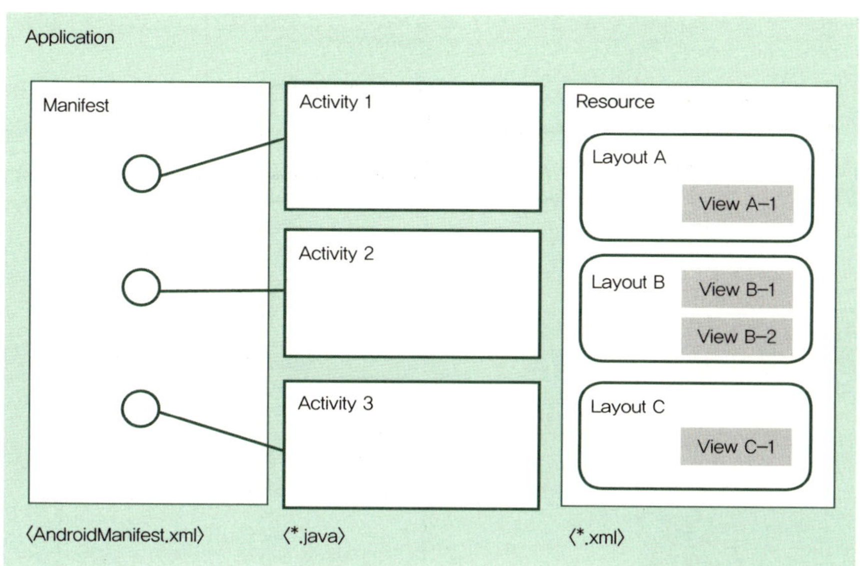

그림 04-01_ 액티비티 구성 요소

이렇게 정의되어 있는 액티비티들 사이에는 startActivity 메소드와 finish 메소드를 이용해서 전환이 가능하다. 안드로이드용 애플리케이션은 반드시 한 번에 하나의 액티비티만 활성화된 상태로 동작하는데(Foreground 상태라고 한다), 운영체제 자체에서 스택 방식으로 액티비티를 관리하기 때문에 가장 마지막에 호출된 액티비티만 활성화된 상태가 된다. 마치 스택에 쌓인 태스크를 처리하는 것과 같아서 이러한 동작 방식을 액티비티 스택(Activity Stack)이라고 부른다.

새로운 액티비티(Activity A)가 실행되면 [그림 04-02]와 같이 Activity Stack의 가장 맨 위에 쌓이고 foreground 상태가 된다. 만일 "Activity A"가 종료되거나 사용자가 [Back] 버튼을 누르면 액티비티 스택에서 그 다음에 위치해있던 "Activity B"가 가장 위로 옮겨지면서 foreground 상태로 바뀌게 된다.

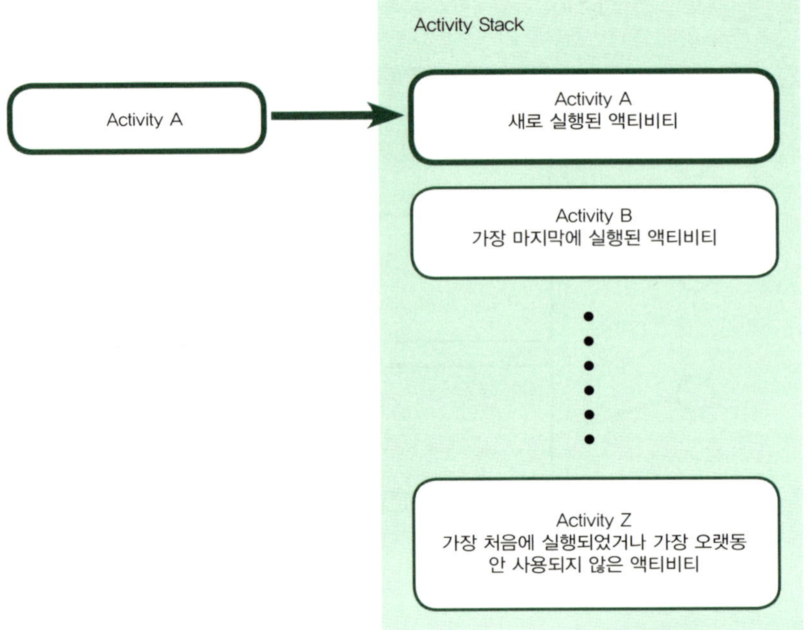

그림 04-02_ 액티비티 스택 구조

반대로 안드로이드 운영체제가 리소스 부족 등의 이유로 애플리케이션을 강제 종료하려고 할 때는 액티비티 스택의 가장 아래쪽에 위치한 액티비티들을 제거하게 된다.

액티비티가 실행되면 기본적으로 「활성(Active)」 상태가 되어 액티비티의 레이아웃이 화면에 표시되고 사용자의 입력을 받을 수 있게 된다. 액티비티가 화면에 보이지만 다른 작업(투명한 액티비티가 활성화되거나 화면 전체를 사용하지 않는 액티비티가 실행되는 등) 때문에 포커스를 잃는 경우에는 「일시 중지(Pause)」 상태로 바뀌었다가 다시 포커스를 얻게 되면 「활성(Active)」 상태로 바뀐다. 일시 중지 상태에서는 액티비티의 레이아웃이 화면에 나타나지만 사용자로부터 입력은 받지 못한다.

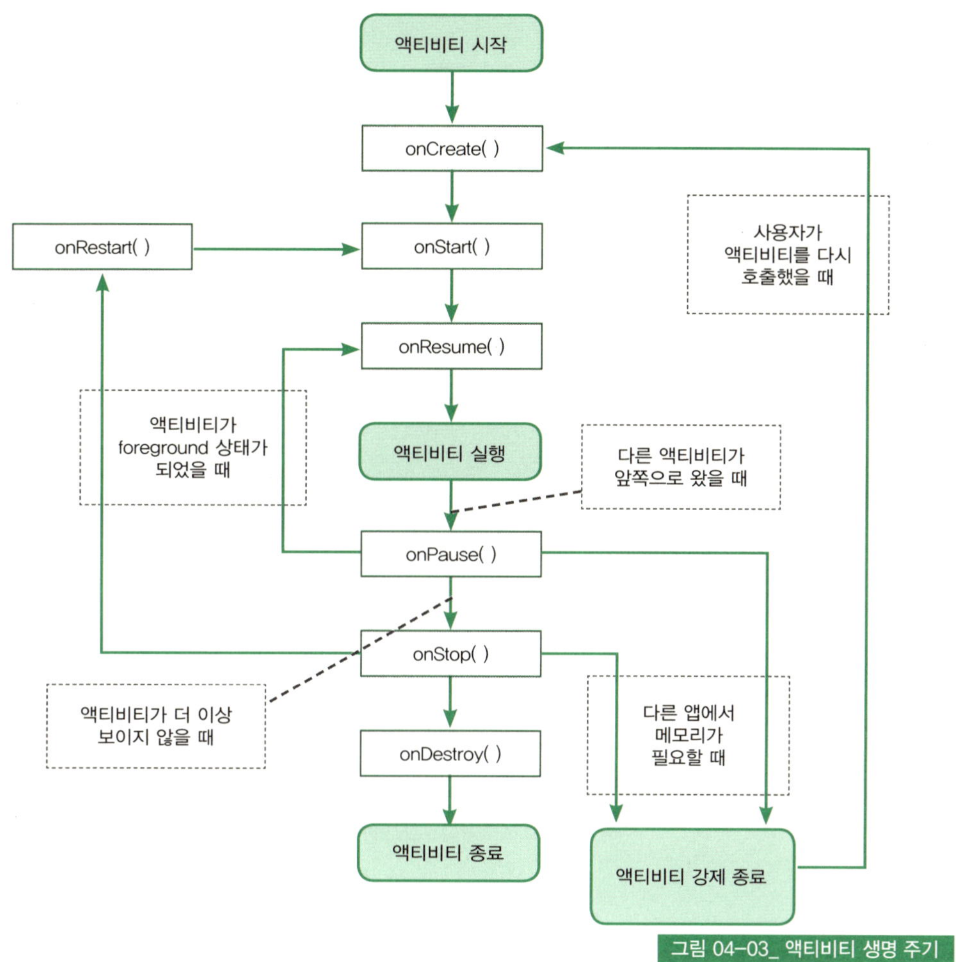

그림 04-03_ 액티비티 생명 주기

다른 액티비티의 레이아웃이 화면 전체에 표시되면서 실행되면 기존의 액티비티는 「중지
(Stop)」 상태로 바뀌게 된다. 시스템의 자원이 부족하게되면 중지 상태의 액티비티는 언제든지
강제로 종료될 수 있기 때문에, 액티비티가 강제 종료될 때를 대비하여 액티비티에서 사용하고
있는 데이터와 레이아웃에 대한 정보를 저장해야만 한다.

중지 상태인 액티비티가 강제로 종료된 상태를 「비활성(Inactive)」 상태라고 하며, 액티비티
스택에서 제거된다. 이 경우에는 해당 액티비티를 다시 활성화시켜 화면에 보이게 하려면 다시
시작시켜주는 방법밖에 없다.

지금까지 설명한 액티비티의 동작 방식에 대해서 알아보기 위해 ActivityExam 프로젝트
를 만들어보겠다. 프로젝트가 생성되면 AndroidManifest.xml 파일을 열고 다음과 같이
"SubActivity", "ThirdActivity"라는 이름을 가진 두 개의 액티비티를 추가한다.

실습 4-1

`ActivityExam/AndroidManifest.xml`

```xml
1   <?xml version="1.0" encoding="utf-8"?>
2   <manifest xmlns:android="http://schemas.android.com/apk/res/
3   android"
4       package="org.nashorn.activityexam"
5       android:versionCode="1"
6       android:versionName="1.0" >
7       <uses-sdk
8           android:minSdkVersion="8"
9           android:targetSdkVersion="17" />
10      <application
11          android:allowBackup="true"
12          android:icon="@drawable/ic_launcher"
13          android:label="@string/app_name"
14          android:theme="@style/AppTheme" >
15          <activity
16              android:name="org.nashorn.activityexam.MainActivity"
17              android:label="@string/app_name" >
18              <intent-filter>
19                  <action android:name="android.intent.action.
20                      MAIN" />
21                  <category android:name="android.intent.category.
22                      LAUNCHER" />
23              </intent-filter>
24          </activity>
25          <activity
26              android:name="org.nashorn.activityexam.SubActivity"
27              android:label="@string/app_name">
28          </activity>
29          <activity
30              android:name="org.nashorn.activityexam.ThirdActivity"
31              android:label="@string/app_name">
32          </activity>
33      </application>
34  </manifest>
```


ActivityExam 애플리케이션은 다음과 같이 3개의 액티비티를 가지고 있는데, startActivity 메소드와 finish 메소드를 이용하여 액티비티 생성을 하거나 종료시킨다.

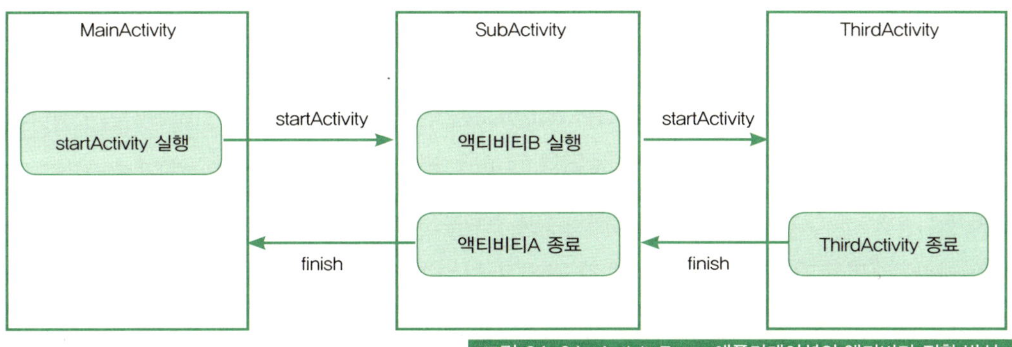

그림 04-04_ ActivityExam 애플리케이션의 액티비티 전환 방식

각각의 액티비티마다 레이아웃이 필요하기 때문에 기본적으로 만들어지는 activity_main.xml 파일 이외에 activity_sub1.xml 파일과 activity_third.xml 파일을 새로 만들어서 추가한다. 각 레이아웃용 xml 파일에는 액티비티의 실행이나 종료를 위한 버튼을 추가한다. activity_main.xml 파일에는 액티비티A를 실행하기 위한 버튼만 하나 추가되면 된다.

실습 4-1

ActivityExam/res/layout/activity_main.xml

```
1   <RelativeLayout xmlns:android="http://schemas.android.com/apk/
2   res/android"
3       xmlns:tools="http://schemas.android.com/tools"
4       android:layout_width="match_parent"
5       android:layout_height="match_parent"
6       android:paddingBottom="@dimen/activity_vertical_margin"
7       android:paddingLeft="@dimen/activity_horizontal_margin"
8       android:paddingRight="@dimen/activity_horizontal_margin"
9       android:paddingTop="@dimen/activity_vertical_margin"
10      tools:context=".MainActivity" >
11  <TextView
12          android:id="@+id/text_view"
13          android:layout_width="wrap_content"
14          android:layout_height="wrap_content"
15          android:text="Hello world!" />
16
17      <Button
18          android:id="@+id/button"
19          android:layout_width="fill_parent"
20          android:layout_height="wrap_content"
21          android:layout_below="@+id/text_view"
22          android:text="서브 액티비티" />
```

```
23
24        <EditText
25            android:id="@+id/edit_text"
26            android:layout_width="fill_parent"
27            android:layout_height="wrap_content"
28            android:layout_below="@+id/button" />
29    </RelativeLayout>
```

activity_sub1.xml 파일은 액티비티A의 레이아웃 XML 파일로 액티비티B를 실행하기 위한 버튼과 자신을 종료시키기 위한 버튼을 추가해야 한다.

실습 4-1

ActivityExam/res/layout/activity_sub.xml

```
1    <RelativeLayout xmlns:android="http://schemas.android.com/apk/
2    res/android"
3        xmlns:tools="http://schemas.android.com/tools"
4        android:layout_width="match_parent"
5        android:layout_height="match_parent"
6        android:paddingBottom="@dimen/activity_vertical_margin"
7        android:paddingLeft="@dimen/activity_horizontal_margin"
8        android:paddingRight="@dimen/activity_horizontal_margin"
9        android:paddingTop="@dimen/activity_vertical_margin"
10       tools:context=".MainActivity" >
11       <TextView
12           android:id="@+id/text_view"
13           android:layout_width="wrap_content"
14           android:layout_height="wrap_content"
15           android:textSize="40px"
16           android:text="Second Activity!!!!!" />
17       <Button
18           android:id="@+id/close_button"
19           android:layout_width="fill_parent"
20           android:layout_height="wrap_content"
21           android:layout_below="@+id/text_view"
22           android:text="Close"/>
23       <Button
24           android:id="@+id/third_activity_button"
25           android:layout_width="fill_parent"
26           android:layout_height="wrap_content"
```

현재 Activity를 종료시키는 버튼

```
27          android:layout_below="@+id/close_button"
28          android:text="ThirdActivity"/>
29      <EditText
30          android:id="@+id/edit_text"
31          android:layout_width="fill_parent"
32          android:layout_height="wrap_content"
33          android:layout_below="@+id/third_activity_button"/>
34  </RelativeLayout>
```

세 번째 Activity를
실행시키는 버튼

activity_third.xml 파일에서는 액티비티B의 레이아웃이기 때문에 자신을 종료시키기 위한 버튼만 추가하면 된다.

실습 4-1

ActivityExam/res/layout/activity_third.xml

```
1   <RelativeLayout xmlns:android="http://schemas.android.com/apk/
2   res/android"
3       xmlns:tools="http://schemas.android.com/tools"
4       android:layout_width="match_parent"
5       android:layout_height="match_parent"
6       android:paddingBottom="@dimen/activity_vertical_margin"
7       android:paddingLeft="@dimen/activity_horizontal_margin"
8       android:paddingRight="@dimen/activity_horizontal_margin"
9       android:paddingTop="@dimen/activity_vertical_margin"
10      tools:context=".MainActivity" >
11      <TextView
12          android:id="@+id/text_view"
13          android:layout_width="wrap_content"
14          android:layout_height="wrap_content"
15          android:textSize="60px"
16          android:textColor="#ff0000"
17          android:text="Third Activity!!!!!" />
18      <Button
19          android:id="@+id/close_button"
20          android:layout_width="fill_parent"
21          android:layout_height="wrap_content"
22          android:layout_below="@+id/text_view"
23          android:text="Close"/>
24  </RelativeLayout>
```

현재 Activity를
종료시키는 버튼

MainActivity.java에서는 버튼을 눌렀을 때, startActivityForResult 메소드를 이용하여 SubActivity를 실행시키고, SubActivity가 종료 시에 Intent 객체를 넘겨주면 받아서 EditText 컨트롤에 표시해준다.

실습 4-1

ActivityExam/src/org.nashorn.activityexam/MainActivity.java

```java
package org.nashorn.activityexam;
import android.os.Bundle;
import android.app.Activity;
import android.content.Intent;
import android.view.Menu;
import android.view.View;
import android.widget.Button;
import android.widget.EditText;
public class MainActivity extends Activity {
    @Override
    protected void onCreate(Bundle savedInstanceState) {
        super.onCreate(savedInstanceState);
        setContentView(R.layout.activity_main);
        Button button = (Button)findViewById(R.id.button);
        button.setOnClickListener(new View.OnClickListener() {
            @Override
            public void onClick(View v) {
                Intent i = new Intent(MainActivity.this,
                        SubActivity.class);
                EditText editText =
                        (EditText)findViewById(R.id.edit_text);
                i.putExtra("etValue",
                        editText.getText().toString());
                startActivityForResult(i, 1);
            }
        });
    }
    @Override
    public void onActivityResult(int requestCode,
        int resultCode, Intent data){
        super.onActivityResult(requestCode, resultCode, data);
        switch(requestCode){
        case 1://SubActivity
            if (resultCode == RESULT_OK){
```

두 번째 Activity를 실행시키는 버튼을 눌렀을 때 처리(EditText에 입력한 문자열을 Intent의 Extra로 전달)

```
35                                String resultString =
36                                        data.getStringExtra ("rtValue");
37                        EditText editText = (EditText)findViewById(
38                                        R.id.edit_text);
39                        editText.setText(resultString);
40                    }
41                break;
42            }
43        }
44    }
```

두 번째 Activity가정상 종료되었을 때 Activity에서 넘겨준 문자열을 받아서 EditText에 세팅

SubActivity에서도 startActivity 메소드로 ThirdActivity를 실행하거나 finish 메소드를 이용하여 자신(SubActivity)을 종료시키도록 만든다.

실습 4-1

ActivityExam/src/org.nashorn.activityexam/SubActivity.java

```
1    package org.nashorn.activityexam;
2
3    import android.app.Activity;
4    import android.content.Intent;
5    import android.net.Uri;
6    import android.os.Bundle;
7    import android.view.View;
8    import android.widget.Button;
9    import android.widget.EditText;
10
11   public class SubActivity extends Activity {
12     @Override
13     protected void onCreate(Bundle savedInstanceState) {
14       super.onCreate(savedInstanceState);
15       setContentView(R.layout.activity_sub);
16
17       Button closeButton = (Button)findViewById(R.id.close_button);
18       closeButton.setOnClickListener(new View.OnClickListener() {
19           @Override
20           public void onClick(View v) {
21           // TODO Auto-generated method stub
22           Uri data = Uri.parse("content://subactivity");
23           Intent result = new Intent(null, data);
24           EditText editText = (EditText)findViewById(
```

```
25                    R.id.edit_text);
26            result.putExtra("rtValue", editText.getText().toString());
27            setResult(RESULT_OK, result);
28
29            finish();
30            }
31        });
32        Button thirdActivityButton = (Button)findViewById(
33                        R.id.third_activity_button);
34        thirdActivityButton.setOnClickListener(
35                        new View.OnClickListener() {
36            @Override
37            public void onClick(View v) {
38                // TODO Auto-generated method stub
39                Intent i = new Intent(SubActivity.this,
40                        ThirdActivity.class);
41                startActivity(i);
42            }
43        });
44
45        Intent intent = getIntent();
46        String valueString = intent.getStringExtra("etValue");
47        EditText editText = (EditText)findViewById(R.id.edit_text);
48        editText.setText(valueString);
49    }
50 }
```

ThirdActivity에서는 더 이상 실행시킬 액티비티가 없기 때문에 종료 버튼을 눌렀을 때, 자신을 종료시키기만 하면 된다.

ActivityExam/src/org.nashorn.activityexam/ThirdActivity.java

```
1  package org.nashorn.activityexam;
2
3  import android.app.Activity;
4  import android.os.Bundle;
5  import android.view.View;
6  import android.widget.Button;
7
8  public class ThirdActivity extends Activity {
```

```
9        @Override
10       protected void onCreate(Bundle savedInstanceState) {
11           super.onCreate(savedInstanceState);
12           setContentView(R.layout.activity_third);
13
14           Button closeButton = (Button)findViewById(
15               R.id.close_button);
16           closeButton.setOnClickListener(
17               new View.OnClickListener() {
18           @Override
19           public void onClick(View v) {
20               // TODO Auto-generated method stub
21               finish();
22           }
23       });
24       }
25   }
```

종료 버튼을 눌렀을 때 처리

이제 ActivityExam 프로젝트를 실행시키면 3개의 액티비티가 순차적으로 실행, 종료되면서 액티비티 스택에 쌓이는 방식으로 액티비티가 활성/비활성되는 과정을 눈으로 확인할 수 있을 것이다.

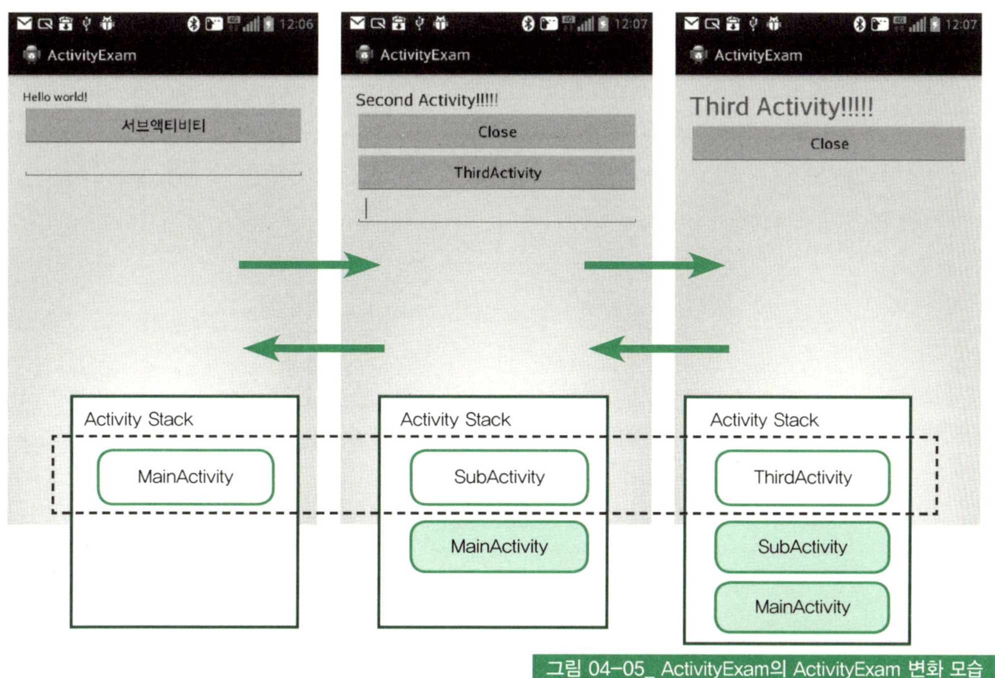

그림 04-05_ ActivityExam의 ActivityExam 변화 모습

1.2 서비스

안드로이드에서 말하는 「서비스(Service)」란 애플리케이션 내에서 겉으로는 보이지 않고 백그라운드로 진행이 되는 로컬 서비스를 가리키거나, 서비스 혼자 독립 프로세스에서 동작하는 원격 서비스를 말한다. 로컬 서비스는 액티비티와 달리 별도의 레이아웃이 필요 없으며, 백그라운드에서 진행되는 실행 결과를 Notification해준다. 다만, 서비스는 별도의 프로세스나 쓰레드가 아니라 애플리케이션이 실행되는 프로세스와 동일한 프로세스에서 동작된다는 점에 유의해야 한다.

startService( ) 메소드를 호출하면 애플리케이션이 시스템에 어떤 작업을 백그라운드로 실행하겠다고 알리고, 서비스가 종료될 때까지 해당 서비스의 작업을 계속 스케줄링하게 된다. bindService( ) 메소드를 사용하면 애플리케이션과 서비스 사이에 연결을 설정하고 상호 작용을 할 수 있게 된다.

서비스는 다음과 같은 라이프 사이클을 가지는데, 한번 시작된 서비스는 계속 대기 상태에 있으면서 다음 명령을 실행할 준비를 한다. 외부에서 startService( ) 메소드를 호출해서 서비스를 다시 시작시키려고 하면, 서비스가 이미 시작된 상태에서는 또 다시 onCreate( )가 수행되지 않고 onStart( )로 넘어가게 된다.

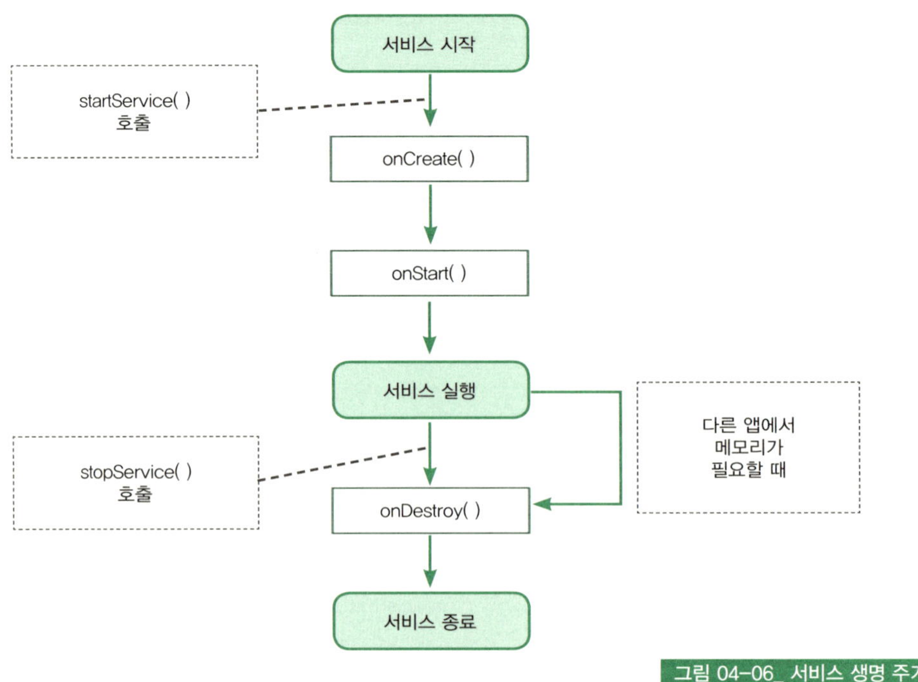

그림 04-06_ 서비스 생명 주기

SMS 수신 기능을 이용하여 "서비스"의 예제를 만들어 보도록 하겠다. 이클립스에서 SMSExam 프로젝트를 생성한다. 그리고 메니페스트 파일을 열어 MsgService라는 서비스를 추가하고 SMS 수신에 관한 권한을 명시해준다.

실습 4-2

SMSExam/AndroidManifest.xml

```xml
1   <?xml version="1.0" encoding="utf-8"?>
2   <manifest xmlns:android="http://schemas.android.com/apk/res/android"
3       package="org.nashorn.smsexam"
4       android:versionCode="1"
5       android:versionName="1.0" >
6
7       <uses-sdk
8           android:minSdkVersion="8"
9           android:targetSdkVersion="17" />
10
11      <application
12          android:allowBackup="true"
13          android:icon="@drawable/ic_launcher"
14          android:label="@string/app_name"
15          android:theme="@style/AppTheme" >
16          <activity
17              android:name="org.nashorn.smsexam.MainActivity"
18              android:label="@string/app_name" >
19              <intent-filter>
20                  <action android:name=
21                  "android.intent.action.MAIN" />
22
23                  <category android:name=
24                  "android.intent.category.LAUNCHER" />
25              </intent-filter>
26          </activity>
27          <activity
28              android:name="org.nashorn.smsexam.AlertDialogActivity"
29              android:theme="@android:style/Theme.Dialog">
30          <intent-filter>
31              <category android:name=
32                  "android.intent.category.LAUNCHER" />
33          </intent-filter>
34          </activity>
```

```
35
36   서비스 추가    <service android:name="org.nashorn.smsexam.MsgService" />
37
38          <receiver android:name=
39          "org.nashorn.smsexam.ServiceManager"
40             android:enabled="true"
41             android:exported="false"
42             android:label="ServiceManager" >
43           <intent-filter>
44              <action android:name=
45                 "android.intent.action.BOOT_COMPLETED" />
46           </intent-filter>
47          </receiver>
48      </application>
49
50      <uses-permission android:name=
51          "android.permission.RECEIVE_BOOT_COMPLETED" />
52      <uses-permission android:name=
53          "android.permission.RECEIVE_SMS" />
54      <uses-permission android:name="android.permission.READ_SMS" />
55
56   </manifest>
```

단말기가 켜졌을 때 자동으로 ServiceManager가 실행되도록 등록

activity_main.xml에서는 수신된 메시지의 발신자 전화번호와 메시지 내용을 표시하기 위해서 EditText 뷰를 2개 추가해주고 각각 phone_number, message라는 ID를 부여해준다.

실습 4-2

SMSExam/res/layout/activity_main.xml

```
1    <RelativeLayout xmlns:android="http://schemas.android.com/apk/
2    res/android"
3        xmlns:tools="http://schemas.android.com/tools"
4        android:layout_width="match_parent"
5        android:layout_height="match_parent"
6        android:paddingBottom="@dimen/activity_vertical_margin"
7        android:paddingLeft="@dimen/activity_horizontal_margin"
8        android:paddingRight="@dimen/activity_horizontal_margin"
9        android:paddingTop="@dimen/activity_vertical_margin"
10       tools:context=".MainActivity" >
11
12       <TextView
13           android:id="@+id/text_view"
```

```
14          android:layout_width="wrap_content"
15          android:layout_height="wrap_content"
16          android:text="@string/hello_world" />
17      <EditText
18          android:id="@+id/phone_number"
19          android:layout_width="fill_parent"
20          android:layout_height="wrap_content"
21          android:layout_below="@+id/text_view"/>
22      <EditText
23          android:id="@+id/message"
24          android:layout_width="fill_parent"
25          android:layout_height="fill_parent"
26          android:layout_below="@+id/phone_number"/>
27
28  </RelativeLayout>
```

수신된 메시지 정보 표시

popup.xml 파일은 애플리케이션이 실행되지 않은 상태에서 SMS가 수신되었을 때, 호출되는 AlertDialogActivity.java에서 사용하는 레이아웃이다. 다이얼로그에 popup.xml에 정의된 레이아웃이 표시된다.

실습 4-2

SMSExam/res/layout/popup.xml

```
1   <?xml version="1.0" encoding="utf-8"?>
2   <RelativeLayout
3    xmlns:android="http://schemas.android.com/apk/res/android"
4    android:layout_width="wrap_content"
5    android:layout_height="wrap_content">
6     <TextView
7      android:text=""
8      android:id="@+id/message"
9      android:layout_width="wrap_content"
10     android:layout_height="wrap_content" />
11    <Button
12     android:id="@+id/submit"
13     android:layout_below="@+id/message"
14     android:layout_width="wrap_content"
15     android:layout_height="wrap_content"
16     android:layout_centerHorizontal="true"
17     android:text="Cancel" />
18  </RelativeLayout>
```

수신된 메시지 내용 표시

SMSExam 애플리케이션은 다음 그림과 같은 방식으로 동작하게 된다. 안드로이드폰에 SMS
가 수신되면 "android.provider.Telephony.SMS_RECEIVED"라는 인텐트 필터의 리시버
로 등록된 MsgReceiver가 동작해서 수신된 SMS에서 발신자 전화번호와 메시지 내용을 추
출한다. MsgService와 바인드되어 있는 MainActivity에서는 1초 단위로 MsgService로부
터 수신된 메시지에 대한 정보를 가져와서 액티비티의 레이아웃에 표시해준다.

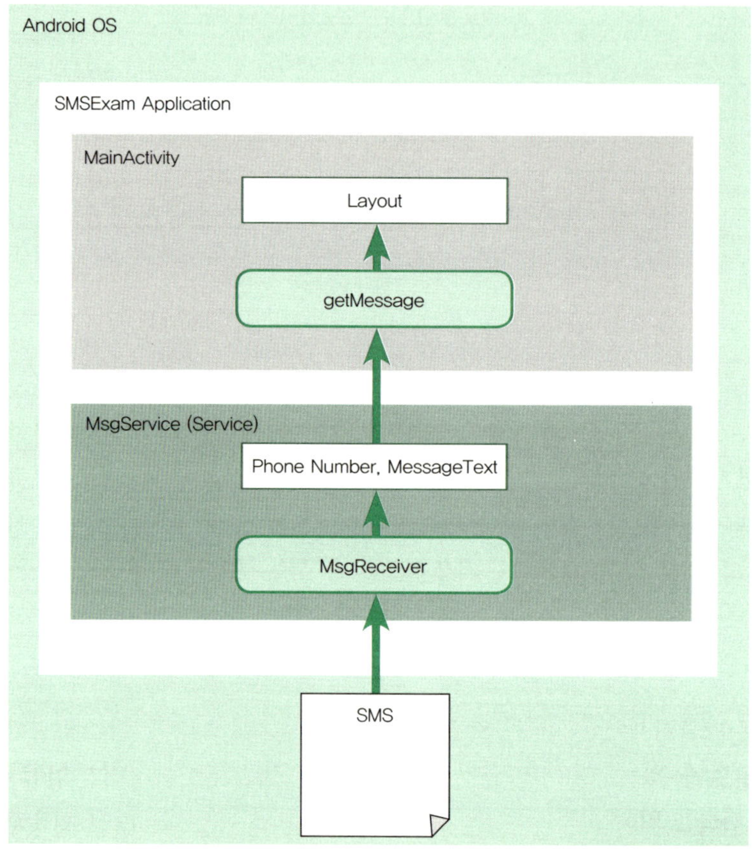

그림 04-07_ SMSExam 구동 원리

먼저 src 폴더에 MsgService.java라는 이름을 가진 파일을 추가하고, Service 클래스를 상
속받아서 MsgService라는 클래스를 만든다. MsgService는 Service 클래스를 상속 받았기
때문에 앞에서 설명한 onCreat( ), onStart( ), onDestroy( ) 메소드를 오버라이드 해주어야
한다. 여기에서는 onCreate( )나 onDestory( )에는 별다른 기능을 넣을 필요가 없으니 그대
로 두면 되고, onStart( ) 메소드에서는 브로드캐스트 리시버 타입인 MsgReceiver를 SMS
수신 시에 동작하는 리시버로 등록해준다.

실습 4-2

SMSExam/src/org.nashorn.smsexam/MsgService.java

```java
1    package org.nashorn.smsexam;
2    import android.app.PendingIntent;
3    import android.app.PendingIntent.CanceledException;
4    import android.app.Service;
5    import android.content.BroadcastReceiver;
6    import android.content.Context;
7    import android.content.Intent;
8    import android.content.IntentFilter;
9    import android.os.Binder;
10   import android.os.Bundle;
11   import android.os.IBinder;
12   import android.telephony.SmsMessage;
13   import android.util.Log;
14
15   public class MsgService extends Service {
16
17       @Override
18       public void onCreate() {
19
20       }
21
22       @Override
23       public void onStart(Intent intent, int startId) {
24       super.onStart(intent, startId);
25       IntentFilter filter = new IntentFilter(
26               "android.provider.Telephony.SMS_RECEIVED");
27          registerReceiver(MsgReceiver, filter);
28       }
29       private String phoneNumber = "";
30       private String messageText = "";
31       BroadcastReceiver MsgReceiver = new BroadcastReceiver() {
32           @Override
33           public void onReceive(Context arg0, Intent arg1) {
34           // TODO Auto-generated method stub
35               if (arg1.getAction().equals(
36                   "android.provider.Telephony.SMS_RECEIVED")) {
37                   Bundle bundle = arg1.getExtras();
38                   if (bundle != null) {
```

서비스 시작 시에 SMS 수신용 리시버를 등록한다.

```
39       Object[] pdus = (Object[])bundle.get("pdus");
40       SmsMessage[] msgs = new SmsMessage[pdus.length];
41       msgs[0] = SmsMessage.createFromPdu((byte[])pdus[0]);
42       phoneNumber = msgs[0].getOriginatingAddress();
43       messageText = msgs[0].getMessageBody().toString();
44
45       ////////////////////
46
47       Bundle bun = new Bundle();
48       bun.putString("notiMessage",
49               phoneNumber+":"+messageText);
50       Intent popupIntent=new Intent(getApplicationContext(),
51       AlertDialogActivity.class);
52       popupIntent.putExtras(bun);
53       PendingIntent pie= PendingIntent.getActivity(
54               getApplicationContext(), 0,
55               popupIntent,
56               PendingIntent.FLAG_ONE_SHOT);
57       try {
58           pie.send();
59       } catch (CanceledException e) {
60           Log.e("MsgService", e.getMessage());
61       }
62     }
63   }
64   }
65 };
66 public String getPhoneNumber(){
67     return this.phoneNumber;
68 }
69 public String getMessageText(){
70     return this.messageText;
71 }
72
73 private final IBinder binder = new MyBinder();
74
75 public class MyBinder extends Binder {
76     MsgService getService() {
77         return MsgService.this;
78     }
```

```
79          }
80          @Override
81          public IBinder onBind(Intent arg0) {
82              // TODO Auto-generated method stub
83              return binder;
84          }
85      }
```

뒤쪽에 onBind( ) 메소드를 오버라이드한 것은 MainActivity와 MsgService를 바인딩할 때 필요하기 때문이다. 수신된 메시지에 대한 정보를 저장하는 phoneNumber와 messageText 의 값은 바인딩된 액티비티에서 각각 getPhoneNumber( ), getMessageText( ) 메소드를 호출해서 얻을 수 있게 된다.

이제 MainActivity 파일을 열고 onCreate( ) 메소드에 MsgService 서비스를 시작시 키고 bindService( ) 메소드를 호출하여 MainActivity 액티비티와 MsgService를 바 인드 시켜주는 코드를 작성한다. bindService( ) 메소드가 제대로 동작하여 정상적으로 바인딩이 되면, serviceConnection의 onServiceConnected( ) 메소드가 호출되면서 serviceBinder에 MsgServicer의 서비스 인터페이스 객체를 얻어올 수 있다. 이렇게 얻 어온 서비스 인터페이스 객체를 이용하면 언제든지 MsgService의 getPhoneNumber( ), getMessageText( ) 등의 메소드들을 호출하여 사용할 수 있게 된다. 여기에서는 Handler 를 이용하여 1초마다 MsgService에서 메시지 정보를 가져와서 화면에 표시하도록 구현 하자.

실습 4-2

SMSExam/src/org.nashorn.smsexam/MainActivity.java

```
1       package org.nashorn.smsexam;
2
3       import android.os.Bundle;
4       import android.os.Handler;
5       import android.os.IBinder;
6       import android.app.Activity;
7       import android.content.ComponentName;
8       import android.content.Context;
9       import android.content.Intent;
10      import android.content.ServiceConnection;
11      import android.view.Menu;
12      import android.widget.EditText;
13
14      public class MainActivity extends Activity {
```

```
15
16      @Override
17      protected void onCreate(Bundle savedInstanceState) {
18          super.onCreate(savedInstanceState);
19          setContentView(R.layout.activity_main);
20
21          startService(new Intent(MainActivity.this,
22          MsgService.class));
23
24          Intent bindIntent=new Intent(MainActivity.this,
25              MsgService.class);
26          bindService(bindIntent, serviceConnection,
27              Context.BIND_AUTO_CREATE);
28          getMessage();
29      }
30      private MsgService serviceBinder;
31      private ServiceConnection serviceConnection =
32          new ServiceConnection(){
33        @Override
34        public void onServiceConnected(ComponentName arg0,
35          IBinder arg1) {
36            serviceBinder=((MsgService.MyBinder)arg1).getService();
37        }
38        @Override
39        public void onServiceDisconnected(ComponentName arg0) {
40            serviceBinder = null;
41        }
42      };
43      public void getMessage() {
44          EditText phoneText = (EditText)findViewById(
45              R.id.phone_number);
46          EditText messageText =
47              (EditText)findViewById(R.id.message);
48          if (serviceBinder != null) {
49              phoneText.setText(serviceBinder.getPhoneNumber());
50              messageText.setText(serviceBinder.getMessageText());
51          }
52
53          Handler handler = new Handler();
54          handler.postDelayed(new Runnable() {
55              @Override
```

MsgService를 실행시
키고 바인드한다.

```
56              public void run() {
57                  getMessage();
58              }
59          }, 1000);
60      }
61
62      @Override
63      public boolean onCreateOptionsMenu(Menu menu) {
64          getMenuInflater().inflate(R.menu.main, menu);
65          return true;
66      }
67  }
```

> 1초 단위로 반복하며 수신된 메시지 정보를 가져와서 보여준다.

MsgService.java에서 SMS가 수신되었을 때, 수신된 메시지 내용을 가져온 다음 PendingIntent를 이용하여 AlertDialogActivity를 실행시키는 코드가 있다. 이것은 SMSExam 애플리케이션이 실행 중이 아니어도 수신된 메시지에 대한 내용을 사용자에게 알리기 위한 다이얼로그를 띄우는 기능이다. AlertDialogActivity에서 하는 일은 간단하다. MsgService에서 넘겨준 메시지 내용을 TextView를 통해 보여주고, 사용자가 버튼을 클릭하면 다이얼로그를 닫는다.

실습 4-2

SMSExam/src/org.nashorn.smsexam/AlertDialogActivity.java

```
1   package org.nashorn.smsexam;
2   import android.app.Activity;
3   import android.os.Bundle;
4   import android.view.View;
5   import android.view.View.OnClickListener;
6   import android.view.Window;
7   import android.widget.Button;
8   import android.widget.TextView;
9   public class AlertDialogActivity extends Activity {
10
11      @Override
12      public void onCreate(Bundle savedInstanceState) {
13          super.onCreate(savedInstanceState);
14          requestWindowFeature(Window.FEATURE_NO_TITLE);
15          setContentView(R.layout.popup);
16
17          Bundle bun = getIntent().getExtras();
```

```
18          String notiMessage = bun.getString("notiMessage");
19          TextView adMessage = (TextView)findViewById
20              (R.id.message);
21          adMessage.setText(notiMessage);
22          Button adButton = (Button)findViewById(R.id.submit);
23          adButton.setOnClickListener(new SubmitOnClickListener());
24      }
25
26      private class SubmitOnClickListener implements OnClickListener {
27          public void onClick(View v) {
28              finish();
29          }
30      }
31  }
```

BroadcastReceiver에서 상속받아 만든 ServiceManager 클래스는 단말기가 켜졌을 때마다 자동으로 MsgService를 실행시켜주는 역할을 한다. MainActivity가 실행되면서 MsgService를 시작해주면 단말기가 꺼지기 전까지는 계속 백그라운드로 동작을 하지만, 단말기를 껐다가 다시 켰을 경우에는 다시 MainAcitivity를 실행해주기 전까지는 MsgService가 시작되지 못하기 때문에 BroadcastReceiver를 이용하여 단말기가 켜지면 자동으로 MsgService를 시작해주는 것이다.

실습 4-2

SMSExam/src/org.nashorn.smsexam/ServiceManager.java

```
1   package org.nashorn.smsexam;
2
3   import android.content.BroadcastReceiver;
4   import android.content.ComponentName;
5   import android.content.Context;
6   import android.content.Intent;
7   import android.util.Log;
8
9   public class ServiceManager extends BroadcastReceiver {
10    @Override
11    public void onReceive(Context ctx, Intent intent) {
12      if (intent.getAction().equals(
13              "android.intent.action.BOOT_COMPLETED")) {
14        ComponentName cName = new ComponentName
15          (ctx.getPackageName(), MsgService.class.getName());
```

```
16          ComponentName svcName = ctx.startService
17                          (new Intent().setComponent(cName));
18
19      if (svcName == null) {
20          Log.e("ServiceManager", "Could not start service " +
21                  cName.toString());
22      } else {
23          Log.e("ServiceManager", "start service!!!!! " +
24                  cName.toString());
25          }
26      } else {
27          Log.e("ServiceManager", "Received unexpected intent " +
28                  intent.toString());
29          }
30      }
31  }
```

SMSExam 애플리케이션을 실행한 상태에서 메시지(SMS)가 수신되면 왼쪽 그림과 같이 발신 전화번호와 메시지 내용을 보여주는 것을 확인할 수 있다. 오른쪽 그림은 애플리케이션을 종료하고 다른 작업을 하고 있을 때 메시지가 수신되었을 때, 팝업창이 뜨면서 수신된 메시지의 내용을 알려주는 화면이다. 이처럼 서비스는 액티비티의 동작 상태와는 상관없이 백그라운드에서 일정하게 작업을 수행해야 하는 경우에 유용하게 사용될 수 있다.

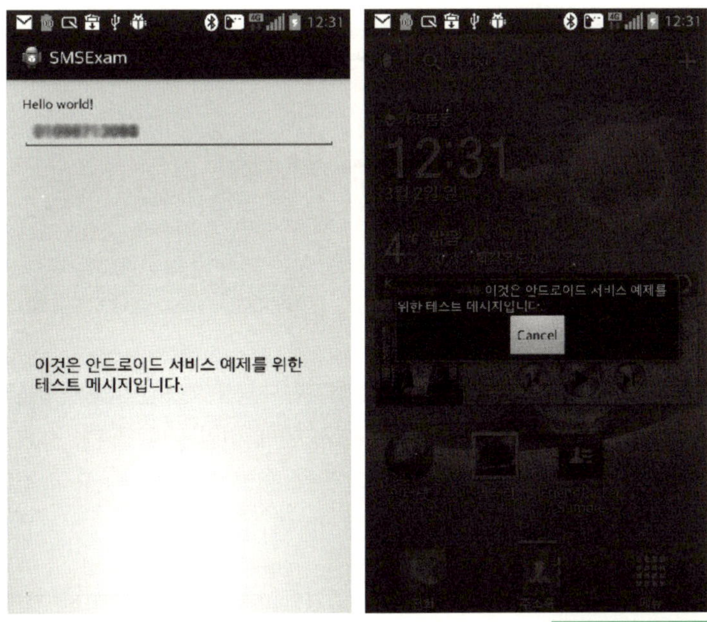

그림 04-08_ SMSExam 실행 화면

1.3 인텐트

어느 정도의 규모를 가진 애플리케이션을 개발할 때에는 모든 기능을 일일이 직접 만들어 사용하기 보다는 이미 개발되어 다른 애플리케이션에서 제공하는 기능이나 라이브러리 형태로 개발되어 있는 컴포넌트를 최대한 활용하여 생산성과 안정성을 높이기 마련이다. 「인텐트(Intent)」는 이렇게 특정 애플리케이션의 컴포넌트를 선택해서 사용하기 위해서 사용하는 일종의 메시지라고 할 수 있다.

애플리케이션에서 특정 액티비티가 서브 액티비티를 실행시키는 것 처럼 호출 대상 컴포넌트의 이름을 명시하여 사용하는 것을 「명시적 인텐트(Explicit Intent)」라고 한다. 반면에 호출 대상 컴포넌트가 특별히 정해진 적이 아니라 필요한 특성만 정해주어 그에 맞는 컴포넌트를 찾도록 만드는 것이 「암시적 인텐트(Implicit Intent)」이다.

명시적 인텐트

명시적 인텐트는 호출하는 컴포넌트(Component A)와 호출하고자 하는 컴포넌트(Component B)를 이용하여 인텐트 객체를 생성한다. 만일 호출하고자 하는 컴포넌트(Component B)에 전달해야하는 정보가 별도로 있을 경우에는 데이터 타입에 맞게 각각 Extra로 등록한 다음, startActivity(또는 startActivityForResult) 메소드로 호출하여 컴포넌트를 호출한다.

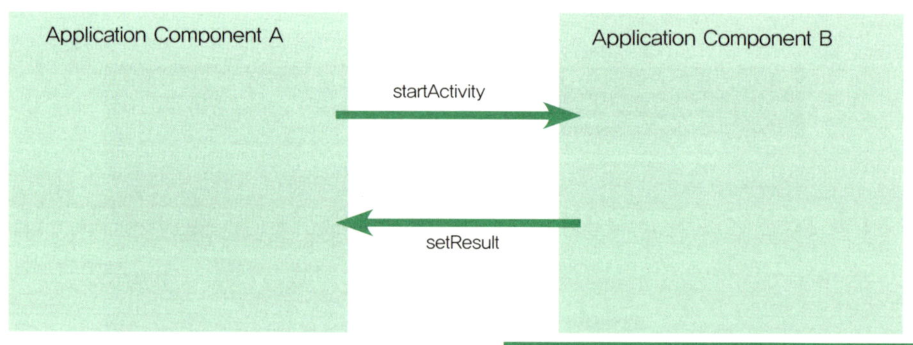

그림 04-09_ 명시적 인텐트를 이용한 컴포넌트 호출

startActivityForResult( ) 메소드로 호출하였을 경우에는 호출된 컴포넌트(Component B)에서는 작업 결과를 호출한 컴포넌트(Component A)에 전달할 수 있다. 결과값 전달을 위한 인텐트 객체를 하나 생성한 다음, 해당 인텐트의 Extra로 등록하고 setResult( ) 메소드를 이용하여 호출했던 컴포넌트(Component A)에 전달하면 된다.

명시적 인텐트를 사용하는 예제를 만들어보기 위해 Exam0403A 프로젝트를 생성한다.

Exam0403A 애플리케이션에는 두 개의 액티비티 사이에 데이터를 주고 받는 기능을 구현해 보도록 하자. 메니페스트 파일에 서브 액티비티를 추가한다.

실습 4-3

Exam0403A/AndroidManifest.xml

```xml
<?xml version="1.0" encoding="utf-8"?>
<manifest xmlns:android="http://schemas.android.com/
apk/res/android"
    package="org.nashorn.exam0403a"
    android:versionCode="1"
    android:versionName="1.0">
    <application android:icon="@drawable/icon"
    android:label="@string/app_name">
        <activity android:name=".Exam0403A"
          android:label="@string/app_name">
            <intent-filter>
                <action android:name=
                "android.intent.action.MAIN" />
                <category android:name=
                "android.intent.category.LAUNCHER" />
            </intent-filter>
        </activity>

<!-- 서브 액티비티를 추가한다. -->
        <activity android:name=".SubActivity"
                android:label="@string/app_name">
        </activity>
    </application>
    <uses-sdk android:minSdkVersion="5" />
</manifest>
```

activity_main.xml 파일에는 서브 액티비티에 전달할 문자열을 입력받기 위한 EditText 컨트롤과 Button 컨트롤을 추가해준다.

실습 4-3

Exam0403A/res/layout/activity_main.xml

```xml
<?xml version="1.0" encoding="utf-8"?>
<LinearLayout xmlns:android="http://schemas.android.com/
apk/res/android"
    android:orientation="vertical"
```

```
5        android:layout_width="fill_parent"
6        android:layout_height="fill_parent"
7        >
8    <TextView
9        android:layout_width="fill_parent"
10       android:layout_height="wrap_content"
11       android:text="Exam0403A 명시적 인텐트"
12       />
13   <!-- 문자열을 입력받는 EditText와 액티비티 실행을 위해 Button을 추가한다. -->
14   <EditText
15       android:id="@+id/intent_value"
16       android:layout_width="fill_parent"
17       android:layout_height="wrap_content"    />
18   <Button
19       android:id="@+id/button"
20       android:layout_width="fill_parent"
21       android:layout_height="wrap_content"
22       android:text="액티비티 실행"       />
23   </LinearLayout>
```

activity_main.xml 파일을 복사해서 sub.xml 파일을 새로 만들어 준 다음, TextView와 Button의 텍스트 내용만 바꿔준다.

Exam0403A/res/layout/sub.xml

```
1    <?xml version="1.0" encoding="utf-8"?>
2    <LinearLayout xmlns:android="http://schemas.android.com/
3    apk/res/android"
4        android:orientation="vertical"
5        android:layout_width="fill_parent"
6        android:layout_height="fill_parent"
7        >
8    <TextView
9        android:layout_width="fill_parent"
10       android:layout_height="wrap_content"
11       android:text="서브 액티비티"
12       />
13
14   <!-- 받은 문자열을 표시하는 EditText와 액티비티 종료를 위한 Button을 추가한다. -->
```

```
15    <EditText
16        android:id="@+id/intent_value"
17        android:layout_width="fill_parent"
18        android:layout_height="wrap_content"      />
19    <Button
20        android:id="@+id/button"
21        android:layout_width="fill_parent"
22        android:layout_height="wrap_content"
23        android:text="액티비티 종료"      />
24    </LinearLayout>
```

MainActivity.java 파일에서 버튼을 클릭하면 호출하는 액티비티인 Exam0403A와 호출당하는 액티비티인 SubActivity를 이용하여 명시적인 인텐트를 생성하고 Extra 를 이용하여 EditText 컨트롤에 입력되어있는 문자열을 호출되는 액티비티에 전달해 준다. 이때, 그냥 startActivity( ) 메소드를 사용하지 않고 startActivityForResult( ) 메소드를 사용한 것은 서브 액티비티가 종료될 때 리턴되는 값을 받기 위해서이다. 이 렇게 startActivityForResult( ) 메소드로 실행시킨 액티비티가 종료되는 시점에는 onActivityResult( ) 메소드가 호출되기 때문에 오버라이드하여 넘어온 값을 다시 메인 액티 비티의 EditText에 세팅하도록 만든다.

실습 4-3

Exam0403A/src/org.nashorn.exam0403a/MainActivity.java

```java
1     package org.nashorn.exam0403a;
2     import android.app.Activity;
3     import android.content.Intent;
4     import android.os.Bundle;
5     import android.view.View;
6     import android.widget.Button;
7     import android.widget.EditText;
8
9     public class MainActivity extends Activity {
10        private final static int SUB_ACTIVITY = 1;
11        private EditText intentValueText;
12
13        @Override
14        public void onCreate(Bundle savedInstanceState) {
15            super.onCreate(savedInstanceState);
16            setContentView(R.layout.activity_main);
```

```
17        intentValueText = (EditText)findViewById(R.id.intent_value);
18
19        /* 버튼을 누르면 인텐트의 Extra를 이용하여 실행시키는 액티비티에 EditText에
20        입력된 텍스트를 전달한다. */
21        Button startButton = (Button)findViewById(R.id.button);
22        startButton.setOnClickListener(new View.OnClickListener() {
23            @Override
24            public void onClick(View arg0) {
25                // TODO Auto-generated method stub
26                Intent i = new Intent(MainActivity.this,
27                    SubActivity.class);
28                i.putExtra("etTextValue",
29                    intentValueText.getText().toString());
30                startActivityForResult(i, SUB_ACTIVITY);
31            }
32        });
33    }
34    @Override
35    public void onActivityResult(int requestCode,
36    int resultCode, Intent data) {
37        super.onActivityResult(requestCode, resultCode, data);
38        switch(requestCode){
39
40        /* SubActivity가 종료되면서 RESULT_OK 값을 리턴했으면, Extra를 이용하여
41        넘어온 텍스트를 받아서 EditText 컨트롤에 세팅해준다. */
42        case SUB_ACTIVITY:
43            if (resultCode == Activity.RESULT_OK) {
44                String returnString =
45                        data.getStringExtra("rtTextValue");
46                intentValueText.setText(returnString);
47            }
48            break;
49        }
50    }
51 }
```

src 폴더에 SubActivity.java 파일을 새로 추가한 후 다음과 같이 sub.xml 파일을 레이아웃으로 사용하는 서브 액티비티를 만든다. 서브 액티비티의 onCreate( )에서는 메인 액티비티에서 넘겨준 인텐트에서 Extra로 포함되어 있는 문자열을 추출하여 서브 액티비티의 EditText에

세팅을 해준다. [액티비티 종료] 버튼을 눌렀을 때에는 임의로 만든 "content://exam0403a/sub_activity"라는 URI를 가지는 인텐트를 하나 생성하고, 서브 액티비티의 EditText에 입력된 문자열을 Extra로 추가한 다음 setResult( ) 메소드를 이용하여 메인 액티비티로 전달시킨다. 서브 액티비티에서 만든 인텐트는 호출 대상을 정확하게 명시하지 않았기 때문에 명시적 인텐트가 아니며, 이 경우에는 단지 데이터 값을 전달하기 위해 이용한 것이다.

실습 4-3-A

Exam0403A/src/org.nashorn.exam0403a/SubActivity.java

```java
package org.nashorn.exam0403a;
import android.app.Activity;
import android.content.Intent;
import android.net.Uri;
import android.os.Bundle;
import android.view.View;
import android.widget.Button;
import android.widget.EditText;

public class SubActivity extends Activity {
    private EditText intentValueText;

    @Override
    public void onCreate(Bundle savedInstanceState) {
        super.onCreate(savedInstanceState);
        setContentView(R.layout.sub);

        /* 인텐트의 Extra로 넘어온 텍스트를 EditText 컨트롤에 세팅한다. */
        Intent intent = getIntent();
        String textString = intent.getStringExtra("etTextValue");

        intentValueText = (EditText)findViewById(R.id.intent_value);
        intentValueText.setText(textString);

        /* 버튼을 누르면 임의의 인텐트를 하나 만들고 Extra로 현재 EditText에
           입력된 문자열을 호출한 액티비티에 전달해준다. */
        Button startButton = (Button)findViewById(R.id.button);
        startButton.setOnClickListener(new View.OnClickListener() {
            @Override
            public void onClick(View arg0) {
                Uri data = Uri.parse
                    ("content://exam0403a/sub_activity");
```

```
33                  Intent result = new Intent(null, data);
34                  result.putExtra("rtTextValue",
35                  intentValueText.getText().toString());
36                  setResult(RESULT_OK, result);
37                  finish();
38              }
39          });
40      }
41  }
```

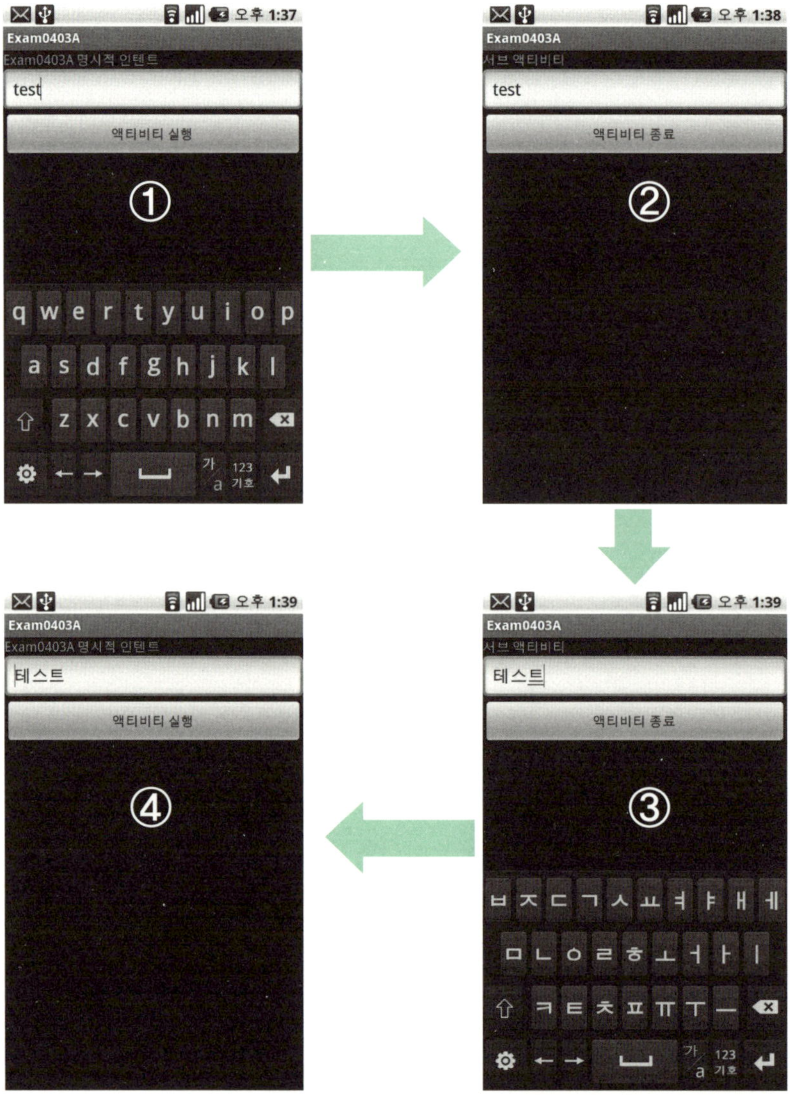

그림 04-10_ Exam0403A 프로그램 실행 화면

Exam0403A 프로젝트를 실행시키면 1번 화면이 뜬다. 여기에서 EditText에 "test"라 입력하고 [액티비티 실행] 버튼을 누르면 서브 액티비티가 뜨면서 2번 화면이 표시된다. 서브 액티비티의 EditText에는 메인 액티비티에서 인텐트를 이용하여 전달해준 "test"라는 문자열이 들어가있다.

서브 액티비티의 EditText의 내용을 "테스트"로 바꾸고 [액티비티 종료] 버튼을 누르면 4번처럼 메인 액티비티로 되돌아오는데 메인 액티비티의 EditText 내용이 "테스트"로 바뀐 것을 확인할 수 있다.

암시적 인텐트

암시적 인텐트는 호출 대상이 되는 컴포넌트를 선정하기 위해서 필요한 "처리 가능 작업 종류", "처리 가능 데이터 유형", "데이터 주소" 등의 정보를 가지도록 「액션(Action)」과 「데이터(Data)」로 구성되어 있다.

액션은 호출 대상 컴포넌트에서 처리해야 하는 작업을 뜻하며, 안드로이드 시스템에서 정의된 액션들은 다음과 같다. 물론, 필요에 따라서 사용자 정의 액션도 만들어 사용할 수 있다.

액션	대상 컴포넌트	설명
ACTION_CALL	액티비티	전화를 건다.
ACTION_DIAL	액티비티	다이얼러를 호출한다.
ACTION_EDIT	액티비티	데이터를 수정한다.
ACTION_VIEW	액티비티	데이터를 보여준다.
ACTION_PIC	액티비티	데이터를 추출한다.
ACTION_MAIN	액티비티	지정한 액티비티를 실행시킨다.
ACTION_BATTERY_LOW	브로드캐스트 리시버	배터리가 얼마 남지 않았음을 알려준다.

표 04-01_ 안드로이드 액션

암시적 인텐트의 "데이터"는 실제 데이터를 말하는 것이 아니라 안드로이드 시스템 내의 자원의 주소를 말한다. 이러한 자원의 주소를 URI(Uniform Resource Identifier)라고 하는데, 인터넷 상의 특정 사이트의 주소를 뜻하는 URL(Uniform Resouce Location)의 상위 개념이다. 따라서, 데이터가 될 수 있는 것은 웹 주소 뿐만 아니라 전화 번호, 컨텐트 프로바이더 주소 등이 있다.

이러한 인텐트의 데이터가 어떤 종류인지는 타입(type 또는 MIME type)을 이용하여 지정해줄 수 있다. 인텐트의 타입을 명확하게 지정해주면 가장 적합한 컴포넌트를 찾는데 큰 도움이 된다. 별도로 전달해야 하는 추가 정보들이 있을 경우에는 Extra를 이용하여 첨부하면 되며,

Extra는 정수형, 실수형, String형과 같이 데이터 타입에 따라 구분하여 정보를 저장할 수 있다.

인텐트를 이용하여 파일 열기

특정 파일로 만든 URI와 해당 파일의 타입에 맞는 MIME 파일을 지정해주고 ACTION_ VIEW 액션을 사용하여 인텐트를 만들어 실행하면 지정한 파일에 맞는 애플리케이션이 동작하면서 파일의 내용을 보여주거나 실행시켜 준다. 예를 들어, 생성된 인텐트에 임의의 mp3 파일의 경로를 지정하고 "audio/mp3"라는 타입을 설정하면 해당 mp3 파일을 음악 플레이어로 재생시켜준다.

```java
File filePath = new File("/sdcard/music.mp3");
Intent I = new Intent( );
i.setAction(android.content.Intent.ACTION_VIEW);
i.setDataAndType(Uri.fromFile(filePath), "audio/mp3");
startActivity(i);
```

안드로이드 애플리케이션 패키지(APK) 파일 뿐만 아니라 텍스트, 이미지, 오디오, 비디오 파일 등 안드로이드에서 지원하는 대부분의 파일을 이런 방법으로 동작시킬 수 있다. 파일 확장자에 매칭되는 MIME 타입은 다음 표를 참고하기 바란다.

종류	확장자	MIME 타입
안드로이드 애플리케이션 패키지	.apk	application/vnd.android.package-achive
텍스트	.txt	text/plain
	.csv	text/csv
	.xml	text/xml
이미지	.png	image/png
	.gif	image/gif
	.jpg	image/jpg
	.jpeg	image/jpeg
	.bmp	image/bmp
오디오	.mp3	audio/mp3
	.wav	audio/wav
	.ogg	audio/x-ogg
	.mid	audio/mid
	.midi	audio/midi

	.amr	audio/AMR
비디오	.mpeg	video/mpeg
	.3gp	video/3gpp
웹 페이지	.htm/.html	text/html
	.php	text/php

표 04-02_ 파일 확장자에 매칭되는 MIME 타입

이 책에서 우리가 만드는 예제 중에서 가장 짧은 예제를 암시적 인텐트를 이용하여 만들어보도록 하겠다. 만일 우리가 만드는 애플리케이션에 다이얼러 기능을 구현해야 할 경우가 생겼다면 그것을 직접 구현하는데에는 어느 정도 걸리게 될 것이다. 하지만 인텐트를 이용하면 안드로이드폰에서 기본적으로 사용하는 다이얼러를 손쉽게 호출해서 사용할 수 있기 때문에 개발 시간을 대폭 줄일 수 있다.

이제 IntentExam 프로젝트를 생성한 후, activity_main.xml 파일에 call이라는 ID를 가진 버튼을 하나 추가한다.

실습 4-4

IntentExam/res/layout/activity_main.xml

```
1   <RelativeLayout xmlns:android="http://schemas.android.com/apk/
2       res/android"
3       xmlns:tools="http://schemas.android.com/tools"
4       android:layout_width="match_parent"
5       android:layout_height="match_parent"
6       android:paddingBottom="@dimen/activity_vertical_margin"
7       android:paddingLeft="@dimen/activity_horizontal_margin"
8       android:paddingRight="@dimen/activity_horizontal_margin"
9       android:paddingTop="@dimen/activity_vertical_margin"
10      tools:context=".MainActivity" >
11      <Button
12          android:id="@+id/call_button"
13          android:layout_width="fill_parent"
14          android:layout_height="wrap_content"
15          android:text="전화걸기"/>
16  </RelativeLayout>
```


MainActivity.java의 onCreate( ) 메소드에는 버튼을 눌렀을 때, ACTION_DIAL 액션과 전화번호 정보를 담고 있는 URI를 이용하여 인텐트를 생성하고 startActivity( ) 메소드로 실행시켜주도록 만들어 준다.

IntentExam/res/layout/MainActivity.jave

```java
package com.example.intentexam;

import android.net.Uri;
import android.os.Bundle;
import android.app.Activity;
import android.content.Intent;
import android.view.Menu;
import android.view.View;
import android.widget.Button;

public class MainActivity extends Activity {

    @Override
    protected void onCreate(Bundle savedInstanceState) {
        super.onCreate(savedInstanceState);
        setContentView(R.layout.activity_main);

        Button callButton = (Button)findViewById(
                R.id.call_button);
        callButton.setOnClickListener(new View.OnClickListener() {
        @Override
        public void onClick(View v) {
            // TODO Auto-generated method stub

            Intent i = new Intent(Intent.ACTION_DIAL,
                    Uri.parse("tel:01011112222"));
            startActivity(i);
        }
    });

        @Override
        public boolean onCreateOptionsMenu(Menu menu) {
            getMenuInflater().inflate(R.menu.main, menu);
            return true;
        }
    }
```

IntentExam 프로젝트를 실행시킨 다음, [전화걸기] 버튼을 누르면 오른쪽 그림과 같이 지정한 번호가 미리 입력된 다이얼러가 실행된다. 이처럼 인텐트는 이미 만들어져서 설치되어 있는 여러 애플리케이션들의 공유 기능을 활용하여 다양한 응용을 할 수 있도록 만들어준다.

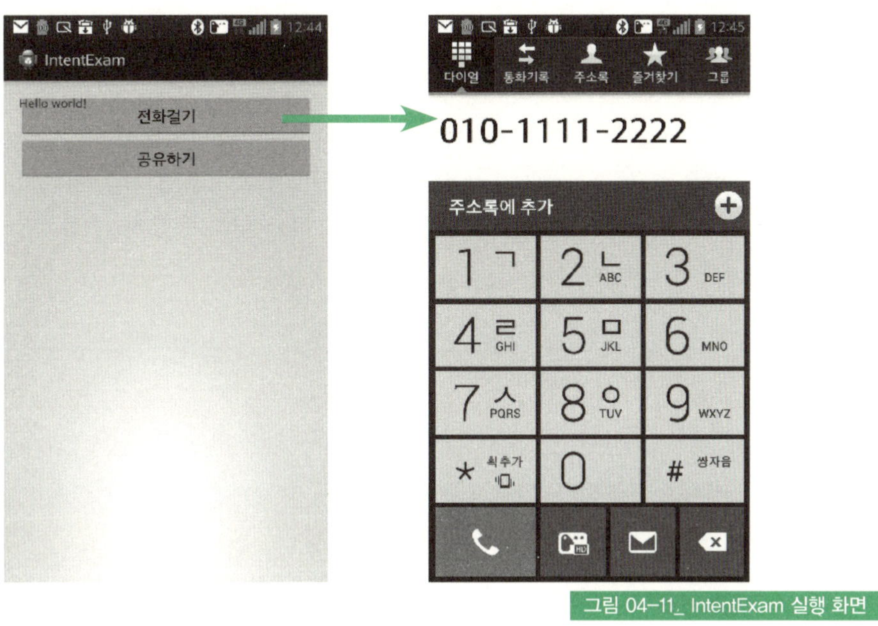

그림 04-11_ IntentExam 실행 화면

앞서 만들어 놓은 activity_main.xml 파일에 두 번째 버튼을 아래와 같이 추가한다.

```xml
<RelativeLayout xmlns:android="http://schemas.android.com/apk/res/android"
    xmlns:tools="http://schemas.android.com/tools"
    android:layout_width="match_parent"
    android:layout_height="match_parent"
    android:paddingBottom="@dimen/activity_vertical_margin"
    android:paddingLeft="@dimen/activity_horizontal_margin"
    android:paddingRight="@dimen/activity_horizontal_margin"
    android:paddingTop="@dimen/activity_vertical_margin"
    tools:context=".MainActivity" >
<Button
    android:id="@+id/call_button"
    android:layout_width="fill_parent"
    android:layout_height="wrap_content"
    android:text="전화걸기"/>
```

```
<Button
    android:id="@+id/share_button"
    android:layout_width="fill_parent"
    android:layout_height="wrap_content"
    android:layout_below="@+id/call_button"
    android:text="공유하기"/>
</RelativeLayout>
```

공유하기 버튼 추가

새로 추가된 버튼을 눌렀을 때, Intent.ACTION_SEND 형식의 인텐트를 생성하고 EXTRA_SUBJECT, EXTRA_TEXT, EXTRA_TITLE 항목에 원하는 정보를 입력한 다음 startActivity 메소드로 호출한다.

```
package com.example.intentexam;

import android.net.Uri;
import android.os.Bundle;
import android.app.Activity;
import android.content.Intent;
import android.view.Menu;
import android.view.View;
import android.widget.Button;

public class MainActivity extends Activity {
    @Override
    protected void onCreate(Bundle savedInstanceState) {
        super.onCreate(savedInstanceState);
        setContentView(R.layout.activity_main);
        ...
        <생략>
        ...
        Button shareButton = (Button)findViewById(R.id.share_button);
        shareButton.setOnClickListener(new View.OnClickListener() {
         @Override
         public void onClick(View v) {
            Intent msg = new Intent(Intent.ACTION_SEND);
            msg.addCategory(Intent.CATEGORY_DEFAULT);
            msg.putExtra(Intent.EXTRA_SUBJECT, "주제");
            msg.putExtra(Intent.EXTRA_TEXT, "내용");
            msg.putExtra(Intent.EXTRA_TITLE, "제목");
            msg.setType("text/plain");
```

```
        startActivity(msg);
    }
});
    }
}
```

공유하기 버튼 클릭 시
처리

이제 IntentExam 프로젝트를 다시 실행시키고 [공유하기] 버튼을 클릭하면 왼쪽 아래 그림처럼 현재 단말기에 설치된 애플리케이션 중에서 해당 정보를 공유할 수 있는 애플리케이션의 목록이 표시된다. 만일 연동되는 애플리케이션이 1개일 때에는 해당 애플리케이션이 바로 실행되고, 2개 이상일 경우에는 목록이 먼저 뜨고 목록에서 선택한 애플리케이션이 구동된다. 목록에서 "메시지" 애플리케이션을 선택하면 오른쪽 아래 그림처럼 단말기의 메시지 전송 프로그램이 실행되면서, 내용 입력하는 부분에 자동으로 "내용"이라는 텍스트가 입력된다. 만일 이메일 프로그램을 선택했다면 제목에는 "제목"이라는 텍스트가, 내용에는 "내용"이라는 텍스트가 자동으로 입력되는 것을 확인할 수 있을 것이다. 이처럼 인텐트에 포함시켜서 전달하는 Extra 정보 중에서 연동되는 애플리케이션에서 받을 수 있는 정보만 추출하여 사용되는 점에 유의해야 한다.

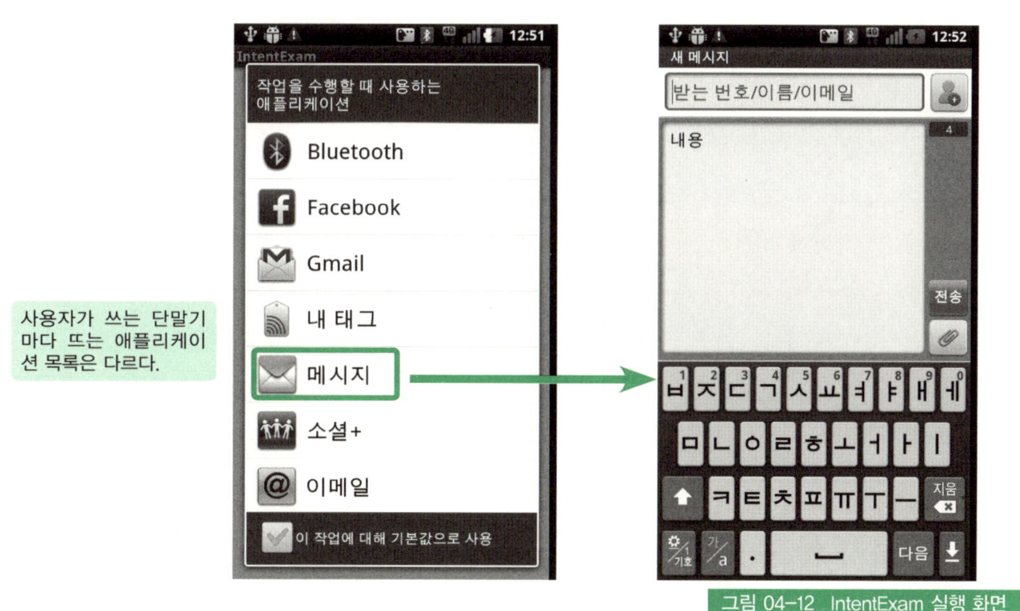

사용자가 쓰는 단말기마다 뜨는 애플리케이션 목록은 다르다.

그림 04-12_ IntentExam 실행 화면

1.4 컨텐트 프로바이더

대부분의 애플리케이션은 내부적으로 처리되는 데이터를 관리하기 위해 어떤 형태로든 데이터베이스를 사용한다. 보통의 경우라면 이런 데이터베이스가 외부에 공개되지 않도록 만들지만, 모든 애플리케이션에서 공유해서 사용해야만 하는 성질을 가진 데이터베이스도 있을 수 있다. 이러한 경우에는 사용되는 것이 바로「컨텐트 프로바이더(Content Provider)」이다.

즉, 컨텐트 프로바이더는 특정 애플리케이션에서 사용하고 있는 데이터베이스를 임의로 정한 규칙에 의해 다른 애플리케이션에 공유할 수 있도록 만들어주는 역할을 한다. 기본적으로 안드로이드 플랫폼 상에서 안드로이드 애플리케이션들끼리 공유하여 사용할 수 있는 공통의 저장소가 없다. 그래서 컨텐트 프로바이더는 애플리케이션 사이에 데이터를 공유할 수 있는 유용한 방법이다. 안드로이드의 기본 애플리케이션들에서도 공통적으로 많이 사용되는 데이터(주소록, 문자, 이미지, 동영상 등)에 대해서는 컨텐트 프로바이더로 접근이 가능하도록 만들어 놓고 있다.

컨텐트 프로바이더를 통해서 데이터베이스에 접근하는 과정을 그림으로 표현하면 다음과 같다. 애플리케이션 B에서 컨텐트 프로바이더를 통해서 데이터베이스의 접근을 허용하였고, 애플리케이션 A에서는 컨텐츠 리졸버(Content Resolver)를 통해서 애플리케이션 B의 컨텐트 프로바이더에 접근하여 데이터를 가져올 수 있게 된다.

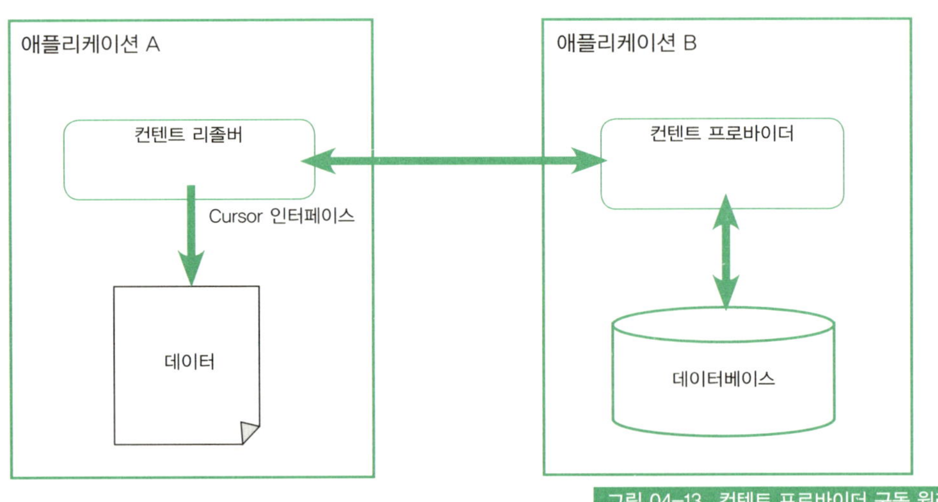

그림 04-13_ 컨텐트 프로바이더 구동 원리

컨텐트 프로바이더도 일반 데이터베이스처럼 원하는 정보를 찾기 위해서 쿼리를 요청할 수 있는데, 쿼리를 실행한 결과에 대해서는 일반적인 데이터베이스와 동일하게 Cursor 인터페이스를 통하여 접근이 가능하게 된다.

AddressExam 프로젝트에서는 컨텐트 프로바이더를 이용하여 주소록에 저장되어 있는 사용자 정보를 가져오는 기능을 구현해보도록 하자. 먼저 메니페스트 파일에 주소록 데이터를 읽는 것에 대한 권한을 명시한다.

실습 4-5

AddressExam/AndroidManifest.xml

```xml
<?xml version="1.0" encoding="utf-8"?>
<manifest xmlns:android="http://schemas.android.com/apk/res/
    android"
    package="org.nashorn.addressexam"
    android:versionCode="1"
    android:versionName="1.0" >

    <uses-sdk
        android:minSdkVersion="8"
        android:targetSdkVersion="17" />

    <application
        android:allowBackup="true"
        android:icon="@drawable/ic_launcher"
        android:label="@string/app_name"
        android:theme="@style/AppTheme" >
        <activity android:name=
            "org.nashorn.addressexam.MainActivity"
            android:label="@string/app_name" >
            <intent-filter>
                <action android:name=
                    "android.intent.action.MAIN" />

                <category android:name=
                    "android.intent.category.LAUNCHER" />
            </intent-filter>
        </activity>
    </application>

    <uses-permission android:name=
            "android.permission.READ_CONTACTS" />
</manifest>
```

불러온 주소록의 정보를 표시해주기 위해 activity_main.xml 파일에 리스트 뷰를 추가해준다.

실습 4-5

`AddressExam/res/layout/activity_main.xml`

```
1   <RelativeLayout xmlns:android="http://schemas.android.com/apk/
2       res/android"
3       xmlns:tools="http://schemas.android.com/tools"
4       android:layout_width="match_parent"
5       android:layout_height="match_parent"
6       android:paddingBottom="@dimen/activity_vertical_margin"
7       android:paddingLeft="@dimen/activity_horizontal_margin"
8       android:paddingRight="@dimen/activity_horizontal_margin"
9       android:paddingTop="@dimen/activity_vertical_margin"
10      tools:context=".MainActivity" >
11
12      <ListView
13          android:id="@+id/list"
14          android:layout_width="fill_parent"
15          android:layout_height="fill_parent"
16          android:layout_below="@+id/input"
17          />
18
19  </RelativeLayout>
```

주소록 목록 표시용 리스트뷰 추가

주소록에서는 이름과 전화번호만 가져올 것이기 때문에 nameList, phoneList라는 String형 배열 두 개와 리스트 뷰 목록을 만들 때 사용될 String형 ArrayList도 선언해준다. onCreate 에서는 ArrayList를 초기화하고 주소록을 불러오는 getContactsData( ) 메소드를 호출한 다음, 얻어온 주소록 목록을 이용하여 리스트 뷰를 세팅하도록 만든다.

실습 4-5

`AddressExam/src/org.nashorn.addressexam/MainActivity.java`

```
1   package org.nashorn.addressexam;
2
3   import java.util.ArrayList;
4   import android.net.Uri;
5   import android.os.AsyncTask;
6   import android.os.Bundle;
7   import android.provider.BaseColumns;
8   import android.provider.ContactsContract.CommonDataKinds.Phone;
```

```
9    import android.provider.ContactsContract.CommonDataKinds.
10      StructuredName;
11   import android.provider.ContactsContract.Contacts;
12   import android.provider.ContactsContract.Contacts.Data;
13   import android.app.Activity;
14   import android.app.ProgressDialog;
15   import android.content.ContentUris;
16   import android.database.Cursor;
17   import android.text.Editable;
18   import android.text.TextWatcher;
19   import android.util.Log;
20   import android.view.Menu;
21   import android.widget.ArrayAdapter;
22   import android.widget.EditText;
23   import android.widget.ListView;
24
25   public class MainActivity extends Activity {
26       private String[] nameList;
27       private String[] phoneList;
28
29       ArrayList<String> list;
30       ArrayAdapter<String> arrayAdapter;
31
32       @Override
33       protected void onCreate(Bundle savedInstanceState) {
34           super.onCreate(savedInstanceState);
35           setContentView(R.layout.activity_main);
36
37           new loadContactsData().execute("");
38       }
39       private class loadContactData extends AsyncTask
40           <String, Void, Void> {
41
42       private ProgressDialog dialog =
43           new ProgressDialog(MainActivity.this);
44       protected void onPreExecute(){
45           dialog.setMessage("주소록 정보를 로딩 중입니다...");
46           dialog.show();
47       }
48   @Override
```

```
49      protected Void doInBackground(String... params) {
50        getContactsData();
51        return null;
52    }

53    protected void onPostExecute(Void unused) {
54        dialog.dismiss();
55
56      ListView listView = (ListView)findViewById(R.id.list);
57      list = new ArrayList<String>();
58      for (int i = 0; i < nameList.length; i++) {
59          list.add(nameList[i]+" ("+phoneList[i]+")");
60    }
61
62      arrayAdapter = new ArrayAdapter<String>(getBaseContext(),
63          android.R.layout.simple_list_item_1, list);
64      listView.setAdapter(arrayAdapter);        }
65        }
66
67    public void getContactsData() {
68          Cursor c = this.getContentResolver().query(
69                  Contacts.CONTENT_URI,
70                new String[] { BaseColumns._ID }, null, null, null);
71          c.moveToFirst();
72          if (c.getCount() > 0) {
73            nameList = new String[c.getCount()];
74            phoneList = new String[c.getCount()];
75            for (int i = 0; i < c.getCount(); i++) {
76                try {
77                  String _id = c.getString(
78                      c.getColumnIndex (BaseColumns._ID));
79                  Uri contactUri = ContentUris.withAppendedId
80                    (Contacts.CONTENT_URI, Integer.parseInt(_id));
81                Uri dataUri = Uri.withAppendedPath(contactUri,
82                  Data.CONTENT_DIRECTORY);
83                Cursor c2 = this.getContentResolver().query(dataUri,
84                      new String[] {
85                            BaseColumns._ID, Data.MIMETYPE,
86                      Data.DATA1, Data.DATA2, Data.DATA3, Data.
87                      DATA4, Data.DATA5,
88                      Data.DATA6, Data.DATA7, Data.DATA8,
```

주소록에서 가져온 정보를 리스트뷰에 세팅한다.

```
 89                    Data.DATA9, Data.DATA10,
 90                    Data.DATA11, Data.DATA12, Data.DATA13, Data.
 91                    DATA14, Data.DATA15
 92                }, null, null, null );
 93            try {
 94                while(c2.moveToNext()) {
 95                if (!c2.isNull(c.getColumnIndex(BaseColumns._ID))) {
 96                    String mimeType = c2.getString
 97                        (c2.getColumnIndex(Data.MIMETYPE));
 98                        if (mimeType.equals(
 99                        StructuredName.CONTENT_ITEM_TYPE)){
100                        nameList[i] = c2.getString
101                            (c2.getColumnIndex(StructuredName.DI
102                            SPLAY_NAME));
103                        } else if (mimeType.equals(
104                        Phone.CONTENT_ITEM_TYPE)){
105                        phoneList[i] = c2.getString(
106                            c2.getColumnIndex(Phone.NUMBER));
107                        }
108                    }
109                    }
110            } finally {
111                c2.close();
112            }
113            c.moveToNext();
114            } catch(Exception e) {
115            Log.e("MainActivity", e.toString());
116            }
117        }
118        }
119    }
120
121        @Override
122        public boolean onCreateOptionsMenu(Menu menu) {
123
124            getMenuInflater().inflate(R.menu.main, menu);
125            return true;
126        }
127    }
```

AddressExam 프로젝트를 디바이스에서 실행하면 다음과 같이 디바이스의 주소록에 등록되어 있는 연락처 목록이 표시된다.

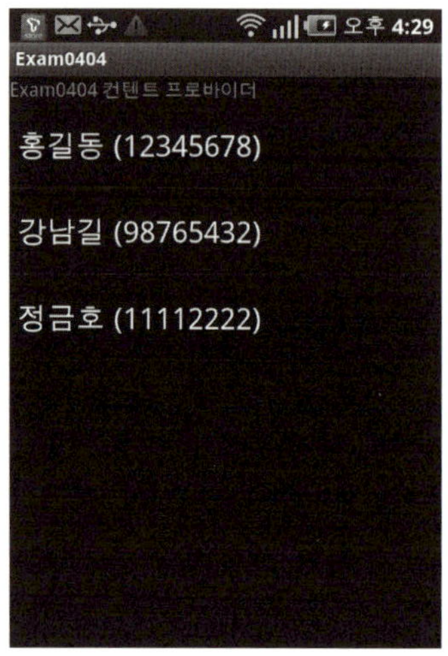

그림 04-13_ AddressExam 실행 화면

2. 리소스 완벽 활용

안드로이드 애플리케이션 패키지(APK 파일) 내에는 소스 코드 이외에도 다양한 리소스들이 포함될 수 있다. 안드로이드 애플리케이션 프로젝트를 생성하면 기본적으로 액티비티의 레이아웃을 정의하는 XML 파일과 애플리케이션 아이콘 이미지 파일, 그리고 애플리케이션 이름 등의 문자열이 정의되어 있는 XML 파일이 포함된다. 이 외에도 안드로이드 애플리케이션에는 다양한 리소스들이 존재하는데, 이것을 표로 정리하면 다음과 같다.

폴더	리소스 파일 종류
drawable	png 파일, jpg 파일 등의 이미지 파일
layout	레이아웃을 정의한 XML 파일
menu	메뉴를 정의한 XML 파일
raw	mp3 파일 등의 미디어 파일
values	문자열, 색깔, 치수(크기), 데이터 배열, 스타일 등에 대한 값이 정의된 XML 파일
xml	환경설정(preference) 요소 및 구조가 정의된 XML 파일 등 임의의 XML 파일
anim	애니메이션을 정의하는 XML 파일

표 04-03_ 리소스 종류

모든 리소스는 res 폴더의 리소스 종류에 따라 지정되어 있는 폴더에 파일 형태로 저장되지만, 소스 코드에서 사용할 때에는 대부분 파일명을 ID값으로 사용하여 접근하게 된다. 따라서 모든 리소스 파일명은 반드시 영문자로 시작해야 한다.

파일명	리소스 ID
/res/drawable/image01.png	R.drawable.image01
/res/xml/preferences.xml	R.xml.preferences
/res/menu/main.xml	R.menu.main
/res/raw/a01.mp3	R.raw.a01
/res/layout/activity_main.xml	R.layout.activity_main

표 04-04_ 리소스 ID 사용 방법

단, values 폴더에 저장되는 strings.xml, array.xml 파일들의 경우에는 파일명을 ID값으로 사용하지 않고 해당 XML 파일 내의 항목들마다 개별적으로 ID를 부여해서 사용한다. 예를 들어 다음과 같이 문자열이 정의되어 있을 경우에는 각각의 문자열에 R.string.hello, R.string.app_name이라는 ID값으로 접근하여 사용할 수 있다.

애플리케이션에서 사용하는 여러가지 옵션들을 사용자가 선택할 수 있도록 만들어 주는 「환경 설정(Preference)」은 XML 파일만으로 대부분 구현이 가능하다. 리소스 폴더에 「xml」이라는 폴더를 만든 다음, 환경 설정에 필요한 요소들을 XML 형식으로 정의해준 파일을 저장해주면 된다. XML로 정의해주는 것만으로 텍스트 입력, 리스트 선택, 체크 박스 등의 컨트롤을 이용하여 환경설정 변수를 지정할 수 있게 된다.

실제로 예제를 통해 다양한 리소스가 애플리케이션에서 사용되는 방법을 보도록 하자. PreferenceExam 프로젝트를 생성하고, image01.png 파일과 a01.mp3 파일을 등록한다. 이미지 파일인 image01.png 파일은 리소스 폴더의 drawable 폴더에 추가하고, 음악 파일인 a01.mp3 파일은 리소스 폴더의 raw 폴더를 새로 만들어서 복사한다.

실습 4-6

PreferenceExam/res/values/strings.xml

```
1    <?xml version="1.0" encoding="utf-8"?>
2    <resources>
3        <string name="hello">Hello World, PreferenceExam</string>
4        <string name="app_name">PreferenceExam</string>
5    </resources>
```

그리고 layout 폴더의 activity_main.xml 파일을 열어서 다음과 같이 하나의 이미지 뷰와 두

개의 버튼을 추가한다. 이미지 뷰의 소스는 방금 res/drawable 폴더에 추가한 image01.png 파일의 ID값을 지정한다.

PreferenceExam/res/layout/activity_main.xml

```xml
1   <?xml version="1.0" encoding="utf-8"?>
2   <LinearLayout xmlns:android="http://schemas.android.com/
3   apk/res/android"
4       android:orientation="vertical"
5       android:layout_width="fill_parent"
6       android:layout_height="fill_parent"
7       >
8   <TextView
9       android:layout_width="fill_parent"
10      android:layout_height="wrap_content"
11      android:text="PreferenceExam"
12      />
13  <!-- 이미지 표시를 위한 이미지 뷰와 버튼 2개를 추가한다 -- >
14  <ImageView
15      android:layout_width="fill_parent"
16      android:layout_height="wrap_content"
17      android:src="@drawable/image01"
18      />
19  <Button
20      android:id="@+id/sound"
21      android:layout_width="fill_parent"
22      android:layout_height="wrap_content"
23      android:text="MP3 파일 플레이"
24      />
25  <Button
26      android:id="@+id/config"
27      android:layout_width="fill_parent"
28      android:layout_height="wrap_content"
29      android:text="환경설정 실행"
30      />
31  </LinearLayout>
```

그 다음 menu 폴더를 생성하고 main.xml 파일을 새로 만들어서 추가하고 4개의 메뉴 아이템을 가진 메뉴를 정의한다. 메뉴 아이템은 최소한 ID와 이름을 가져야 하며, 필요하면 각 메뉴 아이템마다 아이콘을 등록해줄 수도 있다. 사용자가 메뉴에서 특정 항목을 선택하면 여기서 지정해준 ID값이 액티비티에 넘어오게 된다.

실습 4-6

PreferenceExam/res/menu/main.xml

```xml
<?xml version="1.0" encoding="utf-8"?>
<menu xmlns:android="http://schemas.android.com/apk/res/android">
    <!-- 첫 번째 메뉴 항목 추가 -->
    <item android:id="@+id/menu01"
        android:title="메뉴1">
    </item>
    <!-- 두 번째 메뉴 항목 추가 -->
    <item android:id="@+id/menu02"
        android:title="메뉴2">
    </item>
    <!-- 세 번째 메뉴 항목 추가 -->
    <item android:id="@+id/menu03"
        android:title="메뉴3">
    </item>
    <!-- 네 번째 메뉴 항목 추가 -->
    <item android:id="@+id/menu04"
        android:title="메뉴4">
    </item>
</menu>
```

이제 디폴트로 생성된 MainActivity 파일을 열어서 레이아웃에서 추가한 버튼 2개에 대한 리스너를 등록한다. 첫 번째 버튼을 클릭하면 MediaPlayer를 이용하여 리소스로 등록되어 있는 MP3 파일을 재생하고, 두 번째 버튼을 클릭하면 환경 설정 액티비티를 실행시키도록 만든다. 안드로이드 애플리케이션에서는 MediaPlayer 객체를 생성할 때 MP3 파일의 리소스 ID 값을 인수로 넘겨줘서 생성한 다음, start( ) 메소드를 호출하면 손쉽게 MP3 파일의 재생이 가능하다.

실습 4-6

PreferenceExam/src/org.nashorn.exam0405/MainActivity.java

```java
package org.nashorn.exam0405;
import android.app.Activity;
import android.content.Intent;
import android.media.MediaPlayer;
```

```java
import android.os.Bundle;
import android.view.Menu;
import android.view.MenuInflater;
import android.view.MenuItem;
import android.view.View;
import android.widget.Button;
import android.widget.Toast;

public class MainActivity extends Activity {
    MediaPlayer player = null;
    @Override
    public void onCreate(Bundle savedInstanceState) {
        super.onCreate(savedInstanceState);
        setContentView(R.layout.activity_main);
/*첫 번째 버튼을 클릭하면 리소스로 등록해둔 MP3 파일을 MediaPlayer로 재생한다*/
        Button soundButton = (Button)findViewById(R.id.sound);
        soundButton.setOnClickListener(new View.OnClickListener( ) {
            @Override
            public void onClick(View arg0) {
                if (player != null)  player.release( );
                player = MediaPlayer.create(MainActivity.this,
                        R.raw.a01);
                try { player.start( ); } catch(Exception e) {
                    Toast.makeText(MainActivity.this, e.toString( ),
                        Toast.LENGTH_LONG).show( );
                }
            }
        });
/*두 번째 버튼을 클릭하면 환경설정 액티비티를 실행한다*/
        Button configButton = (Button)findViewById(R.id.config);
        configButton.setOnClickListener(new View.OnClickListener( ) {
            @Override
            public void onClick(View arg0) {
                Intent i = new Intent(MainActivity.this,
                        MyPreference.class);
                startActivity(i);
            }
        });
    }
```

```
45    /*   미리 정의하여 리소스에 등록해둔 main.xml 파일을 이용하여 메뉴를 설정한다. */
46      //@Override
47      public boolean onCreateOptionsMenu(Menu menu) {
48          super.onCreateOptionsMenu(menu);
49          MenuInflater inflater = getMenuInflater();
50          inflater.inflate(R.menu.main, menu);
51          return true;
52      }
53      //@Override
54      public boolean onPrepareOptionsMenu(Menu menu) {
55          super.onPrepareOptionsMenu(menu);
56          return true;
57       }
58
59      /*   특정 메뉴를 선택했을 때, ID값을 이용하여 해당 메뉴의 기능을 수행한다. */
60      //@Override
61      public boolean onOptionsItemSelected(MenuItem item) {
62        switch (item.getItemId()) {
63          case R.id.menu01:
64          {
65              Toast.makeText(this, "메뉴1을 선택했습니다.",
66                  Toast.LENGTH_SHORT).show();
67          }
68          return true;
69          case R.id.menu02:
70          {
71              Toast.makeText(this, "메뉴2를 선택했습니다.",
72                  Toast.LENGTH_SHORT).show();
73          }
74          return true;
75          case R.id.menu03:
76          {
77              Toast.makeText(this, "메뉴3을 선택했습니다.",
78                  Toast.LENGTH_SHORT).show();
79          }
80          return true;
81          case R.id.menu04:
82          {
83              Toast.makeText(this, "메뉴4를 선택했습니다.",
84                  Toast.LENGTH_SHORT).show();
```

```
85              }
86            return true;
87          }
88        return super.onOptionsItemSelected(item);
89      }
90  }
```

메뉴 생성을 위해서 onCreateOptionsMenu( ) 메소드를 오버라이드한 다음, 새로 추가한 메뉴 정의 XML 파일의 ID를 이용하여 액티비티의 메뉴로 등록한다. 애플리케이션 실행 시에 사용자가 [메뉴] 버튼을 누르면 등록한 메뉴가 화면에 표시되는데, 여기서 특정 메뉴를 선택하면 onOptionItemSelected( ) 메소드가 호출된다. onOptionItemSelected( ) 메소드 내에서 선택된 메뉴 아이템의 ID값에 따라 해당 메뉴에서 필요한 기능을 구현하면 된다.

이제 메니페스트 파일을 열고 환경설정을 구현하기 위한 MyPreference 액티비티를 추가해준다.

PreferenceExam/AndroidManifest.xml

```
1   <?xml version="1.0" encoding="utf-8"?>
2   <manifest xmlns:android="http://schemas.android.com/
3   apk/res/android"
4       package="org.nashorn.exam0405"
5       android:versionCode="1"
6       android:versionName="1.0">
7     <application android:icon="@drawable/icon"
8     android:label="@string/app_name">
9       <activity android:name=".Exam0405"
10              android:label="@string/app_name">
11        <intent-filter>
12          <action android:name=
13          "android.intent.action.MAIN" />
14          <category android:name=
15          "android.intent.category.LAUNCHER" />
16        </intent-filter>
17      </activity>
18
19      <!-- MyPreference라는 액티비티를 추가한다. -->
20      <activity android:name=".MyPreference"
21              android:label="@string/app_name">
```

```
22              </activity>
23
24          </application>
25          <uses-sdk android:minSdkVersion="5" />
26
27      </manifest>
```

이번 예제에서 사용하게 될 환경설정에서는 리스트 뷰를 호출하는데, 환경설정용 리스트 뷰에서는 데이터 배열 리소스를 이용하여 리스트 내용을 표시한다. res/values 폴더에 array.xml 파일을 새로 만들어서 다음과 같이 2개의 문자열 배열을 등록해준다. "listtype"은 리스트 뷰상에 표시되는 텍스트이고 "listtype_codes"는 리스트 뷰에서 특정 항목이 선택되었을 때, 환경설정 변수에 저장되는 코드값을 가진다.

실습 4-6

PreferenceExam/res/values/array.xml

```
1   <?xml version="1.0" encoding="utf-8"?>
2   <resources>
3       <string-array name="listtype">
4           <item>ListType01</item>
5           <item>ListType02</item>
6           <item>ListType03</item>
7           <item>ListType04</item>
8           <item>ListType05</item>
9       </string-array>
10      <string-array name="listtype_codes">
11          <item>TYPE01</item>
12          <item>TYPE02</item>
13          <item>TYPE03</item>
14          <item>TYPE04</item>
15          <item>TYPE05</item>
16      </string-array>
17  </resources>
```

리소스 폴더에 xml 폴더를 새로 만들고 다음과 같이 환경설정의 구조를 정의한 preferences. xml 파일을 추가한다. 여기에서 만든 환경설정은 하나의 리스트뷰로 구성되어 있다. 리스트 뷰의 엔트리와 엔트리 값으로 앞에서 만들었던 배열들의 ID값을 입력한다.

실습 4-6

`PreferenceExam/res/xml/preferences.xml`

```xml
1   <PreferenceScreen xmlns:android=
2   "http://schemas.android.com/apk/res/android">
3       <PreferenceCategory android:title="카테고리1">
4           <ListPreference
5               android:key="list"
6               android:title="리스트1"
7               android:summary="리스트 예제"
8               android:dialogTitle="리스트1"
9               android:entries="@array/listtype"
10              android:entryValues="@array/listtype_codes"
11              />
12      </PreferenceCategory>
13  </PreferenceScreen>
```

소스 폴더에 MyPreference.java 파일을 추가해주고 PreferenceActivity 클래스에서 상속을 받은 MyPreference 클래스를 정의한다. MyPreference는 preferences.xml에 정의된 형태의 환경설정 액티비티로 구동된다.

실습 4-6

`PreferenceExam/src/org.nashorn.exam0405/MyPreference.java`

```java
1   package org.nashorn.exam0405;
2   import android.os.Bundle;
3   import android.preference.PreferenceActivity;
4   public class MyPreference extends PreferenceActivity{
5       @Override
6       public void onCreate(Bundle savedInstanceState){
7           super.onCreate(savedInstanceState);
8           /* 리소스의 XML 폴더에 저장한 preferences.xml 파일을 환경 설정에
9           추가한다. */
10          addPreferencesFromResource(R.xml.preferences);
11      }
12  }
```

이제 PreferenceExam 프로젝트를 컴파일하고 실행을 하면 다음과 같은 화면이 뜬다.

여기에서 안드로이드폰의 [메뉴] 버튼을 누르면 오른쪽 그림과 같이 하단에 main.xml에 정의
된 메뉴가 표시된다.

그림 04-14_ Exam0405 실행 화면

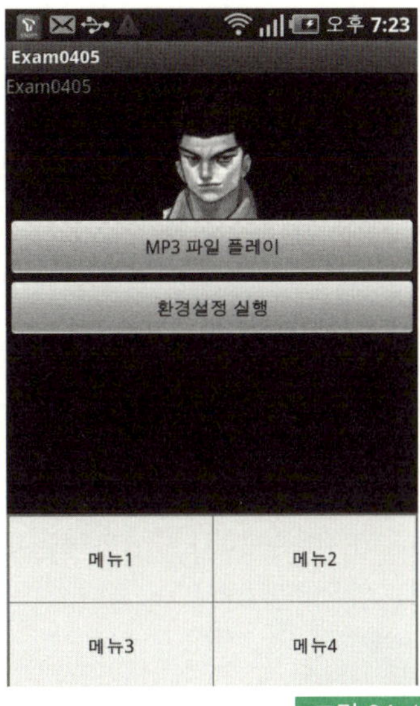

그림 04-15_ 메뉴 호출 화면

[환경설정 실행] 버튼을 클릭하면 아래의 왼쪽 그림처럼 리스트 항목이 하나 있는 환경설정 화
면이 뜬다. "리스트1"을 클릭하면 오른쪽 아래의 그림처럼 "listtype" 배열에 저장되어 있는
항목들이 리스트 뷰를 통해서 표시된다. 특정 항목을 선택하고 다시 "리스트1" 클릭하면 이전
에 선택했던 항목이 자동으로 선택되어 있는 것을 확인할 수 있다.

그림 04-16_ 환경설정의 리스트 선택 화면

3. 환경설정 쉽게 만들기

이번에는 앞에서 만들었던 PreferenceExam 프로젝트의 환경설정 부분을 개선시켜 보면서 다양한 컨트롤을 이용한 환경설정 기능을 구현해보도록 하자. 환경설정 화면의 경우에는 일반적인 액티비티들처럼 레이아웃용 XML 파일을 만들고 그것을 사용하는 Java 소스 파일을 사용하는 것이 아니라, 환경설정의 구조를 정의하는 XML 파일을 만들고 PreferenceActivity 클래스를 상속받은 클래스에 등록해주면 곧바로 환경설정 기능이 구현된다. 이러한 특징 때문에 간편한 부분도 있지만 복잡한 기능을 구현하려면 의외로 번거로운 부분이 많아지기도 한다.

실습 4-6

PreferenceExam/AndroidManifest.xml

```xml
1   <?xml version="1.0" encoding="utf-8"?>
2   <manifest xmlns:android="http://schemas.android.com/apk/res/
3       android"
4       package="org.nashorn.preferenceexam"
5       android:versionCode="1"
6       android:versionName="1.0" >
7
8       <uses-sdk
9           android:minSdkVersion="8"
10          android:targetSdkVersion="18" />
11
12      <application
13          android:allowBackup="true"
14          android:icon="@drawable/ic_launcher"
15          android:label="@string/app_name"
16          android:theme="@style/AppTheme" >
17          <activity
18              android:name="org.nashorn.preferenceexam.MainActivity"
19              android:label="@string/app_name" >
20              <intent-filter>
21                  <action android:name="android.intent.action.MAIN" />
22
23                  <category android:name=
24                      "android.intent.category.LAUNCHER" />
25              </intent-filter>
26          </activity>
```

```
27
28          <activity
29              android:name="org.nashorn.preferenceexam.MyPreference"
30              android:label="@string/app_name" >
31          </activity>
32
33          <activity
34              android:name="org.nashorn.preferenceexam.
35                      TimePickerPreference"
36              android:label="@string/app_name" >
37          </activity>
38
39          <activity
40              android:name="org.nashorn.preferenceexam.
41                      SeekBarPreference"
42              android:label="@string/app_name" >
43          </activity>
44      </application>
45  </manifest>
```


PreferenceExam 프로젝트의 preferences.xml 파일을 열고, 다음과 같이 새로운 항목들을 추가해준다. "카테고리1"에 등록된 항목들은 기본적으로 제공되는 컨트롤을 사용하여 환경 변수 값을 지정해주고, "카테고리2"에 등록된 항목들은 DialogPreference 클래스를 상속받아 만든 클래스들을 호출하여 사용한다.

실습 4-5

PreferenceExam/res/xml/preferences.xml

```
1   <PreferenceScreen xmlns:android=
2               "http://schemas.android.com/apk/res/android">
3       <PreferenceScreen
4           android:key="config"
5           android:title="환경설정 예제">
6           <PreferenceCategory android:title="카테고리1">
7
8               <ListPreference
9                   android:key="list"
10                  android:title="리스트1"
11                  android:summary="리스트 예제"
12                  android:dialogTitle="리스트1"
```

```
13                        android:entries="@array/listtype"
14                        android:entryValues="@array/listtype_codes"
15                        />
16
17                    <EditTextPreference
18                        android:key="name"
19                        android:title="텍스트 입력"
20                        android:summary="에디트텍스트 예제"
21                        android:dialogTitle="텍스트 입력"
22                        android:dialogMessage="당신의 이름을 입력해주세요."
23                        />
24
25                    <CheckBoxPreference
26                        android:key="check"
27                        android:title="체크 박스1"
28                        android:summary="체크 박스 예제"
29                        />
30
31                    <RingtonePreference
32                        android:key="ringtone"
33                        android:title="벨소리 선택"
34                        android:showDefault="true"
35                        android:showSilent="false"
36                        android:summary="벨소리 선택 예제"
37                    />
38
39                </PreferenceCategory>
40
41            <PreferenceCategory android:title="카테고리2">
42
43                    <org.nashorn.exam0405.TimePickerPreference
44                    android:key="time"
45                    android:title="시간 설정"
46                    android:summary="시간 설정 예제"
47                    android:dialogMessage="시간 설정"
48                    />
49
50                    <org.nashorn.exam0405.SeekBarPreference
51                    android:key="seekbar"
52                    android:title="SeekBar1"
```

TimePicker용
액티비티 등록

SeekBar용
액티비티 등록

```
53              android:summary="SeekBar 예제"
54              android:dialogMessage="SeekBar1"/>
55          </PreferenceCategory>
56      </PreferenceScreen>
57
58      <PreferenceScreen
59          android:key="text"
60          android:title="텍스트 예제">
61              <PreferenceScreen
62                  android:key="text1"
63                  android:title="제목1"
64                  android:summary="이것은 첫번째 내용입니다.">
65              </PreferenceScreen>
66              <PreferenceScreen
67                  android:key="text2"
68                  android:title="제목2"
69                  android:summary="이것은 두번째 내용입니다.">
70              </PreferenceScreen>
71              <PreferenceScreen
72                  android:key="text3"
73                  android:title="제목3"
74                  android:summary="이것은 세번째 내용입니다.">
75              </PreferenceScreen>
76      </PreferenceScreen>
77
78  </PreferenceScreen>
```

"카테고리2"의 TimePicker와 SeekBar 다이얼로그 예제를 구현하기 위해서 소스 폴더에
TimePickerPreference.java 파일과 SeekBarPreference.java 파일을 새로 만들어서 추가
한다. 둘 다 DialogPreference 클래스에서 상속을 받아서 만들기 때문에 기본적으로 필요한
메소드들은 사용하지 않더라도 모두 정의해야 한다.

**PreferenceExam/src/org.nashorn.PreferenceExam/TimePickerPreference.
java**

```
1   package org.nashorn.preferenceexam;
2   import android.content.Context;
3   import android.util.AttributeSet;
4   import android.view.View;
```

```java
import android.widget.TimePicker;
import android.preference.*;


/*  DialogPreference에서 상속을 받는 클래스를 정의한다. */
public class TimePickerPreference extends DialogPreference
                    implements TimePicker.OnTimeChangedListener {
    private String timeValue;
    public TimePickerPreference(Context context,
                                        AttributeSet attrs) {
        super(context, attrs);
        setPersistent(true);
    }
    public TimePickerPreference(Context context,
                                AttributeSet attrs, int style) {
        super(context, attrs, style);
        setPersistent(true);
    }
    /*  다이얼로그 뷰가 생성될 때, TimePicker를 생성하고 시간이 변경될 때
    호출되는 리스너를 등록하고 현재 시간을 구해서 TimePicker 객체에 세팅한다. */
    @Override
    protected View onCreateDialogView() {
        TimePicker timePicker = new TimePicker(getContext());
        timePicker.setOnTimeChangedListener(this);
        int hour = getHour();
        int minute = getMinute();
        if (hour >= 0 && minute >= 0) {
            timePicker.setCurrentHour(hour);
            timePicker.setCurrentMinute(minute);
        }
        return timePicker;
    }
    /* TimePicker에서 시간이 변경되었을 때 시, 분 값을 Preference에 저장한다. */
    @Override
    public void onTimeChanged(TimePicker view, int hour,
        int minute) {
        persistString(hour + ":" + minute);
    }

    /* 기본 값을 세팅한다.*/
    @Override
```

```
45        public void setDefaultValue(Object defaultValue) {
46            super.setDefaultValue(defaultValue);
47
48            if (!(defaultValue instanceof String)) {
49                return;
50            }
51
52            if (!((String) defaultValue).matches
53                    ("[0-2]*[0-9]:[0-5]*[0-9]")) {
54                return;
55            }
56
57            this.timeValue = (String)defaultValue;
58        }
59    /* Preference에 저장된 시, 분 값을 얻는다. */
60        private int getHour() {
61            String time = getPersistedString(this.timeValue);
62            if (time == null || !time.matches("[0-2]*[0-9]:
63                    [0-5]*[0-9]")) {
64                return -1;
65            }
66            return Integer.valueOf(time.split(":")[0]);
67        }
68
69        private int getMinute() {
70            String time = getPersistedString(this.timeValue);
71            if (time == null || !time.matches("[0-2]*[0-9]:
72                    [0-5]*[0-9]")) {
73                return -1;
74            }
75            return Integer.valueOf(time.split(":")[1]);
76        }
77    }
```

SeekBar를 이용하여 일정한 범위 내에 특정 값을 선택할 수 있는 환경설정 다이얼로그를 실행시켜주는 SeekBarPreference.java 파일은 다음과 같이 구현한다.

실습 4-5

PreferenceExam/src/org.nashorn.preferenceexam/SeekBarPreference.java

```java
1    package org.nashorn.preferenceexam;
2    import android.content.Context;
3    import android.preference.DialogPreference;
4    import android.util.AttributeSet;
5    import android.view.View;
6    import android.view.ViewGroup.LayoutParams;
7    import android.widget.LinearLayout;
8    import android.widget.SeekBar;
9
10   /* DialogPreference에서 상속받은 클래스를 정의한다. */
11   public class SeekBarPreference extends DialogPreference
12                        implements SeekBar.OnSeekBarChangeListener {
13     private SeekBar seekBar;
14     private Context context;
15     private int defaultNumber = 0;
16     private int maxNumber = 0;
17     private int value = 0;
18
19     /* 생성자에서 defaultNumber와 maxNumber를 초기화한다. */
20     public SeekBarPreference(Context context, AttributeSet attrs) {
21         super(context,attrs);
22         this.context = context;
23         defaultNumber = 50;
24         maxNumber = 100;
25   }
26
27     /* 다이얼로그 뷰가 생성될 때, SeekBar 컨트롤을 가진 LinearLayout를 만든다. */
28     @Override
29     protected View onCreateDialogView() {
30       LinearLayout layout = new LinearLayout(context);
31       layout.setOrientation(LinearLayout.VERTICAL);
32       layout.setPadding(6,6,6,6);
33       seekBar = new SeekBar(context);
34       seekBar.setOnSeekBarChangeListener(this);
35       layout.addView(seekBar,
36           new LinearLayout.LayoutParams(LayoutParams.FILL_PARENT,
37           LayoutParams.WRAP_CONTENT));
38       if (shouldPersist()) {
```

```java
39          value = getPersistedInt(defaultNumber);
40      }
41      seekBar.setMax(maxNumber);
42      seekBar.setProgress(value);
43      return layout;
44  }
45  @Override
46  protected void onBindDialogView(View v) {
47      super.onBindDialogView(v);
48      seekBar.setMax(maxNumber);
49      seekBar.setProgress(value);
50  }
51
52  /* 초깃값을 세팅한다. */
53  @Override
54  protected void onSetInitialValue(boolean restore,
55                                   Object defaultValue) {
56      super.onSetInitialValue(restore, defaultValue);
57      if (restore) {
58          value = shouldPersist() ?
59                  getPersistedInt(defaultNumber) : 0;
60      }
61      else {
62          value = (Integer)defaultValue;
63      }
64  }
65
66  /* SeekBar의 위치가 변경되면 Preference에 저장한다. */
67  public void onProgressChanged(SeekBar seek, int value,
68                                boolean fromTouch) {
69      if (shouldPersist()) {
70          persistInt(value);
71      }
72      callChangeListener(new Integer(value));
73  }
74  public void onStartTrackingTouch(SeekBar seek)   {   }
75  public void onStopTrackingTouch(SeekBar seek)    {   }
76
77  /* 최댓값을 지정한다. */
78  public void setMax(int max) {
```

```
79          maxNumber = max;
80      }
81
82      /* 최댓값을 얻어온다 */
83      public int getMax() {
84          return maxNumber;
85      }
86
87      /* SeekBar의 위치를 현재 이동한 위치로 적용한다.*/
88      public void setProgress(int progress) {
89          value = progress;
90          if (seekBar != null) {
91              seekBar.setProgress(progress);
92          }
93      }
94
95      /* SeekBar의 현재 위치를 얻어온다 */
96      public int getProgress() {
97          return value;
98      }
99  }
```

〈PreferenceScreen〉 태그를 이용하여 각각 "config", "text"라는 키 값을 가진 서브 페이지를 구성했기 때문에 PreferenceExam 프로젝트를 실행시키고 환경설정 화면에 들어가면 두 개의 메뉴만 보이게 된다. 여기서 특정 항목을 선택하면 해당 환경설정 화면으로 전환된다.

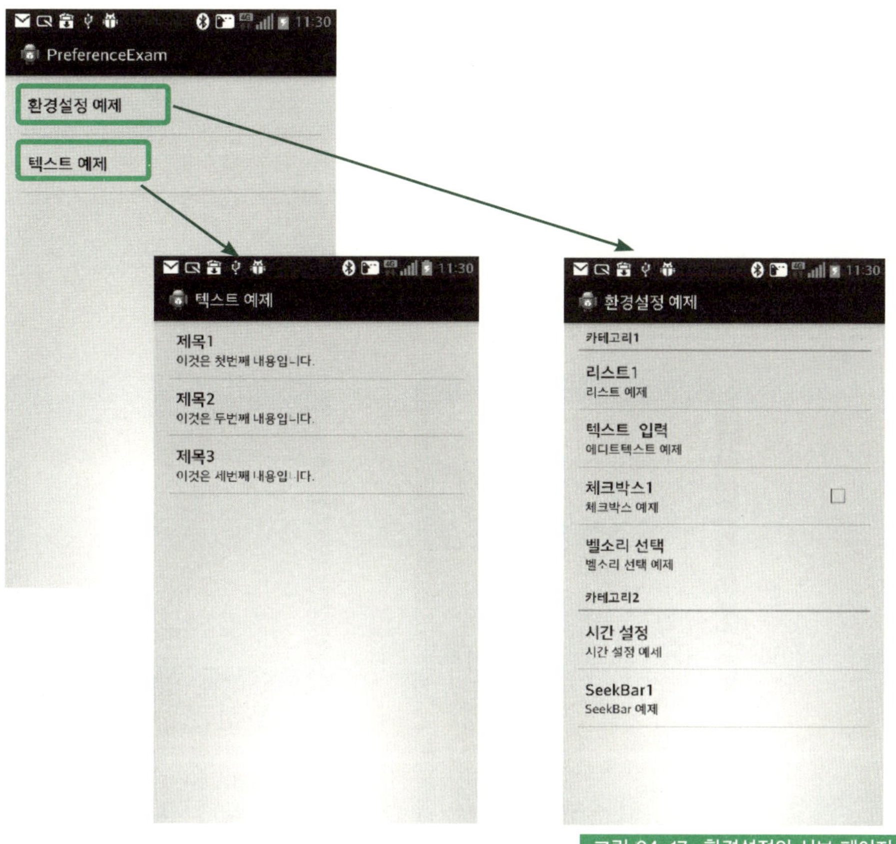

그림 04-17_ 환경설정의 서브 페이지 화면

두 번째 항목의 "텍스트 예제" 페이지는 〈PreferenceScreen〉 태그를 이용하여 일종의 리스트 뷰를 만들어 본 것이다. 이것을 이용하면 필요할 때 환경설정 내에서 간단한 정보를 리스트 형태로 보여줄 수 있는 기능을 간단하게 추가해 줄 수 있다.

"환경설정 예제" 화면에서 텍스트 입력을 선택하면 오른쪽 아래 그림처럼 텍스트를 입력받을 수 있는 팝업 창이 뜬다. 여기서 입력된 텍스트는 환경설정 데이터에 "name"이라는 키 이름 (preferences.xml 파일에 명시한 키 이름)을 사용하여 자동으로 저장된다.

그림 04-18_ 환경설정의 텍스트 입력 및 벨소리 선택 화면

"벨소리 선택"을 누르면 현재 사용하는 안드로이드폰에서 제공되는 벨소리 목록을 표시해준다. 개발자가 별도의 작업을 하지 않고도 손쉽게 원하는 벨소리를 선택할 수 있고, 역시 선택된 벨소리 정보는 preferences.xml 파일에 명시한 키 이름인 "ringtone"의 데이터로 저장된다.

"카테고리2"의 "시간 설정"을 클릭하면 TimePickerPreference가 실행되면서 왼쪽 그림과 같은 다이얼로그가 뜬다. 여기서 시간을 지정하고 [확인] 버튼을 누르면 preferences.xml 파일에 명시한 키 이름인 "time"의 데이터로 저장된다.

마찬가지로 "SeekBar1" 항목을 선택하면 SeekBarPreference가 호출되어 SeekBar가 내장된 다이얼로그가 실행된다. 사용자가 SeekBar를 임의의 위치로 이동시키면 그에 해당되는 위치 값이 "seekbar"라는 키 이름의 데이터로 저장된다. 현재는 최댓값이 100이고 기본 값이 50으로 설정되어 있어서 0~100 사이의 값만 선택이 가능하지만, 최댓값을 조정하면 지정할 수 있는 값의 범위를 변경할 수 있다.

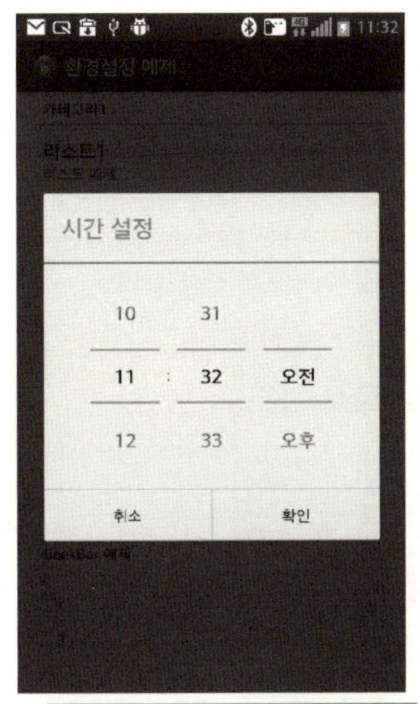

그림 04-19_ 환경설정의 시간 설정

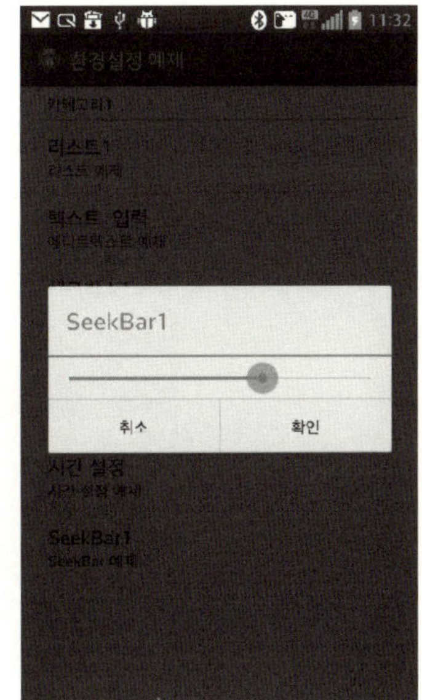

그림 04-20_ 환경설정의 SeekBar 모습

지금까지 다양한 컨트롤을 활용한 환경설정을 만들어보았다. 아마도 여기서 설명한 컨트롤들만 잘 활용해도 웬만한 환경설정 기능은 어렵지 않게 구현할 수 있을 것이다.

1 3개의 액티비티들이 서로 값을 전달하고 전달받을 수 있도록 작성하시오.

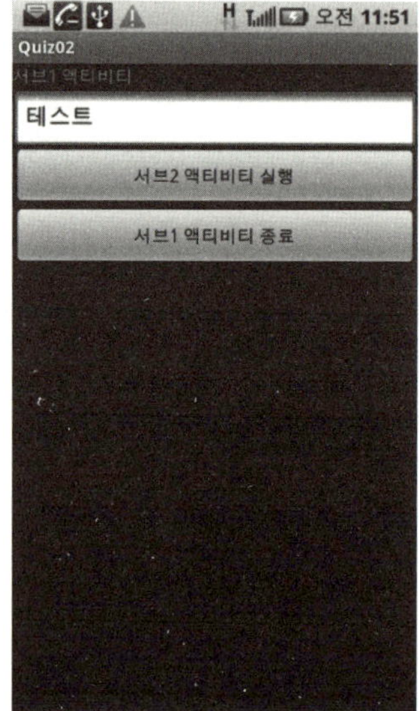

2 버튼을 누르면 곧바로 전화를 걸어주는 프로그램을 작성하시오.

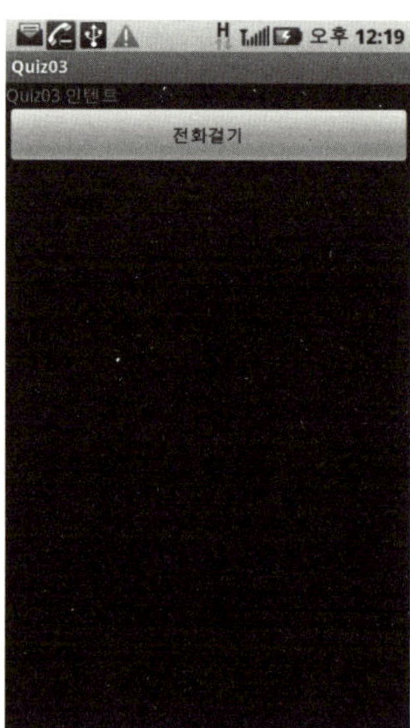

3 텍스트 입력, 체크박스, 벨소리 선택을 포함하는 환경설정을 만드시오.

레이아웃 설계

이번 Chapter에서는 안드로이드 애플리케이션을 개발할 때, 액티비티에서 사용되는 레이아웃을 디자인하는 방법에 대해서 설명하겠다. Windows Mobile이나 아이폰용 애플리케이션을 개발하면서 GUI 환경에서 레이아웃을 설계해왔던 필자 입장에서는 처음 안드로이드 개발을 시작할 때 가장 이해하기가 어려웠던 것이 바로 이「레이아웃」개념이었다. 웹 페이지를 만들 때 HTML을 하드 코딩하듯이 XML을 이용하여 액티비티의 레이아웃 디자인을 하는 것까지는 알겠는데, 복잡한 구성을 가진 레이아웃을 설계하려면 도통 어떻게 해야할지 감이 안왔기 때문이다.

그러나 다수의 애플리케이션을 만들면서 XML 파일의 하드 코딩만으로도 원하는 형태의 레이아웃을 자유롭게 디자인할 수 있는 상황이 되니까 오히려 이러한 방식의 레이아웃 디자인 방법이 효율적으로 느껴진다. 이제부터 안드로이드의 애플리케이션에서 사용하는 레이아웃 설계 방법에 대해 본격적으로 알아보도록 하자.

1. 안드로이드 애플리케이션 UI 개념

사용자 인터페이스(User Interface : UI)란 컴퓨터와 사용자간의 상호 작용을 위한 매개체이다. 사용자는 UI를 통해서 컴퓨터에 명령을 지시할 수 있고, 컴퓨터는 UI를 통해서 사용자에게 수행 결과를 알려줄 수 있다. 그렇기 때문에 소프트웨어 개발 시의 UI 설계 작업 역시 중요한 요소라고 할 수 있으며, UI 디자인의 차이가 소프트웨어의 성능의 차이 만큼이나 사용자 의사 결정에 많은 영향을 끼친다. 대표적인 예가 바로 애플(Apple)의 제품들이다.

안드로이드 애플리케이션 UI의 기본 단위는「컨트롤(또는 위젯)」이다. 일반적으로 비교적 단순한 기능을 가지고 있는 것을 컨트롤이라고 부르고, 상대적으로 복잡한 기능을 가지고 있는 것을 위젯이라고 하는데, 이 책에서는 컨트롤이라고 통칭하겠다. 모든 컨트롤은 고유한 ID값을 이용하여 접근할 수 있다. 안드로이드에서 기본적으로 제공하는 컨트롤이나 위젯의 종류는 다음과 같다.

이름	클래스명	기능
레이블	TextView	텍스트를 화면에 표시한다.
이미지	ImageView	이미지를 화면에 출력한다.
입력 필드	EditText	사용자가 글자를 입력한다.
체크박스	CheckBox	On/Off 상태를 선택한다.
라디오버튼	RadioButton	여러 항목 중에 하나를 선택한다. (여러 개의 라디오버튼을 그룹으로 묶어서 사용하며, 라디오버튼 그룹 안에서는 하나의 라디오버튼만 선택할 수 있다.)

버튼	Button	사용자가 누를 수 있는 버튼을 보여주고, 눌렀을 때 정해진 액션을 수행한다.
리스트 뷰	ListView	여러 개의 데이터(항목)를 리스트 형식으로 보여준다.
스핀 컨트롤	Spinner	여러 항목 중에 하나를 선택한다. (선택 목록을 대화상자로 표시해서 선택할 수 있게 해준다.)
날짜선택	DatePicker	날짜를 선택한다.
시간선택	TimePicker	시간을 선택한다.
그리드 뷰	GridView	여러 개의 데이터(항목)을 그리드 방식으로 보여준다.
자동완성	AutoComplete	자동 완성 입력 박스를 표시한다.
갤러리	Galley	미리 보기와 같은 기능을 구현한다.
맵 뷰	MapView	구글 맵을 이용하여 지도를 표시한다.
웹 뷰	WebView	WebKit 브라우저를 이용하여 웹 페이지를 표시한다.
탭	TabWidget	여러 개의 서브 뷰를 탭으로 관리한다.

표 05-01_ 컨트롤 종류。

안드로이드에서는 이러한 컨트롤이나 레이아웃을 표시하기 위한 클래스는 모두 베이스 클래스인「View(뷰)」에서 파생된다. 주요 컨트롤이나 위젯들의 계층도를 살펴보면 다음과 같다.

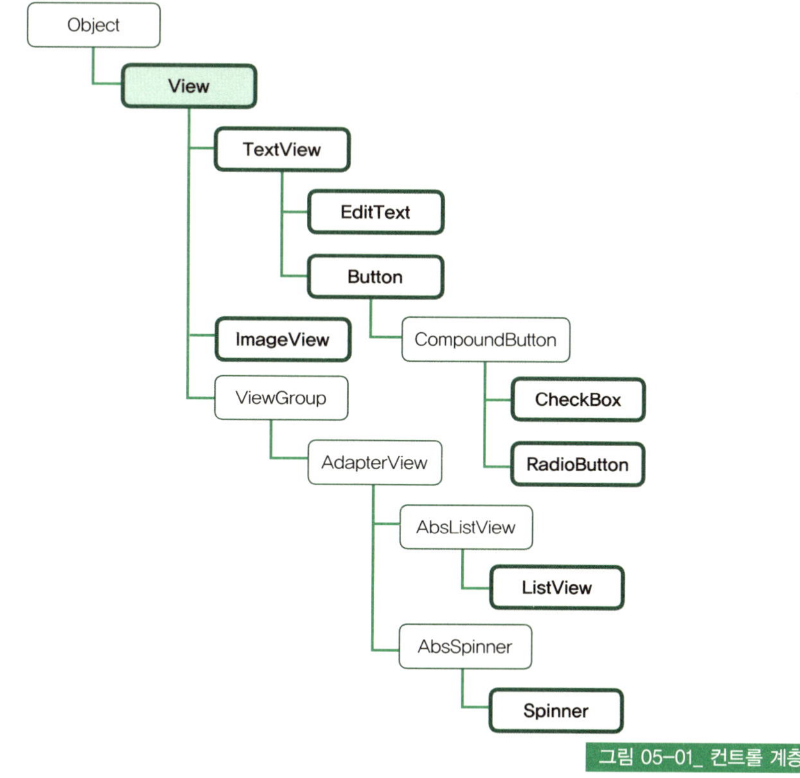

그림 05-01_ 컨트롤 계층도

ListView(리스트 뷰)와 Spinner(스피너)와 같은 컨트롤은 뒤에서 설명할 「ViewGroup(뷰 그룹)」에서 파생된 것을 확인할 수 있다. 이 이외도 ScrollView, TabHost, TimePicker, DatePicker, GridView, Galley 등의 컨트롤이 ViewGroup에서 파생된다.

View에서 파생된 ViewGroup의 경우에는 여러 개의 서브 뷰나 컨트롤을 담아서 관리할 수 있도록 만들어진 클래스이다. 애플리케이션의 레이아웃을 구성할 때에는 뷰와 뷰 그룹, 그리고 컨트롤을 적절하게 조합하여 디자인할 수 있다.

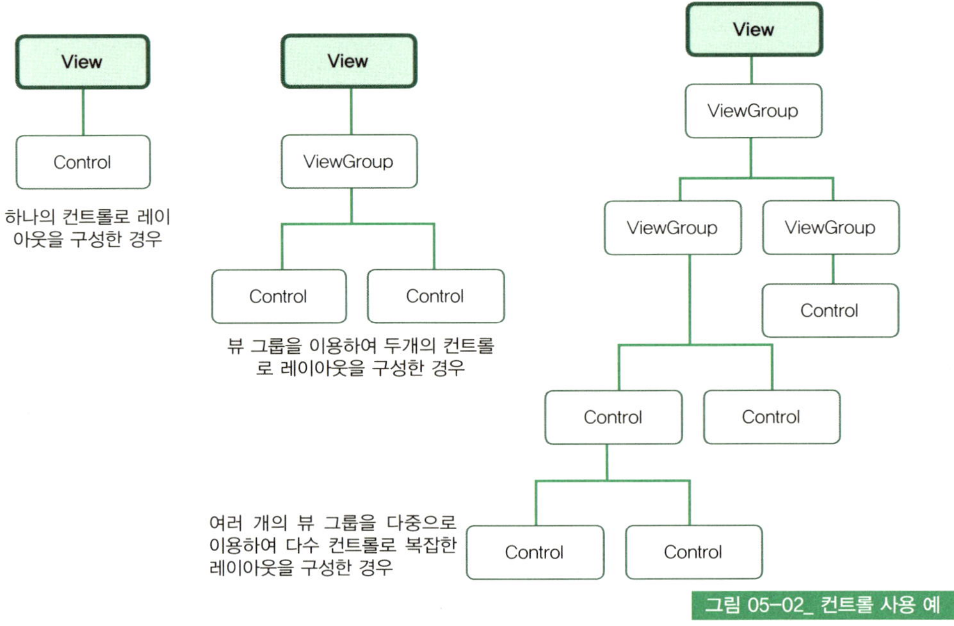

그림 05-02_ 컨트롤 사용 예

위 그림에서처럼 다른 뷰 객체(컨트롤, 위젯 또는 뷰 그룹 등)을 담는 뷰는 「부모 뷰(parent view)」가 되고, 이 부모 뷰에 담기는 뷰 객체는 「자식 뷰(child view)」라고 한다. 레이아웃의 구성에 따라서 어떤 뷰 객체는 부모 뷰이면서 동시에 자식 뷰가 되기도 한다.

ViewGroup에서 파생되는 하위 클래스로는 컨트롤이나 위젯의 화면 상의 배치를 위해 사용하는 「레이아웃(layout)」과 다른 뷰 객체를 포함시켜서 독자적인 기능을 제공하는 「뷰 컨테이너 위젯」 등으로 나눌 수 있다. 레이아웃은 여러 가지의 뷰 객체를 화면에 배치하는 역할만 하기 때문에, 레이아웃과 직접 상호작용을 하는 것이 아니라 레이아웃이 담고 있는 뷰 객체들과만 상호 작용이 가능하다는 특징이 있다.

ViewGroup에서 파생된 레이아웃의 계층도는 다음과 같다. TableLayout이 LinearLayout의 자식 클래스이고, RadioButton을 관리하는 용도로 사용되는 RadioGroup도 역시 LinearLayout에서 파생된다.

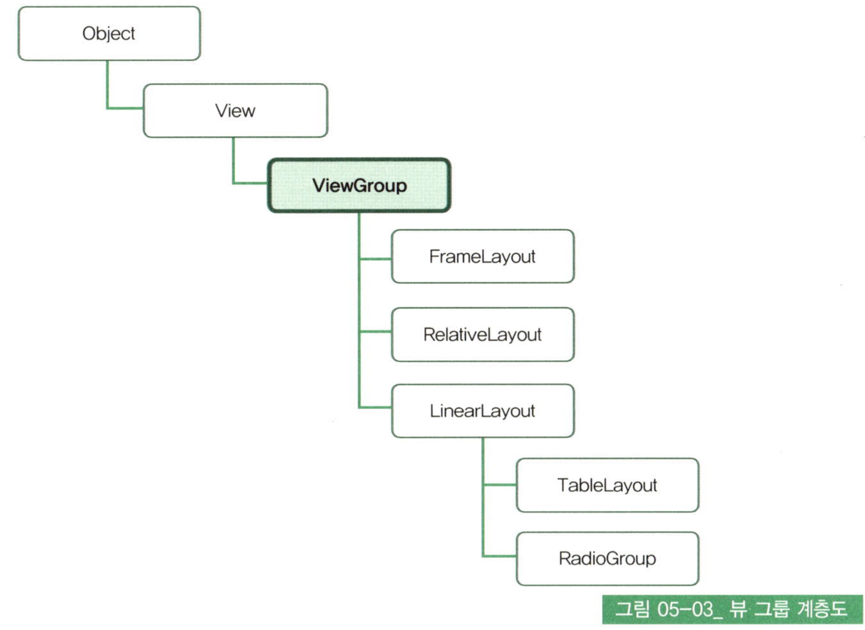

그림 05-03_ 뷰 그룹 계층도

이름	클래스명	기능
프레임 레이아웃	FrameLayout	단일 뷰 객체를 화면에 표시할 때 사용한다.
선형 레이아웃	LinearLayout	수평(horizontal), 수직(vertical) 중에서 정해진 방향으로만 자식 뷰를 계속 늘어놓는 방식으로 배치한다.
상대 레이아웃	RelativeLayout	서로 다른 자식 뷰 객체들 사이의 관계나 부모 뷰와의 관계 등을 이용하여 상대적인 객체들의 위치를 정의한다.
테이블 레이아웃	TableLayout	행(row)과 열(column)의 격자를 사용하여 뷰를 배치하며, 구분선은 보이지 않는다.

표 05-02_ 레이아웃 종류

실제 애플리케이션을 개발할 때, 복잡한 화면은 상대 레이아웃, 선형 레이아웃을 많이 사용하고, 단순한 화면은 선형 레이아웃이나 프레임 레이아웃 등의 간단한 레이아웃을 이용하는 편이다.

뷰 컨테이너 위젯은 리스트 뷰, 그리드 뷰, 갤러리, 탭, 그리고 스크롤 뷰 등과 같이 확장된 기능을 제공하는 위젯들을 뜻한다. 예를 들어 리스트 뷰나 그리드 뷰는 레이블이나 이미지 뷰를 자식 뷰로 가질 수 있는데, 리스트 뷰는 각각의 자식 뷰를 수직으로 나열하여 상/하 스크롤 방식으로 보여주고 그리드 뷰는 격자 형태의 그리드에 맞게 출력하는 차이가 있을 뿐이다.

레이아웃에 컨트롤과 위젯을 적용하고 애플리케이션에서 연동하는 것을 확인해보기 위해서 Exam0501 프로젝트를 생성한다. activity_main.xml 파일을 열고 기본적으로 등록되어 있는 TextView 이외에 EditText, CheckBox, RadioGroup 및 RadioButton, Spinner,
DatePicker, Button 등의 컨트롤을 다음과 같이 추가한다.

실습 5-1

`Exam0501/res/layout/activity_main.xml`

```
1   <?xml version="1.0" encoding="utf-8"?>
2   <LinearLayout xmlns:android="http://schemas.android.com/
3   apk/res/android"
4       android:orientation="vertical"
5       android:layout_width="fill_parent"
6       android:layout_height="fill_parent">
7   <TextView
8   android:id="@+id/label"
9       android:layout_width="fill_parent"
10      android:layout_height="wrap_content"
11      android:text="레이블 컨트롤" />
12  <!-- 다양한 컨트롤과 위젯을 추가한다. -->
13  <EditText
14      android:id="@+id/edittext"
15      android:layout_width="fill_parent"
16      android:layout_height="wrap_content" />
17  <CheckBox
18      android:id="@+id/checkbox"
19      android:layout_width="fill_parent"
20      android:layout_height="wrap_content"
21      android:text="체크박스 컨트롤" />
22  <RadioGroup android:layout_width="wrap_content"
23      android:layout_height="wrap_content"
24      android:id="@+id/radio">
25  <RadioButton
26      android:id="@+id/radio1"
27      android:layout_width="wrap_content"
28      android:layout_height="wrap_content"
29      android:text="라디오버튼1" />
30  <RadioButton
31      android:id="@+id/radio2"
32      android:layout_width="wrap_content"
33      android:layout_height="wrap_content"
34      android:text="라디오버튼2" />
35  </RadioGroup>
```

```
36      <Spinner
37          android:id="@+id/spinner"
38          android:layout_width="fill_parent"
39          android:layout_height="wrap_content"
40          android:drawSelectorOnTop="true" />
41      <DatePicker
42          android:id="@+id/date"
43          android:layout_height="wrap_content"
44          android:layout_width="wrap_content" />
45      <Button
46          android:id="@+id/button"
47          android:layout_width="fill_parent"
48          android:layout_height="wrap_content"
49          android:text="버튼 컨트롤" />
50      </LinearLayout>
```

activity_main.xml 파일을 편집하고 왼쪽 하단의 [Layout] 탭을 누르면 다음과 같이 작성한 레이아웃의 프리뷰를 볼 수 있다. 오른쪽의 아웃라인 창에는 등록되어 있는 컨트롤이나 위젯의 목록이 표시된다. LinearLayout을 사용해서 배치하여서 각각의 컨트롤들이 세로로 나열되어 있는 모습을 확인할 수 있다.

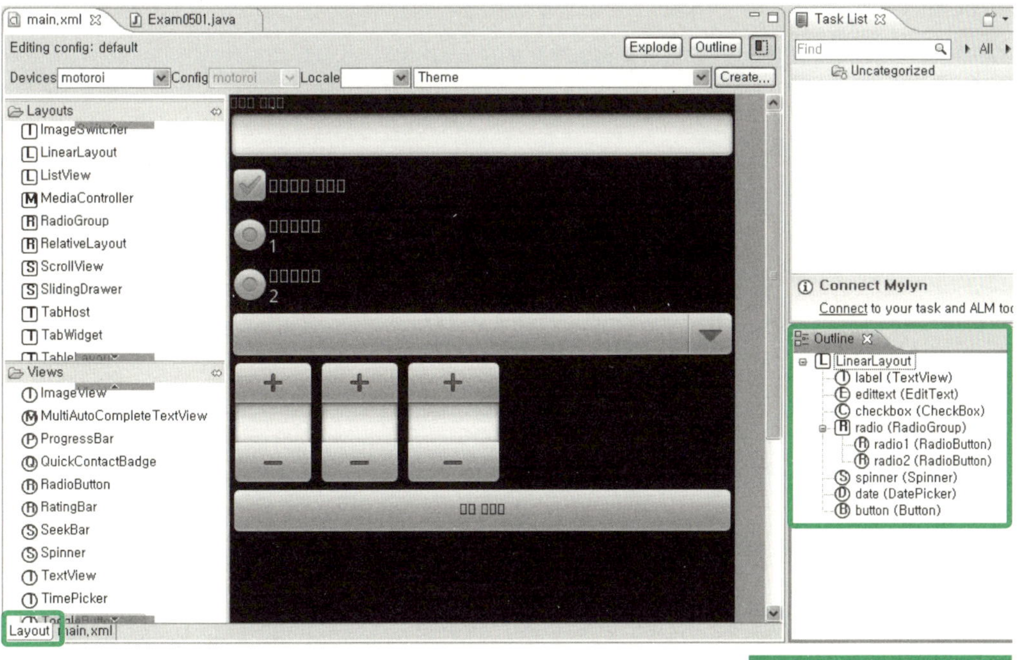

그림 05-04_ Layout 탭 화면

여기서 만든 뷰의 구조는 다음 그림과 같다. LinearLayout이 7개의 자식 뷰를 가지는데 그 중에 RadioGroup은 두 개의 자식 뷰(RadioButton)을 가지는 부모 뷰이기도 하다.

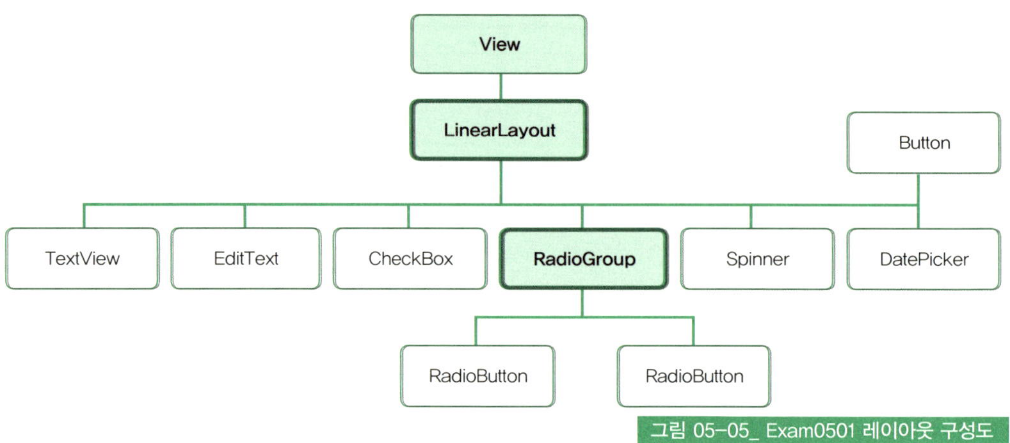

그림 05-05_ Exam0501 레이아웃 구성도

이렇게 만들어진 레이아웃을 프로그램에서 사용해보도록 하자. MainActivity.java 파일을 열고 activity_main.xml에 정의된 컨트롤들을 각각 관련 소스 코드와 연결해주고, 버튼 컨트롤을 클릭하면 현재 입력되거나 선택된 항목들을 Toast를 이용하여 표시해주도록 만든다. 라디오 버튼 컨트롤은 RadioGroup을 이용하여 그룹 내의 라디오 버튼을 ID값으로 접근하는 점과 스피너 컨트롤도 리스트 뷰처럼 ArrayAdapter를 이용하여 드롭다운 리스트를 구성한다는 점에 유의하도록 하자.

실습 5-1

Exam0501/src/org.nashorn.exam0501/MainActivity.java

```
1    package org.nashorn.exam0501;
2    import android.app.Activity;
3    import android.os.Bundle;
4    import android.view.View;
5    import android.widget.ArrayAdapter;
6    import android.widget.Button;
7    import android.widget.CheckBox;
8    import android.widget.DatePicker;
9    import android.widget.EditText;
10   import android.widget.RadioButton;
11   import android.widget.RadioGroup;
12   import android.widget.Spinner;
13   import android.widget.Toast;
14
```

```java
15  public class Exam0501 extends Activity {
16      private EditText editText;
17      private DatePicker datePicker;
18      private Spinner spinner;
19      private String[] spinnerItems = {
20              "스피너 항목1", "스피너 항목2", "스피너 항목3", "스피너 항목4"
21      };
22      private int year = 2010;
23      private int month = 8;
24      private int day = 10;
25
26      @Override
27      public void onCreate(Bundle savedInstanceState) {
28          super.onCreate(savedInstanceState);
29          setContentView(R.layout.activity_main);
30          editText = (EditText)findViewById(R.id.edittext);
31
32          /* 라디오 그룹의 첫 번째 라디오 버튼을 선택된 상태로 만든다. */
33          RadioGroup radioGroup =
34              (RadioGroup)findViewById(R.id.radio);
35          radioGroup.check(R.id.radio1);
36
37          /* 스피너의 adapter를 지정한다. */
38          spinner = (Spinner)findViewById(R.id.spinner);
39          ArrayAdapter<String> spinnerAdapter =
40              new ArrayAdapter<String>
41              (this, android.R.layout.simple_spinner_item,
42              spinnerItems);
43          spinnerAdapter.setDropDownViewResource(
44              android.R.layout.simple_spinner_dropdown_item);
45          spinner.setAdapter(spinnerAdapter);
46
47          /* DatePicker를 초기화하고, 날짜가 변경되었을 때 변경된 값을 멤버
48          변수에 저장한다 */
49          datePicker = (DatePicker)findViewById(R.id.date);
50          datePicker.init(year, month-1, day,
51              new DatePicker.OnDateChangedListener() {
52              @Override
53              public void onDateChanged(DatePicker arg0, int arg1,
54                  int arg2, int arg3) {
```

```
55                                    year = arg1;
56                                    month = arg2+1;
57                                    day = arg3;
58                            }
59                    }
60            );
61
62            /* 버튼을 누르면 현재 컨트롤들이 선택된 상태를 Toast를 이용하여 출력한다. */
63            Button button = (Button)findViewById(R.id.button);
64            button.setOnClickListener(new View.OnClickListener(){
65                @Override
66                public void onClick(View arg0) {
67                    // TODO Auto-generated method stub
68                    RadioGroup radioGroup =
69                        (RadioGroup)findViewById(R.id.radio);
70                    RadioButton radioButton=(RadioButton)findViewById
71                        (radioGroup.getCheckedRadioButtonId());
72                    CheckBox checkBox =
73                        (CheckBox)findViewById(R.id.checkbox);
74                    Toast.makeText(getBaseContext(),
75                        String.format("레이블:%s\n체크박스:%s\n라디오버튼
76                            선택:%s\n스피너 선택:%s\n날짜 선택:%d년 %d월 %d일",
77                                editText.getText().toString(),
78                                String.valueOf(checkBox.isChecked()),
79                                radioButton.getText().toString(),
80                                spinner.getSelectedItem().toString(),
81                                year, month, day),
82                                Toast.LENGTH_LONG).show();
83                    }
84            });
85        }
86    }
```

버튼 컨트롤을 클릭하면 현재 EditText에 입력된 텍스트와 CheckBox의 선택 유무, 선택된
라디오 버튼 이름, 스피너 컨트롤에서 선택된 항목 이름, 그리고 DataPicker에서 선택된 연/
월/일 정보를 추출하여 화면에 표시하게 된다.

Exam0501 프로젝트를 실행하면 왼쪽 그림과 같이 여러 컨트롤이 수직 방향으로 각각 배치되
어 있는 모습을 볼 수 있다. EditText를 클릭하면 키보드 자판이 나와서 텍스트를 입력할 수

있고, 체크 박스 컨트롤은 클릭으로 On/Off 시킬 수 있다. 라디오 버튼은 2개 중에 하나만 선택할 수 있으며 스피너를 클릭하면 스피너 항목 리스트가 떠서 원하는 항목을 선택할 수 있게 된다. 제일 마지막에 있는 DatePicker는 연/월/일의 +, − 버튼을 클릭해서 원하는 날짜를 지정해줄 수 있다.

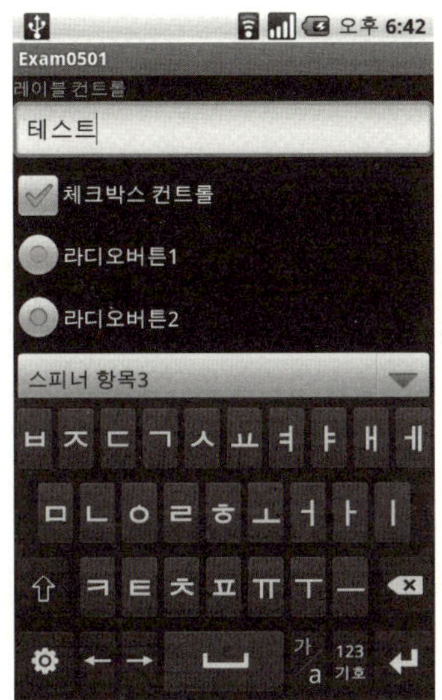
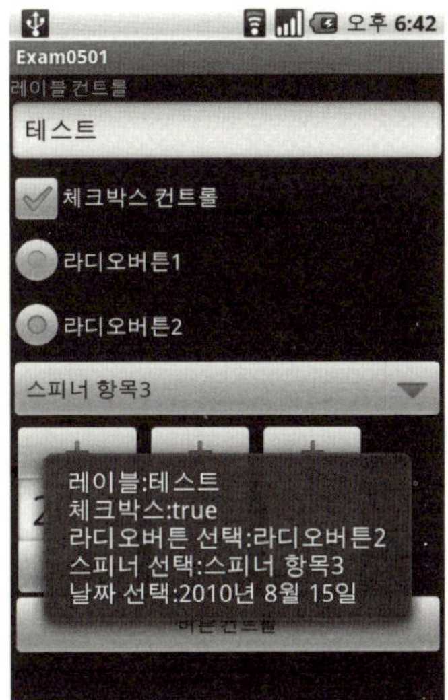

그림 05-05_ Exam0501 실행 화면

모든 입력이나 선택이 끝나면 제일 하단에 위치한 [버튼 컨트롤]을 눌러서 오른쪽 그림과 같이 현재 선택된 정보를 확인하면 된다.

2. XML 하드 코딩

안드로이드 애플리케이션 개발 시에 기본적으로 레이아웃을 디자인을 하는 방법은 레이아웃용 XML 파일을 에디터로 직접 하드 코딩을 하는 것이다. 이러한 과정은 마치 HTML 파일을 에디터로 직접 하드 코딩하여 웹 사이트의 레이아웃을 잡는 작업과 유사하다. 그러므로 레이아웃 설계 시에 필요한 뷰의 속성과 패러미터 값을 잘 알고 있어야 한다. 여기에서 XML 파일 작성 시에 필요한 뷰의 속성에 대해서 알아보도록 하자.

2.1 기본 뷰 속성

레이아웃을 구성하는 모든 뷰는 다음과 같은 공통의 속성을 가질 수 있다. 여기에서 나열된 속성 중에 반드시 정의해야 하는 것은 layout_width와 layout_height 정도이고 나머지 속성들은 필요에 따라서 설정해주면 된다.

속성	설명
id	특정 컨트롤을 가리키는 고유한 ID값을 지정한다. 해당 뷰가 단순히 레이아웃을 구성하기만 하고 실행 시에 값이 변화되지 않는 경우에는 생략할 수 있다.
layout_width	해당 컨트롤의 넓이를 지정한 크기로 조절한다.
layout_height	해당 컨트롤의 높이를 지정한 크기로 조절한다.
background	해당 컨트롤의 배경 색깔을 지정한다. 컬러 값은 웹에서 사용되는 방식을 사용한다.
padding	해당 컨트롤의 안쪽 여백을 지정한다. 지정한 값을 left, right, top, bottom에 일괄 적용한다.
visibility	해당 컨트롤이 화면 상에 보이는지 여부를 지정한다.
focusable	사용자 입력이 필요한 컨트롤의 경우 포커스 가능 여부를 지정한다.

표 05-03_ 뷰 속성

layout_width나 layout_height의 값으로 사용할 수 있는 단위는 다음과 같다. 안드로이드를 지원하는 다양한 플랫폼에서 사용하기 위해서는 dp를 사용하는 것을 권장한다.

단위	설명
px	픽셀
pt	포인트
in	인치
mm	밀리미터
dp	160-dpi 화면에 상대적인 밀도 독립 픽셀
sp	크기 독립 픽셀 (폰트의 크기)

표 05-04_ 단위

안드로이드 애플리케이션 예제를 살펴보면 위와 같이 특정 값을 직접 입력하지 않고 "fill_parent"나 "wrap_content"를 많이 사용하는 것을 볼 수 있다. 이것은 화면의 크기가 어떻게 변경되어도 일정한 레이아웃을 유지시켜주기 위한 방법이기 때문이다.

종류	설명
fill_parent	부모 뷰의 크기에 맞게 컨트롤(또는 위젯)의 크기가 정해진다.
wrap_content	컨텐츠의 크기를 고려하여 화면의 공간에서 적절하게 표시되도록 컨트롤(또는 위젯)의 크기가 정해진다.

표 05-05_ 가변 길이

2.2 TextView 전용 속성

TextView는 텍스트를 화면에 표시하는 역할을 하기 때문에 주로 폰트와 관련된 속성들이 추가되어 있다. 텍스트를 표시할 때 사용되는 폰트의 색깔, 크기, 스타일, 종류 등을 지정해줄 수 있다.

속성	설명
text	텍스트 뷰 상에 표시되는 텍스트를 지정한다.
textColor	텍스트 뷰의 텍스트 색깔을 지정한다.
textSize	텍스트 뷰의 텍스트 사이즈를 지정한다.
textStyle	텍스트 뷰의 폰트 속성을 지정한다.
typeface	텍스트 뷰의 폰트를 지정한다.
singleLine	"true"로 지정하면 텍스트의 길이가 길 경우 강제로 한줄에 표시하고, "false"일 경우는 텍스트의 길이에 맞춰서 텍스트 뷰의 높이가 늘어난다.

표 05-06_ TextView 속성

2.3 ImageView 전용 속성

ImageView의 경우에는 주로 이미지를 ImageView를 통해서 표시할 때 어떤 방법으로 표시할 것인지를 정의하는 속성들을 가진다. 아무래도 안드로이드 애플리케이션의 해상도가 상대적으로 낮기 때문에 큰 사이즈의 이미지를 효과적으로 출력하기 위해서 필요한 기능들이다.

속성	설명
src	이미지 뷰를 통해 표시해줄 이미지 파일의 소스를 지정한다.
maxHeight	이미지가 표시될 최대 넓이를 지정한다.
maxWidth	이미지가 표시될 최대 높이를 지정한다.
adjustViewBounds	이미지의 가로세로 비율을 맞추기 위해 이미지 뷰의 크기를 조절할지 여부를 지정한다.
cropToPadding	지정한 여백에 맞춰 이미지를 잘라낸다.
scaleType	이미지의 크기를 확대하거나 축소할 때 사용하는 알고리즘을 지정한다.

표 05-07_ ImageView 속성

2.4 화면 정렬 및 배치 관련 속성

gravity 속성은 특정 뷰 안에서 컨텐츠를 정렬시키는 방법을 정의할 때 사용하고, padding과 margin은 특정 뷰의 안쪽/바깥쪽 여백을 지정할 때 사용한다.

속성	설명
gravity	해당 컨트롤 (또는 뷰) 내부에 컨텐츠를 배치하는 방법을 지정한다. – center_horizontal : 수평의 중앙에 배치한다. – center_vertical : 수직의 중앙에 배치한다. – left : 왼쪽에 배치한다. – right : 오른쪽에 배치한다. – top : 위쪽에 배치한다. – bottom : 아래쪽에 배치한다. – center : 정 중앙에 배치한다.
padding	해당 컨트롤의 안쪽 여백을 지정한다.
paddingLeft	해당 컨트롤 안쪽의 왼쪽 여백을 지정한다.
paddingRight	해당 컨트롤 안쪽의 오른쪽 여백을 지정한다.
paddingTop	해당 컨트롤 안쪽의 위쪽 여백을 지정한다.
paddingBottom	해당 컨트롤 안쪽의 아래쪽 여백을 지정한다.
layout_margin	해당 컨트롤의 바깥쪽 여백을 지정한다.
layout_marginLeft	해당 컨트롤 바깥쪽의 왼쪽 여백을 지정한다.
layout_marginRight	해당 컨트롤 바깥쪽의 오른쪽 여백을 지정한다.
layout_marginTop	해당 컨트롤 바깥쪽의 위쪽 여백을 지정한다.
layout_marginBottom	해당 컨트롤 바깥쪽의 아래쪽 여백을 지정한다.

표 05-08_ 정렬 및 배치 속성

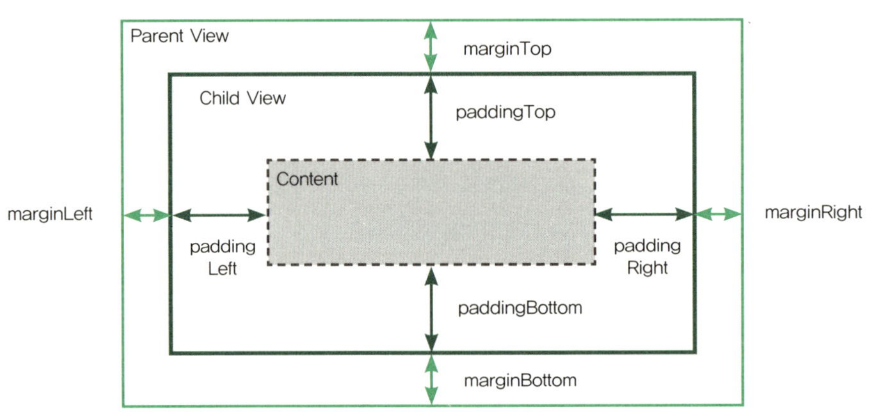

그림 05-06_ padding, margin 구조

padding과 margin을 그림으로 표현하면 [그림 05-06]과 같다. Margin은 부모 뷰와 자식 뷰 사이의 간격을 지정하고 padding은 특정 뷰의 프레임과 해당 뷰의 컨텐츠 사이의 간격을 정해주는 역할을 한다.

2.5 RelativeLayout 관련 속성

RelativeLayout은 레이아웃 내부에 존재하는 컨트롤이나 위젯 사이의 상관 관계를 이용하여 배치하는 방법이기 때문에, 기본적으로 모든 컨트롤이나 위젯은 ID값이 정의되어 있어야 한다. 따라서 ID값이 제대로 정의되어 있지 않거나 중간에 삭제되면 레이아웃 자체가 깨지는 문제가 발생하기 때문에 참조되는 ID값의 관리에 신경을 써야 한다.

속성	설명
layout_above	지정한 컨트롤 위쪽에 배치한다.
layout_below	지정한 컨트롤 아래쪽에 배치한다.
layout_toLeftOf	지정한 컨트롤의 왼쪽에 배치한다.
layout_toRightOf	지정한 컨트롤의 오른쪽에 배치한다.
layout_alignLeft	해당 컨트롤의 왼쪽 끝을 지정한 컨트롤의 왼쪽 끝에 맞춰서 배치한다.
layout_alignRight	해당 컨트롤의 오른쪽 끝을 지정한 컨트롤의 오른쪽 끝에 맞춰서 배치한다.
layout_alignTop	해당 컨트롤의 위쪽 끝을 지정한 컨트롤의 위쪽 끝에 맞춰서 배치한다.
layout_alignBottom	해당 컨트롤의 아래쪽 끝을 지정한 컨트롤의 아래쪽 끝에 맞춰서 배치한다.
layout_centerHorizontal	부모 뷰의 수평 중앙에 컨트롤을 배치한다.
layout_centerVertical	부모 뷰의 수직 중앙에 컨트롤을 배치한다.
layout_centerInParent	부모 뷰의 한 가운데에 컨트롤을 배치한다.

표 05-09_ RelativeLayout 속성

RelativeLayout에서 컨트롤들은 상대적인 위치로 배치되기 때문에 기준이 되는 컨트롤이 필요하다. 다음 그림에서는 "Control A"와 "Control D"가 그러한 역할을 하게 된다. "Control A"는 별도의 속성을 사용하지 않아서 화면의 왼쪽 상단에 표시되도록 만들고, 그것을 기준으로 "Control B"와 "Control C"를 배치해준다. "Control D"는 layout_centerInParent 속성을 사용하여 무조건 화면의 정 중앙에 위치하도록 만들고, 그것을 기준으로 "Control E"의 위치를 지정해주었다.

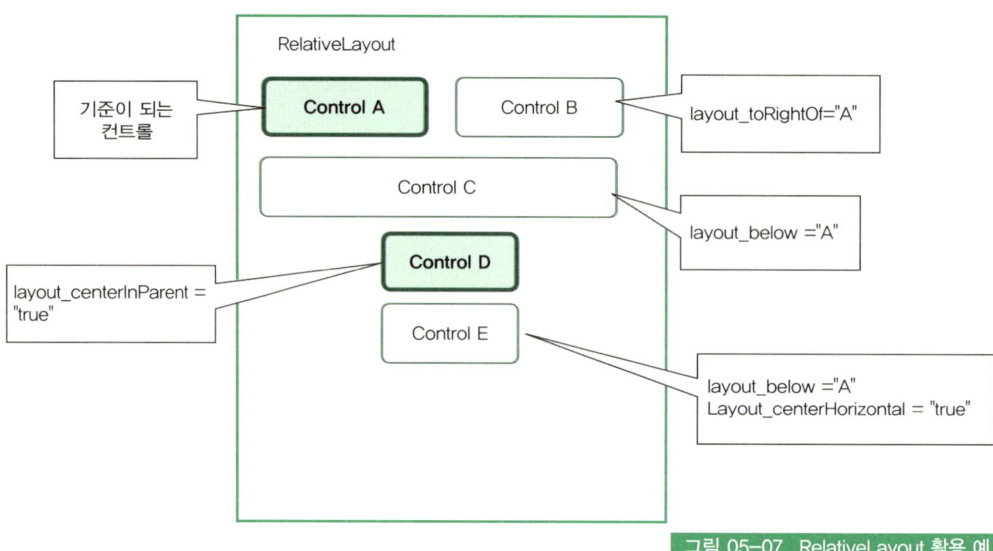

그림 05-07_ RelativeLayout 활용 예

Exam0502 프로젝트를 생성하고, /res/layout 폴더에 있는 activity_main.xml 파일을 열어서 다음과 같이 TextView와 ImageView를 하나씩 추가한다. TextView는 margin, padding 속성을 각각 50px, 10px로 지정해주고 gravity는 "center_horizontal"로 설정한다. 그리고 ImageView는 layout_below 속성을 사용하여 TextView의 바로 아래 쪽에 위치하도록 만들고, layout_centerHorizontal 속성을 true로 지정해 부모 뷰의 수평 중앙에 배치하도록 코딩한다.

실습 5-2

Exam0502/res/layout/activity_main.xml

```
1    <?xml version="1.0" encoding="utf-8"?>
2    <RelativeLayout
3        android:layout_width="fill_parent"
4        android:layout_height="fill_parent"
5        android:background="#FFFFFF"
6        xmlns:android="http://schemas.android.com/apk/res/android">
7
8    <!-- TextView를 추가하고 margin과 padding, gravity,
9        그리고 폰트 속성을 지정한다 -->
10   <TextView
11       android:id="@+id/text"
12       android:layout_width="fill_parent"
13       android:layout_height="wrap_content"
14       android:layout_marginLeft="50px"
15       android:layout_marginRight="50px"
```

```
16          android:layout_marginTop="50px"
17          android:paddingLeft="10px"
18          android:paddingRight="10px"
19          android:paddingTop="10px"
20          android:paddingBottom="10px"
21          android:gravity="center_horizontal"
22          android:background="#000000"
23          android:textSize="30px"
24          android:textColor="#ffffff"
25          android:text="Exam0502 여백 처리\n이것은 테스트입니다.이것은 테스트입니다.
26      이것은 테스트입니다.이것은 테스트입니다.이것은 테스트입니다.이것은 테스트입니다.
27      이것은 테스트입니다.이것은 테스트입니다.이것은 테스트입니다.이것은 테스트입니다.
28      이것은 테스트입니다.이것은 테스트입니다."
29          />
30      <!-- TextView 하단에 위치하는 ImageView를 추가한다 -->
31      <ImageView
32          android:id="@+id/image"
33          android:layout_below="@+id/text"
34          android:layout_width="wrap_content"
35          android:layout_height="wrap_content"
36          android:paddingLeft="10px"
37          android:paddingRight="10px"
38          android:paddingTop="10px"
39          android:paddingBottom="10px"
40          android:layout_centerHorizontal="true"
41          android:background="#0000FF"
42          android:src="@drawable/image01"
43          />
44  </RelativeLayout>
```

예제를 실행시키면 다음과 같은 실행 화면을 볼 수 있다. 첫 번째 TextView는 위쪽과 좌/우측에 50px의 margin 처리가 되었고, 안쪽으로는 4방향에 10px씩 padding 값이 적용되어 있는 것을 확인할 수 있다. gravity를 centerHorizontal로 지정해주어서 안쪽에 텍스트는 가운데 정렬이 되어 있다. layout_below 속성을 이용하여 TextView 바로 아래쪽에 위치 시킨 ImageView도 역시 10px씩의 padding값을 정의해 안쪽 여백을 만들어 주었고, layout_centerHorizontal 속성을 켜서 부모 뷰에서 수평 방향으로 중앙에 위치시켰음을 알 수 있다.

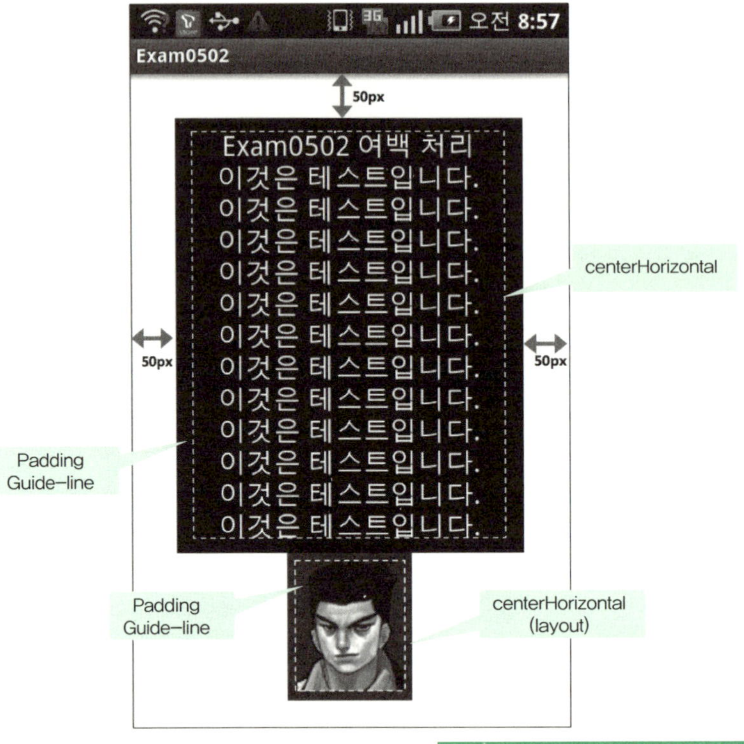

그림 05-08_ Exam0502 실행 화면(Portrait 모드)

3. RelationLayout을 이용한 자유자재 레이아웃 디자인

필자의 경우, 실제 애플리케이션을 개발할 때 RelativeLayout을 가장 많이 사용한다. 앞에서 설명한 것처럼 컨트롤들간의 관계를 이용하여 레이아웃을 디자인하기 때문에 해상도나 가로/세로 모드에 상관없이 사용될 수 있는 확장성을 가지기 때문이다. 이외에도 필요하다면 마치 컨트롤들이 절대 좌표를 가진 것처럼 배치하는 것도 가능하기 때문에 RelativeLayout만 잘 써도 왠만한 애플리케이션의 UI를 소화해낼 수 있다.

3.1 상대 좌표를 사용한 레이아웃 설계

바로 앞에서 만들어본 Exam0502 프로그램을 실행시킨 상태에서, 안드로이드폰을 가로 모드 (Landscape)로 전환시키면 다음과 같은 모습이 된다. 세로 모드(Portrait)에 비해서 가로, 세로의 넓이가 달라졌음에도 불구하고 텍스트와 이미지를 지정한 속성에 맞게 조절하여 자동으

로 재배치해주고 있다. 이것이 바로 디바이스의 종류와는 상관없이 일정한 UI로 표현되도록
만들어주는 RelativeLayout의 가장 큰 장점이라고 할 수 있다.

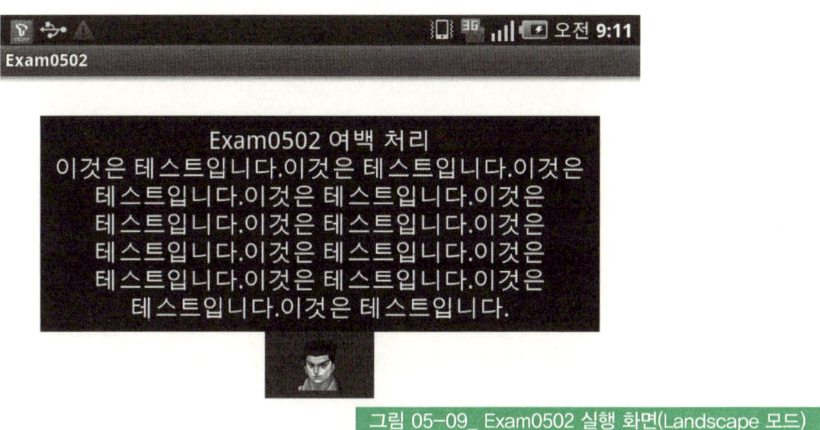

그림 05-09_ Exam0502 실행 화면(Landscape 모드)

하지만, 이러한 방법이 해상도가 다르거나 가로/세로 모드 전환 시에 자동으로 적절한 레이아
웃으로 구성을 해주는 편리함이 있기는 하지만 화려하거나 멋진 UI를 표현하기에는 부족한 부
분이 있다. 그렇기 때문에 상용 애플리케이션에서는 비록 해상도나 가로/세로 모드의 제약이
있더라도 일정한 해상도와 화면 모드에 최적화하여 디자인된 UI를 사용하는 경우가 많다.

3.2 절대 좌표를 사용한 레이아웃 설계

RelativeLayout에서 layout_marginLeft와 layout_marginTop을 이용하면 마치 절대 좌
표를 이용하여 컨트롤이나 위젯의 위치를 지정해줄 수 있다.

실습 5-3

Exam0503/res/layout/activity_main.xml

```
1   <?xml version="1.0" encoding="utf-8"?>
2   <RelativeLayout
3       android:layout_width="fill_parent"
4       android:layout_height="fill_parent"
5       android:background="#464646"
6       xmlns:android="http://schemas.android.com/apk/res/android">
7   <!-- 배경 이미지 출력용 이미지 뷰를 추가한다 -->
8   <ImageView
9       android:layout_width="800px"
10      android:layout_height="480px"
```

```
11          android:src="@drawable/strategy_kor"/>
12      <!-- 인터페이스 이미지 출력용 이미지 뷰를 추가한다 -->
13      <ImageView
14          android:layout_width="wrap_content"
15          android:layout_height="wrap_content"
16          android:src="@drawable/interface_strat"/>
17      <!-- 캐릭터 이미지 출력용 이미지 뷰를 추가한다 -->
18      <ImageView
19          android:id="@+id/char_image"
20          android:layout_width="83px"
21          android:layout_height="100px"
22          android:layout_marginLeft="15px"
23          android:layout_marginTop="13px"
24          android:src="@drawable/image01"/>
25      <!-- 캐릭터 이름 출력용 텍스트 뷰를 추가한다 -->
26      <TextView
27          android:id="@+id/char_name"
28          android:layout_width="83px"
29          android:layout_height="25px"
30          android:layout_marginLeft="15px"
31          android:layout_marginTop="120px"
32          android:gravity="center_horizontal"
33          android:textColor="#FFFFFF"
34          android:textSize="20px"
35          android:text="강철민"/>
36      <!-- 캐릭터 행동력 출력용 텍스트 뷰를 추가한다 -->
37      <TextView
38          android:id="@+id/action_point"
39          android:layout_width="45px"
40          android:layout_height="25px"
41          android:layout_marginLeft="52px"
42          android:layout_marginTop="150px"
43          android:gravity="center_horizontal"
44          android:textColor="#FFFFFF"
45          android:textSize="20px"
46          android:text="100"/>
47  </RelativeLayout>
```

Exam0503 프로젝트를 만들고 위와 같이 ImageView와 TextView를 추가한다. layout_
marginLeft 속성과 layout_marginRight 속성을 마치 컨트롤의 X, Y 좌표를 지정하는 것

처럼 사용하였다. 이 두 가지의 속성을 사용하지 않은 컨트롤의 위치는 무조건 왼쪽 상단이 된다. (X=0, Y=0)

이번 예제에서 만드는 레이아웃은 가로 모드(Landscape)의 800×480 이상의 해상도에 최적화된 것이기 때문에 AndroidManifest.xml 파일을 열고 Activity의 theme 속성과 screenOrientation 속성을 다음과 같이 지정한다. "@android:style/Theme.Black. NoTitleBar.Fullscreen"은 전체 화면을 모두 사용하고자할 때 이용하는 테마이다.

실습 5-3

Exam0503/AndroidManifest.xml

```xml
1   <?xml version="1.0" encoding="utf-8"?>
2   <manifest xmlns:android="http://schemas.android.com/
3   apk/res/android"
4       package="org.nashorn.exam0503"
5       android:versionCode="1"   android:versionName="1.0">
6     <application android:icon="@drawable/icon"
7         android:label="@string/app_name">
8
9       <!-- 전체 화면 테마와 가로 모드를 지정해준다 -->
10      <activity android:name=".Exam0503"
11              android:label="@string/app_name"
12              android:theme="@android:style/
13                  Theme.Black.NoTitleBar.Fullscreen"
14              android:screenOrientation="landscape">
15        <intent-filter>
16          <action android:name=
17              "android.intent.action.MAIN" />
18          <category android:name=
19              "android.intent.category.LAUNCHER" />
20        </intent-filter>
21      </activity>
22    </application>
23    <uses-sdk android:minSdkVersion="5" />
24  </manifest>
```

Exam0503 프로젝트를 컴파일하고 실행하면 다음과 같은 실행 화면이 나온다. 본 예제는 실제 상용 게임에서 사용한 이미지를 이용하여 만든 것이다. 이렇게 RelativeLayout에 컨트롤을 절대 좌표를 이용하여 디자인을 하면 정해진 해상도와 화면 모드에 맞게 구현할 수 있게 된다. 단, 이보다 작은 해상도일 경우에는 화면의 일부가 잘리거나 더 큰 해상도에서는 나머지 부분이 비어있게 되는 단점이 존재한다. 그렇다면 저마다 다른 다양한 해상도를 지원하려면 어떻게 해야 할까?

그림 05-10_ Exam0503 실행 화면

4. 다중 해상도 대응을 위한 동적 레이아웃 구현

서두에서도 강조했듯이 안드로이드폰은 제조사별로 다양한 해상도의 제품들을 쏟아내고 있기 때문에, 새로운 제품이 출시될 때마다 기존과는 다른 비율이나 사이즈를 가진 모델이 등장한다. 따라서, 특정 해상도에 맞게 애플리케이션을 개발하게 되면 새로운 해상도를 가진 제품이 등장할 때마다 일일이 대응해야 하는 문제가 발생한다. 이러한 해상도 문제를 극복하기 위해 현재 가장 많이 사용하는 방법은 LinearLayout을 이용하여 비율에 맞춰서 레이아웃을 구성하는 방법이다.

LinearLayout은 weight_sum과 layout_weight라는 속성을 가지고 있는데, 이 속성을 이용하면 화면의 해상도에 종속되지 않는 동적인 레이아웃 구성이 가능하다. 대신, LinearLayout은 가로 또는 세로 방향으로만 컨트롤을 순차적 배치를 할 수 있기 때문에, 일반적인 애플리케이션에서 사용하는 복잡한 모양의 레이아웃을 구성하려면 다소 번거로운 코딩 작업이 필요하다. 이번 예제에서는 LinearLayout을 이용한 동적인 레이아웃을 구현해보도록 하겠다.

안드로이드 애플리케이션 프로젝트를 하나 생성한 다음 프로젝트명을 LayoutExam라 하고, 기본적으로 만들어지는 activity_main.xml 파일을 다음과 같이 수정한다. 안드로이드 SDK 초기 버전에서는 LinearLayout으로 레이아웃 XML이 만들어졌었지만, 지금은 RelativeLayout을 이용하여 기본 레이아웃 XML이 생성되기 때문에 미리 만들어진 RelativeLayout 태그를 지워버리고 LinearLayout으로 만들어야 한다.

실습 5-4

LayoutExam/res/layout/activity_main.xml

```
1   <LinearLayout xmlns:android="http://schemas.android.com/
2   apk/res/android"
3       android:layout_width="match_parent"
4       android:layout_height="match_parent"
5       android:orientation="vertical">
6       <TextView
7           android:layout_width="fill_parent"
8           android:layout_height="wrap_content"
9           android:layout_weight="10"
10          android:text="TEXTVIEW01"/>
11      <LinearLayout
12          android:layout_width="fill_parent"
13          android:layout_height="wrap_content"
14          android:orientation="horizontal"
15          android:layout_weight="30">
16          <TextView
17              android:layout_width="wrap_content"
18              android:layout_height="fill_parent"
19              android:layout_weight="50"
20              android:background="#ff0000"
21              android:text="TEXTVIEW02"/>
22          <TextView
23              android:layout_width="wrap_content"
24              android:layout_height="fill_parent"
25              android:layout_weight="50"
26              android:background="#00ff00"
27              android:text="TEXTVIEW03"/>
28      </LinearLayout>
29      <LinearLayout
30          android:layout_width="fill_parent"
31          android:layout_height="wrap_content"
32          android:orientation="horizontal"
33          android:layout_weight="30">
```

첫 번째 줄 (줄 6~10)

두 번째 줄 (줄 16~21)

세 번째 줄 (줄 29~33)

```
34        <TextView android:id="@+id/textview4"
35            android:layout_width="wrap_content"
36            android:layout_height="fill_parent"
37            android:layout_weight="20"
38            android:background="#0000ff"
39            android:textColor="#ffffff"
40            android:text="TEXTVIEW04"/>
41        <TextView android:id="@+id/textview5"
42            android:layout_width="wrap_content"
43            android:layout_height="fill_parent"
44            android:layout_weight="60"
45            android:background="#ffff00"
46            android:text="TEXTVIEW05"/>
47            <TextView android:id="@+id/textview6"
48            android:layout_width="wrap_content"
49            android:layout_height="fill_parent"
50            android:layout_weight="20"
51            android:background="#00ffff"
52            android:text="TEXTVIEW06"/>
53    </LinearLayout>
54    <LinearLayout android:id="@+id/linear_layout4"
55        android:layout_width="fill_parent"
56        android:layout_height="wrap_content"
57        android:orientation="horizontal"
58        android:gravity="center"
59        android:layout_weight="30">
60        <Button android:id="@+id/button1"
61            android:layout_width="wrap_content"
62                android:layout_height="wrap_content"
63                android:text="BUTTON1"/>
64        <Button android:id="@+id/button2"
65            android:layout_width="wrap_content"
66                android:layout_height="wrap_content"
67                android:text="BUTTON2"/>
68        </LinearLayout>
69    </LinearLayout>
```

네 번째 줄

activity_main.xml 파일에 정의된 레이아웃은 다음과 같은 구조를 가진다. 항상 비율로 계산하여 레이아웃을 구성하도록 되어있기 때문에 해상도에 상관없이 일정한 레이아웃을 구성하게 된다.

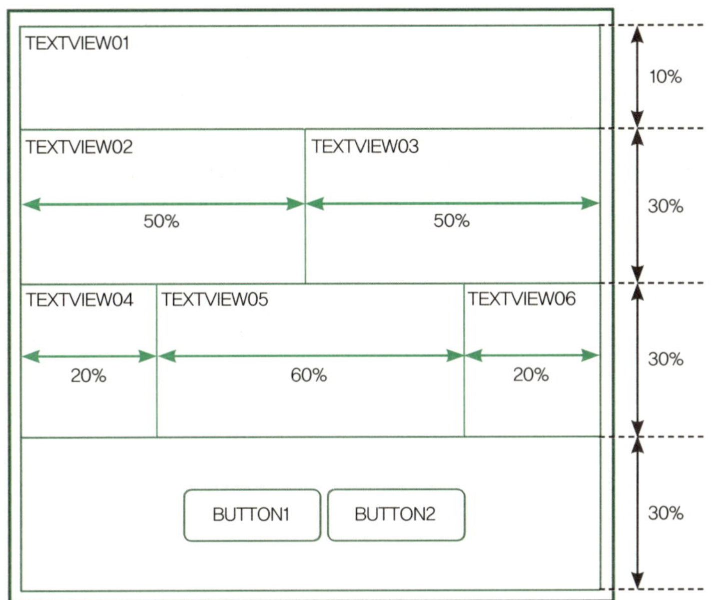

맨 아래쪽의 "Linear_Layout4"라는 ID를 가진 LinearLayout은 코드 상에서 동적으로 버튼을 추가해주기 위해서 ID값을 부여해주었고 gravity 속성을 "center"로 지정해서 버튼들이 항상 가운데에 정렬이 되도록 만들었다. 마찬가지로 세번째 줄의 TextView 컨트롤 3개에도 각각 textview4, textview5, textview6이라고 ID값을 정해준 것은 코드 상에서 접근하여 속성을 바꿔주기 위함이다.

이렇게 만들어진 activity_main.xml 파일이 저마다 다른 해상도를 가진 3개의 단말기(Nexus S 480×800, Nexus 4 768×1280, Nexus 10 2560×1600)에서 보여지는 미리보기 화면은 다음과 같다. 해상도에 따라서 글자나 버튼의 크기는 차이가 있기는 하지만, 전체적으로 보여지는 레이아웃 구성이나 비율은 동일한 것을 어렵지 않게 확인할 수 있을 것이다.

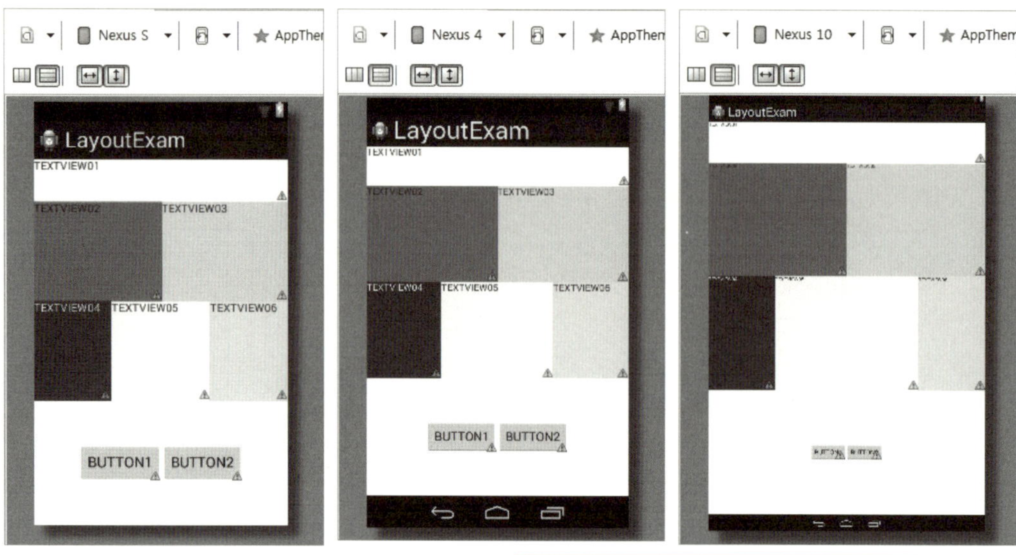

그림 05-11_ LayoutExam 레이아웃의 해상도별 비교 화면

애플리케이션이 실행되면 레이아웃에 동적으로 버튼을 추가하고, 버튼을 누를 때 레이아웃의
비율이 변경되도록 구현을 해보도록 하겠다. 이를 위해서 네 번째 LinearLayout 태그에는
"linear_layout4"라는 ID값을 부여했고, 세 번째 LinearLayout 태그의 하위 TextView들
에 각각 "textview4", "textview5", "textview6"이라는 ID값을 부여했다.

실습 5-4

LayoutExam/src/org.nashorn.layoutexam/MainActivity.java

```
1    package org.nashorn.layoutexam;
2
3    import android.os.Bundle;
4    import android.app.Activity;
5    import android.view.LayoutInflater;
6    import android.view.Menu;
7    import android.view.View;
8    import android.widget.Button;
9    import android.widget.LinearLayout;
10   import android.widget.TextView;
11
12   public class MainActivity extends Activity {
13
14       @Override
15       protected void onCreate(Bundle savedInstanceState) {
16           super.onCreate(savedInstanceState);
17           //setContentView(R.layout.activity_main);
```

```
18
19        LayoutInflater inflater = getLayoutInflater();
20        View layout = inflater.inflate
21                    (R.layout.activity_main, null);
22        setContentView(layout);
23
24        LinearLayout linearLayout4 =
25                (LinearLayout)findViewById(
26                        R.id.linear_layout4);
27        Button button3 = new Button(this);
28        button3.setText("BUTTON3");
29        linearLayout4.addView(button3,
30                new LinearLayout.LayoutParams(
31                LinearLayout.LayoutParams.WRAP_CONTENT,
32                LinearLayout.LayoutParams.WRAP_CONTENT));
33        button3.setOnClickListener(new View.OnClickListener() {
34            @Override
35            public void onClick(View v) {
36                // TODO Auto-generated method stub
37                Button button1 =
38                    (Button)findViewById(R.id.button1);
39                button1.setVisibility(View.GONE);
40            }
41        });
42
43        Button button1 = (Button)findViewById(R.id.button1);
44        button1.setOnClickListener(new View.OnClickListener() {
45            @Override
46            public void onClick(View v) {
47                // TODO Auto-generated method stub
48                TextView textView4 =
49                    (TextView)findViewById(R.id.textview4);
50                TextView textView5 =
51                    (TextView)findViewById(R.id.textview5);
52                TextView textView6 =
53                    (TextView)findViewById(R.id.textview6);
54
55                LinearLayout.LayoutParams lp4 =
56                    new LinearLayout.LayoutParams(
57                    LinearLayout.LayoutParams.WRAP_CONTENT,
58                    LinearLayout.LayoutParams.FILL_PARENT);
```

네 번째 줄에 버튼을 동적으로 추가한다. 세 번째 버튼을 누르면 첫 번째 버튼이 안보이게 된다.

첫 번째 버튼을 클릭하면 세 번째 줄의 TextView들 가로 비율을 변경한다.

```
59              lp4.weight = 10.5f;
60              textView4.setLayoutParams(lp4);
61
62              LinearLayout.LayoutParams lp5 =
63                 new LinearLayout.LayoutParams(
64                    LinearLayout.LayoutParams.WRAP_CONTENT,
65                    LinearLayout.LayoutParams.FILL_PARENT);
66              lp5.weight = 30.5f;
67              textView5.setLayoutParams(lp5);
68
69              LinearLayout.LayoutParams lp6 =
70                 new LinearLayout.LayoutParams(
71                    LinearLayout.LayoutParams.WRAP_CONTENT,
72                    LinearLayout.LayoutParams.FILL_PARENT);
73              lp6.weight = 59.0f;
74              textView6.setLayoutParams(lp6);
75          }
76      });
77
78  Button button2 = (Button)findViewById(R.id.button2);
79  button2.setOnClickListener(new View.OnClickListener() {
80      @Override
81      public void onClick(View v) {
82          TextView textView4 =
83              (TextView)findViewById(R.id.textview4);
84          TextView textView5 =
85              (TextView)findViewById(R.id.textview5);
86          TextView textView6 =
87              (TextView)findViewById(R.id.textview6);
88
89          LinearLayout.LayoutParams lp4 =
90              new LinearLayout.LayoutParams(
91                 LinearLayout.LayoutParams.WRAP_CONTENT,
92                 LinearLayout.LayoutParams.FILL_PARENT);
93          lp4.weight = 20;
94          textView4.setLayoutParams(lp4);
95
96          LinearLayout.LayoutParams lp5 =
97          new LinearLayout.LayoutParams(
98                 LinearLayout.LayoutParams.WRAP_CONTENT,
```

두 번째 버튼을 누르면 초기 상태로 레이아웃을 조정한다.

```
 99                                     LinearLayout.LayoutParams.FILL_PARENT);
100                        lp5.weight = 60;
101                        textView5.setLayoutParams(lp5);
102
103                        LinearLayout.LayoutParams lp6 =
104                          new LinearLayout.LayoutParams(
105                              LinearLayout.LayoutParams.WRAP_CONTENT,
106                              LinearLayout.LayoutParams.FILL_PARENT);
107                        lp6.weight = 20;
108                        textView6.setLayoutParams(lp6);
109
110                        Button button1 =
111                             (Button)findViewById(R.id.button1);
112                        button1.setVisibility(View.VISIBLE);
113                    }
114               });
115          }
116     }
```

이제 예제를 단말기에서 실행시키면 다음과 같이 동작하는 것을 볼 수 있다. 첫 번째 화면은 처음 실행할 때나 "BUTTON2"를 눌렀을 때 보여지는 모습이고, 두 번째 화면은 "BUTTON1"을 눌러서 3번째 행의 TextView의 가로 비율을 동적으로 변경했을 때의 모습이다. 마지막으로 "BUTTON3"을 누르면 세 번째 화면처럼 "BUTTON1"이 사라지게 된다.

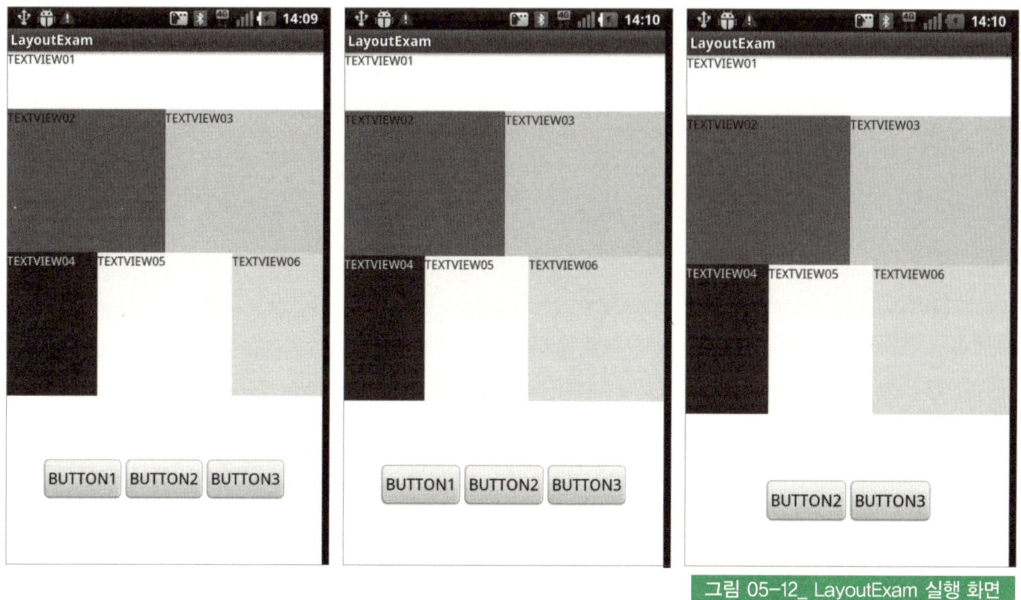

그림 05-12_ LayoutExam 실행 화면

연습 문제

 **수평 또는 수직 중에서 정해진 방향으로만 뷰를 배치하는 레이아웃은 무엇인가?**

① TableLayout

② RelativeLayout

③ LinearLayout

④ FrameLayout

2. 다음중 안드로이드 애플리케이션 UI에 대한 설명으로 잘못된 것은?

① MapView는 웹 페이지를 표시할 때 사용한다.

② 컨트롤의 종류에는 레이블, 이미지, 입력 필드, 체크 박스, 라디오 버튼 등이 있다.

③ 모든 컨트롤은 고유 ID값을 이용하여 접근할 수 있다.

④ 기본 단위는 "컨트롤(또는 위젯)"이다.

3. 다음중 안드로이드 애플리케이션 UI에 대한 설명으로 맞는 것은?

① "프레임"은 컨트롤이나 위젯의 화면 상의 배치를 위해 사용된다.

② 컨트롤(위젯)은 베이스 클래스인 "뷰(View)"에서 파생된다.

③ "뷰 그룹(ViewGroup)"은 단 하나만의 서브 뷰나 컨트롤을 담아서 관리하는 클래스이다.

④ "뷰 컨테이너 위젯"은 리스트 뷰, 그리드 뷰, 갤러리, 탭, 스크롤 뷰와 상관없다.

실전 안드로이드 애플리케이션 개발

06

지금까지 Java 언어와 안드로이드 개발의 기본 개념에 대해서 알아보았다. 안드로이드 개발에 대해서 사전에 이미 학습이 된 상태라고 하더라도 이러한 기본 개념을 확실하게 숙지해야만 이후에 설명하는 내용들을 이해하는데 도움이 될 것이다. 이번 Chapter부터는 이러한 기본 지식을 바탕으로 실무에서 바로 응용할 수 있는 다양한 예제를 중심으로 실전 감각을 익혀보도록 하겠다.

여러분이 스마트폰을 사용하면서 한두번쯤은 써봤을 만한 애플리케이션에서 제공되는 기능들을 소개하고, 그러한 기능들을 실제로 구현하는 방법을 예제를 이용하여 설명하고자 하였다. 각각의 예제는 독립적인 프로젝트로 만들어져 있기 때문에 실제 애플리케이션 개발 시에 쉽게 가져다가 쓸 수 있을 것이다. 일반적인 애플리케이션에서 많이 사용되는 기능(멀티 터치, 초성 검색, 파일 탐색기, 캘린더, 구글 지도 연동 등)뿐만 아니라 기본적인 리스트 뷰나 그리드 뷰를 응용하는 방법 등을 이용하여 응용하는 방법에 대해서도 설명했다.

이제부터 실전 예제를 하나씩 살펴보면서 본격적인 안드로이드 애플리케이션 개발에 대해서 공부해보도록 하자.

1. 멀티 터치 구현하기

멀티 터치(Multi-Touch)는 터치 스크린이 동시에 여러 개의 터치 포인트를 인식하여 처리하는 기술을 말한다. 아이폰이나 맥북에서 주로 사용되기 시작했는데, 현재는 정전식 터치 방식을 지원하는 스마트폰에서는 대부분 지원되는 기능이기도 하다.

그림 06-01_ 아이폰

그림 06-02_ 맥북

두 개의 손가락을 이용하여 지도나 웹 페이지를 확대/축소할 수 있는 기능은 가히 혁명적인 발상이라고 할 수 있는데, 이번 Chapter에서는 이러한 멀티 터치를 이용하여 이미지를 확대/축소하는 기능을 구현해보도록 하겠다.

Exam0601 프로젝트를 생성한 후에, 화면에 표시할 multitouch.png 이미지 파일을 /res/drawable-hdpi 폴더에 복사한다.

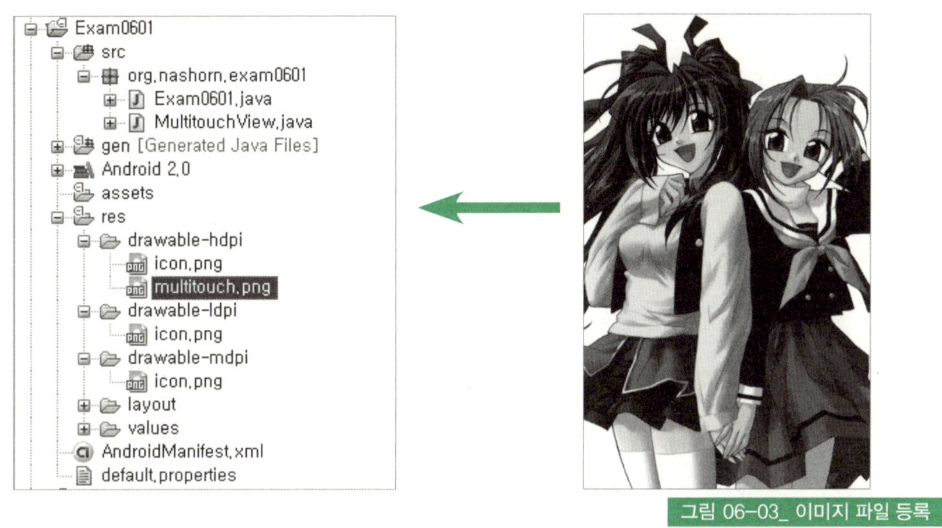
그림 06-03_ 이미지 파일 등록

그 다음에는 등록된 이미지 파일을 화면에 출력하기 위해서 View 클래스를 상속받은 사용자 뷰를 만들도록 하자. Exam0601/src/org.nashorn.exam0601 폴더를 선택한 상태에서 마우스 오른쪽 버튼을 클릭한 후 [New]–[File] 메뉴를 선택한다.

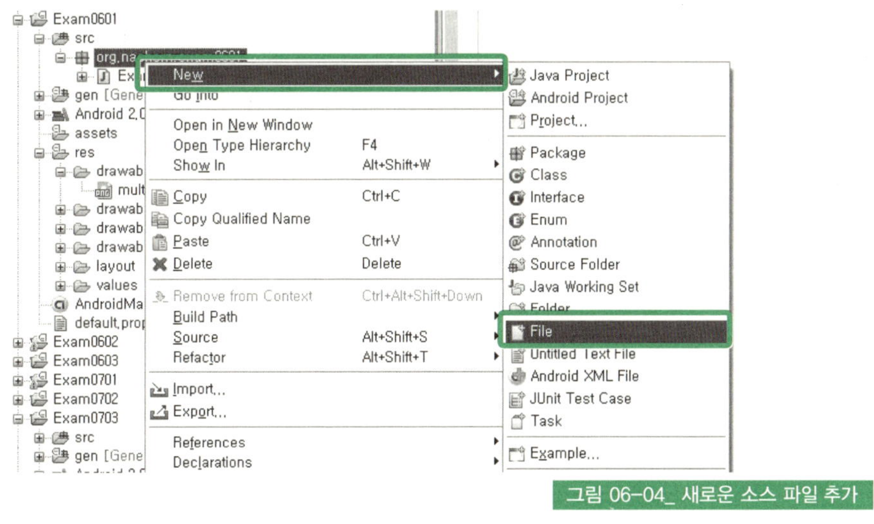
그림 06-04_ 새로운 소스 파일 추가

다음과 같이 File 창이 뜨면 파일 이름(File name)을 지정하는 항목에 MultitouchView.java
라 입력하고 [Finish] 버튼을 클릭한다.

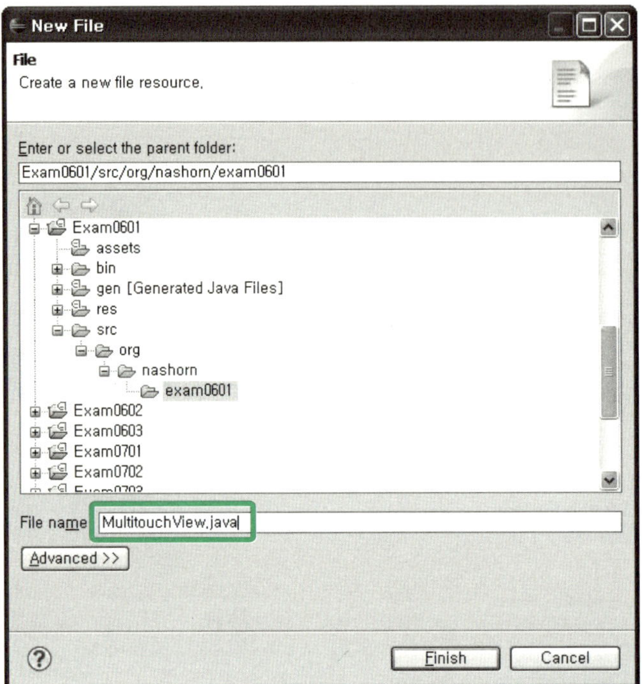

그림 06-05_ java 파일 추가

새로 추가된 MultitouchView.java 파일을 열고 다음과 같이 화면에 이미지를 지정된 스케일
에 맞게 표시하는 View를 만들어준다.

실습 6-1

Exam0601/src/org.nashorn.exam0601/MultitouchView.java

```java
1    package org.nashorn.exam0601;
2
3    import android.view.*;
4    import android.content.*;
5    import android.graphics.*;
6
7    public class MultitouchView extends View {
8        private int posX = 0;
9        private int posY = 0;
10       private float scale = 1f;
11       private Bitmap image;
```

```
12      /*
13      리소스에 등록한 이미지를 BitmapFactory.decodeResource() 메소드를 이용하여
14      비트맵으로 저장한다.
15      */
16          public MultitouchView(Context context) {
17              super(context);
18              image = BitmapFactory.decodeResource
19                      (context.getResources(), R.drawable.multitouch);
20          }
21
22          public void setScale(float scale) {
23              this.scale = scale;
24          }
25
26      /*
27      원본 이미지를 지정한 스케일에 맞게 이미지 크기와 시작 위치를 계산하여 화면에 출력한다.
28      */
29          @Override
30          protected void onDraw(Canvas canvas) {
31              if (image != null) {
32                  Rect srcRect = new Rect(0, 0, image.getWidth(),
33                              image.getHeight());
34                  int width = (int)(image.getWidth()*scale);
35                  int height = (int)(image.getHeight()*scale);
36                  posX = (image.getWidth() - width)/2;
37                  posY = (image.getHeight() - height)/2;
38                  Rect dstRect;
39                  dstRect = new Rect(posX, posY, posX+width,
40                              posY+height);
41                  canvas.drawBitmap(image, srcRect, dstRect, null);
42              }
43          }
44      }
```

MultitouchView의 객체를 생성하여 ContentView로 지정해주면 MultitouchView
의 onDraw() 메소드에서 그려주는 내용을 화면에 출력할 수 있게 된다. 일반적으로
setContentView() 메소드의 인수로 레이아웃용 XML 파일을 지정해주지만 여기에서 처럼
사용자가 View 클래스를 상속받아 직접 만든 View도 인수로 넘겨 줄 수 있다.

사용자가 안드로이드폰의 터치 스크린에 두 손가락을 대는 순간 MotionEvent.ACTION_
POINTER_2_DOWN 이벤트가 발생하는데, 이때 첫 번째 손가락이 누른 곳의 좌표 값과 두
번째 손가락이 누른 곳의 좌표 값을 각각 얻어올 수 있다. 두 손가락이 가리키는 두 좌표간의
거리를 계산해놓고, 두 손가락의 간격이 넓어지거나 좁혀졌을 때의 거리 값을 계산해서 scale
의 값을 구한다. scale의 기본 값은 1.0f인데 이것보다 적은 값이면 이미지를 축소시키고 이것
보다 큰 값이면 이미지를 확대시키게 된다.

실습 6-1

Exam0601/src/org.nashorn.exam0601/MainActivity.java

```java
1    package org.nashorn.exam0601;
2
3    import android.app.Activity;
4    import android.os.Bundle;
5    import android.util.FloatMath;
6    import android.view.MotionEvent;
7
8    public class MainActivity extends Activity {
9        MultitouchView mMultitouchView;
10       private final static int NORMAL_MODE = 1;
11       private final static int ZOOM_MODE = 2;
12       private float oldDistance;
13       private float newDistance;
14       private int mode = NORMAL_MODE;
15
16        /*
17        MultitouchView 객체를 생성하고 ContentView로 지정해준다.
18        */
19
20       @Override
21       public void onCreate(Bundle savedInstanceState) {
22           super.onCreate(savedInstanceState);
23
24           mMultitouchView = new MultitouchView(this);
25
26           setContentView(mMultitouchView);
27       }
28   /*
29   두 손가락으로 터치했을 때 발생하는 ACTION_POINTER_2_DOWN 이벤트와 두 손가락이
30   이동할 때 발생하는 ACTION_MOVE 이벤트를 이용하여 손가락 사이의 이동 거리로 scale을
31   계산하고, MultitouchView에 전달하여 이미지의 확대/축소를 처리하도록 만든다.
```

```
32   */
33       public boolean onTouchEvent(MotionEvent event) {
34           switch(event.getAction()) {
35           case MotionEvent.ACTION_POINTER_2_DOWN :
36               {
37                   float x = event.getX(0) - event.getX(1);
38                   float y = event.getY(0) - event.getY(1);
39                   oldDistance = FloatMath.sqrt(x * x + y * y);
40                   newDistance = oldDistance;
41                   if (oldDistance > 10f) {
42                       mode = ZOOM_MODE;
43                   } else {
44                       mode = NORMAL_MODE;
45                       oldDistance = 0.0f;
46                       newDistance = 0.0f;
47                   }
48               }
49               break;
50           case MotionEvent.ACTION_MOVE:
51               {
52                   if (mode == ZOOM_MODE) {
53                       float x = event.getX(0) - event.getX(1);
54                       float y = event.getY(0) - event.getY(1);
55                       newDistance = FloatMath.sqrt(x * x + y * y);
56                       if (newDistance > 10f) {
57                           float scale = newDistance / oldDistance;
58                           mMultitouchView.setScale(scale);
59                           mMultitouchView.invalidate();
60                       } else {
61                           mode = NORMAL_MODE;
62                           oldDistance = 0.0f;
63                           newDistance = 0.0f;
64                       }
65                   }
66               }
67               break;
68           }
69           return super.onTouchEvent(event);
70       }
71   }
72
```

Exam0601 프로젝트를 실행하면 왼쪽 아래의 그림처럼 리소스에 등록된 이미지가 화면에 표시된다. 이 상태에서 두 손가락을 터치 스크린에 대고 손가락 사이의 간격을 넓혔다 좁혔다 하면 이미지가 확대/축소되는 것을 확인할 수 있다.

그림 06-06_ Exam0601 실행화면

2. 초성 검색 기능 구현하기

초성 검색이란 문자를 검색할 때 완성된 한글 문자로만 검색을 하는 것이 아니라 초성만 입력해도 해당 초성이 들어가있는 문자열을 검색해주는 기능이다. 예를 들어 "홍길동"이라는 이름을 찾을 때, "홍", "홍길" 또는 "홍길동"으로 유사 검색을 할 수도 있겠지만 "ㅎㄱㄷ"이라는 이름의 각 초성만을 입력해서 찾을 수 있는 검색 방법을 의미한다.

2.1 조합형과 완성형

예전에는 구현이 있어서 불편함이 있었지만 한글로 표현할 수 있는 모든 글자를 조합해 낼 수 있는 "조합형"과 한글로 조합할 수 있는 글자에 직접 코드를 부여해서 처리했던 "완성형"이라는 한글 인코딩 방식을 사용했었다. 한 때 조합형과 완성형 방식이 공존하면서 어느 방식이 더 낫다라는 논란이 있기도 했지만, 운영체제의 발전 방향이 MS-DOS에서 윈도우로 자연스럽게 바뀌면서 완성형 한글이 자리를 잡아가게 된다.

2.2 유니코드

유니코드(Unicode)는 전 세계의 모든 문자를 모두 표현할 수 있는 표준 문자 인코딩 방식으로, 국가들마다 호환되지 않는 방식의 문자 인코딩 방법을 제공함으로 인하여 다국어 지원이 어려웠던 문제점들을 해결했다. 윈도우를 비롯한 대부분의 운영체제에서 유니코드를 지원하고 있고, Java에서도 기본적으로 유니코드를 지원한다.

1996년 6월에 발표된 유니코드 2.0에는 11,172자의 현대 한글이 모두 포함되었다. 한글은 유니코드 페이지의 0xAC00부터 0xD8A3의 범위에 코드 값이 배정되어 있다.

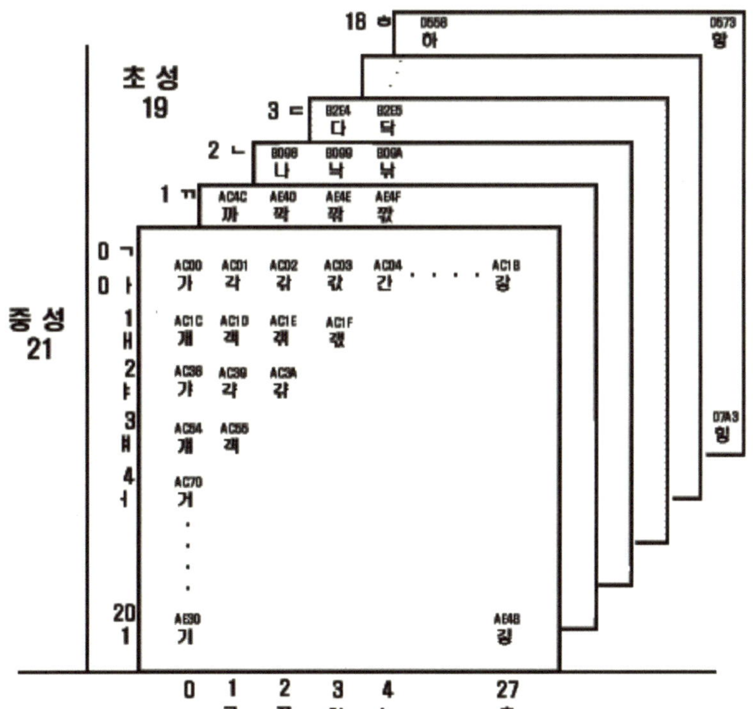

2.3 기능 구현하기

유니코드는 초성 19개, 중성 21개, 종성 28개를 가지고 있는 글자들을 규칙적으로 조합하여
하나의 테이블로 구성했기 때문에 일정한 규칙에 의해서 하나의 글자에 대한 초성, 중성, 종성
을 추출해내는 것이 가능하다.

검색을 위해 입력한 문자열과 검색하고자 하는 문자열들을 한글 초성 추출 함수를 이용하여 초
성만 분리해내고, 입력된 문자열의 초성들과 검색하고자 하는 문자열의 초성들을 유사 검색을
하면 손쉽게 초성 검색 기능을 구현해낼 수 있다.

그림 06-08_ 아이폰용 초성변환 애플리케이션 화면

2010년 쯤에 아이폰용으로 배포되고 있던 초성변환 애플리케이션은 이름의 초성을 추출해서
별명 필드에 저장을 해주어서, 아이폰 검색 기능에서 간접적으로 초성 검색이 가능하도록 해
주는 애플리케이션이다. 기술적인 난이도보다는 아이디어가 좋은 애플리케이션이라고 할 수
있다.

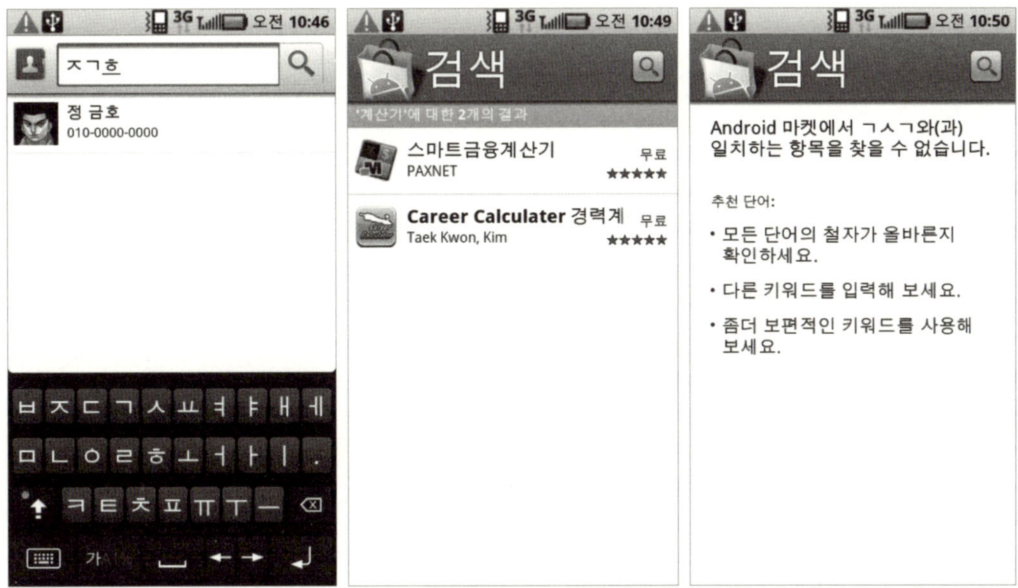

그림 06-09_ 초성 검색을 지원하는 모토로이용 주소록 애플리케이션과
초성 검색을 지원하지 않는 안드로이드 마켓 애플리케이션(계산기를 검색했을 때)

국내의 스마트폰 사용자들에게 "초성 검색"이 이슈가 되어서 국내에 출시되는 안드로이드폰에서 기본적으로 제공하는 주소록에서는 초성 검색 기능을 지원하고 있다. 다만, 안드로이드 마켓과 같이 단순 한글화 정도만 된 애플리케이션에서는 초성 검색이 적용되어 있지 않다. 이제부터 여러분의 애플리케이션에도 이러한 초성 검색 기능을 추가해보도록 하자.

Exam0602 프로젝트를 생성한 다음, 먼저 activity_main.xml 파일을 다음과 같이 초성 입력을 받는 EditText와 초성 검색 결과를 표시하기 위한 ListView를 추가해준다.

실습 6-2

Exam0602/res/layout/activity_main.xml

```
1   <?xml version="1.0" encoding="utf-8"?>
2   <LinearLayout xmlns:android="http://schemas.android.com/apk/
3   res/android"
4       android:orientation="vertical"
5       android:layout_width="fill_parent"
6       android:layout_height="fill_parent"
7       >
8   <TextView
9       android:layout_width="fill_parent"
10      android:layout_height="wrap_content"
11      android:text="Exam0602 초성 검색"
```

```
12          />
13
14      <!-- 초성 입력을 받기 위한 EditText와 초성 검색 결과를 표시하기 위한
15      ListView를 추가한다. -->
16      <EditText
17          android:id="@+id/input"
18          android:layout_width="fill_parent"
19          android:layout_height="wrap_content"
20          />
21      <ListView
22          android:id="@+id/list"
23          android:layout_width="fill_parent"
24          android:layout_height="fill_parent"
25          />
26      </LinearLayout>
```

현재 안드로이드폰에 등록된 주소록 정보를 이용해야 하기 때문에 AndroidMainfest.xml 파일에 "android.permission.READ_CONTACTS"의 권한을 추가한다.

실습 6-2

Exam0602/AndroidManifest.xml

```
1   <?xml version="1.0" encoding="utf-8"?>
2   <manifest xmlns:android="http://schemas.android.com/
3   apk/res/android"
4       package="org.nashorn.exam0602"
5       android:versionCode="1"
6       android:versionName="1.0">
7     <application android:icon="@drawable/icon"
8     android:label="@string/app_name">
9       <activity android:name=".Exam0602"
10             android:label="@string/app_name">
11         <intent-filter>
12           <action android:name=
13           "android.intent.action.MAIN" />
14           <category android:name=
15           "android.intent.category.LAUNCHER" />
16         </intent-filter>
17       </activity>
18
```

```
19          </application>
20          <uses-sdk android:minSdkVersion="5" />
21
22          <uses-permission android:name=
23          "android.permission.READ_CONTACTS" />
24      </manifest>
```

MainActivity.java 파일을 열고, 먼저 주소록 DB에서 이름과 전화번호를 읽어와서 리스트뷰에 표시하는 기능부터 코딩하도록 하자. 사용자가 몇 백 건의 연락처 정보를 등록해놓았다면 모든 데이터를 가져오는데 예상보다 많은 시간이 걸리기 때문에 AsyncTask를 이용하여 처리하였다.

실습 6-2

Exam0602/src/org.nashorn.exam0602/MainActivity.java

```java
1       package org.nashorn.exam0602;
2
3       import java.util.ArrayList;
4       import android.app.Activity;
5       import android.app.ProgressDialog;
6       import android.content.ContentUris;
7       import android.database.Cursor;
8       import android.net.Uri;
9       import android.os.AsyncTask;
10      import android.os.Bundle;
11      import android.provider.BaseColumns;
12      import android.provider.ContactsContract.Contacts;
13      import android.provider.ContactsContract.CommonDataKinds.Phone;
14      import android.provider.ContactsContract.CommonDataKinds.
            StructuredName;
15      import android.provider.ContactsContract.Contacts.Data;
16      import android.text.Editable;
17      import android.text.TextWatcher;
18      import android.view.View;
19      import android.widget.AdapterView;
20      import android.widget.ArrayAdapter;
21      import android.widget.EditText;
22      import android.widget.ListView;
23      import android.widget.Toast;
24
```

```java
public class MainActivity extends Activity {
    private String[] nameList;
    private String[] phoneList;
    private ArrayList<String> list;
    private ArrayAdapter<String> arrayAdapter;
/*
ListView에서 사용될 ArrayList를 초기화하고, 주소록 정보를 가져오기 위해
AsyncTask 클래스를 서브 클래싱한 loadConteactsData() 메소드를 호출한다.
*/
    @Override
    public void onCreate(Bundle savedInstanceState) {
        super.onCreate(savedInstanceState);
        setContentView(R.layout.activity_main);

        list = new ArrayList<String>();

        new loadContactsData().execute("");
    }
/*
주소록 DB에 접근하여 사용자의 이름과 전화번호를 가져온다. 가져온 이름은 nameList에,
전화번호는 phoneList에 저장하고, 리스트 뷰에 표시를 위해 ArrayList형 list에도
추가해준다.
*/
    public void getContactsData() {
        Cursor c = this.getContentResolver().query(
            Contacts.CONTENT_URI, new String[] {
                    BaseColumns._ID }, null, null, null);
        c.moveToFirst();
        if (c.getCount() > 0) {
            nameList = new String[c.getCount()];
            phoneList = new String[c.getCount()];
            for ( int i = 0 ; i < c.getCount() ; i++ ) {
                try {
                    String _id = c.getString(c.getColumnIndex
                        (BaseColumns._ID));
                    Uri contactUri = ContentUris.withAppendedId
                        (Contacts.CONTENT_URI,
                        Integer.parseInt(_id));
                    Uri dataUri = Uri.withAppendedPath(contactUri,
                        Data.CONTENT_DIRECTORY);
```

```
65                         Cursor c2 = this.getContentResolver().query(
66                     dataUri, new String[] {
67                         BaseColumns._ID, Data.MIMETYPE,
68                         Data.DATA1, Data.DATA2, Data.DATA3,
69                         Data.DATA4, Data.DATA5, Data.DATA6,
70                         Data.DATA7, Data.DATA8,
71                         Data.DATA9, Data.DATA10, Data.
72                         DATA11, Data.DATA12, Data.DATA13,
73                         Data.DATA14, Data.DATA15 }, null,
74                         null, null );
75                     try {
76                         while ( c2.moveToNext() ) {
77                             if ( !c2.isNull(c.getColumnIndex
78                             (BaseColumns._ID)) ) {
79                                 String mimeType =c2.getString
80 (c2.getColumnIndex(Data.MIMETYPE));
81                                 if ( mimeType.equals
82 (StructuredName.CONTENT_ITEM_TYPE) ) {
83                                     nameList[i] = c2.getString(
84                                         c2.getColumnIndex
85 (StructuredName.DISPLAY_NAME));
86                                 } else if ( mimeType.equals
87 (Phone.CONTENT_ITEM_TYPE) ) {
88                                     phoneList[i] = c2.getString
89 (c2.getColumnIndex(Phone.NUMBER));
90                                 }
91                             }
92                         }
93                     } finally { c2.close(); }
94                     list.add(nameList[i]);
95                 c.moveToNext();
96             } catch (Exception e) { }
97             }
98         }
99     }
100 /*
101 AsyncTask를 이용하여 주소록 정보를 UI 스레드와는 별도로 처리해준다. 주소록에 많은
102 연락처가 등록되어 있을 경우와 같이 데이터 로딩에 많은 시간이 걸릴 경우에 이런 방식으로
103 구현을 해야 정상적인 동작이 가능하다.
104 */
```

```
105     private class loadContactsData extends AsyncTask<String,
106                                     Void, Void> {
107         private String Content;
108         private String Error = null;
109         private ProgressDialog Dialog = new ProgressDialog
110                         (MainActivity.this.this);
111
112         protected void onPreExecute() {
113             Dialog.setMessage("주소록 정보를 로딩 중입니다...");
114             Dialog.show();
115         }
116         protected Void doInBackground(String... urls) {
117             getContactsData();
118             return null;
119         }
120         protected void onPostExecute(Void unused) {
121             Dialog.dismiss();
122
123             ListView listView = (ListView)findViewById
124                                 (R.id.list);
125             arrayAdapter = new ArrayAdapter<String>
126                     (getBaseContext(),
127                     android.R.layout.simple_list_item_1, list);
128             listView.setAdapter(arrayAdapter);
129             listView.setOnItemClickListener
130                (new AdapterView.OnItemClickListener() {
131                  @Override
132                  public void onItemClick(AdapterView<?> arg0,
133                          View arg1, int arg2, long arg3) {
134                      // TODO Auto-generated method stub
135                  }
136             });
137
138             EditText findText = (EditText)findViewById(R.id.input);
139             findText.addTextChangedListener(new TextWatcher(){
140                 public void afterTextChanged(Editable s) {
141                 }
142                 public void beforeTextChanged(CharSequence s,
143                         int start, int count, int after)
144                 {
```

```
145                         }
146                 public void onTextChanged(CharSequence s,
147                         int start, int before, int count) {
148                         }
149                 });
150                 if (Error != null) {
151                     Toast.makeText(MainActivity.this.this, Error,
152                         Toast.LENGTH_LONG).show();
153                 }
154             }
155         }
156     }
```

여기까지 작성한 코드를 실행시키면 다음과 같이 주소록에 등록된 이름들이 리스트 뷰에 뜨는 것을 확인할 수 있다.

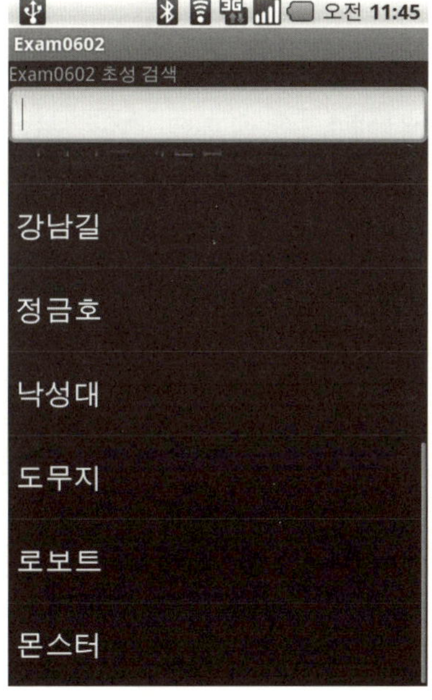

그림 06-10_ Exam0602 실행 화면

이제 EditText에 한글이 입력이 되면 입력된 한글의 초성을 추출해서 해당 초성을 포함하고 있는 이름만 리스트 뷰에 표시되는 기능을 추가해보자. 앞의 소스 코드를 보면 글자가 입력될 때마다 해당되는 이름만 추출하기 위해 EditText에 addTextChangedListener()를 추가했다. 이렇게 해놓으면 EditText에 사용자가 글자를 하나 입력한 직후에는

afterTextChanged( ) 메소드가 자동으로 호출되는데, 여기에 다음과 같은 코드를 삽입해
준다.

```java
findText.addTextChangedListener(new TextWatcher(){
    public void afterTextChanged(Editable s) {
        findName(s.toString());
    }

    public void beforeTextChanged(CharSequence s, int start, int
                                count, int after) {

    }

    public void onTextChanged(CharSequence s, int start, int before,
                            int count) {

    }
});
```

앞으로 우리가 만들 findName( ) 메소드는 현재 EditText 컨트롤을 통해 입력된 문자열과 주
소록에 등록된 이름들을 초성만으로 비교하여 입력된 문자열과 같은 초성을 가진 이름들만 추
출하여 리스트 뷰를 다시 만들어 주는 기능을 가진다.

이를 위해서는 먼저 입력된 문자열에서 초성만 추출하는 hangulToOnlyChosung( ) 메소드
를 다음과 같이 만들어 주어야 한다. 유니코드의 한글 페이지 구성에 대해서 설명했던 것처럼,
일정한 규칙에 의해 한글 코드 테이블이 만들어져 있기 때문에 다음과 같이 간단한 연산만으로
도 입력된 한글의 초성을 추출하는 것이 가능하다(따라서 이 방법은 유니코드 한글에서만 사용
가능함).

```java
final static char[] chosungWord  = {
    0x3131, 0x3132, 0x3134, 0x3137, 0x3138, //ㄱ ㄲ ㄴ ㄷ ㄸ
    0x3139, 0x3141, 0x3142, 0x3143, 0x3145, //ㄹ ㅁ ㅂ ㅃ ㅅ
    0x3146, 0x3147, 0x3148, 0x3149, 0x314a, //ㅆ ㅇ ㅈ ㅉ ㅊ
    0x314b, 0x314c, 0x314d, 0x314e         //ㅋ ㅌ ㅍ ㅎ
};

/*
인수로 넘어온 문자열을 하나씩 꺼내서 해당 문자가 한글인지 여부를 먼저 확인하고, 한글일
```

경우에는 몇 번째 초성인지를 계산하여 해당 초성 문자를 리턴시켜줄 문자열에 추가해준다.
이렇게 되면 한글의 초성만 추출해서 하나의 문자열이 만들어지게 된다.

```java
*/
    public String hangulToOnlyChosung(String s) {
        int chosungNum, tempNum;
        String resultString = "";

        for (int i = 0; i < s.length(); i++) {
            char ch = s.charAt(i);
            if (ch != ' ') {
                if (ch >= 0xAC00 && ch <= 0xD7A3) {
                    tempNum = ch - 0xAC00;
                    chosungNum = tempNum / (21 * 28);
                    resultString += chosungWord[chosungNum];
                } else {
                    resultString += ch;
                }
            }
        }
        return resultString;
    }
```

```java
/*
```
입력된 문자열과 주소록의 이름을 각각 초성만 추출한 문자열로 변환한 다음,
String.match() 메소드를 이용하여 비교한다. 입력된 문자열의 초성들을 포함하고 있는
이름들만 선별하여 ListArray형 list 변수에 다시 등록한 다음, arrayAdapter.
notifyDataSetChanged() 메소드를 호출해서 리스트 뷰를 갱신해준다.
```java
*/
    public void findName(String findString) {
        if (findString.length() > 0) {
            String onlyChosungString = hangulToOnlyChosung
                        (findString);
            list.clear();
            for (int i = 0; i < nameList.length; i++) {
                String onlyChosungNameString =
                        hangulToOnlyChosung(nameList[i]);
                if (onlyChosungNameString.matches
                        (onlyChosungString+".*")) {
                    list.add(nameList[i]);
                }
            }
            arrayAdapter.notifyDataSetChanged();
```

```
        }
        else {
            list.clear();
            for (int i = 0; i < nameList.length; i++) {
                list.add(nameList[i]);
            }
            arrayAdapter.notifyDataSetChanged();
        }
    }
```

초성 검색 기능을 추가하고 프로젝트를 실행하면 다음 그림과 같이 초성 검색이 되는 것을 볼
수 있다.

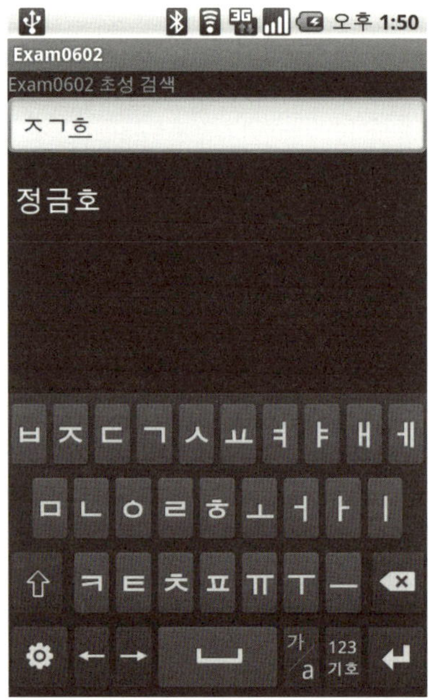

그림 06-11_ 초성 검색 결과

3. 파일 탐색기 구현하기

안드로이드는 리눅스를 기반으로 만들어진 모바일 운영체제이다. 따라서 리눅스가 가지고 있는 장단점을 대부분 이어받고 있다. iOS의 장점이라면 사용자가 저장 장치의 구조나 동작 원리를 굳이 알 필요가 없다는 것이고, 그로 인한 단점이라면 사용자가 자유롭게 저장 장치에 접근하는 것이 불가능하다는 점일 것이다. 그런 면에서 안드로이드의 장점은 리눅스와 유사한 폴더 구조로 관리되고 있는 저장 장치에 대해 접근이 허가된 범위 내에서 사용자가 자유롭게 파일 및 폴더 관리가 가능하다는 점일 것이다.

```
C:\WINDOWS\system32\cmd.exe - adb shell
$ ls
ls
skttmp
sqlite_stmt_journals
cache
efs
tmp
sdcard
etc
system
sys
sbin
proc
lib
init.rc
init.goldfish.rc
init.archer.rc
init
fota.rc
default.prop
data
root
dev
$ _
```

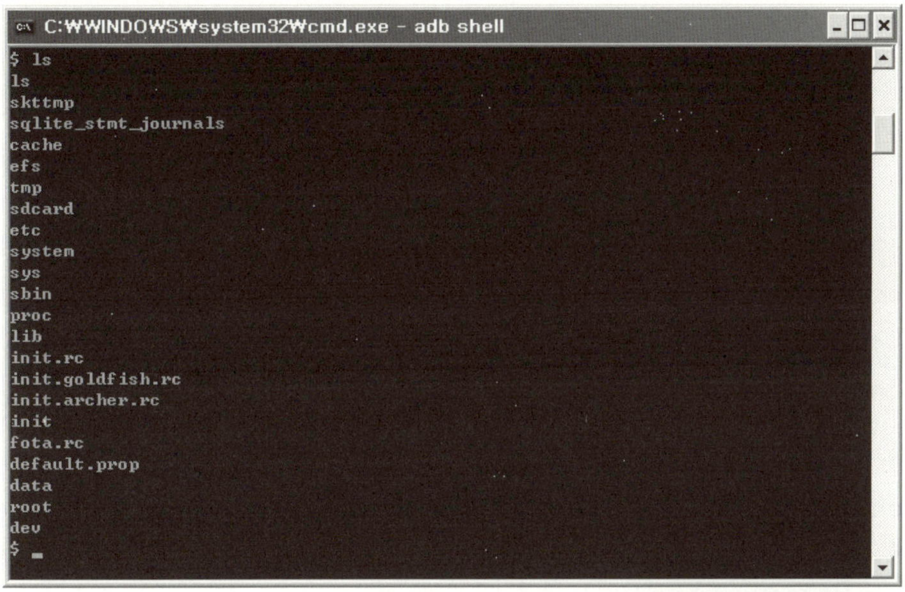

그림 06-12_ 안드로이드 폴더 구조

위 그림은 안드로이드 SDK에서 제공하는 adb 유틸리티를 이용하여 PC에 연결된 안드로이드폰(갤럭시A)에 shell 모드로 접근한 화면이다. 루트 디렉토리에서 ls 명령을 수행하니 리눅스만큼은 아니지만 리눅스 느낌이 나는 디렉토리 리스트가 보여진다. 여기서 가장 중요한 디렉토리는 외장 메모리 카드가 마운트된 sdcard 디렉토리 정도이다. 나머지 디렉토리의 경우에는 대부분 접근이 불가하거나 일반 애플리케이션 개발자는 굳이 몰라도 된다.

이렇게 사용자가 직접 파일과 폴더(디렉토리)를 관리할 수 있기 때문에 개발자가 아닌 일반 안드로이드폰 사용자들에게는 편리한 파일 탐색기가 반드시 필요하게 된다. PC에 연결된 경우라면, 안드로이드폰의 외장 메모리를 USB 메모리로 인식시켜서 PC의 파일 탐색기를 이용하여 파일 및 폴더 관리를 할 수 있다.

그림 06-13_ 안드로이드용 파일 탐색기 애플리케이션 Astro

일반적으로 많이 사용되고 있는 안드로이드용 파일 탐색기 애플리케이션은 "Astro"라는 애플리케이션으로 파일 및 폴더의 관리 외에도 패키지, 프로세스 등의 관리까지 가능한 유용한 애플리케이션이다. 당연히 iOS 구조에서는 이러한 파일 탐색기 애플리케이션이 존재할 이유가 없기 때문에 아이폰용 유사 애플리케이션은 없다. 이번 Chapter에서는 Astro와 같이 파일 및 폴더를 탐색할 수 있는 파일 탐색기 애플리케이션을 만들어 보도록 하겠다.

Exam0603 프로젝트를 새로 생성한다. 본 예제에서는 시스템 부분을 건들지 않기 때문에 메니페스트 파일에 권한 요청 항목을 추가하지 않아도 된다. layout 폴더에 있는 activity_main.xml 파일에는 파일 및 폴더 목록을 표시하기 위한 ListView만 하나 추가해주면 된다.

실습 6-3

Exam0603/res/layout/activity_main.xml

```
1  <?xml version="1.0" encoding="utf-8"?>
2  <LinearLayout xmlns:android="http://schemas.android.com/apk/
3  res/android"
4      android:orientation="vertical"
5      android:layout_width="fill_parent"
6      android:layout_height="fill_parent"
7      >
8  <TextView
9      android:layout_width="fill_parent"
```

```
10        android:layout_height="wrap_content"
11        android:text="Exam0603 파일 탐색기"
12        />
13   <!-- 파일 및 폴더 표시를 위한 ListView를 추가한다. -->
14   <ListView
15        android:id="@+id/list"
16        android:layout_width="fill_parent"
17        android:layout_height="fill_parent"
18          />
19   </LinearLayout>
```

실습 6-3

Exam0603/src/org.nashorn.exam0603/MainActivity.java

```java
1    package org.nashorn.exam0603;
2
3    import java.io.File;
4    import java.util.ArrayList;
5    import android.app.Activity;
6    import android.os.Bundle;
7    import android.view.View;
8    import android.widget.AdapterView;
9    import android.widget.ArrayAdapter;
10   import android.widget.ListView;
11   import android.widget.Toast;
12
13   public class MainActivity extends Activity {
14       private ArrayList<String> directoryList;
15       private ArrayList<String> fileNameList;
16       private File currentDirectory = new File("/sdcard");
17
18       /*
19   액티비티가 실행되면, fileNameList와 directoryList를 초기화하고
20   /sdcard 폴더의 파일과 폴더 목록을 리스트 뷰에 표시한다.
21       */
22       @Override
23       public void onCreate(Bundle savedInstanceState) {
24           super.onCreate(savedInstanceState);
25           setContentView(R.layout.activity_main);
26
```

```
27              fileNameList = new ArrayList<String>();
28              directoryList = new ArrayList<String>();
29              browseTo(currentDirectory);
30          }
```

일단 여기까지만 입력하고 잠시 Exam0603 애플리케이션이 동작하는 원리를 살펴보자.

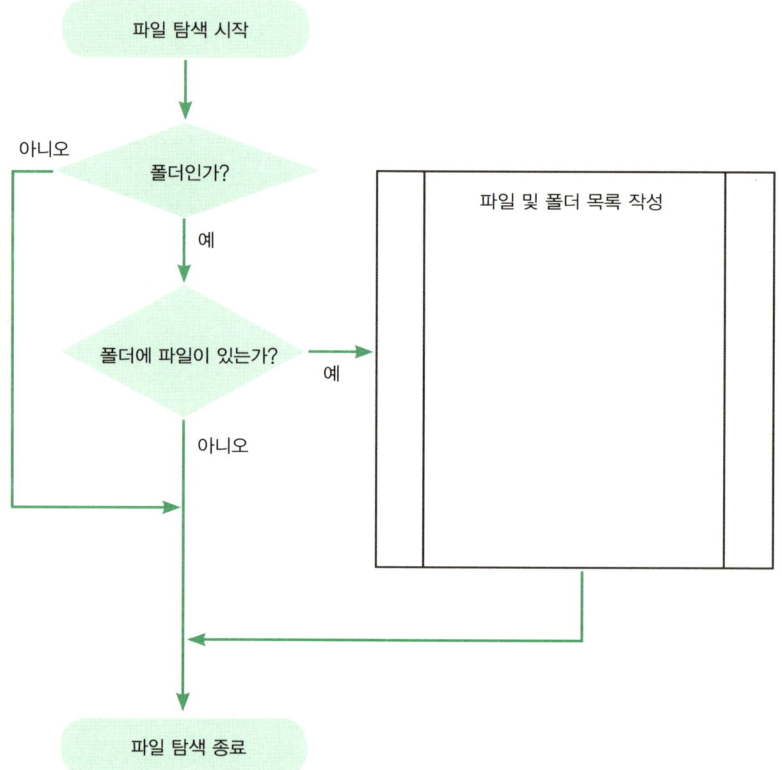

그림 06-14_ Exam0603 애플리케이션 동작 원리

먼저 지정한 경로가 폴더인지를 확인하고, 폴더일 경우에는 해당 폴더에 하위 폴더나 파일이 존재하는지를 체크한다. 하위 폴더나 파일이 존재할 경우에는 파일 개수 만큼 반복문을 돌면서 하위 폴더 또는 파일의 목록을 만든다. 이렇게 만들어진 목록을 리스트 뷰를 통해서 화면에 출력하도록 만들고, 특정 항목을 클릭했을 때 선택된 항목이 폴더이면 선택된 폴더의 하위 폴더와 파일 목록을 새로 만들어서 다시 화면에 표시하도록 한다.

하위 폴더 뿐만 아니라 상위 폴더로도 이동할 수 있도록 하기 위해서, 상위 폴더가 존재할 경우에는 폴더 및 파일 목록에 "[..]" 항목을 추가한다는 점에 유의하도록 하자. 이어서 다음 소스를 입력한다.

```java
/*
지정한 폴더의 하위 폴더와 파일의 목록을 리스트 뷰에 출력하기 위한 fileNameList와
내부적으로 전체 경로를 가지는 directoryList에 추가해준다.
*/
    private void fill(File[] files) {
        fileNameList.clear();
        directoryList.clear();
        if (currentDirectory.getParent() != null) {
            fileNameList.add("[..]");
            directoryList.add("..");
        }
        for (File currentFile : files) {
            if (currentFile.isDirectory()) {
                fileNameList.add("["+currentFile.getName()+"]");
            }
            else {
                fileNameList.add(currentFile.getName());
            }
            directoryList.add(currentFile.getAbsolutePath());
        }
        ListView listView = (ListView)findViewById(R.id.list);
        ArrayAdapter<String> arrayAdapter =
                new ArrayAdapter<String>(getBaseContext(),
            android.R.layout.simple_list_item_1, fileNameList);
        listView.setAdapter(arrayAdapter);

        /*
        리스트 뷰를 클릭했을 경우, 폴더일 경우에는 해당 폴더로 이동시키고,
        다시 해당 폴더의 내용을 보여주도록 한다.
        */
        listView.setOnItemClickListener(
                new AdapterView.OnItemClickListener() {
            @Override
            public void onItemClick(AdapterView<?> arg0,
                View arg1, int arg2, long arg3) {
                String selectedFileString =
                        directoryList.get(arg2);
                if(selectedFileString.equals("..")) {
                    upOneLevel();
                } else {
```

```java
                File clickedFile = null;
                clickedFile = new File(selectedFileString);
                if(clickedFile != null) {
                    browseTo(clickedFile);
                }
            }
        }
    });
}


/*
browseTo() 메소드는 지정한 폴더가 디렉토리인지 여부를 체크한 다음, 디렉토리일 경우 접근이 가능하면
해당 폴더를 현재 폴더로 변경하고, fill() 메소드를 이용하여 해당 폴더의 파일 및 폴더 목록을 표시한다.
*/
    private void browseTo(final File aDirectory) {
        if (aDirectory.isDirectory()) {
            try {
                if (aDirectory.listFiles() != null) {
                    this.currentDirectory = aDirectory;
                    fill(aDirectory.listFiles());
                }
            } catch(Exception e) {
                Toast.makeText(getBaseContext(),e.toString(),
                        Toast.LENGTH_SHORT).show();
            }
        }
    }


/*
upOneLevel() 메소드는 현재 위치한 폴더의 부모 폴더가 있을 경우에 부모 폴더로
이동을 하고, 부모 폴더의 파일 및 폴더 목록을 표시한다.
*/
    private void upOneLevel() {
        if(currentDirectory.getParent() != null) {
            this.browseTo(currentDirectory.getParentFile());
        }
    }
}
```

이제 프로젝트를 실행시키면 다음과 같이 처음에는 /sdcard 폴더의 내용을 리스트 뷰에 표시해준다. "[..]"을 클릭해서 루트 디렉토리로 이동하면 오른쪽 아래처럼 루트 디렉토리의 폴더와 파일을 볼 수 있다.

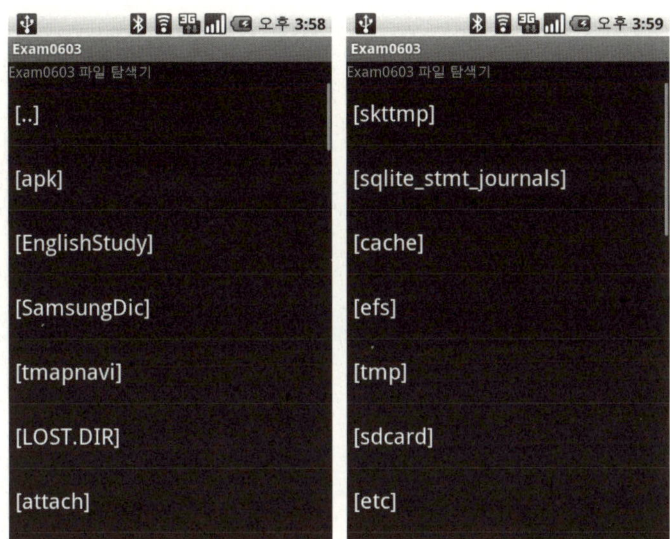

그림 06-15_ Exam0603 실행 화면

본 예제는 기본적인 파일 탐색 기능만 가지고 있지만, 여기에 파일 및 폴더 관리, 파일 실행 등의 기능을 더 추가하면 완벽한 파일 탐색기 애플리케이션으로 발전시킬 수 있을 것이다.

4. 확장 ListView 구현하기

지금까지 사용했던 리스트 뷰는 단순히 텍스트만으로 각각의 아이템을 표시했다. 기능만 놓고 보았을 때에는 별 문제가 없겠지만, 애플리케이션을 좀더 상품 가치가 있게 만들기에는 부족한 면이 없지 않다.

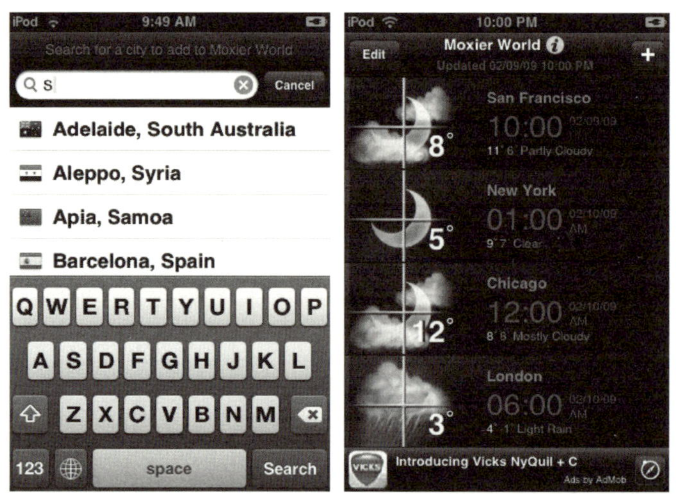

위의 그림과 같이 단순한 리스트 뷰를 이미지와 포매팅된 텍스트를 이용하여 세련되게 표현해주면, 사용자가 날씨와 날짜 및 시간을 직관적으로 인식할 수 있게 되어 좀 더 빠르고 명확하게 정보를 전달할 수 있게 된다.

이와 같이 아이템 표시 부분이 꾸며진 리스트 뷰를 만들기 위해서는 리스트 뷰의 아이템 표시용 레이아웃 XML 파일을 새로 만들어야 한다. 이번 예제로는 게임 정보를 리스트로 보여주는 프로그램을 만들어보도록 하겠다. 한 개의 리스트 아이템마다 게임의 이미지, 이름, 개발사, 플랫폼 등에 대한 정보를 보여주도록 하자.

먼저 res/drawable에 item01.png, item02.png, item03.png 등의 3개의 이미지 파일을 추가해준다.

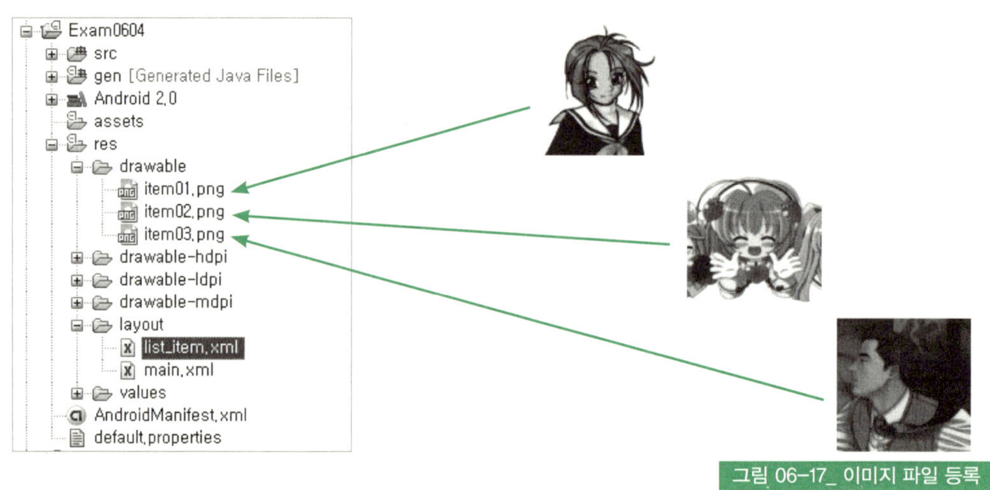

그림 06-17_ 이미지 파일 등록

/res/layout 폴더에 list_item.xml 파일을 추가하고 다음과 같이 레이아웃을 구성한다. 여기
서는 각각의 컨트롤들의 위치를 쉽게 지정해주기 위해서 RelativeLayout을 사용하였다.

실습 6-4

Exam0604/res/layout/list_item.xml

```
1   <?xml version="1.0" encoding="utf-8" ?>
2   <RelativeLayout
3   android:id="@+id/list_item"
4   android:layout_width="fill_parent"
5   android:layout_height="fill_parent"
6   xmlns:android="http://schemas.android.com/apk/res/android" >
7   <!-- 리스트 아이템에 표시될 내용을 보여줄 컨트롤을 추가해준다.-->
8   <ImageView android:id="@+id/list_img"
9       android:layout_width="wrap_content"
10      android:layout_height="wrap_content"
11      android:layout_marginTop="10px"
12      android:layout_marginLeft="10px"
13      android:src="@drawable/item01" />
14  <TextView
15      android:id="@+id/list_txt_name"
16      android:layout_width="fill_parent"
17      android:layout_height="wrap_content"
18      android:layout_marginTop="10px"
19      android:layout_marginLeft="120px"
20      android:textColor="#ffffff"
21      android:textSize="40px"
22      android:text="Replay" />
23  <TextView
24      android:id="@+id/list_txt_company"
25        android:layout_width="fill_parent"
26      android:layout_height="wrap_content"
27      android:layout_marginTop="60px"
28      android:layout_marginLeft="120px"
29      android:textColor="#ffd600"
30      android:textSize="20px"
31    android:text="OpenMindWorld" />
32  <TextView
33      android:id="@+id/list_txt_flatform"
34      android:layout_width="fill_parent"
35      android:layout_height="wrap_content"
```

```
36              android:layout_marginTop="90px"
37              android:layout_marginLeft="120px"
38              android:textColor="#c2c2c2"
39              android:textSize="15px"
40              android:text="Android/Windows Mobile/iPhone" />
41          </RelativeLayout>
```

하단의 Layout 탭을 누르면 다음과 같이 디자인된 리스트 아이템 레이아웃을 확인할 수 있다. 이렇게 만들어진 레이아웃은 리스트 뷰에 등록되는 각각의 아이템들이 가지고 있는 정보를 표시하기 위해서 사용된다. 오른쪽 하단에 있는 Outline 창을 보면 "list_item"이라는 RelativeLayout 밑에 4개의 컨트롤이 등록되어 있는 것을 확인할 수 있다.

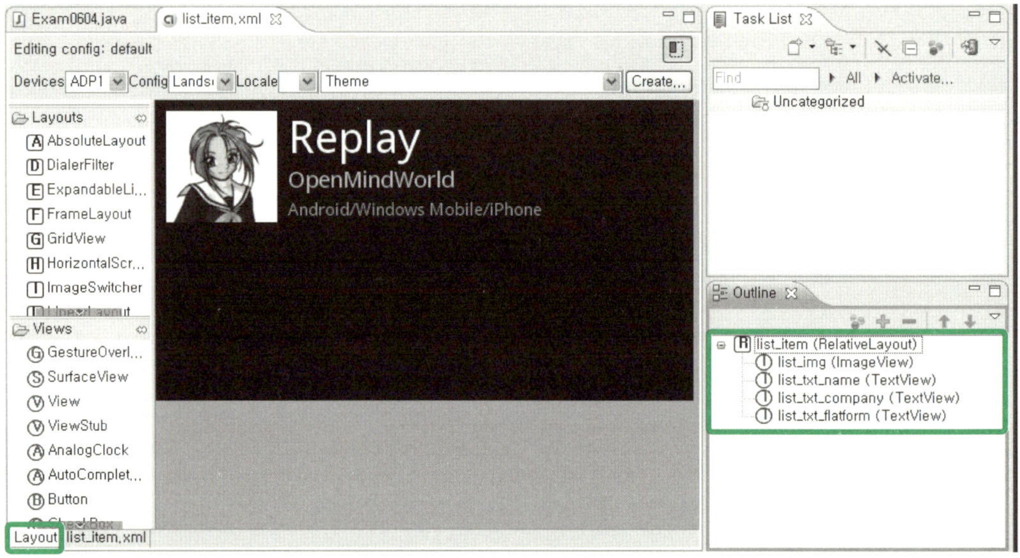

그림 06-18_ 레이아웃 프리뷰

이제 activity_main.xml 파일을 열고 리스트 뷰를 하나 추가해준다.

실습 6-4

Exam0604/res/layout/activity_main.xml

```
1   <?xml version="1.0" encoding="utf-8"?>
2   <LinearLayout xmlns:android="http://schemas.android.com/apk/
3   res/android"
4       android:orientation="vertical"
5       android:layout_width="fill_parent"
6       android:layout_height="fill_parent"
```

```
7          >
8      <TextView
9          android:layout_width="fill_parent"
10         android:layout_height="wrap_content"
11         android:text="Exam0604 확장 리스트 뷰"
12         />
13     <!-- ListView를 추가한다. -->
14     <ListView
15         android:id="@+id/list"
16         android:layout_width="fill_parent"
17         android:layout_height="fill_parent"
18     />
19     </LinearLayout>
```

MainActivity.java 파일을 열고 items에는 게임 이름을, images에는 리소스로 등록한 이미지 파일의 리소스 ID값을 저장해준다. activity_main.xml 파일에서 만들어놓은 리스트 뷰에다가 뒤쪽에서 선언해줄 사용자 정의 어댑터(IconicAdapter)를 지정해준다. 이렇게 사용자 정의 어댑터를 지정해주면 리스트 뷰의 각 아이템을 표시하는 부분을 사용자가 원하는 형태로 만들어줄 수 있게 된다.

Exam0604/src/org.nashorn.exam0604/MainActivity.java

```java
1      package org.nashorn.exam0604;
2
3      import android.app.Activity;
4      import android.os.Bundle;
5      import android.view.LayoutInflater;
6      import android.view.View;
7      import android.view.ViewGroup;
8      import android.widget.ArrayAdapter;
9      import android.widget.ImageView;
10     import android.widget.ListView;
11     import android.widget.TextView;
12
13     public class MainActivity extends Activity {
14         private String[] items = {"리플레이", "딸기노트", "야망의신화"};
15         private int[] images = {R.drawable.item01,
16             R.drawable.item02, R.drawable.item03};
17
```

```
18      /*
19      뒤쪽에서 선언해줄 사용자 정의 어댑터의 객체를 생성하고 리스트 뷰의 adapter로 지정해준다.
20      */
21          @Override
22          public void onCreate(Bundle savedInstanceState) {
23              super.onCreate(savedInstanceState);
24              setContentView(R.layout.activity_main);
25
26              ListView list = (ListView)findViewById(R.id.list);
27              IconicAdapter iAdapter = new IconicAdapter(this);
28              list.setAdapter(iAdapter);
29
30      /*
31      사용자 정의 어댑터(IconicAdapter)의 getView() 메소드에서 LayoutInflater를
32      사용하여 list_item.xml의 레이아웃을 하나의 아이템을 표시할 수 있게 되었다.
33      현재 화면에 보여지는 아이템에 해당하는 게임 이름과 이미지를 세팅해주도록 되어 있다.
34      */
35          class IconicAdapter extends ArrayAdapter {
36              Activity context;
37
38              IconicAdapter(Activity context) {
39                  super(context, R.layout.list_item, items);
40                  this.context = context;
41              }
42
43              @Override
44              public View getView(int position, View convertView,
45                      ViewGroup parent) {
46                  LayoutInflater inflater = context.getLayoutInflater();
47                  View row = inflater.inflate(R.layout.list_item, null);
48
49                  ImageView itemImage =
50                      (ImageView)row.findViewById(R.id.list_img);
51                  itemImage.setImageResource(images[position]);
52
53                  TextView nameText =
54                      (TextView)row.findViewById(R.id.list_txt_name);
55                  nameText.setText(items[position]);
56
57                  TextView companyText = (TextView)row.findViewById
```

```
58                    (R.id.list_txt_company);
59            TextView flatformText = (TextView)row.findViewById
60                    (R.id.list_txt_flatform);
61
62            return row;
63        }
64    }
65 }
```

프로젝트를 실행시키면 다음과 같은 결과 화면을 확인할 수 있다. 이렇게 이미지와 포매팅된 텍스트를 사용함으로써, 같은 내용이라고 하더라도 그냥 텍스트만으로 만들어진 리스트 뷰보다 훨씬 더 효과적으로 내용을 전달할 뿐만 아니라 보기에도 좋다.

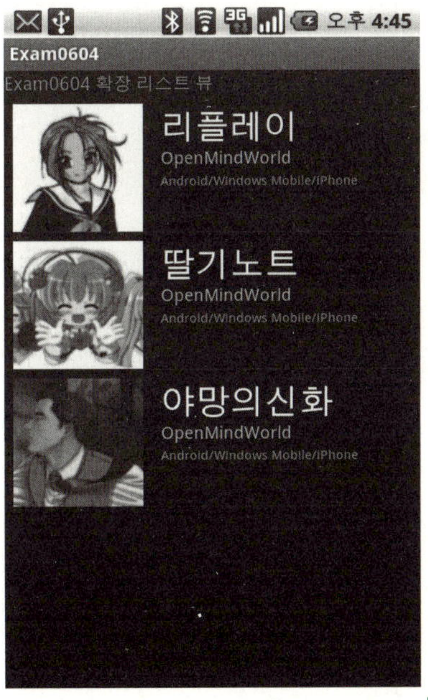

그림 06-19_ Exam0604 실행 화면

이와 같이 사용자 정의 어댑터를 잘 활용하면 약간의 추가적인 노력만으로도 더 나은 상품성을 가질 수 있게 된다. 특히 유료 애플리케이션을 개발하는 경우라면 기본 UI만 사용하기 보다는 사용자 정의 UI를 적절하게 사용할 필요가 있다.

5. 확장 GridView 구현하기

GridView는 상대적으로 직관적인 아이콘 이미지를 이용하여 사용자의 선택을 유도하는 컨트롤이다. 이미지 선택을 위한 이미지 파일 목록 보기 등의 기능에 주로 사용되는데, 아래의 그림과 같이 전화번호부에 등록된 사진을 이용하여 단축 다이얼 애플리케이션을 만들 때에도 활용되기도 한다.

그림 06-20_ xenix님의 아이폰용 spDial 애플리케이션

이렇게 GridView에 이미지와 텍스트를 같이 표시하고자 할 경우에도 ListView에서처럼 역시 사용자 정의 어댑터를 이용하면 된다.

Exam0605 프로젝트를 만든 다음, 앞 Chapter에서 사용했던 item01.png 파일을 리소스의 drawable로 추가한다. 그 다음에 activity_main.xml 파일을 열고 다음과 같이 그리드 뷰를 하나 추가해주도록 하자.

실습 6-5

Exam0605/res/layout/activity_main.xml

```
1  <?xml version="1.0" encoding="utf-8"?>
2  <LinearLayout xmlns:android="http://schemas.android.com/apk/
3  res/android"
4      android:orientation="vertical"
5      android:layout_width="fill_parent"
```

```
 6          android:layout_height="fill_parent"
 7          >
 8      <TextView
 9          android:layout_width="fill_parent"
10          android:layout_height="wrap_content"
11          android:text="Exam0605 확장 그리드 뷰"
12          />
13      <!-- 전화번호 목록과 같은 데이터를 표시할 그리드 뷰를 추가한다 -->
14      <GridView
15          android:id="@+id/gridview"
16          android:layout_width="fill_parent"
17          android:layout_height="fill_parent"
18          android:numColumns="auto_fit"
19          android:verticalSpacing="10dp"
20          android:horizontalSpacing="10dp"
21          android:columnWidth="90dp"
22          android:stretchMode="columnWidth"
23          android:gravity="center"
24          />
25  </LinearLayout>
```

그 다음에는 리소스의 layout 폴더에 icon.xml이라는 이름을 가지는 레이아웃 파일을 하나 추가한다. icon.xml 파일은 그리드 뷰에 표시될 하나의 항목에 대한 개별 레이아웃을 지정하는 역할을 하는데, 여기에는 하나의 이미지뷰와 두개의 텍스트뷰를 포함하고 있다. 하나의 텍스트를 표시함에도 불구하고 두 개의 텍스트뷰를 쓰는 이유는, 글자색을 하나로 지정해놓으면 이미지의 종류에 따라서는 글자가 아예 안보일 수도 있기 때문이다. 그래서 먼저 검은색으로 글자를 표시해주고 그 다음에는 x, y 좌표값을 −1씩 더한 위치에 흰색으로 같은 글자를 표시해주도록 만든 것이다. 이렇게 만들어 주면 다음 그림과 같이 글자를 입체적으로 표시해주어, 바탕의 이미지가 어떤 색이라도 상관이 없게 된다.

그림 06-21_ icon.xml 레이아웃 구조

icon.xml은 RelativeLayout으로 선언하고, layout_marginTop, layout_marginLeft 값을 이용하여 각각의 뷰들의 위치를 지정해주었다.

실습 6-5

Exam0605/res/layout/icon.xml

```xml
<?xml version="1.0" encoding="utf-8"?>
<RelativeLayout
    android:id="@+id/grid_item"
    android:layout_width="fill_parent"
    android:layout_height="fill_parent"
    xmlns:android="http://schemas.android.com/apk/res/android">
<!-- 사진 출력용 이미지 뷰를 추가한다 -->
<ImageView android:id="@+id/icon_image"
    android:layout_width="wrap_content"
    android:layout_height="wrap_content"
    android:layout_marginTop="0px"
    android:layout_marginLeft="0px"
    android:src="@drawable/item01">
</ImageView>
<!-- 이름이나 전화번호 출력용 텍스트 뷰를 추가한다 (하나는 그림자 역할을 한다) -->
<TextView android:id="@+id/icon_text1"
    android:layout_width="wrap_content"
    android:layout_height="wrap_content"
    android:layout_marginTop="60px"
    android:layout_marginLeft="10px"
    android:text="홍길동"
    android:textSize="25px"
    android:textColor="#000000">
</TextView>

<TextView android:id="@+id/icon_text2"
    android:layout_width="wrap_content"
    android:layout_height="wrap_content"
    android:layout_marginTop="59px"
    android:layout_marginLeft="9px"
    android:text="홍길동"
    android:textSize="25px"
    android:textColor="#ffffff">
</TextView>

</RelativeLayout>
```

MainActivity.java 파일을 열고 BaseAdapter에서 상속받아 만든 ImageAdapter를 레이아웃에 추가해놓은 그리드 뷰의 어댑터로 지정해준다. OnItemClickListerner 메소드를 추가해서 그리드 뷰의 특정 항목을 클릭했을 때, 선택된 항목의 번호를 Toast로 표시해주도록 한다.

실습 6-5

Exam0605/src/org.nashorn.exam0605/MainActivity.java

```java
package org.nashorn.exam0605;

import android.app.Activity;
import android.content.Context;
import android.os.Bundle;
import android.view.LayoutInflater;
import android.view.View;
import android.view.ViewGroup;
import android.widget.AdapterView;
import android.widget.BaseAdapter;
import android.widget.GridView;
import android.widget.Toast;

public class MainActivity extends Activity {
    @Override
    public void onCreate(Bundle savedInstanceState) {
        super.onCreate(savedInstanceState);
        setContentView(R.layout.activity_main);

        /* 액티비티가 생성이 되면 ImageAdapter를 그리드 뷰의 어댑터롤 지정하고,
        그리드 뷰의 특정 항목을 선택했을 때 Toast를 이용하여 해당 항목의 번호를
        표시하도록 만든다 */
        GridView gridview = (GridView) findViewById
                (R.id.gridview);
        gridview.setAdapter(new ImageAdapter(this));
        gridview.setOnItemClickListener
                (new AdapterView.OnItemClickListener() {
            @Override
            public void onItemClick(AdapterView<?> parent,
                View v, int pos, long id) {
                Toast.makeText(getBaseContext(),
                    String.valueOf(pos), Toast.LENGTH_SHORT).show();
            }
```

```
34              });
35          }
36
37          /* BaseAdapter를 상속받아 만든 ImageAdapter는 항목의 개수를 27개로
38          고정시킨다 */
39          public class ImageAdapter extends BaseAdapter {
40              private Context mContext;
41              public ImageAdapter(Context c) {
42                  mContext = c;
43              }
44
45              public int getCount() {
46                  return 27;
47              }
48
49              public Object getItem(int position) {
50                  return null;
51
52              }
53
54              public long getItemId(int position) {
55                  return 0;
56              }
57              /* 그리드 뷰의 항목이 화면에 표시될 때에는 icon.xml 파일에서 정의한
58              레이아웃을 표시해준다. */
59              public View getView(int position, View convertView,
60                      ViewGroup parent) {
61                  View v;
62                  if (convertView == null) {
63                      LayoutInflater li = getLayoutInflater();
64                      v = li.inflate(R.layout.icon, null);
65                  }
66                  else {
67                      v = convertView;
68                  }
69                  return v;
70              }
71          }
72      }
```

ImageAdapter의 getCount( ) 메소드에 27이 리턴되도록 하면, 그리드 뷰에 총 27개의 항목이 등록되고, getView( ) 메소드에서는 LayoutInflater를 이용하여 앞에서 만든 icon.xml 파일의 레이아웃을 각 항목의 레이아웃 뷰로 지정해주어 화면에 표시되도록 해준다.

여기에서 만든 Exam0605 프로젝트에는 데이터 처리 부분은 없고 데이터 표시 부분만 포함되어 있다. 여기에 안드로이드폰에 내장되어 있는 주소록 데이터를 이용하면 사진을 이용한 전화번호부와 같은 애플리케이션을 만들 수도 있다. 프로젝트를 실행시키면 다음과 같은 실행 화면을 확인할 수 있다.

그림 06-22_ Exam0605 실행 화면

6. 이미지 파일 목록 구현하기

안드로이드에서는 이미지 파일을 선택할 때 사용할 수 있도록 갤러리 뷰(Gallery View)를 제공한다. 사진을 좌우로 스크롤하면서 원하는 이미지를 찾을 수 있어서 직관적이라는 것이 갤러리 뷰의 장점이라고 한다면, 사진의 개수가 많아지는 경우에는 생각보다 편하지 않다라는 단점이 있다. 또한 개발자 입장에서는 갤러리 뷰에서 제공되는 기능만으로 개발하고자하는 애플리케이션에서 요구되는 기능을 모두 만족시켜주기가 힘들 수도 있다. 그래서 이번에는 리스트 뷰를 이용하여 이미지의 프리뷰를 보여주는 이미지 목록을 만들어 보도록 하겠다.

많은 이미지 중에서 원하는 이미지를 쉽게 찾기 위해서는 다음과 같이 "미리 보기" 모드의 파일 탐색기와 같은 방식이 가장 좋을 것이다.

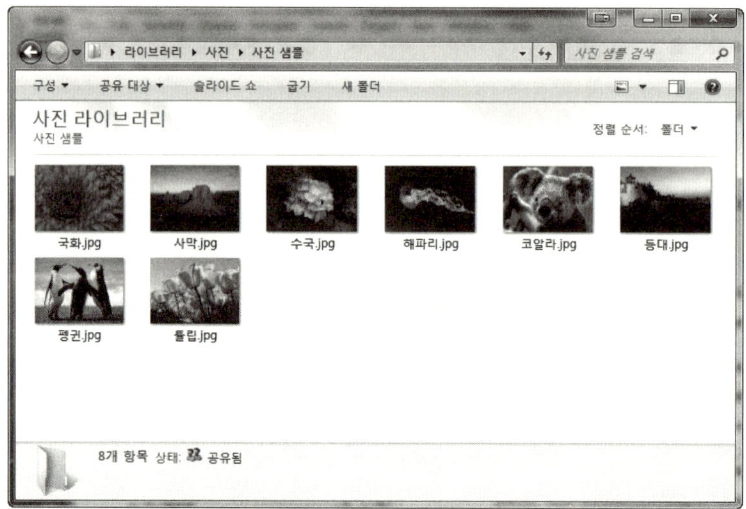

그림 06-23_ 탐색기의 미리보기

Exam0606 프로젝트를 만들고 activity_main.xml 파일에는 리스트 뷰를 하나 추가해준다. 역시 사용자 정의 레이아웃을 지정해주기 위해서 list_row.xml 파일을 리소스의 레이아웃에 추가해준다. list_row.xml 파일에는 이미지 파일에 대한 정보를 표시하기 위한 이미지 뷰와 파일명을 표시하기 위한 텍스트 뷰를 지정해주도록 한다.

실습 6-6

Exam0606/res/layout/activity_main.xml

```xml
1    <?xml version="1.0" encoding="utf-8"?>
2    <LinearLayout xmlns:android="http://schemas.android.com/apk/
3    res/android"
4        android:orientation="vertical"
5        android:layout_width="fill_parent"
6        android:layout_height="fill_parent"
7        >
8    <TextView
9        android:layout_width="fill_parent"
10       android:layout_height="wrap_content"
11       android:text="Exam0606 이미지 파일 목록"
12       />
13   <!-- 파일 목록을 표시할 리스트 뷰를 추가한다. -->
```

```
14      <ListView
15          android:id="@+id/list"
16          android:layout_width="fill_parent"
17          android:layout_height="fill_parent"
18      />
19      </LinearLayout>
```

Exam0606/res/layout/list_row.xml

```
1       <?xml version="1.0" encoding="utf-8"?>
2       <RelativeLayout
3           android:id="@+id/list_row"
4           android:layout_width="fill_parent"
5           android:layout_height="fill_parent"
6           xmlns:android="http://schemas.android.com/apk/res/android"
7       >
8       <!-- 이미지 파일의 썸네일(미리보기)을 출력할 이미지 뷰를 추가한다 -->
9       <ImageView
10          android:id="@+id/icon"
11          android:layout_width="50px"
12          android:layout_height="50px"
13          android:paddingLeft="2px"
14          android:paddingRight="2px"
15          android:paddingTop="2px"
16          android:layout_marginTop="0px"
17          android:layout_marginLeft="0px"
18      />
19      <!-- 파일 이름을 출력할 텍스트 뷰를 추가한다. -->
20      <TextView
21          android:id="@+id/label"
22          android:layout_width="430px"
23          android:layout_height="50px"
24          android:layout_marginTop="0px"
25          android:layout_marginLeft="50px"
26          android:textColor="#ffffff"
27          android:textSize="20px"
28      />
29      </RelativeLayout>
```

Exam0606 프로젝트는 다음과 같은 순서로 구동이 된다. 먼저 searchFile 메소드를 실행하여 지정된 위치에 저장되어 있는 이미지 파일 목록을 작성한다(예제에서는 JPG 파일만 검색하

도록 되어 있다). 이미지 파일 목록이 모두 만들어지면 만들어진 목록을 이용하여 리스트 뷰를
구성하여 화면에 출력한다. 그 다음에 쓰레드를 이용하여 목록의 첫번째 이미지부터 차례대로
로딩을 하여 이미지가 로딩될 때마다 리스트 뷰를 갱신해서 로딩된 이미지를 포함한 파일 목록
이 표시될 수 있도록 만들어 준다.

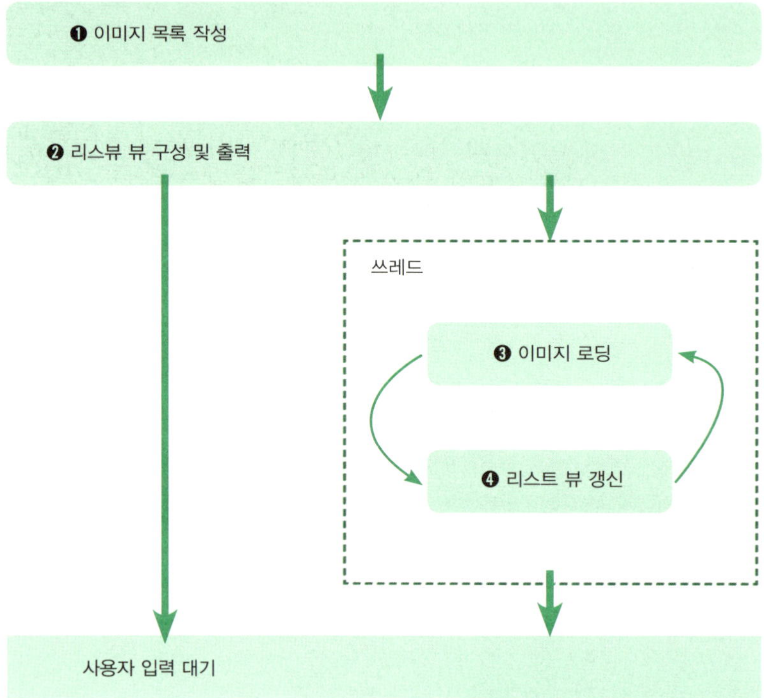

그림 06-24_ Exam0606 애플리케이션 동작 원리

이러한 방식으로 구현하는 이유는 각각의 이미지 파일을 로딩해서 화면에 보여주는 데에는 일
정한 시간이 걸리는데, 모든 이미지를 로딩해서 한번에 보여주려면 많은 대기 시간이 필요해지
기 때문이다. 그렇게 되면 모든 이미지가 로딩될 때까지 사용자는 아무런 작업을 수행할 수 없
으므로, 마치 애플리케이션이 다운된 것과 같은 상황이 발생하게 된다. 따라서 사용자가 원하
는 작업을 수행할 수 있도록 쓰레드를 이용하여 백그라운드로는 이미지 파일을 하나씩 로딩하
도록 만들어 주면 된다.

Exam0606 프로젝트는 Exam0602 프로젝트(파일 탐색기)의 파일 목록 작성 코드와
Exam0603 프로젝트(확장 리스트뷰)의 사용자 정의 어댑터 코드를 사용한다. 거기에 쓰레드
를 이용한 이미지 데이터 로딩 기능을 추가했다.

실습 6-6

Exam0606/src/org.nashorn.exam0606/MainActivity.java

```java
package org.nashorn.exam0606;

import java.io.File;
import java.util.ArrayList;
import android.app.Activity;
import android.app.ProgressDialog;
import android.graphics.Bitmap;
import android.graphics.BitmapFactory;
import android.graphics.Matrix;
import android.os.AsyncTask;
import android.os.Bundle;
import android.os.Handler;
import android.view.LayoutInflater;
import android.view.View;
import android.view.ViewGroup;
import android.widget.AdapterView;
import android.widget.ArrayAdapter;
import android.widget.ImageView;
import android.widget.ListView;
import android.widget.TextView;

public class MainActivity extends Activity {
    private ListView listView = null;
    private IconicAdapter iAdapter = null;
    private ArrayAdapter<String> arrayAdapter;
    private ArrayList<String> list;
    private String[] items;
    private Bitmap[] BitmapList;
    private Handler mHandler = new Handler();

    /* 액티비티가 생성되면 리스트 뷰에서 사용할 ArrayList를 초기화해주고,
    makeList 클래스를 실행시켜서 파일 목록을 만든다. */
    @Override
    public void onCreate(Bundle savedInstanceState) {
        super.onCreate(savedInstanceState);
        setContentView(R.layout.activity_main);
        listView = (ListView)findViewById(R.id.list);
        list = new ArrayList<String>();
```

```
39              new makeList().execute("");
40          }
41
42      private class makeList extends AsyncTask<String, Void, Void>
    {
43          private ProgressDialog Dialog =
44              new ProgressDialog(MainActivity.this);
45          protected void onPreExecute() {
46              Dialog.setMessage("파일 목록을 만드는 중입니다.
47                                              잠시만 기다리세요.");
48              Dialog.show();
49          }
50
51          protected Void doInBackground(String... urls) {
52          /* searchFile 메소드를 호출하여 SD카드에 저장되어 있는 이미지 파일의
53          목록을 작성한다. */
54              searchFile(new File("/sdcard"));
55              return null;
56          }
57
58          /* 이미지 파일 목록과 연동되는 IconincAdapter를 리스트 뷰의 어댑터로
59          지정한다. */
60          protected void onPostExecute(Void unused) {
61              Dialog.dismiss();
62              items = new String[list.size()];
63              BitmapList = new Bitmap[list.size()];
64              for (int i = 0; i < list.size(); i++) {
65                  items[i] = list.get(i);
66                  BitmapList[i] = null;
67              }
68              iAdapter = new IconicAdapter(MainActivity.this);
69              listView.setAdapter(iAdapter);
70          /* 이미지 파일을 읽어서 썸네일(미리보기) 이미지를 만들어서 BitmapList
71          에 추가해주는 작업을 Thread로 실행하여 백그라운드로 진행시킨다. */
72              new Thread(new Runnable() {
73                  public void run() {
74                      for (int i = 0; i < list.size(); i++) {
75                          try {
76                              BitmapFactory.Options options =
77                                  new BitmapFactory.Options();
```

```
 78                              options.inSampleSize = 8;
 79                              Bitmap bm = BitmapFactory.decodeFile
 80                              (list.get(i), options);
 81                              Matrix rotateMatrix = new Matrix();
 82                              rotateMatrix.preRotate(90);
 83                              Bitmap rotateImage =
 84                              Bitmap.createBitmap(bm,
 85                                 0, 0, bm.getWidth(), bm.
 86                                 getHeight(),rotateMatrix, false);
 87                              BitmapList[i] =
 88                                 Bitmap.createScaledBitmap
 89                                    (rotateImage, 32, 32, true);
 90                              mHandler.post(new Runnable() {
 91                                 public void run() {
 92                                     listView.invalidateViews();
 93                                 }
 94                              });
 95                          } catch(Exception e) { }
 96                      }
 97                  }
 98              }).start();
 99          }
100      }
101
102      /* 하위 폴더를 recursive하게 검색하여 JPG 파일의 목록을 만든다.*/
103      private void fill(File[] files) {
104          for (File currentFile : files){
105              if (currentFile.isDirectory()) {
106                  searchFile(new File
107                          (currentFile.getAbsolutePath()));
108              } else {
109                  String fileName = currentFile.getAbsolutePath();
110                  if (fileName.matches(".*.jpg") ||
111                      fileName.matches(".*.JPG")) {
112                      list.add(fileName);
113                  }
114              }
115          }
116      }
117
```

```java
118        public void searchFile(final File aDirectory) {
119            fill(aDirectory.listFiles());
120        }
121
122        /* 이미지 파일 목록을 list_row.xml 레이아웃을 이용하여 리스트 뷰에 출력한다.
123        썸네일 이미지가 있는 경우에는 같이 표시를 해주도록 만든다. */
124        class IconicAdapter extends ArrayAdapter {
125            Activity context;
126            IconicAdapter(Activity context) {
127                super(context, R.layout.list_row, items);
128                this.context = context;
129            }
130
131            public View getView(int position, View convertView,
132                ViewGroup parent) {
133                LayoutInflater inflater = context.getLayoutInflater();
134                View row = inflater.inflate(R.layout.list_row, null);
135
136                TextView label =
137                        (TextView)row.findViewById(R.id.label);
138                label.setText(items[position]);
139
140                ImageView icon =
141                (ImageView)row.findViewById(R.id.icon);
142                if (BitmapList[position] != null) {
143                    icon.setImageBitmap(BitmapList[position]);
144                }
145                return row;
147            }
148        }
149    }
```

Exam0606 프로젝트를 안드로이드폰에서 실행시키면 왼쪽 그림과 같은 Progress 창이 뜨면서 이미지 파일 목록을 생성 중임을 표시해준다. 이미지 파일 스캔 작업이 끝나면 오른쪽 그림처럼 안드로이드폰의 SD 카드에 저장되어 있는 이미지 파일의 목록이 표시되고 해당 이미지의 프리뷰 이미지가 차례대로 로딩되면서 채워지게 된다.

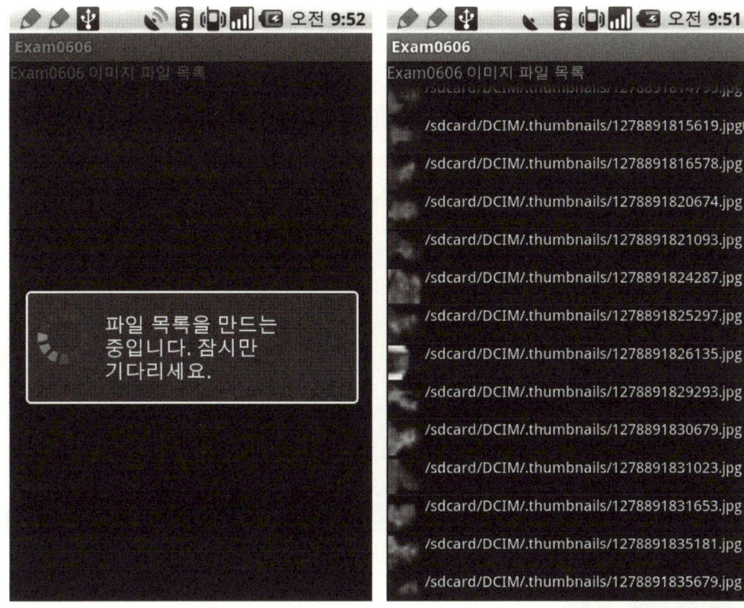

그림 06-25_ Exam0606 실행 화면

이러한 방식의 이미지 리스트는 이미지 파일의 개수가 많을 경우에 사용자가 원하는 이미지를 쉽게 찾아서 선택할 수 있도록 도와줄 수 있다.

7. 캘린더 기능 구현하기

스케쥴러와 같은 애플리케이션을 개발할 때 캘린더는 기본적으로 제공되어야 하는 기능이다. 시스템이나 SDK에서 기본적으로 제공되는 캘린더 컨트롤이 있기는 하지만, 이런 경우에는 표준 컨트롤로 구현되어 있다보니 구현하고자 하는 애플리케이션에서 필요로 하는 기능에 부합되지 않는 경우가 많다. 그래서 필자는 플랫폼이나 애플리케이션 종류에 상관없이 사용할 수 있는 캘린더 모듈을 따로 만들어서 활용하고 있다.

그림 06-26_ 서버 연동 기능을 제공하여 활용도가 높은 아이폰용 캘린더 애플리케이션

여기에서 만드는 예제에 사용된 캘린더 모듈도 역시 필자가 10년도 넘게 써왔던 것을 안드로이드용으로 컨버전한 것이다. 이것을 바탕으로 나만의 캘린더를 구현해보자.

Exam0607 프로젝트는 지금까지 만들어보았던 예제들보다 비교적 복잡한 구조로 되어 있다. 캘린더를 만들기 위해서, 날짜와 관련된 연산을 수행하는 CalendarEngine 클래스와 캘린더를 화면에 출력하고 입력을 처리하는 CalendarView 클래스 등의 2개 클래스를 새로 만들어서 사용해야 한다.

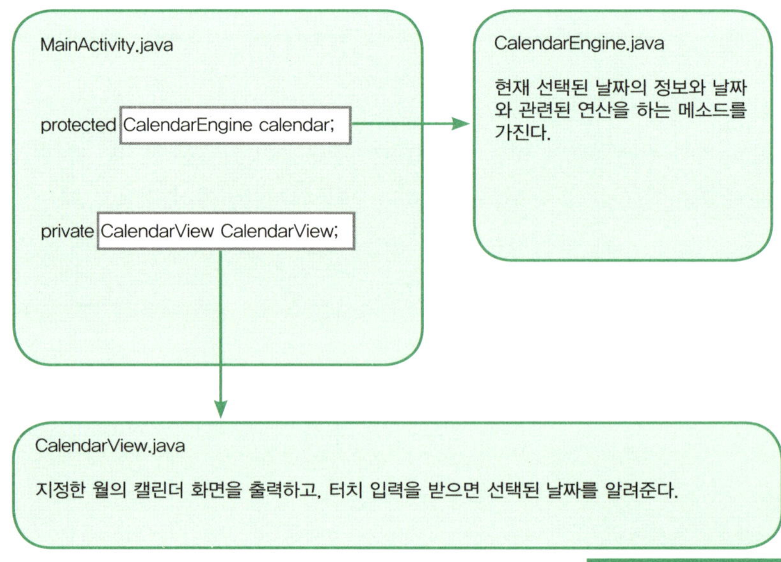

그림 06-27_ Exam0607 소스 구성

Exam0607 프로젝트에서 MainActivity 클래스는 CalendarView를 이용하여 레이아웃을 구성하고 캘린더와 관련된 기능이 구동되도록 하는 역할만 수행하게 된다. 가장 먼저 날짜와 관련된 연산을 수행하는 CalendarEngine 클래스를 만들고 다음과 같이 코딩한다. CalendarEngine은 현재 날짜(연, 월, 일) 값을 저장하는 멤버 변수와 윤년인지 체크하는 메소드, 마지막 날짜를 구하는 메소드, 지정한 날짜의 요일을 구하는 메소드 등을 가지고 있다.

Exam0607/src/org.nashorn.exam0607/CalendarEngine.java

```java
package org.nashorn.exam0607;
import java.util.*;

public class CalendarEngine {
    Calendar oCalendar = Calendar.getInstance();
    private int gyear, gmonth, gday;
    public int getCurrentYear() {
        return this.gyear;
    }

    public int getCurrentMonth() {
        return this.gmonth;
    }

    public int getCurrentDay() {
        return this.gday;
    }

    public void setCurrentDay(int day) {
        this.gday = day;
    }

    /* 윤년인지 여부를 체크한다 */
    public int isLeapYear(int year) {
        if (year % 400 == 0)
            return(1);
        else if (year % 100 == 0)
            return(0);
        else if(year % 4 == 0)
            return(1);
```

```java
31          else
32              return(0);
33      }
34
35      /* 지정한 년,월의 마지막 날짜를 계산한다 */
36      public int getLastDay(int year, int month) {
37          if(month == 2) {
38              if (isLeapYear(year) == 1)
39                  return(29);
40              else
41                  return(28);
42          }
43          else if(month == 2 || month == 4 || month == 6 ||
44                  month == 9 || month == 11)
45              return(30);
46          else
47              return(31);
48      }
49
50      /* 지정한 날짜의 요일을 구한다 */
51      public int zeller(int year, int month, int day) {
52          int year_of_centry, centry, day_of_week;
53          if(month == 1 || month == 2) year--;
54          month = (month + 9) % 12 + 1;
55          year_of_centry = year % 100;
56          centry = year / 100;
57          day_of_week = ((13*month-1)/5 + day + year_of_centry +
58                  year_of_centry/4 +
59                      centry/4 - 2*centry) % 7;
60          if (day_of_week < 0) day_of_week = (day_of_week + 7) % 7;
61          return (day_of_week);
62      }
63      /* 이전 달로 이동한다 */
64      public void movePrevMonth() {
65          if (gyear > 1 || gmonth > 1) {
66              if (gmonth > 1) {
67                  gmonth--;
68                  if (gday > getLastDay(gyear, gmonth))
69                      gday = getLastDay(gyear, gmonth);
70              } else {
```

```
 71                    gmonth = 12;
 72                    gyear--;
 73                    if (gday > getLastDay(gyear, gmonth))
 74                        gday = getLastDay(gyear, gmonth);
 75                }
 76            }
 77        }
 78    /* 다음 달로 이동한다 */
 79        public void moveNextMonth() {
 80            if (gyear < 9999 || gmonth < 12) {
 81                if (gmonth < 12){
 82                    gmonth++;
 83                    if (gday > getLastDay(gyear, gmonth))
 84                        gday = getLastDay(gyear, gmonth);
 85                } else {
 86                    gmonth = 1;
 87                    gyear++;
 88                    if (gday > getLastDay(gyear, gmonth))
 89                        gday = getLastDay(gyear, gmonth);
 90                }
 91            }
 92        }
 93    /* 현재 날짜로 이동한다 */
 94        public void moveCurrentDate() {
 95            Caledar oCalendar = Calendar.getInstance();
 96            gyear   = oCalendar.get(Calendar.YEAR);
 97            gmonth  = oCalendar.get(Calendar.MONTH)+1;
 98            gday    = oCalendar.get(Calendar.DAY_OF_MONTH);
 99        }
100
101        public void movePrevYear(){ if(gyear > 1)  gyear--; }
102        public void moveNextYear() { if(gyear < 9999) gyear++; }
103    }
```

화면 상에 캘린더를 표시하고 캘린더의 특정 날짜를 클릭했을 때 해당 날짜가 선택되도록 하기
위해서, 여기에서는 직접 CalendarView라는 클래스를 만들어서 사용하도록 하겠다. View를
상속받아서 만들어진 CalendarView에 화면 출력을 담당하는 onDraw( ) 메소드와 터치 입력
을 처리하는 onTouchEvent( ) 메소드를 오버라이드 해서 해당 기능을 수행하는 코드를 작성
하면 된다.

먼저 onDraw에서는 배경 이미지를 화면에 채워서 그려주고, 화면의 가로, 세로 사이즈를 일정한 크기로 등분하여 가로 8개와 세로 7개의 선을 그려서 총 7 * 6개의 칸을 만들어준다. 가로 7개의 칸은 "요일"을, 세로 6개의 칸은 "주"를 의미하며, 각각의 칸은 하루를 뜻한다. 이렇게 만들어진 틀에다가 현재 선택된 월의 첫 번째 날짜의 요일을 계산하여 날짜가 입력되는 시작점을 잡아주고, 1일부터 마지막날 까지의 날짜를 순서대로 채워 캘린더 화면을 완성한다.

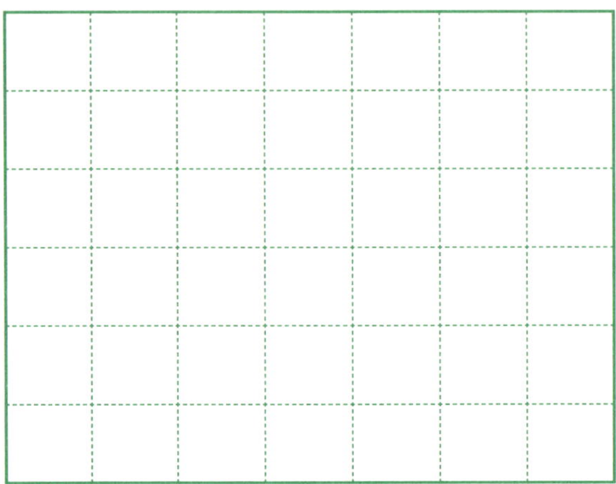

그림 06-28_ 캘린더용 격자 모습

onTouchEvent( ) 메소드에서는 터치 입력이 발생(MotionEvent.ACTION_DOWN)하였을 때, 감지된 터치 좌표를 이용하여 현재 어떤 칸이 선택되었는지를 계산하여 현재 선택한 날짜를 알아낸다. 만일 사용자가 특정 날짜를 선택하였을 경우에는 parent의 calendar 멤버 변수의 값을 선택된 날짜로 바꿔주고, parent의 displayCalendar 메소드를 호출해서 날짜 표시를 위한 EditText 컨트롤과 캘린더 화면을 업데이트하도록 해준다.

CalendarView 클래스의 생성자에서는 캘린더를 그릴 때 사용될 색깔이나 폰트 정보를 가지는 Paint 객체와 배경 이미지를 가지는 Drawable 객체를 만들어놓는다.

실습 6-7

Exam0607/src/org.nashorn.exam0607/CalendarView.java

```java
1    package org.nashorn.exam0607;
2    import android.view.*;
3    import android.content.Context;
4    import android.content.res.Resources;
5    import android.graphics.*;
6    import android.graphics.drawable.*;
7
8    public class CalendarView extends View {
```

```java
 9          private MainActivity  parent;
10          private Paint  blackPaint;
11          private Paint  textPaint;
12          private Paint  redTextPaint;
13          private Paint  blackTextPaint;
14          private Paint  cyanTextPaint;
15          private Drawable  bgImage;
16          private int[][] gcal = new int[7][6];
17          public CalendarView(Context context) {
18              super(context);
19              setFocusable(true);
20              parent = (MainActivity)context;
21              initSheetView();
22          }
23
24          /* 색깔 객체와 폰트 객체를 초기화하고 배경 이미지를 로딩한다. */
25          protected void initSheetView() {
26              Resources r = this.getResources();
27              blackPaint = new Paint(Paint.ANTI_ALIAS_FLAG);
28              blackPaint.setColor(r.getColor(R.color.black_color));
29              blackPaint.setStrokeWidth(1);
30              blackPaint.setStyle(Paint.Style.FILL_AND_STROKE);
31              textPaint = new Paint(Paint.ANTI_ALIAS_FLAG);
32              textPaint.setTextSize(20);
33              textPaint.setColor(r.getColor(R.color.text_color));
34              redTextPaint = new Paint(Paint.ANTI_ALIAS_FLAG);
35              redTextPaint.setTextSize(20);
36              redTextPaint.setColor(r.getColor(R.color.red_color));
37              blackTextPaint = new Paint(Paint.ANTI_ALIAS_FLAG);
38              blackTextPaint.setTextSize(20);
39              blackTextPaint.setColor(r.getColor(R.color.black_color));
40              cyanTextPaint = new Paint(Paint.ANTI_ALIAS_FLAG);
41              cyanTextPaint.setTextSize(20);
42              cyanTextPaint.setColor(r.getColor(R.color.cyan_color));
43              bgImage = r.getDrawable(R.drawable.bg);
44          }
45
46          @Override
47          protected void onDraw(Canvas canvas) {
48              int width = getMeasuredWidth();
```

```
49          int height = getMeasuredHeight();
50
51      /* 배경 이미지를 출력한다 */
52          bgImage.setBounds(0, 0, width, height);
53          bgImage.draw(canvas);
54
55      /* 캘린더용 격자를 그린다 */
56          for (int i = 0; i < 8; i++)
57              canvas.drawLine(width/7*i, 0, width/7*i, height,
58              blackPaint);
59          for (int i = 0; i < 7; i++)
60              canvas.drawLine(0, height/6*i, width, height/6*i,
61              blackPaint);
62          for (int i = 0; i < 7; i++) for (int j = 0; j < 6; j++)
63              gcal[i][j] = 0;
64
65      /* 날자를 표시한다 */
66          int  first_day_of_week, x1, y1, x_sun;
67          first_day_of_week = parent.calendar.zeller(
68                  parent.calendar.getCurrentYear(),
69                  parent.calendar.getCurrentMonth(), 1);
70          for (int i = 0; i < parent.calendar.getLastDay(
71              parent.calendar.getCurrentYear(),
72              parent.calendar.getCurrentMonth()); i++) {
73              x1 = ((first_day_of_week + i) % 7) * (width / 7);
74              y1 = ((first_day_of_week + i) / 7) * (height / 6);
75              x_sun = (first_day_of_week + i) % 7;
76              gcal[(first_day_of_week + i) % 7][(first_day_of_week
77              + i) / 7] = i + 1;
78              if (parent.calendar.getCurrentDay() == i + 1) {
79                  String dayText = String.valueOf(i+1);
80                  canvas.drawText(dayText, x1+1, y1+21,
81                      blackTextPaint);
82                  canvas.drawText(dayText, x1+2, y1+21,
83                      blackTextPaint);
84                  canvas.drawText(dayText,x1, y1+20,
85                      cyanTextPaint);
86                  canvas.drawText(dayText,x1+1, y1+20,
87                      cyanTextPaint);
88              } else if (x_sun == x1) {
```

```
89              String dayText = String.valueOf(i+1);
90              canvas.drawText(dayText, 1, y1+21,
91                      blackTextPaint);
92              canvas.drawText(dayText, 2, y1+21,
93                      blackTextPaint);
94              canvas.drawText(dayText, 0, y1+20, redTextPaint);
95              canvas.drawText(dayText, 1, y1+20, redTextPaint);
96          } else {
97              String dayText = String.valueOf(i+1);
98              canvas.drawText(dayText, x1+1, y1+21,
99                      blackTextPaint);
100             canvas.drawText(dayText, x1+2, y1+21,
101                     blackTextPaint);
102             canvas.drawText(dayText, x1, y1+20, textPaint);
103             canvas.drawText(dayText, x1+1, y1+20, textPaint);
104         }
105     }
106 }
107
108 @Override
109 public boolean onTouchEvent(MotionEvent event) {
110     float x = event.getX();
111     float y = event.getY();
112     int width = getMeasuredWidth();
113     int height = getMeasuredHeight();
114     switch (event.getAction()) {
115         case MotionEvent.ACTION_DOWN:
116         {
117             /* 캘린더에서 특정 날짜를 선택하면 해당 날짜를 현재 날짜로 변경하고
118             캘린더 정보를 refresh 시킨다 */
119             for (int k = 0; k < 7; k++)
120                 for (int l = 0; l < 6; l++) {
121                     if (x > ((width / 7) * k) && x < ((width
122                             / 7) * (k + 1)) &&
123                         y > ((height / 6) * l) && y <
124                             ((height / 6) * (l + 1))) {
125                         if (gcal[k][l] != 0) {
126                             if (parent.calendar.
127 getCurrentDay() != gcal[k][l]) {
128                                 parent.calendar.
```

```
129        setCurrentDay(gcal[k][l]);
130                                    parent.displayCalendar();
131                            }
132                            break;
133                        }
134                    }
135                }
136            }
137            break;
138        case MotionEvent.ACTION_MOVE:
139            break;
140        case MotionEvent.ACTION_UP:
141            break;
142        }
143        return true;
144    }
145 }
```

onDraw( ) 메소드에서는 먼저 배경 이미지를 캔버스에 출력한 다음, 검은색의 가로 선과 세로 선을 교차해서 캘린더의 틀을 그려주고 각각의 칸에 날짜를 표시해준다.

onTouchEvent( ) 메소드에서는 사용자가 캘린더가 표시된 화면을 터치했을 때, 어떤 날을 선택했는지 체크해서 해당 날짜를 선택한 상태로 바꿔주고 캘린더를 다시 그려준다.

그리고 values 폴더에 colors.xml 파일을 생성한 후 다음과 같이 코딩한다.

실습 6-7

Exam0607/res/layout/color.xml

```xml
1 <?xml version="1.0" encoding="utf-8"?>
2 <resources>
3     <color name="text_color">#AFFF</color>
4     <color name="black_color">#000000</color>
5     <color name="red_color">#FF0000</color>
6     <color name="cyan_color">#00FFFF</color>
7 </resources>
```

Exam0607 프로젝트의 기본 화면은 코드 상에서 기본 컨트롤과 사용자 컨트롤 (CalendarView)를 RelativeLayout으로 구성하여 표시하도록 구현하겠다. 각각의 컨트롤들에 고유한 ID값을 부여하여 서로의 상대적인 위치를 지정할 때 사용할 수 있는데, 예를 들어

ID값이 2인 EditText 컨트롤(mDateText)의 위치는 ID값이 11인 Button 컨트롤의 오른쪽,
ID값이 13인 Button 컨트롤의 왼쪽에 위치한다고 지정해주면 된다. 이것을 코드로 작성하면
다음과 같이 작성할 수 있다.

```java
RelativeLayout.LayoutParams lp = new RelativeLayout.LayoutParams(
        LayoutParams.WRAP_CONTENT,LayoutParams.WRAP_CONTENT);
lp.addRule(RelativeLayout.RIGHT_OF, 11);
lp.addRule(RelativeLayout.LEFT_OF, 13);
mDateText.setLayoutParams(lp);
```

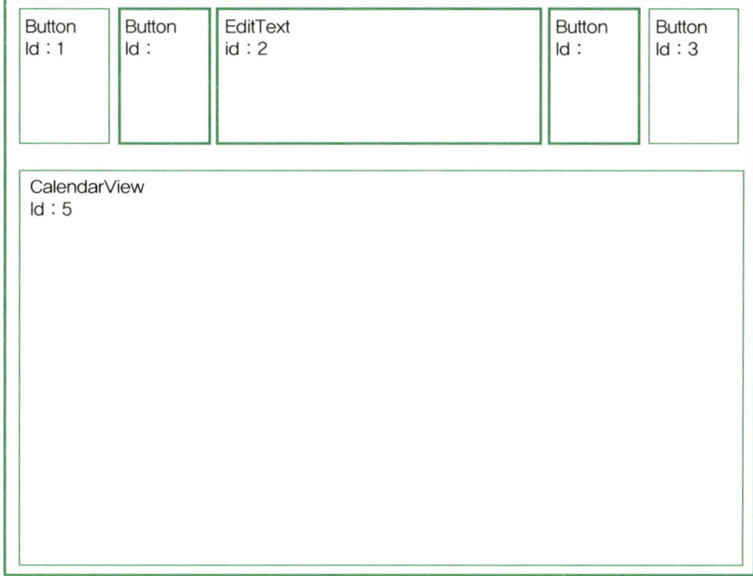

그림 06-29_ Exam0607 Layout 구성도

실습 6-7

Exam0607/src/org.nashorn.exam0607/MainActivity.java

```java
1    package org.nashorn.exam0607;
2    import android.app.Activity;
3    import android.os.Bundle;
4    import android.view.View;
5    import android.view.ViewGroup.LayoutParams;
6    import android.widget.Button;
7    import android.widget.EditText;
8    import android.widget.RelativeLayout;
```

```java
9    public class MainActivity extends Activity {
10       private CalendarView mCalendarView;
11       private Button     mPrevYearButton;
12       private Button     mNextYearButton;
13       private Button      mPrevButton;
14       private Button      mNextButton;
15       private EditText    mDateText;
16       protected CalendarEngine calendar = new CalendarEngine();
17
18       /* 캘린더 정보를 refresh 시킨다 */
19       public void displayCalendar() {
20           mDateText.setText(calendar.getCurrentYear()+"년 "+
21               calendar.getCurrentMonth()+"월 "+
22                       calendar.getCurrentDay()+"일");
23           mCalendarView.invalidate();
24       }
25
26       /* 액티비티 생성 시에 캘린더용 레이아웃을 동적으로 생성한다 */
27       @Override
28       public void onCreate(Bundle savedInstanceState) {
29           super.onCreate(savedInstanceState);
30           calendar.moveCurrentDate();
31
32           /* RelativeLayout를 생성한다 */
33           RelativeLayout layout = new RelativeLayout(this);
34           layout.setLayoutParams(new RelativeLayout.LayoutParams(
35               LayoutParams.FILL_PARENT, LayoutParams.FILL_PARENT));
36
37         /* 이전 연도로 이동 버튼을 추가한다 */
38           mPrevYearButton = new Button(this);
39           layout.addView(mPrevYearButton,
40                   new RelativeLayout.LayoutParams( 60,
41                           LayoutParams.WRAP_CONTENT));
42           mPrevYearButton.setText("<<");
43           mPrevYearButton.setId(1);
44           mPrevYearButton.setOnClickListener(
45               new View.OnClickListener(){
46               @Override
47               public void onClick(View arg0) {
48                   calendar.movePrevYear();
```

```java
            displayCalendar();
        }
    });

    /* 이전 달로 이동 버튼을 추가한다 */
    mPrevButton = new Button(this);
    mPrevButton.setText("<");
    layout.addView(mPrevButton);
    {
        RelativeLayout.LayoutParams lp =
                new RelativeLayout.LayoutParams(
                50,LayoutParams.WRAP_CONTENT);
        lp.addRule(RelativeLayout.RIGHT_OF, 1);
        mPrevButton.setLayoutParams(lp);
    }
    mPrevButton.setId(11);
    mPrevButton.setOnClickListener(new View.OnClickListener(){
        @Override
        public void onClick(View arg0) {
            calendar.movePrevMonth();
            displayCalendar();
        }
    });
    /* 다음 달로 이동 버튼을 추가한다 */
    mNextButton = new Button(this);
    mNextButton.setText(">");
    layout.addView(mNextButton);
    {
        RelativeLayout.LayoutParams lp =
                new RelativeLayout.LayoutParams(
                50,LayoutParams.WRAP_CONTENT);
        lp.addRule(RelativeLayout.LEFT_OF, 3);
        mNextButton.setLayoutParams(lp);
    }
    mNextButton.setId(13);
    mNextButton.setOnClickListener(new View.OnClickListener(){
        @Override
        public void onClick(View arg0) {
            calendar.moveNextMonth();
            displayCalendar();
```

```java
        }
    });
/* 다음 연도로 이동 버튼을 추가한다 */
  mNextYearButton = new Button(this);
  mNextYearButton.setText(">>");
  layout.addView(mNextYearButton);
  {
   RelativeLayout.LayoutParams lp =
      new RelativeLayout.LayoutParams(
            60,LayoutParams.WRAP_CONTENT);
   lp.addRule(RelativeLayout.ALIGN_PARENT_RIGHT, 1);
   mNextYearButton.setLayoutParams(lp);
  }
  mNextYearButton.setId(3);
  mNextYearButton.setOnClickListener(
      new View.OnClickListener(){
      @Override
      public void onClick(View arg0) {
          calendar.moveNextYear(); displayCalendar();
      }
    });

/* 날짜 정보를 표시하는 EditText를 추가한다 */
  mDateText = new EditText(this);
  mDateText.setFocusableInTouchMode(false);
  layout.addView(mDateText);
  {
      RelativeLayout.LayoutParams lp =
      new RelativeLayout.LayoutParams(
    LayoutParams.WRAP_CONTENT,LayoutParams.WRAP_CONTENT);
      lp.addRule(RelativeLayout.RIGHT_OF, 11);
      lp.addRule(RelativeLayout.LEFT_OF, 13);
      mDateText.setLayoutParams(lp);
  }
  mDateText.setId(2);
  mDateText.setText(calendar.getCurrentYear()+"년 "+
          calendar.getCurrentMonth()+"월 "+
          calendar.getCurrentDay()+"일");
/* 캘린더용 커스텀 뷰를 추가한다 */
  mCalendarView = new CalendarView(this);
```

```
129            layout.addView(mCalendarView);
130            {
131                RelativeLayout.LayoutParams lp =
132                        new RelativeLayout.LayoutParams(
133                        LayoutParams.FILL_PARENT,
134                        LayoutParams.WRAP_CONTENT);
135                lp.addRule(RelativeLayout.BELOW, 2);
136                mCalendarView.setLayoutParams(lp);
137            }
138            mCalendarView.setId(5);
139
140            /* 생성한 레이아웃을 적용한다 */
141            setContentView(layout);
142        }
143    }
```

프로젝트를 실행시키면 다음과 같은 캘린더 화면이 뜨는 것을 확인할 수 있다. 현재 선택된 날짜는 위쪽의 EditText 컨트롤에 표시되고, 캘린더 상에는 CYAN 컬러로 날짜가 표시된다. 상단에 위치한 이전/다음 연도, 이전/다음 월로 이동하는 버튼을 누르면 해당 월로 캘린더가 바뀌는 모습도 볼 수 있을 것이다.

그림 06-30_ Exam0607 실행 화면

8. 구글 지도 연동하기

아마도 1999년 말이나 2000년 초반 쯤으로 기억되는데, 필자가 구글의 인공위성 사진 서비스를 처음 접했을 때에는 그저 위성 사진으로 우리 동네를 찾아볼 수 있는 신기하고 흥미로운 서비스에 불과했다. 그때에는 지금처럼 어느 누구나 전 세계의 지도와 인공위성 사진을 가지고 다양한 애플리케이션을 만들 수 있을 것이라고는 상상하지 못했을 것이다. 하지만, 10여년이 지난 지금은 구글 뿐만 아니라 국내의 포털 사이트들에서도 고품질의 지도와 인공위성/항공사진 서비스를 제공하고 있기 때문에 예전에는 상상도 하지 못한 분야까지 적용해 활용하고 있다.

특히 안드로이드폰은 기본적으로 GPS가 내장되어 있기 때문에 위치 정보를 손쉽게 얻을 수 있어서 자연스럽게 지도 서비스와의 연동을 필요로 하게 되었다. 그런 면에서 기존의 애플리케이션과 달리 스마트폰 애플리케이션 개발 시의 지도 서비스 연동은 필수 요소라고 볼 수 있다.

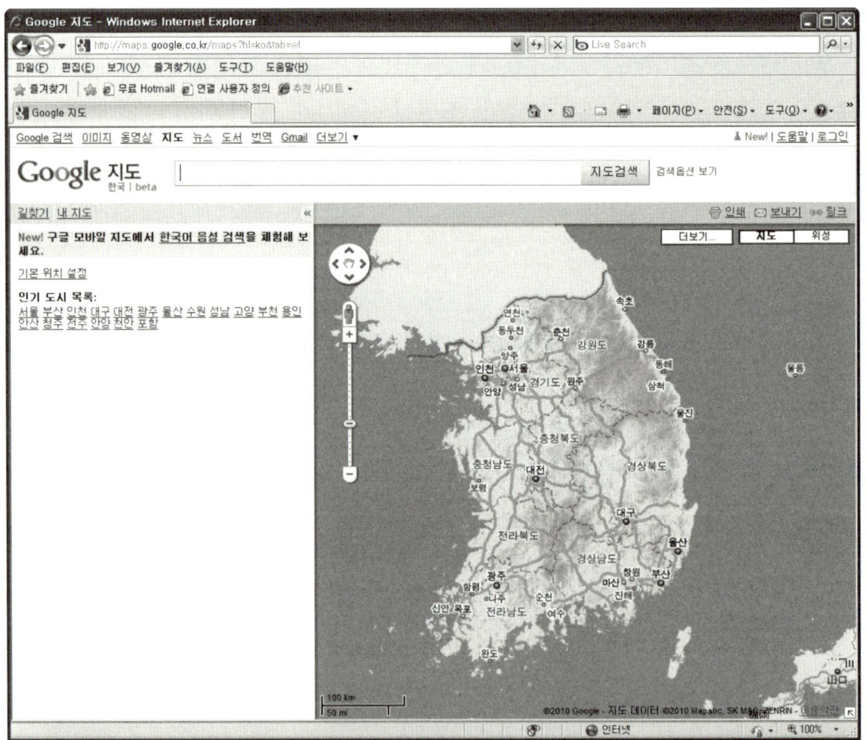

안드로이드가 구글에서 만들고 있는 운영체제이기 때문에 구글에서 현재 서비스 중인 웹 기반의 다양한 서비스들과 손쉽게 연동시킬 수 있다는 장점이 있다. 구글 지도 API도 그런 장점 중에 하나라고 볼 수 있는데, 여기에서는 구글 지도 API를 활용한 예제를 만들어보도록 하겠다.

8.1 Google Maps Android API V1 방식

현재 Google Maps Android API V1 방식은 더 이상 신규 MAP API KEY 생성이 안되기 때문에 사용이 불가능하다. 단, 기존에 발급받은 MAP API KEY를 이용하여 V1 방식으로 프로그래밍하는 것은 가능하고, 이러한 방식으로 개발된 애플리케이션의 유지 보수 작업을 위해서는 나름 알아둘 필요가 있기 때문에 다른 내용과는 달리 일부러 제외하지 않았다. 독자들은 부디 이 점을 감안해서 읽기 바란다. 현재 Google Maps Android API는 V2까지 나와있으며 다음 절에서 V2 방식으로 프로그래밍하는 방법을 다루고 있다.

구글 지도를 사용하여 안드로이드 애플리케이션을 사용하려면, 먼저 구글의 MAP API KEY를 생성해야한다. MAP API KEY를 생성하기 위해서는 「인증서 지문(MD5 fingerprint)」이 필요한데, MD5를 생성하기 위해서는 여러분의 안드로이드 개발 PC에 만들어져있는 「debug.keystore」라는 파일이 필요하다. 이클립스의 [Window]–[Preference] 메뉴에서 Android–Build 항목을 선택하면 다음과 같이 "Default debug keystore"의 위치를 알아낼 수 있다.

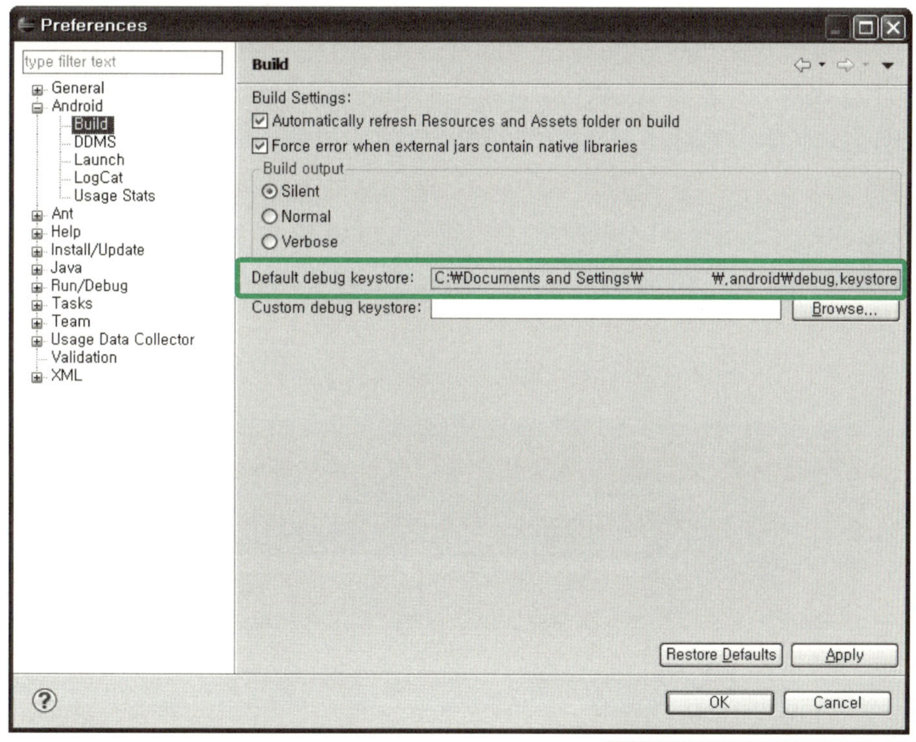

그림 06-32_ Debug.keystore 경로 확인

탐색기를 이용하여 해당 폴더를 열어보면 다음과 같이 "debug.keystore" 파일이 존재하는 것을 확인할 수 있다.

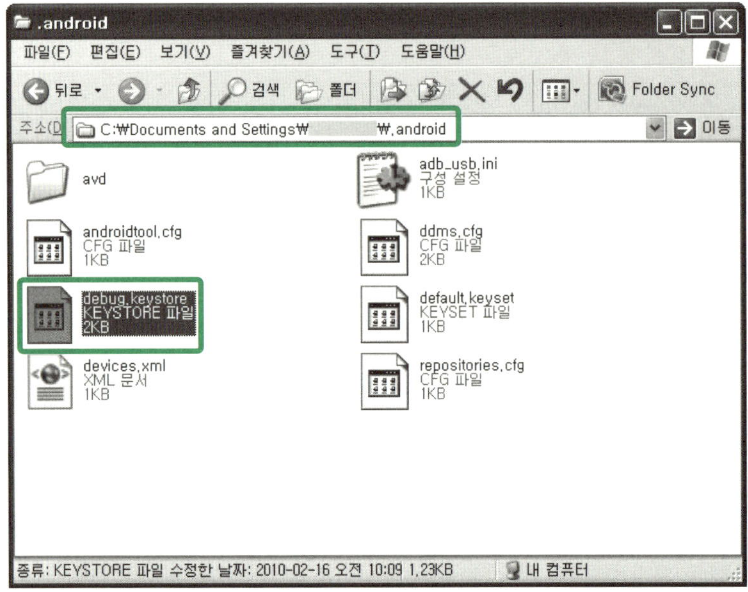

그림 06-33_ Debug.keystore 위치

윈도우에서 명령 프롬프트(command prompt)를 실행시키고, Java 런타임의 bin 폴더로 이동한다(Java의 bin 폴더가 PATH로 지정되어 있다면 상관없다). 그리고 keytool이라는 유틸리티를 이용하여 "인증서 지문"을 생성하면 되는데, 커맨드 모드에서 다음과 같이 입력하면 된다.

```
Keytool -list -alias androiddebugkey -keystore "debug.keystore 파일 경
로" -storepass android -keypass android
```

그 다음에는 구글의 안드로이드 Maps API를 위한 등록 페이지(http://code.google.com/intl/ko/android/maps-api-signup.html)에 접속해서, 이렇게 만들어진 "인증서 지문"을 이용하여 구글 MAP API Key를 생성할 수 있다.

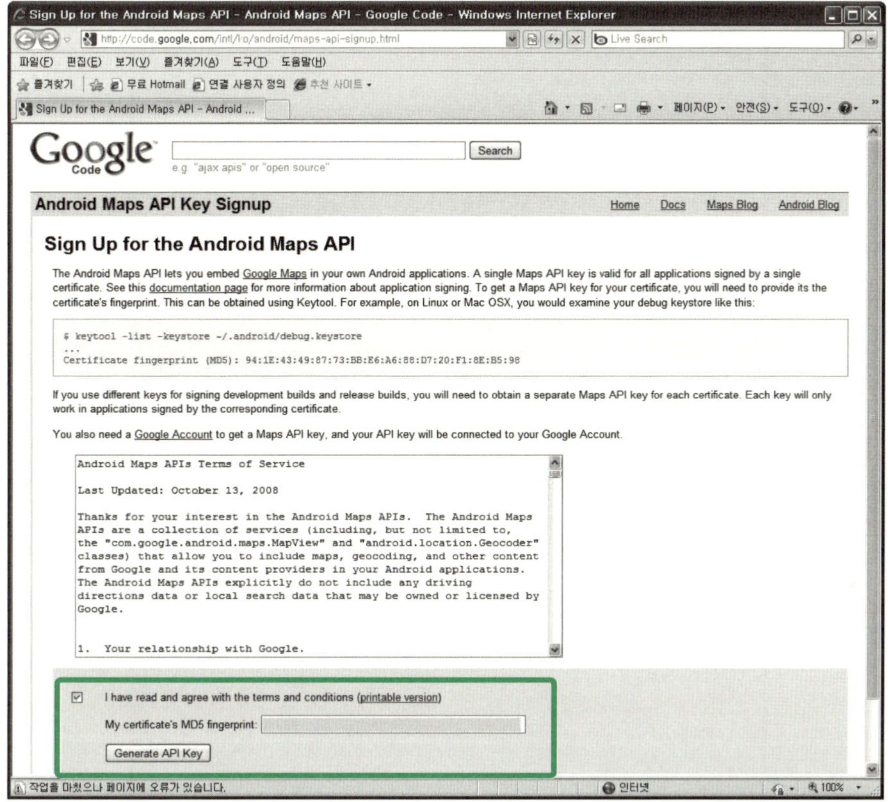

그림 06-34_ 안드로이드 맵 API 사이트

구글 지도 사용을 위한 MAP API Key가 준비되었으니 Exam0608 프로젝트를 생성한다. 지금까지 만들었던 다른 예제와는 달리 이번에는 반드시 다음 그림에서처럼 Build Target을 "Google APIs"로 지정해야 한다.

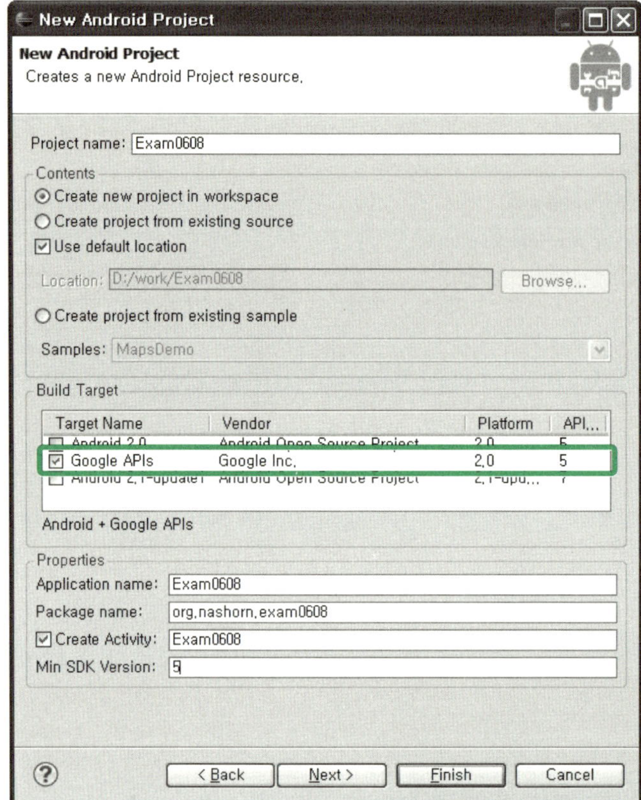

Google APIs를 선택하고 프로젝트를 생성하면 다음 그림처럼, "Android 2.x" 대신 "Google APIs"가 등록되어 있고 그 밑에 "android.jar" 파일과 "maps.jar" 파일이 추가되어 있는 것을 볼 수 있다.

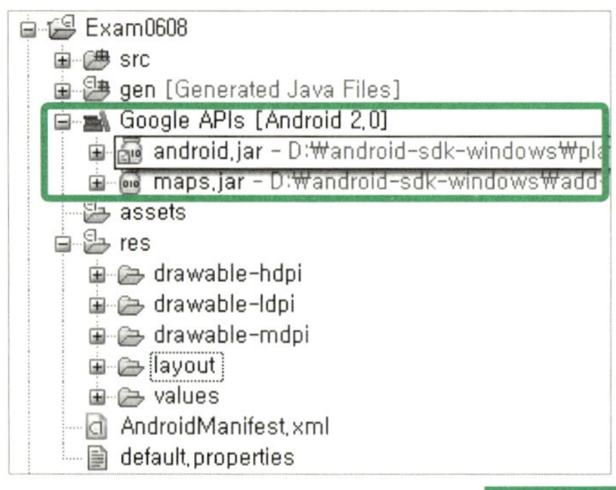

Exam0608 프로젝트의 AndroidManifest.xml 파일을 열고 <uses-library> 태그를

이용하여 "com.google.android.maps"의 사용을 명시한다. 그리고 지도 표시를 위해 MapActivity를 상속받아서 만든 "MapViewActivity"도 추가한다. 구글 지도는 지도 데이터를 로컬에 저장하여 처리하는 방식이 아니라, 실시간으로 필요한 지도 데이터만 받아서 보여주는 방식이기 때문에 인터넷 연결에 대한 권한도 반드시 명시해야 한다.

실습 6-8

Exam0608/AndroidManifest.xml

```xml
<?xml version="1.0" encoding="utf-8"?>
<manifest xmlns:android="http://schemas.android.com/apk/
res/android"
      package="org.nashorn.exam0608"
      android:versionCode="1"
      android:versionName="1.0">
    <application android:icon="@drawable/icon"
                 android:label="@string/app_name">
    <!-- 구글 맵 라이브러리 사용을 명시한다 -->
    <uses-library android:name="com.google.android.maps" />

        <activity android:name=".Exam0608"
                  android:label="@string/app_name">
          <intent-filter>
            <action android:name="android.intent.action.MAIN" />
            <category android:name=
              "android.intent.category.LAUNCHER" />
          </intent-filter>
        </activity>

        <!-- 맵 뷰 액티비티를 추가한다 -->
        <activity android:name=".MapViewActivity"
                  android:screenOrientation="portrait">
        <intent-filter>
          <category android:name=
            "android.intent.category.LAUNCHER" />
        </intent-filter>

    </activity>

    </application>
    <uses-sdk android:minSdkVersion="5" />
```

```
34          <!-- 인터넷 사용을 명시한다 -->
35          <uses-permission android:name="android.permission.INTERNET" />
36      </manifest>
37      <uses-permission android:name="android.permission.INTERNET" />
38      </manifest>
```

메인 액티비티에는 지도 출력용 액티비티를 실행시키기 위한 버튼을 하나 추가한다.

실습 6-8

Exam0608/res/layout/activity_main.xml

```
1   <?xml version="1.0" encoding="utf-8"?>
2   <LinearLayout xmlns:android="http://schemas.android.com/apk/
3   res/android"
4       android:orientation="vertical"
5       android:layout_width="fill_parent"
6       android:layout_height="fill_parent"
7       >
8   <TextView
9       android:layout_width="fill_parent"
10      android:layout_height="wrap_content"
11      android:text="Exam0608 구글 지도"
12      />
13  <!-- 지도 액티비티 실행을 위한 버튼을 추가한다 -->
14  <Button
15      android:id="@+id/map_button"
16      android:layout_width="fill_parent"
17      android:layout_height="wrap_content"
18      android:text="지도 보기"
19      />
20  </LinearLayout>
21
```

지도 출력용 액티비티에서 사용하는 레이아웃 XML 파일에는 다음과 같이 구글 지도 라이브
러리에서 제공하는 MapView를 추가하고, 앞의 과정에서 생성한 구글 MAP API Key를 등록
해준다.

실습 6-8

Exam0608/res/layout/map.xml

```xml
1   <?xml version="1.0" encoding="utf-8"?>
2   <LinearLayout xmlns:android="http://schemas.android.com/apk/
3   res/android"
4       android:orientation="vertical"
5       android:layout_width="fill_parent"
6       android:layout_height="fill_parent"
7       >
8   <!-- 구글 맵 뷰를 추가한다 -->
9   <com.google.android.maps.MapView
10      android:id="@+id/mapview"
11      android:layout_width="fill_parent"
12      android:layout_height="fill_parent"
13      android:enabled="true"
14      android:clickable="true"
15      android:apiKey="구글 맵 API용 키"
16  />
17  </LinearLayout>
```

주의할 점은 개발자의 PC에 있는 debug.keystore 파일을 이용하여 생성된 MAP API Key 이기 때문에 반드시 해당 개발자의 PC에서 컴파일되었을 때만 구글 지도가 정상적으로 동작한다는 것이다. 다른 개발자의 PC에서 동일한 Map API Key를 사용해서 컴파일하게 되면 지도 자체가 전혀 나오지 않게 된다. 여러 명의 개발자가 같이 개발하는 애플리케이션일 경우에는 이러한 부분에 유의해야 한다.

Exam0606 프로젝트의 소스 폴더에 MapViewActivity.java 파일을 추가한다.

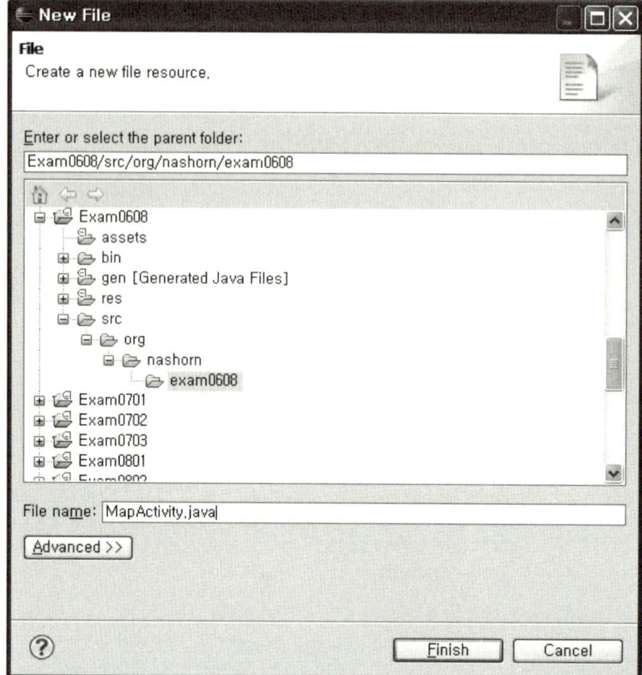

그림 06-37_ java 파일 추가

MapViewActivity 클래스는 구글 지도 라이브러리에서 제공하는 MapActivity 클래스를 상속받아서 만들면 되는데, onCreate( ) 메소드 이외에도 반드시 isRouteDisplayed( ) 메소드를 오버라이드해주어야 한다. onCreate( ) 메소드에서는 map.xml 파일을 기본 컨텐츠 뷰로 지정해준다.

실습 6-8

Exam0608/src/org.nashorn.exam0608/MapViewActivity.java

```java
1    package org.nashorn.exam0608;
2    import android.os.Bundle;
3    import com.google.android.maps.MapActivity;
4
5    /* MapActivity에서 상속받은 클래스를 정의한다 */
6    public class MapViewActivity extends MapActivity {
7        @Override
8        public void onCreate(Bundle savedInstanceState) {
9            super.onCreate(savedInstanceState);
10           setContentView(R.layout.map);
11       }
12   /* 사용하지 않더라도 반드시 오버라이드해야 한다 */
```

```
13          @Override
14          protected boolean isRouteDisplayed() {
15              return false;
16          }
17      }
```

메인 액티비티에서 버튼을 클릭하면 지도 출력용 액티비티가 실행되도록 Exam0608 클래스
의 onCreate( )에서 버튼 리스너만 등록해주면 된다.

실습 6-8

Exam0608/src/org.nashorn.exam0608/MainActivity.java

```
1   package org.nashorn.exam0608;
2
3   import android.app.Activity;
4   import android.content.Intent;
5   import android.os.Bundle;
6   import android.view.View;
7   import android.widget.Button;
8
9   public class MainActivity extends Activity {
10      /** Called when the activity is first created. */
11      @Override
12      public void onCreate(Bundle savedInstanceState) {
13          super.onCreate(savedInstanceState);
14          setContentView(R.layout.activity_main);
15
16          /* 버튼을 누르면 맵 뷰 액티비티를 실행시킨다 */
17          Button mapButton = (Button)findViewById(R.id.map_button);
18          mapButton.setOnClickListener(new View.OnClickListener() {
19              @Override
20              public void onClick(View arg0) {
21                  // TODO Auto-generated method stub
22                  Intent i = new Intent(MainActivity.this,
23                          MapViewActivity.class);
24
25                  startActivity(i);
26              }
27          });
28      }
29  }
```

Exam0608 프로젝트를 실행시키고 [지도 보기] 버튼을 클릭하면 오른쪽 그림과 같은 구글 지도 화면이 뜨는 것을 확인할 수 있다. 이렇게 구글 지도 API를 활용하면 구글에서 제공하는 "지도"와 관련된 방대한 컨텐츠와 다양한 기능들을 손쉽게 애플리케이션에 추가할 수 있다.

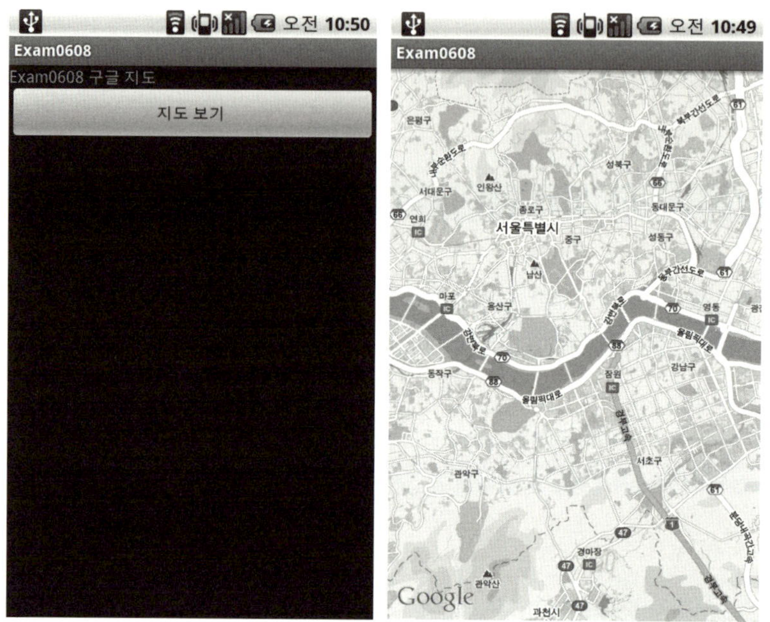

그림 06-38_ Exam0608 실행 화면

지금까지 구글 지도 V1의 사용법에 대해서 알아보았다. 신규 애플리케이션 프로젝트에서는 더 이상 사용할 수 없는 방법이지만, 기존에 만들어진 애플리케이션의 유지 보수를 위해서는 알아 둘 필요가 있기 때문에 일부러 다루었으니 참고하기 바란다.

8.2 Google Maps Android API V2 방식

2013년 3월 18일부터는 기존에 사용하던 구글 지도 안드로이드 API 버전 1에 대한 API 생성이 불가능하게 되었다. 기존에 생성된 Map API를 이용하여 사용하는 것은 여전히 가능하지만, 신규 Map API 키 발급이 안되기 때문에 신규로 안드로이드 애플리케이션을 개발해야 하는 경우에는 반드시 안드로이드 API V2 방식으로 개발해야 한다.

구글 지도 안드로이드 API 버전 2는 2012년 12월에 출시되었으며, API 자체의 구조 및 사용법이 이전 버전과는 많은 차이를 가진다. 우선 이전에는 MapView라는 View에서 상속받은 클래스를 사용하였지만, V2에서는 확성성을 고려하여 Fragment 클래스에서 상속받아서 만들어야 한다. 그리고 애플리케이션 단위(정확하게 말하면 Keystore 단위)로 관리하던 Map API Key도 계정별로 통합하여 관리하도록 변경되었다.

구글 지도 안드로이드 API 버전 2를 사용하기 위해서는 먼저 「Google Play Service」 최신 버전을 설치해야 한다. 그러기 위해 [Window]-[Android SDK Manager] 메뉴를 선택하여 Android SDK Manager를 실행시킨다. 패키지 목록에서 Extras의 "Google Play Services" 항목을 체크하고 [Install 1 Package] 버튼을 클릭한다.

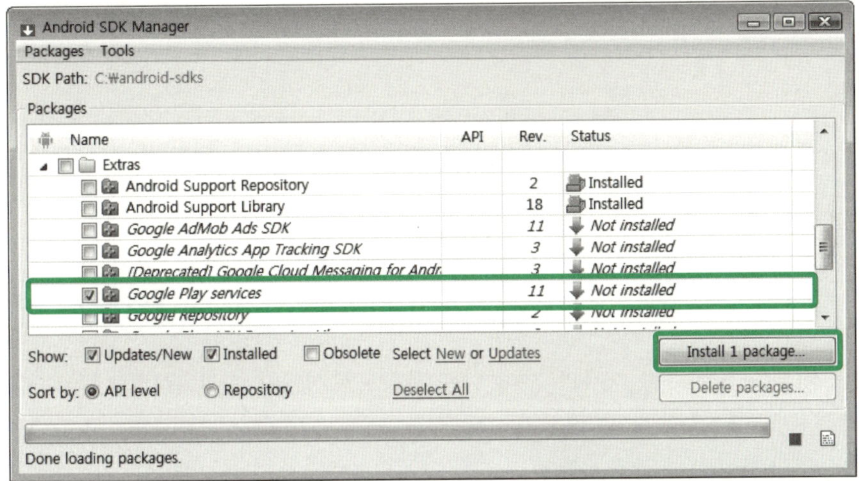

그림 06-39_ Google Play Service 설치 화면

Google Play Services의 설치가 끝나면 이클립스에서 [File]-[Import] 메뉴를 선택한다. Import 창이 뜨면 "Android"의 "Existing Android Code Into Workspace" 항목을 선택한 다음, [Next] 버튼을 클릭한다.

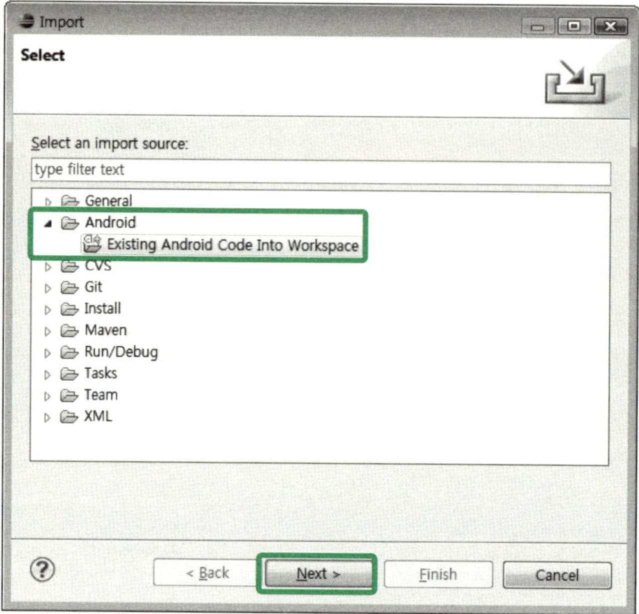

그림 06-40_ Import 화면

[Browse] 버튼을 클릭하면 다음과 같이 임포트할 프로젝트가 있는 폴더를 찾는 창이 뜬다. 여기에서 Android SDK가 설치된 폴더에 있는 extras/google/google_play_services/libproject 하위 폴더의 google-play-services_lib 폴더를 선택하고 [확인] 버튼을 클릭한다.

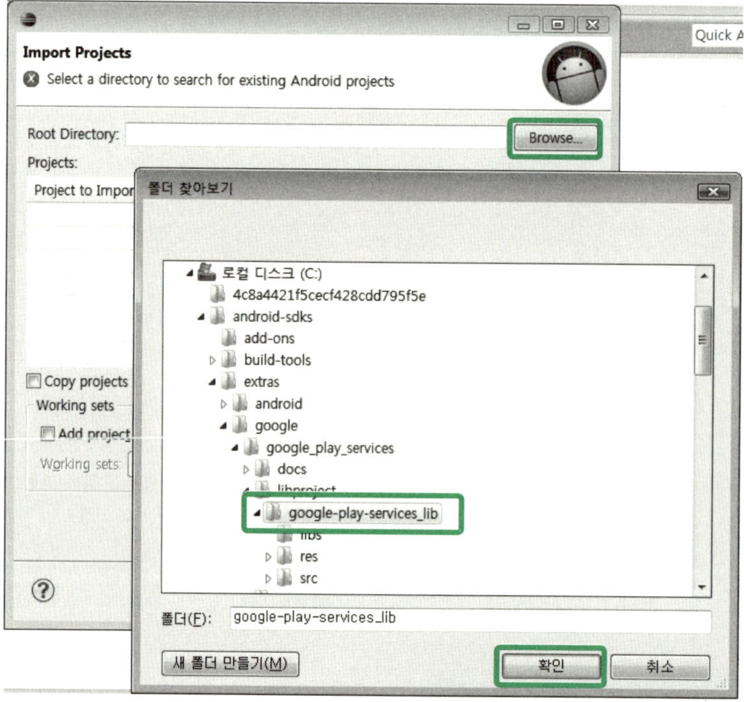

그림 06-41_ google-play-services_lib 선택 화면

Projects 목록에 「Google-play-services_lib」 프로젝트가 표시되면 [Finish] 버튼을 클릭한다.

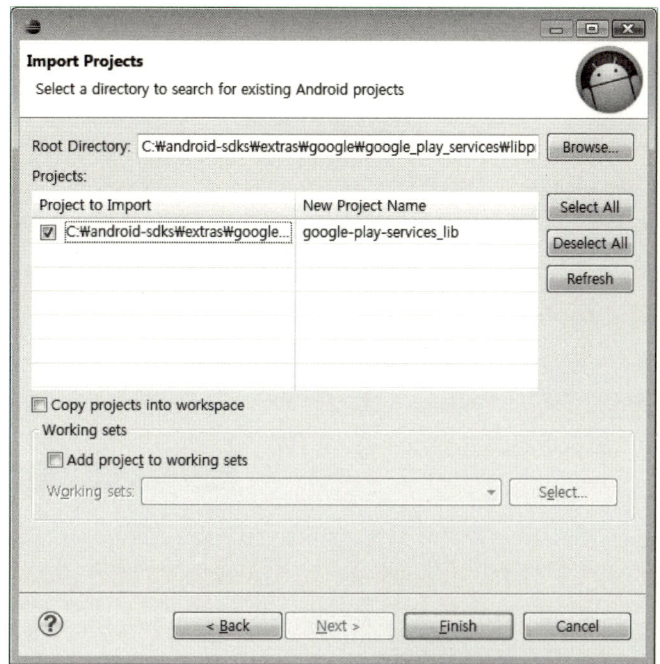

그림 06-42_ google-play-services_lib Import 화면

프로젝트 추가 작업이 끝나면 아래 그림과 같이 이클립스의 Package Explorer에 추가된 「google-play-services_lib」 프로젝트를 확인할 수 있다.

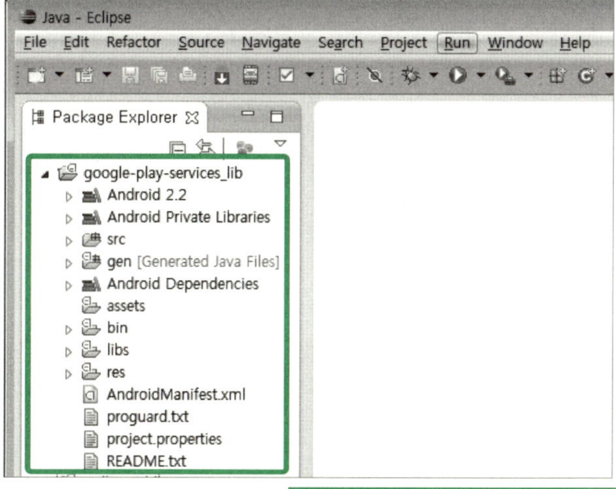

그림 06-43_ google-play-services_lib 프로젝트 등록 화면

「구글 apis 홈페이지(https://code.google.com/apis/console/#)」에 접속하면 구글에서 제공하는 다양한 API를 조회할 수 있고 원하는 API를 활성화시켜서 사용할 수 있다. 왼쪽 카테고리 중에서 「Services」 항목을 선택하면 아래 그림과 같이 모든 서비스 목록이 뜬다.

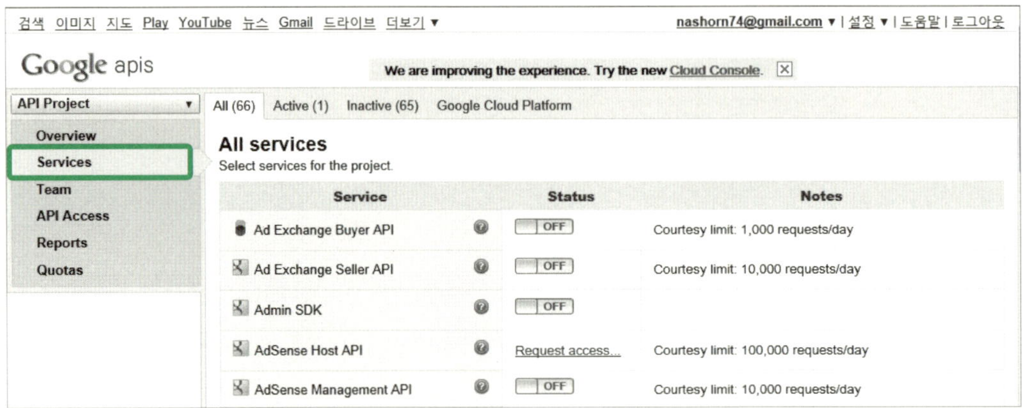

그림 06-44_ Google apis의 서비스 목록 화면

수많은 API 중에서 우리가 사용하고자 하는 API는 「Google Maps Android API v2」이기 때문에, "Google Maps Android API v2" 항목이 나올 때까지 스크롤한 다음 OFF 상태로 되어 있는 것을 ON 상태로 활성화 시켜준다.

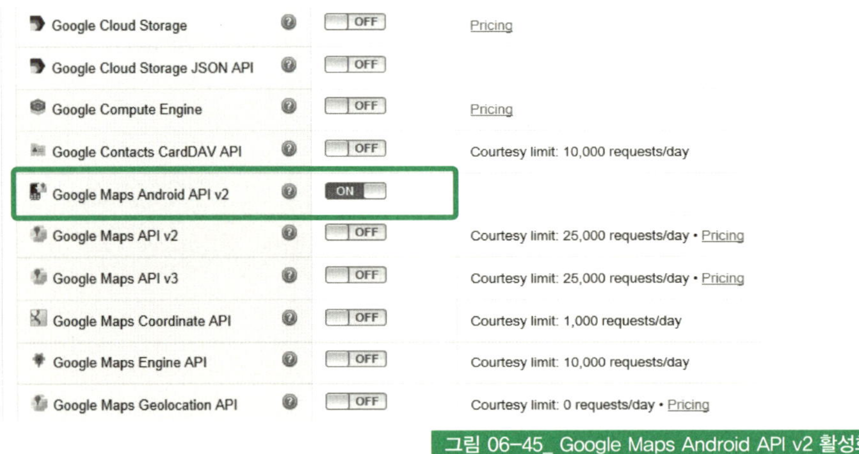

그림 06-45_ Google Maps Android API v2 활성화

왼쪽 카테고리에서 「API Access」 항목을 선택하면 API Key를 확인할 수 있다. 이제부터는 해당 API Key를 이용하여 Google Maps Android API v2를 사용할 수 있다.

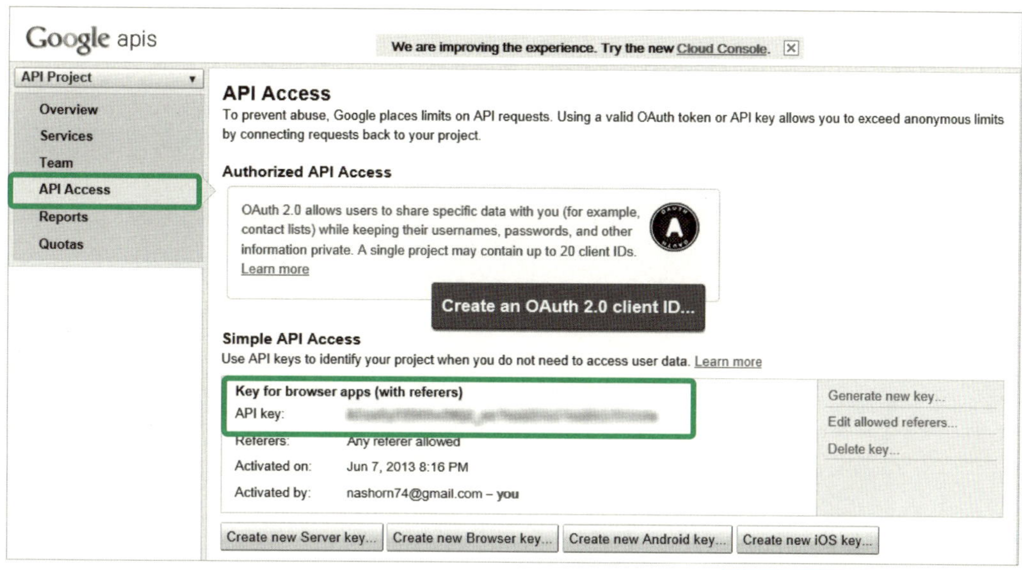

그림 06-46_ API Key 확인 화면

Google Maps Android API V2를 사용할 수 있는 준비가 끝났으니, 새 프로젝트를 생성하고 프로젝트명을 "GoogleMapV2Exam"이라 한다. 그리고 Package Explorer에 만들어진 GoogleMapV2Exam 프로젝트 항목을 선택한 상태에서 마우스 오른쪽 버튼으로 클릭해 팝업 메뉴를 띄운다. 팝업 메뉴의 가장 아래쪽에 있는 「Properties」메뉴를 클릭한다.

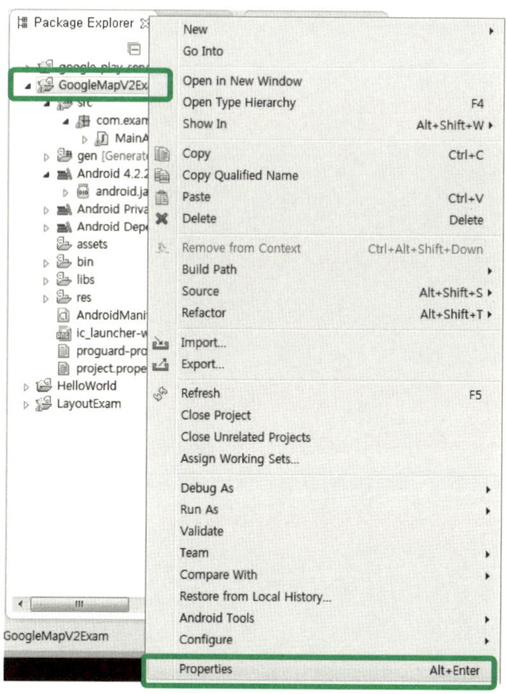

그림 06-47_ Properties 메뉴 선택

GoogleMapV2Exam 프로젝트의 속성 창이 뜨면 오른쪽 하단의 라이브러리 영역의 [Add] 버튼을 클릭해서 「google-play-services_lib」 프로젝트를 추가한다. 정상적으로 추가되면 아래 그림과 같이 라이브러리 프로젝트 목록에 google-play-service_lib 항목이 추가된다.

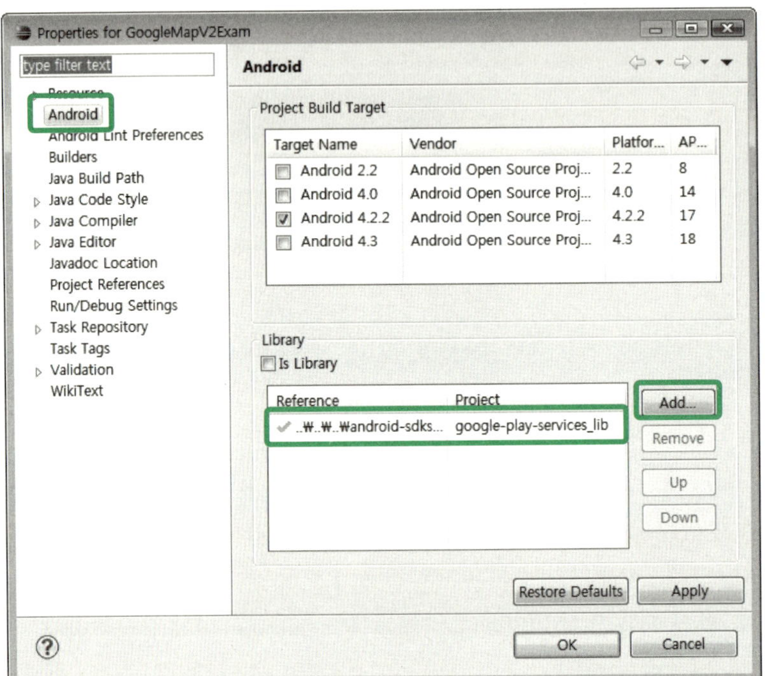

그림 06-48_ Properties 메뉴 선택

마지막으로 GoogleMapV2Exam의 팝업 메뉴에서 [Android Tools]-[Add Support Library] 메뉴를 선택하여 프로젝트에 「Support Library」를 설치하면 모든 준비가 끝나게 된다.

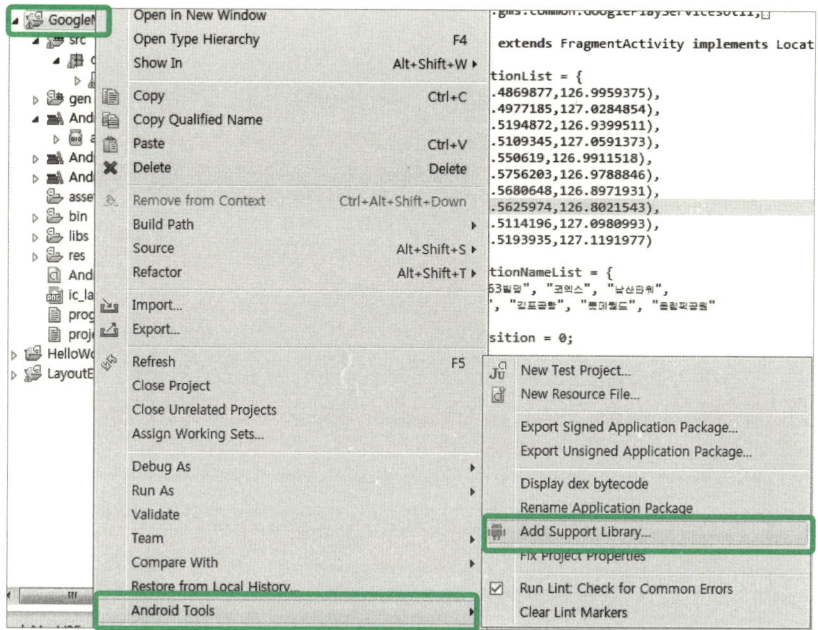

그림 06-49_ Add Support Library 메뉴 선택

이제 GoogleMapV2Exam 프로젝트의 AndroidManifest.xml 파일을 열고 permission, uses-feature, meta-data 등의 태그를 추가한다.

실습 7-6

GoogleMapV2Exam/AndroidManifest.xml

```xml
1   <?xml version="1.0" encoding="utf-8"?>
2   <manifest xmlns:android="http://schemas.android.com/apk/res/
3   android"
4       package="com.example.googlemapv2exam"
5       android:versionCode="1"
6       android:versionName="1.0" >
7
8       <uses-sdk
9           android:minSdkVersion="8"
10          android:targetSdkVersion="17" />
11
12      <permission
13          android:name=
14          "com.example.googlemapv2exam.permission.MAPS_RECEIVE"
15          android:protectionLevel="signature" />
16      <uses-permission android:name=
```

```
17                  "com.example.googlemapv2exam.permission.MAPS_RECEIVE"/>
18          <uses-permission android:name=
19              "android.permission.INTERNET"/>
20          <uses-permission android:name=
21              "android.permission.WRITE_EXTERNAL_STORAGE"/>
22          <uses-permission android:name=
23              "android.permission.ACCESS_COARSE_LOCATION" />
24          <uses-permission android:name=
25              "android.permission.ACCESS_FINE_LOCATION"/>
26          <uses-permission android:name="com.google.android.
27              providers.gsf.permission.READ_GSERVICES"/>
28
29          <uses-feature
30              android:glEsVersion="0x00020000"
31              android:required="true"/>
32
33          <application
34              android:allowBackup="true"
35              android:icon="@drawable/ic_launcher"
36              android:label="@string/app_name"
37              android:theme="@style/AppTheme" >
38
39              <meta-data
40                  android:name="com.google.android.maps.v2.API_KEY"
41                  android:value="구글 맵 API KEY" />
42
43              <activity android:name=
44                  "com.example.googlemapv2exam.MainActivity"
45                  android:label="@string/app_name" >
46                  <intent-filter>
47                      <action android:name=
48                      "android.intent.action.MAIN" />
49
50                      <category android:name=
51                      "android.intent.category.LAUNCHER" />
52                  </intent-filter>
53              </activity>
54          </application>
55
56      </manifest>
```

실습 6-8

GoogleMapV2Exam/res/layout/activity_main.xml

```
1   <RelativeLayout xmlns:android=
2   "http://schemas.android.com/apk/res/android"
3       xmlns:tools="http://schemas.android.com/tools"
4       android:layout_width="match_parent"
5       android:layout_height="match_parent"
6       android:paddingBottom="@dimen/activity_vertical_margin"
7       android:paddingLeft="@dimen/activity_horizontal_margin"
8       android:paddingRight="@dimen/activity_horizontal_margin"
9       android:paddingTop="@dimen/activity_vertical_margin"
10      tools:context=".MainActivity" >
11
12  <LinearLayout
13      android:layout_width="fill_parent"
14      android:layout_height="fill_parent"
15      android:orientation="vertical"
16      android:weightSum="100">
17      <fragment
18          android:id="@+id/fragment"
19          android:name=
20          "com.google.android.gms.maps.SupportMapFragment"
21          android:layout_width="fill_parent"
22          android:layout_height="0dp"
23          android:layout_weight="70" />
24      <LinearLayout
25          android:layout_width="fill_parent"
26          android:layout_height="0dp"
27          android:layout_weight="15"
28          android:orientation="horizontal"
29          android:gravity="center">
30          <Button
31              android:id="@+id/map_type1"
32              android:layout_width="wrap_content"
33              android:layout_height="wrap_content"
34              android:text="NORMAL"/>
35          <Button
36              android:id="@+id/map_type2"
37              android:layout_width="wrap_content"
38              android:layout_height="wrap_content"
```

구글 지도가 표시되는 영역. 이전과 달리 프래그먼트를 사용한다.

```
39                        android:text="SATELLITE"/>
40                    <Button
41                        android:id="@+id/map_type3"
42                        android:layout_width="wrap_content"
43                        android:layout_height="wrap_content"
44                        android:text="TERRAIN"/>
45                </LinearLayout>
46                <LinearLayout
47                    android:layout_width="fill_parent"
48                    android:layout_height="0dp"
49                    android:layout_weight="15"
50                    android:orientation="horizontal"
51                    android:gravity="center">
52                    <Button
53                        android:id="@+id/move"
54                        android:layout_width="wrap_content"
55                        android:layout_height="wrap_content"
56                        android:text="MOVE"/>
57                    <Button
58                        android:id="@+id/current_position"
59                        android:layout_width="wrap_content"
60                        android:layout_height="wrap_content"
61                        android:text="GPS"/>
62                </LinearLayout>
63            </LinearLayout>
64        </RelativeLayout>
```

네이버 지도(map.naver.com) 서비스를 이용하면 원하는 장소의 좌표를 손쉽게 얻을 수 있다. 네이버 지도에서 검색을 원하는 장소를 입력하여 [검색] 버튼을 클릭하면 아래 그림과 같이 해당 장소가 지도에 표시되면서 부가 정보도 같이 표시된다.

그림 06-50_ 네이버 지도의 장소 검색 결과 화면

검색된 장소에 대한 팝업 창에서 [보내기]–[URL 복사]를 하면 다음과 같은 URL이 클립보드에 저장된다. 복사된 URL의 파라미터 값 중에서 x값이 longitude(경도) 값이고 y값이 latitude(위도) 값이다.

```
http://map.naver.com/?dlevel=10&pinType=site&pinId=11662870&x=126.
9881809&y=37.5511791&enc=b64
```

이런 식으로 10개 정도의 장소들에 대한 좌표를 구해서 구글 지도 상에 표시되도록 만들어 보겠다. 여기 예제에 나열된 장소는 필자가 임의로 선정한 장소들이므로 여러분이 원하는 장소를 검색한 후, 좌표를 얻어와서 사용하도록 해보자.

실습 6-8

GoogleMapV2Exam/src/com/example/googlemapv2exam/MainActivity.java

```java
1    package com.example.googlemapv2exam;
2
3    import com.google.android.gms.common.GooglePlayServicesUtil;
4    import com.google.android.gms.maps.CameraUpdateFactory;
5    import com.google.android.gms.maps.GoogleMap;
6    import com.google.android.gms.maps.SupportMapFragment;
7    import com.google.android.gms.maps.model.LatLng;
```

```
8       import com.google.android.gms.maps.model.MarkerOptions;
9       import com.google.android.gms.maps.model.Polyline;
10      import com.google.android.gms.maps.model.PolylineOptions;
11      import android.location.Criteria;
12      import android.location.Location;
13      import android.location.LocationListener;
14      import android.location.LocationManager;
15      import android.os.Bundle;
16      import android.content.Context;
17      import android.graphics.Color;
18      import android.support.v4.app.FragmentActivity;
19      import android.view.Menu;
20      import android.view.View;
21      import android.widget.Button;
22
23      public class MainActivity extends FragmentActivity implements
24      LocationListener {
25
26          private LatLng[] locationList = {
27                  new LatLng(37.4869877,126.9959375),
28                  new LatLng(37.4977185,127.0284854),
29                  new LatLng(37.5194872,126.9399511),
30                  new LatLng(37.5109345,127.0591373),
31                  new LatLng(37.550619,126.9911518),
32                  new LatLng(37.5756203,126.9788846),
33                  new LatLng(37.5680648,126.8971931),
34                  new LatLng(37.5625974,126.8021543),
35                  new LatLng(37.5114196,127.0980993),
36                  new LatLng(37.5193935,127.1191977)
37          };
38          private String[] locationNameList = {
39              "내방역", "강남역", "63빌딩", "코엑스", "남산타워",
40              "경복궁", "월드컵경기장", "김포공항", "롯데월드", "올림픽공원"
41          };
42          private int currentPosition = 0;
43
44          @Override
45          protected void onCreate(Bundle savedInstanceState) {
46              super.onCreate(savedInstanceState);
47              setContentView(R.layout.activity_main);
```

```
48
49    final GoogleMap googleMap = ((SupportMapFragment)
50    getSupportFragmentManager()
51    .findFragmentById(R.id.fragment)).getMap();
52    googleMap.setMapType(GoogleMap.MAP_TYPE_NORMAL);
53
54    //강남역으로 이동
55    LatLng latLng = new LatLng(37.4977185, 127.0284854);
56    googleMap.animateCamera(CameraUpdateFactory.newLatLngZoom
57            (latLng, 15.0f));
58
59    //마커 추가
60    for (int i = 0; i < 10; i++) {
61        googleMap.addMarker(new MarkerOptions().position
62            (locationList[i]).title(locationNameList[i]));
63    }
64
65    //선그리기
66    PolylineOptions rectOptions =
67            new PolylineOptions().color(Color.RED);
68    for (int i = 0; i < 10; i++) {
69        rectOptions.add(locationList[i]);
70    }
71
72    Polyline polyline = googleMap.addPolyline(rectOptions);
73
74    //지도 종류 변경
75    Button mapType1Button =
76            (Button)findViewById(R.id.map_type1);
77    mapType1Button.setOnClickListener(
78            new View.OnClickListener() {
79        @Override
80        public void onClick(View v) {
81            googleMap.setMapType(GoogleMap.MAP_TYPE_NORMAL);
82        }
83    });
84    Button mapType2Button =
85            (Button)findViewById(R.id.map_type2);
86    mapType2Button.setOnClickListener(
87            new View.OnClickListener() {
```

```
88              @Override
89              public void onClick(View v) {
90                  googleMap.setMapType(GoogleMap.MAP_TYPE_SATELLITE);
91              }
92          });
93          Button mapType3Button =
94                  (Button)findViewById(R.id.map_type3);
95          mapType3Button.setOnClickListener(
96              new View.OnClickListener() {
97              @Override
98              public void onClick(View v) {
99                  googleMap.setMapType(GoogleMap.MAP_TYPE_TERRAIN);
100             }
101         });
102         Button moveButton = (Button)findViewById(R.id.move);
103         moveButton.setOnClickListener(new View.OnClickListener() {
104             @Override
105             public void onClick(View v) {
106                 currentPosition++;
107                 if (currentPosition >= 10)
108                     currentPosition = 0;
109                 googleMap.animateCamera(CameraUpdateFactory.
110                     new LatLngZoom(locationList
111                             [currentPosition], 15.0f));
112             }
113         });
114
115         LocationManager locationManager = (LocationManager)
116                 getSystemService(Context.LOCATION_SERVICE);
117         //String provider = LocationManager.NETWORK_PROVIDER;
118         Criteria criteria = new Criteria();
119         String provider = locationManager.getBestProvider
120             (criteria, true);
121         locationManager.requestLocationUpdates(provider, 0, 0,
122                 MainActivity.this);
123         GooglePlayServicesUtil
124 .isGooglePlayServicesAvailable(getApplicationContext());
125
126         Button currentLocationButton = (Button)
127                 findViewById(R.id.current_position);
```

```
127         currentLocationButton.setOnClickListener(
128             new View.OnClickListener() {
129         @Override
130         public void onClick(View v) {
131             // TODO Auto-generated method stub
132             googleMap.setMyLocationEnabled(true);
133             googleMap.getMyLocation();
134         }
135     });
136     }
137 }
```

현재 위치 버튼을 누르면
현재 위치로 이동한다.

GoogleMapV2Exam 프로젝트를 실행하면 구글 지도 상에 10개의 장소에 대한 마커와 선이 그려져 있는 것을 확인할 수 있다. 특정 마커를 클릭하면 해당 마커의 이름이 표시되고, [NORMAL], [STELLITE], [TERRAIN] 버튼을 클릭하면 지도의 모양이 변경된다. [MOVE] 버튼을 누르면 마커가 표시된 장소를 순차적으로 이동하면서 보여주고, [GPS] 버튼을 클릭하면 현재 위치한 장소를 지도 상에 표시한다.

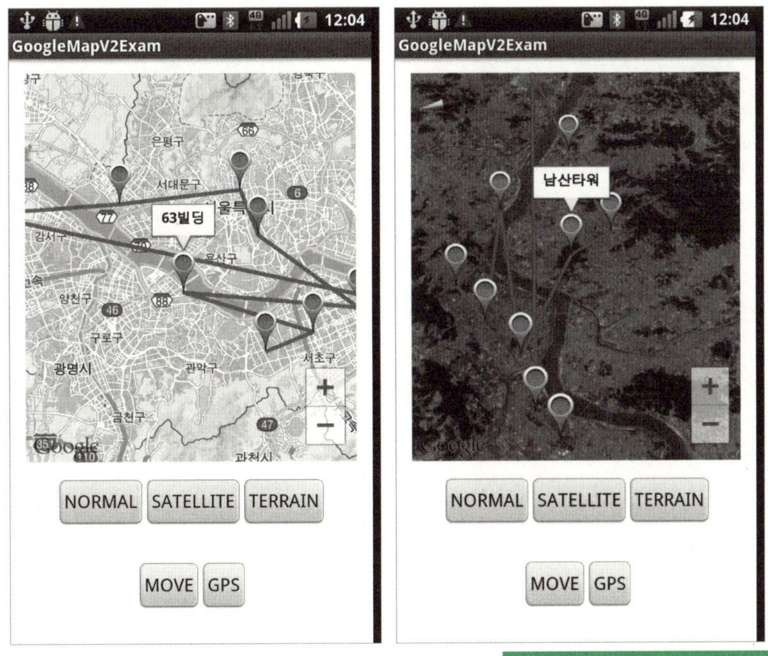

그림 06-51_ GoogleMapV2Exam 실행 화면

연습 문제

 **1** 안드로이드에서 사용되는 한글 코드는 무엇인가?

① UTF—8

② 완성형

③ 조합형

④ 유니코드

2 단말기 내에 있는 모든 이미지 파일(JPG 파일)의 목록을 만들고 해당 이미지 파일의 썸네일을 표시한 다음, 특정 이미지를 선택하면 이미지 뷰어를 실행시켜 이미지를 볼 수 있도록 만드시오.

3 주소록에서 사용자가 입력한 이름을 찾는 검색 기능을 구현하시오.

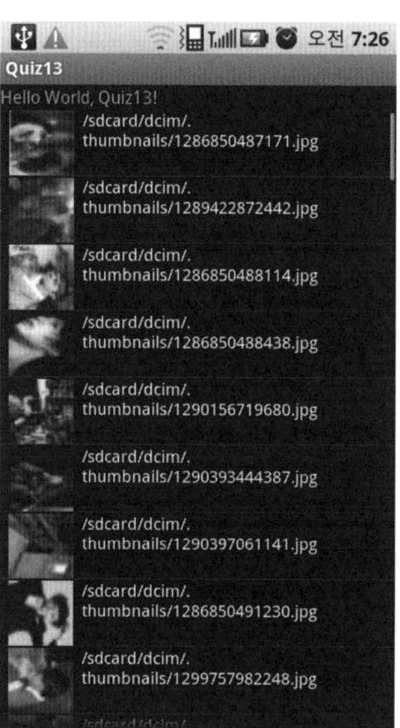

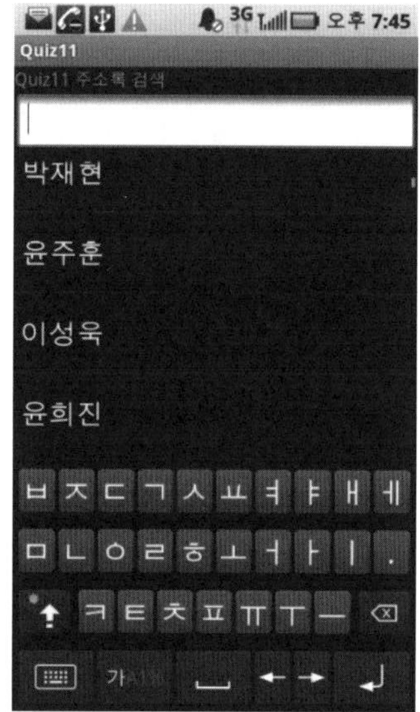

안드로이드 시스템 건드리기

07

1. 안드로이드 애플리케이션 기본 개념

2. 애플리케이션 관리

3. 시스템 정보 얻기

1. 안드로이드 애플리케이션 기본 개념

안드로이드 애플리케이션에서 사용되는 기본적인 개념에 대해서 다시 한번 정리해보자. 액티비티나 서비스과 같은 구성 요소에 대해서는 앞에서 이미 언급하였다. 이들 요소들은 일반적인 애플리케이션 개발 시에 많이 사용되지만, 앞으로 다룰 "태스크", "애플리케이션 패키지", "프로세스" 등은 시스템을 건드리는 애플리케이션에서 주로 사용되는 개념들이다.

- 액티비티(Activity) : 애플리케이션에서 실행하는 고유한 하나의 작업을 뜻한다. 사용자로부터 입력을 받고 처리 결과를 화면에 보여주는 기능을 한다.

- 서비스(Service) : 별도의 프로세스가 없고, UI를 가지지 않은 상태에서 백그라운드 작업을 수행하는 컴포넌트를 가리킨다.

- 태스크(Task) : 서로 연결되어 동작되는 액티비티들의 집합을 말한다. 일반적으로 운영체제에서 태스크는 하나의 애플리케이션을 가리키지만, 안드로이드에서는 이보다는 모호한 개념으로 사용된다.

- 애플리케이션 패키지(Application Package : APK) : 액티비티(Activity), 서비스(Service), 컨텐트 프로바이더(Content Provider), 브로드캐스트 리시버(Broadcast Receiver) 등의 컴포넌트들의 집합으로, 하나의 애플리케이션을 관리하는 기본 단위라고 할 수 있다. APK 파일은 일종의 애플리케이션 설치용 파일이라고 볼 수 있으며, 해당 애플리케이션을 설치하거나 제거할 때 사용된다.

- 프로세스(Process) : 안드로이드 애플리케이션은 기본적으로 별도의 Dalvik 인스턴스를 실행하고 있는 자기 자신만의 프로세스에서 실행된다. 각 애플리케이션의 메모리와 프로세스 관리는 런타임에 의해 배타적으로 처리된다.

1.1 프로세스 관리

안드로이드는 리눅스 OS 기반의 멀티태스킹을 지원하는 모바일 OS이다. 아이폰은 iOS 4.0부터 멀티태스킹을 지원할 예정이고 Windows Mobile도 역시 멀티태스킹을 지원하고 있다. 따라서, 안드로이드도 Windows Mobile과 같이 프로세스를 관리하는 기능이 기본으로 제공된다.

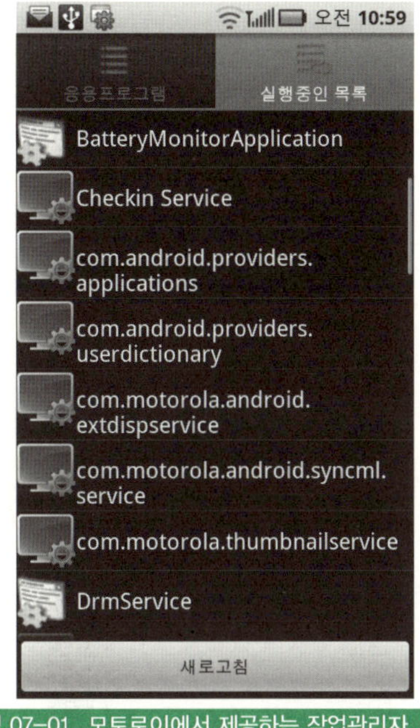

그림 07-01_ 모토로이에서 제공하는 작업관리자

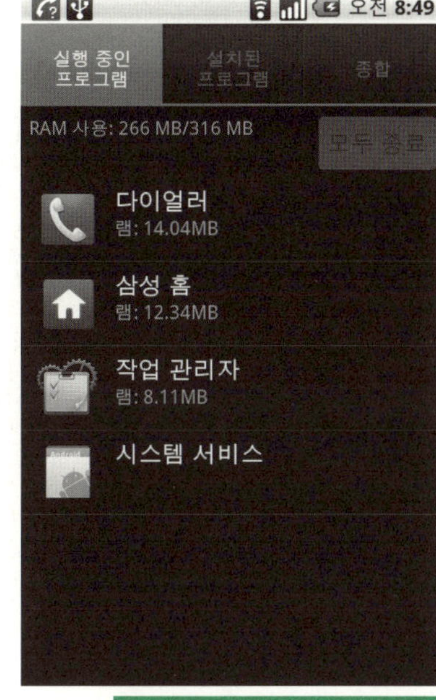

그림 07-02_ 삼성 갤럭시A의 작업관리자 화면

아마도 안드로이드폰을 쓰는 사용자들이 가장 많이 사용하는 기능 중에 하나가 바로「프로세스
관리」애플리케이션일 것이다. 안드로이드가 멀티태스킹이 가능한 운영체제이다보니 사용자의
의도와 상관없이 프로세스가 계속 살아있을 경우에는 시스템의 퍼포먼스가 떨어질 수밖에 없
다. 따라서, 불필요한 프로세스들을 모두 종료시켜 시스템의 속도를 높이기 위해서는 프로세
스 관리가 필수이기 때문이다.

안드로이드는 리눅스 기반이기 때문에 shell 명령어를 사용할 수 있다. 현재 실행 중인 프로세
스 목록을 보여주는 ps 명령어를 이용하면 손쉽게 현재 실행 중인 프로세스 목록을 가져올 수
있다.

Exam0701이라는 프로젝트를 생성하고 layout 폴더에 있는 activity_main.xml 파일 내용
을 다음과 같이 수정한다. 이번 Chapter에서는 두 개의 버튼을 가진 테스트 애플리케이션을
만들어서 두 가지 방법으로 프로세스 정보를 가져오는 방법을 설명하도록 하겠다.

shell 명령을 이용한 방법

activity_main.xml 파일에 첫 번째 버튼을 추가하고 id는 "ps_test", text는 "Shell 명령어
PS 테스트"라고 입력한다.

Exam0701/res/layout/activity_main.xml

```xml
1   <?xml version="1.0" encoding="utf-8"?>
2   <LinearLayout xmlns:android="http://schemas.android.com/apk/res/
3       android"
4       android:orientation="vertical"
5       android:layout_width="fill_parent"
6       android:layout_height="fill_parent"
7       >
8   <TextView
9           android:layout_width="fill_parent"
10          android:layout_height="wrap_content"
11          android:text="Exam0701 프로세스 관리"
12          />
13
14  <!-- 첫 번째 버튼을 추가해준다. -->
15  <Button
16      android:id="@+id/ps_test"
17      android:layout_width="fill_parent"
18      android:layout_height="wrap_content"
19      android:text="Shell 명령어 PS 테스트"
20      />
21  </LinearLayout>
```

activity_main.xml 파일에 추가한 버튼에 OnClickListener를 등록하여, 첫 번째 버튼을 클릭했을 때 PS 명령어가 수행한 결과를 Toast를 이용하여 표시하도록 한다.

Exam0701/src/org.nashorn.exam0701/MainActivity.java

```java
1   package org.nashorn.exam0701;
2
3   import android.app.Activity;
4   import android.os.Bundle;
5   import android.view.View;
6   import android.widget.*;
7
8   public class MainActivity extends Activity {
9       /** Called when the activity is first created. */
10      @Override
```

```
11          public void onCreate(Bundle savedInstanceState) {
12              super.onCreate(savedInstanceState);
13              setContentView(R.layout.activity_main);
14
15              Button mPsTestButton = (Button)findViewById(R.id.ps_test);
16              mPsTestButton.setOnClickListener(
17                  new View.OnClickListener() {
18              @Override
19              public void onClick(View arg0) {
20              // TODO Auto-generated method stub
21      /*
```
안드로이드에서 Shell 명령어를 실행시키려면 Runtime.getRuntime().exec(명령)
함수를 이용하면 된다. Shell 명령어가 실행된 후에 발생하는 텍스트 내용을 가져오기 위해서
리턴값을 Process형 변수인 ps에 받고, ps의 getInputStream() 메소드를 이용하여
결과 텍스트를 Value에 저장한다.
```
26      */
27              try {
28                  Process ps = Runtime.getRuntime().exec("ps");
29                  byte[] msg = new byte[128];
30                  int len;
31                  String Value = "";
32                      while((len=ps.getInputStream().read(msg)) > 0) {
33                          Value = Value + new String(msg, 0, len);
34                      }
35                      Toast.makeText(getBaseContext(), Value,
36                          Toast.LENGTH_LONG).show();
37                  } catch(Exception e) {
38                  Toast.makeText(getBaseContext(), e.toString(),
39                      Toast.LENGTH_LONG).show();
40              }
41              }
42          });
43          }
44      }
```

프로젝트를 실행시키면 아래의 왼쪽 화면과 같이 버튼 하나가 있는 간단한 애플리케이션이 실
행된다. PS 테스트 버튼을 누르면 PS 명령어를 수행한 결과를 오른쪽 화면처럼 보여주게 된다.

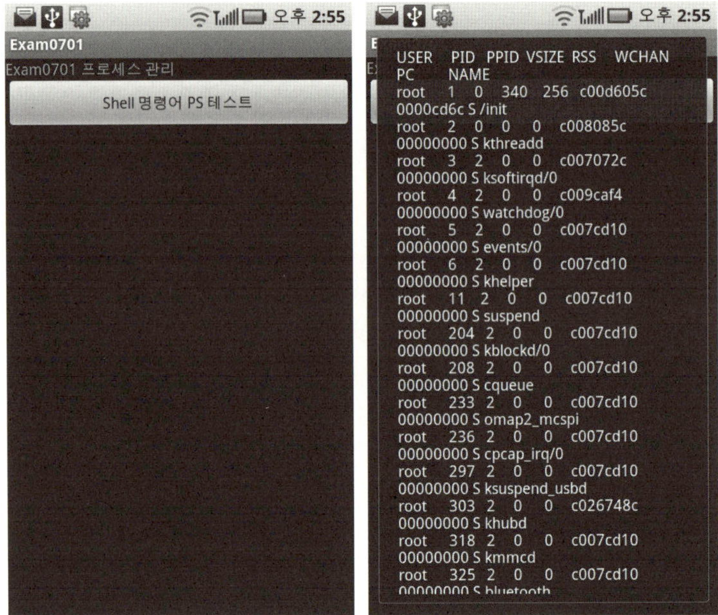

그림 07-02_ PS 명령어 수행 결과

이 때 보여지는 결과는 안드로이드 SDK의 adb 툴을 이용하여 다음과 같이 확인할 수 있다. 먼저 안드로이드 디바이스나 에뮬레이터가 연결된 상태에서 「adb shell」 명령을 실행하여 디바이스 또는 에뮬레이터의 shell을 구동시킨다. 그 다음에 PS 명령어를 수행시키면 애플리케이션에서 PS 명령을 실행시켰을 때 표시하는 내용과 동일한 결과를 확인할 수 있다.

adb 명령어는 안드로이드 SDK가 설치된 폴더의 하위 폴더 중에 platform-tools 폴더에 있으니 해당 폴더로 이동한 다음 실행시키면 된다.

```
C:\WINDOWS\system32\cmd.exe - adb shell

D:\android-sdk-windows>cd tools

D:\android-sdk-windows\tools>adb shell
$ ps
ps
USER      PID   PPID  VSIZE  RSS     WCHAN    PC          NAME
root      1     0     340    256   c00d605c 0000cd6c S /init
root      2     0     0      0     c008085c 00000000 S kthreadd
root      3     2     0      0     c007072c 00000000 S ksoftirqd/0
root      4     2     0      0     c009caf4 00000000 S watchdog/0
root      5     2     0      0     c007cd10 00000000 S events/0
root      6     2     0      0     c007cd10 00000000 S khelper
root      11    2     0      0     c007cd10 00000000 S suspend
root      204   2     0      0     c007cd10 00000000 S kblockd/0
root      208   2     0      0     c007cd10 00000000 S cqueue
root      233   2     0      0     c007cd10 00000000 S omap2_mcspi
root      236   2     0      0     c007cd10 00000000 S cpcap_irq/0
root      297   2     0      0     c007cd10 00000000 S ksuspend_usbd
root      303   2     0      0     c026748c 00000000 S khubd
root      318   2     0      0     c007cd10 00000000 S kmmcd
root      325   2     0      0     c007cd10 00000000 S bluetooth
root      354   2     0      0     c00a9d2c 00000000 S pdflush
root      355   2     0      0     c00a9d2c 00000000 S pdflush
root      356   2     0      0     c00ae944 00000000 S kswapd0
root      358   2     0      0     c007cd10 00000000 S aio/0
root      371   2     0      0     c0183708 00000000 S dsi
root      537   2     0      0     c007cd10 00000000 S bridge_work-que
root      540   2     0      0     c0253150 00000000 S mtdblockd
root      600   2     0      0     c007cd10 00000000 S klink_driver_wq
root      610   2     0      0     c029ae94 00000000 S usb_mass_storag
root      624   2     0      0     c007cd10 00000000 S qtouch_obp_ts_w
root      634   2     0      0     c007cd10 00000000 S sfh7743_wq
root      639   2     0      0     c007cd10 00000000 S bu52014hfv_wq
root      652   2     0      0     c02af7bc 00000000 S w1_bus_master1
root      662   2     0      0     c007cd10 00000000 S kondemand/0
root      681   2     0      0     c007cd10 00000000 S kwakeup_usb_ipc
root      683   2     0      0     c007cd10 00000000 S ksuspend_usb_ip
root      685   2     0      0     c028c2c0 00000000 S kipcd
root      687   2     0      0     c007cd10 00000000 S als_wq
root      700   2     0      0     c007cd10 00000000 S hid_compat
```

그림 07-03_ shell에서 ps 명령어 실행 결과 (ch07_05.tif)

앞으로도 계속 언급하겠지만, 안드로이드는 리눅스 기반의 모바일 운영체제이기 때문에 가급적이면 리눅스 환경에 익숙해지는 것이 필요하다. 프로세스뿐만 아니라 파일 시스템 등 개발과 관련된 여러 가지 측면에서 리눅스를 어느 정도 숙지하고 있는 것이 많은 도움이 되기 때문이다.

Activity Manager를 이용한 방법

Activity Manager는 각각의 애플리케이션을 관리하거나 제어하는 역할을 한다. 따라서, 안드로이드에서 제공되는 Activity Manager를 이용하면 프로세스의 단순한 조회뿐만 아니라 특정 프로세스 관리 기능도 구현할 수 있게 된다.

Activity Manager를 이용하여 프로세스 목록을 만드는 기능을 구현하기 위해서 activity_main.xml 파일에 두 번째 버튼과 프로세스 목록을 저장할 ListView를 추가한다.

Exam0701/res/layout/activity_main.xml

```xml
1   <?xml version="1.0" encoding="utf-8"?>
2   <LinearLayout xmlns:android="http://schemas.android.com/apk/res/android"
3       android:orientation="vertical"
4       android:layout_width="fill_parent"
5       android:layout_height="fill_parent"
6       >
7   <TextView
8       android:layout_width="fill_parent"
9       android:layout_height="wrap_content"
10      android:text="Exam0701 프로세스 관리"
11      />
12  <Button
13      android:id="@+id/ps_test"
14      android:layout_width="fill_parent"
15      android:layout_height="wrap_content"
16      android:text="Shell 명령어 PS 테스트"
17      />
18  <!-- 두 번째 버튼과 리스트 뷰를 추가한다. -->
19  <Button
20      android:id="@+id/activity_manager_test"
21      android:layout_width="fill_parent"
22      android:layout_height="wrap_content"
23      android:text="Activity Manager 테스트"
24      />
25  <ListView
26      android:id="@+id/process_list"
27      android:layout_width="fill_parent"
28      android:layout_height="fill_parent"
29      />
30  </LinearLayout>
```

MainActivity.java 파일에는 두 번째 버튼을 클릭했을 때, 새로 추가한 리스트 뷰에 현재 실행 중인 애플리케이션 프로세스 목록을 추가해주도록 만든다. 리스트 뷰의 특정 아이템을 선택하면 해당 아이템에 대한 프로세스 이름과 pid, uid를 Toast로 표시해주도록 한다.

실습 7-2

Exam0701/src/org.nashorn.exam0701/MainActivity.java

```java
package org.nashorn.exam0701;

import android.app.Activity;
import android.os.Bundle;
import android.view.View;
import android.widget.*;
import android.app.*;
import java.util.*;

public class MainActivity extends Activity {
    /** Called when the activity is first created. */
    @Override
    public void onCreate(Bundle savedInstanceState) {
        super.onCreate(savedInstanceState);
        setContentView(R.layout.activity_main);

        Button mPsTestButton = (Button)findViewById(R.id.ps_test);
        mPsTestButton.setOnClickListener(new View.OnClickListener() {
        @Override
        public void onClick(View arg0) {
        // TODO Auto-generated method stub
            try {
             Process ps = Runtime.getRuntime().exec("ps");
            byte[] msg = new byte[128];
            int len;
            String Value = "";
                while((len=ps.getInputStream().read(msg)) > 0) {
                    Value = Value + new String(msg, 0, len);
                }
                Toast.makeText(getBaseContext(), Value,
                            Toast.LENGTH_LONG).show();
            } catch(Exception e) {
        Toast.makeText(getBaseContext(), e.toString(),
                            Toast.LENGTH_LONG).show();
            }
        }
    });
```

```
39    /* 두 번째 버튼을 눌렀을 때의 처리 부분을 추가한다. */
40       Button mActivityManagerTestButton =
41       (Button)findViewById(R.id.activity_manager_test);
42       mActivityManagerTestButton.setOnClickListener(
43       new View.OnClickListener() {
44           @Override
45           public void onClick(View arg0) {
46           // TODO Auto-generated method stub
47    /*
48    두 번째 버튼을 클릭했을 때, Activity Manager를 이용하여 현재 실행되고 있는 프로세스
49    목록을 appList에 받아온다. 프로세스 목록을 가지고 있는 appList로
50    ActiveManager.RunningAppProcessInfo형 ArrayAdapter를 생성한다.
51    */
52       ActivityManager activityManager = (ActivityManager)
53       getBaseContext().getSystemService(ACTIVITY_SERVICE );
54        final List<ActivityManager.RunningAppProcessInfo> appList =
55       activityManager.getRunningAppProcesses();
56              final ArrayAdapter<ActivityManager.
57              RunningAppProcessInfo> adaptedAppList = new
58              ArrayAdapter<ActivityManager.RunningAppProcessInfo>
59              (getBaseContext(), android.R.layout.
60                  simple_list_item_single_choice, appList);
61
62    /*
63    레이아웃에 배치해놓은 리스트 뷰에 앞에서 만든 adaptedAppList를 Adapter로 등록해주고,
64    선택 모드는 ListView.CHOICE_MODE_SINGLE(한번에 하나만 선택 가능)로 지정한다.
65    특정 항목을 선택하면 그에 대한 명령을 수행할 수 있도록 setOnItemClickListener를
66    등록하여, 선택된 프로세스의 이름과 pid, uid값을 표시하도록 한다. 특정 항목을 선택했을 때,
67    onItemClick() 메소드가 호출되고 arg2 인수에 선택된 항목의 index 값이 넘어온다.
68    이것을 이용하여 리스트에서 선택된 항목이 어떤 것인지 구분이 가능하다.
69    */
70              ListView listView = (ListView)findViewById
71                  (R.id.process_list);
72              listView.setAdapter(adaptedAppList);
73              listView.setChoiceMode(ListView.CHOICE_MODE_SINGLE);
74              listiew.setOnItemClickListener
75                  (new AdapterView.OnItemClickListener() {
76                @Override
77                public void onItemClick(AdapterView<?> arg0,
78                        View arg1, int arg2, long arg3) {
```

```
79              // TODO Auto-generated method stub
80          ActivityManager.RunningAppProcessInfo runApp =
81   adaptedAppList.getItem(arg2);
82          String name = runApp.processName+"<"+runApp.pid+">"+
83   runApp.uid;
84          Toast.makeText(getBaseContext(), name,
85   Toast.LENGTH_SHORT).show();
86              }
87         });
88          }
89      });
90      }
91  }
```

프로젝트를 빌드하고 실행시키면 다음과 같이 [Activity Manager 테스트] 버튼이 추가된 것을 확인할 수 있다. [Activity Manager 테스트] 버튼을 누르면 오른쪽 그림과 같이 두 번째 버튼 아래쪽으로 현재 실행 중인 프로세스 목록이 만들어진다.

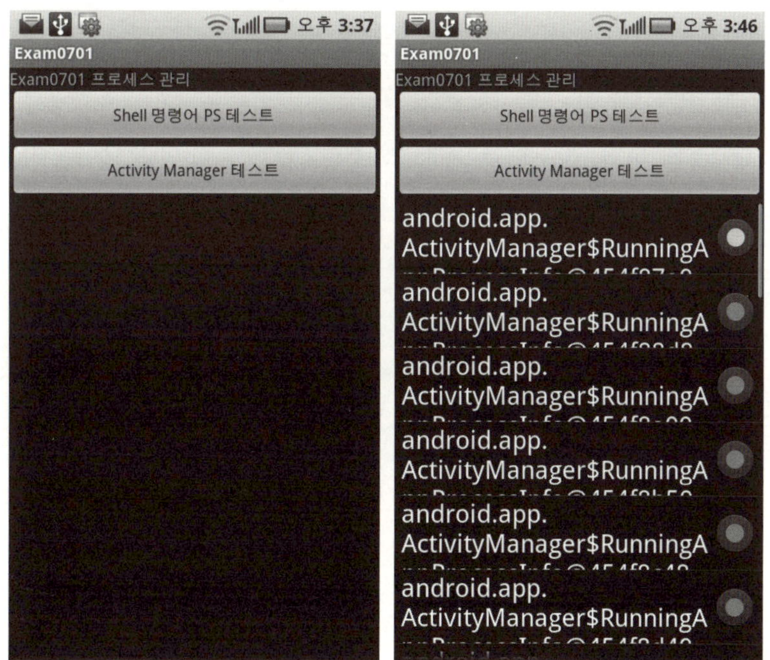

그림 07-04_ Exam0701 실행 결과

특정 프로세스를 클릭하면 해당 애플리케이션의 이름과 pid, uid를 표시해준다.

프로세스 죽이기

그렇다면 현재 실행 중인 프로세스(애플리케이션)를 강제로 종료시켜보도록 하자. 안드로이드가 리눅스 기반이기 때문에 일반적인 방법으로 프로세스를 죽이려면 shell 명령어 중에 "kill" 명령을 사용하면 된다. 앞서 두 가지 방법으로 현재 실행 중인 프로세스 목록을 알아내었을 때, 각각의 프로세스 ID (pid) 값도 알 수 있었기 때문에 강제 종료하고자 하는 프로세스의 pid 값으로 kill 명령을 수행하면 강제 종료가 되어야 한다.

하지만, 일반 사용자들을 대상으로 출시되는 안드로이드폰은 대부분의 시스템 명령에 대한 권한을 제한하여 출시되기 때문에 이러한 방법으로 프로세스를 강제 종료시킬 수가 없다. 다음은 모토로이의 shell에서 특정 프로세스를 pid 값을 이용하여 강제종료시킨 화면이다. 「Operation not permitted」라는 오류가 출력되면서 해당 프로세스를 종료시키지 못한 것을 확인할 수 있다.

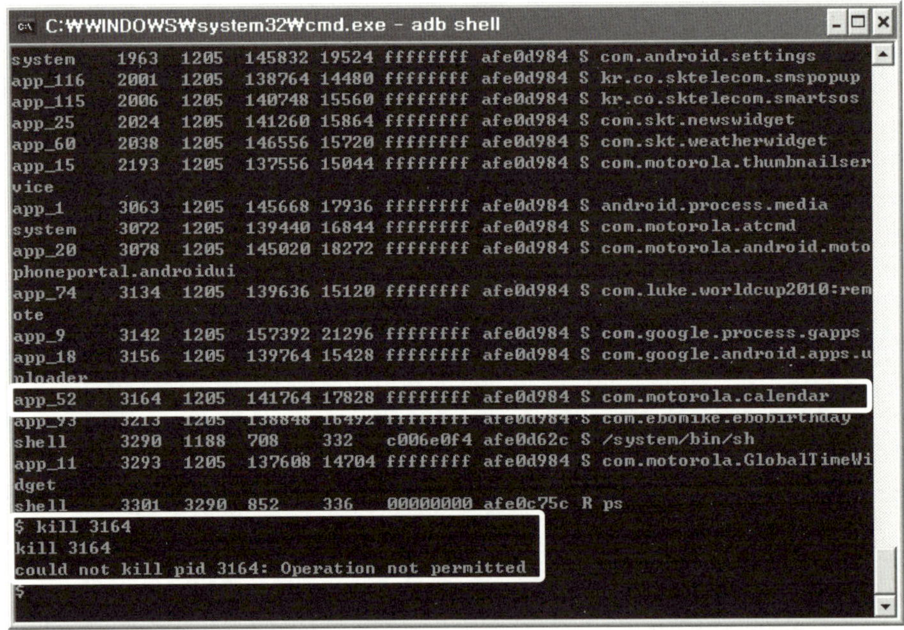

그림 07-05_ kill 명령어 수행 결과

안드로이드 2.1까지는 Activity Manager에서 제공하는 restartPakage( ) 메소드를 사용하면 손쉽게 프로세스를 죽이는 것이 가능하다. restartPackage( ) 메소드는 지정한 애플리케이션 패키지와 관련된 모든 것을 강제로 종료시키는 기능을 가지고 있다. restartPackage( ) 메소드를 사용하려면 먼저 AndroidManifest.xml 파일에 다음 항목을 추가해줘야 한다.

```
<uses-permission android:name="android.permission.RESTART_PACKAGES" />
```

그러나 안드로이드 2.2(프로요)부터는 restartPackage( ) 메소드를 사용할 수 없게 되었고,
대신 killBackgroundProcesses( )라는 메소드를 지원한다. killBackgroundProcesses( )
메소드는 restartPackage( ) 메소드와 달리, 현재 프로세스의 상태를 보고 중요도가 낮은 프
로세스만 선별적으로 종료시키기 때문에 아무 프로세스나 종료할 수 없게 되었다. 따라서 현재
실행 중인 프로세스를 강제로 종료시키는 일은 더 이상 불가능하게 되었다.

killBackgroundProcesses( ) 메소드를 사용하기 위해서는 AndroidManifest.xml 파일에
KILL_BACKGROUND_PROCESSES 퍼미션을 요청해야 한다.

```
<uses-permission android:name="android.permission.KILL_BACKGROUND_
PROCESSES"/>
```

실습 7-3

Exam0701/AndroidManifest.xml

```
1    <?xml version="1.0" encoding="utf-8"?>
2    <manifest xmlns:android=
3                "http://schemas.android.com/apk/res/android"
4         package="org.nashorn.exam0701"
5         android:versionCode="1"
6         android:versionName="1.0">
7        <application android:icon=
8              "@drawable/icon" android:label="@string/app_name">
9          <activity android:name=".Exam0701"
10                android:label="@string/app_name">
11             <intent-filter>
12                 <action android:name=
13                 "android.intent.action.MAIN" />
14                 <category android:name=
15                   "android.intent.category.LAUNCHER" />
16             </intent-filter>
17          </activity>
18       </application>
19       <uses-sdk android:minSdkVersion="5" />
20
21       <!-- restartPackage 메소드 사용을 명시한다 -->
```

```
22    <uses-permission android:name=
23        "android.permission.RESTART_PACKAGES" />
24
25    <!-- killBackgroundProcesses 메소드를 사용할 때 다음 주석 내용을 사용하면 된다.
26    <uses-permission
27        android:name=
28          "android.permission.KILL_BACKGROUND_PROCESSES"/> -->
29    </manifest>
```

실습 7-3

Exam0701/src/org.nashorn.exam0701/MainActivity.java

```
1    package org.nashorn.exam0701;
2
3    import android.os.Bundle;
4    import android.app.Activity;
5    import android.view.View;
6    import android.widget.*;
7    import android.app.*;
8    import java.util.*;
9    import android.app.ActivityManager;
10   import android.app.AlertDialog;
11   import android.content.DialogInterface;
12
13   public class MainActivity extends Activity {
14       MainActivity curActivity = this;
15
16       /** Called when the activity is first created. */
17       @Override
18       public void onCreate(Bundle savedInstanceState) {
19           super.onCreate(savedInstanceState);
20           setContentView(R.layout.activity_main);
21
22           Button mPsTestButton = (Button)findViewById(R.id.ps_test);
23           mPsTestButton.setOnClickListener(
24                   new View.OnClickListener() {
25           @Override
26               public void onClick(View arg0) {
27                   // TODO Auto-generated method stub
28                   try {
```

```
Process ps = Runtime.getRuntime().exec("ps");
byte[] msg = new byte[128];
int len;
String Value = "";
while((len=ps.getInputStream().read(msg)) > 0) {
    Value = Value + new String(msg, 0, len);
}
Toast.makeText(getBaseContext(),
        Value, Toast.LENGTH_LONG).show();
} catch(Exception e) {
    Toast.makeText(getBaseContext(), e.toString(),
        Toast.LENGTH_LONG).show();
}
  }
});


Button mActivityManagerTestButton =
        (Button)findViewById(R.id.activity_manager_test);
mActivityManagerTestButton.setOnClickListener(
        new View.OnClickListener() {
@Override
public void onClick(View arg0) {
final ActivityManager activityManager =
    (ActivityManager)getBaseContext().getSystemService
        (ACTIVITY_SERVICE );
    final List<ActivityManager.RunningAppProcessInfo> appList
            =activityManager.getRunningAppProcesses();
    final ArrayAdapter<ActivityManager.
            RunningAppProcessInfo> adaptedAppList =
      new ArrayAdapter<ActivityManager.
            RunningAppProcessInfo>(getBaseContext(),
            android.R.layout.simple_list_item_single_
            choice, appList);
    ListView listView =
      (ListView)findViewById(R.id.process_list);
    listView.setAdapter(adaptedAppList);
    listView.setChoiceMode(ListView.CHOICE_MODE_SINGLE);
    listView.setOnItemClickListener(
            new AdapterView.OnItemClickListener() {
    @Override
```

```
69              public void onItemClick(AdapterView<?> arg0,
70                      View arg1, int arg2, long arg3) {
71      /*
72      AlertDialog를 이용하여 선택된 프로세스를 종료 여부를 선택하도록 구현한다. "예"를
73      선택하면 Activity Manager의 restartPackage() 메소드에 선택된 프로세스 이름을
74      인수로 넘겨주고 호출하여, 해당 프로세스를 강제로 종료시킨다.
75      */
76                  final ActivityManager.RunningAppProcessInfo runApp =
77                          appList.get(arg2);
78              AlertDialog.Builder alertDialog =
79                      new AlertDialog.Builder(curActivity);
80          alertDialog.setTitle("프로세스 종료");
81          alertDialog.setMessage("선택한 프로세스("+
82                  runApp.processName+")을 종료하시겠습니까?");
83          alertDialog.setPositiveButton("예",
84                  new DialogInterface.OnClickListener() {
85              @Override
86              public void onClick(DialogInterface arg0, int arg1) {
87                  activityManager.restartPackage(runApp.processName);
88              }
89          });
90          alertDialog.setNegativeButton("아니오", new
91                  DialogInterface.OnClickListener() {
92              @Override
93              public void onClick(DialogInterface arg0, int arg1) {
94              }
95          });
96          alertDialog.show();
97              }
98          });
99      }
100     });
101     }
102 }
```

현재 restartPackage( ) 메소드를 사용하도록 되어있는데, 프로젝트에서 사용하는 안드로이드 SDK 버전이 프로요 이상일 경우에는 다음과 같이 killBackgroundProcesses( )를 사용하도록 메소드를 수정하면 된다.

```
~ 중략 ~

@Override
public void onClick(DialogInterface dialog, int which) {
activityManager.killBackgroundProcesses(runApp.processName);
}

~ 중략 ~
```

리스트 뷰의 아이템을 클릭했을 때 처리하는 부분을 AlertDialog를 이용하여 프로세스를 종료시킬지 여부를 묻는 다이얼로그를 띄우도록 수정한다. [예]를 선택하면 restartPackage( ) 메소드를 이용하여 해당 프로세스를 강제 종료시키도록 하면 된다.

이렇게 수정하고 빌드한 뒤, 애플리케이션을 실행시키고 [Activity Manager 테스트] 버튼을 눌러 프로세스 목록을 만든 다음, 우리가 만든 애플리케이션의 프로세스를 찾아서 클릭해주면 다음과 같은 프로세스 종료 여부를 묻는 다이얼로그가 뜬다. 여기서 [예]를 클릭하면 애플리케이션이 강제 종료되는 것을 확인할 수 있다.

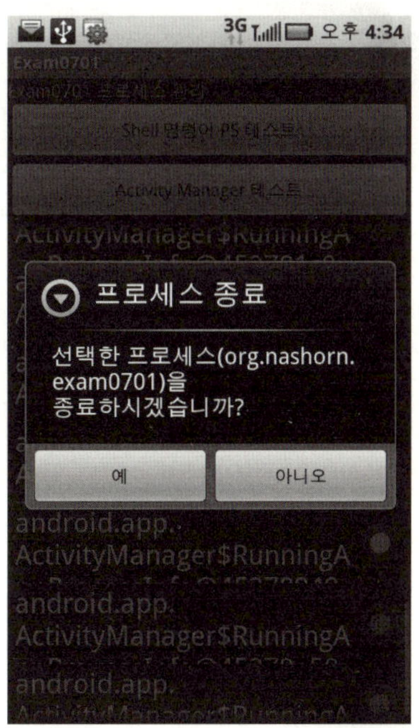

그림 07-06_ 안드로이드 프로세스 종료 확인 창

중요한 시스템 관련 프로세스인 경우에는 이 방법으로도 강제 종료가 되지 않기 때문에, 일반 애플리케이션의 프로세스를 강제 종료시키는 것만 가능하다.

2. 애플리케이션 관리

안드로이드에서는 반드시 애플리케이션 설치 파일인 APK 파일을 실행하여 해당 애플리케이션을 안드로이드폰 내에 설치할 수 있다. 이렇게 설치된 애플리케이션은 [환경설정]–[응용프로그램 설정]–[응용프로그램 관리] 메뉴에서 관리를 할 수 있다.

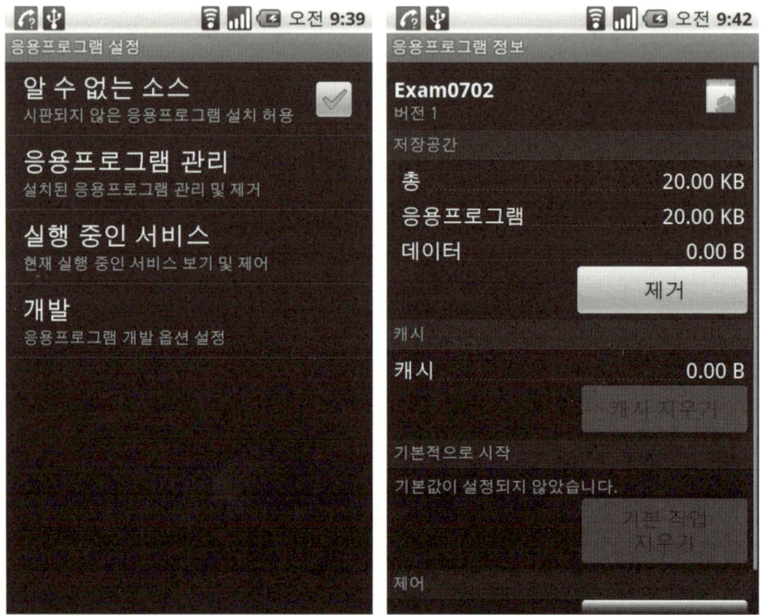

그림 07-07_ 안드로이드폰 응용프로그램 관리 메뉴

「응용프로그램 관리」 메뉴에서는 현재 사용 중인 안드로이드폰에 설치된 애플리케이션 목록을 볼 수 있고, 특정 애플리케이션을 선택하면 해당 애플리케이션에 대한 상세한 정보를 확인할 수 있다. 그리고 사용자가 원하면 해당 애플리케이션을 제거하거나 실행 중일 경우에는 강제 종료를 시킬 수도 있다.

여기에서는 이와 유사하게 애플리케이션을 관리하는 예제를 만들어보도록 하겠다.

2.1 설치된 애플리케이션 목록 보여주기

프로세스 관리는 Activity Manager를 이용하여 간단하게 처리할 수 있었던 것처럼, 애플리케이션도 Package Manager를 이용하면 손쉽게 설치 목록을 얻어와서 리스트 뷰에 뿌려줄 수 있다.

이제 Exam0702 프로젝트를 생성하고, 먼저 layout 폴더에 있는 activity_main.xml 파일을 열어서 애플리케이션 목록을 표시할 리스트 뷰를 추가해준다.

실습 7-4

Exam0702/res/layout/activity_main.xml

```xml
1   <?xml version="1.0" encoding="utf-8"?>
2   <LinearLayout xmlns:android="http://schemas.android.com/apk/
3   res/android"
4       android:orientation="vertical"
5       android:layout_width="fill_parent"
6       android:layout_height="fill_parent"
7       >
8   <TextView
9       android:layout_width="fill_parent"
10      android:layout_height="wrap_content"
11      android:text="Exam0702 애플리케이션 관리"
12      />
13  <!-- 리스트 뷰를 추가해준다. -->
14  <ListView
15      android:id="@+id/application_list"
16      android:layout_width="fill_parent"
17      android:layout_height="fill_parent"
18      />
19  </LinearLayout>
```

그 다음에는 MainActivity.java 파일을 열고, 다음과 같이 PackageManager를 이용하여 설치된 애플리케이션의 목록을 리스트 뷰로 보여주도록 코딩한다. PackageManager를 사용하기 위해서는 반드시 android.content.pm을 임포트해야 한다.

실습 7-4

Exam0702/src/org.nashorn.exam0702/MainActivity.java

```java
1   package org.nashorn.exam0702;
2
3   import android.app.Activity;
4   import android.os.Bundle;
5   import android.content.pm.*;
6   import java.util.*;
7   import android.widget.*;
8
```

```
9    public class MainActivity extends Activity {
10       /** Called when the activity is first created. */
11       @Override
12       public void onCreate(Bundle savedInstanceState) {
13           super.onCreate(savedInstanceState);
14           setContentView(R.layout.activity_main);
15
16       /*
17       PackageManager를 이용하여 현재 설치된 애플리케이션 패키기 목록을 appList에 받는다.
18       appList를 이용하여 PackageInfo 타입의 ArrayAdapter를 생성하고,
19       main.xml에서 정의한 리스트뷰에 Adapter로 지정한다.
20       */
21           PackageManager packagemanager = getPackageManager();
22           final List<PackageInfo> appList =
23                   packagemanager.getInstalledPackages(0);
24           ArrayAdapter<PackageInfo> adaptedAppList =
25               new ArrayAdapter<PackageInfo>(this,
26               android.R.layout.simple_list_item_single_choice,
27               appList);
28           ListView listView=
29               (ListView)findViewById(R.id.application_list);
30           listView.setAdapter(adaptedAppList);
31       }
32   }
```

이렇게 해주면 어렵지 않게 설치된 애플리케이션의 목록을 확인할 수 있는 애플리케이션을 완성할 수 있다. 다음은 갤럭시A에서 Exam0702 프로젝트를 실행시킨 화면이다.

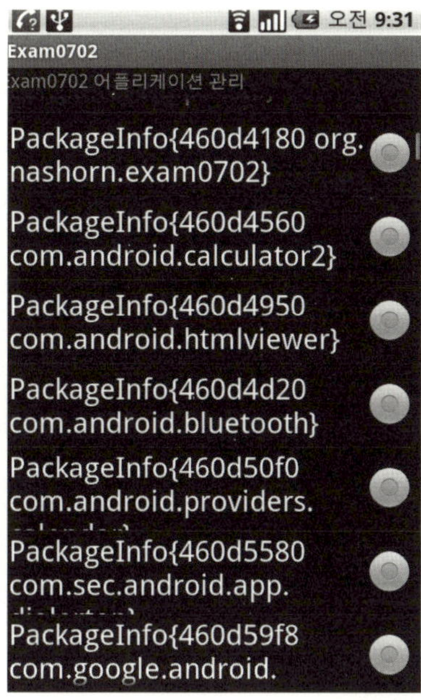

그림 07-08_ 설치된 애플리케이션 목록 표시

이제 여기에 특정 애플리케이션을 선택하면 해당 애플리케이션을 제거하는 기능을 추가해보도록 하자.

2.2 애플리케이션 제거(언인스톨)하기

특정 애플리케이션을 제거하기 위해서는 먼저 해당 애플리케이션의 패키지 이름 (예를 들면 org.nashorn.exam0702)을 이용하여 URI를 만들고 그 URI를 이용하여 Intent 클래스 (Intent.ACTION_DELETE)를 액티비티로 구동시키는 방식을 사용한다.

「URI(Uniform Resource Identifier)」는 어떠한 자원을 찾아가는데 필요한 경로를 뜻하며, URL(Uniform Resource Locator)와 URN(Uniform Resource Name)의 통칭이라고 할 수 있다. 일반적으로 URL은 네트워크 상의 경로를 표기하는 데 사용하고, URN은 고유하게 부여된 이름으로 사용된다.

이와 같이 Intent 클래스는 애플리케이션 설치/제거 뿐만 아니라 다양한 기능을 구동시키는데 활용될 수 있다(웹 브라우저 실행, 다이얼러 호출, 전화 걸기, 오디오 파일 플레이, 이메일 보내기, SMS 보내기 등등). 이 부분에 대해서는 이 책의 Intent 클래스에 대해 설명하는 부분을 참고하기 바란다.

이제 앞에서 구현한 MainActivity.java를 다음과 같이 수정한다.

Exam0702/src/org.nashorn.exam0702/MainActivity.java

```java
package org.nashorn.exam0702;

import android.app.Activity;
import android.app.AlertDialog;
import android.os.Bundle;
import android.content.DialogInterface;
import android.content.pm.*;
import java.util.*;
import android.content.*;
import android.net.*;
import android.view.View;
import android.widget.*;

public class MainActivity extends Activity {
    MainActivity curActivity = this;
    /** Called when the activity is first created. */
    @Override
    public void onCreate(Bundle savedInstanceState) {
        super.onCreate(savedInstanceState);
        setContentView(R.layout.activity_main);
          PackageManager packagemanager = getPackageManager();
        final List<PackageInfo> appList =
            packagemanager.getInstalledPackages(0);
        ArrayAdapter<PackageInfo> adaptedAppList =
                new ArrayAdapter<PackageInfo>(this,
                android.R.layout.simple_list_item_single_choice,
                appList);
        ListView listView =
                (ListView)findViewById(R.id.application_list);
        listView.setAdapter(adaptedAppList);
    /*
리스트 뷰에서 특정 항목을 선택하면 해당 항목의 정보를 가져와서 애플리케이션의 제거 여부를
묻는 AlertDialog를 실행시킨다. 사용자가 제거를 선택할 경우, 패키지 이름을 이용하여
Intent.ACTION_DELETE를 수행시켜서 애플리케이션 제거를 프로세스를 구동시킨다.
    */
            listView.setOnItemClickListener(
            new AdapterView.OnItemClickListener() {
            @Override
```

```
39        public void onItemClick(AdapterView<?> arg0, View arg1,
40            int arg2, long arg3) {
41            // TODO Auto-generated method stub
42            final PackageInfo runApp = appList.get(arg2);
43            AlertDialog.Builder alertDialog =
44                    new AlertDialog.Builder(curActivity);
45            alertDialog.setTitle("애플리케이션 제거");
46            alertDialog.setMessage("선택한 애플리케이션("+
47                    runApp.packageName+")을 제거하시겠습니까?");
48            alertDialog.setPositiveButton("예",
49                    new DialogInterface.OnClickListener() {
50            @Override
51            public void onClick(DialogInterface arg0, int arg1) {
52                // TODO Auto-generated method stub
53                Uri uri = Uri.fromParts("package",
54                    runApp.packageName, null);
55                Intent it = new Intent(Intent.ACTION_DELETE, uri);
56                startActivity(it);
57            }
58            });
59            alertDialog.setNegativeButton("아니오",
60                    new DialogInterface.OnClickListener() {
61            @Override
62            public void onClick(DialogInterface arg0, int arg1) {
63                // TODO Auto-generated method stub
64            }
65            });
66            alertDialog.show();
67        }
68        });
69    }
70 }
```

다음은 리스트 뷰에서 특정 애플리케이션을 선택했을 때, 제거 유무를 묻는 대화상자와 제거를
선택했을 때 뜨는 화면이다.

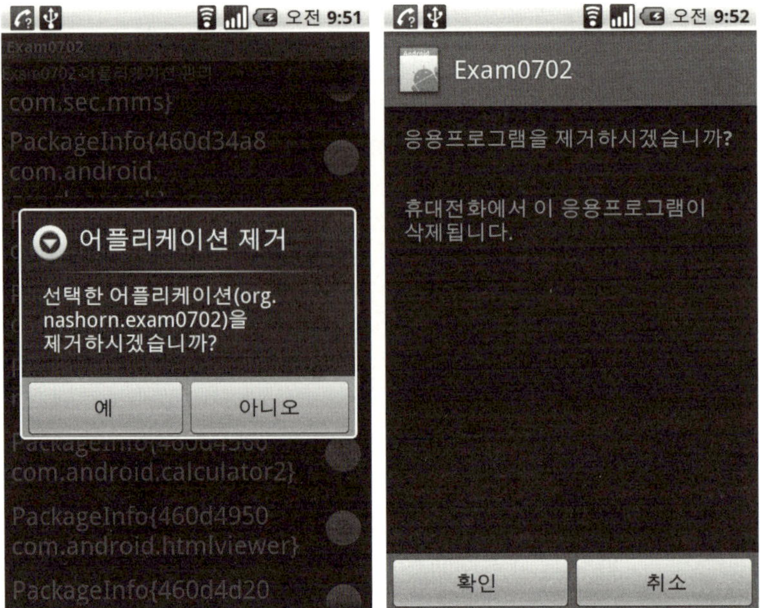

그림 07-09_ 애플리케이션 제거

안드로이드폰의 [환경설정]-[응용프로그램 설정]-[응용프로그램 관리]에서 제거할 때에도 오른쪽 위와 동일한 화면이 뜬다.

2.3 애플리케이션 APK 파일 백업하기

안드로이드용 파일 관리 애플리케이션인 「Astro」에서는 설치된 애플리케이션의 APK 파일을 백업하는 기능을 제공한다. 불의의 사고로 안드로이드가 초기화되어 애플리케이션을 다시 설치를 해야 하는 경우라면 일일이 애플리케이션을 다운을 받아서 설치해야 하는 번거로움이 생긴다. 애플리케이션 백업은 이런 경우를 대비하여 APK 파일을 백업해두고 언제든지 재설치할 수 있도록 해주는 기능이다.

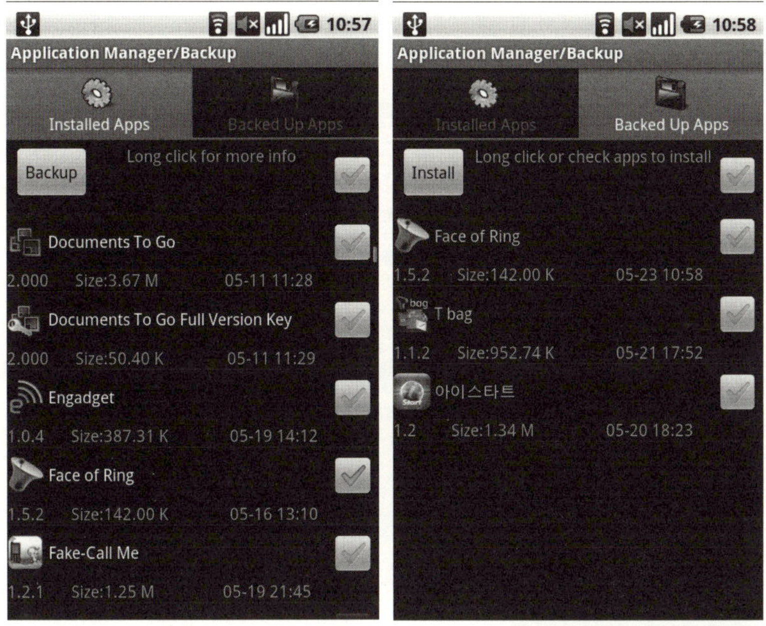

그림 07-10_ Astro 애플리케이션 관리 기능

시중에 출시된 안드로이드폰의 /data 폴더는 권한이 없어서 기본적으로 접근이 불가능하지만, 설치된 애플리케이션의 패키지 이름만 알면 cp 명령을 이용해서 apk 파일을 원하는 곳에 복사할 수 있다. cp 명령의 권한이 없는 경우에는 간단하게 파일 복사 기능을 만들어서 구현해 주어야 한다.

```
cp /data/app/패키지명.apk /sdcard/패키지명.apk
```

이렇게 해서 /sdcard 폴더에 복사된 apk 파일은 Astro와 같은 파일 관리 애플리케이션을 이용하여 실행시킬 수 있다.

애플리케이션 백업 기능을 구현하기 위해 먼저 메니페스트 파일에 SD 카드 액세스를 위해서 앞에서 구현한 Exam0702 프로젝트의 AndroidManifest.xml 파일에 다음과 같이 user-permission 항목을 추가해준다.

실습 7-5

Exam0702/AndroidManifest.xml

```
1    <?xml version="1.0" encoding="utf-8"?>
2    <manifest xmlns:android="http://schemas.android.com/apk/
3    res/android"
```

```
4          package="org.nashorn.exam0702"
5          android:versionCode="1"
6          android:versionName="1.0">
7       <application android:icon="@drawable/icon"
8          android:label="@string/app_name">
9          <activity android:name=".MainActivity"
10                 android:label="@string/app_name">
11             <intent-filter>
12                <action android:name="android.intent.action.MAIN" />
13                <category android:name=
14                          "android.intent.category.LAUNCHER" />
15             </intent-filter>
16          </activity>
17
18       </application>
19       <uses-sdk android:minSdkVersion="5" />
20
21 <!-- SD 카드에 파일을 APK 복사하기 위해 WRITE_EXTERNAL_STORAGE 퍼미션을
22 요청한다. -->
23 <uses-permission
24 android:name="android.permission.WRITE_EXTERNAL_STORAGE" />
25 </manifest>
```

그 다음에는 설치된 애플리케이션 목록에서 선택한 애플리케이션을 제거할 것인지, 백업할 것
인지를 메뉴를 이용하여 선택하기 위해서 res 폴더 밑에 menu 폴더를 만들고 main.xml 파
일을 다음과 같이 구현한다.

Exam0702/res/menu/main.xml

```
1  <?xml version="1.0" encoding="utf-8"?>
2  <menu xmlns:android="http://schemas.android.com/apk/res/
3  android">
4
5     <item android:id="@+id/uninstall"
6         android:title="제거">
7        </item>
8
9     <item android:id="@+id/backup"
10        android:title="백업">
```

```
11          </item>
12
13      </menu>
```

그리고 MainActivity.java 파일을 다음과 같이 수정한다.

실습 7-4

Exam0702/src/org.nashorn.exam0702/MainActivity.java

```
1     package org.nashorn.exam0702;
2
3     import android.app.Activity;
4     import android.app.AlertDialog;
5     import android.os.Bundle;
6     import android.content.DialogInterface;
7     import android.content.Intent;
8     import android.content.pm.*;
9     import java.io.File;
10    import java.io.FileInputStream;
11    import java.io.FileOutputStream;
12    import java.io.InputStream;
13    import java.io.OutputStream;
14    import java.util.*;
15    import android.net.*;
16    import android.view.Menu;
17    import android.view.MenuInflater;
18    import android.view.MenuItem;
19    import android.view.View;
20    import android.widget.*;
21
22    public class MainActivity extends Activity {
23        MainActivity curActivity = this;
24        private String selectPackageName = "";
25
26        @Override
27        public void onCreate(Bundle savedInstanceState) {
28            super.onCreate(savedInstanceState);
29            setContentView(R.layout.activity_main);
30
31            PackageManager packagemanager = getPackageManager();
32            final List<PackageInfo> appList =
```

```
33                   packagemanager.getInstalledPackages(0);
34            ArrayAdapter<PackageInfo> adaptedAppList =
35                   new ArrayAdapter<PackageInfo>(this,
36                   android.R.layout.simple_list_item_single_choice,
37                   appList);
38            ListView listView =
39                   (ListView)findViewById(R.id.application_list);
40            listView.setAdapter(adaptedAppList);
41            listView.setChoiceMode(ListView.CHOICE_MODE_SINGLE);
42     /*
```
43   리스트 뷰에서 특정 항목을 선택하면 바로 제거를 하지 않을 것이기 때문에, 선택된 항목의
44   패키지 이름만 selectPackageName에 저장해놓도록 수정한다.
```
45     */
46            listView.setOnItemClickListener(
47                new AdapterView.OnItemClickListener() {
48            @Override
49            public void onItemClick(AdapterView<?> arg0, View arg1,
50                    int arg2, long arg3) {
51                final PackageInfo runApp = appList.get(arg2);
52                selectPackageName = runApp.packageName;
53            }
54          });
55        }
56
57     /*
```
58   지정한 소스 파일을 대상 위치에 복사해주는 파일 복사 함수. 1024 바이트의 버퍼 단위로
59   소스 파일을 읽어서 저장한다.
```
60     */
61      public void fileCopy(String src, String dest) {
62        try {
63          InputStream myInput = new FileInputStream(src);
64          OutputStream myOutput = new FileOutputStream(dest);
65          byte[] buffer = new byte[1024];
66
67          int total_length = 0;
68          int length;
69          while ((length = myInput.read(buffer))>0){
70              myOutput.write(buffer, 0, length);
71              total_length+=length;
72          }
```

```
73          total_length+=length;
74
75          myOutput.flush();
76          myOutput.close();
77          myInput.close();
78      } catch(Exception e) {
79          Toast.makeText(getBaseContext(), e.toString(),
80              Toast.LENGTH_LONG).show();
81      }
82  }
83
84  /*
85  res/menu/main.xml 파일을 사용할 메뉴로 지정해준다.
86  */
87      @Override
88      public boolean onCreateOptionsMenu(Menu menu) {
89          super.onCreateOptionsMenu(menu);
90          MenuInflater inflater = getMenuInflater();
91          inflater.inflate(R.menu.main, menu);
92          return true;
93      }
94
95      @Override
96      public boolean onPrepareOptionsMenu(Menu menu) {
97          super.onPrepareOptionsMenu(menu);
98          return true;
99      }
100
101 /*
102 메뉴에서 [백업]을 선택하면 현재 선택된 애플리케이션이 있는지 확인을 하고, 선택된
103 애플리케이션이 있으면 APK 파일이 존재하는지 체크한다. APK 파일이 존재할 경우에는
104 fileCopy 함수를 이용하여 SD 카드에 복사본을 만든다.
105 */
106     @Override
107     public boolean onOptionsItemSelected(MenuItem item) {
108         switch (item.getItemId()) {
109     case R.id.backup:
110     {
111         if (selectPackageName.length() > 0) {
112             String srcFile="/data/app/"+selectPackageName+".apk";
```

```
113         String destFile = "/sdcard/"+selectPackageName+".apk";
114             try {
115                 File file = new File(srcFile);
116                 if (file.isFile()) {
117             fileCopy(srcFile, destFile);
118                 Toast.makeText(this, selectPackageName+
119                     "을 백업했습니다.", Toast.LENGTH_SHORT).show();
120                     } else
121                 Toast.makeText(this, "해당 애플리케이션은 백업할 수
122                     없습니다.", Toast.LENGTH_SHORT).show();
123                 } catch(Exception e) {
124                 Toast.makeText(getBaseContext(), e.toString(),
125                 Toast.LENGTH_LONG).show();
126         }
127         } else
128             Toast.makeText(this, "백업할 애플리케이션을 선택하세요.",
129                 Toast.LENGTH_SHORT).show();
130         }
131         return true;
132         case R.id.uninstall:
133     ...<생략>...
134     return true;
135         }
136
137         return super.onOptionsItemSelected(item);
138     }
139 }
```

이제 프로젝트를 실행시키면 다음과 같이 애플리케이션 목록에서 특정 항목을 클릭하면 선택된 것만 표시된다. 안드로이드폰의 메뉴 버튼을 누르면 하단에 [제거]와 [백업] 메뉴가 추가된 것을 확인할 수 있다.

특정 애플리케이션을 선택하고 [백업] 메뉴를 누르면 오른쪽 화면처럼 해당 애플리케이션을 백업했다는 메시지가 뜬다.

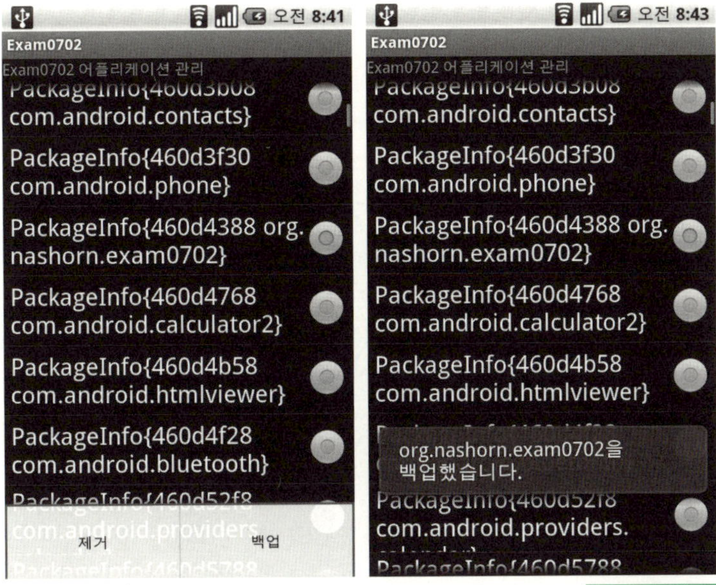

그림 07-11_ 애플리케이션 백업

adb shell을 이용하여 안드로이드폰에 접속하고 sdcard 폴더에서 apk 파일을 찾아보면 다음과 같이 선택된 apk 파일이 정상적으로 백업된 것을 볼 수 있다.

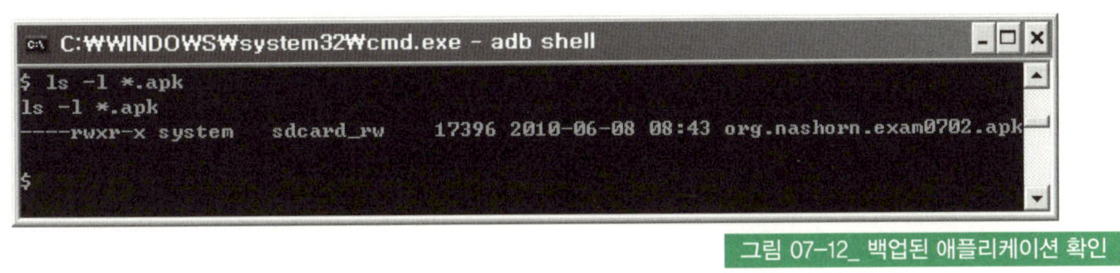

그림 07-12_ 백업된 애플리케이션 확인

3. 시스템 정보 얻기

3.1 내부/외부 메모리 용량 구하기

안드로이드폰의 [환경설정]-[저장공간] 메뉴를 선택하면 다음과 같은 화면이 나온다. 안드로이드는 기본적으로 내부 메모리와 외부 메모리(SD 카드)를 구분해서 운용한다. 안드로이드 2.1까지는 모든 애플리케이션이 반드시 상대적으로 적은 용량의 내부 메모리에 설치가 되어야 하는 문제로 인해 사용자들이 불편함을 호소하기도 했었다. 안드로이드 2.2부터는 SD 카드에 선택적으로 설치가 가능하여 이러한 문제는 해결된 상태이다.

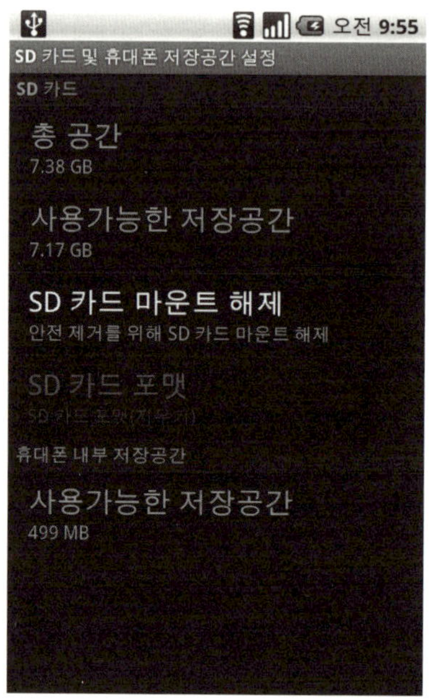

그림 07-13_ 안드로이드폰의 SD 카드 관련 기능

안드로이드는 리눅스 기반이기 때문에 우리가 「메모리」라고 부르는 공간도 실제로는 폴더 (디렉토리)에 마운트되어 있는 공간을 의미한다. 따라서, 「휴대폰 내부 저장공간」은 Data Directory(/data)를 뜻하고 「SD 카드」는 External Storage Directory(/sdcard)를 뜻하는 것이다. 그러므로 각각의 사용 가능 공간을 계산하기 위해서는 해당 폴더에 할당된 최대 용량 과 사용 가능한 용량을 계산하면 된다.

Exam0703 프로젝트를 새로 생성한 후, 내부 메모리와 외장 메모리의 용량을 화면에 표시하 기 위해서 activity_main.xml에 다음과 같이 TextView를 추가한다. 애플리케이션에서 용 량을 구해서 세팅할 TextView에만 id 값을 부여해주고 글자의 크기를 30픽셀 정도로 지정해 준다.

실습 7-5

Exam0703/res/layout/activity_main.xml

```
1  <?xml version="1.0" encoding="utf-8"?>
2  <LinearLayout xmlns:android="http://schemas.android.com/
3      apk/res/android"
4      android:orientation="vertical"
```

```
 5        android:layout_width="fill_parent"
 6        android:layout_height="fill_parent"    >
 7
 8    <!-- 메모리 정보 표시에 필요한 TextView를 추가한다 -->
 9    <TextView
10        android:layout_width="fill_parent"
11        android:layout_height="wrap_content"
12        android:text="전체 내부 메모리"
13        />
14    <TextView
15        android:id="@+id/total_internal_memory"
16        android:layout_width="fill_parent"
17        android:layout_height="wrap_content"
18        android:textSize="30px"
19        android:text=""
20        />
21    <TextView
22        android:layout_width="fill_parent"
23        android:layout_height="wrap_content"
24        android:text="사용 가능한 내부 메모리"
25        />
26    <TextView
27    android:id="@+id/available_internal_memory"
28        android:layout_width="fill_parent"
29        android:layout_height="wrap_content"
30        android:textSize="30px"
31        android:text=""
32        />
33    <TextView
34        android:layout_width="fill_parent"
35        android:layout_height="wrap_content"
36        android:text="전체  외장 메모리 (SD카드)"
37        />
38    <TextView
39    android:id="@+id/total_external_memory"
40        android:layout_width="fill_parent"
41        android:layout_height="wrap_content"
42        android:textSize="30px"
43        android:text=""
44        />
```

```
45      <TextView
46          android:layout_width="fill_parent"
47          android:layout_height="wrap_content"
48          android:text="사용 가능한 외장 메모리 (SD카드)"
49          />
50      <TextView
51          android:id="@+id/available_external_memory"
52          android:layout_width="fill_parent"
53          android:layout_height="wrap_content"
54          android:textSize="30px"
55          android:text=""
56          />
    </LinearLayout>
```

MainActivity.java 파일을 열고 onCreate( ) 메소드 내에 내부/외장 메모리의 용량을 구해
서 TextView에 세팅하는 코드를 추가한다. 코드를 깔끔하게 정리하기 위해서 메모리 용량을
구하는 함수들을 별도로 만들어 놓고 호출해서 결과 값만 얻어오도록 하자.

실습 7-5

Exam0703/src/org.nashorn.exam0703/MainActivity.java

```
1       package org.nashorn.exam0703;
2
3       import android.app.Activity;
4       import android.os.Bundle;
5       import java.io.File;
6       import android.widget.*;
7       import android.os.Environment;
8       import android.os.StatFs;
9
10      public class MainActivity extends Activity {
11          private TextView totalInternalMemoryText;
12          private TextView availableInternalMemoryText;
13          private TextView totalExternalMemoryText;
14          private TextView availableExternalMemoryText;
15
16          @Override
17          public void onCreate(Bundle savedInstanceState) {
18              super.onCreate(savedInstanceState);
19              setContentView(R.layout.activity_main);
```

```
20      /*
21   내부/외장 메모리의 전체 용량 및 사용 가능 용량을 구한 다음 화면 표시를 위해 미리 만들어
22   놓은 TextView에 세팅 해 준다. 메모리 용량은 byte 단위로 계산되어지기 때문에 MB
23   단위로 표시하기 위해서는 1024로 두 번 나누어 주고, GB 단위로 표시하기 위해서는 1024로
24   세 번 나누어 주는 것에 유의하자. (1024 * 1024 = 1MB, 1MB * 1024 = 1GB)
25      */
26           double totalInternalMemory=getTotalInternalMemorySize();
27           totalInternalMemoryText = (TextView)findViewById
28               (R.id.total_internal_memory);
29           totalInternalMemoryText.setText(String.format("%.3fMB",
30               totalInternalMemory/1024/1024));
31
32           double availableInternalMemory =
33               getAvailableInternalMemorySize();
34           availableInternalMemoryText = (TextView)
35               findViewById(R.id.available_internal_memory);
36           availableInternalMemoryText.setText(String.format
37               ("%.3fMB", availableInternalMemory/1024/1024));
38
39           double totalExternalMemory=getTotalExternalMemorySize();
40           totalExternalMemoryText = (TextView)findViewById
41               (R.id.total_external_memory);
42       if (totalExternalMemory == -1)
43           totalExternalMemoryText.setText("0.0GB");
44       else
45           totalExternalMemoryText.setText(String.format
46               ("%.3fGB", totalExternalMemory/1024/1024/1024));
47
48           double availableExternalMemory =
49               getAvailableExternalMemorySize();
50           availableExternalMemoryText = (TextView)findViewById
51               (R.id.available_external_memory);
52       if (availableExternalMemory == -1)
53           availableExternalMemoryText.setText("0.0GB");
54       else
55           availableExternalMemoryText.setText(String.format
56               ("%.3fGB", availableExternalMemory/
57               1024/1024/1024));
58       }
59
```

```
60    /*
61    내부 메모리의 전체 용량과 사용 가능한 용량을 구한다. 용량을 계산하는 방법은 내부 메모리로
62    마운트 되어 있는 폴더의 블록 사이즈와 전체 블록 개수를 곱한 것이 전체 용량이고, 블록
63    사이즈와 사용 가능한 블록의 개수를 곱한 것이 사용 가능 용량이 된다.
64    */
65        public double getTotalInternalMemorySize() {
66            File path = Environment.getDataDirectory();
67            StatFs stat = new StatFs(path.getPath());
68            long blockSize = stat.getBlockSize();
69            long totalBlocks = stat.getBlockCount();
70
71            return totalBlocks * blockSize;
72        }
73
74        public double getAvailableInternalMemorySize() {
75            File path = Environment.getDataDirectory();
76            StatFs stat = new StatFs(path.getPath());
77            long blockSize = stat.getBlockSize();
78            long availableBlocks = stat.getAvailableBlocks();
79
80            return availableBlocks * blockSize;
81        }
82
83        /*
84        외장 메모리가 마운트 되어있는지 여부를 확인한다.
85        */
86        public boolean isExistExternalMemory() {
87            return android.os.Environment.getExternalStorageState().
88                equals(android.os.Environment.MEDIA_MOUNTED);
89        }
90    /*
91    외장 메모리의 전체 용량과 사용 가능한 용량을 구한다. 역시 용량을 계산하는 방법은 외장
92    메모리로 마운트 되어 있는 폴더의 블록 사이즈와 전체 블록 개수를 곱한 것이 전체 용량이고,
93    블록 사이즈와 사용 가능한 블록의 개수를 곱한 것이 사용 가능 용량이 된다.
94    */
95        public double getAvailableExternalMemorySize() {
96            if(isExistExternalMemory()) {
97                File path = Environment.getExternalStorageDirectory();
98                StatFs stat = new StatFs(path.getPath());
99                long blockSize = stat.getBlockSize();
```

```
100            long availableBlocks = stat.getAvailableBlocks();
101
102            return availableBlocks * blockSize;
103        } else {
104            return -1;
105        }
106    }
107
108    public double getTotalExternalMemorySize() {
109        if(isExistExternalMemory()) {
110            File path = Environment.getExternalStorageDirectory();
111            StatFs stat = new StatFs(path.getPath());
112            long blockSize = stat.getBlockSize();
113            long totalBlocks = stat.getBlockCount();
114            return totalBlocks * blockSize;
115        } else {
116            return -1;
117        }
118    }
119 }
```

이렇게 만들어진 Exam0703 프로젝트를 실행시키면 다음과 같은 결과 화면을 확인할 수 있다.

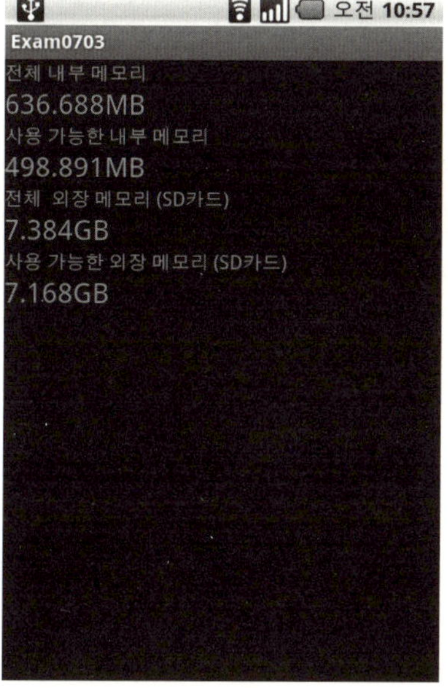

그림 07-14_ Exam0703 실행 화면

위의 결과는 삼성의 갤럭시A에서 실행한 것으로, 모토롤라의 모토로이나 HTC 디자이어에 비해 내부 메모리 용량이 상대적으로 꽤 큰 편이다.

3.2 Shell 명령어를 이용한 시스템 정보 얻기

리눅스를 잘 사용하는 개발자라면 shell 명령을 잘 활용하면 일반 사용자는 상상도 하지못할 만큼 다양한 작업을 수행할 수 있다는 사실을 알 것이다. 마찬가지로 안드로이드에서도 shell 명령어를 잘 활용하면 다양한 시스템 정보를 알아낼 수 있다.

다음은 cat 명령어를 사용하여 열람할 수 있는 파일과 해당 파일에 기록된 정보의 종류이다. 이외에도 많지만 여기에서는 중요한 몇 가지만 나열해보았다.

파일	설명
/proc/version	리눅스 커널 버전
/proc/cpuinfo	프로세서 (CPU) 정보
/proc/meminfo	메모리 정보
/proc/devices	현재 커널에 설정되어 있는 장치 목록
/proc/partitions	파티션 정보
/proc/stat	시스템 상태 정보
/proc/net/netlink	네트워크 정보

다음은 안드로이드 SDK의 "adb shell"을 이용하여 시스템의 정보를 조회해본 결과이다. 애플리케이션에서는 이렇게 조회된 내용을 적절하게 파싱해서 필요한 정보만 추출해서 사용하면 된다.

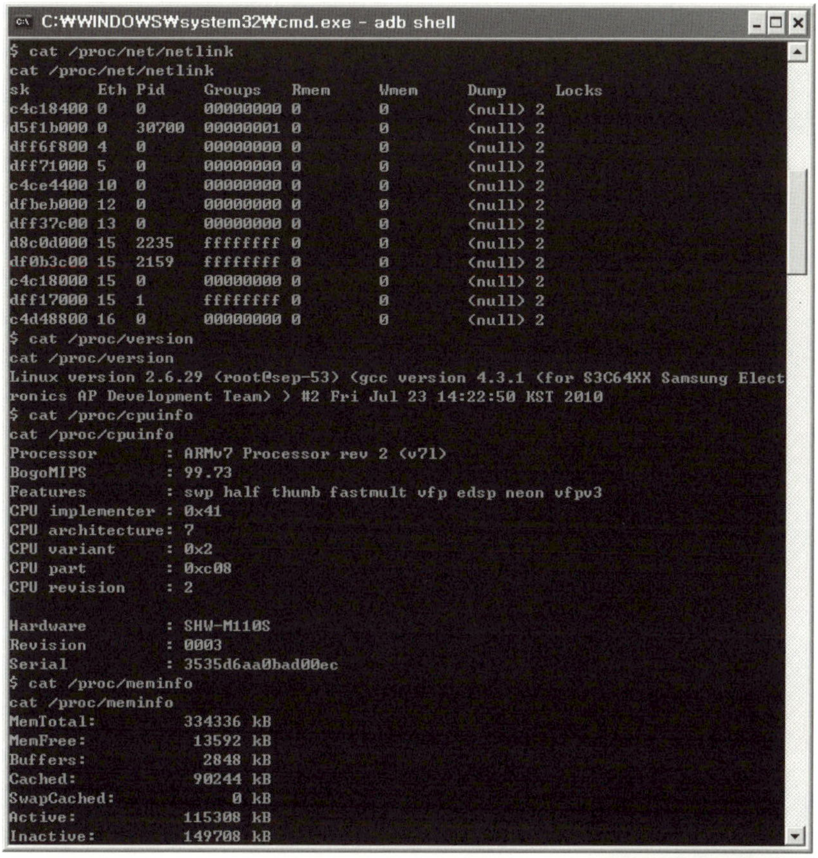

```
C:\WINDOWS\system32\cmd.exe - adb shell
$ cat /proc/net/netlink
cat /proc/net/netlink
sk       Eth Pid    Groups   Rmem     Wmem     Dump     Locks
c4c18400 0   0      00000000 0        0        (null) 2
d5f1b000 0   30700  00000001 0        0        (null) 2
dff6f800 4   0      00000000 0        0        (null) 2
dff71000 5   0      00000000 0        0        (null) 2
c4ce4400 10  0      00000000 0        0        (null) 2
dfbeb000 12  0      00000000 0        0        (null) 2
dff37c00 13  0      00000000 0        0        (null) 2
d8c0d000 15  2235   ffffffff 0        0        (null) 2
df0b3c00 15  2159   ffffffff 0        0        (null) 2
c4c18000 15  0      00000000 0        0        (null) 2
dff17000 15  1      ffffffff 0        0        (null) 2
c4d48800 16  0      00000000 0        0        (null) 2
$ cat /proc/version
cat /proc/version
Linux version 2.6.29 (root@sep-53) (gcc version 4.3.1 (for S3C64XX Samsung Elect
ronics AP Development Team) ) #2 Fri Jul 23 14:22:50 KST 2010
$ cat /proc/cpuinfo
cat /proc/cpuinfo
Processor       : ARMv7 Processor rev 2 (v7l)
BogoMIPS        : 99.73
Features        : swp half thumb fastmult vfp edsp neon vfpv3
CPU implementer : 0x41
CPU architecture: 7
CPU variant     : 0x2
CPU part        : 0xc08
CPU revision    : 2

Hardware        : SHW-M110S
Revision        : 0003
Serial          : 3535d6aa0bad00ec
$ cat /proc/meminfo
cat /proc/meminfo
MemTotal:         334336 kB
MemFree:           13592 kB
Buffers:            2848 kB
Cached:            90244 kB
SwapCached:            0 kB
Active:           115308 kB
Inactive:         149708 kB
```

그림 07-15_ shell 명령어 수행 결과

1. ActivityManager를 이용하여 현재 실행 중인 프로세스 목록을 리스트뷰에 표시하고, 선택한 프로세스를 restartPackage 메소드를 이용하여 종료시키시오.

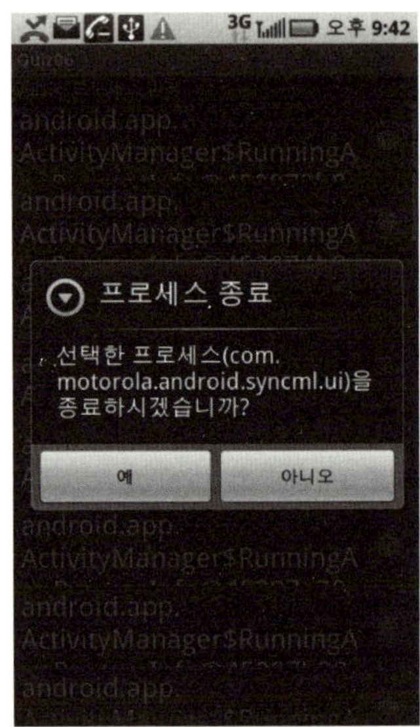

2. PackageManager를 이용하여 현재 설치된 애플리케이션 목록을 리스트뷰에 표시하고, 선택한 애플리케이션을 제거하시오.

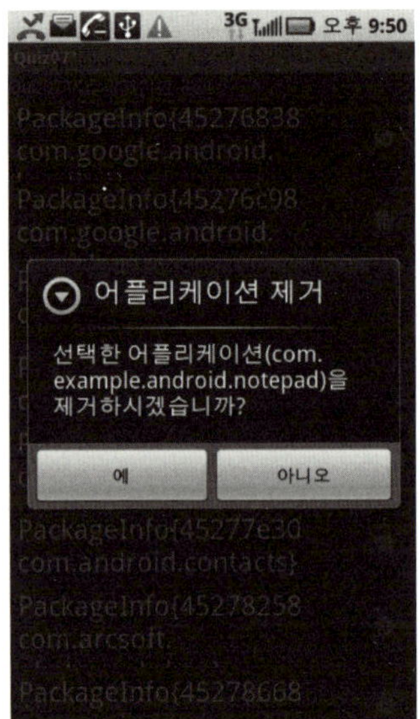

3 확장 리스트뷰를 이용하여 내부 메모리와 외장 메모리의 전체 용량과 사용 가능한 용량을 구하여 표시하시오.

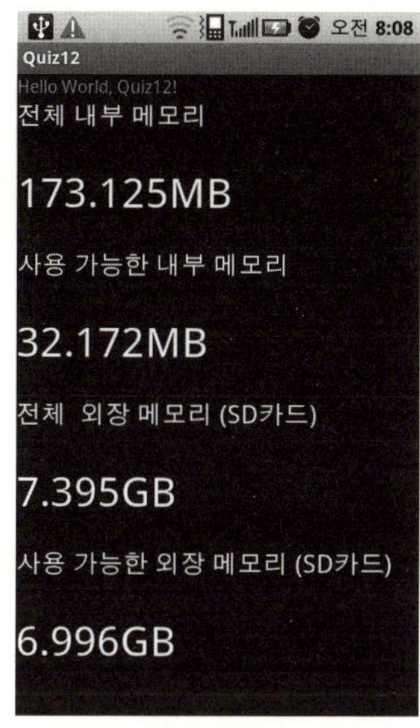

외부 Java 라이브러리 활용하기

08

앞으로 우리가 이용하게 될「외부 Java 라이브러리」들은 모두 JAR 파일로 만들어져서 배포되고 있는 것들이다. 이번 Chapter에서는 안드로이드 애플리케이션 개발 시에 JAR 파일로 만들어진 외부 Java 라이브러리들은 어떻게 활용하는지에 대해서 알아보도록 하겠다.

주의할 점은 비록 안드로이드가 Java 기반의 개발 환경을 제공해주고 있기는 하지만, 안드로이드의「달빅 가상머신(Dalvik VM)」은 Java의 표준을 완벽하게 구현하고 있지 않는다는 점이다. 안드로이드 SDK도 이와 마찬가지로 표준 Java SDK와 차이가 있다.

1. JAR 파일

JAR 파일은 "Java Archive file"의 약자로, 어떠한 기능 수행을 위해 만들어진 여러 개의 파일들을 하나로 모아서 배포하는 용도로 사용된다. JAR 파일은 ZIP 파일 포맷을 기반으로 제작되어 사용되며, 대부분의 경우 JAR 파일 내에는 라이브러리, 컴포넌트, 플러그인 등이 포함된다.

JAR 파일에는 META-INF 디렉토리가 포함되어 있는데, 여기에는 패키지와 관련된 설정 데이터를 저장하는 용도로 쓰인다.

필요에 따라서, 실행 가능한「실행 JAR(Excutable JAR)」파일로 만들어서 JAR 파일을 더블 클릭하는 것만으로도 해당 기능이 실행되도록 할 수 있다. 실행 JAR 파일은 일종의 독립된 자바 애플리케이션이라고 할 수 있으며, 별도로 파일을 추출하거나 클래스 경로를 지정해주지 않고도 곧바로 JVM으로 실행시킬 수 있는 특징을 가지고 있다.

1.1 Open API 활용하기

구글이나 아마존을 시작으로 다양한 사이트들이 자신들이 가지고 있는 방대한 콘텐츠와 강력한 기능을 활용할 수 있는 Open API를 제공하여 사용자들이 다양하게 응용할 수 있도록 해주고 있다. 국내에서도 네이버, 다음 등 메이저 포털 사이트를 중심으로 유용한 Open API를 제공해주고 있는 상황이다. 여기서는 이러한 Open API를 이용하여 안드로이드 애플리케이션을 개발하는 방법에 대해 다뤄 보도록 하겠다.

앞으로 다루게 될 몇 가지 주요 용어들에 대해 간략하게 살펴보고 넘어가도록 하겠다.

웹 API

「웹 2.0」이라는 말이 유행하면서 매쉬업(mashup), AJAX, RSS 피드 리더 등이 주요 이슈로 다루어졌었는데, "웹 API(Web Application Programming Interface)"는 서로 다른 서비스를 하나로 묶어서 새로운 서비스나 애플리케이션을 만드는 매쉬업 기술을 실제로 구현하는 방법이다. 일반적으로 웹 API에서 서버와 클라이언트 간의 요청과 응답은 XML로 표현된 데이터를 HTTP를 통해 주고 받는다. 일반적으로 웹 API에서 사용되는 프로토콜은 SOAP, REST, XML-PRC 등이 있다.

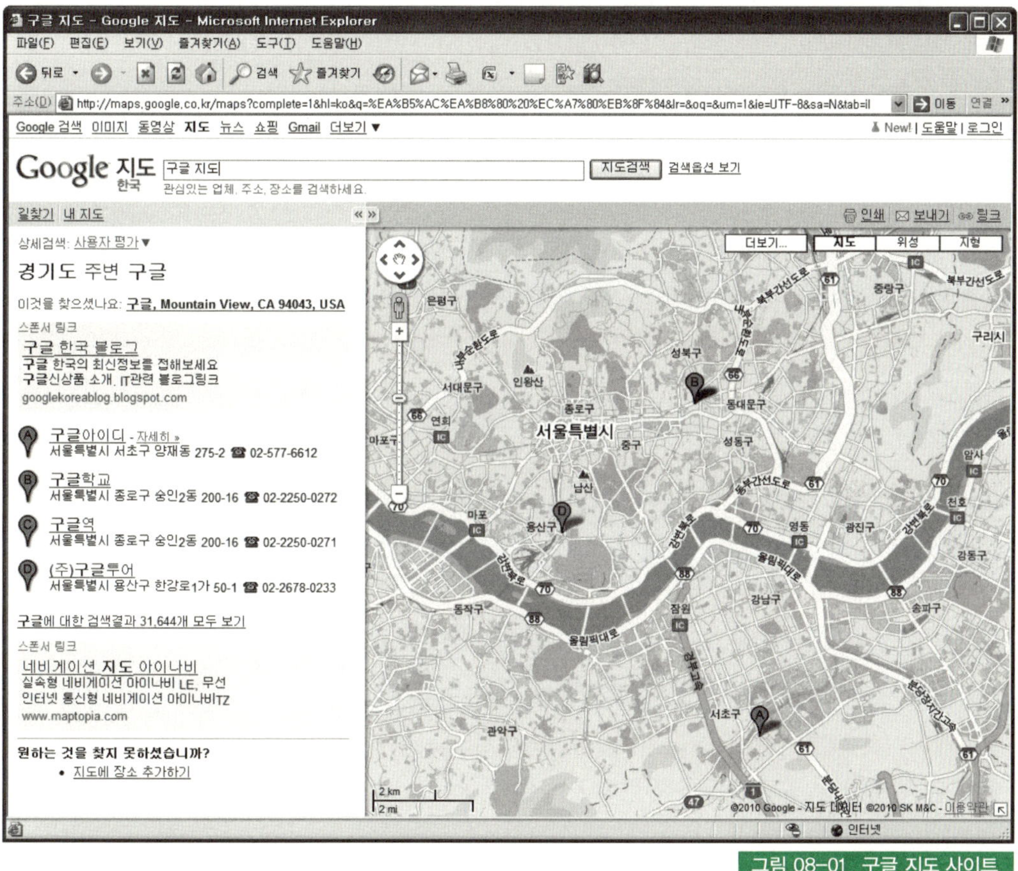

그림 08-01_ 구글 지도 사이트

대표적인 웹 API로는 eBay(경매), Google Maps(지도), Flickr(사진), Youtube(동영상), Facebook(소셜 네트워크), Twitter(단문 블로그) 등 다양한 분야의 여러 웹 사이트에서 제공되는 API들이 있다. 이 중에서 가장 유명한 것은 전 세계를 위성 사진으로 서비스하고 있는 Google Maps의 API를 다양하게 활용한 매쉬업 서비스일 것이다. 국내에서도 네이버나 다음의 위성(항공)사진 서비스가 본격적으로 이루어지기 이전부터 사용자들 스스로가 구글의 위성

지도와 네이버 지도, 콩나물 지도 등을 직접 매쉬업시켜서 다양하게 활용해 왔었다.

Open API

Open API란 특정 사이트의 웹 API를 외부에 공개한 것을 말하며, 일반적으로 「웹 서비스(Web Services)」 형태로 공개한 것을 가리킨다. Open API는 웹 서비스가 가지고 있는 개방 지향성을 가장 잘 표현하고 있는 방법 중 하나로, 지금은 웹 API를 Open API라는 용어와 혼용해서 사용하고 있다.

Open API의 경우, 복잡한 프로토콜인 SOAP보다는 경량 프로토콜인 XML-RPC나 REST 등을 사용한다. 대부분의 Open API는 HTTP 통신과 XML 포맷을 처리할 수 있는 대부분의 언어(C/C++, Java, Ruby, ASP, PHP, JSP 등)에서 사용할 수 있다.

XML

XML(eXtendible Markup Language)는 1998년 2월 W3C에서 제안된 언어로, 그 이전부터 사용되어오던 SGML(Standard Generalized Markup Language)의 서브셋이라고 할 수 있다. XML의 특징은 사용자가 구조화된 데이터베이스를 원하는 형태로 자유롭게 작성할 수 있는 언어라는 것이다.

일반적으로 Open API는 XML을 이용하여 사용자가 요청한 명령을 수행한 결과 값을 전달한다. 이것은 XML이 데이터베이스와 같은 특성을 가진 데이터 구조로 되어 있어서 복잡한 구조의 데이터도 손쉽게 변환해서 전달이 가능하기 때문이다. 예를 들어 상태 값만 리턴하는 API는 true, false 값만 전달해주면 되지만, 한 학급의 전체 학생에 대한 데이터베이스 테이블 내용을 그대로 전달하고자 할 때에는 XML을 이용하면 금방 Export/Import가 가능하다.

다만, XML은 텍스트 기반의 데이터이기 때문에 수만 건의 사용자 정보 등과 같이 방대한 분량의 데이터를 별도의 가공을 하지 않은 상태에서 온라인 상으로 주고 받기에는 부적절한 편이다. 많은 용량의 데이터를 전송하거나 파싱하는데는 상대적으로 많은 시간이 소요되기 때문이다.

1.2 네이버 Open API 사용하기

네이버는 단순히 오픈 API를 제공할 뿐만 아니라 다수의 오픈 소스 프로젝트가 진행되고 있는 「개발자 센터(http://dev.naver.com)」를 운영하면서 개발자들을 적극 지원하고 있다.

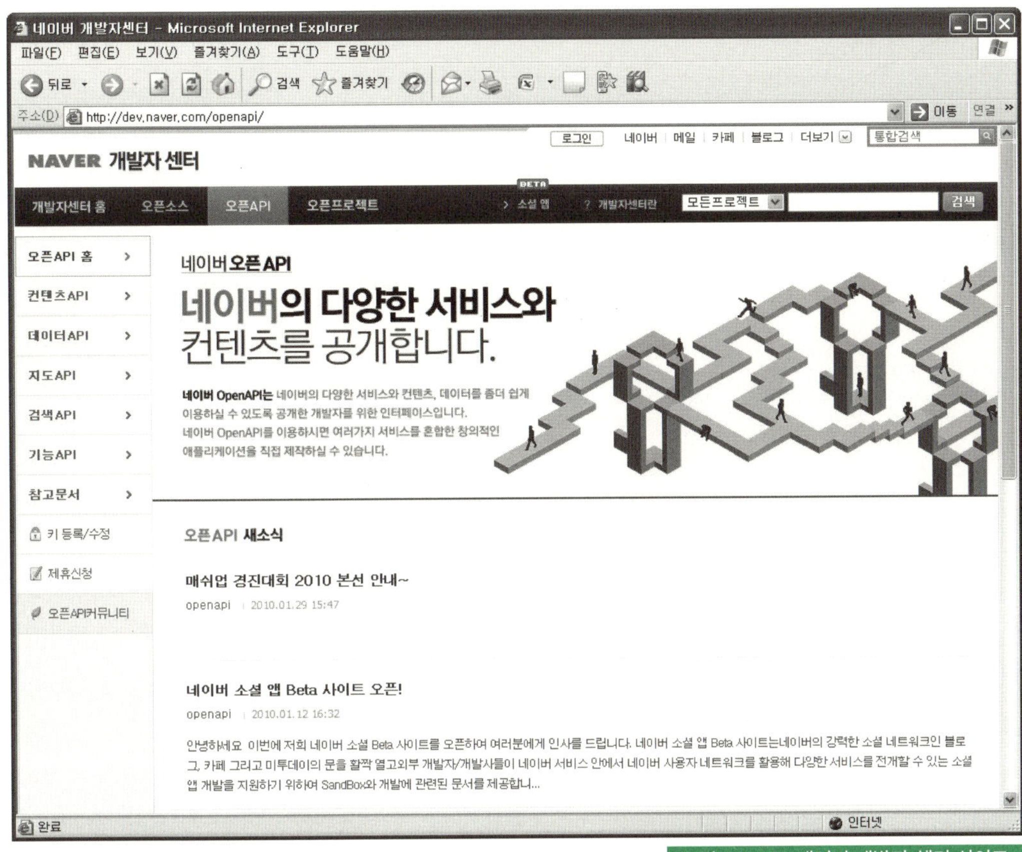

그림 08-02_ 네이버 개발자 센터 사이트

네이버의 오픈 API를 이용하면 네이버에서 서비스 중인 다양한 콘텐츠와 기능들을 활용하여 다양한 스타일의 애플리케이션을 만들 수 있다. 네이버 오픈 API의 주요 기능을 살펴보면 다음과 같다.

종류	기능	설명
카페API	게시판 목록	특정 카페의 게시판 목록 조회
	게시판 글 목로보기	특정 카페 특정 게시판의 게시글 리스트 조회
	내 카페 목록	내가 가입한 모든 카페 목록 조회
검색API	실시간 급상승 검색어	이용자들이 지금 순간 가장 많이 입력한 검색어
	책	제목/저자/출판사/카테고리별 검색
	쇼핑	다양한 물건의 상세정보, 최저가격 검색
	카페	입력한 키워드에 맞는 카페 검색
	추천검색어	입력한 검색어 중 연관도가 높은 검색어 추천
	지식iN	지식iN 검색

	영화	다양한 영화 정보 검색
	자동차	세계 각국 자동차 정보 검색
	카페글	카페 글 검색
	성인 검색어판별	검색어의 성인여부 판단
	이미지	네이버 이미지 검색
	영화인	다양한 영화인 정보 검색
	백과사전	네이버 백과 사전 검색
	웹문서	웹 문서 검색 결과 제공
	오타변환	입력한 검색어의 한/영 변환/추천
	전문자료	학술논문/레포트/전문기관 보고서 자료 검색
	지역	지역별 업체 및 상호 검색
	블로그	블로그 검색 결과 제공
	뉴스	뉴스 검색 결과 제공
	바로가기	필수 웹사이트 바로가기 제공
지도API	Javascript 2.0	네이버 지도 API
	Javascript 1.0	네이버 지도 API
	Static Map 1.0	자바스크립트를 사용하지 않고 네이버 지도 사용
	Flash	플래시 지도 API
	Android	안드로이드용 네이버 지도 라이브러리
	iOS	iOS용 네이버 지도 라이브러리
기능API	Syndication API	검색 서비스 간의 동기화 규약 정의
	스팸공동대응 API	웹 사이트 등록 게시물에 대해서 스팸 지수로 평가
	단축URL API	단축 URL 서비스 프로그래밍 인터페이스
미투데이API	글 관련 기능	미투데이에 글 쓰기/읽기/삭제
	댓글 관련 기능	미투데이 글의 댓글 쓰기/읽기/삭제
	미투 관련 기능	미투데이 글에 미투하기, 미투한 사용자 목록 조회
	친구 관련 기능	친구 조회, 친구 신청/수락, 관심친구 지정
	사용자 정보 기능	미투데이 사용자 정보 조회, 설정 내역 조회
	기타 기능	인증 확인, 가입된 미투밴드 목록 조회
	글쓰기 링크 기능	제공되는 URL에 글 내용을 파라미터로 지정하면, 미투데이 글쓰기 창으로 이동

표 08-01_ 네이버 OpenAPI 목록 (2013년 8월 기준)

위에 나열된 것처럼 네이버에서는 상당히 많은 종류의 콘텐츠와 기능들을 오픈 API 형태로 제공하고 있다. 이렇게 제공된 기능들을 적절하게 잘 이용하면 네이버가 가지고 있는 장점을 활용할 수 있게 되기 때문에 애플리케이션의 퀄리티도 향상시킬 수 있는 장점이 된다.

네이버 회원으로 로그인해서 "키 등록"을 하면, 다음과 같이 일반키와 지도키를 각각 발급받을 수 있다. 일반 오픈 API를 이용하기 위해 사용하는 일반키는 사용자 당 한 개씩만 발급해서 사용할 수 있지만, 지도키의 경우에는 복수로 발급이 가능하다.

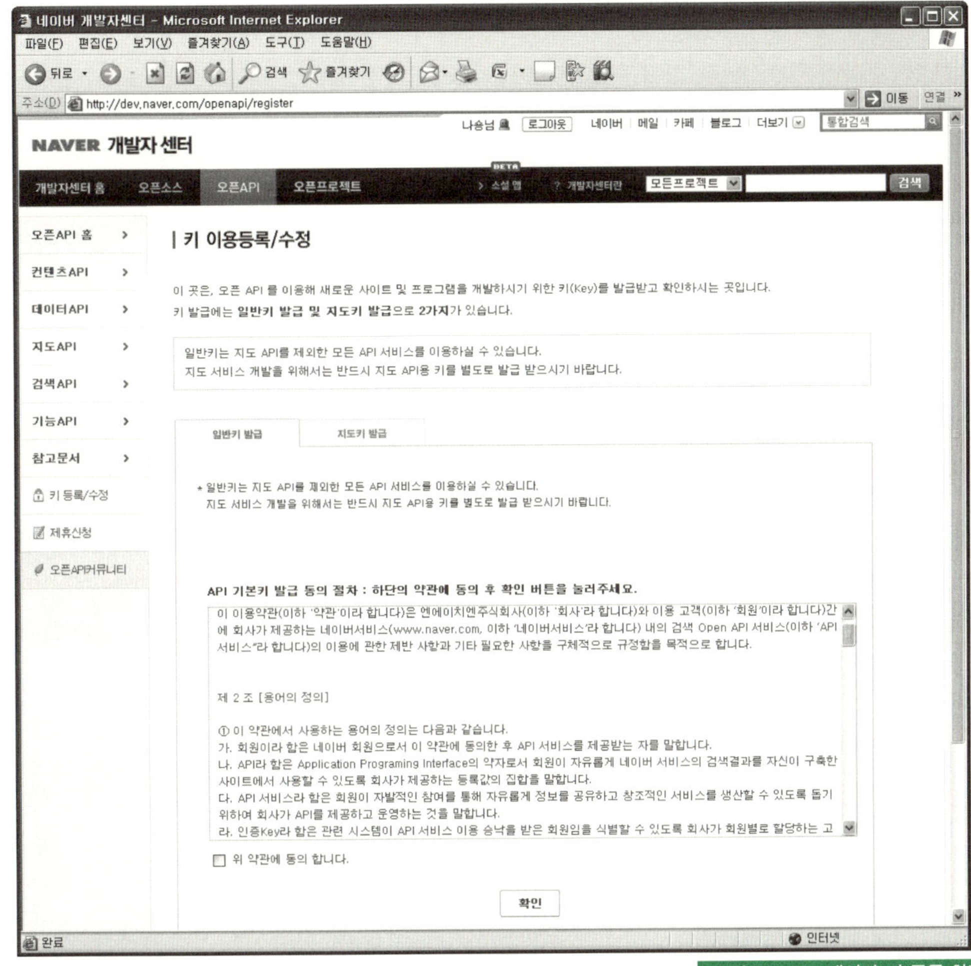

그림 08-03_ 네이버 키 등록 화면

사용자에게 부여된 일반키를 이용하여 웹 브라우저에서 다음과 같은 형태의 URL을 입력하여 "실시간 급상승 검색어"를 조회해보면 XML 형태로 실시간으로 조회가 가장 많은 검색어 10개의 데이터가 넘어오는 것을 확인할 수 있다.

• http://openapi.naver.com/search?key=일반키&target=rank&query=nexearch

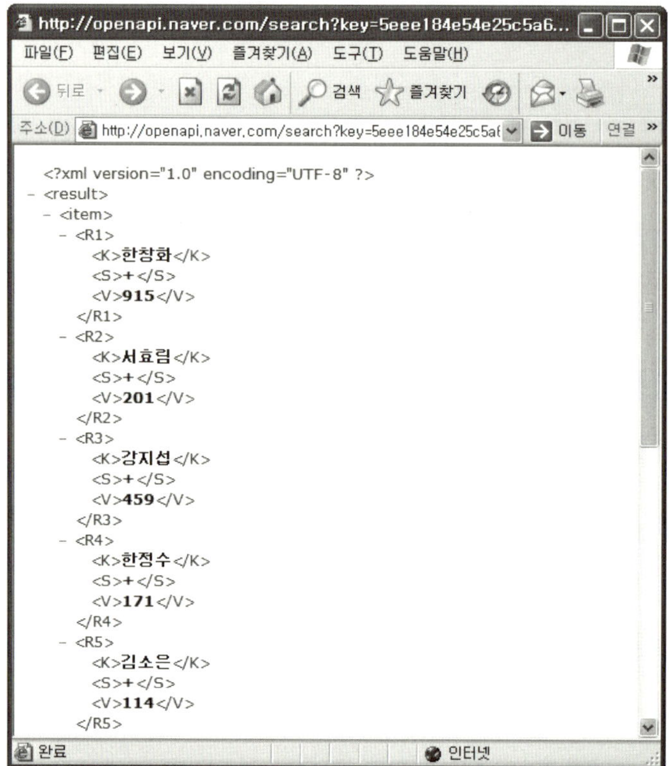

그림 08-04_ 네이버 API 테스트

이제 이 기능을 안드로이드 애플리케이션에서 직접 활용해보도록 하자. 안드로이드에서 HTTP를 이용하여 OpenAPI를 호출하고 결과값으로 넘어온 XML에서 원하는 정보를 추출하기 위해서는 HttpClient와 XMLPullParser와 같은 외부 라이브러리가 필요하다. 먼저 HttpClient 최신 버전은 http://hc.apache.org/httpclient-3.x 사이트에서 다운받을 수 있다.

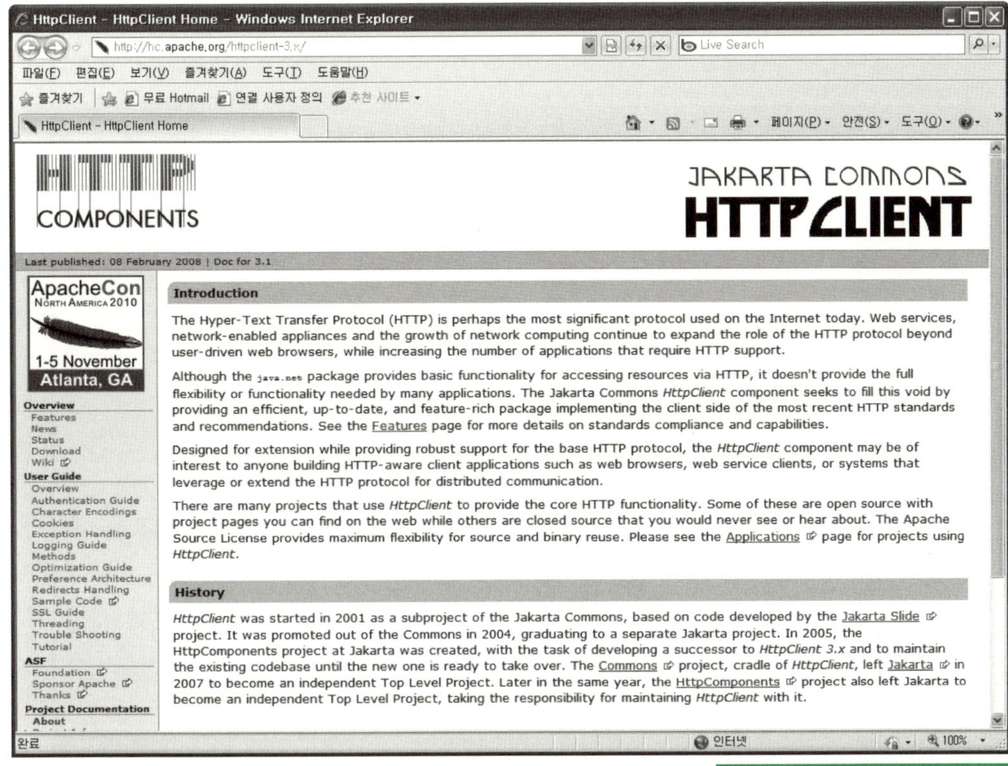

그림 08-05_ HTTP Client 사이트

다운로드 페이지에서 Commons HttpClient 3.1의 바이너리 파일을 다운받아서 열어보면 다음 그림과 같이 「commons-httpclient-3.1.jar」 파일이 있는 것을 볼 수 있다.

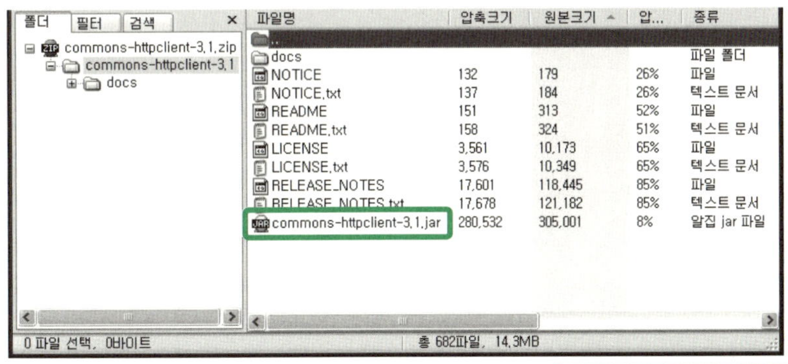

그림 08-06_ Httpclient 압축 파일 내용

마찬가지로 XMLPullParser도 http://www.xmlpull.org 사이트에서 다운받는다.

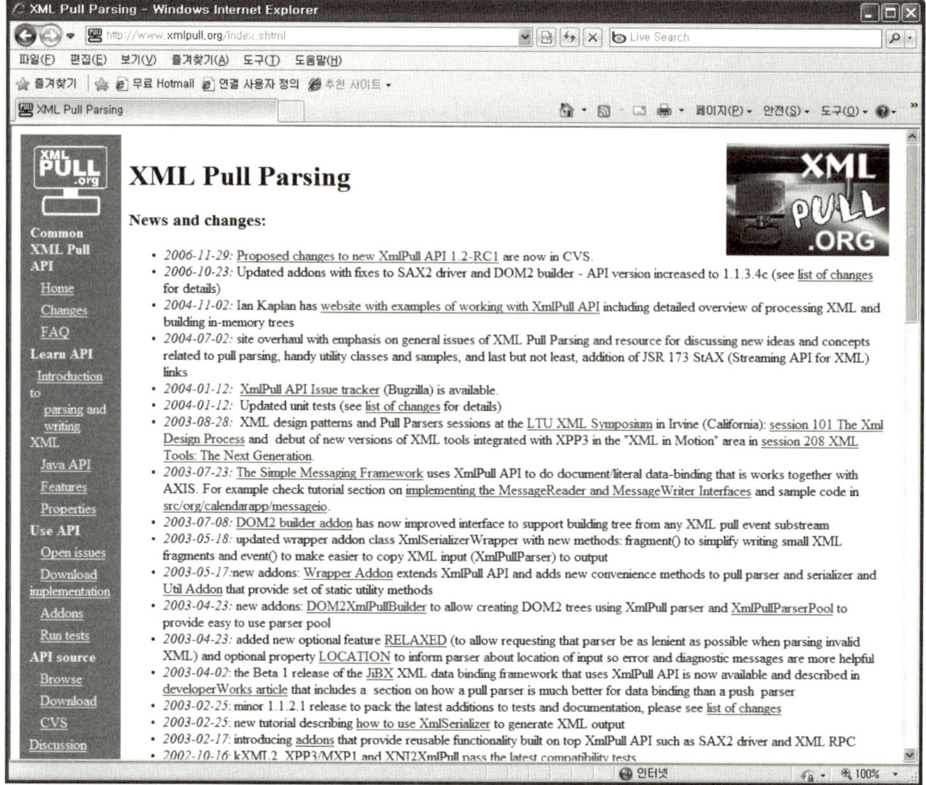

그림 08-07_ XML Pull Parser 사이트

XMLPullParser의 압축 파일을 열어보면 /build/lib 폴더에서 xmlpull_1_1_3_4c.jar 파일을 찾을 수 있다.

그림 08-08_ xmlpull 압축 파일 내용

이렇게 해서 다운받은 2개의 라이브러리 파일을 새로 생성한 Exam0801 프로젝트의 루트 폴더에 복사한다.

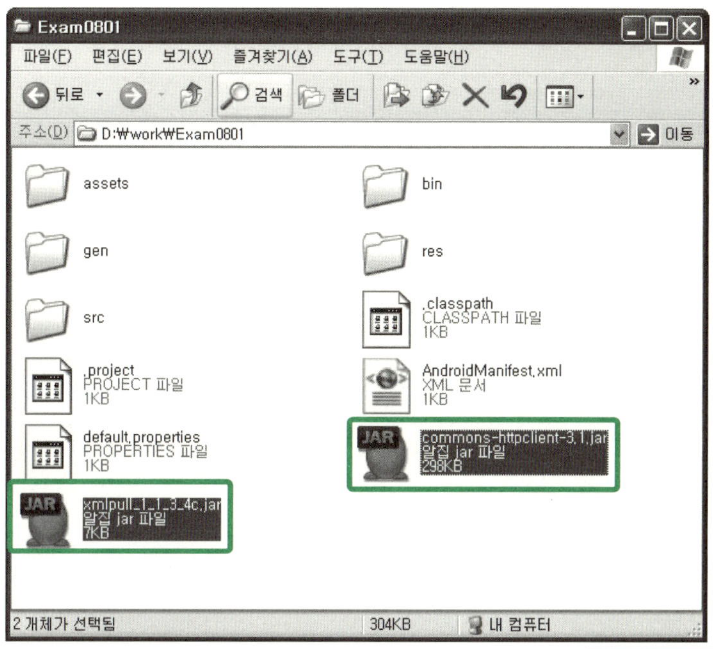

그림 08-09_ 라이브러리 복사

이클립스에서 Exam0801 프로젝트를 마우스 오른쪽 버튼으로 클릭해 Refresh 메뉴를 실행하면 다음과 같이 두 개의 jar 파일이 추가된 것을 확인할 수 있다. 이렇게 라이브러리 파일이 추가되어 있다고 해서 곧바로 해당 라이브러리를 이용할 수 있는 것은 아니고, 다음에서 설명할 라이브러리 등록 과정을 반드시 거쳐야 한다.

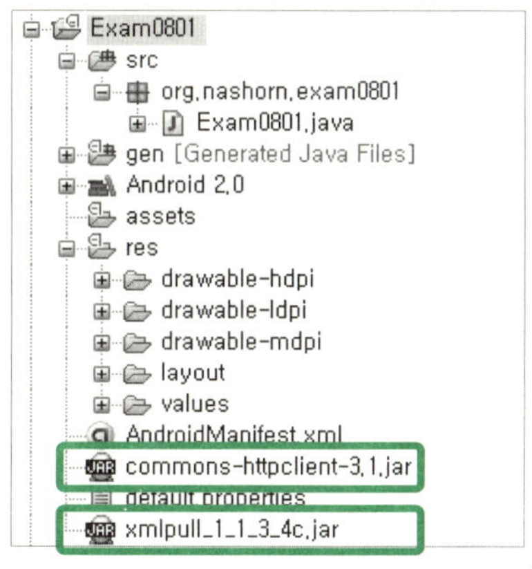

그림 08-10_ 라이브러리 복사 확인

이제 이클립스에서 [Project]-[Properties] 메뉴를 선택하고 Exam0801 프로젝트의 「Properties」 창에서 「Java Build Path」 항목을 클릭한다. 라이브러리를 등록해주기 위해서는 Java Build Path의 「Libraries」 탭에서 [Add JARs] 버튼을 클릭한다.

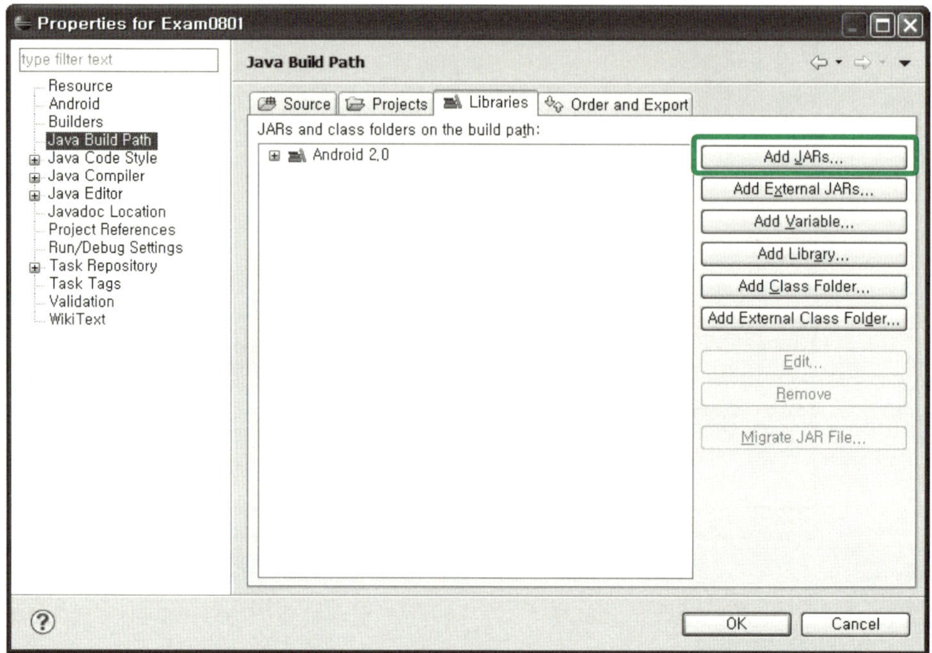

그림 08-11_ 라이브러리 등록

[Add JARs] 버튼을 클릭하면 다음과 같이 JAR 파일을 선택하는 창이 뜬다. 여기서
Exam0801 프로젝트에 추가되어 있는 commons-httpclient-3.1.jar 파일을 선택하고
[OK] 버튼을 클릭하면 된다. 마찬가지로 xmlpull_1_1_3_4c.jar 파일도 같은 방법으로 등록
하면 된다.

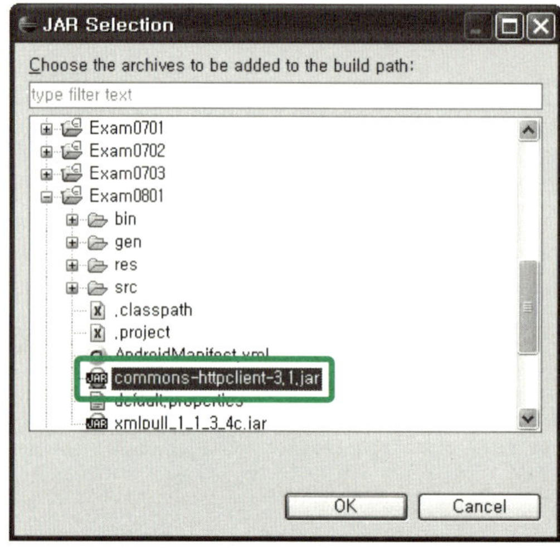

그림 08-12_ 라이브러리 선택

하나의 검색어에 대해서 표시되어야 하는 내용은 현재 순위, 키워드, 증감, 그리고 이전 순위 등이 있다. 이러한 내용을 TextView를 이용하여 표시하되 단조로운 프로그램이 되지 않도록 글자 크기나 색깔을 각기 지정해주고 배치를 적절하게 해준다.

실습 8-1

Exam0801/res/layout/list_item.xml

```xml
1   <?xml version="1.0" encoding="utf-8" ?>
2   <RelativeLayout
3   android:id="@+id/list_item"
4   android:layout_width="fill_parent"
5   android:layout_height="fill_parent"
6   xmlns:android="http://schemas.android.com/apk/res/android"
7   >
8   <!-- 현재 순위 -->
9   <TextView
10      android:id="@+id/list_txt_num"
11      android:layout_width="50px"
12      android:layout_height="50px"
13      android:layout_marginTop="10px"
14      android:layout_marginLeft="10px"
15      android:textColor="#ffffff"
16      android:background="#47883d"
17      android:textSize="40px"
18      android:text="0"
19  />
20  <!-- 키워드 -->
21  <TextView
22      android:id="@+id/list_txt_keyword"
23      android:layout_width="fill_parent"
24      android:layout_height="wrap_content"
25      android:layout_marginTop="10px"
26      android:layout_marginLeft="80px"
27      android:textColor="#ffffff"
28      android:textSize="40px"
29      android:text="Keyword"
30  />
31  <!-- 증감 -->
32  <TextView
33      android:id="@+id/list_txt_incdec"
34      android:layout_width="wrap_content"
```

```
35              android:layout_height="wrap_content"
36              android:layout_marginTop="15px"
37              android:layout_marginLeft="400px"
38              android:textColor="#ff0000"
39              android:textSize="30px"
40              android:text="-"
41              />
42      <!--이전 순위 -->
43      <TextView
44              android:id="@+id/list_txt_value"
45              android:layout_width="fill_parent"
46              android:layout_height="wrap_content"
47              android:layout_marginTop="15px"
48              android:layout_marginLeft="420px"
49              android:textColor="#c0c8bf"
50              android:textSize="30px"
51              android:text="000"
52      />
53      </RelativeLayout>
```

왼쪽 하단의 레이아웃 탭을 클릭하면 아래 그림과 같이 리스트 아이템의 레이아웃이 만들어진 것을 확인할 수 있다. 그냥 리스트 뷰에 텍스트만 넣어서 보여줄 때보다는 나아 보인다.

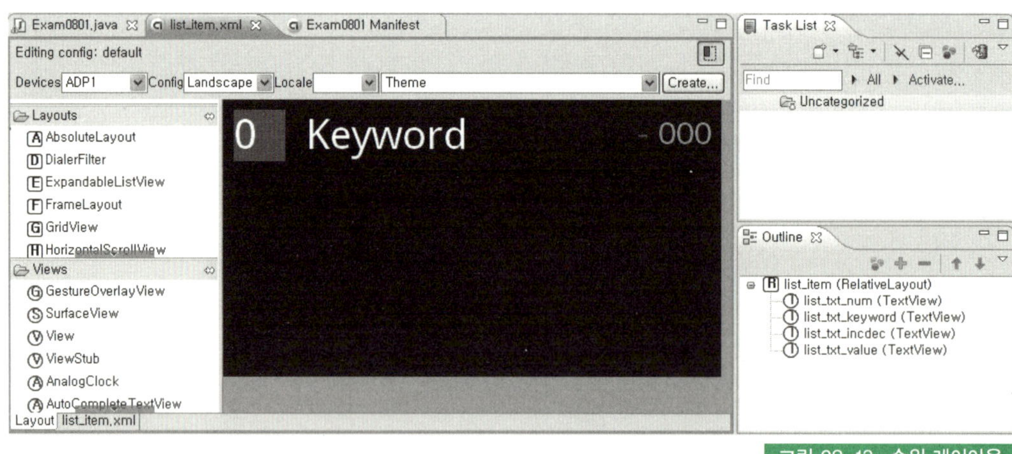

그림 08-13_ 순위 레이아웃

activity_main.xml 파일에는 실시간 급상승 검색어 목록을 표시하기 위해 리스트 뷰를 다음과 같이 추가한다.

실습 8-1

Exam0801/res/layout/activity_main.xml

```xml
1   <?xml version="1.0" encoding="utf-8"?>
2   <LinearLayout xmlns:android="http://schemas.android.com/apk/
3   res/android"
4       android:orientation="vertical"
5       android:layout_width="fill_parent"
6       android:layout_height="fill_parent"
7       >
8   <TextView
9       android:layout_width="fill_parent"
10      android:layout_height="wrap_content"
11      android:text="Exam0801 네이버 Open API"
12      />
13  <!-- 실시간 급상승 검색어 표시용 리스트 뷰 추가 -->
14  <ListView
15      android:id="@+id/list"
16      android:layout_width="fill_parent"
17      android:layout_height="fill_parent"
18      />
19  </LinearLayout>
```

본 예제는 인터넷을 통해서 데이터를 주고 받기 때문에 AndroidManifest.xml 파일에 인터넷 사용 권한 사용을 명시하도록 한다.

```xml
<uses-permission android:name="android.permission.INTERNET"></uses-permission>
```

UI 부분 구현을 끝내고 실제로 OpenAPI를 이용하여 네이버에 실시간 급상승 검색어를 요청하고 결과를 받아와서 리스트박스에 표시하는 기능을 구현해보자. Open API 서비스는 HTTP 통신을 하는 웹 브라우저를 기반으로 제공되는 서비스이기 때문에 이 프로그램에서도 반드시 HTTP 통신을 이용해야 한다.

안드로이드에서 HTTP 통신을 구현하는 방법은 여러 가지가 있겠지만 여기서는 HttpClient 라이브러리를 사용하도록 한다.

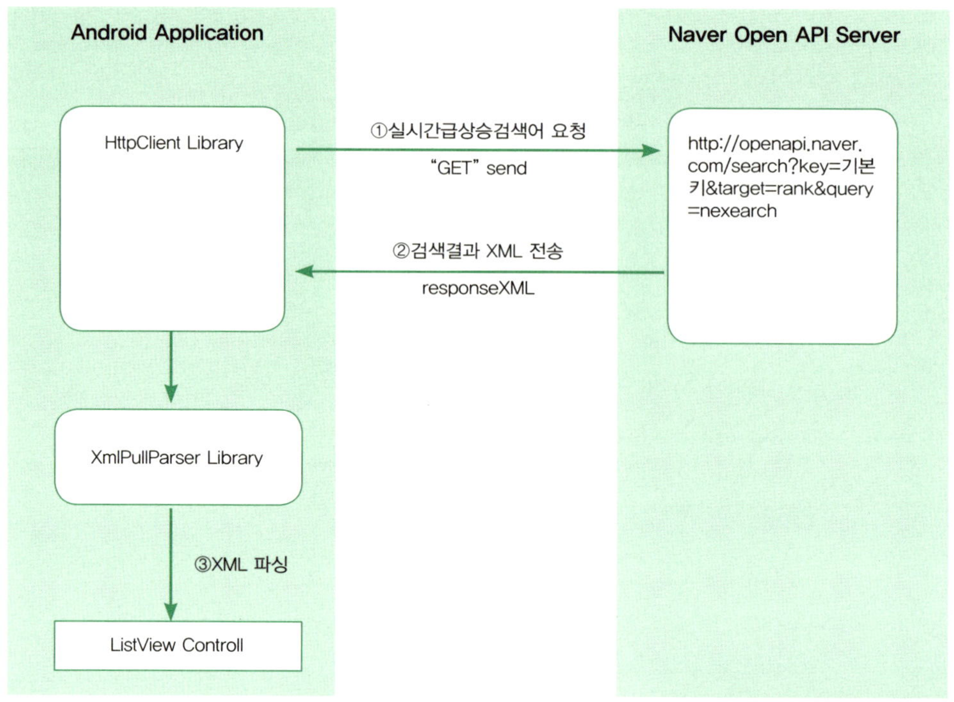

그림 08-14_ Exam0801 동작 원리

Exam0801 프로그램의 동작 순서는 위의 그림과 같다. 먼저 HttpClient를 이용하여 네이버 서버에 실시간 급상승 검색어를 요청한다. 네이버 서버에서 해당 요청에 대한 처리 결과를 XML 형태로 되돌려 주면 그것을 resultString에 받아놓는다. XmlPullParser를 이용하여 resultString에 저장되어 있는 XML 데이터를 분석하고 원하는 정보만 추출한 다음 리스트 뷰로 표시해준다.

실습 8-1

Exam0801/src/org.nashorn.exam0801/MainActivity.java

```java
1    package org.nashorn.exam0801;
2
3    import java.io.BufferedReader;
4    import java.io.InputStream;
5    import java.io.InputStreamReader;
6    import java.io.StringReader;
7    import org.apache.commons.httpclient.HttpClient;
8    import org.apache.commons.httpclient.HttpStatus;
9    import org.apache.commons.httpclient.methods.GetMethod;
10   import org.xmlpull.v1.XmlPullParser;
11   import org.xmlpull.v1.XmlPullParserFactory;
```

```java
12    import android.app.Activity;
13    import android.app.ProgressDialog;
14    import android.os.AsyncTask;
15    import android.os.Bundle;
16    import android.view.LayoutInflater;
17    import android.view.View;
18    import android.view.ViewGroup;
19    import android.widget.ArrayAdapter;
20    import android.widget.ListView;
21    import android.widget.TextView;
22
23    public class MainActivity extends Activity {
24        private String[] keywordList;
25        private String[] incDecList;
26        private String[] valueList;
27
28        /*
29    네이버 OpenAPI를 이용하여 받아 올 키워드, 증감, 순위 등의 정보를 저장할 String
30    배열을 초기화한다. 실시간 급상승 검색어는 항상 10개의 정보만 가지고 있기 때문에 각각
31    10개의 String을 저장할 수 있도록 만든다.
32        */
33        @Override
34        public void onCreate(Bundle savedInstanceState) {
35            super.onCreate(savedInstanceState);
36            setContentView(R.layout.activity_main);
37
38            keywordList = new String[10];
39            incDecList = new String[10];
40            valueList = new String[10];
41
42            new loadKeywordList().execute("");
43        }
44
45        /*
46    인터넷을 통하여 데이터를 가져올 때에는 네트워크 상황에 따라 데이터를 가져오는 시간이 오래
47    걸릴 수 있다. 이런 경우에 애플리케이션이 계속 멈춰있는 것처럼 보이지 않도록 AsyncTask를
48    이용하여 쓰레드로 처리한다.
49        */
50        private class loadKeywordList extends AsyncTask<String,
51                                            Void, Void> {
```

```
52          private ProgressDialog Dialog =
53                  new ProgressDialog(MainActivity.this);
54          private int keywordCount = 0;
55          private int incDecCount = 0;
56          private int valueCount = 0;
57
58          protected void onPreExecute() {
59              Dialog.setMessage("실시간 급상승 검색어 로딩 중...");
60              Dialog.show();
61          }
62      /*
63      HttpClient 라이브러리를 사용하여 사용자 키를 넣고 실시간 급상승 검색어를 조회하는
64      API를 호출한다. XML 형태로 만들어진 조회된 실시간 급상승 검색어에 대한 결과값은
65      resultString에 받아놓는다.
66      */
67          protected Void doInBackground(String... urls) {
68          String request =
69              "http://openapi.naver.com/search?key=
70              기본키&target=rank&query=nexearch";
71          String resultString = "";
72
73          HttpClient client = new HttpClient();
74          GetMethod method = new GetMethod(request);
75
76          try {
77              int statusCode = client.executeMethod(method);
78
79              if (statusCode != HttpStatus.SC_OK) {
80                  System.err.println("Method failed:
81                   " + method.getStatusLine());
82              }
83              InputStream rstream = null;
84
85              rstream = method.getResponseBodyAsStream();
86
87              BufferedReader br = new BufferedReader(
88                  new InputStreamReader(rstream));
89
90              String line;
91              while ((line = br.readLine()) != null) {
```

```java
92              resultString += line;
93          }
94          br.close();
95      } catch (Exception e) { }
96
97  /*
98  resultString을 통해서 넘어온 XML 데이터는 XmlPullParser를 이용하여 분석할
99  수 있다. XmlPullParser로 XML 데이터 안에 있는 <K> 태그, <S> 태그,
100 <V> 태그 내용을 추출하여 해당하는 String 배열에 저장한다.
101 */
102     try {
103         XmlPullParserFactory factory =
104                 XmlPullParserFactory.newInstance();
105         factory.setNamespaceAware(true);
106         XmlPullParser xpp = factory.newPullParser();
107
108         xpp.setInput(new StringReader(resultString));
109         int eventType = xpp.getEventType();
110         while (eventType != XmlPullParser.END_DOCUMENT) {
111             if (eventType == XmlPullParser.START_DOCUMENT) {
112                 System.out.println("Start document");
113             } else if (eventType == XmlPullParser.END_DOCUMENT) {
114                 System.out.println("End document");
115             }else if (eventType == XmlPullParser.START_TAG) {
116                 if (xpp.getName().equals("K")) {
117                     keywordList[keywordCount++] = xpp.nextText();
118                 }else if (xpp.getName().equals("S")) {
119                     incDecList[incDecCount++] = xpp.nextText();
120                 }else if (xpp.getName().equals("V")) {
121                     valueList[valueCount++] = xpp.nextText();
122                 }
123             } else if (eventType == XmlPullParser.END_TAG) {
124                 System.out.println("End tag " + xpp.getName());
125             } else if (eventType == XmlPullParser.TEXT) { }
126
127             eventType = xpp.next();
128         }
129     } catch (Exception e) { }
130     return null;
131 }
```

```
132
133     /*
134     데이터 로딩 및 파싱이 모두 끝나면, 받아온 데이터를 이용하여 사용자 정의 어댑터로 리스트
135     뷰를 구성한다.
136     */
137         protected void onPostExecute(Void unused) {
138             Dialog.dismiss();
139
140             ListView list = (ListView)findViewById(R.id.list);
141             IconicAdapter iAdapter =
142                 new IconicAdapter(MainActivity.this);
143             list.setAdapter(iAdapter);
144         }
145     }
146
147     /*
148     사용자 정의 어댑터(IconicAdapter)의 getView() 메소드에서 LayoutInflater를
149     사용하여 list_item.xml의 레이아웃을 하나의 아이템을 표시할 수 있다. 현재 화면에
150     보여지는 아이템에 해당하는 키워드, 증감, 순위 등의 정보를 세팅 해준다.
151     */
152     class IconicAdapter extends ArrayAdapter {
153         Activity context;
154         IconicAdapter(Activity context) {
155             super(context, R.layout.list_item, keywordList);
156             this.context = context;
157         }
158
159         @Override
160         public View getView(int position, View convertView,
161             ViewGroup parent) {
162             LayoutInflater inflater = context.getLayoutInflater();
163             View row = inflater.inflate(R.layout.list_item, null);
164
165             TextView numText =
166                 (TextView)row.findViewById(R.id.list_txt_num);
167             numText.setText(String.valueOf(position+1));
168
169             TextView keywordText =
170                 (TextView)row.findViewById(R.id.list_txt_keyword);
171             keywordText.setText(keywordList[position]);
```

```
172
173          TextView incDecText =
174              (TextView)row.findViewById(R.id.list_txt_incdec);
175          incDecText.setText(incDecList[position]);
176
177          TextView valueText =
178              (TextView)row.findViewById(R.id.list_txt_value);
179          if (incDecList[position].equals("new")) {
180              valueText.setText("");
181          } else {
182              valueText.setText(valueList[position]);
183          }
184
185          return row;
186      }
187    }
188  }
```

프로젝트를 실행시키고 인터넷이 되는 안드로이드폰에서 직접 실행하면 다음과 같은 결과를 확인할 수 있다. 오른쪽 이미지는 같은 시간에 네이버에서 확인해본 실시간 급상승 검색어 화면이다.

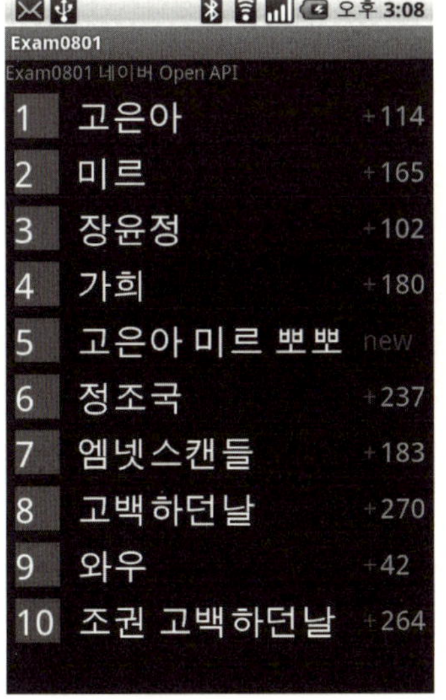

그림 08-15_ Exam0801 실행 화면

다른 오픈 API도 이와 같은 방법으로 활용이 가능하며, 다양한 방법으로 응용해서 사용자에게 유용한 애플리케이션을 손쉽게 개발할 수 있다. 주의할 점은 네이버에서 제공되는 API의 종류나 사용 방법이 수시로 변경될 수 있기 때문에 애플리케이션의 신속한 업데이트를 통해서 예기치 못한 버그 발생을 막는 것이 중요하다.

1.3 다음 오픈 API 사용하기

다음(Daum)에서도 네이버처럼 오픈 API용 사용자 등록과 지도 API용 등록이 따로 구분되어 제공된다. 대부분의 포털 사이트의 지도 콘텐츠가 그러하듯이 다음의 지도 API를 사용할 때 주의할 사항이 있다. 개인이나 법인에서 10만 페이지 뷰, 1만 쿼리 미만의 접속 트래픽으로 사용할 경우에는 문제가 없지만, 상업적인 목적으로 사용하는 것은 반드시 다음과 사전 합의 또는 협의를 통해서 이용해야 한다는 점이다.

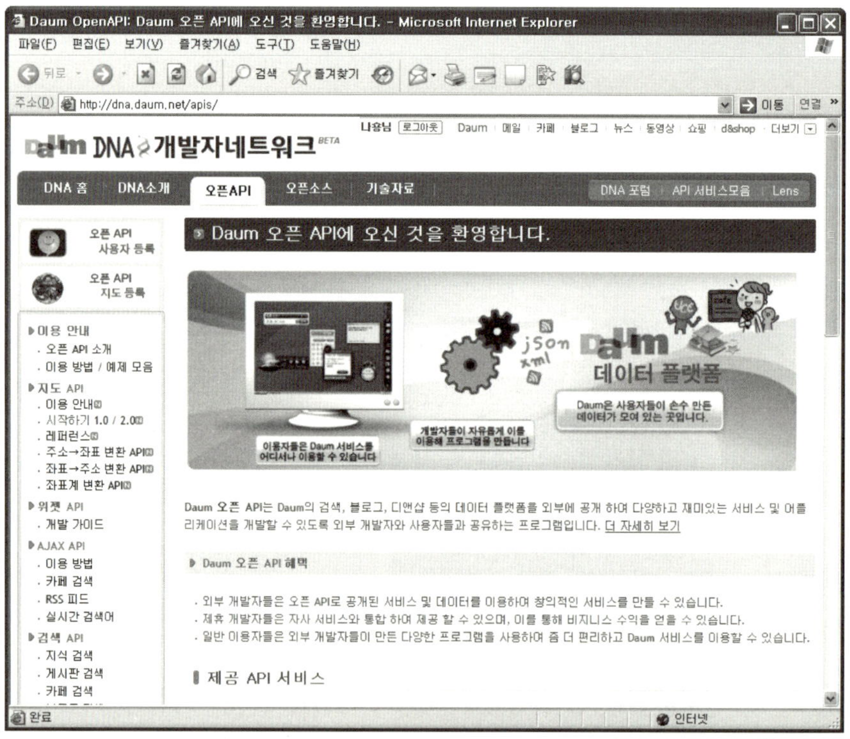

그림 08-16_ 다음 오픈 API 사이트

다음의 오픈 API도 지도 API 뿐만 아니라 다양한 종류의 API를 제공하고 있는데 보다 자세한 사항은 다음의 표를 참고하면 된다. 다음 오픈 API의 기능들의 대부분은 네이버의 오픈 API와 유사한 기능들을 제공하고 있다.

종류	기능	설명
지도형 API	모바일앱용 지도 API	iOS, Android 앱용 다음 지도 라이브러리
	지도 API	데스크톱, 모바일 환경 지원 지도 API
데이터형 API	검색 API	카페, 블로그, 게시판, 동영상, 웹, 이미지, 지식, 책 서비스에 대한 검색 결과 제공
	로컬 API	다음 지도에 올라가는 데이터 제공
	쇼핑 API	다음 쇼핑하우에서 제공되는 데이터 API
	콘텐츠 API	다음 콘텐츠 검색 결과 데이터 API
	쇼셜픽 API	검색수, 조회수, 댓글수, 추천수, 트위터 리트윗 등 사용자 반응 분석 및 이슈 제공
인증형 API	블로그 API	다음 블로그 글 목록 조회, 글 작성/편집
	마이피플 API	친구 정보 열람, 메시지 전송
	카페 API	카페 글 목록 조회, 글 작성/편집
	캘린더 API	그룹/일정 조회, 일정 작성/편집
	프로필 API	다음 사용자 고유키, 닉네임, 이미지 정보 조회

표 08-02_ 다음 OpenAPI 목록 (2013년 8월 기준).

네이버는 블로그의 글을 검색만 할 수 있지만, 다음에서는 티스토리나 다음 블로그 서비스에 직접 글을 등록하거나 수정 및 삭제가 가능하기 때문에 블로그 관련 애플리케이션 개발에 유용하다. 또한, 특정 문서에서 중요한 키워드를 찾아주는 「키워드 API」도 적절하게 활용할 수 있는 유용한 기능이다.

다음 오픈 API용 사용자 인증키를 발급받으려면 반드시 사용 URL을 명시하도록 되어 있는 점이 네이버와 차이점이다. 오픈 API는 반드시 웹 페이지에서만 사용되는 것이 아닌데 굳이 URL을 명시해야 하는지 의문이 든다(지도 API용 인증키도 URL을 명시해야 함).

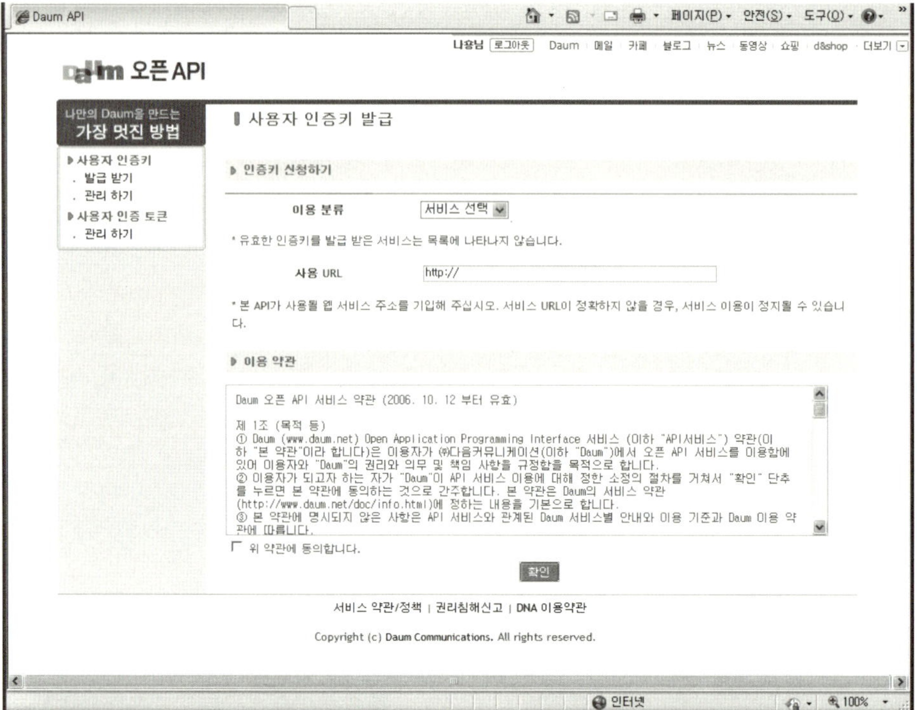

그림 08-17_ 다음 API 사용자 인증키 발급 페이지

다음 오픈 API 테스트 URL을 웹 브라우저에 입력하면 다음 그림과 같이 사전 검색 결과가
XML로 표시되는 것을 확인할 수 있다. 이 기능을 이용해서 간단한 안드로이드용 온라인 사전
프로그램을 만들어보도록 하자. 오픈 API를 사용하는 방법이나 전달된 XML을 파싱하는 것은
앞서 만들어보았던 예제와 동일한 방법을 사용하면 된다.

- http://apis.daum.net/dic/krdic?apikey=사용자인증키&q=%EA%B5%AD%EC%96%B4&kind=
  WORD

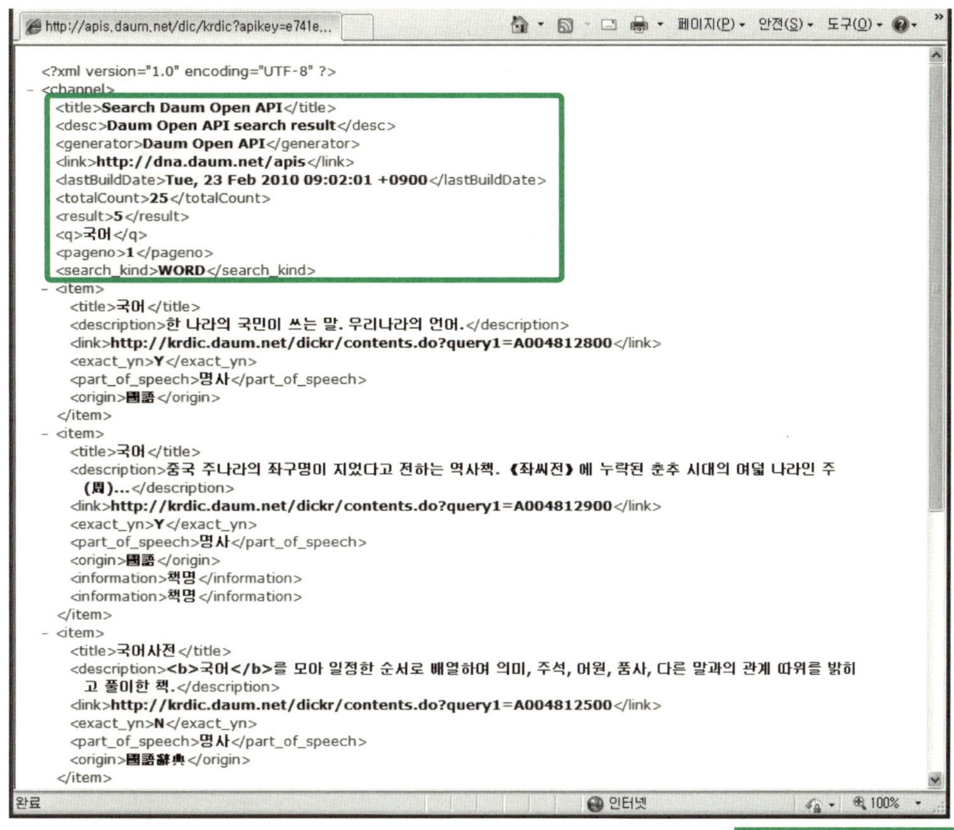

그림 08-18_ 다음 API 예제

XML의 장점이라면 위와 같은 XML 문서를 그냥 보기만 해도 대충 어떠한 정보들을 담고 있는지 알 수 있다는 점이다. 위의 XML에서 channel 태그의 헤더 내용만 보더라도 "국어"라는 키워드를 이용하여 다음에서 제공하는 국어사전 API를 이용하여 검색한 결과이며 총 25개의 결과 중에 5개만 넘겨주었음을 알 수 있다.

이번에 살펴볼 DaumOpenAPIExam 프로젝트도 HTTP 통신을 이용한 XML 데이터 처리를 해야 하기 때문에, Exam0801 프로젝트에서 했던 것처럼 반드시 HttpClient 라이브러리와 XmlPullParser 라이브러리를 프로젝트에 등록해줘야 한다. 메니페스트 파일에 인터넷 접속 권한도 지정하는 것도 잊지 말자.

activity_main.xml에는 검색하고자 하는 키워드를 입력하는 EditText 컨트롤과 검색 버튼, 그리고 검색 결과를 표시하는 EditText 컨트롤을 추가해준다.

실습 8-2

DaumOpenAPIExam/res/layout/activity_main.xml

```
1   <RelativeLayout xmlns:android="http://schemas.android.com/
2   apk/res/android"
3       xmlns:tools="http://schemas.android.com/tools"
4       android:layout_width="match_parent"
5       android:layout_height="match_parent"
6       android:paddingBottom="@dimen/activity_vertical_margin"
7       android:paddingLeft="@dimen/activity_horizontal_margin"
8       android:paddingRight="@dimen/activity_horizontal_margin"
9       android:paddingTop="@dimen/activity_vertical_margin"
10      tools:context=".MainActivity" >
11
12      <ListView
13          android:id="@+id/product_list"
14          android:layout_width="fill_parent"
15          android:layout_height="fill_parent"/>
16
17  </RelativeLayout>
```

DaumOpenAPIExam/res/layout/list_item.xml

```
1   <RelativeLayout
2       xmlns:android="http://schemas.android.com/apk/res/android"
3       android:layout_width="fill_parent"
4       android:layout_height="fill_parent">
5
6       <ImageView
7           android:id="@+id/product_image"
8           android:layout_width="200px"
9           android:layout_height="200px"/>
10      <TextView
11          android:id="@+id/product_title"
12          android:layout_width="wrap_content"
13          android:layout_height="wrap_content"
14          android:layout_marginLeft="220px"
15          android:textColor="#000000"
16          android:textSize="50px"
17          android:maxLength = "12"
18          android:text="TITLE"/>
19      <TextView
```

```
20              android:id="@+id/product_price"
21              android:layout_width="wrap_content"
22              android:layout_height="wrap_content"
23              android:layout_marginTop="70px"
24              android:layout_marginLeft="220px"
25              android:textColor="#0000ff"
26              android:textSize="30px"
27              android:text="10000~20000"/>
28          <TextView
29              android:id="@+id/product_maker"
30              android:layout_width="wrap_content"
31              android:layout_height="wrap_content"
32              android:layout_marginTop="120px"
33              android:layout_marginLeft="220px"
34              android:textColor="#000000"
35              android:textSize="30px"
36              android:text="MAKER"/>
37
38      </RelativeLayout>
```

다음(Daum)에서 제공한 Open API 호출하여 이용한 기능의 처리 결과를 XML 데이터로 받는 과정은 이전에 만들어 보았던 네이버 OpenAPI 예제 프로그램과 동일하다. 다만 리턴되어 오는 XML 데이터의 구조가 Open API를 제공하는 사이트마다 다르기 때문에 그에 맞게 처리해줘야 한다.

이번 예제에서 사용할 쇼핑 API는 검색한 키워드에 해당되는 결과 중에서 기본적으로 10개의 결과가 한 번에 넘어오게 되어 있다. 상품 이름, 최솟값, 최댓값, 메이커, 상품 이미지 URL 등의 정보를 추출하여 리스트 형식으로 보여주도록 구현할 것이다. 다만, 결과 값은 XML이 아니라 요즘 많이 사용되는 JSON 방식으로 받아와서 처리하도록 해보자.

실습 8-2

DaumOpenAPIExam/src/org.nashorn.daumopenapiexam/MainActivity.java

```
1   package com.example.daumopenapiexam;
2
3   import java.io.BufferedReader;
4   import java.io.IOException;
5   import java.io.InputStream;
6   import java.io.InputStreamReader;
7   import java.net.HttpURLConnection;
```

```java
8    import java.net.MalformedURLException;
9    import java.net.URL;
10   import org.apache.commons.httpclient.HttpClient;
11   import org.apache.commons.httpclient.methods.GetMethod;
12   import org.json.JSONArray;
13   import org.json.JSONObject;
14   import android.os.AsyncTask;
15   import android.os.Bundle;
16   import android.os.Handler;
17   import android.app.Activity;
18   import android.app.ProgressDialog;
19   import android.graphics.Bitmap;
20   import android.graphics.BitmapFactory;
21   import android.util.Log;
22   import android.view.LayoutInflater;
23   import android.view.Menu;
24   import android.view.View;
25   import android.view.ViewGroup;
26   import android.widget.ArrayAdapter;
27   import android.widget.ImageView;
28   import android.widget.ListView;
29   import android.widget.TextView;
30
31   public class MainActivity extends Activity {
32       private String[] productTitleList = new String[10];
33       private String[] productMinPriceList = new String[10];
34       private String[] productMaxPriceList = new String[10];
35       private String[] productMakerList = new String[10];
36       private String[] productImageUrlList = new String[10];
37       private Bitmap[] productImageBitmapList = new Bitmap[10];
38
39   @Override
40       protected void onCreate(Bundle savedInstanceState) {
41           super.onCreate(savedInstanceState);
42           setContentView(R.layout.activity_main);
43           new loadProductList().execute("");
44       }
45
46       private class loadProductList extends AsyncTask<String,
47       Void, Void>{
```

```
48      private ProgressDialog dialog =
49          new ProgressDialog(MainActivity.this);
50      protected void onPreExecute() {
51          dialog.setMessage("상품 정보 로딩 중...");
52          dialog.show();
53      }
54
55  @Override
56  protected Void doInBackground(String... params) {
57      String request = "http://apis.daum.net/shopping/
58          search?q=wii&apikey=다음APIKEY&output=json";
59      String resultString = "";
60      HttpClient client = new HttpClient();
61      GetMethod method = new GetMethod(request);
62      try {
63          client.executeMethod(method);
64          InputStream rstream = null;
65          rstream = method.getResponseBodyAsStream();
66          BufferedReader br = new BufferedReader(new
67              InputStreamReader(rstream));
68          String line;
69          while((line = br.readLine())!=null) {
70              resultString += line;
71          }
72          br.close();
73      } catch(Exception e) {
74          Log.e("MainActivity", e.toString());
75      }
76      /* JSON 형식으로 결과값을 받기위해서는 api를 호출할 때
77      output 패러미터 값으로 "json"이라고 입력해주면 된다.
78      output 패러미터를 생략하면 XML 형식으로 결과값이 넘어오게 된다.
79      JSON 형식의 데이터는 XML에 비해 구조가 간단하고 파싱이 쉬운 장점이 있다. */
80      try{
81        JSONObject jsonObject = new JSONObject(resultString);
82        JSONObject channelObject = jsonObject.getJSONObject
83            ("channel");
84        JSONArray itemArray = channelObject.getJSONArray("item");
85        int nameCount=0,minPriceCount=0,maxPriceCount=0,
86        pictureCount=0,makerCount=0;
87        for (int i = 0; i < itemArray.length(); i++) {
```

다음 쇼핑 API를 이용하여 wii라는 이름을 가진 상품을 조회하여 JSON 형식으로 받아 온다.

```
 88              JSONObject subObject = itemArray.getJSONObject(i);
 89              productTitleList[nameCount++]=
 90                subObject.getString("title");
 91            productMinPriceList[minPriceCount++]=
 92                  subObject.getString("price_min");
 93            productMaxPriceList[maxPriceCount++]=
 94                  subObject.getString("price_max");
 95            productMakerList[makerCount++]=
 96                  subObject.getString("maker");
 97            productImageUrlList[pictureCount++]=
 98                  subObject.getString("image_url");
 99            }
100      } catch(Exception e) {
101          Log.e("MainActivity",e.toString());
102      }
103        return null;
104    }

106    protected void onPostExecute(Void unused){
107        dialog.dismiss();
108        final ListView listView =
109            (ListView)findViewById(R.id.product_list);
110        IconicAdapter iconicAdapter =
111            new IconicAdapter(MainActivity.this);
112        listView.setAdapter(iconicAdapter);
113    new Thread(new Runnable() {
114        public void run() {
115          for (int i = 0; i < productImageUrlList.length; i++) {
116            try {
117              Bitmap bm = downloadFile(productImageUrlList[i]);
118                if (bm != null) {
119                    productImageBitmapList[i] = bm;
120                    mHandler.post(new Runnable() {
121                        public void run() {
122                        listView.invalidateViews(); }
123                    });
124                } else {
125                    productImageBitmapList[i] = null;
126                }
127            } catch(Exception e) {
```

```java
128                Log.e("MainActivity", e.toString());
129            }
130        }
131    }
132    }).start();
133    }
134 }
135
136    Handler mHandler = new Handler();
137    Bitmap downloadFile(String fileUrl) {
138    Bitmap bmImg = null;
139    URL myFileUrl = null;
140    try {
141        myFileUrl = new URL(fileUrl);
142    } catch (MalformedURLException e){ e.printStackTrace(); }
143    try {
144        HttpURLConnection conn =
145            (HttpURLConnection)myFileUrl.openConnection();
146        conn.setDoInput(true);
147        conn.connect();
148        int length = conn.getContentLength();
149        InputStream is = conn.getInputStream();
150        bmImg = BitmapFactory.decodeStream(is);
151        } catch (IOException e) { e.printStackTrace(); }
152        return bmImg;
153    }
154
155 private class IconicAdapter extends ArrayAdapter{
156     Activity context;
157     IconicAdapter(Activity context){
158         super(context, R.layout.list_item, productTitleList);
159         this.context = context;
160     }
161     @Override
162     public View getView(int position, View convertView,
163     ViewGroup parent){
164         LayoutInflater inflater = this.context.getLayoutInflater();
165         View row = inflater.inflate(R.layout.list_item, null);
166
167         TextView titleText =
```

```
168                    (TextView)row.findViewById(R.id.product_title);
169            titleText.setText(productTitleList[position]);
170
171            TextView priceText =
172            (TextView)row.findViewById(R.id.product_price);
173            priceText.setText(productMinPriceList[position]+"원~"+
174                    productMaxPriceList[position]+"원");
175
176            TextView makerText =
177                (TextView)row.findViewById(R.id.product_maker);
178            makerText.setText(productMakerList[position]);
179
180            ImageView imageView =
181                (ImageView)row.findViewById(R.id.product_image);
182            if (productImageBitmapList[position] == null) {
183                imageView.setImageResource(R.drawable.ic_launcher);
184            } else {
185                imageView.setImageBitmap(
186                productImageBitmapList[position]);
187            }
188            return row;
189        }
190    }
191    }
```


이번 예제에서 Daum API의 호출 결과를 XML로 바꾸어 확인하려면 doInBackground( )의
파싱 부분을 다음과 같이 바꿔주면 된다.

```
@Override
protected Void doInBackground(String... params) {
    String request = "http://apis.daum.net/shopping/
        search?q=wii&apikey=다음APIKEY";
    String resultString = "";
    HttpClient client = new HttpClient();
    GetMethod method = new GetMethod(request);
    try {
        client.executeMethod(method);
        InputStream rstream = null;
        rstream = method.getResponseBodyAsStream();
```

```java
BufferedReader br = new BufferedReader(new
    InputStreamReader(rstream));
String line;
while((line = br.readLine())!=null){
    resultString += line;
}
br.close();
} catch(Exception e) {
    Log.e("MainActivity", e.toString());
} try {
    XmlPullParserFactory factory = XmlPullParserFactory.
        newInstance();
    factory.setNamespaceAware(true);
    XmlPullParser xpp = factory.newPullParser();
    xpp.setInput(new StringReader(resultString));
    int eventType = xpp.getEventType();
    int productTitleCount = 0, productPriceMinCount = 0,
        productPriceMaxCount = 0,
    productMakerCount = 0, prodcutImageUrlCount = 0;
    while(eventType != XmlPullParser.END_DOCUMENT) {
        if (eventType == XmlPullParser.START_TAG) {
        if (xpp.getName().equals("title")) {
            Log.e("MainActivity", "title");
          String text = xpp.nextText();
          if (text.equals("Search search Daum Open API")) {
              //nothing
          } else {
              productTitleList[productTitleCount++] = text;
          }
        } else if (xpp.getName().equals("price_min")) {
          Log.e("MainActivity", "price_min");
          productMinPriceList[productPriceMinCount++] = xpp.
              nextText();
        } else if (xpp.getName().equals("price_max")) {
          Log.e("MainActivity", "price_max");
          productMaxPriceList[productPriceMaxCount++] = xpp.
              nextText();
        } else if (xpp.getName().equals("maker")) {
          Log.e("MainActivity", "maker");
          productMakerList[productMakerCount++] = xpp.nextText();
        } else if (xpp.getName().equals("image_url")) {
          Log.e("MainActivity", "image_url");
```

```
            productImageUrlList[prodcutImageUrlCount++] = xpp.
                nextText();
            }
        }
        eventType = xpp.next();
    }
} catch(Exception e) {
    Log.e("MainActivity", e.toString());
}
return null;
}
```

DaumOpenAPIExam 프로젝트를 실행하면, 다음(Daum) 포털에서 운영하는 쇼핑몰의 상품을 검색할 수 있는 간단한 프로그램을 사용할 수 있게 된다. 다음 그림은 wii라는 키워드에 대한 상품 정보를 다음 Open API를 통해서 받아와서 보여주는 실행 결과 화면이다.

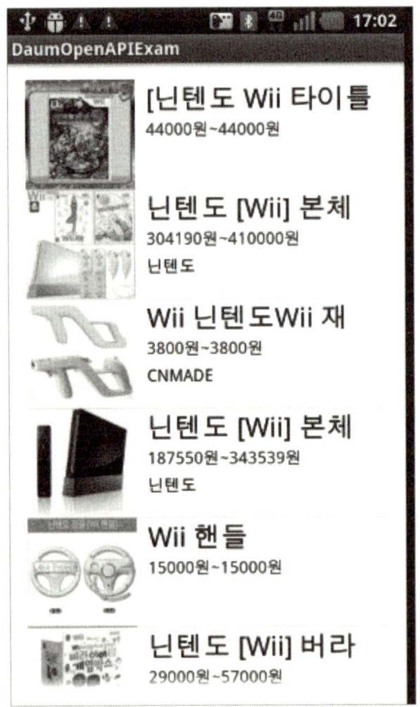

그림 08-19_ DaumOpenAPIExam 실행 화면

본 예제와 같이 프로그램에서 Open API를 이용하여 데이터를 가져오려면 반드시 안드로이드 폰이 Wi-Fi나 3G 네트워크가 연결된 온라인 상태이어야 한다.

2. Wikipedia 연동 애플리케이션 구현

위키(wiki)란 사용자들의 협업을 통해서 콘텐츠를 생성하고 운영할 수 있도록 해주는 프로그램이다. 위키는 텍스트와 하이퍼링크만으로 콘텐츠를 관리하며 간단한 코딩 규칙만 지키면 손쉽게 자신이 원하는 콘텐츠를 만들어 낼 수 있다. 누구라도 콘텐츠의 내용을 변경할 수 있기 때문에 상호 신뢰라는 기본 원칙이 중요하며, 사용자들에 의해 변경되는 내용은 모두 히스토리로 관리된다.

위키백과(wikipedia)는 이러한 위키를 활용하여 사용자들이 직접 만드는 백과사전이다. 소수의 집필진이 출판사를 통해서 만들어내는 일반 백과사전과 달리, 누구든지 자신이 알고 있는 정보를 이용하여 내용을 추가하거나 수정할 수 있다. 그렇기 때문에 항상 최신 정보로 업데이트가 가능하고 새로운 이슈에 대한 신속한 대응이 가능하다는 장점이 있다.

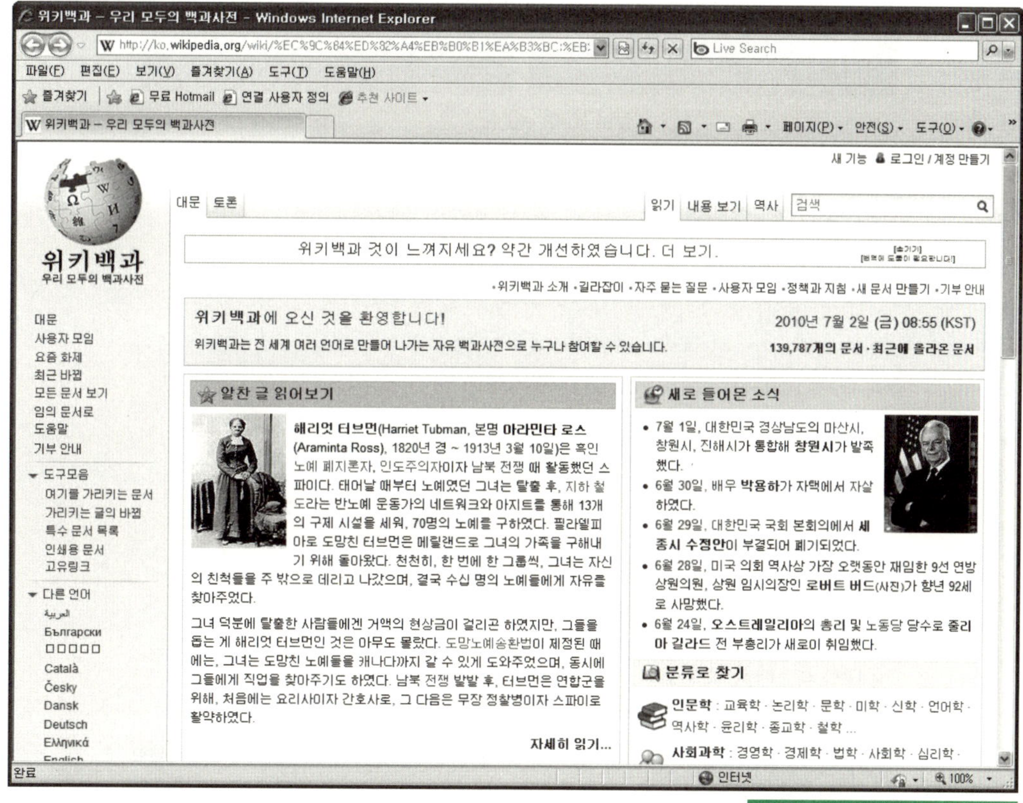

그림 08-20_ 위키백과 사이트

방대한 콘텐츠를 담고 있기 때문에 위키백과는 웹 애플리케이션 뿐만 아니라 스마트폰 애플리케이션 개발 시에도 유용한 리소스로 많이 활용되고 있다. 아이폰용 「Moxier World」에서는

특정 도시의 날짜, 시간, 날씨, 온도, 캠 정보 등과 함께 해당 도시의 위키백과 콘텐츠를 같이 제공하고 있다.

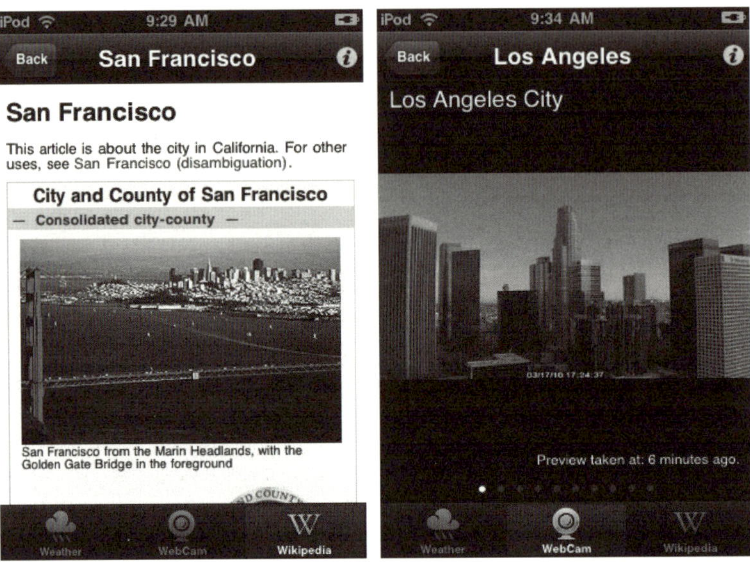

그림 08-21_ 위키백과 콘텐츠 활용 예

아이폰용 「WikiTap」과 같이 위키백과를 직접 연동하여 백과사전처럼 사용할 수 있는 애플리케이션도 있다.

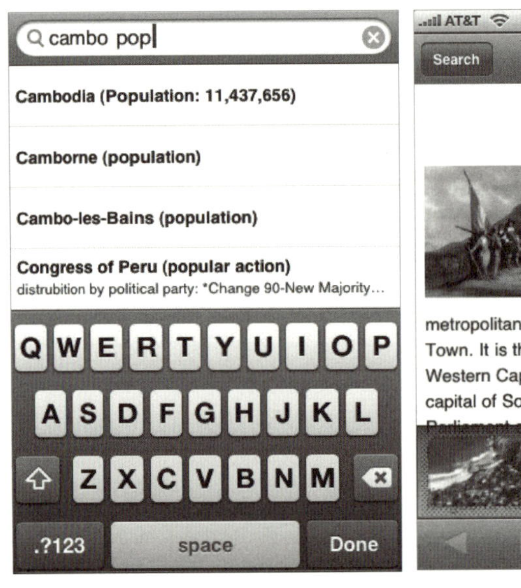

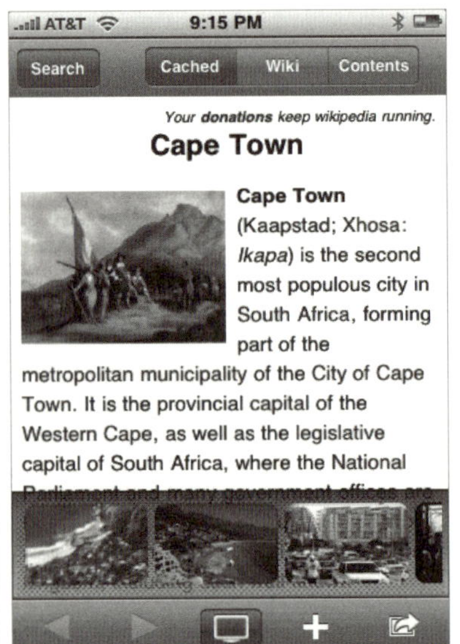

그림 08-22_ 위키백과 애플리케이션)

위키백과에서 「서울」을 검색하면 아래 그림과 같은 화면을 볼 수 있다. 여기서 오른쪽에 있는
요약 정보 화면을 가져와서 보여주는 애플리케이션을 만들어 보도록 하자.

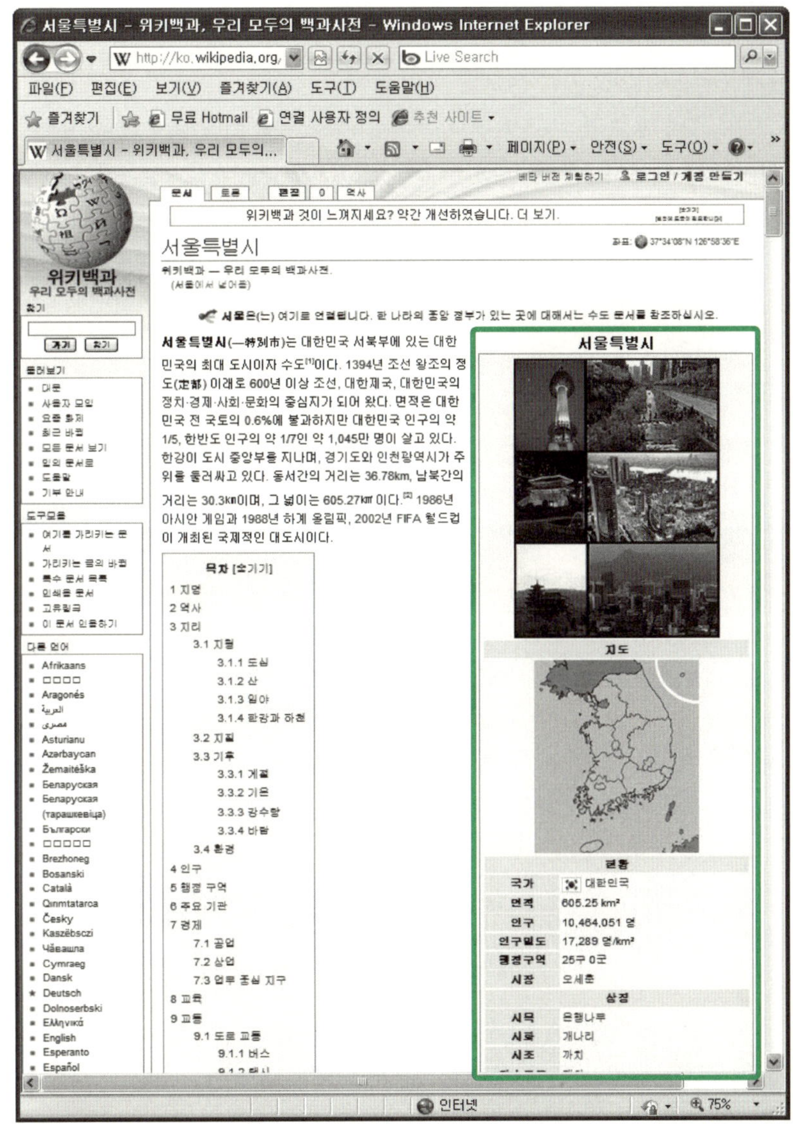

그림 08-23_ 도시 정보 화면

대부분의 도시 정보마다 이렇게 생긴 요약 정보가 표시되기 때문에 이런 요약 정보만 가져와서
제공하는 애플리케이션들이 존재할 수 있는 것이다. 그렇지 않다면 쓸데없이 많은 내용을 담고
있는 본문 내용을 그대로 보여줘야 하거나 일정한 규칙에 의해 정리된 정보만 보여 주기 위해
복잡한 분석 및 추출 기능을 구현해야 했을 것이다.

웹 브라우저에서 해당 HTML 페이지의 "소스 보기"를 하면 다음과 같이 도시 요약 정보는 하나의 테이블로 구성이 되어 있음을 알 수 있다. <table class="infobox"> 태그를 이용하여 해당 테이블의 정보만 추출하여 가져와서 새로운 HTML로 만들면 마치 요약 정보 페이지가 따로 있는 것처럼 처리해줄 수 있게 된다.

주의할 점은, 정보의 규격화보다는 정보를 화면 출력하는데만 포커스가 맞춰있는 HTML의 특성상 모든 도시의 요약 정보가 <table class="infobox">로 시작되지 않을 수도 있다는 점이다. 예를 들어 위키백과에서 "파리"를 검색해서 소스 보기를 하면 요약 정보를 담고 있는 테이블이 <table class="infobox" style="width:21em; float:right; margin-left:1em; background:#f3fff3; font-size: small;">와 같이 되어 있는 것을 확인할 수 있다. 따라서 모든 도시의 요약 정보를 제대로 보여주기 위해서는 다양한 방법으로 코딩되어 있는 태그를 정확히 처리할 수 있도록 예외 처리를 잘 해주어야 한다.

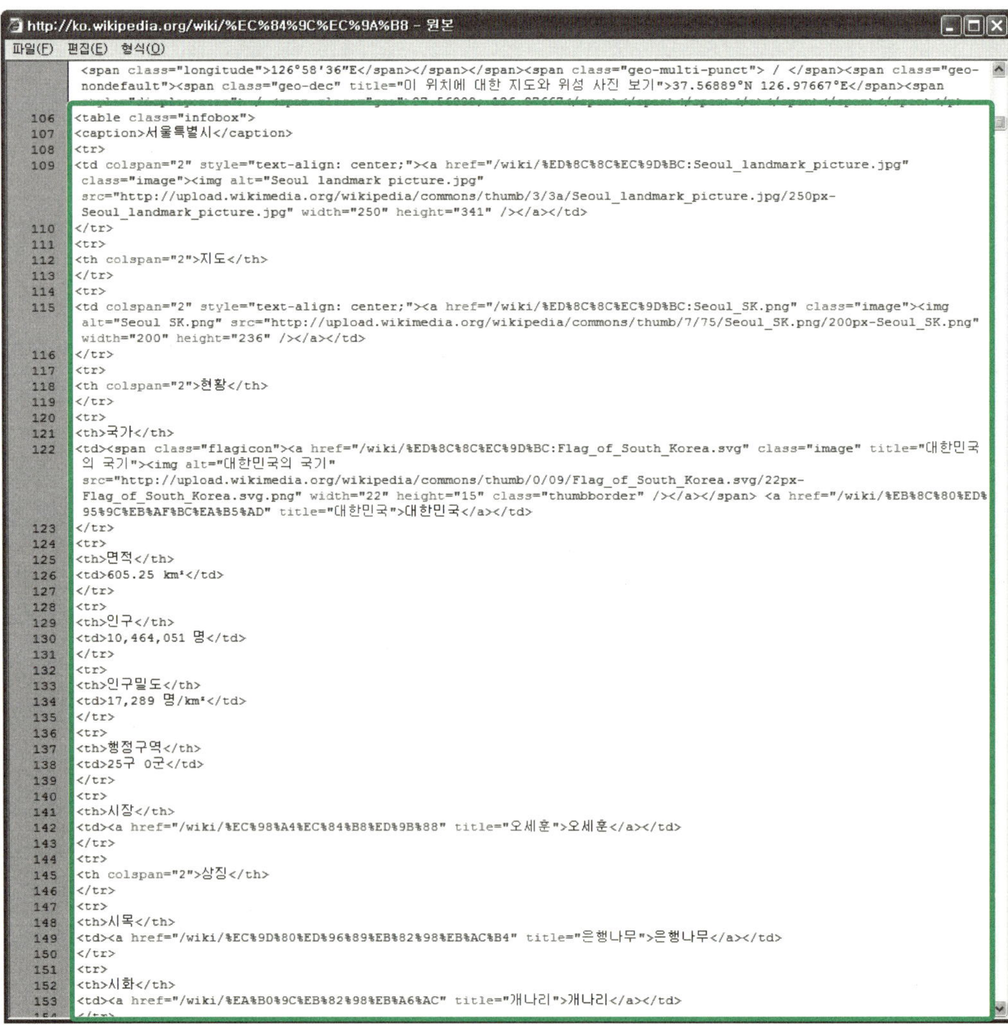

```
     http://ko.wikipedia.org/wiki/%EC%84%9C%EC%9A%B8 - 원본
     파일(F)  편집(E)  형식(O)

     <span class="longitude">126°58'36"E</span></span></span><span class="geo-multi-punct"> / </span><span class="geo-
     nondefault"><span class="geo-dec" title="이 위치에 대한 지도와 위성 사진 보기">37.56889°N 126.97667°E</span><span
106  <table class="infobox">
107  <caption>서울특별시</caption>
108  <tr>
109  <td colspan="2" style="text-align: center;"><a href="/wiki/%ED%8C%8C%EC%9D%BC:Seoul_landmark_picture.jpg"
      class="image"><img alt="Seoul landmark picture.jpg"
      src="http://upload.wikimedia.org/wikipedia/commons/thumb/3/3a/Seoul_landmark_picture.jpg/250px-
     Seoul_landmark_picture.jpg" width="250" height="341" /></a></td>
110  </tr>
111  <tr>
112  <th colspan="2">지도</th>
113  </tr>
114  <tr>
115  <td colspan="2" style="text-align: center;"><a href="/wiki/%ED%8C%8C%EC%9D%BC:Seoul_SK.png" class="image"><img
      alt="Seoul SK.png" src="http://upload.wikimedia.org/wikipedia/commons/thumb/7/75/Seoul_SK.png/200px-Seoul_SK.png"
      width="200" height="236" /></a></td>
116  </tr>
117  <tr>
118  <th colspan="2">현황</th>
119  </tr>
120  <tr>
121  <th>국가</th>
122  <td><span class="flagicon"><a href="/wiki/%ED%8C%8C%EC%9D%BC:Flag_of_South_Korea.svg" class="image" title="대한민국
     의 국기"><img alt="대한민국의 국기"
      src="http://upload.wikimedia.org/wikipedia/commons/thumb/0/09/Flag_of_South_Korea.svg/22px-
     Flag_of_South_Korea.svg.png" width="22" height="15" class="thumbborder" /></a></span> <a href="/wiki/%EB%8C%80%ED%
     95%9C%EB%AF%BC%EA%B5%AD" title="대한민국">대한민국</a></td>
123  </tr>
124  <tr>
125  <th>면적</th>
126  <td>605.25 km²</td>
127  </tr>
128  <tr>
129  <th>인구</th>
130  <td>10,464,051 명</td>
131  </tr>
132  <tr>
133  <th>인구밀도</th>
134  <td>17,289 명/km²</td>
135  </tr>
136  <tr>
137  <th>행정구역</th>
138  <td>25구 0군</td>
139  </tr>
140  <tr>
141  <th>시장</th>
142  <td><a href="/wiki/%EC%98%A4%EC%84%B8%ED%9B%88" title="오세훈">오세훈</a></td>
143  </tr>
144  <tr>
145  <th colspan="2">상징</th>
146  </tr>
147  <tr>
148  <th>시목</th>
149  <td><a href="/wiki/%EC%9D%80%ED%96%89%EB%82%98%EB%AC%B4" title="은행나무">은행나무</a></td>
150  </tr>
151  <tr>
152  <th>시화</th>
153  <td><a href="/wiki/%EA%B0%9C%EB%82%98%EB%A6%AC" title="개나리">개나리</a></td>
```

위키백과의 본문 내용 중에 요약 정보만 추출하기 위해서는 HTML를 분석하고 원하는 정보만
을 추출할 수 있도록 해주는 라이브러리가 필요하다. 여기서는 HTML Parser라는 라이브러
리를 사용하도록 하겠다. HTMP Parser의 홈페이지(http://htmlparser.sourceforge.net)
에서 htmlparser 라이브러리를 다운받도록 하자.

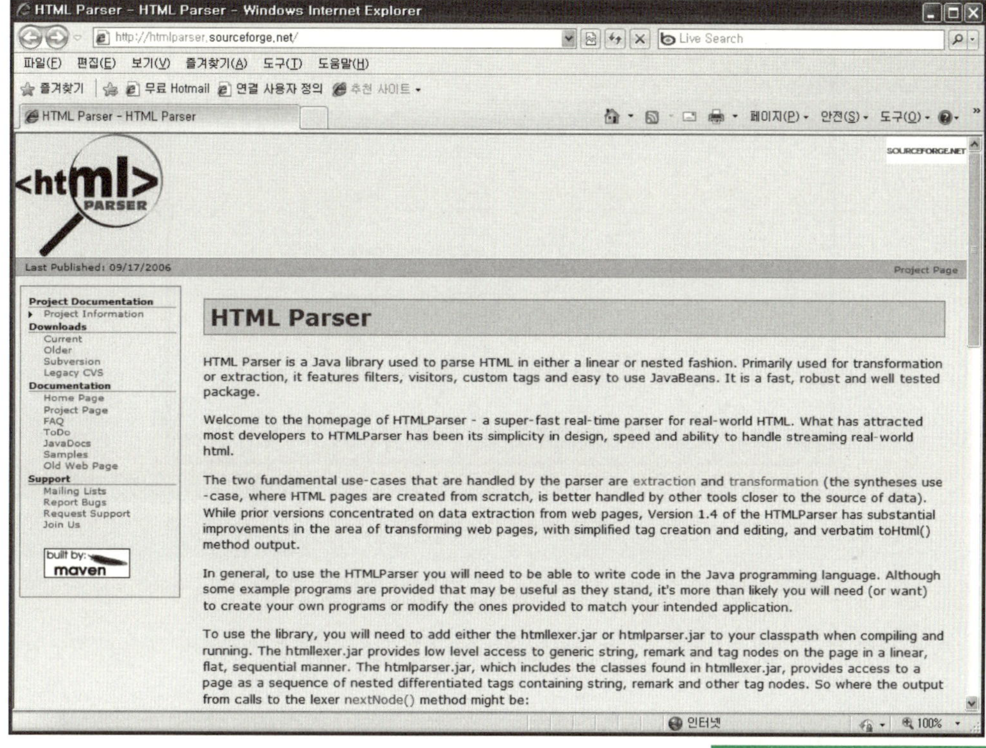

다운받은 htmlparser1_6_200610.zip 파일을 열어서 lib 폴더에 있는 htmlparser.jar 파일
을 압축 해제한다.

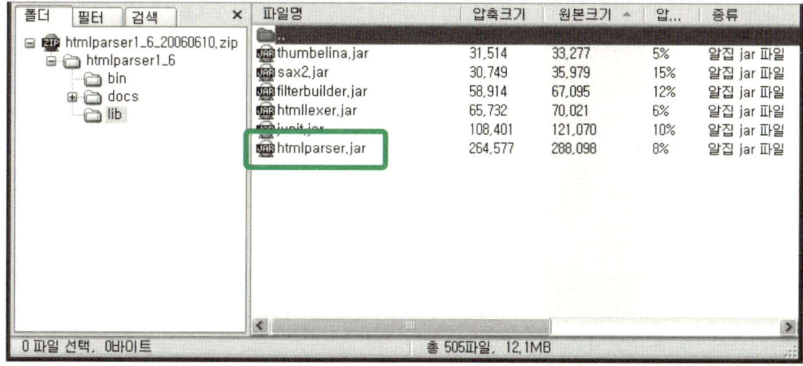

Exam0803 프로젝트를 생성하고, htmlparser.jar 파일을 Exam0803 프로젝트의 루트 폴더에 복사를 해준다.

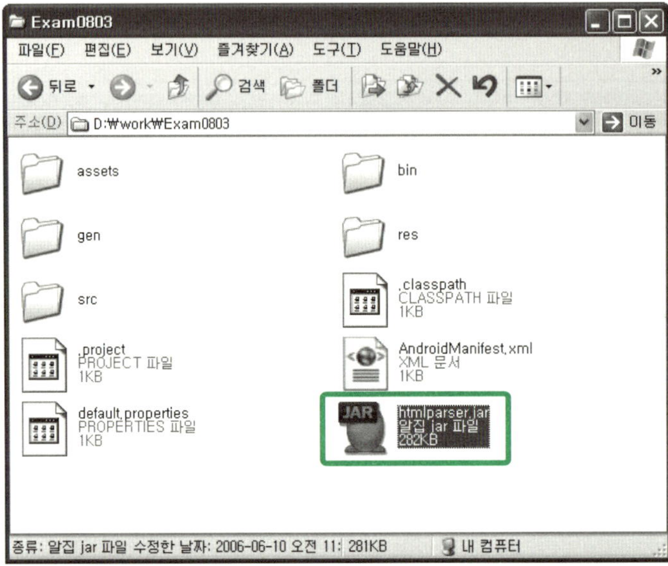

이클립스의 [Project]-[Properties] 메뉴를 선택하고 [Java Build Path]의 Libraries 탭에 htmlparser.jar 파일을 등록한다.

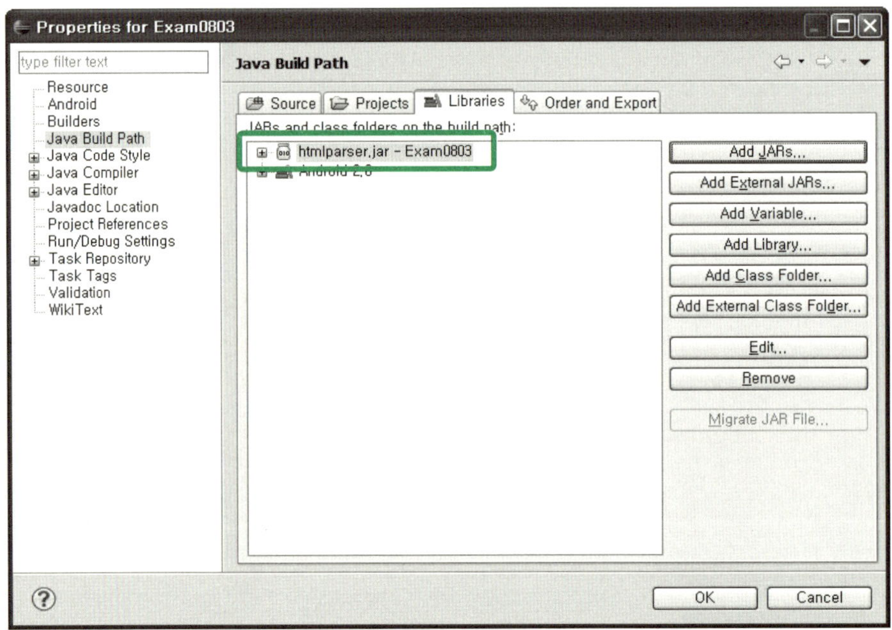

htmlparser 라이브러리를 추가했으면 activity_main.xml 파일을 열고 HTML 데이터를 표시해주기 위한 WebView를 추가한다. WebView는 WebKit 브라우저 컨트롤로써 애플리케이션 내에서 웹 브라우저를 하나의 컨트롤로 활용할 수 있게 해준다.

실습 8-3

Exam0803/res/layout/activity_main.xml

```xml
1   <?xml version="1.0" encoding="utf-8"?>
2   <LinearLayout xmlns:android="http://schemas.android.com/apk/
3   res/android"
4       android:orientation="vertical"
5       android:layout_width="fill_parent"
6       android:layout_height="fill_parent"
7       >
8   <TextView
9       android:layout_width="fill_parent"
10      android:layout_height="wrap_content"
11      android:text="Exam0803 위키백과"
12      />
13  <!-- 위키백과 HTML 표시 -->
14  <WebView
15       android:id="@+id/webkit"
16      android:layout_width="fill_parent"
17      android:layout_height="fill_parent"
18      />
19  </LinearLayout>
```

이번 예제에서도 역시 인터넷 접속 권한이 필요하기 때문에 메니페스트 파일에 다음과 같이 접근 권한을 명시해준다.

실습 8-3

Exam0803/AndroidManifest.xml

```xml
1   <?xml version="1.0" encoding="utf-8"?>
2   <manifest xmlns:android="http://schemas.android.com/apk/
3   res/android"
4        package="org.nashorn.exam0803"
5        android:versionCode="1"
6        android:versionName="1.0">
7       <application android:icon="@drawable/icon"
8         android:label="@string/app_name">
```

```
9              <activity android:name=".Exam0803"
10                     android:label="@string/app_name">
11                <intent-filter>
12                  <action android:name="android.intent.action.MAIN" />
13                  <category android:name=
14                          "android.intent.category.LAUNCHER" />
15                </intent-filter>
16              </activity>
17
18         </application>
19         <uses-sdk android:minSdkVersion="5" />
20     <!-- 인터넷 사용을 명시한다 -->
21     <uses-permission android:name="android.permission.INTERNET"/>
22     </manifest>
```

위키백과 서버에서 HTML 데이터를 가져와서 추출하는 작업도 시간이 소요되는 작업이기 때
문에 AsyncTask를 이용하여 쓰레드로 만들어준다. 본 예제는 위키백과의 콘텐츠 HTML을
htmlparser 라이브러리로 분석하여 필요한 내용만 추출한 후, WebView를 통해 결과를 보여
주기만 하기 때문에 코드가 길지 않다.

실습 8-3

Exam0803/src/org.nashorn.exam0803/MainActivity.java

```java
1      package org.nashorn.exam0803;
2
3      import org.htmlparser.Parser;
4      import org.htmlparser.util.ParserException;
5      import org.htmlparser.visitors.TagFindingVisitor;
6      import android.app.Activity;
7      import android.app.ProgressDialog;
8      import android.os.AsyncTask;
9      import android.os.Bundle;
10     import android.webkit.WebView;
11
12     public class MainActivity extends Activity {
13         @Override
14         public void onCreate(Bundle savedInstanceState) {
15             super.onCreate(savedInstanceState);
16             setContentView(R.layout.activity_main);
17
```

```java
18        new loadWikipediaPage().execute("");
19    }
20
21    /*
22  애플리케이션이 실행되면 loadWikipediaPage 클래스를 생성하고 실행시켜서, 위키백과
23  데이터를 가져온다.
24    */
25        private class loadWikipediaPage extends AsyncTask
26        <String, Void, Void> {
27            private ProgressDialog Dialog =
28                    new ProgressDialog(MainActivity.this);
29            private String htmlString = "";
30
31            protected void onPreExecute() {
32                Dialog.setMessage("위키백과 페이지를 로딩 중입니다...");
33                Dialog.show();
34            }
35
36    /*
37  HtmlParser를 이용하여 위키 백과의 서울 콘텐츠의 HTML 데이터에서 <table class=
38  "infobox">라는 태그가 나오면 그 이후의 데이터를 추출하여 htmlString에
39  저장해준다. htmlString에 저장할 때에는 앞쪽과 뒤쪽에 <html>, <head>, <body>
40  태그를 붙여줘서 하나의 HTML 문서로 만들어준다.
41
42    */
43            protected Void doInBackground(String... urls) {
44                Parser parser = null;
45                try {
46                    String wikiUrl = "http://
47                        ko.wikipedia.org/wiki/%EC%84%9C%EC%9A%B8";
48                    parser = new Parser (wikiUrl);
49                    String tags[] = { "TABLE" };
50                    TagFindingVisitor visitor =
51                    new TagFindingVisitor(tags);
52                    try {
53                    parser.visitAllNodesWith (visitor);
54                        for (int i =
55                                0;i<visitor.getTags(0).length;i++) {
56                            String textString =
57                            visitor.getTags(0)[i].getText();
```

```
58                              if (textString.equals(
59                              "table class=\"infobox\"")) {
60                              htmlString =   "<html
61  xmlns=\"http://www.w3.org/1999/xhtml\" lang=
62  \"ko\" dir=\"ltr\">"+ "<head>"+"<meta http-equiv=
63  \"Content-Type\" content=\"text/html; charset=UTF-8\" />"+ "<
64  /head><body>"+visitor.getTags(0)[i].toHtml()+"</body></html>";
65                                  break;
66                              }
67                          }
68                      } catch (ParserException e) {    }
69              } catch (ParserException e1) {      }
70
71              return null;
72          }
73  /*
74  데이터 로딩이 모두 끝나면 요약 정보 HTML 데이터를 웹 뷰에 세팅해준다.
75  */
76          protected void onPostExecute(Void unused) {
77              Dialog.dismiss();
78
79              WebView browser = (WebView)findViewById(R.id.webkit);
80              browser.loadData(htmlString, "text/html", "UTF-8");
81          }
82      }
83  }
```

Exam0803 프로젝트를 실행시키면 다음과 같이 서울특별시의 요약 정보를 보여준다. 외부 서버에서 제공하는 HTML 콘텐츠에서 필요한 부분만 추출해서 사용하면 코드 몇 줄로도 금방 원하는 애플리케이션을 만들 수 있다는 것이 웹 연동 방식의 장점일 것이다. 다만 이러한 웹 연동 애플리케이션을 개발할 때에는 온라인 상태가 아니면 애플리케이션 자체가 무용지물이 될 수도 있는 문제와 3G 네트워크만 사용할 수 있는 상황이라면 데이터 요금 부담이 크다는 점 등은 충분히 고려하여 개발해야 한다.

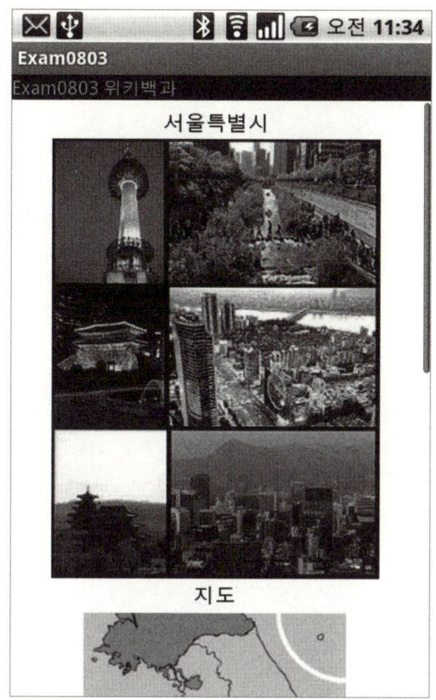

3. 차트 만들기

여러분들이 만드는 애플리케이션에 차트를 그려야 할 상황이 생겼다면, 몇 가지 사용할 수 있는 차트 라이브러리들이 있다.

상업용 차트 라이브러리로는 개발자 라이선스 비용이 $299인 "aiCharts for Android"라는 라이브러리가 있다. aiChart는 Line, Spline, Point, Bubble, Column, Bar, Range Columne, Range Area, Doughnut, Area, Pie, Polar, HiLoCandlestick, Funnel, Pyramid, Rose 등의 다양한 차트를 지원한다.

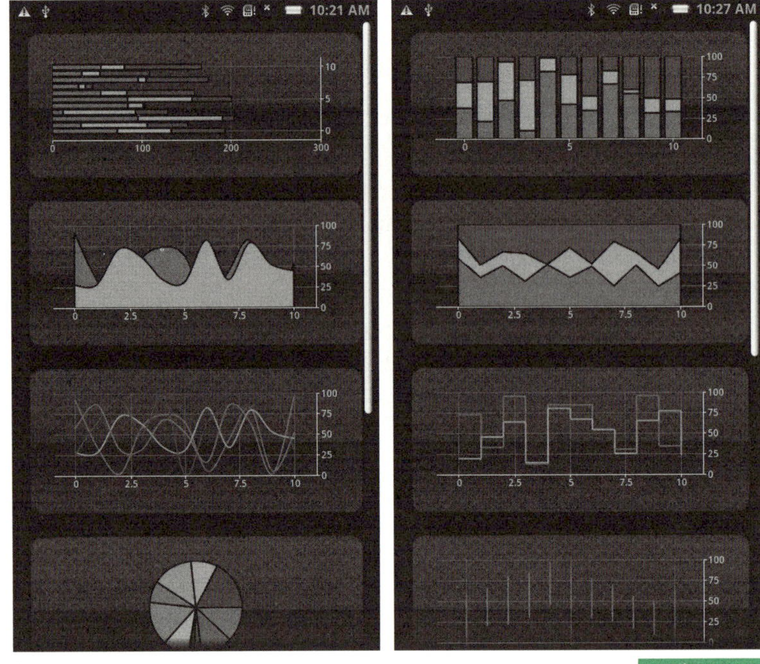

반면에, 아직 개발이 진행 중이지만 비용부담 없이 사용할 수 있는 AChartEngine과 같은 무료 차트 라이브러리도 있다. 지원하는 차트의 종류는 line, area, scatter, time, bar, pie, bubble, doughnut, range bar 등으로 상업용 라이브러리에 비해 적은 편이다. 하지만, 전문적인 차트가 필요하지 않은 대부분의 애플리케이션에서는 이 정도면 충분할 것이다.

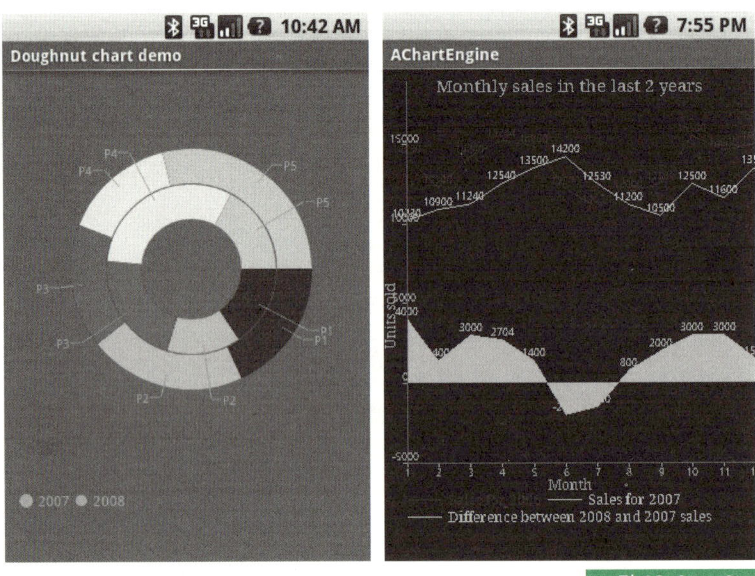

그림 08-31_ aChartEngine 예제

여기서는 비용부담 없이 사용할 수 있는 AChartEngine 라이브러리를 사용하여 예제를 만들어보도록 하겠다. 먼저 AChartEngine 사이트(http://code.google.com/p/achartengine)에서 최신 버전의 achartengine 라이브러리를 다운받는다.

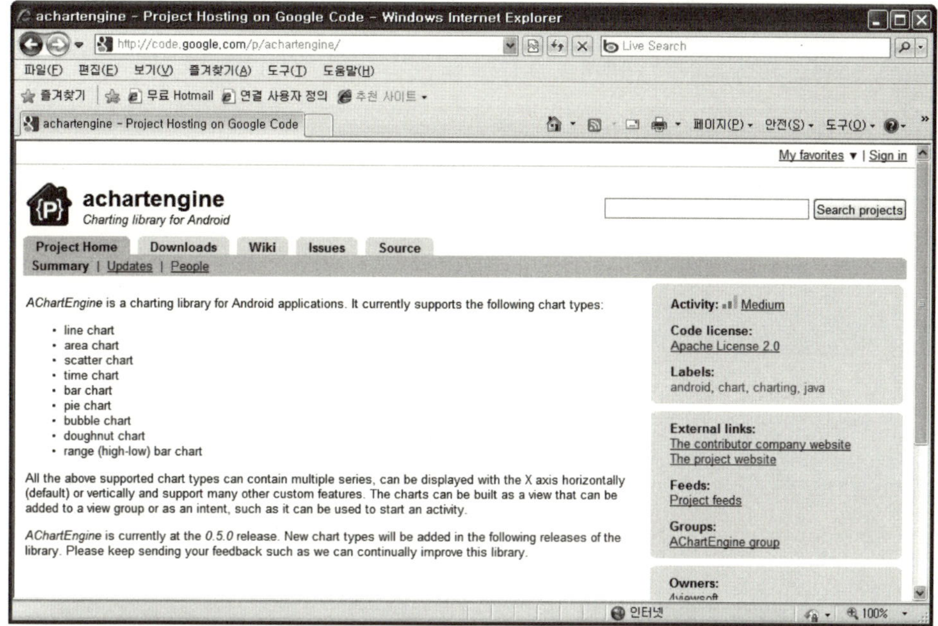

그림 08-32_ aChartEngine 사이트

다운로드한 achartengine.jar 파일을 새로 생성한 Exam0805 프로젝트의 루트 폴더에 복사를 한 다음, 이클립스의 [Project]-[Properties] 메뉴를 선택해서 다음과 같이 Libraries 항목에 추가한다.

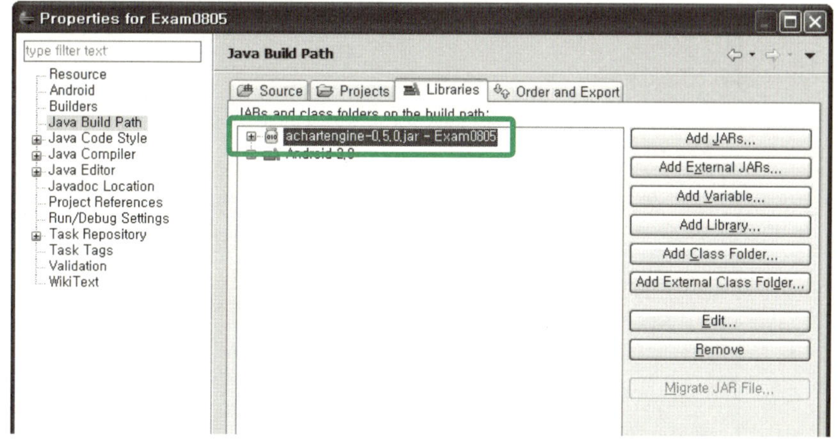

그림 08-33_ aChartEngine 라이브러리 등록

별도로 차트를 그리는 뷰를 만들어서 동적으로 레이아웃에 추가해주기 위해서 activity_main.xml의 LinearLayout 태그에 ID를 추가해준다. 이렇게 ID를 추가해주면 다른 컨트롤처럼 프로그램에서 접근이 가능해진다.

실습 8-5

Exam0805/res/layout/activity_main.xml

```xml
1   <?xml version="1.0" encoding="utf-8"?>
2   <!-- 프로그램에서 접근이 가능하도록 LinearLayout에 ID를 지정한다. -->
3   <LinearLayout xmlns:android="http://schemas.android.com/apk/
4   res/android"
5       android:id="@+id/layout"
6       android:orientation="vertical"
7       android:layout_width="fill_parent"
8       android:layout_height="fill_parent"
9       >
10  <TextView
11      android:layout_width="fill_parent"
12      android:layout_height="wrap_content"
13      android:text="Exam0805 차트"
14      />
15  </LinearLayout>
```

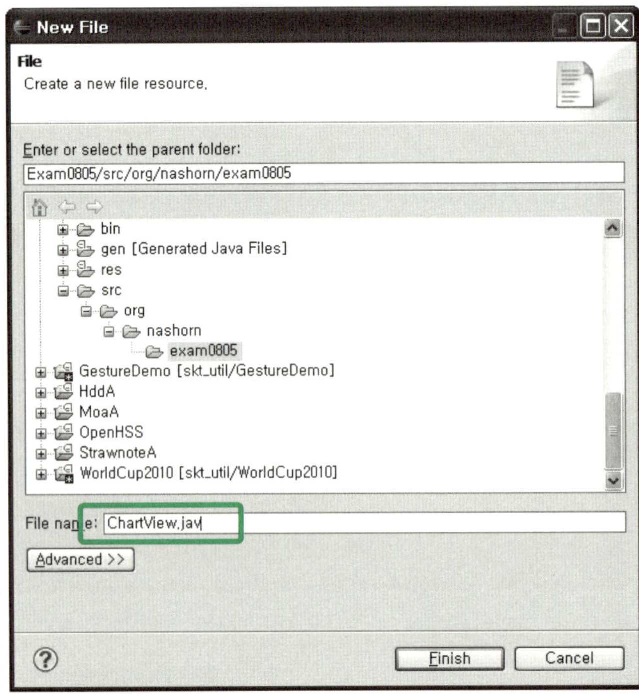

그림 08-34_ java 파일 추가

그리고 Exam0805/src/org.nashorn.exam0805 폴더에 ChartView.java 라는 이름을 가진 새 파일을 하나 추가한다. ChartView.java 파일에는 View에서 상속받은 ChartView라는 클래스를 만들어서 achartengine을 이용하여 차트를 생성하여 화면에 표시하는 기능을 구현하도록 하겠다.

Exam0805/src/org.nashorn.exam0805/ChartView.java

```java
package org.nashorn.exam0805;
import android.util.AttributeSet;
import android.view.*;
import android.content.Context;
import android.graphics.*;
import org.achartengine.model.CategorySeries;
import org.achartengine.renderer.DefaultRenderer;
import org.achartengine.renderer.SimpleSeriesRenderer;
import org.achartengine.chart.PieChart;

public class ChartView extends View {
    private PieChart mPieChart = null;        //파이 차트 객체를 선언한다.
    private MainActivity parent;
    public ChartView(Context context) {
        super(context);
        setFocusable(true);
        parent = (MainActivity)context;
    }
    public ChartView(Context context, AttributeSet attrs) {
        super(context, attrs);
        setFocusable(true);
        parent = (MainActivity)context;
    }
    public ChartView(Context context, AttributeSet attrs,
    int defaultStyle) {
        super(context, attrs, defaultStyle);
        setFocusable(true);
        parent = (MainActivity)context;
    }

    /*
차트에 세팅될 데이터(각 아이템에 대한 값, 색깔, 텍스트)를 DefaultRenderer 객체와
CategorySeries 객체에 세팅하여 PieChart 객체를 생성할 때 인수로 사용한다.
```

```
34    */
35        public void makeChart() {
36            double[] values = new double[] {10, 20, 30, 40};
37            int[] colors = new int[] {Color.CYAN, Color.MAGENTA,
38            Color.YELLOW, Color.GREEN };
39            String[] texts = new String[] {"SAMPLE1", "SAMPEL2",
40            "SAMPLE3", "SAMPLE4" };
41
42            DefaultRenderer renderer = new DefaultRenderer();
43            for (int color : colors) {
44                SimpleSeriesRenderer ssr = new SimpleSeriesRenderer();
45                ssr.setColor(color);
46                renderer.addSeriesRenderer(ssr);
47            }
48
49            CategorySeries series =
50                new CategorySeries("Project budget");
51            int count = 0;
52            for (double value : values) {
53                series.add(texts[count++], value);
54            }
55
56            mPieChart = new PieChart(series, renderer);
57            invalidate();
58        }
59    /*
60    PieChart 객체가 생성되었으면, 뷰 전체에 그려준다.
61    */
62        @Override
63        protected void onDraw(Canvas canvas) {
64            int width = getMeasuredWidth();
65            int height = getMeasuredHeight();
66
67            if (mPieChart != null)
68                mPieChart.draw(canvas, 0, 0, width, height);
69        }
70    }
```

이처럼 ChartView 클래스는 사용자가 정의해준 데이터에 맞는 차트를 생성하여 화면에 보여
주는 역할을 수행한다. 이제는 이러한 ChartView 클래스를 MainActivity.java에서 사용하

는 방법을 알아보자.

Exam0805/src/org.nashorn.exam0805/MainActivity.java

```java
package org.nashorn.exam0805;

import android.app.Activity;
import android.os.Bundle;
import android.view.ViewGroup.LayoutParams;
import android.widget.LinearLayout;

public class MainActivity extends Activity {
    private ChartView mChartView;

    /*
    ChartView 객체를 생성하고 메인 레이아웃의 LinearLayout에 하위 뷰로 ChartView를
    추가한다. ChartView 생성 및 추가가 끝나면, makeChart() 메소드를 호출하여 화면에
    차트를 표시한다.
    */
    @Override
    public void onCreate(Bundle savedInstanceState) {
        super.onCreate(savedInstanceState);
        setContentView(R.layout.activity_main);

        LinearLayout dynamicLayout =
                (LinearLayout)findViewById(R.id.layout);
        mChartView = new ChartView(this);
        dynamicLayout.addView(mChartView,
                new LayoutParams(LayoutParams.FILL_PARENT,
                LayoutParams.FILL_PARENT));

        mChartView.makeChart();
    }
}
```

Exam0805 프로젝트를 실행시키면 다음과 같은 결과를 확인할 수 있다. 각각의 데이터에 대한 값, 색깔, 텍스트만 지정해주고 손쉽게 파이 차트를 완성하였다. 여러분이 필요한 다른 차트들도 이러한 방식으로 만들어보도록 하자.

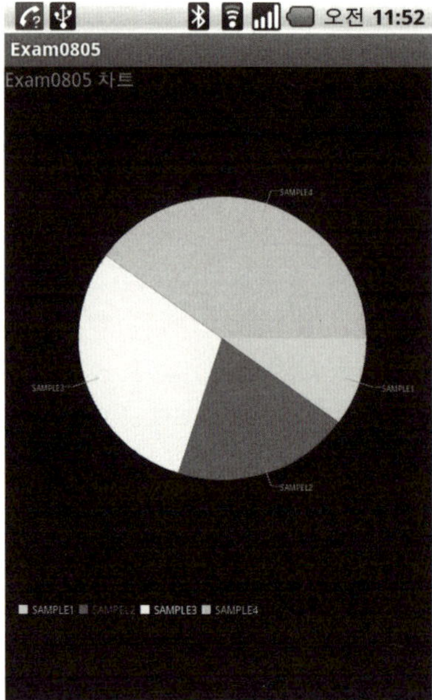

그림 08-35_ Exam0805 실행 화면

achartengine의 경우, 차트의 종류에 따라서 데이터를 세팅하는 방법에 차이가 있다. 앞서
실습해본 파이 차트와 함께 바 차트도 표시되도록 ChartView 클래스를 수정해보도록 하겠다.
기본적으로 앞에서 만든 CharView 클래스에 바 차트용 객체를 추가하고 onDraw( ) 함수와
makeChart( ) 함수에 바 차트용 객체를 사용하는 코드만 추가하면 된다.

실습 8-5

ChartExam/src/com/example/chartexam/ChartView.java

```
1    package com.example.chartexam;
2
3    import org.achartengine.chart.BarChart;
4    import org.achartengine.chart.PieChart;
5    import org.achartengine.model.CategorySeries;
6    import org.achartengine.model.XYMultipleSeriesDataset;
7    import org.achartengine.model.XYSeries;
8    import org.achartengine.renderer.DefaultRenderer;
9    import org.achartengine.renderer.SimpleSeriesRenderer;
10   import org.achartengine.renderer.XYMultipleSeriesRenderer;
11   import android.content.Context;
12   import android.graphics.Canvas;
13   import android.graphics.Color;
14   import android.view.View;
```

```java
15
16    public class ChartView extends View {
17        private PieChart mPieChart = null;
18        private BarChart mBarChart = null;          바 차트
19                                                     객체 추가
20        public ChartView(Context context) {
21            super(context);
22        }
23
24        @Override
25        protected void onDraw(Canvas canvas) {
26            int width = getMeasuredWidth();
27            int height = getMeasuredHeight();
28            if (mPieChart != null) {
29                mPieChart.draw(canvas, 0, 0, width, height/2);
30            }
31            if (mBarChart != null) {
32                mBarChart.draw(canvas, 50, height/2, width-100,
33                        height/2);
34            }                              바 차트 객체가
35        }                          생성되었을 때 화단 화면에
36        public void makeChart() {        바 차트를 그려준다.
37            double[] values = new double[] {10, 20, 30, 40, 50};
38            int[] colors = new int[] {Color.CYAN, Color.MAGENTA,
39                    Color.YELLOW, Color.GREEN, Color.RED};
40            String[] texts = new String[] { "SAMPLE1", "SAMPLE2",
41                "SAMPLE3", "SAMPLE4", "SAMPLE5" };
42            DefaultRenderer renderer = new DefaultRenderer();
43            for (int color : colors){
44                SimpleSeriesRenderer ssr =
45                                new SimpleSeriesRenderer();
46                ssr.setColor(color);
47                renderer.addSeriesRenderer(ssr);
48            }
49            CategorySeries series =
50                        new CategorySeries("Project budget");
51            int count = 0;
52            for (double value : values){
53                series.add(texts[count++], value);
54            }
```

```
55          mPieChart = new PieChart(series, renderer);
56
57   XYMultipleSeriesDataset dataSet =
58              new XYMultipleSeriesDataset();
59   XYMultipleSeriesRenderer renderer2 =
60              new XYMultipleSeriesRenderer();
61   for (int i = 0; i < texts.length; i++) {
62       XYSeries xySeries = new XYSeries(texts[i]);
63       xySeries.add(i, values[i]);
64       xySeries.add(i, 0);
65       dataSet.addSeries(xySeries);
66       SimpleSeriesRenderer ssr =
67                   new SimpleSeriesRenderer();
68       ssr.setColor(colors[i]);
69       renderer2.addSeriesRenderer(ssr);
70   }
71   mBarChart = new BarChart(dataSet, renderer2,
72              BarChart.Type.DEFAULT);
73          invalidate();
74      }
75  }
```

바 차트 생성을 위해서는
XYMultipleSeriesDataset,
XYMultipleSeriesRenderer
객체가 필요하다

바 차트가 추가된 ChartExam 프로젝트를 실행시키면 아래 그림과 같이 위쪽에는 파이 차트가 그려지고 아래쪽에는 바 차트가 그려진 것을 확인할 수 있다.

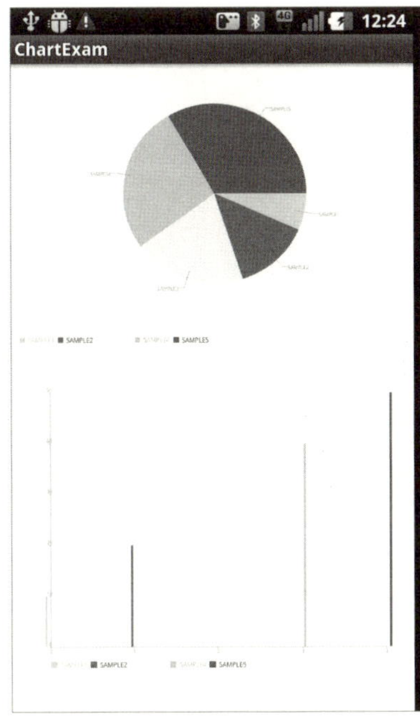

그림 08-36_ ChartExam 실행 화면

4. 바코드 인식 프로그램

바코드(barcode)는 컴퓨터에 판독할 수 있도록 고안된 굵기가 다른 흑백 막대로 조합해 만든 코드를 말한다. 일반적으로 상점에서 판매되는 상품에 표기되어 상품 관리 등의 용도로 사용된다.

QR코드는 흑백 격자 무늬 패턴으로 정보를 표현하는 매트릭스 형식의 2차원 바코드이다. 기존 바코드의 문제점인 용량 제한과 숫자 이외의 문자 저장 기능 등이 보완되었다. 일본에서는 다양한 용도로 활용되고 있으며, 일본에서 출시되는 대부분의 카메라 폰에서 QR코드 인식 기능을 지원한다.

이미 바코드는 대부분의 상품에 필수적으로 표기되어 사용되고 있는 상황이며, 좀더 많은 정보를 담을 수 있는 QR코드는 주로 상품의 광고나 다양한 판촉 행사에서 이용되고 있으며 최근에는 명함, 블로그 주소 등의 정보를 담아서 개인적인 용도로도 활용되고 있다.

그림 08-37_ 무료 바코드 인식 애플리케이션 QuickMark의 실행 화면

그림 08-38_ 유료 바코드 인식 애플리케이션인 "RedLaser" ($1.99)의 구동 화면

ZXing(Zebra crossing)은 JAVA로 만들어진 바코드 이미지 프로세싱 라이브러리이다. ZXing의 특징은 바코드와 QR코드를 지원하는 오픈 소스 프로젝트이면서, 동시에 C++/C# 은 물론 아이폰용 Objective-C까지 지원해준다는 점이다. 안드로이드 뿐만 아니라 다양한 스마트폰에서 바코드 또는 QR코드 관련 프로그램을 개발해야 하는 개발자들에게는 아주 유용한 오픈 소스 프로젝트라고 할 수 있다.

여기서는 이렇게 손쉽게 이용할 수 있는 ZXing을 이용하여 바코드나 QR코드를 인식하는 애플리케이션을 구현할 수 있도록 만들어보자. ZXing은 정리된 라이브러리 형태로 제공되지 않고 자유롭게 가져다가 쓸 수 있도록 풀 소스와 샘플 소스를 제공하고 있다. 여기서는 ZXing 코어 라이브러리를 직접 만들고, 만들어진 라이브러리를 이용하여 샘플 소스를 구동시키는 것까지 익히도록 하겠다.

이를 위해서 먼저 ZXing 프로젝트 홈페이지(http://code.google.com/p/zxing/)에서 최신 버전의 ZXing 배포판을 다운받는다.

Note... 여기서는 Zxing 1.4 버전을 사용하였다.

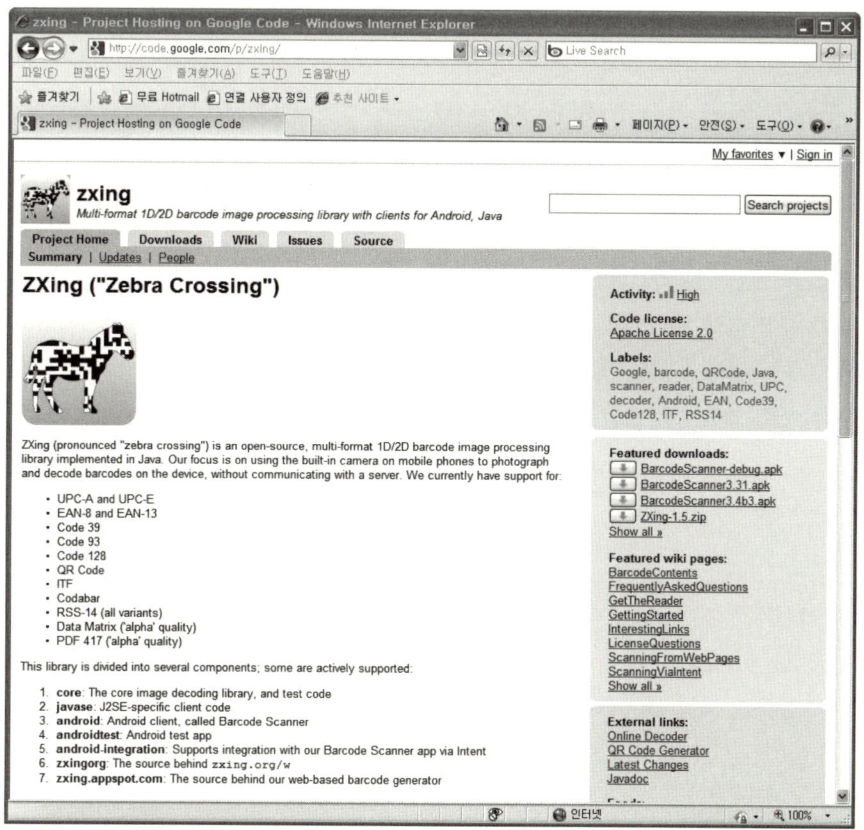

그림 08-39_ zxing 사이트

다운 받은 ZXing-1.4.zip 파일의 압축을 풀면 다음과 같은 폴더와 파일들을 볼 수 있다. 앞서 설명한 것처럼 ZXing은 다중 플랫폼을 지원하기 때문에 Java 뿐만 아니라 다른 개발 언어도 지원하기 때문에 안드로이드 개발에서는 필요 없는 폴더들이 대부분이다. 여기서 주의 깊에 봐

야할 부분은 "android" 폴더와 "core" 폴더이다.

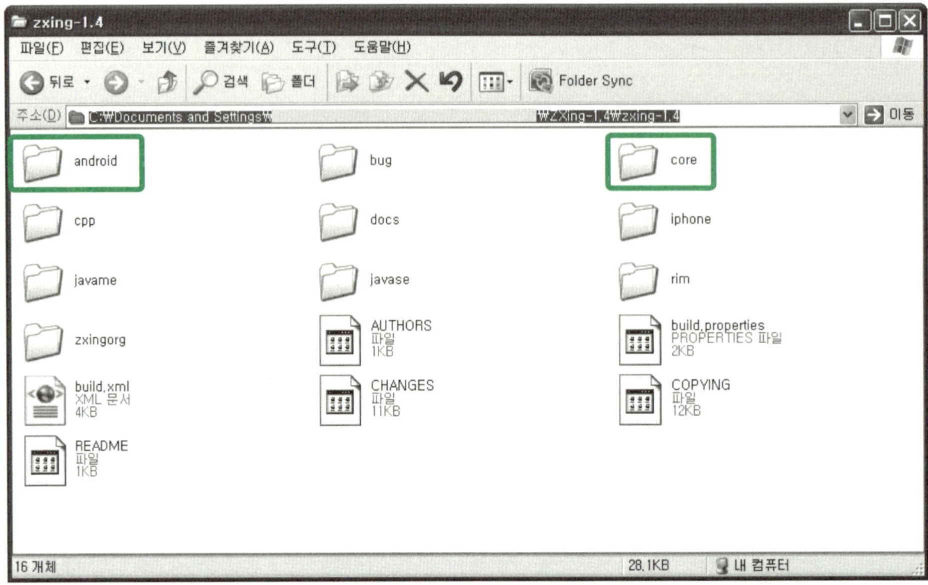

그림 08-40_ zxing 폴더 구조

android 폴더에는 안드로이드용 샘플 애플리케이션의 소스가 들어 있고, core 폴더에는 ZXing의 핵심 기능에 대한 소스가 들어있다. 따라서 core 폴더에 있는 소스를 이용하여 라이브러리 파일(jar 파일)을 만들고, android 폴더에 있는 소스에서는 만들어진 jar 파일을 이용해서 바코드 인식 애플리케이션을 만들 수 있다.

먼저 core 폴더의 소스를 이용하여 ZXingLib.jar 파일을 생성해보도록 하겠다. 이클립스에서 [File]-[New]-[Other] 메뉴를 선택하고 Android Application Project를 생성한다. 반드시 패키지 이름은 「com.google.zxing」으로 지정해야 하지만, 프로젝트 이름은 임의로 정해도 상관없다. 여기서는 "ZXingLib"라고 입력하도록 하겠다. 프로젝트를 생성할 때 자동으로 만들어진 ZXingLib.java 파일이나 res 폴더 밑에 있는 drawable, xml 폴더에 등록된 png 파일이나 xml 파일들도 모두 삭제한다. jar 파일 생성 시에 불필요하기 때문이다.

ZXingLib 프로젝트의 src 폴더에다가 "core/src/com/google/zxing" 폴더의 파일들과 하위 폴더들을 모두 선택하고 드래그해서 추가한다.

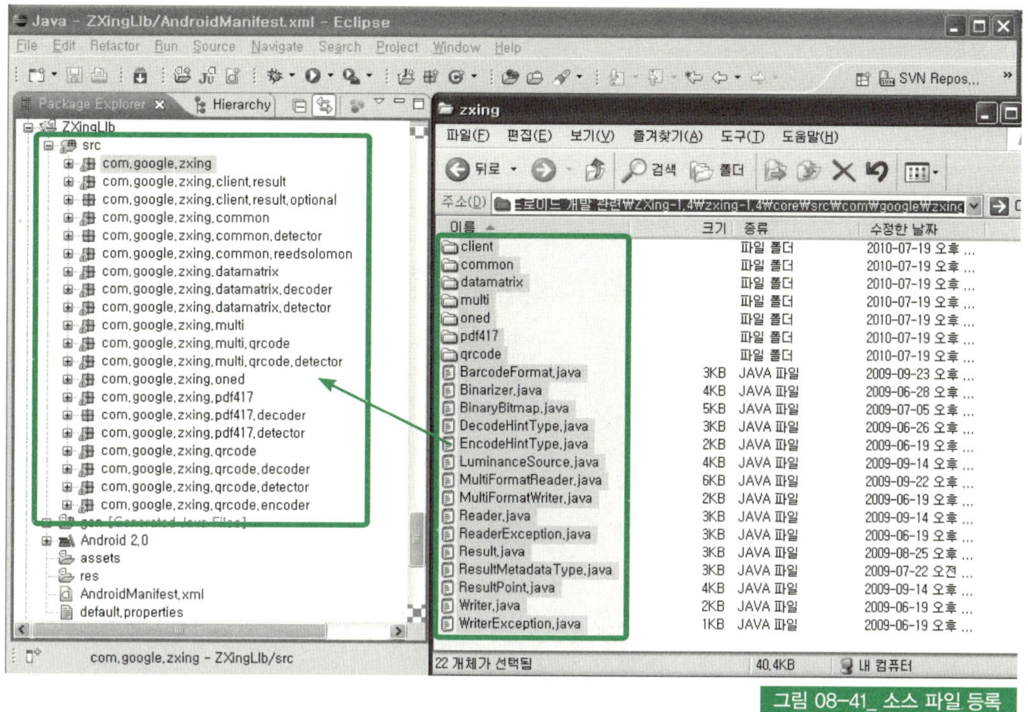

이렇게 하면 "core/src/com/google/zxing" 폴더의 하위 폴더들은 "com.google.zxing.*"
와 같은 형식의 별도 패키지로 등록된다.

ZXingLib 프로젝트에 core 소스를 모두 등록했으면, 프로젝트 이름에서 마우스 오른쪽 버튼
을 누르고 Export 메뉴를 선택한다. Export 창에서 JAR file을 선택하고 [Next]를 클릭하면
JAR Export 창이 뜬다.

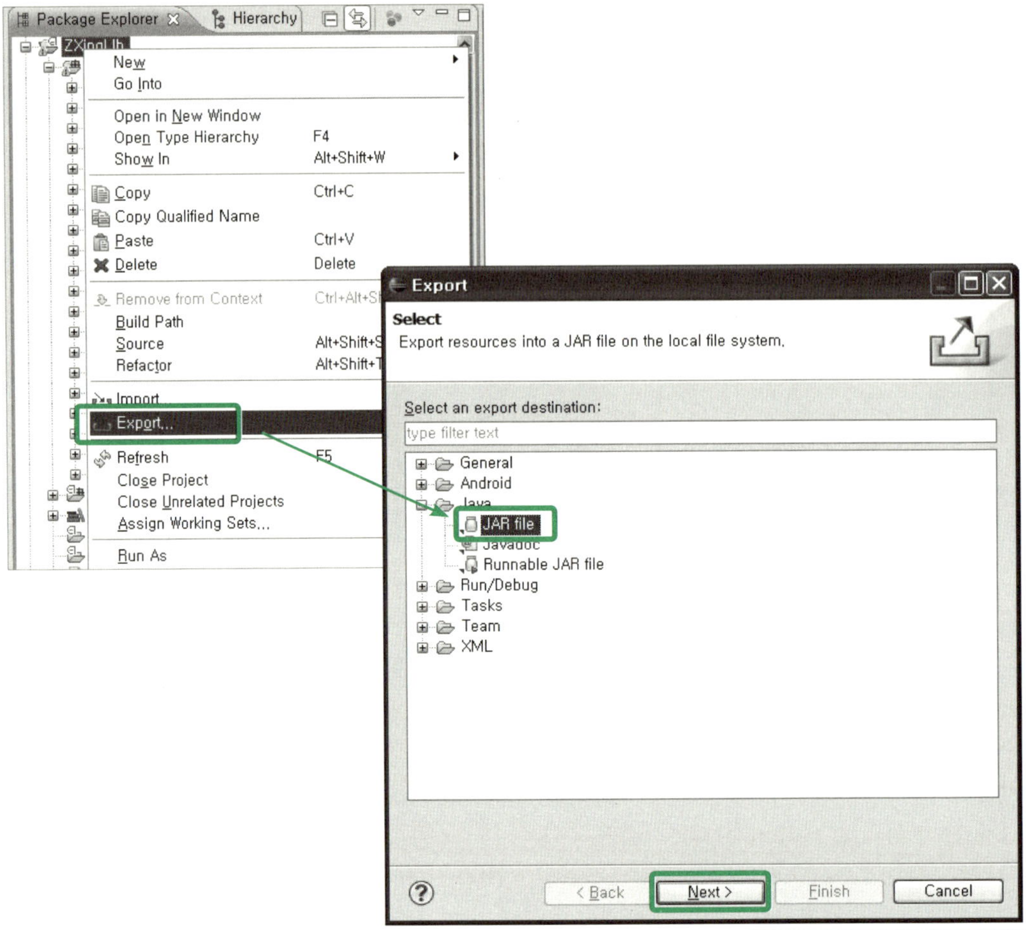

그림 08-42_ jar 파일 Export

JAR Export 창에서는 ZXingLib.jar 파일에 포함시킬 소스를 선택해주어야 하는데, src 폴더에 등록된 모든 폴더들을 선택해준다. 오른쪽의 ".classpath" 등의 안드로이드 프로젝트 관련된 4개의 파일은 굳이 jar 파일에 포함될 필요가 없기 때문에 체크 표시를 지운 후 [Finish] 버튼을 클릭한다.

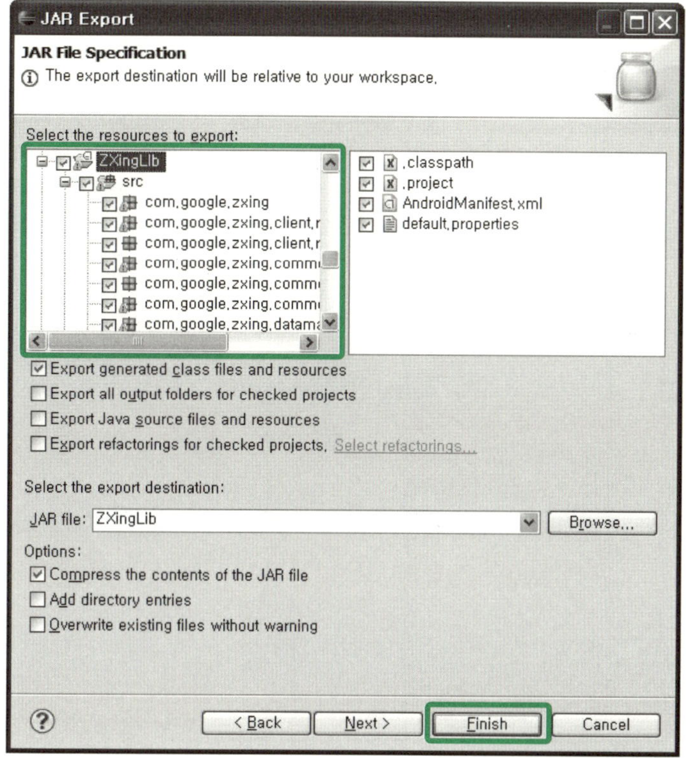

그림 08-43_ jar 파일 생성 옵션

JAR 파일로의 Export가 성공적으로 실행되었다면 workspace 폴더에 생성된 ZXingLib.
jar 파일을 확인할 수 있을 것이다.

이제는 ZXing 라이브러리를 이용한 애플리케이션을 만들기 위해 Exam0806 프로젝트를 생
성한다. 역시 주의할 점은 프로젝트 생성 시에 패키지 이름을 반드시 "com.google.zxing.
client.android"로 지정해주어야 하는 것과 자동으로 생성되는 MainActivity.java 파일과
res/layout/activity_main.xml 파일을 제거하는 것이다.

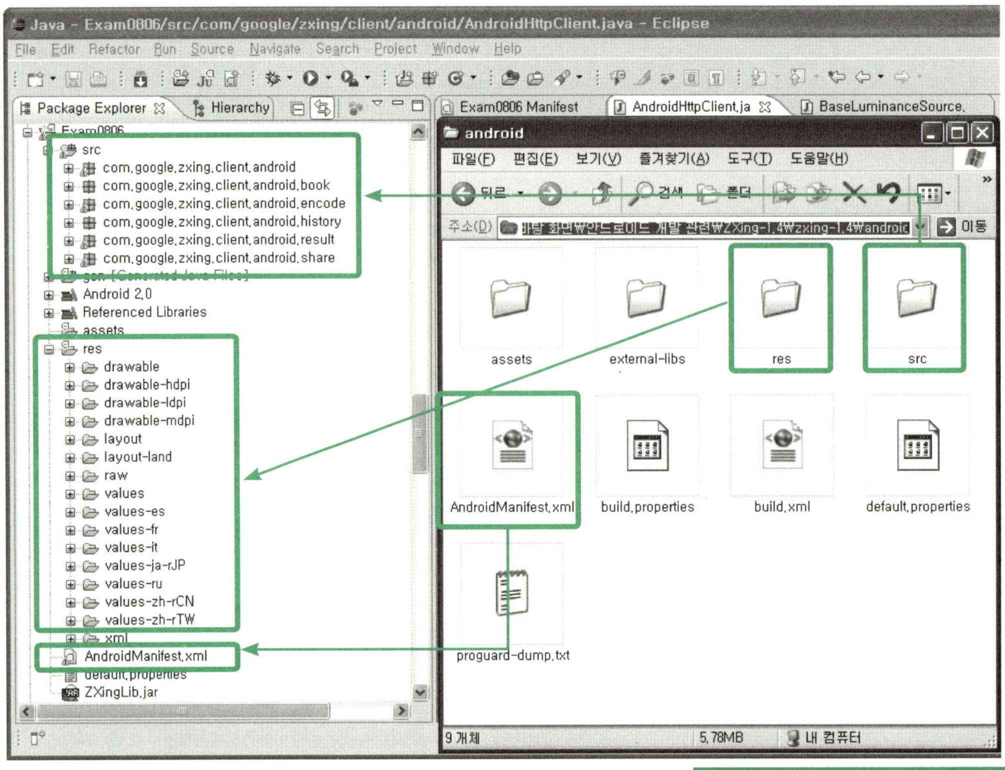

그림 08-44_ zxing 예제 소스 등록

"/android/src/com/google/zxing/client/android" 폴더의 소스 파일과 하위 폴더를 Exam0806 프로젝트의 src 폴더에 등록해주고, "/android/res" 폴더의 하위 폴더들은 Exam0806 프로젝트의 res 폴더에 등록한다. 중복 파일이 있을 경우에는 무조건 덮어쓴다.

마지막으로 ZXing 안드로이드용 샘플 소스의 AndroidManifest.xml 파일을 Exam0806 프로젝트에 덮어써주면 소스 등록이 끝나게 된다.

마지막으로 Exam0806 프로젝트의 Properties 창을 열고, Exam0806 프로젝트의 루트 디렉토리에 복사해놓은 ZXingLib.jar 파일을 다음과 같이 라이브러리로 등록한다.

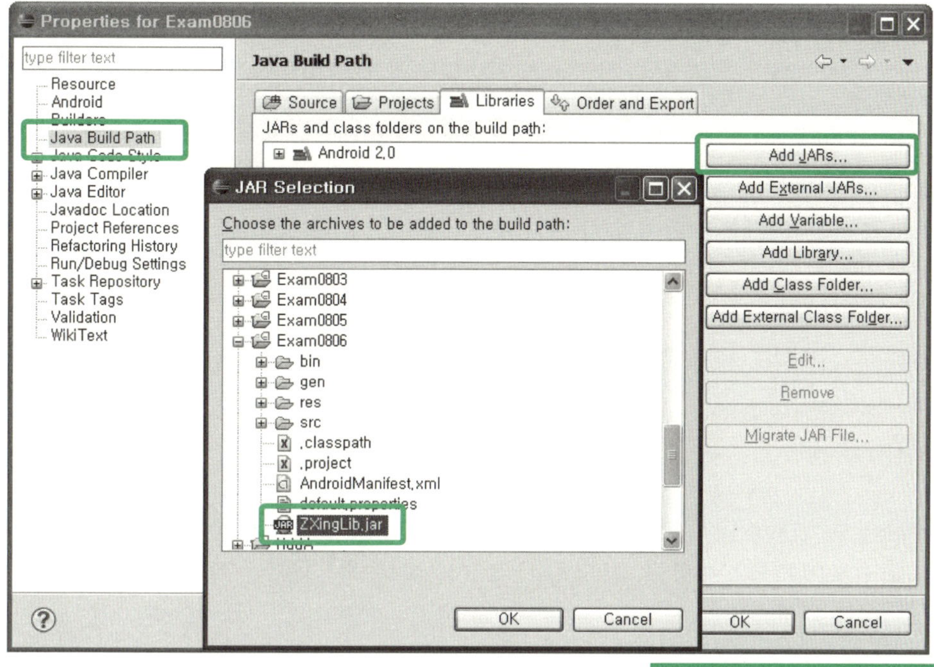

그림 08-45_ zxing 라이브러리 등록

이제 Exam0806 프로젝트를 실행해 QR코드 이미지를 찍어주면, 다음과 같이 QR코드에 등록된 정보를 디코딩해서 보여주는 것을 확인할 수 있다.

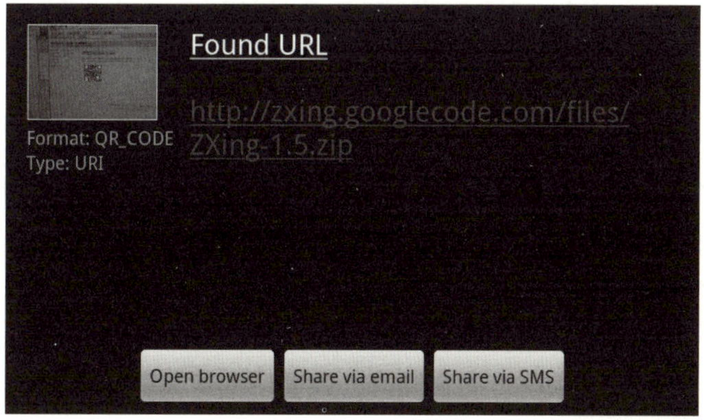

그림 08-46_ Exam0806 실행 화면

5. 메일 전송 기능 구현

「Java Mail API」는 손쉽게 메일과 관련된 기능을 애플리케이션에서 구현할 수 있도록 도와주는 라이브러리이다. 현재는 오라클사에서 배포하고 있으며 SMTP, POP3, IMAP 등을 지원한다. Java Mail API에는 다음과 같이 메일 송수신을 위한 기본 기능들이 포함되어 있다.

- 메일 메시지 생성
- Session 객체 생성 (사용자 인증 및 메시지 저장, 전소에 대한 접근 제어)
- 메시지 전송
- 메시지 읽어오기

Java Mail API가 동작되는 방법을 그림으로 표현한다면 다음과 같다. Java 애플리케이션은 Java Mail API의 추상화되어 있는 클래스를 이용하여 메일 송수신과 관련된 계층을 제어하게 된다.

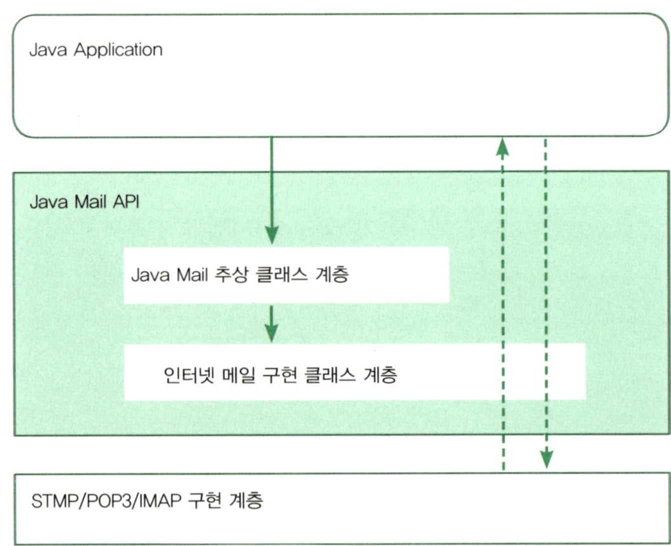

그림 08-47_ Java Mail API 동작 원리

이러한 Java Mail API를 안드로이드 애플리케이션 개발 시에도 사용할 수 있도록 Java Mail을 안드로이드 플랫폼용으로 포팅하는 "javamail-android"라는 프로젝트가 진행되고 있다. 따라서, 여기에서는 안드로이드용으로 포팅된 "javamail-android" 라이브러리를 이용하여 메일 전송 기능을 구현해보도록 하겠다.

안드로이드용으로 포팅된 Java Mail API의 최신 버전은 javamail-android 사이트(http://
code.google.com/p/javamail-android/)에서 다운로드가 가능하다.

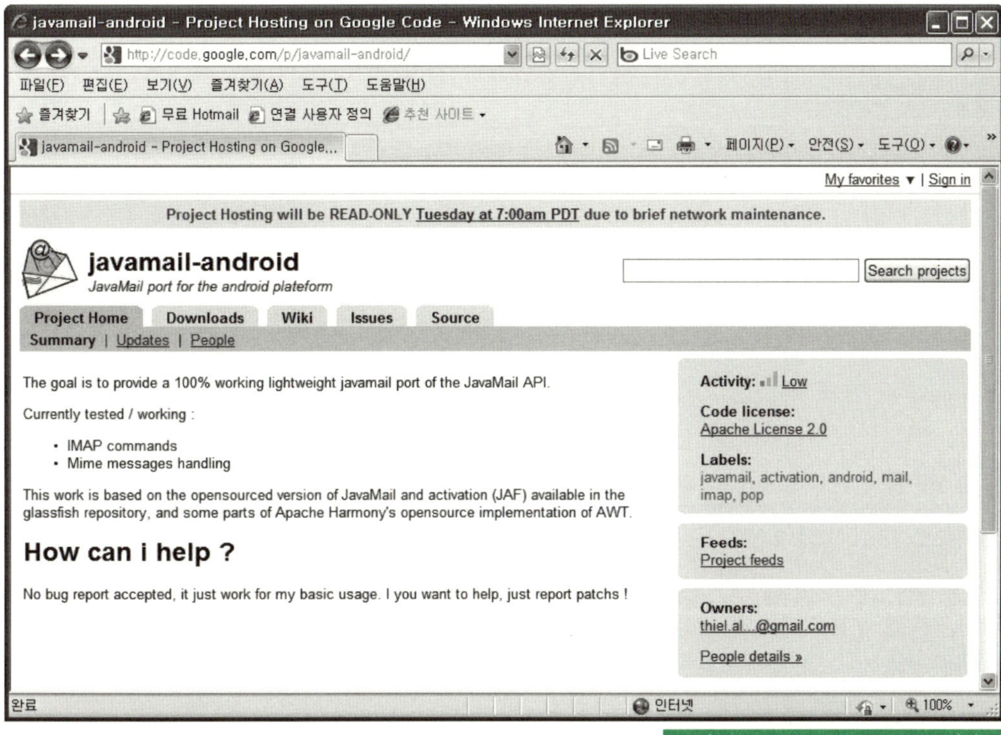

javamail-android의 다운로드 사이트에서 「mail.jar」을 포함하여 「additional.jar」,
「activation.jar」 등 총 3개의 파일을 다운받을 수 있다. 이클립스에 Exam0807 프로젝트를
새로 생성하고 다운받은 3개의 jar 파일들을 Exam0807 프로젝트의 루트 폴더에 복사한다.

additionnal.jar	javax.awt dependencies replacement	Sep 2009	45.1 KB
mail.jar	JavaMail for Android (need activation.jar and additionnal.jar)	Sep 2009	430 KB
activation.jar	JAF for android (need additionnal.jar)	Sep 2009	50.4 KB

그리고 Exam0807 프로젝트에 mail.jar, additional.jar, activation.jar 파일을 라이브러
리로 등록한다.

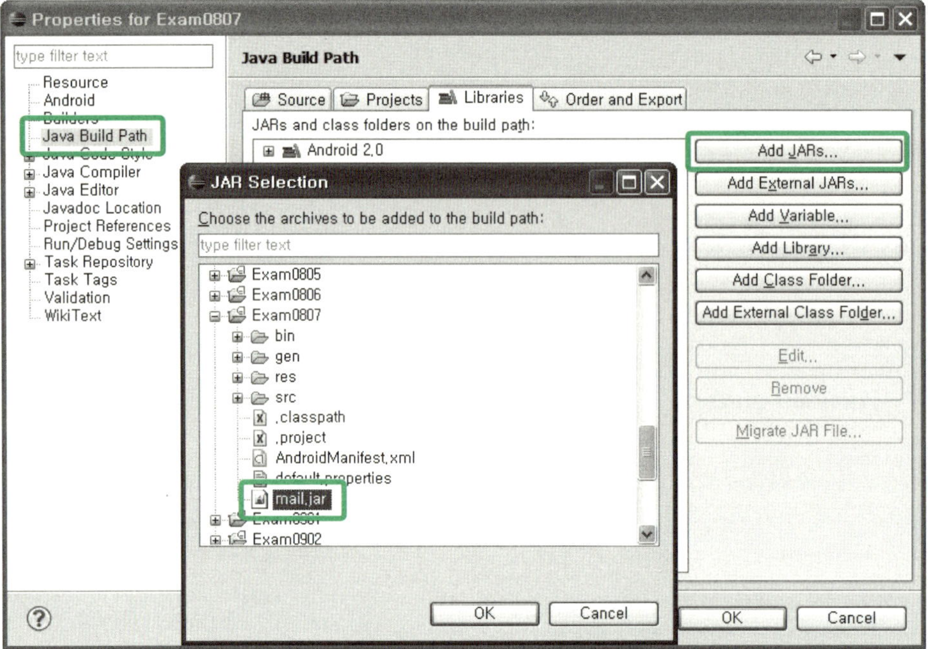

그림 08-49_ javamail-android 라이브러리 등록

Exam0807 프로젝트의 메니페스트 파일을 열고 인터넷과 네트워크 상태에 대한 접근 권한을
명시해놓는다.

실습 8-7

Exam0807/AndroidManifest.xml

```xml
1  <?xml version="1.0" encoding="utf-8"?>
2  <manifest xmlns:android="http://schemas.android.com/apk/
3  res/android"
4        package="org.nashorn.exam0807"
5        android:versionCode="1"
6        android:versionName="1.0">
7     <application android:icon="@drawable/icon"
8      android:label="@string/app_name">
9        <activity android:name=".Exam0807"
10              android:label="@string/app_name">
11          <intent-filter>
12            <action android:name="android.intent.action.MAIN" />
13            <category android:name=
14              "android.intent.category.LAUNCHER" />
15          </intent-filter>
16        </activity>
```

```
17        </application>
18        <uses-sdk android:minSdkVersion="5" />
19    <!-- 인터넷 사용을 명시한다 -->
20    <uses-permission android:name="android.permission.INTERNET" />
21    </manifest>
```

Exam0807의 activity_main.xml 파일을 열고 다음과 같이 메일 계정, 암호, 받는 메일 주소, 그리고 메일의 제목과 내용을 입력하는 EditText를 추가해준다. 맨 아래쪽에는 메일 전송 버튼을 붙여준다.

실습 8-7

Exam0807/res/layout/activity_main.xml

```
1    <?xml version="1.0" encoding="utf-8"?>
2    <LinearLayout xmlns:android="http://schemas.android.com/apk/res/android"
3        android:orientation="vertical"
4        android:layout_width="fill_parent"
5        android:layout_height="fill_parent" >
6    <TextView
7        android:layout_width="fill_parent"
8        android:layout_height="wrap_content"
9        android:text="Exam0807 메일 전송"/>
10    <!-- 메일 전송에 필요한 정보를 입력받기 위한 EditText와 버튼을 추가한다 -->
11    <TextView
12        android:layout_width="fill_parent"
13        android:layout_height="wrap_content"
14        android:text="메일 계정" />
15    <EditText
16        android:id="@+id/id"
17        android:layout_width="fill_parent"
18        android:layout_height="wrap_content" />
19    <TextView
20        android:layout_width="fill_parent"
21        android:layout_height="wrap_content"
22        android:text="메일 계정 암호"/>
23    <EditText
24        android:id="@+id/password"
25        android:layout_width="fill_parent"
26        android:layout_height="wrap_content"
```

```
27          android:password="true"/>
28      <TextView
29          android:layout_width="fill_parent"
30          android:layout_height="wrap_content"
31          android:text="받는 메일 주소"/>
32      <EditText
33          android:id="@+id/receive_email"
34          android:layout_width="fill_parent"
35          android:layout_height="wrap_content"/>
36      <TextView
37          android:layout_width="fill_parent"
38          android:layout_height="wrap_content"
39          android:text="메일 제목"/>
40      <EditText
41          android:id="@+id/title"
42          android:layout_width="fill_parent"
43          android:layout_height="wrap_content"/>
44      <TextView
45          android:layout_width="fill_parent"
46          android:layout_height="wrap_content"
47          android:text="메일 내용"/>
48      <EditText
49          android:id="@+id/text"
50          android:layout_width="fill_parent"
51          android:layout_height="wrap_content"/>
52      <Button
53          android:id="@+id/send"
54          android:layout_width="fill_parent"
55          android:layout_height="wrap_content"
56          android:text="메일 전송"/>
57  </LinearLayout>
```

javamail-android를 사용하기 때문에 관련된 클래스들을 임포트해주고 activity_main.
xml에서 추가한 5개의 EditText 컨트롤들과 매치시켜서 사용할 수 있도록 EditText형 멤버
변수들도 선언해준다.

Exam0807/src/org.nashorn.exam0807/MainActivity.java

```java
1    package org.nashorn.exam0807;
2
3    import java.io.FileNotFoundException;
4    import java.util.Date;
5    import java.util.Properties;
6    import javax.mail.AuthenticationFailedException;
7    import javax.mail.BodyPart;
8    import javax.mail.Message;
9    import javax.mail.MessagingException;
10   import javax.mail.Multipart;
11   import javax.mail.PasswordAuthentication;
12   import javax.mail.Session;
13   import javax.mail.Transport;
14   import javax.mail.internet.AddressException;
15   import javax.mail.internet.InternetAddress;
16   import javax.mail.internet.MimeBodyPart;
17   import javax.mail.internet.MimeMessage;
18   import javax.mail.internet.MimeMultipart;
19   import android.app.Activity;
20   import android.os.Bundle;
21   import android.app.ProgressDialog;
22   import android.os.AsyncTask;
23   import android.view.View;
24   import android.widget.Button;
25   import android.widget.EditText;
26   import android.widget.Toast;
27
28   public class MainActivity extends Activity {
29       private EditText       idText;
30       private EditText       passwordText;
31       private EditText       emailAddressText;
32       private EditText       titleText;
33       private EditText       commentText;
34
35       @Override
36       public void onCreate(Bundle savedInstanceState) {
37           super.onCreate(savedInstanceState);
```

```java
38              setContentView(R.layout.activity_main);
39
40              idText = (EditText) findViewById(R.id.id);
41              passwordText = (EditText) findViewById(R.id.password);
42              emailAddressText =
43                  (EditText) findViewById(R.id.recieve_email);
44              titleText = (EditText)findViewById(R.id.title);
45              commentText = (EditText)findViewById(R.id.text);
46
47      /* 전송 버튼을 누르면 sendEmail 클래스를 실행시켜서 메일을 전송한다 */
48              Button sendButton = (Button) findViewById(R.id.send);
49              sendButton.setOnClickListener(new View.OnClickListener() {
50                  @Override
51                  public void onClick(View arg0) {
52                      new sendEmail().execute("");
53                  }
54              });
55          }
56
57      /* MailSender의 sendMail 메소드를 이용하여 작성한 메일을 지정한 이메일 주소로
58      전송한다 */
59          public boolean sendMail() {
60              MailSender mailSender = new MailSender();
61              try {
63                  mailSender.sendMail(
64                      titleText.getText().toString(),
65                      commentText.getText().toString(),
66                      idText.getText().toString(),
67                      emailAddressText.getText().toString());
68              } catch(AuthenticationFailedException e) {
69                  return false;
70              } catch(AddressException e) {
71                  return false;
72              } catch(MessagingException e) {
73                  return false;
74              } catch (FileNotFoundException e) {
75                  return false;
76              } finally {
77                  mailSender = null;
78              }
```

```
79          return true;
80      }
81
82  /* javamail의 Authenticator 클래스를 상속받은 MailSender를 정의한다 */
83      public class MailSender extends javax.mail.Authenticator {
84          private Session session;
85          /* 구글 메일 서버를 이용하도록 Properties를 설정한다 */
86          public MailSender() {
87              Properties props = new Properties();
88              props.setProperty("mail.transport.protocol", "smtp");
89              props.setProperty("mail.host", "smtp.gmail.com");
90              props.put("mail.smtp.auth", "true");
91              props.put("mail.smtp.port", "465");
92              props.put("mail.smtp.socketFactory.port", "465");
93              props.put("mail.smtp.socketFactory.class",
94                      "javax.net.ssl.SSLSocketFactory");
95              props.put("mail.smtp.socketFactory.fallback",
96                      "false");
97              props.setProperty("mail.smtp.quitwait", "false");
98
99              session = Session.getInstance(props, this);
100         }
101         /* 메일의 메시지 내용을 생성하여 전송한다 */
102         public synchronized void sendMail(String subject,
103             String body, String sender, String recipients)
104             throws AuthenticationFailedException,
105             AddressException,MessagingException,
106             FileNotFoundException{
107
108             MimeMessage message = new MimeMessage(session);
109             message.setSender(new InternetAddress(sender));
110             message.setSubject(subject);
111             message.setSentDate(new Date());
112             message.setRecipients(Message.RecipientType.TO,
113                     recipients);
114
115             BodyPart messageBodyPart = new MimeBodyPart();
116             messageBodyPart.setText(body);
117             Multipart multipart = new MimeMultipart();
118             multipart.addBodyPart(messageBodyPart);
```

```
119
120                     message.setContent(multipart);
121                     Transport.send(message);
122             }
123             /* 입력한 계정과 암호를 이용하여 인증 과정을 진행한다 */
124             protected PasswordAuthentication
125             getPasswordAuthentication() {
126                 return new PasswordAuthentication(
127                     idText.getText().toString(),
128                     passwordText.getText().toString());
129             }
130         }
131
132     private class sendEmail extends AsyncTask<String,
133                                     Integer, Boolean> {
134         private ProgressDialog Dialog =
135                 new ProgressDialog(MainActivity.this);
136         protected void onPreExecute() {
137             Dialog.setMessage("email을 전송하는 중입니다...");
138             Dialog.show();
139         }
140 /* 메일 전송을 위해 sendMail 메소드를 호출한다 */
141         @Override
142         protected Boolean doInBackground(String... params) {
143             return sendMail();
144         }
145
146 /* 메일 전송 결과를 출력한다 */
147         protected void onPostExecute(Boolean flag) {
148             if(flag) {
149                 Toast.makeText(getBaseContext(), "email 전송 완료",
150                     Toast.LENGTH_LONG).show();
151
152             } else {
153                 Toast.makeText(getBaseContext(), "email 전송 실패",
154                     Toast.LENGTH_LONG).show();
155             }
156             Dialog.dismiss();
157         };
158
```

```
159          protected void onCancelled() {
160              }
161          }
162      }
```

javamail-android의 javax.mail.Authenticator 클래스를 상속받아 만든 MailSender 클래스는 실제로 메일을 전송하는 역할을 담당한다. MailSender 클래스의 생성자에서는 구글 메일 서버를 이용하여 세션을 얻어오고, sendMail( ) 메소드는 이렇게 얻어온 세션 객체를 이용하여 실제로 보낼 메시지를 생성하여 사용자가 입력한 내용으로 채운 다음 전송하는 역할을 한다.

메일 전송을 하는데에는 시간이 약간 걸리기 때문에 sendEmail 클래스에서는 AsyncTask를 이용하여 이메일 전송하는 시간 동안 프로그래스 다이얼로그를 표시해준다. 이메일 전송이 끝나면 제대로 전송이 되었는지 여부를 Toast로 표시한다.

Exam0807 프로젝트를 실행시키면 다음과 같이 애플리케이션 화면이 뜬다. 여러분의 Gmail의 계정과 암호를 입력하고, 받는 사람의 메일 주소와 제목, 내용을 입력하고 [메일 전송] 버튼을 누르면 Gmail을 이용하여 지정한 메일 주소로 메일을 발송하게 된다.

그림 08-50_ Exam0807 실행 화면

안드로이드 애플리케이션에서 발송한 메일이 제대로 도착했는지 확인해보자.

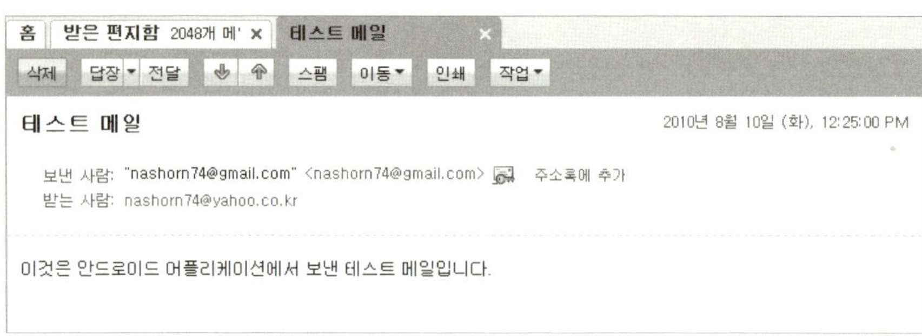

그림 08-51_ 메일 수신 확인

6. Tmap 연동 기능 구현

앞 Chapter에서 다루었던 Google Maps API 이외에도 현재에는 안드로이드 애플리케이션에서 사용할 수 있는 다양한 지도 라이브러리들이 제공되고 있다. 네이버나 다음에서도 안드로이드용 지도 라이브러리를 제공하고 있기 때문에, 원한다면 구글 지도 이외의 지도 기능을 여러분의 애플리케이션에 적용시킬 수 있다.

이번 절에서 다루고자 하는 지도 라이브러리는 Tmap 내비게이션으로 유명한 SK Planet(SKP)에서 제공하는 Tmap API이다. 다른 지도 라이브러리에 비해 Tmap API는 실시간 교통 정보를 통해서 가장 정확한 소요 시간과 최적의 경로를 안내해주는 Tmap 내비게이션의 일부 기능을 활용할 수 있다는 점에서 상당히 매력적인 Open API이기 때문이다.

「Planet X 개발자센터(https://developers.skplanetx.com)」에 접속한 다음, 개발자 계정을 등록하고 로그인을 하면 Tmap API를 비롯하여 SKP에서 제공하는 다양한 API를 이용하여 개발할 수 있게 된다.

SKP에서 제공하는 API 서비스는 SKP와 제휴사가 보유하고 있는 자원과 기능을 활용할 수 있도록 해준다. Planet X 개발자 센터에서 제공되는 전체 API 서비스는 [표 08-03]의 내용을 참고하도록 하자.

그림 08-52_ Planet X 개발자센터 사이트

API 서비스 이름	주요 기능
SK Planet One ID	사용자의 One ID 계정 정보 이용
싸이월드	미니홈피, 일폰, 노트 서비스 API 제공
네이트온	프로필 정보, 친구 리스트 등의 API 제공
네이트	네이트 메일 서비스 API 제공
11번가	상품 정보 API 제공
멜론	음원/음악 정보 데이터 API 제공
Tmap	Tmap API 제공
Hoppin	Hoppin API 제공
T cloud	T cloud API 제공
T store	상품, 카테고리 정보 API 제공
Smart Touch Tag	모바일 서비스 연동 API 제공
소셜 컴포넌트	소셜 커넥트, 소셜 그래프 관리 API 제공
Smart Touch	USIM/NFC 정보 조회, SKT 가입자 여부 확인 API 제공
댓글 플러그인	실시간 댓글 서비스 API 제공

표 08-03_ Planet X 개발자센터 OpenAPI 목록 (2013년 8월 기준)

Tmap API를 사용하기 위해서는 먼저 Tmap API를 사용하고자 하는 애플리케이션을 등록해서 인증 키를 발급받아야 한다. 개발자로 로그인을 한 다음, 사이트 상단에 있는 「마이 앱」 메뉴를 클릭하면 다음과 같이 현재 등록된 앱들의 목록이 표시된다. 새로운 앱을 등록하려면 [앱 등록] 버튼을 클릭하면 된다.

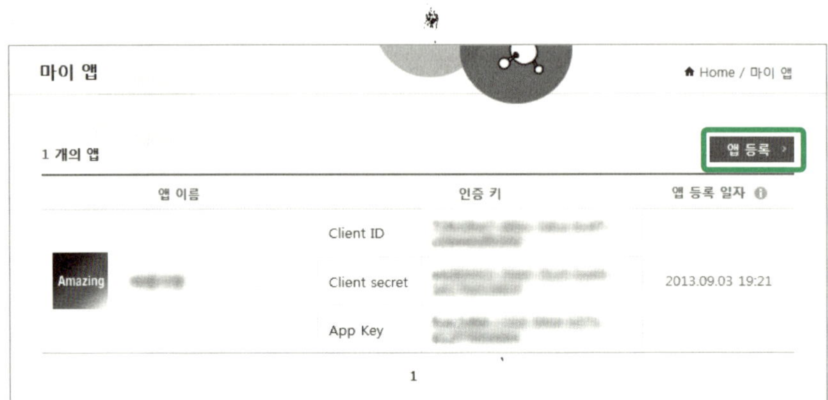

그림 08-53_ 마이 앱 페이지

이용 약관을 꼼꼼이 읽어본 다음, 「오픈 API 이용 기본 약관에 동의합니다」에 체크하고 [확인] 버튼을 클릭한다.

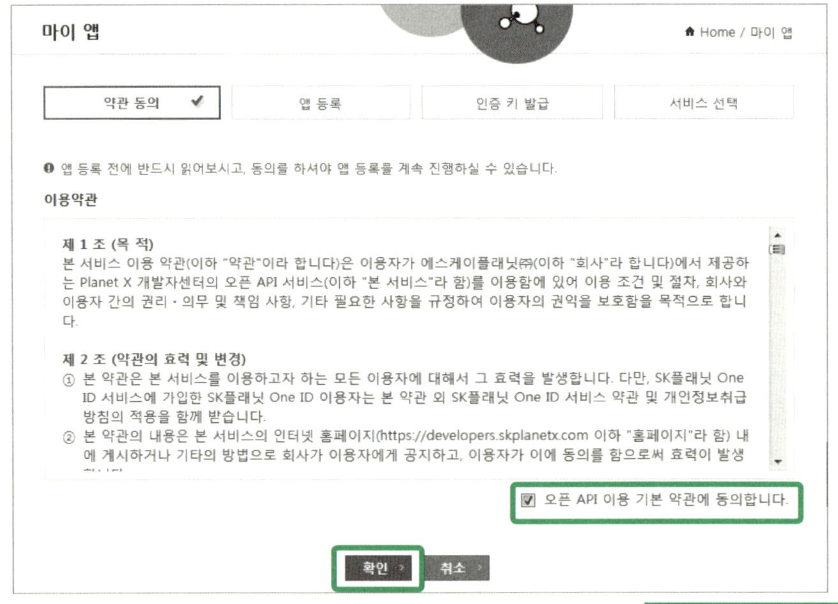

그림 08-54_ 약관 동의 페이지

새로 추가하고자 하는 앱의 이름, 설명, 서비스 타입, 서비스 제공자 및 국적 등의 정보를 기입하고 다음 단계로 넘어간다.

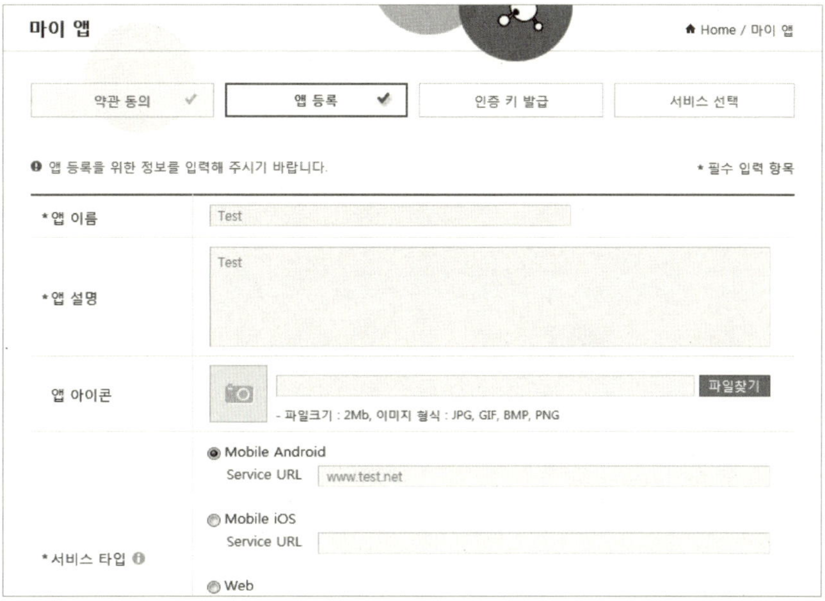

그림 08-55_ 앱 정보 입력 페이지

기본 정보를 입력하고 나면 앱 등록이 완료되는데, 하단에 [인증 키 발급 받기] 버튼을 클릭해야만 해당 앱에 인증키가 발급된다.

그림 08-56_ 앱 등록 완료 페이지

발급된 API 인증키를 확인한 후, 아래쪽으로 스크롤하여 사용하고자 하는 서비스 API를 선택한다.

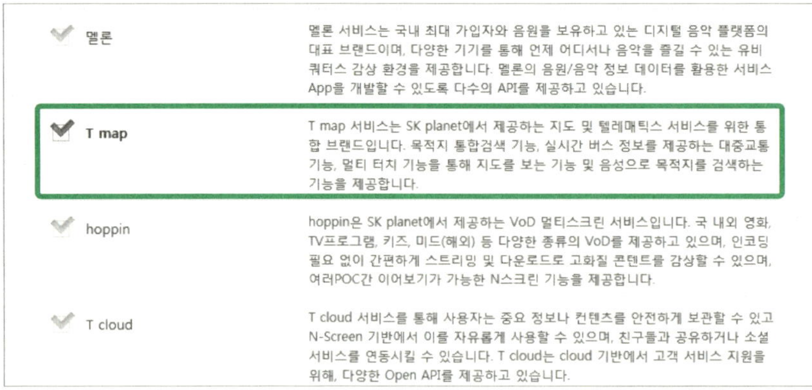

그림 08-57_ 인증키 생성 완료 페이지

기본적으로 몇 가지 서비스가 선택되어 있지만 Tmap API는 선택되어 있지 않으니 반드시 체크를 해주어야 한다.

그림 08-58_ 서비스 API 선택 화면

이제 Tmap API를 사용하기 위해 필요한 개발자 등록 및 앱 등록 과정을 끝냈으니 실제 안드로이드 애플리케이션을 개발할 때 필요한 SDK 파일을 다운받아야 한다. 상단의 「개발」 메뉴를 선택하고 [SDK]-[서비스 별 SDK]-[Tmap SDK(Android)] 카테고리를 클릭하면 다음과

같이 안드로이드용 Tmap SDK 페이지가 나온다. 여기에서 [SDK 다운로드] 버튼을 클릭하면
가장 최신 버전의 SDK 파일을 다운받을 수 있다.

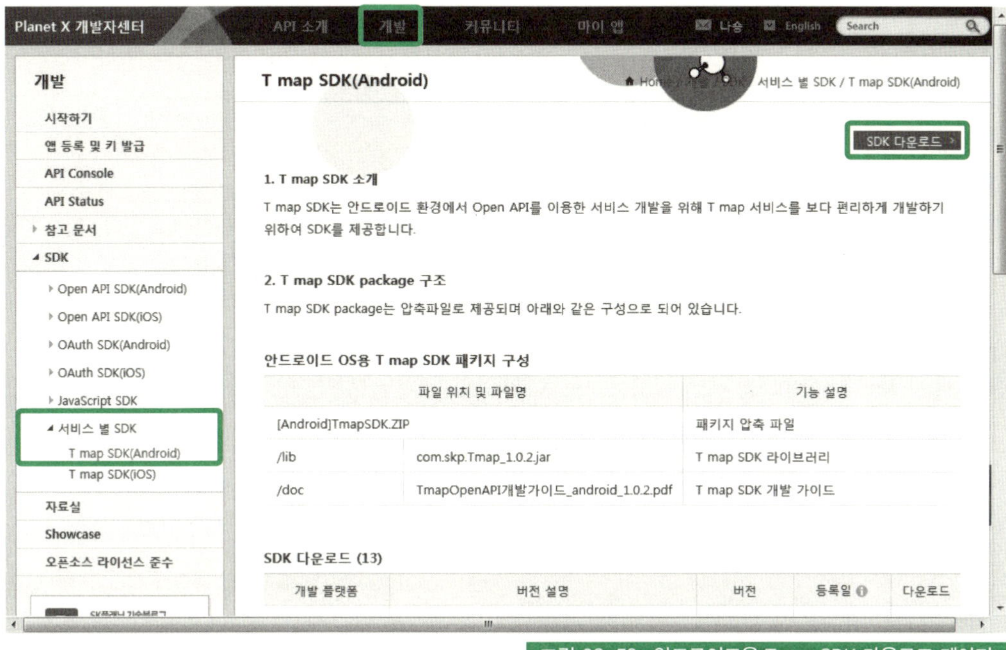

그림 08-59_ 안드로이드용 Tmap SDK 다운로드 페이지

TMapAPIExam이라는 프로젝트를 새로 만들고 다운받은 Tmap API용 jar 파일을 프로젝트
의 루트 폴더에 복사한다.

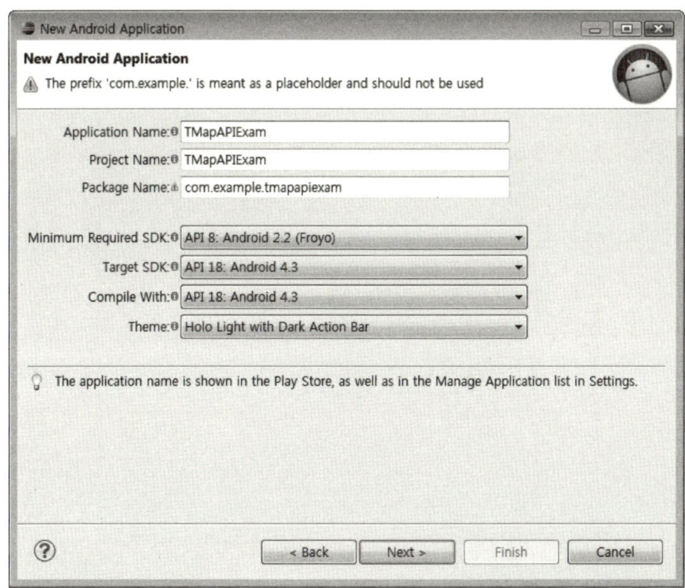

그림 08-60_ TmapAPIExam 프로젝트 생성

프로젝트 환경 설정에서 「Java Build Path」 항목을 선택하고 [Add JARs] 버튼을 클릭한다.

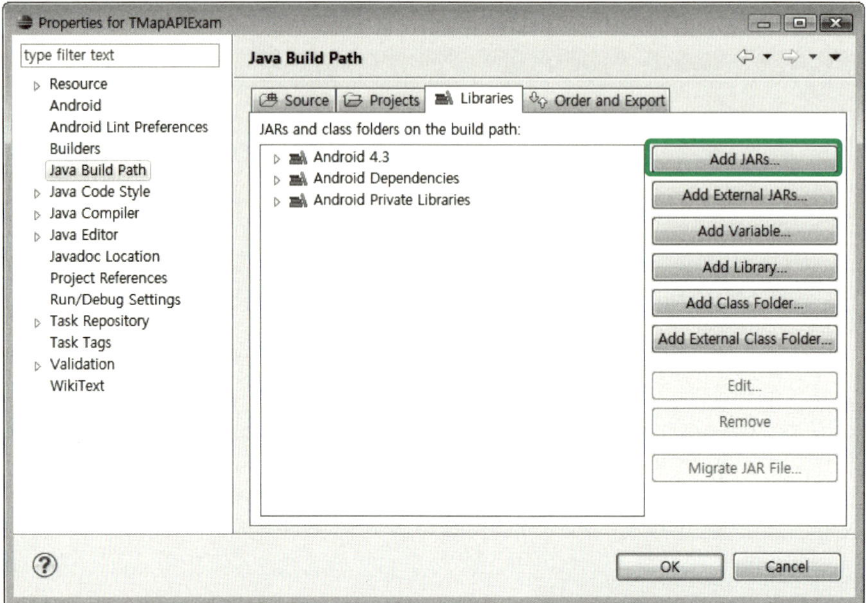

TMapAPIExam 프로젝트의 루트 폴더에 복사해 놓은 com.skp.Tmap_1.0.14.jar 파일을 선택한다.

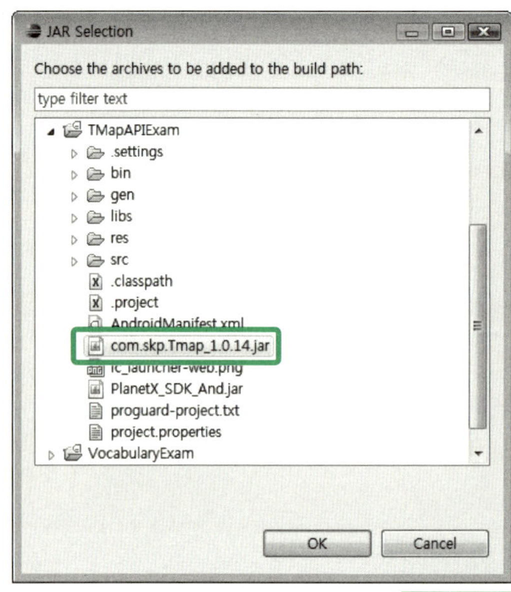

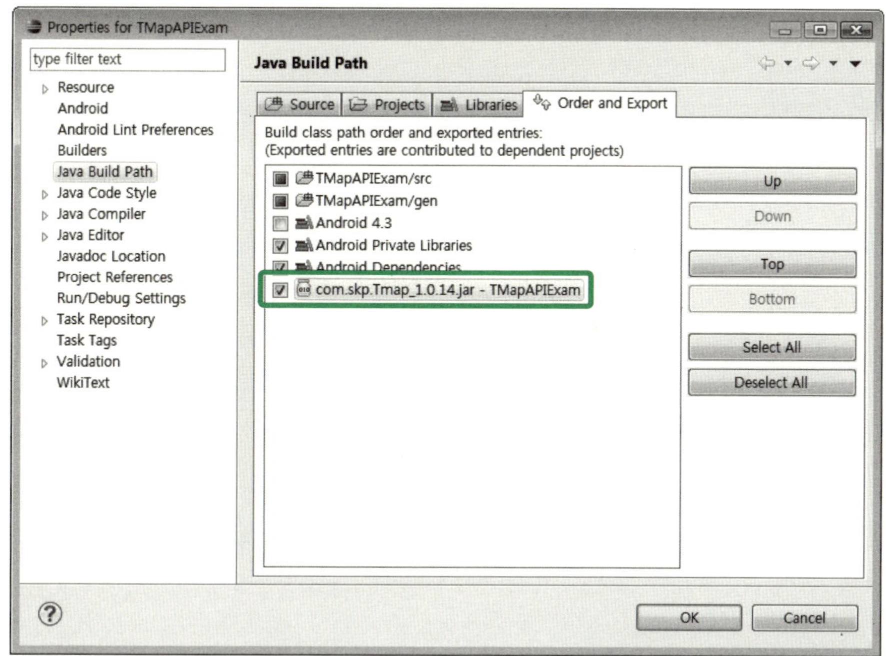

그림 08-63_ Tmap SDK용 jar 파일 체크

Tmap API는 지도를 그리거나 최적 경로 찾는 등의 작업을 전용 서버에 요청하고 결과를 받아와야 하기 때문에, 반드시 인터넷 연결에 대한 퍼미션을 요청해야 한다. 그 이외에 T map API 사용을 위해 AndroidManifest.xml 파일에 정의할 것은 별도로 존재하지 않는다.

실습 8-8

TmapAPIExam/AndroidManifest.xml

```
1   <?xml version="1.0" encoding="utf-8"?>
2   <manifest xmlns:android="http://schemas.android.com/apk/
3   res/android"
4       package="com.example.Tmapapiexam"
5       android:versionCode="1"
6       android:versionName="1.0" >
7
8       <uses-sdk
9           android:minSdkVersion="8"
10          android:targetSdkVersion="18" />
11
12      <application
13          android:allowBackup="true"
14          android:icon="@drawable/ic_launcher"
15          android:label="@string/app_name"
```

```
16              android:theme="@style/AppTheme" >
17              <activity
18                  android:name="com.example.Tmapapiexam.MainActivity"
19                  android:label="@string/app_name" >
20                  <intent-filter>
21                      <action android:name="android.intent.action.MAIN" />
22
23                      <category android:name=
24                                  "android.intent.category.LAUNCHER" />
25                  </intent-filter>
26              </activity>
27          </application>
28
29          <uses-permission android:name="android.permission.INTERNET"/>
30
31      </manifest>
```

MainActivity.java 파일을 열고 시작 위치와 도착 위치에 대한 좌표값을 선언한다. 원하는
장소의 좌표값은 앞서 설명한 네이버 지도를 이용하여 좌표 알아내는 방법을 참고하기 바란다.
필자는 예를 보여주기 위해서 두개의 좌표를 하드코딩해놓았지만, 여러분은 단말기에 내장된
GPS나 network 프로바이더를 이용해 현재 좌표를 가져와서 가고자 하는 장소로 어떻게 가면
되는지를 직접 알아보는 것도 좋을 것이다.

Tmap API를 이용하여 알아낸 경로를 지도 상에 표시해야 하기 때문에 제일 먼저 onCreate
에 TMapView 객체를 초기화하고 레이아웃에 추가하여 화면에 보여지도록 만든다. 이때
setSKPMapApiKey 메소드로 API 인증키를 입력해준다.

실습 8-8

YahooWeatherAPIExam/src/com/example/yahooweatherapiexam/MainActivity.java

```
1       package com.example.Tmapapiexam;
2
3       import java.util.ArrayList;
4       import java.util.HashMap;
5       import javax.xml.parsers.FactoryConfigurationError;
6       import android.os.AsyncTask;
7       import android.os.Bundle;
8       import android.app.Activity;
9       import android.app.ProgressDialog;
10      import android.view.Menu;
```

```
11    import android.widget.RelativeLayout;
12    import android.widget.Toast;
13    import com.skp.Tmap.TmapData;
14    import com.skp.Tmap.TmapPoint;
15    import com.skp.Tmap.TmapPolyLine;
16    import com.skp.Tmap.TmapView;
17    import com.skp.Tmap.TmapData.TmapPathType;
18
19    public class MainActivity extends Activity {
20
21        private TmapView Tmapview = null;
22
23        private String startAreaNameString = "경복궁";
24        private String startAreaLatitudeString = "37.5756203";
25        private String startAreaLogitudeString = "126.9788846";
26
27        private String destAreaNameString = "롯데월드";
28        private String destAreaLatitudeString = "37.5114196";
29        private String destAreaLongitudeString = "127.0980993";
30
31        @Override
32        protected void onCreate(Bundle savedInstanceState) {
33            super.onCreate(savedInstanceState);
34
35            RelativeLayout relativeLayout = new RelativeLayout(this);
36
37            Tmapview = new TmapView(MainActivity.this);
38            Tmapview.setSKPMapApiKey()
39                "fcec2d66-c16d-3934-b571-812f7f9b6884"
40            Tmapview.setIconVisibility(true);
41            Tmapview.setZoomLevel(10);
42            Tmapview.setCompassMode(true);
43            Tmapview.setTrackingMode(true);
44
45            relativeLayout.addView(Tmapview);
46
47            setContentView(relativeLayout);
48
49            new loadFindPathDataWithType().execute("");
50        }
```

```
51
52      private class loadFindPathDataWithType extends
53                  AsyncTask<String, Void, Void> {
54         private ProgressDialog Dialog =
55                  new ProgressDialog(MainActivity.this);
56         String errorString = "";
57         TmapPolyLine mapPolyLine = null;
58
59         @Override
60         protected void onPreExecute() {
61             Dialog.setMessage("경로 거리 계산 중...");
62             Dialog.show();
63         }
64
64         @Override
65         protected Void doInBackground(String... urls) {
66             TmapData Tmapdata = new TmapData();
67
68             ArrayList<TmapPoint> wayPoint =
69                     new ArrayList<TmapPoint>();
70             TmapPoint TmapPoint1 = new TmapPoint(
71                     Double.parseDouble(startAreaLatitudeString),
72                     Double.parseDouble(startAreaLogitudeString));
73             TmapPoint TmapPoint2 = new TmapPoint(
74                     Double.parseDouble(destAreaLatitudeString),
75                     Double.parseDouble(destAreaLongitudeString));
76             wayPoint.add(TmapPoint1);
77             wayPoint.add(TmapPoint2);
78
79             HashMap <String, String> pathInfo =
80             new HashMap<String, String>();
81             pathInfo.put("rStName", startAreaNameString);
82             pathInfo.put("rStlat", startAreaLatitudeString);
83             pathInfo.put("rStlon", startAreaLogitudeString);
84             pathInfo.put("rGoName", destAreaNameString);
85             pathInfo.put("rGolat", destAreaLatitudeString);
86             pathInfo.put("rGolon", destAreaLongitudeString);
87             pathInfo.put("type", "depart");
88
89             try {
```

```
90              mapPolyLine=Tmapdata.findPathDataWithType(
91                  TmapPathType.CAR_PATH, TmapPoint1, TmapPoint2);
92          } catch (FactoryConfigurationError e) {
93              // TODO Auto-generated catch block
94              e.printStackTrace();
95              errorString = e.toString();
96
97          } catch (Exception e) {
98              // TODO Auto-generated catch block
99              e.printStackTrace();
100             errorString = e.toString();
101         }
102         return null;
103     }
104
105     @Override
106     protected void onPostExecute(Void unused) {
107         Dialog.dismiss();
108
109         if (errorString.length() > 0) {
110             Toast.makeText(getBaseContext(),
111             errorString, Toast.LENGTH_LONG).show();
112         } else {
113             Tmapview.addTmapPath(mapPolyLine);
114             double distance = mapPolyLine.getDistance();
115             Toast.makeText(getBaseContext(),
116             String.valueOf((double)(distance/(double)
117             1000))+"km", Toast.LENGTH_SHORT).show();
118         }
119     }
120 }
```

주어진 2개의 좌표 사이에 최적 경로를 알아내는 것은 TMapData 객체를 이용해야 한다. 먼저 2개의 좌표로 TMapPoint 객체를 만든 다음 findPathDataWithType 메소드를 호출할 때 전달해준다. findPathDataWithType 메소드의 첫번째 인수로 TMapPathType.CAR_PATH를 입력한 것은 자동차로 이동할 때 최적 경로를 알아내라는 의미이다. T map API를 이용하여 문제 없이 경로를 구했다면 해당 경로를 TMapPolyLine 객체에 전달해주는데, 이것을 TMapView 객체에 추가해주면 TMap 지도 상에 해당 경로가 표시된다. TMapPolyLine 객체에 저장된 경로의 실제 거리는 getDistance() 메소드를 이용하여 구할 수 있다.

TmapAPIExam 프로젝트를 단말기에서 실행하면 경복궁에서 롯데월드까지의 차량 이동 경로를 지도에 표시하고, 두 지점 사이의 경로에 대한 거리를 Toast 메시지로 보여준다. 차량으로 경복궁에서 롯데월드까지는 실제로 약 16.8km를 이동해야 함을 알 수 있다.

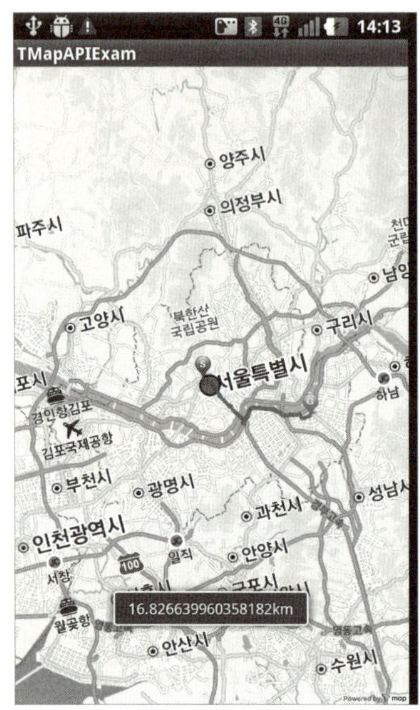

그림 08-64_ TmapAPIExam 실행 화면

7. 야후 날씨 API 연동

야후(Yahoo) 뉴스 사이트에서는 전 세계 주요 지역의 날씨 정보를 제공해주는 서비스를 운영하고 있다. 국내에도 서울을 비롯한 주요 도시들의 날씨 정보를 확인할 수 있는데, 이렇게 사이트에서 보여주는 날씨 정보를 RSS 피드 형식으로 제공해주기 때문에 구글 날씨 API를 대체하는 좋은 대안이 된다.

• http://weather.yahoo.com/south-korea/seoul/seoul-1132599/

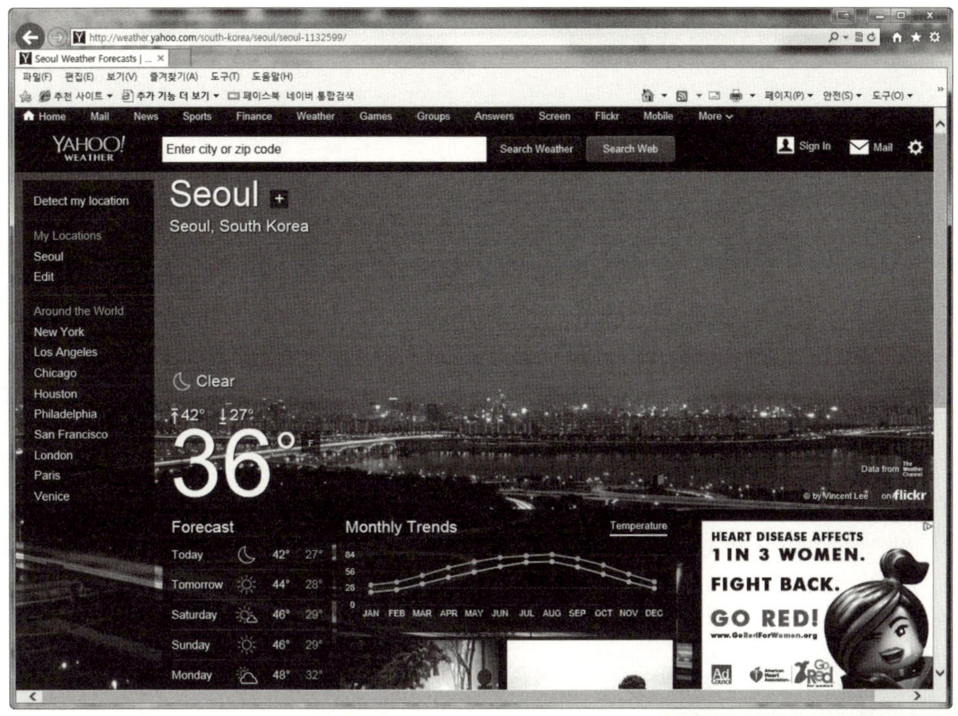

그림 08-65_ 야후 날씨 정보 사이트

야후 날씨 사이트의 URL 뒤쪽에 붙어있는 7자리의 숫자가 특정 지역에 대한 지역 코드를 의미한다. 따라서, 서울의 경우에는 지역 코드가 "1132599"라는 것을 알 수 있다. 이러한 지역 코드를 입력해서 야후 날씨 API를 호출하면 XML 형식으로 인코딩된 해당 지역의 날씨 정보를 받아볼 수 있다.

```
http://weather.yahooapis.com/forecastrss?w=1132599&u=c

<?xml version="1.0" encoding="UTF-8" standalone="yes" ?>
<rss version="2.0" xmlns:yweather=http://xml.weather.yahoo.com/ns/
rss/1.0
xmlns:geo="http://www.w3.org/2003/01/geo/wgs84_pos#">
<channel>
<title>Yahoo! Weather - Seoul, KR</title>
<link>http://us.rd.yahoo.com/dailynews/rss/weather/Seoul__KR/*http://
weather.yahoo.com/forecast/KSXX0037_c.html</link>
<description>Yahoo! Weather for Seoul, KR</description>
<language>en-us</language>
<lastBuildDate>Wed, 19 Jun 2013 10:00 am KST</lastBuildDate>
<ttl>60</ttl>
```

```
<yweather:location city="Seoul" region=""    country="South Korea"/>
<yweather:units temperature="C" distance="km" pressure="mb"
speed="km/h"/>
<yweather:wind chill="24"    direction="350"    speed="3.22" />
<yweather:atmosphere humidity="78"   visibility="4.01"
pressure="982.05"   rising="0" />
<yweather:astronomy sunrise="5:10 am"    sunset="7:55 pm"/>
<image>
<title>Yahoo! Weather</title>
<width>142</width>
<height>18</height>
<link>http://weather.yahoo.com</link>
<url>http://l.yimg.com/a/i/brand/purplelogo//uh/us/news-wea.gif</url>
</image>
<item>
<title>Conditions for Seoul, KR at 10:00 am KST</title>
<geo:lat>37.56</geo:lat>
<geo:long>126.98</geo:long>
<link>http://us.rd.yahoo.com/dailynews/rss/weather/Seoul__KR/*http://
weather.yahoo.com/forecast/KSXX0037_c.html</link>
<pubDate>Wed, 19 Jun 2013 10:00 am KST</pubDate>
<yweather:condition  text="Haze"  code="21"  temp="24"  date="Wed, 19
Jun 2013 10:00 am KST" />
<description><![CDATA[
<img src="http://l.yimg.com/a/i/us/we/52/21.gif"/><br />
<b>Current Conditions:</b><br />
Haze, 24 C<BR />
<BR /><b>Forecast:</b><BR />
Wed - Mostly Sunny. High: 29 Low: 19<br />
Thu - Partly Cloudy. High: 31 Low: 20<br />
Fri - Partly Cloudy. High: 30 Low: 21<br />
Sat - Partly Cloudy. High: 28 Low: 21<br />
Sun - Cloudy. High: 26 Low: 19<br />
<br />
<a href="http://us.rd.yahoo.com/dailynews/rss/weather/Seoul__
KR/*http://weather.yahoo.com/forecast/KSXX0037_c.html">Full Forecast
at Yahoo! Weather</a><BR/><BR/>
(provided by <a href="http://www.weather.com" >The Weather Channel</
a>)<br/>
]]></description>
```

```
<yweather:forecast day="Wed" date="19 Jun 2013" low="19" high="29"
text="Mostly Sunny" code="34" />
<yweather:forecast day="Thu" date="20 Jun 2013" low="20" high="31"
text="Partly Cloudy" code="30" />
<yweather:forecast day="Fri" date="21 Jun 2013" low="21" high="30"
text="Partly Cloudy" code="30" />
<yweather:forecast day="Sat" date="22 Jun 2013" low="21" high="28"
text="Partly Cloudy" code="30" />
<yweather:forecast day="Sun" date="23 Jun 2013" low="19" high="26"
text="Cloudy" code="26" />
<guid isPermaLink="false">KSXX0037_2013_06_23_7_00_KST</guid>
```

```
</item>
</channel>
</rss>


<!-- api2.weather.kr3.yahoo.com Wed Jun 19 01:52:58 PST 2013 -->
```

먼저 AndroidManifest.xml 파일에 도시 이름, 날씨 상태, 날씨 아이콘 이미지, 5일간의 날
씨 정보 등을 표시하기 위해 레이아웃용 컨트롤을 배치한다.

실습 8-8

YahooWeatherAPIExam/res/layout/activity_main.xml

```
 1   <RelativeLayout xmlns:android="http://schemas.android.com/apk
 2       /res/android" xmlns:tools="http://schemas.android.com/tools"
 3       android:layout_width="match_parent"
 4       android:layout_height="match_parent"
 5       android:paddingBottom="@dimen/activity_vertical_margin"
 6       android:paddingLeft="@dimen/activity_horizontal_margin"
 7       android:paddingRight="@dimen/activity_horizontal_margin"
 8       android:paddingTop="@dimen/activity_vertical_margin"
 9       tools:context=".MainActivity" >
10
11       <TextView
12           android:id="@+id/city_name"
13           android:layout_width="wrap_content"
14           android:layout_height="wrap_content"
15           android:textSize="30sp"
16           android:text="" />
17
18       <TextView
```

```
19              android:id="@+id/weather_condition"
20              android:layout_width="wrap_content"
21              android:layout_height="wrap_content"
22              android:layout_below="@+id/city_name"
23              android:textSize="30sp"/>
24
25          <ImageView
26              android:id="@+id/weather_icon"
27              android:layout_width="400px"
28              android:layout_height="400px"
29              android:layout_below="@+id/weather_condition"/>
30
31          <ListView
32              android:id="@+id/forecast_list"
33              android:layout_width="fill_parent"
34              android:layout_height="fill_parent"
35              android:layout_below="@+id/weather_icon"/>
36
37      </RelativeLayout>
```

코딩된 activity_main.xml 파일의 미리보기를 하면 단말기에서 실행시키지 않고도 다음과 같이 레이아웃이 구성된 것을 확인할 수 있다.

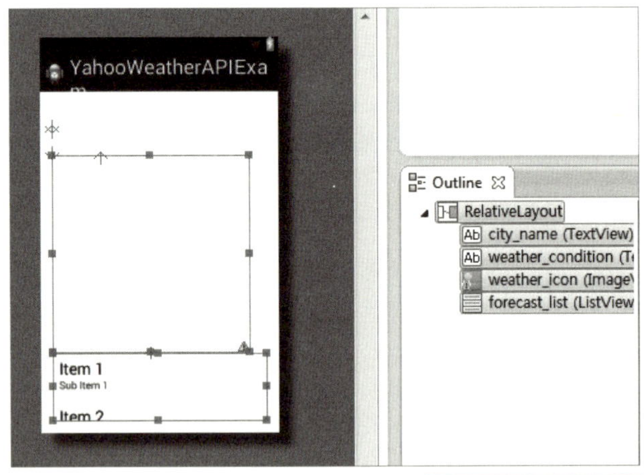

그림 08-71_ activity_main.xml 미리 보기 화면

애플리케이션이 실행되면 AsycTask에서 상속받아 만들어진 loadWeatherInfo를 실행시켜서 야후 API를 이용해 최신 날씨 정보를 받아온다.

YahooWeatherAPIExam/src/org.noshorn./yahooweatherapiexam/MainActivity.java

```java
package org.nashorn.yahooweatherapiexam;

import java.io.BufferedReader;
import java.io.InputStream;
import java.io.InputStreamReader;
import java.io.StringReader;
import java.lang.ref.WeakReference;
import java.util.ArrayList;

import org.apache.commons.httpclient.HttpClient;
import org.apache.commons.httpclient.methods.GetMethod;
import org.apache.http.HttpEntity;
import org.apache.http.HttpResponse;
import org.apache.http.HttpStatus;
import org.apache.http.client.methods.HttpGet;
import org.xmlpull.v1.XmlPullParser;
import org.xmlpull.v1.XmlPullParserFactory;
import android.net.http.AndroidHttpClient;
import android.os.AsyncTask;
import android.os.Bundle;
import android.app.Activity;
import android.app.ProgressDialog;
import android.graphics.Bitmap;
import android.graphics.BitmapFactory;
import android.util.Log;
import android.view.Menu;
import android.widget.ArrayAdapter;
import android.widget.ImageView;
import android.widget.ListView;
import android.widget.TextView;

public class MainActivity extends Activity {
    private String cityName = "";
    private String weatherCode = "";
    private String weatherCondition = "";
    private String weatherIconUrl = "";
    private String[] dayList = new String[5];
```

```java
38      private String[] dateList = new String[5];
39      private String[] lowList = new String[5];
40      private String[] highList = new String[5];
41      private String[] textList = new String[5];
42      private String[] codeList = new String[5];
43
44      /*
45      애플리케이션이 실행되면 loadWeatherInfo 클래스를 생성하고 실행시켜서,
46      야후 날씨 데이터를 가져온다.
47      */
48      @Override
49      protected void onCreate(Bundle savedInstanceState) {
50          super.onCreate(savedInstanceState);
51          setContentView(R.layout.activity_main);
52          new loadWeatherInfo().execute("");
53      }
54
55      private class loadWeatherInfo extends AsyncTask<String,Void,Void> {
56          private ProgressDialog dialog =
57                  new ProgressDialog(MainActivity.this);
58          protected void onPreExecute() {
59              dialog.setMessage("날씨 정보 로딩 중...");
60              dialog.show();
61          }
62
63          @Override
64          protected Void doInBackground(String... params) {
65              String request = "http://weather.yahooapis.com/
66                      forecastrss?w=1132599&u=c";
67              String resultString = "";
68              HttpClient client = new HttpClient();
69              GetMethod method = new GetMethod(request);
70          try {
71              client.executeMethod(method);
72              InputStream rstream = method.getResponseBodyAsStream();
73              BufferedReader br = new BufferedReader
74                      (new InputStreamReader(rstream));
75              String line;
76              while((line = br.readLine()) != null) {
77                      resultString += line;
78                  }
```

```
78      br.close();
79  } catch(Exception e) {
80      Log.e("MainActivity", e.toString());
81  }
82
83  try {
84      XmlPullParserFactory factory =
85              XmlPullParserFactory.newInstance();
86      factory.setNamespaceAware(true);
87      XmlPullParser xpp = factory.newPullParser();
88      xpp.setInput(new StringReader(resultString));
89      int eventType = xpp.getEventType();
90      int count = 0;
91      while(eventType != XmlPullParser.END_DOCUMENT){
92      if (eventType == XmlPullParser.START_TAG) {
93          /*
```
```
야후 날씨 API의 데이터는 네이버나 다음처럼 XML 태그 사이에 저장되어 있는
것이 아니라 속성값 형태로 저장되어 있기 때문에 getAttributeValue()
메소드를 이용하여 특정 태그의 속성값에서 원하는 정보를 가져온다.
날씨 API를 호출하여 전달받은 날씨 정보 XML을 파싱하여 원하는 정보를 추출해낸다.
```
```
          */
          if (xpp.getName().equals("location")) {
              String cityString = xpp.getAttributeValue
                                  (null, "city");
              cityName=cityString;
          } else if (xpp.getName().equals("condition")) {
              String codeString = xpp.getAttributeValue
                                  (null, "code");
              weatherCondition =
                      xpp.getAttributeValue(null, "text");
              weatherCode = codeString;
              weatherIconUrl = "http://l.yimg.com/a/i/us/
                              we/52/"+codeString+".gif";
          } else if (xpp.getName().equals("forecast")) {
              dayList[count]=xpp.getAttributeValue(null, "day");
              dateList[count]=xpp.getAttributeValue(null, "date");
              lowList[count]=xpp.getAttributeValue(null, "low");
              highList[count]=xpp.getAttributeValue(null, "high");
              textList[count]=xpp.getAttributeValue(null, "text");
              codeList[count++]=xpp.getAttributeValue(null, "code");
          }
```

> 야후 날씨 API를 호출해서 서울 지역의 날씨 정보를 받아온다.

```
119              }
120              eventType = xpp.next();
121          }
122      } catch(Exception e){
123          Log.e("MainAcitivity", e.toString());
124      }

126      return null;
127  }

129  protected void onPostExecute(Void unused) {
130      dialog.dismiss();
131      /*
132  추출한 정보를 화면에 출력하고, 날씨 아이콘 이미지를 ImageDownloader를
133  이용하여 야후 날씨 서버에서 가져온다.
134      */
135      TextView cityText = (TextView)findViewById(R.id.city_name);
136      cityText.setText(cityName);
137      TextView conditionText =
138          (TextView)findViewById(R.id.weather_condition);
139      conditionText.setText(weatherCondition);
140      ImageView imageView =
141          (ImageView)findViewById(R.id.weather_icon);
142      new ImageDownloader().download(weatherIconUrl, imageView);

144      ListView listView=(ListView)findViewById(R.id.forecast_list);
145      ArrayList<String> arrayList = new ArrayList<String>();
146      for (int i = 0; i < 5; i++) {
147          arrayList.add(dayList[i]+":"+dateList[i]+":"+lowList[i]+
148                  "~"+highList[i]+ ":"+textList[i]);
149      }
150      ArrayAdapter<String> arrayAdapter = new ArrayAdapter<String> (
151          getBaseContext(), android.R.layout.simple_list_item_1,
152                  arrayList);
153      listView.setAdapter(arrayAdapter);
154      }
155  }

157  public class ImageDownloader {
158      public void download(String url, ImageView imageView){
```

```
159         BitmapDownloaderTask task =
160                 new BitmapDownloaderTask(imageView);
161         task.execute(url);
162     }
163 }
164 /* 안드로이드 4.x 이상에서는 원격 서버에 있는 이미지 파일을 다운 받을 때,
165 AsyncTask를 이용하여 백그라운드로 다운로드하지 않으면 문제가 생길 수 있다.
166 따라서,반드시 아래와 같이 백그라운드로 이미지를 다운로드하도록 구현해야 한다. */
167 class BitmapDownloaderTask extends AsyncTask<String, Void,
168         Bitmap> {
169    private String url;
170    private final WeakReference<ImageView> imageViewReference;
171    public BitmapDownloaderTask(ImageView imageView) {
172        imageViewReference =
173                new WeakReference<ImageView>(imageView);
174    }
175
176    @Override
177    protected Bitmap doInBackground(String... params) {
178        return downloadBitmap(params[0]);
179    }
180
181    @Override
182    protected void onPostExecute(Bitmap Bitmap) {
183        if (isCancelled()) {
184            Bitmap = null;
185        }
186
187        if (imageViewReference != null) {
188            ImageView imageView = imageViewReference.get();
189            if (imageView != null) {
190                imageView.setImageBitmap(Bitmap);
191            }
192        }
193    }
194 }
195
196 static Bitmap downloadBitmap(String url) {
197    final AndroidHttpClient client =
198        AndroidHttpClient.newInstance("Android");
```

```
199        final HttpGet getRequest = new HttpGet(url);
200    try {
201        HttpResponse response = client.execute(getRequest);
202        final int statusCode =
203                response.getStatusLine().getStatusCode();
204        if (statusCode != HttpStatus.SC_OK) {
205            Log.w("ImageDownloader", "Error " + statusCode +
206                " while retrieving Bitmap from " + url);
207            return null;
208        }
209        final HttpEntity entity = response.getEntity();
210        if (entity != null) {
211            InputStream inputStream = null;
212            try {
213                inputStream = entity.getContent();
214                final Bitmap Bitmap=BitmapFactory.decodeStream
215                    (inputStream);
216                return Bitmap;
217            } finally {
218                if (inputStream != null) {
219                    inputStream.close();
220                }
221                entity.consumeContent();
222            }
223        }
224    } catch (Exception e) {
225        getRequest.abort();
226        Log.e("ImageDownloader", "Error while retrieving Bitmap
227                from " + url + e.toString());
228    } finally {
229        if (client != null) {
230            client.close();
231        }
232    }
233    return null;
234    }
235 }
```

이제 애플리케이션을 실행시키면 서울 지역의 오늘 날씨와 날씨 아이콘이 표시되고, 하단에는 오늘 이후의 5일간의 날씨 정보가 리스트뷰로 표시되는 것을 확인할 수 있다. 만일 서울 이외의 지역의 날씨 정보를 가져오고 싶다면, 야후 날씨 API를 호출할 때 w 패러미터 값으로 원하는 도시의 코드 번호를 입력해주면 된다. 다른 지역의 도시 코드 값은 야후 뉴스 사이트의 날씨 정보 페이지를 이용하여 찾아보자.

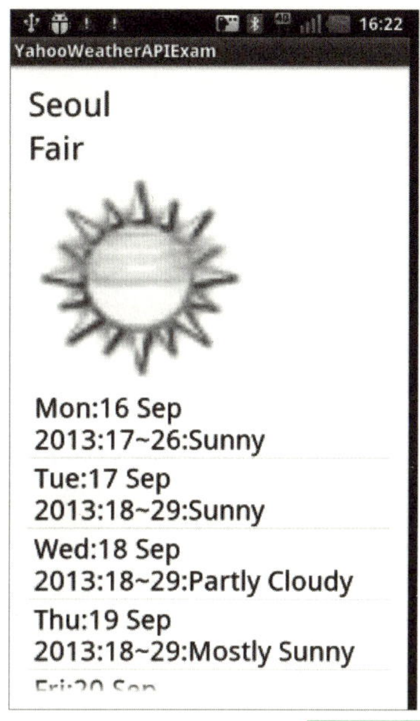

그림 08-72_ YahooWeatherAPIExam 실행 화면

Chapter 08 연습 문제

 **1** 다음 OpenAPI에서 결과 값을 전달해주는 방식은 무엇인가?

① HTML

② SGML

③ UML

④ XML 또는 JSON

2 다음 OpenAPI를 이용하여 검색 결과를 EditText에 표시하시오.

3 네이버 OpenAPI를 이용하여 실시간 급상승 검색어를 리스트뷰로 표시하시오.

Chapter

SQLite 실전 응용

09

1. SQLite 소개

SQLite는 라이브러리 형태로 제공되며 자급 자족이 가능하고 별도의 서버가 필요없고 설치나 설정 작업이 요구되지 않는 SQL 데이터베이스 엔진이다. 한마디로 모바일 개발에 유용한 경량 데이터베이스 엔진이라고 할 수 있다.

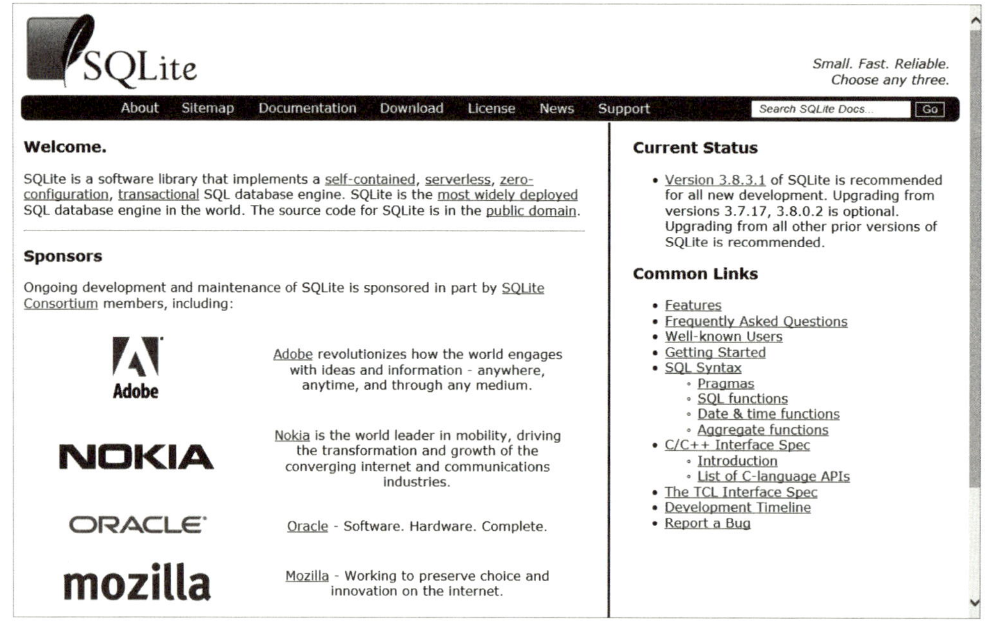

그림 09-01_ SQLite 사이트(http://www.sqlite.org)

안드로이드는 물론 아이폰용 애플리케이션 개발 시에 기본적으로 SQLite를 지원하기 때문에 로컬 DB를 사용해야하는 경우에 유용하게 이용할 수 있다. Windows Mobile에서도 SQLite를 포팅을 하면 사용할 수 있기 때문에 다중 플랫폼을 지원하는 애플리케이션을 개발하는데에도 큰 도움이 된다. SQLite로 DB 파일을 하나만 만들어 놓으면 어떤 플랫폼에서든 사용이 가능하기 때문이다.

2. SQLite 동적 생성

안드로이드 애플리케이션에서 SQLite DB 파일을 이용하려면, SQLite DB 파일을 생성하고 버전 관리를 하는 기능을 가지고 있는 SQLiteOpenHelper 클래스를 상속받아서 사용해야 한다. SQLiteOpenHelper 클래스를 사용하기 위해서는 상속받은 클래스에서 기본적으로 onCreat, onUpgrade 메소드를 오버라이딩 해주어야 한다. SQLiteOpenHelper 클래스를 이용하면 만들어진 SQLite DB 파일은 SQLiteDatabase 클래스를 이용하여 명령(create, insert, delete, query, execSQL 등)을 수행할 수 있다. 쿼리를 실행한 결과에 대해서는 Cursor 인터페이스를 통하여 접근이 가능하다.

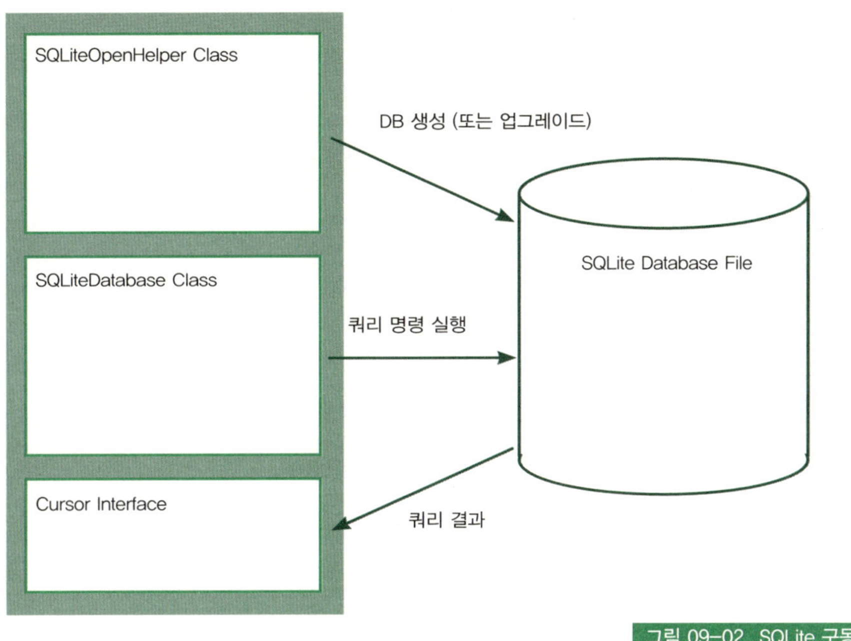

그림 09-02_ SQLite 구동 방식

여기에서는 SQLiteOpenHelper 클래스, SQLiteDatabase 클래스 그리고 Cursor 인터페이스를 이용하여 SQLite DB 파일의 동적 생성 및 사용 방법을 알아보도록 하겠다.

Exam0901 프로젝트를 만들고 activity_main.xml 파일을 열어서 버튼과 리스트 뷰를 추가해준다. ID가 [add]인 버튼을 누르면, SQLite DB 파일에 새로운 레코드를 하나 추가한 다음 그 결과를 리스트뷰에 표시하도록 구현할 것이다.

실습 9-1

Exam0901/res/layout/activity_main.xml

```xml
1   <?xml version="1.0" encoding="utf-8"?>
2   <LinearLayout xmlns:android="http://schemas.android.com/apk/
3   res/android"
4
5       android:orientation="vertical"
6       android:layout_width="fill_parent"
```

```
7        android:layout_height="fill_parent"
8        >
9    <TextView
10       android:layout_width="fill_parent"
11       android:layout_height="wrap_content"
12       android:text="Exam0901 SQLite 동적 생성"
13       />
14   <!-- DB에 데이터를 추가하는 버튼과 DB 내용을 출력하는 리스트 뷰를 추가한다 -->
15   <Button
16     android:id="@+id/add"
17     android:layout_width="fill_parent"
18       android:layout_height="wrap_content"
19       android:text="데이터 추가"
20       />
21   <ListView
22       android:id="@+id/list"
23       android:layout_width="fill_parent"
24       android:layout_height="fill_parent"
25     />
26   </LinearLayout>
```

Exam0901 프로젝트의 소스 폴더에 「Constants.java」라는 이름을 가진 폴더를 추가하고 다음과 같이 BaseColums에서 상속받은 Constants라는 클래스를 만들어준다. 이 클래스는 테이블 이름과 컬럼 이름을 상수로 가지고 있는 역할만 한다.

실습 9–1

Exam0901/src/org.nashorn.exam0901/Constants.java

```
1    package org.nashorn.exam0901;
2
3    import android.provider.*;
4    /* DB의 테이블과 컬럼 이름을 상수로 가지는 클래스를 정의한다 */
5    public interface Constants extends BaseColumns{
6        public static final String TABLE_NAME = "vocabulary";
7        public static final String WORD = "word";
8        public static final String DEFINITION = "definition";
9    }
```

그다음에는 역시 소스 폴더에 Dictionary.java 파일을 추가해주고 SQLiteOpenHelper 클래스를 상속받아서 Dictionary 클래스를 만들어 준다. Dictionary 클래스는 SQLite DB 파일

의 생성이나 업그레이드를 담당하기 때문에 onCreate 메소드와 onUpgrade 메소드를 오버
라이딩해서 SQL문으로 테이블 생성하거나 삭제하는 기능을 수행한다.

앞에서 만든 Constants 클래스에서 선언된 테이블 이름과 컬럼 이름을 임포트하여 사용하고
있음에 유의하자.

실습 9-1

Exam0901/src/org.nashorn.exam0901/Dictionary.java

```
1    package org.nashorn.exam0901;
2
3    import android.database.sqlite.*;
4    import android.content.*;
5    import static android.provider.BaseColumns._ID;
6
7    /* 상수 클래스를 임포트한다 */
8    import static org.nashorn.exam0901.Constants.TABLE_NAME;
9    import static org.nashorn.exam0901.Constants.WORD;
10   import static org.nashorn.exam0901.Constants.DEFINITION;
11
12   public class Dictionary extends SQLiteOpenHelper {
13   /* DB 파일 이름과 버전을 정의한다 */
14     private static final String DATABASE_NAME = "dictionary.db";
15     private static final int DATABASE_VERSION = 1;
16
17     public Dictionary(Context ctx) {
18       super(ctx, DATABASE_NAME, null, DATABASE_VERSION);
19     }
20
21   /* DB 파일의 테이블을 생성하는 SQL문을 수행한다 */
22     @Override
23     public void onCreate(SQLiteDatabase db) {
24       db.execSQL("CREATE TABLE "+TABLE_NAME+" ("+_ID+
25         " INTEGER PRIMARY KEY AUTOINCREMENT, "+
26           WORD+" TEXT, "+DEFINITION+" TEXT);");
27     }
28   /* DB 파일의 테이블을 삭제하고 다시 테이블을 생성하는 SQL문을 수행한다 */
29     @Override
30     public void onUpgrade(SQLiteDatabase db, int oldVersion,
31     int newVersion) {
32       db.execSQL("DROP TABLE IF EXISTS "+TABLE_NAME);
```

```
33          onCreate(db);
34        }
35    }
```

이제 Exam0901.java 파일에는 SQLite DB 파일에 데이터를 추가하고 SQLite DB 파일에
저장된 데이터를 가져와서 보여주는 기능을 구현해보도록 하자. 먼저 onCreate에서는 버튼을
눌렀을 때 SQLite DB 파일로 입출력하도록 OnClickListener를 등록해준다.

실습 9-1

Exam0901/src/org.nashorn.exam0901/MainActivity.java

```
1    package org.nashorn.exam0901;
2
3    import static org.nashorn.exam0901.Constants.TABLE_NAME;
4    import static org.nashorn.exam0901.Constants.WORD;
5    import static org.nashorn.exam0901.Constants.DEFINITION;
6    import java.util.ArrayList;
7    import android.app.Activity;
8    import android.content.ContentValues;
9    import android.database.Cursor;
10   import android.database.sqlite.SQLiteDatabase;
11   import android.os.Bundle;
12   import android.view.View;
13   import android.widget.ArrayAdapter;
14   import android.widget.Button;
15   import android.widget.ListView;
16   import android.widget.Toast;
17
18   public class MainActivity extends Activity {
19     private String[] wordList = null;
20     private String[] definitionList = null;
21       /** Called when the activity is first created. */
22       @Override
23       public void onCreate(Bundle savedInstanceState) {
24           super.onCreate(savedInstanceState);
25           setContentView(R.layout.activity_main);
26
27   /* 버튼을 누르면 DB 파일에 데이터를 저장하고, DB에 저장된 데이터들을 읽어와서 리스트
28   뷰에 출력하도록 만든다 */
29           Button addButton = (Button)findViewById(R.id.add);
```

```
30            addButton.setOnClickListener(new View.OnClickListener() {
31                @Override
32                public void onClick(View arg0) {
33                    // TODO Auto-generated method stub
34                    writeDatabase();
35                    readDatabase();
36                }
37            });
38        }
39
40        public void writeDatabase() {
41
42        }
43
44        Public void readDatabase() {
45
46        }
```

writeDatabase 메소드에서는 Dictionary형 객체를 생성하고(이렇게 하면 새로운 SQLite DB 파일을 생성하거나 기존의 SQLite DB 파일을 열게된다) Dictionary형 객체의 getWritableDatabase( ) 메소드를 이용하여 쓰기가 가능한 SQLiteDatabase형 객체를 얻어온다. 앞에서 설명한 것처럼 DB 파일의 생성은 SQLiteOpenHelper 클래스에서 수행하지만, 쿼리문을 실행하려면 SQLiteDatabase 클래스를 이용해야하기 때문에 db 객체를 이용하는 것이다.

ContentValues형 객체를 하나 만들고 거기에 컬럼별 데이터를 입력해서 insertOrThrow 메소드를 호출해주면 지정한 테이블에 새로 입력한 데이터(레코드)가 추가된다.

```
public void writeDatabase() {
  Dictionary dictionary = new Dictionary(this);

  /* 쓰기 가능한 SQLiteDatabase 객체를 얻어와서 데이터를 insert시킨다 */
  try {
    SQLiteDatabase db = dictionary.getWritableDatabase();
    ContentValues values = new ContentValues();

    values.put(WORD, "test");
    values.put(DEFINITION, "테스트");
```

```java
    db.insertOrThrow(TABLE_NAME, null, values);
  } catch (Throwable t) {
    Toast.makeText(this, "Exception: "+t.toString(), 2000).show();
  }
}
```

파일 입출력과 마찬가지로, SQLite DB 파일에 데이터를 쓰거나 읽을 때에는 반드시 try-catch문을 이용하여 예외 처리를 해주도록 하자.

이번에는 반대로 getReadableDatabase( ) 메소드를 이용하여 SQLiteDatabase형 객체를 얻어온 다음, 지정한 테이블의 모든 데이터를 얻어오는 쿼리를 수행한다. 쿼리의 수행 결과는 cursor를 통해서 접근이 가능한데, 전체 데이터 개수 만큼의 String 배열을 초기화 하고 처음 부터 끝까지의 데이터를 String 배열에 저장해주고 있다. String 배열에 저장된 데이터는 리스트뷰를 이용하여 화면에 표시해주면 된다.

```java
public void readDatabase() {
    Cursor cursor;
    int listcount = 0;
    Dictionary dictionary = new Dictionary(this);

    /* 읽기 가능한 SQLiteDatabase 객체를 얻어와서 DB에 저장된 데이터를 배열에 저장한다 */
    try {
      String[] FROM = { WORD, DEFINITION };
      SQLiteDatabase db = dictionary.getReadableDatabase();
      cursor = db.query(TABLE_NAME, FROM, null, null, null, null, null);
      startManagingCursor(cursor);
      wordList = new String[cursor.getCount()];
      definitionList = new String[cursor.getCount()];
      while(cursor.moveToNext()){
        wordList[listcount] = cursor.getString(0);
        definitionList[listcount] = cursor.getString(1);
        listcount++;
      }
    } Finally {
      dictionary.close();
    }

  /* 데이터가 있을 경우, 배열에 저장된 데이터를 이용하여 리스트 뷰를 세팅한다 */
    if (listcount > 0) {
```

```java
ArrayList<String> listString = new ArrayList<String>();
for (int i = 0; i < wordList.length; i++) {
  listString.add(wordList[i]+" ("+definitionList[i]+")");
}

ListView listView = (ListView)findViewById(R.id.list);
ArrayAdapter<String> arrayAdapter =
        new ArrayAdapter<String>(getBaseContext(),
        android.R.layout.simple_list_item_1, listString);
    listView.setAdapter(arrayAdapter);
  }
 }
}
```

Exam0901 프로젝트를 실행시키면 다음과 같은 화면이 뜨는데, [데이터 추가] 버튼을 누를 때마다 아래 쪽의 리스트뷰에 "test (테스트)"라는 항목이 하나씩 추가되는 것을 확인할 수 있을 것이다. 이것은 [데이터 추가] 버튼을 누를 때마다 dictionary.db 파일에 하나의 레코드를 추가하고 해당 DB 파일에 저장된 데이터 목록을 가져오기 때문이다.

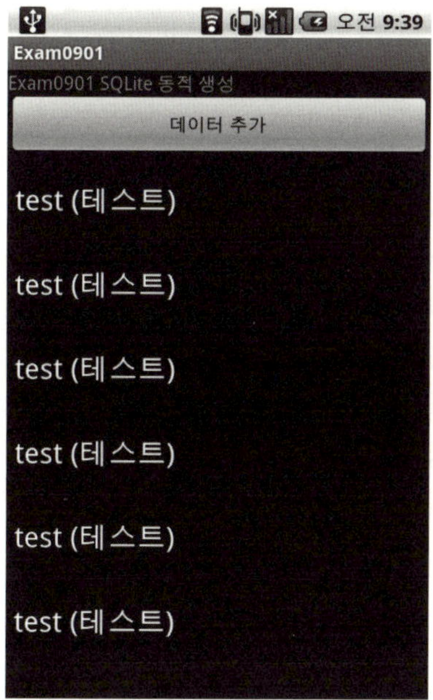

그림 09-03_ Exam0901 실행 화면

3. SQLite Manager 사용

대부분의 데이터베이스는 DB 및 테이블 생성 및 관리가 용이한 데이터베이스 매니저가 존재한다. SQLite도 역시 SQLite Manager라는 유용한 애플리케이션이 있다. SQLite Manager는 FireFox의 부가 기능으로 제공되기 때문에 어떤 플랫폼에서도 사용할 수 있다는 장점을 가지고 있다. 실제로 필자는 아이폰용 애플리케이션 개발을 위해 SQLite Manager를 처음 사용하기 시작했는데, 안드로이드용이나 Windows Mobile용 애플리케이션 개발 시에도 유용하게 사용하고 있다.

SQLite Manager를 사용하면 다른 종류의 데이터베이스에 저장되어 있는 데이터나 엑셀 파일이나 XML 파일 등으로 작업되어 있는 데이터 등을 Import 기능을 이용하여 쉽게 SQLite DB 파일로 만들 수 있다. 예를 들어 엑셀에서 작업된 내용을 SQLite DB로 옮기려면 CSV 포맷으로 저장을 한 다음, 노트패드 등을 이용해서 반드시 UTF8 포맷으로 다시 저장하면 SQLite에서 DB 파일로 만들 수 있다.

「Mozila Firefox」를 실행하고 [도구]-[부가기능] 메뉴를 선택하면 다음과 같이 부가 기능 창이 뜨면서 SQLite Manager를 설치할 수 있다.

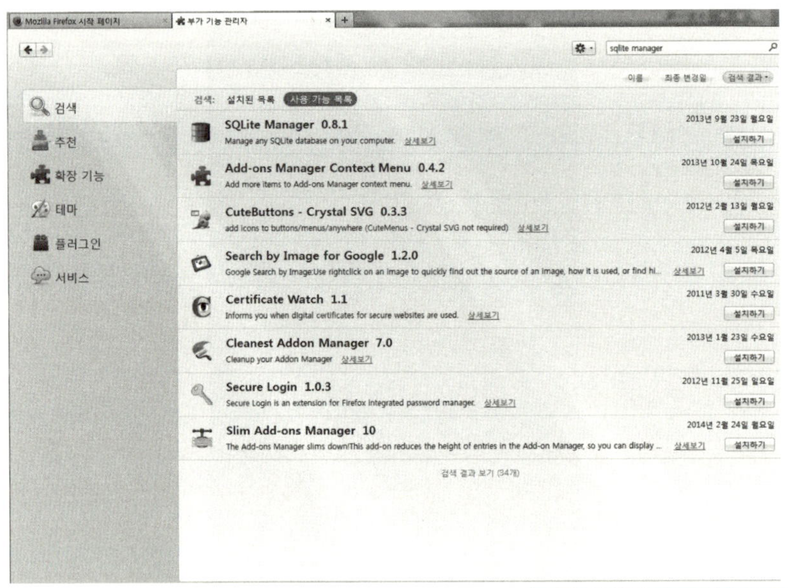

그림 09-04_ SQLite Manager 설치 화면

SQLite Manager를 설치하면 도구 메뉴에 「SQLite Manager」 항목이 추가되는데, 이 항목을 클릭하면 다음과 같이 SQLite Manager가 실행된다.

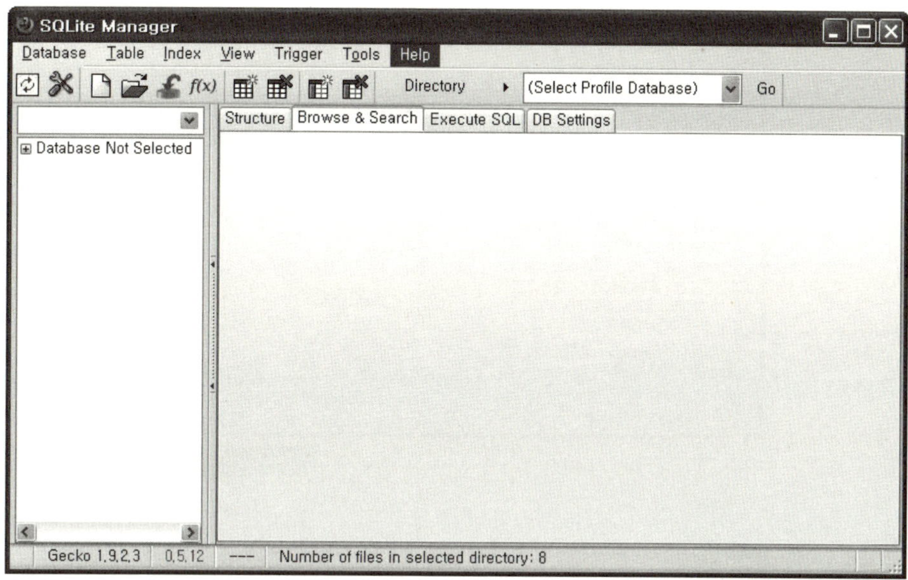

그림 09-05_ SQLite 실행 화면

새로운 DB 파일 생성을 위해서 [Database]–[New Database] 메뉴를 선택하면 DB 파일 이름을 입력하는 창이 뜬다. 뒤에서 만들어 볼 단어장 애플리케이션에서 사용하기 위해서 "dictionary"라고 DB 파일 이름을 입력해주고 [확인] 버튼을 클릭한다.

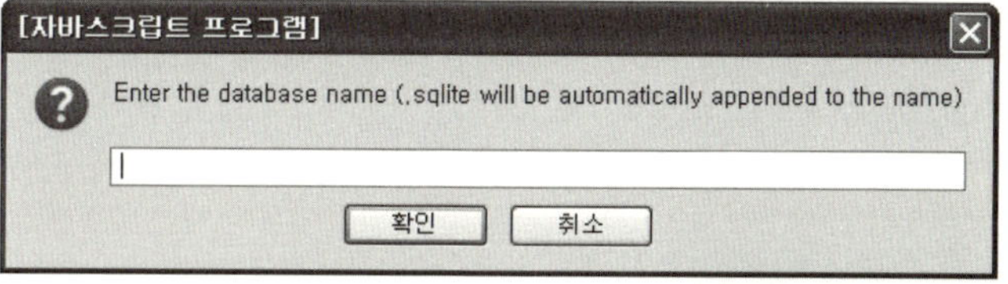

그림 09-06_ 새로운 SQLite 파일 이름 입력

그러면 DB 파일을 저장할 위치를 지정하는 「폴더 찾아보기」 창이 뜨는데 여기서 원하는 폴더를 선택하고 [확인] 버튼을 클릭하면 해당 폴더에 dictionary.sqlite 파일이 저장된 것을 볼 수 있다.

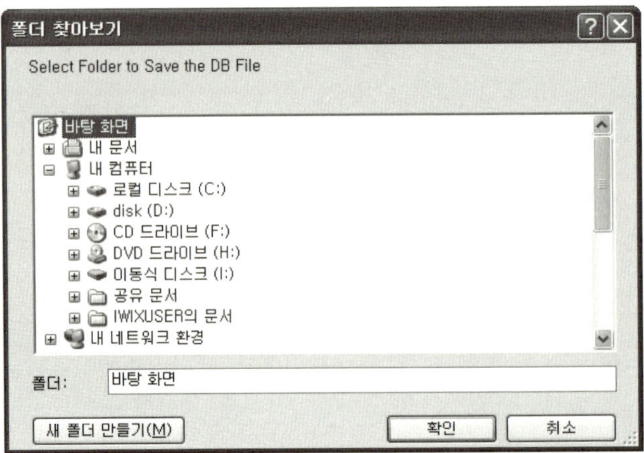

그림 09-07_ SQLite 파일 저장 위치 선택

단어장 애플리케이션에서 DB 파일에 저장하고 읽어들일 단어와 뜻을 저장하기 위한 테이블을 만들어보자. 먼저 [Table]-[Create Table] 메뉴를 선택하고 테이블 이름으로 "vocabulary" 를 입력한다. 그리고 첫 번째 컬럼의 이름을 "word", 두 번째 컬럼의 이름을 "definition"이 라 지정하고 각각의 데이터 타입은 "TEXT"형으로 선택한다.

그림 09-08_ 기본 테이블 구조 지정

테이블 정의를 마치고 [확인] 버튼을 클릭하면 지정한 테이블을 생성할 것인지를 묻는 창이 뜬 다. [YES]를 선택해주면 해당 테이블이 DB 파일에 생성된다.

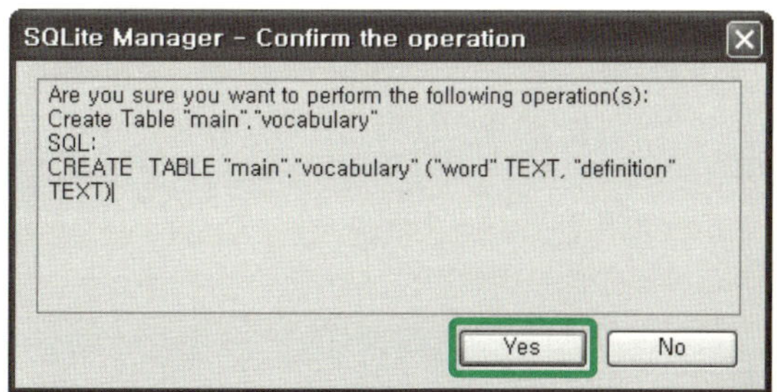

그림 09-09_ 기본 테이블 생성

새로 만든 테이블에 20개 정도의 샘플 데이터를 넣어보도록 하자. Microsoft Excel을 이용하여 다음과 같은 형식으로 샘플 데이터를 만든다.

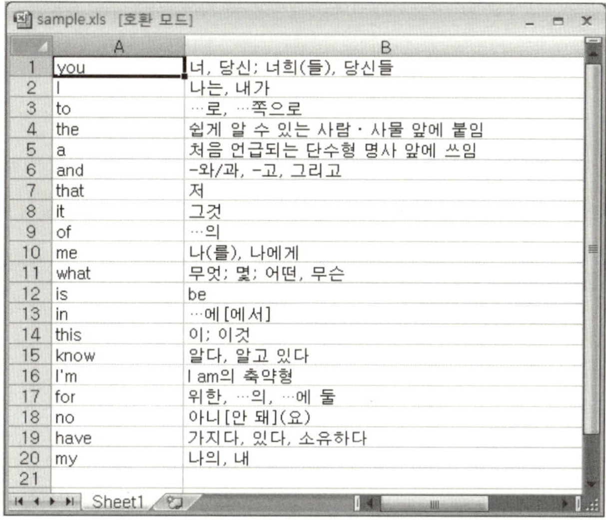

그림 09-10_ 엑셀에서 샘플 데이터 작성

이렇게 만든 데이터를 SQLite Manager에서 사용하려면 반드시 CSV 형식으로 저장해야 한다. CSV 형식은 엑셀의 데이터를 텍스트 파일로 저장할 때 컬럼 구분을 콤마로 해서 저장한다.

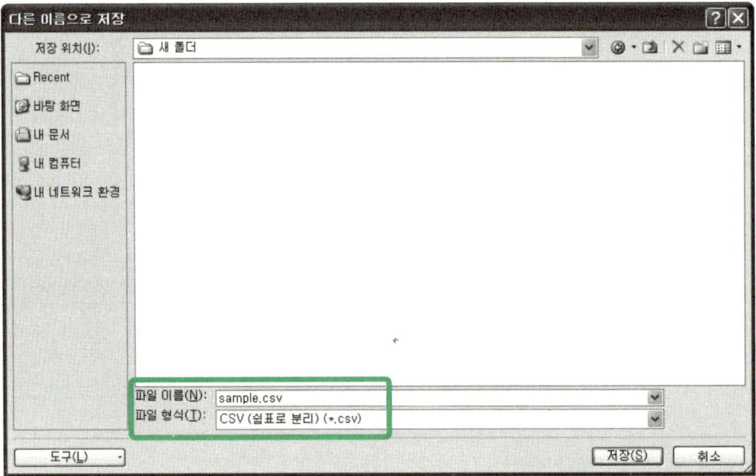

저장된 CSV 파일을 노트패드를 이용하여 불러오면 다음 그림과 같이 일반 텍스트 파일임을
확인할 수 있다.

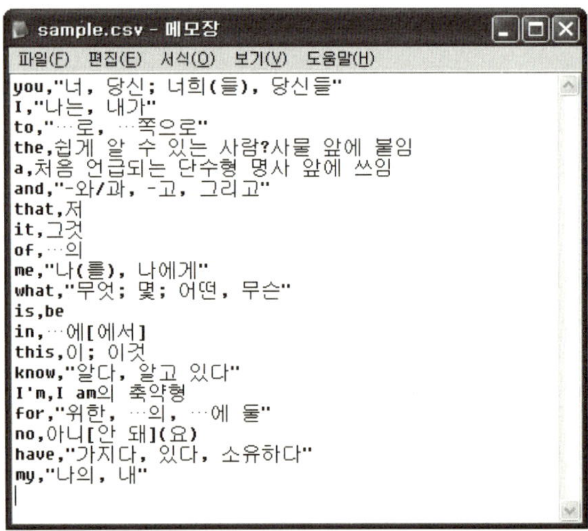

엑셀에서 CSV 파일로 저장하면 기본적으로 ANSI 문자 코드로 저장되는데, SQLite DB 파일
에 저장할 때에는 가급적 UTF-8 문자 코드를 사용하는 것이 좋다. 노트패드의 [파일]-[다른
이름으로 저장] 메뉴를 선택하고 인코딩 방법을 「UTF-8」로 선택한 다음 sample_UTF8.csv
라는 이름으로 저장한다.

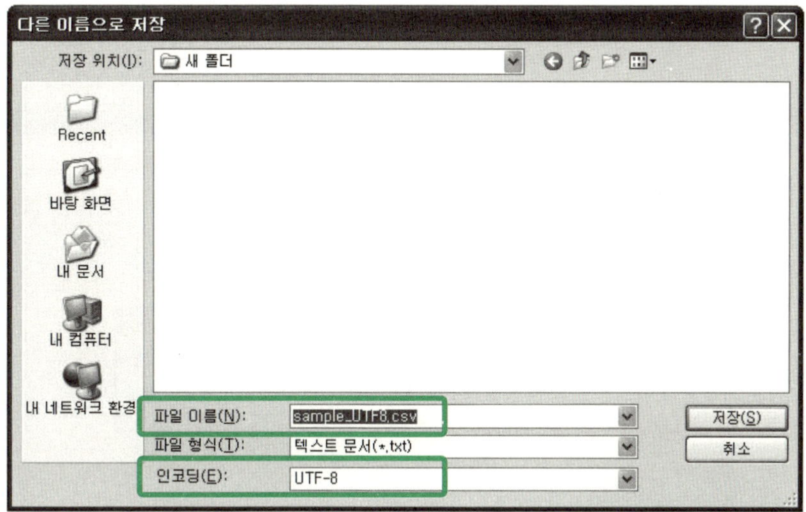

그림 09-13_ 노트패드에서 UTF-8로 저장

이제 앞에서 UTF-8로 인코딩하여 저장한 CSV 파일을 SQLite Manager에서 가져와 보자.
[Database]-[Import] 메뉴를 선택하면 다음과 같은 화면이 뜬다. [Select File] 버튼을 클릭
해서 방금 저장한 sample_UTF8.csv 파일을 선택한다. 그리고 선택된 파일 이름 아래쪽에
Character Encoding이 UTF-8로 선택되어 있는지 확인한다.

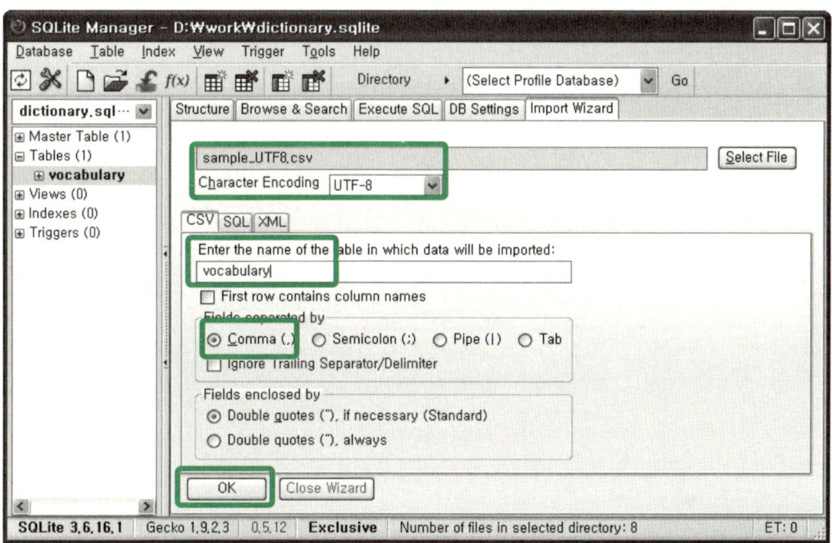

그림 09-14_ CSV 파일 임포트

그 다음에 데이터를 임포트할 테이블로 이전에 만들어놓은 vocabulary 테이블 이름을 입력해
준 다음, 필드 구분자가 Comma로 되어 있는지 확인하고 [OK] 버튼을 클릭하면 해당 테이블

에 임포트할 것인지를 확인하는 창이 뜬다.

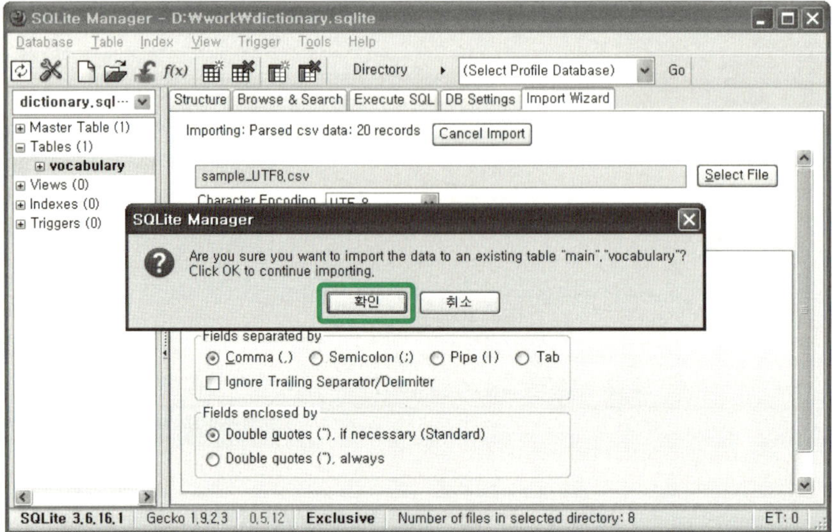

다시 한번 더 데이터를 임포트할 것인지 묻는 창이 뜨는데, 여기서도 [확인]을 클릭한다.

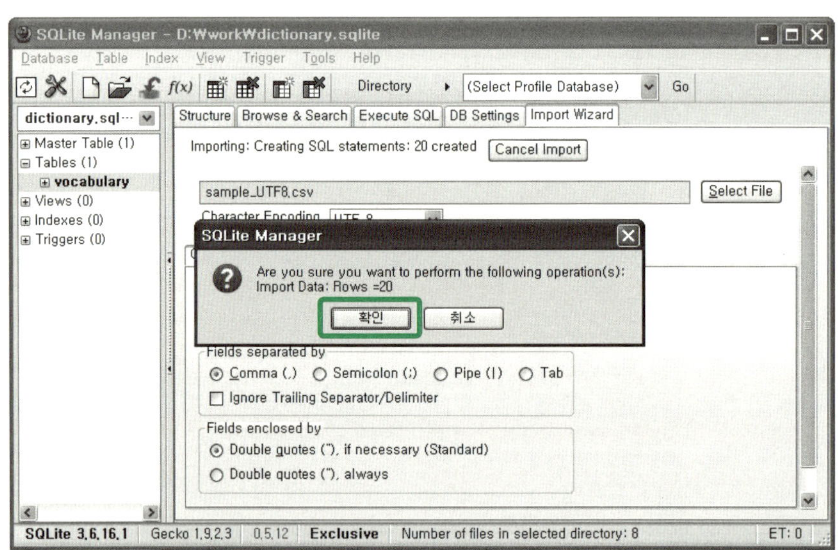

임포트가 끝나면 vocabulary 테이블의 「Browse & Search」 탭을 클릭해서 가져온 데이터를 확인할 수 있다.

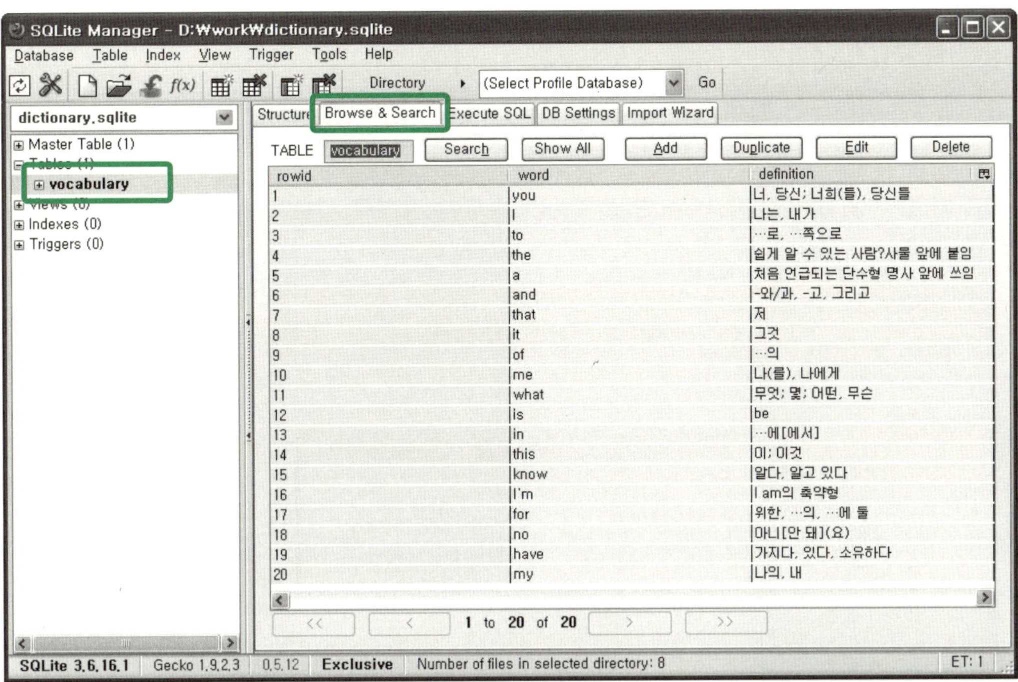

이렇게해서 하나의 SQLite DB 파일을 만들었다. 하지만 SQLite Manager와 같이 외부 SQLite 관리 도구를 이용하여 SQLite DB 파일을 생성했을 경우에는 반드시 다음 과정을 통해서 android_metadata라는 테이블을 만들어야만 안드로이드 애플리케이션에서 해당 DB 파일을 사용할 수 있다는 점에 주의해야 한다.

먼저 "android_metadata"라는 테이블을 만들고 "locale"이라는 컬럼을 추가한다.

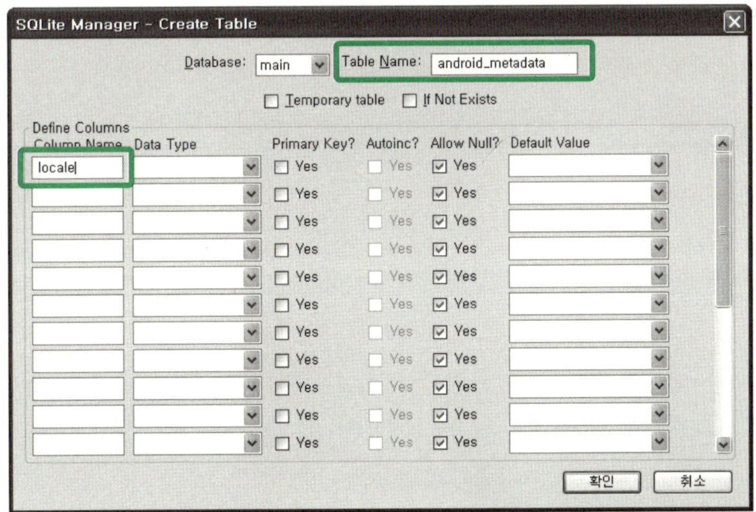

생성된 android_metadata 테이블을 선택한 다음, 「Browse & Search」 탭을 선택하고 [Add] 버튼을 클릭한다. 그러면 다음과 같이 "Add New Record"라는 창이 뜨는데 여기에 en_US라고 입력하고 [확인] 버튼을 클릭한다.

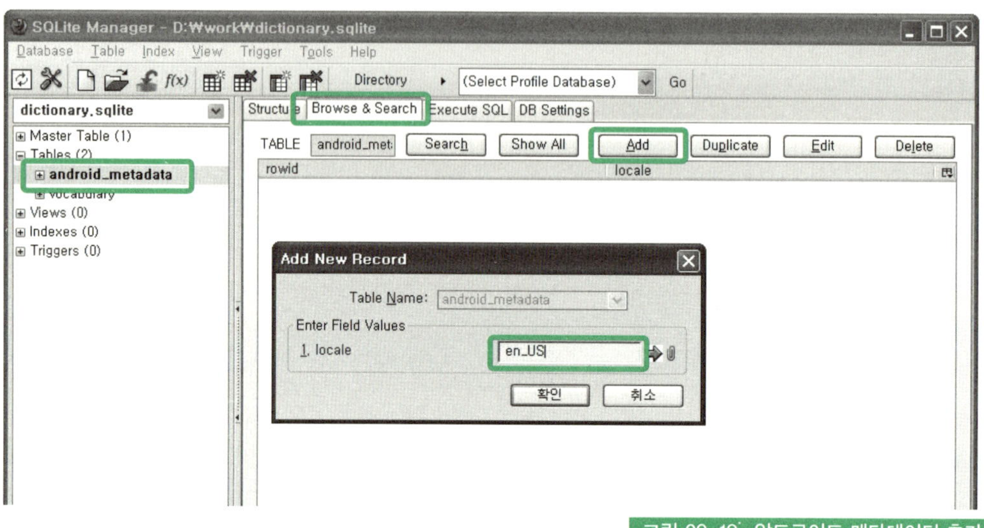

다음 그림과 같이 en_US라는 값을 가진 레코드가 추가되었으면 해당 DB 파일을 안드로이드 애플리케이션에서 사용할 수 있게 된다.

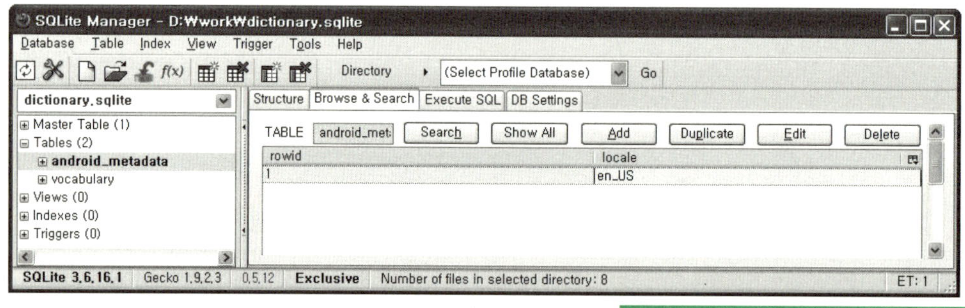

4. SQLite 외부 파일 처리

안드로이드 애플리케이션은 아이폰 애플리케이션과 마찬가지로 리소스 파일(이미지, 사운드 파일 등)을 애플리케이션 패키지(APK 파일) 내부에 포함시켜야 배포가 수월하다. Windows Mobile 처럼 별도의 설치 파일(CAP 파일)을 만들어 사용하는 방식이 아니기 때문이다. 애플리케이션이 구동될 때 동적으로 SQLite 파일을 생성해서 사용하는 것이라면 전혀 문제가 없지만, SQLite Manager와 같은 도구를 사용하여 외부에서 만든 SQLite 파일을 사용하기 위해서는 반드시 애플리케이션 패키지 내부에 SQLite 파일을 포함시켜야 한다.

이클립스에서 안드로이드 애플리케이션 프로젝트를 생성하면 "assets"라는 빈 폴더가 있는 것을 확인할 수 있다. 이 폴더는 애플리케이션 패키지 내부에 외부 파일을 포함시켜서 빌드할 수 있도록 사용하는 폴더이다. 그래서 외부에서 생성한 SQLite 파일도 asstes 폴더에 등록해 주면 애플리케이션 패키지 내에 자동으로 포함되어 배포될 수 있다. 이렇게 APK 파일 내부에 포함되어 있는 SQLite 파일을 애플리케이션에서 사용하는 방법은 다음과 같다.

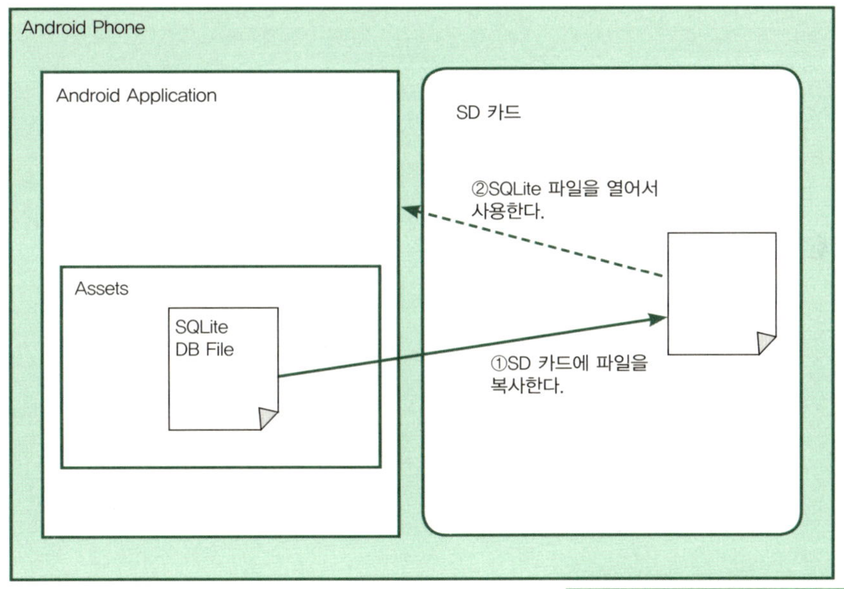

그림 09-21_ 외부 SQLite 파일 사용 방법

애플리케이션이 처음 실행되면 SD 카드에 사용하고자 하는 SQLite 파일이 존재하는지 확인을 한 다음, 없을 경우에는 내부에 저장되어 있는 SQLite 파일을 SD 카드에 복사한다. 이후에는 SD 카드에 저장된 SQLite 파일을 열어서 애플리케이션에 필요한 정보를 쿼리를 이용하여 얻어올 수 있게 된다.

앞 장에서 SQLite Manager를 이용하여 만들었던 "dictionary.sqlite" 파일을 새로 만든 Exam0902 프로젝트의 "assets" 폴더에 드래그해서 등록한다.

그림 09-22_ sqlite 파일 등록

DB 파일에서 불러올 단어 목록을 표시하기 위해서 activity_main.xml 파일을 열고 다음과 같이 리스트 뷰를 추가해준다.

실습 9-2

Exam0902/res/layout/activity_main.xml

```xml
<?xml version="1.0" encoding="utf-8"?>
<LinearLayout xmlns:android="http://schemas.android.com/apk/res/android"
    android:orientation="vertical"
    android:layout_width="fill_parent"
    android:layout_height="fill_parent"
    >
<TextView
    android:layout_width="fill_parent"
    android:layout_height="wrap_content"
    android:text="Exam0902 SQLite DB 파일"
    />

<!-- DB 파일의 내용을 출력한 리스트 뷰를 추가한다 -->
<ListView
    android:id="@+id/list"
    android:layout_width="fill_parent"
    android:layout_height="fill_parent"
    />
</LinearLayout>
```

Exam0902/src/org.nashorn.exam0902/MainActivity.java

```java
package org.nashorn.exam0902;
import java.io.FileOutputStream;
import java.io.IOException;
import java.io.InputStream;
import java.io.OutputStream;
import java.util.ArrayList;
import android.app.Activity;
import android.database.Cursor;
import android.database.sqlite.SQLiteDatabase;
import android.database.sqlite.SQLiteException;
import android.os.Bundle;
import android.widget.ArrayAdapter;
import android.widget.ListView;
import android.widget.Toast;

public class MainActivity extends Activity {
  private static String DB_PATH = "/sdcard/";
  private static String DB_NAME = "dictionary.sqlite";
  private int listcount = 0;
  private String[] wordList = null;
  private String[] definitionList = null;
  /* SD카드에 DB 파일이 존재하는지를 확인한다 */
  private boolean checkDataBase(){
    SQLiteDatabase checkDB = null;
    try {
      String myPath = DB_PATH + DB_NAME;
      checkDB = SQLiteDatabase.openDatabase(myPath,null,
          SQLiteDatabase.OPEN_READONLY);
    }catch(SQLiteException e){ }
    if(checkDB != null){ checkDB.close(); }
    return checkDB != null ? true : false;
  }
  /* SD카드에 assets에 등록된 DB 파일을 복사한다 */
  private void copyDataBase() throws IOException{
    InputStream myInput = this.getAssets().open(DB_NAME);
    String outFileName = DB_PATH + DB_NAME;
    OutputStream myOutput = new FileOutputStream(outFileName);
    byte[] buffer = new byte[1024];
```

```
39      int total_length = 0;
40          int length;
41          while ((length = myInput.read(buffer))>0){
42              myOutput.write(buffer, 0, length);
43              total_length+=length;
44          }
45          total_length+=length;
46          myOutput.flush();
47          myOutput.close();
48          myInput.close();
49      }
50
51      /* SD 카드에 DB 파일이 있는지 확인하고 없을 경우에는 assets에 등록된 DB
52      파일을 복사한다 */
53      public void createDataBase() throws IOException{
54        boolean dbExist = checkDataBase();
55        if(dbExist){ //NOTHING } else {
56          try {
57            copyDataBase();
58          } catch (IOException e) {
59            throw new Error("Error copying database");}
60          }
61        }
62      /* 액티비티가 생성되면 DB 파일을 먼저 SD카드에 저장을 하고, SD 카드에 저장된
63      DB 파일을 읽어서 리스트 뷰에 출력한다 */
64      @Override
65      public void onCreate(Bundle savedInstanceState) {
66          super.onCreate(savedInstanceState);
67          setContentView(R.layout.activity_main);
68          try {
69            createDataBase();
70          } catch (IOException ioe) {
71              Toast.makeText(this, "DB 파일을 생성할 수 없습니다.",
72                      Toast.LENGTH_LONG).show();
73          }
74          listcount = 0;
75          try {
76              Cursor cursor;
77              SQLiteDatabase db = SQLiteDatabase.openDatabase
78                  (DB_PATH+DB_NAME, null, 1);
```

```java
            String[] FROM = {        "*"         };
            cursor = db.query("vocabulary", FROM, null, null,
                            null, null, null);
            startManagingCursor(cursor);
            wordList = new String[cursor.getCount()];
            definitionList = new String[cursor.getCount()];
            while(cursor.moveToNext()) {
                String word = cursor.getString(0);
                String definition = cursor.getString(1);

                wordList[listcount] = word;
                definitionList[listcount] = definition;

                listcount++;
            }
             if(db != null)
                db.close();
        } catch (Exception e) {
            Toast.makeText(this, "ERROR IN CODE:"+e.toString(),
                            Toast.LENGTH_LONG).show();
        }

    if (listcount > 0) {
        listString = new ArrayList<String>();
        for (int i = 0; i < wordList.length; i++) {
            listString.add(wordList[i]+" ("+definitionList[i]+")");
        }

        ListView listView = (ListView)findViewById(R.id.list);
        ArrayAdapter<String> arrayAdapter =
                new ArrayAdapter<String>(getBaseContext(),
                android.R.layout.simple_list_item_1, listString);
        listView.setAdapter(arrayAdapter);
    }
    }
}
```

Exam0902 프로젝트는 외장 메모리에 저장하는 기능을 사용해야 하기 때문에 메니페스트 파일에 다음과 같이 외장 메모리 접근 권한을 명시해야 한다.

Exam0902/AndroidManifest.xml

```xml
1   <?xml version="1.0" encoding="utf-8"?>
2   <manifest xmlns:android="http://schemas.android.com/apk/res/
3      android" package="org.nashorn.exam0902"
4      android:versionCode="1"
5      android:versionName="1.0">
6    <application android:icon="@drawable/icon"
7     android:label="@string/app_name">
8        <activity android:name=".Exam0902"
9                 android:label="@string/app_name">
10         <intent-filter>
11           <action android:name="android.intent.action.MAIN" />
12           <category android:name=
13                     "android.intent.category.LAUNCHER" />
14         </intent-filter>
15       </activity>
16     </application>
17     <uses-sdk android:minSdkVersion="5" />
18
19  <!-- SD 카드에 저장 권한을 명시한다 -->
20    <uses-permission
21  android:name="android.permission.WRITE_EXTERNAL_STORAGE" />
22  </manifest>
```

Exam0902 프로젝트를 실행하면 왼쪽 그림과 같이 DB 파일에 저장되어 있는 단어와 뜻이 리스트 뷰에 표시되는 것을 확인할 수 있다. Exam0902 애플리케이션이 한번 실행된 다음에 안드로이드용 파일 탐색기 등의 애플리케이션을 이용하여 sdcard 폴더를 살펴보면 오른쪽 그림과 같이 dictionary.sqlite 파일이 복사되어 있는 것을 볼 수 있다. 이후에 Exam0902 애플리케이션이 실행되면 이미 dictionary.sqlite 파일이 sdcard 폴더에 존재하기 때문에 DB 파일 복사 과정은 생략하고 넘어가게 된다.

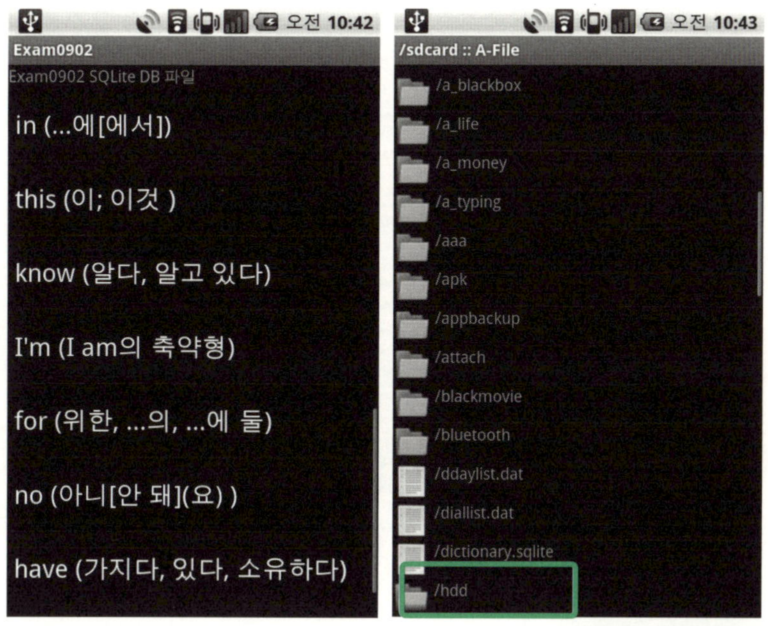

그림 09-23_ Exam0902 실행 화면

이와 같은 방법은 APK 파일 내에 DB 파일을 포함하고 있기 때문에 필요 시 접근이 가능한 폴더에 복사해서 사용하는 것이 가능하다는 장점이 있지만 수시로 DB 파일이 업데이트되어야 하는 애플리케이션일 경우에는 기존에 복사된 DB 파일과 비교하여 변경되었다고 판단되면 새로운 DB 파일로 교체하는 과정이 추가되어야 한다.

5. 단어 암기장 애플리케이션 구현

지금까지 SQLite DB 파일 입출력 방법에 대해서 알아보았다. 이제부터는 SQLite DB 파일을 이용하여 간단한 영어 단어 암기장 애플리케이션을 만들어보도록 하자. 여기서 우리가 만들어 볼 단어 암기장 애플리케이션은 SQLite DB 파일에 저장되어있는 영어 단어와 뜻을 타이머를 이용하여 반복적으로 보여주면서 암기할 수 있도록 해준다.

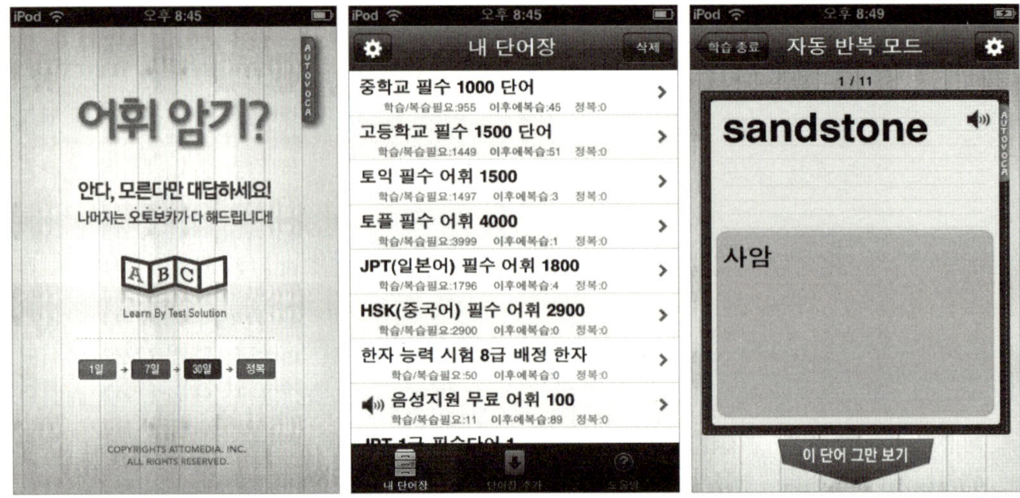

그림 09-24_ 아이폰용 영단어 암기장 애플리케이션

Exam0903 프로젝트를 생성한 다음, Exam0902 프로젝트에서 사용했었던 dictionary. sqlite 파일을 Exam0903 프로젝트의 assets 폴더에 복사한다. SD 카드에 DB 파일을 저장해야하기 때문에 메니페스트 파일에서 외부 저장 장치에 대한 쓰기 권한을 명시한다.

실습 9-3

Exam0903/AndroidManifest.xml

```xml
1  <?xml version="1.0" encoding="utf-8"?>
2  <manifest xmlns:android="http://schemas.android.com/apk/
3  res/android"
4        package="org.nashorn.exam0903"
5        android:versionCode="1"      android:versionName="1.0">
6    <application android:icon="@drawable/icon"
7       android:label="@string/app_name">
8       <activity android:name=".Exam0903"
9               android:label="@string/app_name">
10         <intent-filter>
11            <action android:name=
12                  "android.intent.action.MAIN" />
13            <category android:name=
14                  "android.intent.category.LAUNCHER" />
15         </intent-filter>
16      </activity>
17   </application>
18   <uses-sdk android:minSdkVersion="5" />
19 <!-- SD 카드에 저장 권한을 명시한다 -->
```

```
20      <uses-permission  android:name=
21        "android.permission.WRITE_EXTERNAL_STORAGE" />
22    </manifest>
```

DB 파일에 저장되어 있는 단어와 뜻을 표시해주기 위해서 두 개의 TextView를 추가한다. 글자가 잘 보이도록 글자의 크기를 크게 만들고 바탕색과 글자색도 지정해준다. 그리고 단어 암기 기능을 사용자가 켜고 끌 수 있도록 [시작]과 [중지] 버튼도 각각 추가한다.

실습 9-3

Exam0903/res/layout/activity_main.xml

```xml
1    <?xml version="1.0" encoding="utf-8"?>
2    <LinearLayout xmlns:android="http://schemas.android.com/apk/
3    res/android"
4        android:orientation="vertical"
5        android:layout_width="fill_parent"
6        android:layout_height="fill_parent"
7        >
8    <TextView
9        android:layout_width="fill_parent"
10       android:layout_height="wrap_content"
11       android:text="Exam0903 단어 암기장"
12       />
13   <!-- 단어와 뜻을 출력할 텍스트 뷰를 추가한다 -->
14   <TextView
15       android:id="@+id/word"
16       android:layout_width="fill_parent"
17       android:layout_height="300px"
18       android:textColor="#000000"
19       android:background="#f1eee7"
20       android:textSize="40dp"
21       android:text="WORD"
22       />
23   <TextView
24       android:id="@+id/definition"
25       android:layout_width="fill_parent"
26       android:layout_height="200px"
27       android:textColor="#000000"
28       android:background="#dccec1"
29       android:textSize="25dp"
```

```
30        android:text="DEFINITION"
31        />
32   <!-- 실행과 종료를 선택하는 버튼을 추가한다 -->
33   <Button
34        android:id="@+id/start"
35        android:layout_width="fill_parent"
36        android:layout_height="wrap_content"
37        android:text="시작"
38        />
39   <Button
40        android:id="@+id/stop"
41        android:layout_width="fill_parent"
42        android:layout_height="wrap_content"
43        android:text="중지"
44        />
45   </LinearLayout>
```

Exam0903 애플리케이션의 구동 원리는 다음과 같다. 애플리케이션이 실행됨과 동시에 SQLite DB 파일에 저장된 데이터(단어, 뜻)를 메모리에 불러오고 Handler를 이용하여 일정한 시간마다 반복되어 실행되는 타이머를 동작시킨다. 시작 버튼을 누르면 isPlaying의 값이 true로 세팅되고, 중지 버튼을 누르면 isPlaying의 값이 false로 세팅되는데 Handler를 이용한 타이머에서는 1초 단위로 isPlaying 변수의 값을 체크하면서 true일 때만 현재 선택된 단어와 뜻을 화면에 표시해주도록 한다.

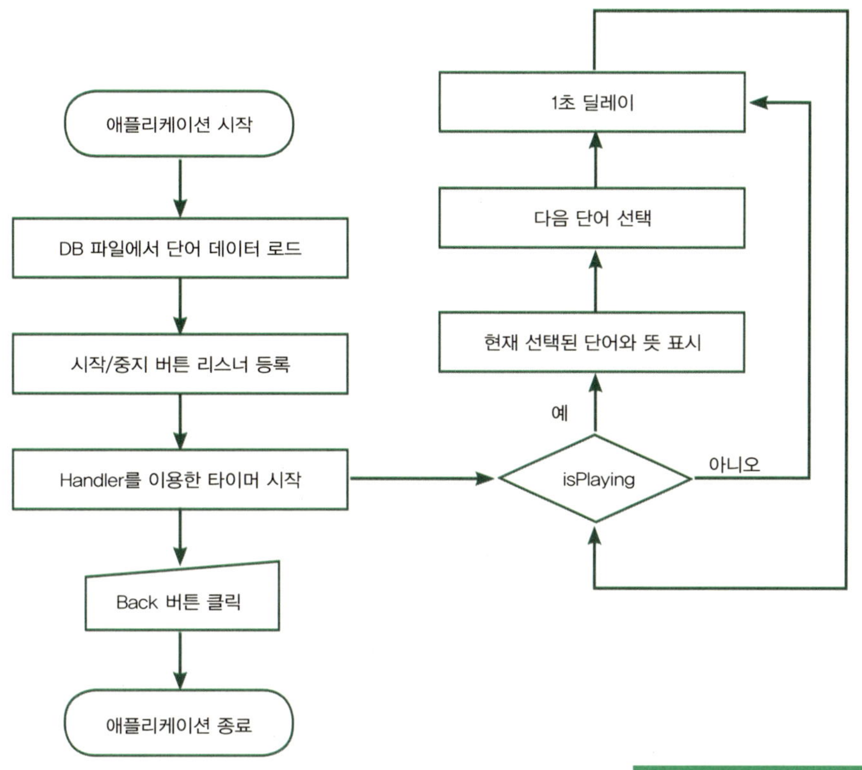

그림 09-25_ 암기장 앱 구동 원리

안드로이드 애플리케이션을 개발할 때에는 Java에서 제공하는 타이머를 사용하기보다는 이와 같이 Handler를 이용하여 타이머와 유사하게 구현을 해주는 것이 좋다. Java의 타이머에서는 UI에 직접 접근하는 것이 불가능 하기 때문이다.

오버라이드된 onCreate 메소드에서는 먼저 DB 파일의 내용을 읽어서 String 배열에 저장한 다음, 사용자가 특정 버튼을 눌렀을 때 단어 암기 기능의 동작 여부를 지정해주는 플래그(isPlaying 변수)를 켜고 꺼주도록 만든다.

실습 9-3

Exam0903/src/org.nashorn.exam0903/MainActivity.java

```
1    package org.nashorn.exam0903;
2    import java.io.FileOutputStream;
3    import java.io.IOException;
4    import java.io.InputStream;
5    import java.io.OutputStream;
6    import android.app.Activity;
7    import android.database.Cursor;
8    import android.database.sqlite.SQLiteDatabase;
```

```
9     import android.database.sqlite.SQLiteException;
10    import android.os.Bundle;
11    import android.os.Handler;
12    import android.view.View;
13    import android.widget.Button;
14    import android.widget.TextView;
15    import android.widget.Toast;
16
17    public class MainActivity extends Activity {
18        private static String DB_PATH = "/sdcard/";
19        private static String DB_NAME = "dictionary.sqlite";
20        private int listcount = 0;
21        private int currentPos = 0;
22        private boolean isPlaying = false;
23        private String[] wordList = null;
24        private String[] definitionList = null;
25
26        /* 액티비티가 생성되면 DB 파일에서 데이터를 로드하고 버튼의 리스너를 등록한다*/
27        @Override
28        public void onCreate(Bundle savedInstanceState) {
29            super.onCreate(savedInstanceState);
30            setContentView(R.layout.activity_main);
31            loadData();
32        /* 버튼 클릭 시에는 isPlaying 플래그를 켜고 끄기만 하도록 한다 */
33            Button startButton = (Button)findViewById(R.id.start);
34            startButton.setOnClickListener(new View.OnClickListener() {
35                @Override
36                public void onClick(View arg0) {
37                    isPlaying = true;
38                }
39            });
40            Button stopButton = (Button)findViewById(R.id.stop);
41            stopButton.setOnClickListener(new View.OnClickListener() {
42                @Override
43                public void onClick(View arg0) {
44                    isPlaying = false;
45                }
46            });
47            setWord();
48        }
```

```java
/* 시작된 상태에서는 1초에 한 번씩 다음 단어와 뜻을 화면에 출력한다. 만일 맨끝까지
출력했을 경우에는 다시 처음으로 돌아가서 보여준다. */
    public void setWordData() {
        if (isPlaying == true) {
            TextView wordText = (TextView)findViewById(R.id.word);
            TextView definitionText =
                        (TextView)findViewById(R.id.definition);
            wordText.setText(wordList[currentPos]);
            definitionText.setText(definitionList[currentPos]);
            currentPos++;
            if (currentPos >= listcount) {
                currentPos = 0;
            }
        }
    }
    public void setWord() {
        setWordData();
        Handler mHandler = new Handler();
        mHandler.postDelayed(new Runnable() {
            @Override
            public void run() { setWord(); }
        }, 1000);
    }
/*DB 파일이 SD카드에 존재하는지 여부를 확인하고 SD 카드에 없을 경우에는 복사해준다 */
    private boolean checkDataBase(){
        SQLiteDatabase checkDB = null;
        try {
            String myPath = DB_PATH + DB_NAME;
            checkDB=SQLiteDatabase.openDatabase(myPath, null,
            SQLiteDatabase.OPEN_READONLY);
        }catch(SQLiteException e){}
        if(checkDB != null){  checkDB.close();  }
        return checkDB != null ? true : false;
    }
    private void copyDataBase() throws IOException {
        InputStream myInput = this.getAssets().open(DB_NAME);
        String outFileName = DB_PATH + DB_NAME;
        OutputStream myOutput = new FileOutputStream(outFileName);
        byte[] buffer = new byte[1024];
```

```
 89            int total_length = 0;
 90            int length;
 91            while ((length = myInput.read(buffer))>0) {
 92                myOutput.write(buffer, 0, length);
 93                total_length+=length;
 94            }
 95            total_length+=length;
 96            myOutput.flush();
 97            myOutput.close();
 98            myInput.close();
 99        }
100
101    public void createDataBase() throws IOException {
102        boolean dbExist = checkDataBase();
103        if(dbExist){ //NOTHING
104        } else {
105            try {
106                copyDataBase();
107            } catch (IOException e) {  throw new Error
108                    ("Error copying database"); }
109        }
110    }
111    public void loadData() {
112        try {
113            createDataBase();
114        } catch (IOException ioe) {
115            Toast.makeText(this, "DB 파일을 생성할 수 없습니다.",
116                    Toast.LENGTH_LONG).show();
117        }
118 /* DB 파일의 vocabulary 테이블의 정보를 읽어와서 리스트 뷰를 세팅한다 */
119        listcount = 0;
120        try {
121            Cursor cursor;
122            SQLiteDatabase db = SQLiteDatabase.openDatabase(
123                    DB_PATH+DB_NAME, null, 1);
124
125            String[] FROM = { "*"   };
126            cursor = db.query("vocabulary", FROM, null, null,
127                    null, null, null);
128            startManagingCursor(cursor);
```

```
129
130                wordList = new String[cursor.getCount()];
131                definitionList = new String[cursor.getCount()];
132
133                while(cursor.moveToNext()) {
134                    wordList[listcount] = cursor.getString(0);
135                    definitionList[listcount] = cursor.getString(1);
136                    listcount++;
137                }
138
139                if(db != null)
140                    db.close();
141            } catch (Exception e) {
142                Toast.makeText(this, "ERROR IN CODE:"+e.toString(),
143                        Toast.LENGTH_LONG).show();
144            }
145        }
146    }
```

setWord( ) 메소드를 호출하면 핸들러를 이용하여 타이머처럼 1초 단위로 setWordData( ) 메소드를 호출하게 된다. setWordData( ) 메소드에서는 isPlaying의 값이 true이면 currentPos 변수가 가리키는 단어와 뜻을 화면에 표시한다.

checkDatabase( ), copyDatabase( ), createDatabase( ) 등의 메소드는 Exam0902 프로젝트에서 사용된 것과 같은 코드로, assets에 저장되어 있는 DB 파일을 SD 카드의 지정한 폴더에 존재하는지를 확인하고, 없을 경우에는 복사해주는 기능을 수행한다.

Exam0903 프로젝트를 실행시키면 다음과 같은 화면이 뜬다. [시작] 버튼을 누르면 SQLite DB 파일에 저장되어 있던 단어와 뜻이 1초 단위로 화면에 표시되고, [중지] 버튼을 누르면 순차적으로 보여주는 작업이 중단된다.

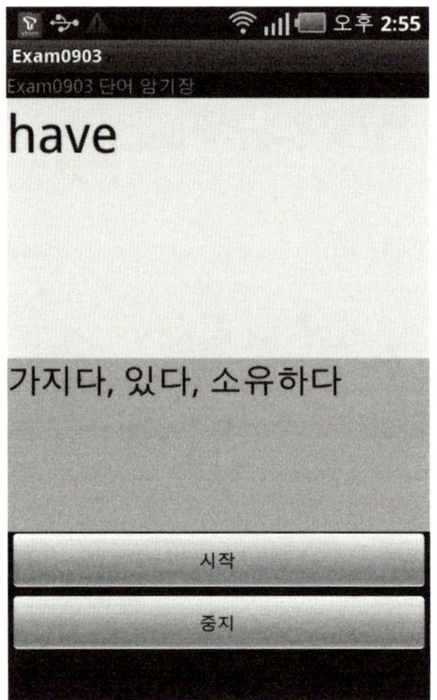

그림 09-26_ Exam0903 실행 결과

지금까지 SQLite DB 파일을 이용한 애플리케이션 개발 방법에 대해서 알아보았다. SQLite 는 손쉽게 사용할 수 있으면서도 훌륭한 성능을 발휘하는 파일 기반의 데이터베이스이므로, 다 양한 애플리케이션 개발에 어렵지 않게 응용이 가능한 장점을 가지고 있다.

3.1 단어 퀴즈 애플리케이션 구현

앞에서 만든 단어 암기장 애플리케이션을 이용하여 간단한 단어 퀴즈 게임을 만들어 보도록 하 겠다. VocabularyExam 프로젝트를 생성하고 VocaList, VocaMemory, VocaQuiz라는 이 름을 가진 세 개의 액티비티를 추가한다. VocaList 액티비티는 단어 DB의 내용을 리스트로 보여주는 기능이고, VocaMemory는 단어 DB의 내용을 순차적으로 보여주며 암기할 수 있도 록 해주는 기능으로 이미 앞에서 구현한 기능들이다. 마지막으로 VocaQuiz 액티비티는 지금 부터 만들 기능으로 단어 DB의 내용을 이용하여 특정 단어의 뜻을 맞추는 게임이다.

VocabularyExam/AndroidManifest.xml

```xml
1   <?xml version="1.0" encoding="utf-8"?>
2   <manifest xmlns:android="http://schemas.android.com/apk/
3   res/android"
4       package="com.example.vocabularyexam"
```

```
 5          android:versionCode="1"
 6          android:versionName="1.0" >
 7
 8      <uses-sdk
 9          android:minSdkVersion="8"
10          android:targetSdkVersion="17" />
11
12      <application
13          android:allowBackup="true"
14          android:icon="@drawable/ic_launcher"
15          android:label="@string/app_name"
16          android:theme="@style/AppTheme" >
17          <activity
18              android:name="com.example.vocabularyexam.MainActivity"
19              android:label="@string/app_name" >
20              <intent-filter>
21                  <action android:name="android.intent.action.MAIN" />
22
23                  <category android:name=
24                      "android.intent.category.LAUNCHER" />
25              </intent-filter>
26          </activity>
27          <activity
28              android:name="com.example.vocabularyexam.VocaList"
29              android:label="@string/app_name" >
30          </activity>
31          <activity
32              android:name="com.example.vocabularyexam.VocaMemory"
33              android:label="@string/app_name" >
34          </activity>
35          <activity
36              android:name="com.example.vocabularyexam.VocaQuiz"
37              android:label="@string/app_name" >
38          </activity>
39      </application>
40
41      <uses-permission android:name=
42          "android.permission.WRITE_EXTERNAL_STORAGE"/>
43
44  </manifest>
```

3개의 Activity 추가

제일 처음 실행되면 뜨는 화면에는 "단어 목록", "단어 암기장", "단어 퀴즈"라는 이름을 가진 버튼 세개만 표시된다. 단어 목록이나 단어 암기장에 대한 설명은 이미 했으니, 여기에서는 단어 퀴즈와 관련된 소스 코드에 대해서만 설명하도록 하겠다.

실습 9-3

VocabularyExam/res/layout/activity_main.xml

```xml
<RelativeLayout xmlns:android="http://schemas.android.com/apk/res/android"
    xmlns:tools="http://schemas.android.com/tools"
    android:layout_width="match_parent"
    android:layout_height="match_parent"
    android:paddingBottom="@dimen/activity_vertical_margin"
    android:paddingLeft="@dimen/activity_horizontal_margin"
    android:paddingRight="@dimen/activity_horizontal_margin"
    android:paddingTop="@dimen/activity_vertical_margin"
    tools:context=".MainActivity" >
    <TextView
        android:layout_width="wrap_content"
        android:layout_height="wrap_content"
        android:text="@string/hello_world" />
    <Button
        android:id="@+id/voca_list"
        android:layout_width="fill_parent"
        android:layout_height="wrap_content"
        android:text="단어 목록"/>
    <Button
        android:id="@+id/voca_memory"
        android:layout_width="fill_parent"
        android:layout_height="wrap_content"
        android:layout_below="@+id/voca_list"
        android:text="단어 암기장"/>
    <Button
        android:id="@+id/voca_quiz"
        android:layout_width="fill_parent"
        android:layout_height="wrap_content"
        android:layout_below="@+id/voca_memory"
        android:text="단어 퀴즈"/>
</RelativeLayout>
```

3개의 Activity를 실행시키기 위한 버튼 3개를 추가

단어 퀴즈 화면에는 문제로 제출되는 단어가 표시되고, 그에 해당하는 뜻과 오답용 2개의 다른
뜻을 버튼에 표시하여 사용자가 문제의 단어에 맞는 뜻을 선택할 수 있도록 한다.

실습 9-3

VocabularyExam/res/layout/voca_quiz.xml

```xml
1    <RelativeLayout
2        xmlns:android="http://schemas.android.com/apk/res/android"
3        android:layout_width="fill_parent"
4        android:layout_height="fill_parent">
5        <TextView
6            android:id="@+id/quiz"
7            android:layout_width="fill_parent"
8            android:layout_height="300px"
9            android:textColor="#000000"
10           android:textSize="40dp"
11           android:text="QUIZ"/>
12       <Button
13           android:id="@+id/answer1"
14           android:layout_width="fill_parent"
15           android:layout_height="wrap_content"
16           android:layout_below="@+id/quiz"
17           android:text="ANSWER1"/>
18       <Button
19           android:id="@+id/answer2"
20           android:layout_width="fill_parent"
21           android:layout_height="wrap_content"
22           android:layout_below="@+id/answer1"
23           android:text="ANSWER2"/>
24       <Button
25           android:id="@+id/answer3"
26           android:layout_width="fill_parent"
27           android:layout_height="wrap_content"
28           android:layout_below="@+id/answer2"
29           android:text="ANSWER3"/>
30   </RelativeLayout>
```

문제 표시 (lines 5–11)

3개의 답이 표시되는 버튼 (lines 12–29)

단어 DB용 데이터베이스 파일(sqlite 파일)이 SDCARD에 존재하는지 체크하거나 asset 폴
더의 sqlite 파일을 SDCARD에 복사하는 메소드, 단어 DB의 내용을 문자열 배열로 가져오는
메소드 등은 이전에 사용하던 것과 동일하다.

VocabularyExam/src/com/example/vocabularyexam/VocaQuiz.java

```java
package com.example.vocabularyexam;

import java.io.FileOutputStream;
import java.io.IOException;
import java.io.InputStream;
import java.io.OutputStream;
import java.util.Random;
import android.app.Activity;
import android.database.Cursor;
import android.database.sqlite.SQLiteDatabase;
import android.database.sqlite.SQLiteException;
import android.os.Bundle;
import android.util.Log;
import android.view.View;
import android.widget.Button;
import android.widget.TextView;
import android.widget.Toast;

public class VocaQuiz extends Activity {
    private static String DB_PATH = "/sdcard/";
    private static String DB_NAME = "dictionary.sqlite";
    private int listCount = 0;
    private String[] wordList = null;
    private String[] definitionList = null;

    private boolean checkDatabase() {
        SQLiteDatabase checkDB = null;
        try {
            String myPath = DB_PATH+DB_NAME;
            checkDB = SQLiteDatabase.openDatabase(myPath, null,
                    SQLiteDatabase.OPEN_READONLY);
        } catch(SQLiteException e) {
            Log.e("VocaList", e.toString());
        }
        if (checkDB != null) {
            checkDB.close();
            return true;
        } else {
```

```java
39          return false;
40        }
41    }
42    private void copyDatabase() throws IOException {
43        InputStream myInput = this.getAssets().open(DB_NAME);
44        OutputStream myOutput = new FileOutputStream(DB_PATH+DB_NAME);
45        byte[] buffer = new byte[1024];
46        int length;
47        while((length = myInput.read(buffer)) > 0) {
48            myOutput.write(buffer, 0, length);
49        }
50        myOutput.flush();
51        myOutput.close();
52        myInput.close();
53    }

55    public void createDatabase() throws IOException {
56        boolean dbExist = checkDatabase();
57        if (dbExist) {
58            //nothing
59            copyDatabase();
60        } else {
61            try {
62                copyDatabase();
63            } catch(IOException e) {
64                Log.e("VocaList", e.toString());
65            }
66        }
67    }

69    public void loadData() {
70        try {
71            createDatabase();
72        } catch(IOException e) {
73            Log.e("VocaList", e.toString());
74        }
75        try {
76            SQLiteDatabase db = SQLiteDatabase.openDatabase(
77                DB_PATH+DB_NAME, null, SQLiteDatabase.OPEN_READONLY);
78            String[] FROM = { "*" };
```

```java
79          Cursor cursor = db.query("voca", FROM, null, null,
80              null, null, null);
81          wordList = new String[cursor.getCount()];
82          definitionList = new String[cursor.getCount()];
83          while(cursor.moveToNext()) {
84              wordList[listCount] = cursor.getString(0);
85              definitionList[listCount++] = cursor.getString(1);
86          }
87          db.close();
88      } catch(Exception e) {
89          Log.e("VocaList", e.toString());
90      }
91   }
92
93   @Override
94   public void onCreate(Bundle savedInstanceState) {
95      super.onCreate(savedInstanceState);
96      setContentView(R.layout.voca_quiz);
97      loadData();
98      makeQuiz();
99      /* makeQuiz() 메소드는 문제로 출제될 단어와 정답/오답용 뜻 3개를
100     추출한 다음  화면 레이아웃에 표시해주는 기능을 수행한다.
101     그리고 사용자가 3개의 버튼 중에 하나를 눌렀을 때 호출되는
102     checkAnswer() 메소드는 사용자가 누른 버튼이 정답인지 아닌지를 판정해준다. */
103     Button answer1Button = (Button)findViewById(R.id.answer1);
104     Button answer2Button = (Button)findViewById(R.id.answer2);
105     Button answer3Button = (Button)findViewById(R.id.answer3);
106     answer1Button.setOnClickListener(new View.OnClickListener() {
107     @Override
108     public void onClick(View v) {
109         checkAnswer(0);// 1번 답 선택 시 처리
110     } });
111
112     answer2Button.setOnClickListener(new View.OnClickListener() {
113         @Override
114         public void onClick(View v) {
115             checkAnswer(1);// 2번 답 선택 시 처리
116         } });
117
118     answer3Button.setOnClickListener(new View.OnClickListener() {
```

```
119            @Override
120            public void onClick(View v) {
121                checkAnswer(2);// 3번 답 선택 시 처리
122        } });
123    }
124
125    private int currentQuizNumber = -1;
126    private int[] answerNumberList = new int[3];
127    public void makeQuiz(){
128        Random random = new Random();
129        //문제 찾기
130        while(true) {
131            int newQuizNumber = random.nextInt(wordList.length);
132            if (currentQuizNumber != newQuizNumber) {
133                currentQuizNumber = newQuizNumber;
134                break;
135            }
136        }
137        for (int i = 0; i < 3; i++)
138            answerNumberList[i] = -1;
139        //정답 버튼 지정
140        int correctAnswer = random.nextInt(3);
141        answerNumberList[correctAnswer] = currentQuizNumber;
142        //오답 버튼 처리
143        for (int i = 0; i < 3; i++) {
144            if (i != correctAnswer) {
145            while(true) {
146                int wrongAnswer = random.nextInt(wordList.length);
147                boolean flag = false;
148                for (int j = 0; j < 3; j++) {
149                    if (wrongAnswer == answerNumberList[j]) {
150                        flag = true;
151                    break;
152                    }
153                }
154
155                if (flag == false) {
156                    answerNumberList[i] = wrongAnswer;
157                    break;
158                }
```

```
159            }
160          }
161        }
162
163        TextView questionText = (TextView)findViewById(R.id.quiz);
164        questionText.setText(definitionList[currentQuizNumber]);
165        Button answer1Button = (Button)findViewById(R.id.answer1);
166        Button answer2Button = (Button)findViewById(R.id.answer2);
167        Button answer3Button = (Button)findViewById(R.id.answer3);
168        answer1Button.setText(wordList[answerNumberList[0]]);
169        answer2Button.setText(wordList[answerNumberList[1]]);
170        answer3Button.setText(wordList[answerNumberList[2]]);
171    }
172
173    public void checkAnswer(int num) {
174        if (answerNumberList[num] == currentQuizNumber) {
175            makeQuiz();
176        } else {
177            Toast.makeText(getBaseContext(),"틀렸습니다!!",
178                Toast.LENGTH_LONG).show();
179        }
180    }
181 }
```

선택한 문제와 정답, 오답을 화면에 표시

선택한 답이 맞는지 체크하고 정답/오답 처리

makeQuiz( ) 메소드에서는 Random 객체를 이용하여 임의의 단어를 추출해내는 데, 오답으로 사용할 단어의 뜻은 이미 추출한 단어들과 중복이 되면 안되기 때문에 중복 여부를 체크하고 있음에 유의하자. checkAnswer( ) 메소드는 추출된 문제 단어의 번호와 3개의 오답에 해당하는 단어의 번호를 비교하면 손쉽게 정답 여부를 판정할 수 있다.

VocabularyExam을 실행시키면 dictionary.sqlite 파일을 이용하여 단어 목록을 보여주거나 앞 절에서 만들었던 단어 암기장을 선택할 수 있다. 그리고 제일 아래쪽에 있는 [단어 퀴즈] 버튼을 누르면 dictionary.sqilte 파일에 저장되어 있는 단어와 뜻을 이용하여 간단한 퀴즈를 풀 수 있다. 문제로 선택된 단어의 뜻을 화면에 표시하고 3개의 버튼에 정답과 오답 단어를 랜덤하게 배치한 다음 사용자가 정답 버튼을 누르면 다음 문제로 넘어가고 틀릴 경우에는「틀렸습니다」라는 토스트 메시지를 표시한다.

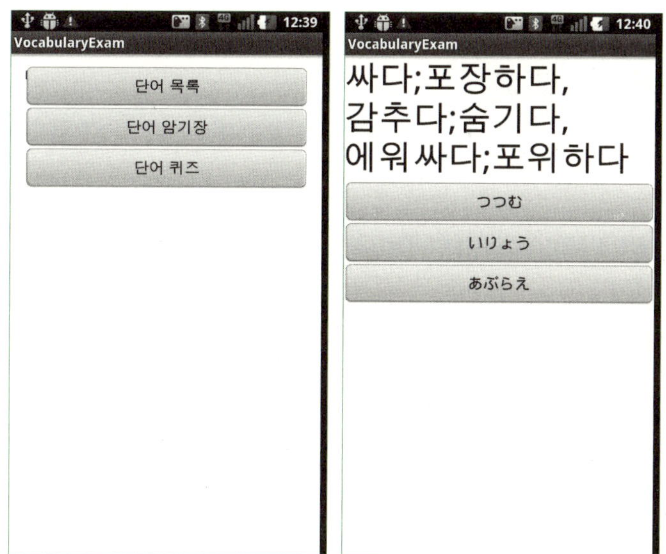

그림 09-27_ VocabularyExam 실행 결과

연습 문제

 **1.** SQLiteOpenHelper의 사용법에 대해서 틀린 것은 무엇인가?

① 쿼리 실행 결과는 Cursor 인터페이스를 통해 접근할수 있다.

② 상속받은 클래스에서는 onCreate() 메소드만 오버라이드 해주면 된다.

③ SQLiteDatabase 클래스를 이용하여 DB 관련 명령을 수행할 수 있다.

④ SQLiteOpenHelper는 SQLite DB 파일을 생성하고 버전관리를 한다.

2. SQLiteOpenHelper를 이용하여 dictionary.db 파일을 생성하고 버튼을 누를 때마다 vocabulary 테이블의 "word"와 "definition"이라는 컬럼에 "quiz", "퀴즈"라는 데이터를 추가하도록 구현하고, 그때마다 DB 내용을 읽어와서 ListView에 표시하시오.

3. SQLiteDatabase 객체를 이용하여 dictionary.db 파일에서 단어를 가져오고, 네이버 OpenAPI에서 제공하는 백과사전 API를 이용하여 해당 단어에 대한 정의를 가져와서 표시하는 단어장을 만드시오.

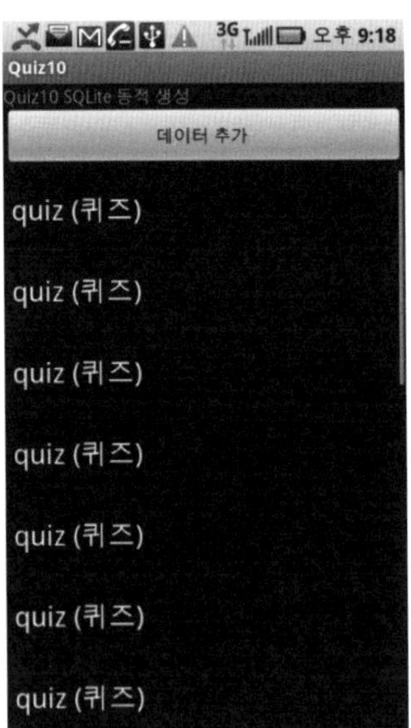

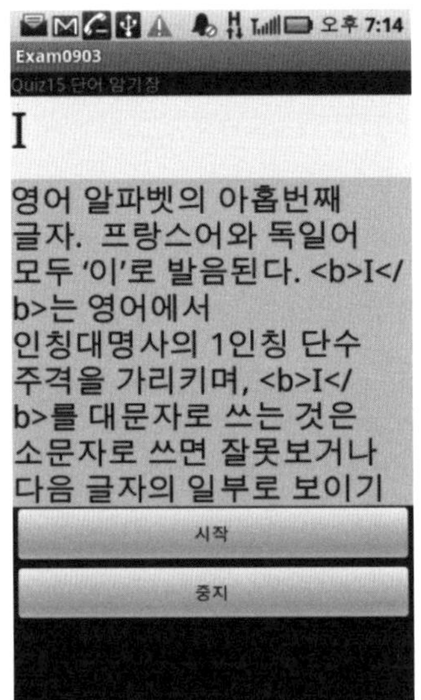

앱스토어 소개

10

이번 Chapter에서는 구글에서 운영하고 있는 구글 Play 스토어와 국내의 대표적인 안드로이드 앱스토어인 SKT T스토어에 대해 알아보고 애플리케이션을 등록하여 판매하는 과정까지 살펴보도록 하자.

1. SKT T스토어

SKT가 운영하는 T스토어는 국내에서 유일하게 성공적으로 현재까지 운영되고 있는 앱스토어이다. 초기에는 피처폰과 Windows Mobile 플랫폼까지 지원을 했었고, 현재는 Android 플랫폼만을 지원하지만 판매중인 유료 컨텐츠들의 개수가 상당히 많을 뿐만 아니라 많은 매출을 올린 애플리케이션들도 많기 때문이다. 한때는 국내 개발자들이 글로벌 서비스인 구글 Play 스토어나 애플의 앱스토어보다 더 경쟁력이 있는 시장이라고 판단할 정도로 활성화되기도 했었다. 또한 T스토어 런칭 초기에는 SKT에서 의욕적인 투자를 하여 안드로이드폰 출시에 맞추어 안드로이드 애플리케이션의 활성화를 위해서 다수의 안드로이드 공모전을 주최하여 많은 개발자들의 참여를 유도하기도 했었다.

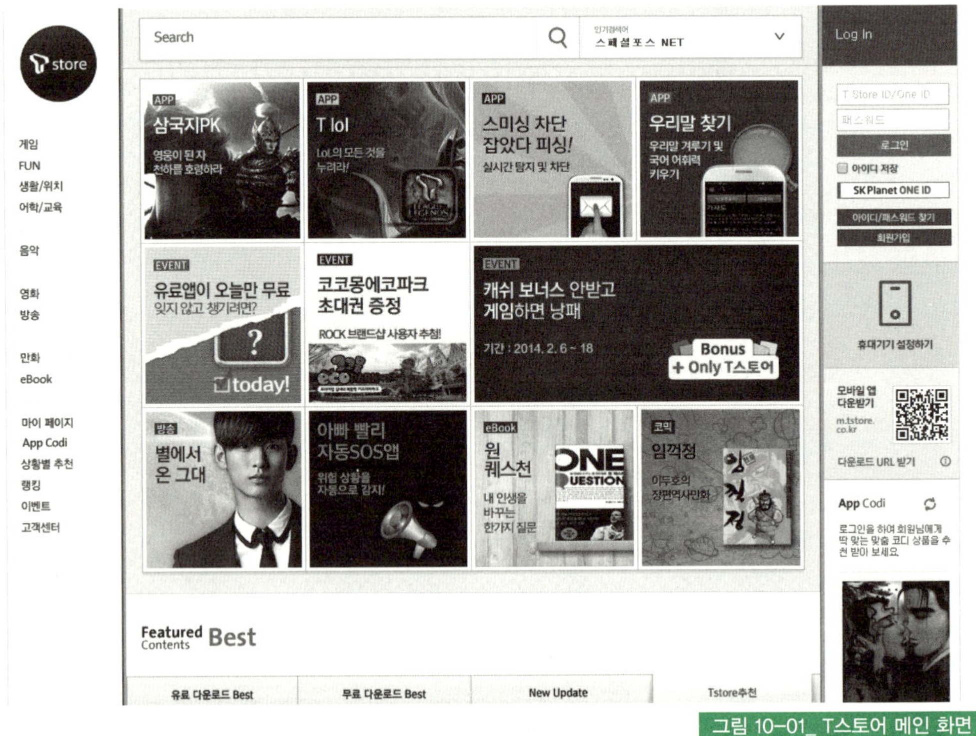

그림 10-01_ T스토어 메인 화면

1.1 판매 회원 등록

T스토어에 애플리케이션을 등록하여 판매하기 위해서는 먼저 T스토어 개발자 센터(http://dev.tstore.co.kr/)에서 판매 회원으로 등록해야 한다. 판매 회원은 개인 회원, 개인 사업자 회원, 그리고 법인 사업자 회원으로 구분이 된다. T스토어를 비롯한 대부분의 앱스토어들이 개인적으로 무료 애플리케이션을 등록하고자 해도 연회비를 받고 있다는 점에 유의해야 한다. "앱스토어"라는 개념 또한 "열려 있는 시장(오픈 마켓)"과 동일하기 때문에 혹시라도 "공개 자료실"과 같은 개념으로 오해하지 않는 것이 좋다.

T스토어가 애플 앱스토어와 다른 점은 아직까지는 개발자 회원 등록비와 애플리케이션 등록비가 무료로 운영이 된다는 점이다. (개인은 무료, 법인은 2013년 12월 31일까지 한시적 무료) 구글 안드로이마켓은 초기에 한번에 등록비를 결제해야하고 애플 앱스토어의 경우 연 단위로 10만원 정도의 등록비를 계속 지불해야하지만, T스토어의 경우에는 초기 비용 걱정 없이 이용할 수 있다는 장점이 있다.

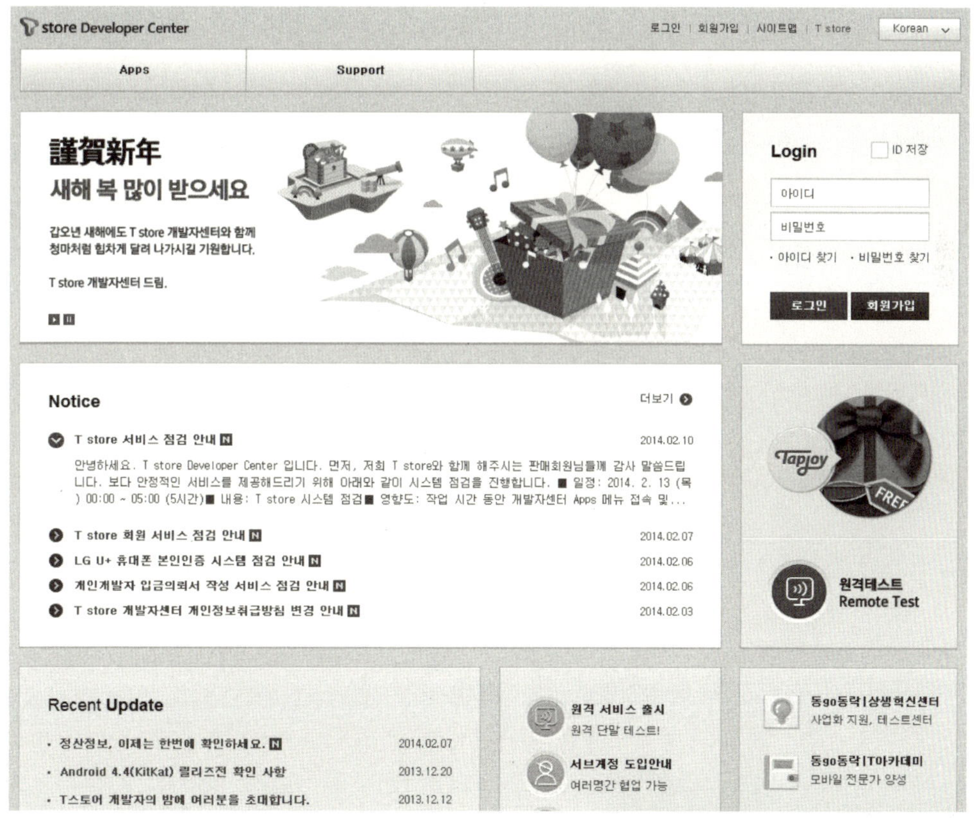

그림 10-02_ T스토어 개발자 센터 메인 화면

1.2 상품 등록

판매 회원 가입 처리가 완료되면 로그인을 한다. 상단 메뉴에는 크게 「Apps」와 「Support」 등 2가지 메뉴만 있는데, 신규 상품 등록을 하려면 Apps 메뉴의 「전체상품정보」 페이지 상단에 있는 [상품등록] 버튼을 클릭하면 된다.

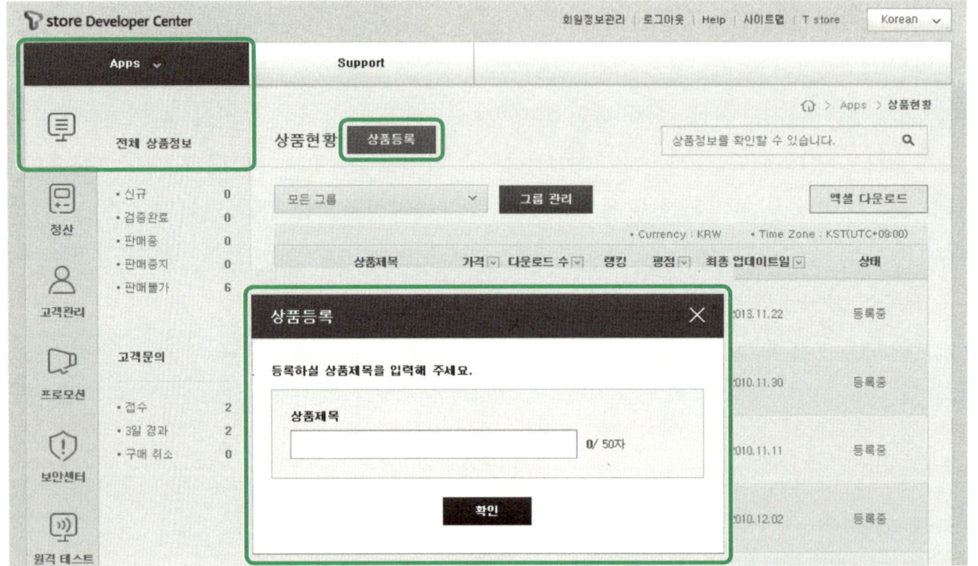

그림 10-03_ 상품 신규 등록

새로 등록할 상품 이름을 입력하고 [확인] 버튼을 누르면, 해당 상품에 대한 상세 정보를 입력하는 화면으로 넘어간다. 상품 정보에는 제목, 한줄설명, 설명, 대표아이콘, 스크린샷, 위치정보, 개인정보, 지적재산권, 판매자 정보 등을 반드시 기재해주어야 한다.

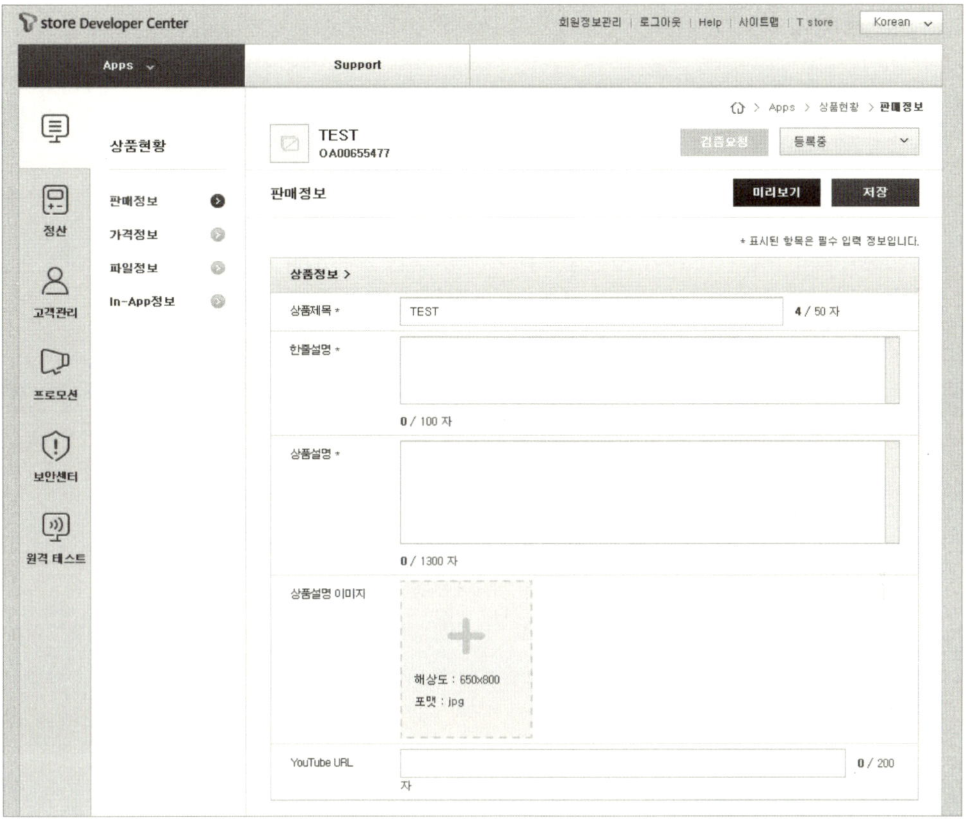

그림 10-04_ 상품 기본 정보 입력

상품 제목은 명확하게 사용자에게 어필할 수 있는 이름으로 정하는 것이 좋다. 아무리 훌륭한 애플리케이션을 만들었다고 해도, 네이밍에 신경을 쓰지 않으면 기대한 것 이상의 결과를 이끌어내기 힘들다. 한줄설명은 100자로 간략하게 상품에 대한 설명을 요약하고, 상품설명에는 사용자가 애플리케이션에 대해서 충분히 이해할 수 있도록 상세하고 구체적인 설명을 기재해주어야 한다. 사용자들이 운좋게 여러분의 애플리케이션 상세 페이지에 들어왔을 때, 상품설명과 스크린샷이 얼마나 충실하게 준비되어있느냐에 따라 다운로드(또는 구매)를 유도할 수 있기 때문이다. 물론, 설명을 잘하는 것도 중요하긴 하지만, 애플리케이션 자체를 잘 만들어서 좋은 평가를 받는 것이 더 중요할 것이다.

그림 10-05_ 상품 이미지 등록

「상품이미지」 항목에서는 대표 아이콘으로 212×212 사이즈의 이미지 파일을 등록하면 되고, 등록할 프로그램의 주요 화면을 캡처해서 스크린샷으로 등록해야 한다. 아이콘과 스크린샷은 앱스토어 상에서 해당 상품에 대한 좋은 이미지를 심어줄 수 있는 얼굴이기 때문에 신경을 써서 준비할 필요가 있다. 가능하다면 전문 디자이너의 도움을 받는 것이 좋다.

「카테고리」 항목에서는 상품 유형과 이용 등급을 지정해야 한다.

분류체계1	분류체계2
게임	퍼즐/보드, 시뮬레이션, 아케이드, RPG, 액션, 스포츠, 슈팅, 기타
FUN	놀이, SNS, 운세, 폰테마, 화보, 방송/영화, 유형테스트, 연예/스포츠/사진 등
생활/위치	정보검색/상식, 건강/생활안전, 유틸리티, 여행/지도/교통, 비즈니스/금융, 일상 등
어학/교육	토익/토플, 생활영어, 중국어/일본어, 유아, 초중고, 대학교육, 경제/비즈니스 등

표 10-01 상품 분류 체계

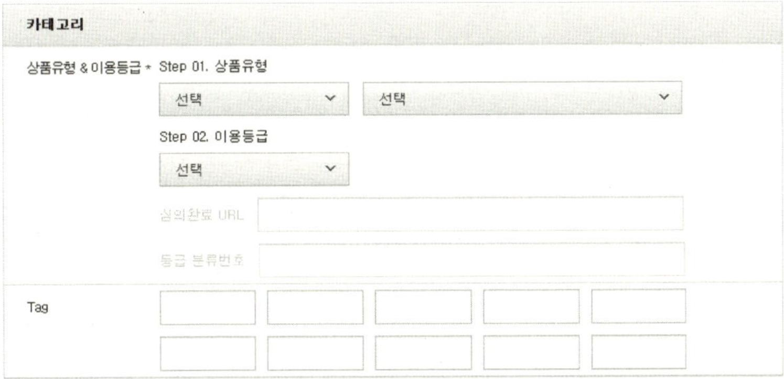

그림 10-06_ 상품 카테고리 정보 입력

게임의 경우, 반드시 이용등급을 제대로 명시하고, "게임물등급위원회"에서 발급받은 "등급분류번호"와 "심의완료 URL"을 입력해야 한다. 국내에서 앱스토어에서 게임을 판매하려면 반드시 게임물등급위원회에서 심의를 받는 것을 권장한다(특히 18세 이용가는 무조건 심의를 받아야 출시 가능하다). 오픈마켓용 게임은 온라인으로 접수를 받아서 신속하게 심의를 해주고 있다. 예전에는 사업자만 심의 신청이 가능했지만, 지금은 개인도 심의 신청이 가능하다.

태그 항목에는 등록하는 애플리케이션을 쉽게 검색할 수 있는 태그들을 등록해준다. 해당 애플리케이션의 특징을 태그로 적는 것도 좋지만, 인기 많은 유사 애플리케이션의 이름을 넣어주면 아무래도 노출 빈도가 높아질 수 있다.

그림 10-07_ 상품 수집정보 및 판매자 정보 입력

스마트폰 시장 초기에는 위치 정보나 개인 정보에 취급에 대한 법규가 미흡했었기 때문에 이를 악용한 스마트폰 애플리케이션들이 많이 개발되었고 이로 인해 사용자들의 피해 사례가 많이 발생했었다. 그래서 현재에는 위치 정보와 개인 정보 취급에 대해서는 철저하게 관리되고 있기 때문에, 이러한 정보를 사용해야 하는 애플리케이션을 개발할 때에는 반드시 관련 법규를 충분히 검토하고 개발해야 한다. 처음부터 이러한 부분을 전혀 고려하지 않고 마음대로 애플리케이션을 개발한 다음, 서비스 오픈을 하려다가 의도치 않게 관련 법 규정을 위반하게 되는 경우가 발생할 수 있기 때문이다.

판매자 정보에는 해당 상품의 판매자로 노출되는 이름과 사용자 문의를 받을 수 있는 이메일 주소를 기재한다. 여기에 입력하는 이메일 주소는 가급적 수시로 확인하는 이메일 주소로 입력해서, 사용자의 문의나 요청이 들어오면 가능한 한 빠른 시간 내에 회신 또는 조치를 취해줄 수 있도록 해야한다. 앱스토어는 사용자와 개발자가 직접 만날 수 있는 채널이기 때문에, 사용자와의 커뮤니케이션이 무엇보다 중요하다. 그렇기 때문에 회사 안의 개발실에 갇혀서 그저 개발만 해왔던 대부분의 개발자들이 가장 어려워하는 부분이기도 하다.

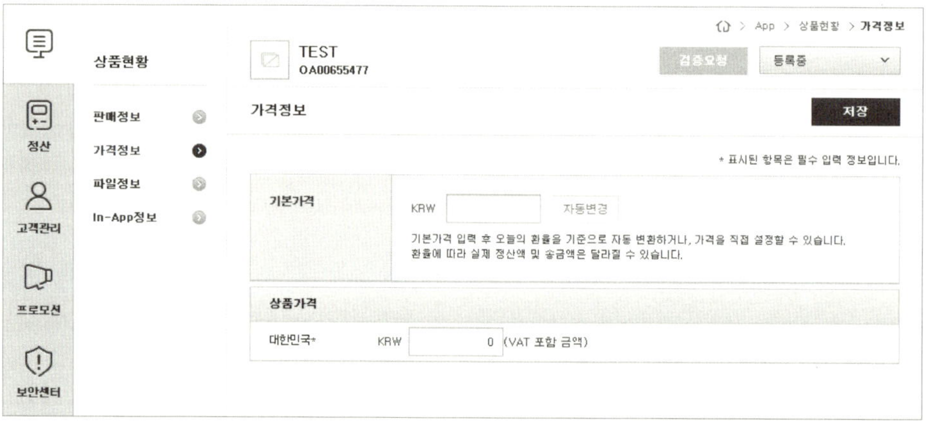

그림 10-08_ 상품 가격 정보 입력

등록하고자 하는 상품에 대한 가격을 입력한다. 만일 무료 애플리케이션으로 배포할 생각이라면 금액은 0원이라고 표기하고, 유료 애플리케이션으로 판매를 하려면 판매가격을 입력한다. 주의할 것은 부가가치세(VAT) 포함 금액을 입력해야하기 때문에 부가세 신고를 해야하는 사업자의 경우 반드시 부가세 별도로 계산하여 금액을 정해주는 것이 좋다. 예를 들어 3,000원에 판매할 계획이라면 부가세 300원을 포함한 3,300원으로 상품 가격을 입력해주는 것이 나중에 부가세를 계산할 때 편리하다.

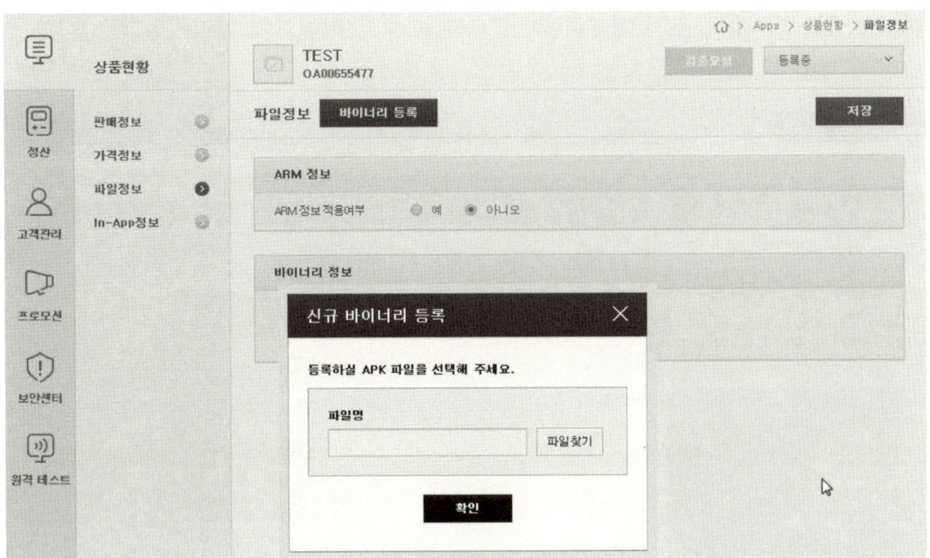

그림 10-09_ 상품 파일 정보 입력

상품에 대한 판매 정보와 가격 정보의 입력이 끝나면, 등록할 애플리케이션의 APK 파일을 업로드할 수 있다. 「파일 정보」 페이지에서 [바이너리 등록] 버튼을 클릭하면 미리 준비해둔 APK 파일을 찾아서 등록할 수 있다. T스토어에서도 APK 파일을 등록하면 자동으로 해당 APK 파일의 버전 코드, 버전명, 지원 OS, 권한설정 등의 메타 정보를 자동으로 추출해서 보여준다.

> **Note...** T스토어에 등록하는 APK 파일 생성 방법은 뒤쪽의 애플리케이션 패키지 제작 내용을 참고하면 된다.

모든 상품 정보를 입력하고 관련 파일을 업로드했다면, [검증 요청] 버튼이 활성화된다. 검증 요청을 하면 평균 1주일 정도 검증 기간을 거쳐서 결과를 통보해준다. 주의할 점은 애플리케이션에 따라서 검증 기간이 오래 걸릴 수 있기 때문에 사전에 충분히 테스트를 한 다음 애플리케이션을 등록하는 것이 좋다는 것이다. 검증 기간 중간에 새로운 버그를 발견해서 고쳤다 해도 검증 중간에는 변경이 불가능하기 때문에 그 버그 때문에 검증 요청이 반려되어 또 다시 등록해서 다시 검증을 받으려면 더 많은 시간이 소요되기 때문이다.

1.3 상품 판매 및 관리

검증 과정을 성공적으로 통과하게 되면, 해당 애플리케이션의 판매를 시작할 수 있다. 「Apps」 메뉴의 [상품현황] – [판매정보] 페이지에서 애플리케이션의 [판매 개시하기] 버튼을 클릭하면 T스토어에 애플리케이션이 등록되어 판매가 된다.

다음 화면은 T스토어에 등록된 애플리케이션의 상품 등록 미리보기 페이지이다.

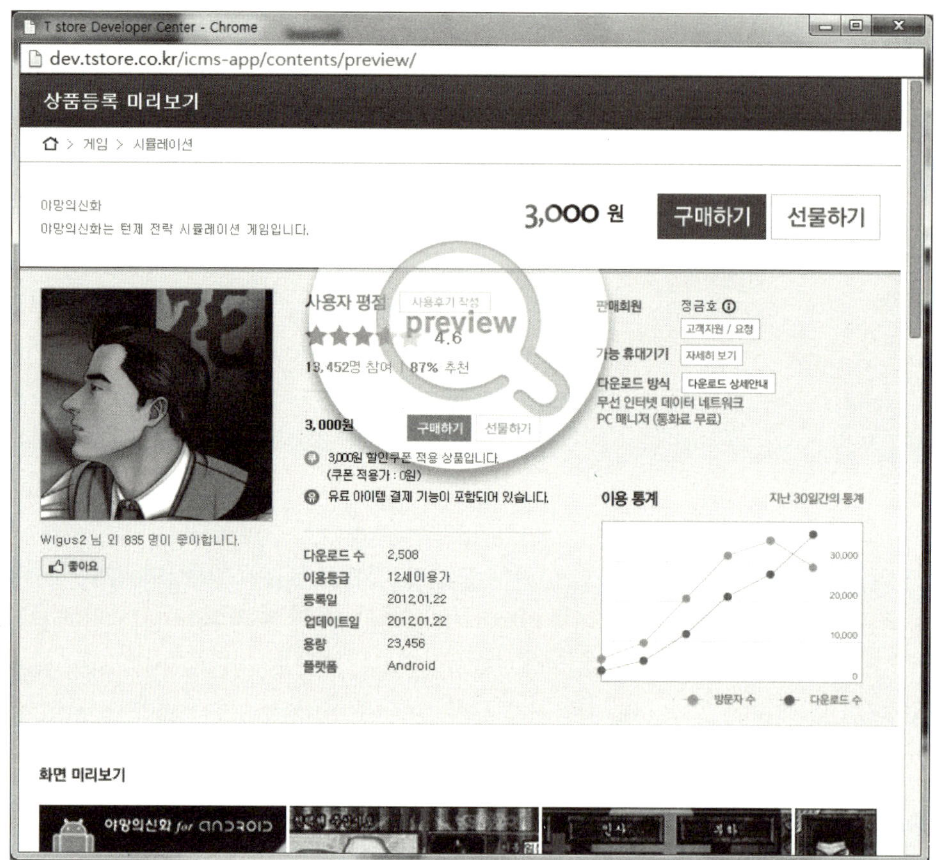

그림 10-10_ T스토어 상품 상세 정보 페이지

T스토어에 등록된 안드로이드 애플리케이션을 설치하는 방법은 크게 두 가지이다. 하나는 T스토어 웹사이트에서 애플리케이션을 구매하는 방법과 안드로이드폰에서 직접 T스토어에 접속하여 원하는 애플리케이션의 다운로드와 설치를 진행하는 방법이 있다. 예전에는 SKT 단말기에서만 T스토어 애플리케이션을 사용할 수 있었는데 지금은 통신사가 달라도 이용할 수 있게 되었다.

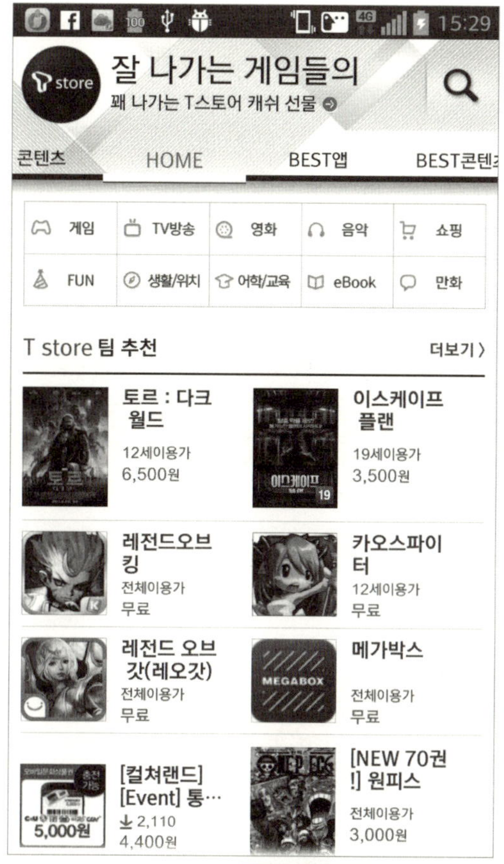

그림 10-11_ 안드로이드용 T스토어 애플리케이션 실행 화면

여러분이 유료 애플리케이션을 개발하여 수익을 올리고자 한다면 기존에 출시된 유료 애플리케이션이나 부분 유료 애플리케이션들의 운영 방식 등을 충분히 벤치마킹할 필요가 있다. 상대적으로 높은 판매율을 보이는 애플리케이션의 경우 좋은 결과를 이끌어내는 여러가지 요소를 갖추고 있기 때문에 이러한 부분을 감안하여 개발하고 출시하는 것이 조금이라도 더 좋은 성과를 만들어낼 수 있을 것이다.

애플리케이션이 판매된 결과는 매일 오전 12시 10분 경에 전날 판매 실적이 자동으로 등록된다. [정산] 메뉴를 선택하면 당월, 일별 판매현황, 월별 판매현황, 상품별 판매현황은 물론 정산현황 등의 정보를 확인할 수 있다.

그림 10-12_ T스토어 판매 정산 화면

일정한 매출이 발생하고 정산할 금액이 존재하면 정산 기간 동안의 판매 금액 중에 T스토어의 수수료(30%)를 제외하고 매월 말일에 사전에 등록한 통장으로 송금된다.

1.4 고객 문의 관리

옥션이나 G마켓처럼 T스토어도 애플리케이션 판매자와 구매자가 직접 거래를 하는 오픈 마켓이기 때문에 상품 등록 이후의 고객 대응은 아주 중요한 업무이다. T스토어에서는 고객 문의 사항이 등록되면 자동으로 메일로 알려주기 때문에 고객 문의가 들어오게 되면 가능한 한 빨리 답변을 해주는 것이 좋다. 대부분의 사용자는 무조건 문제가 발생했다고 이야기만 하고 정확한 상황에 대한 정보를 제공해주지 않기 때문에 좀 더 상세하고 정확한 정보를 얻어서 문제의 원인을 제대로 찾기 위해 노력해야 한다.

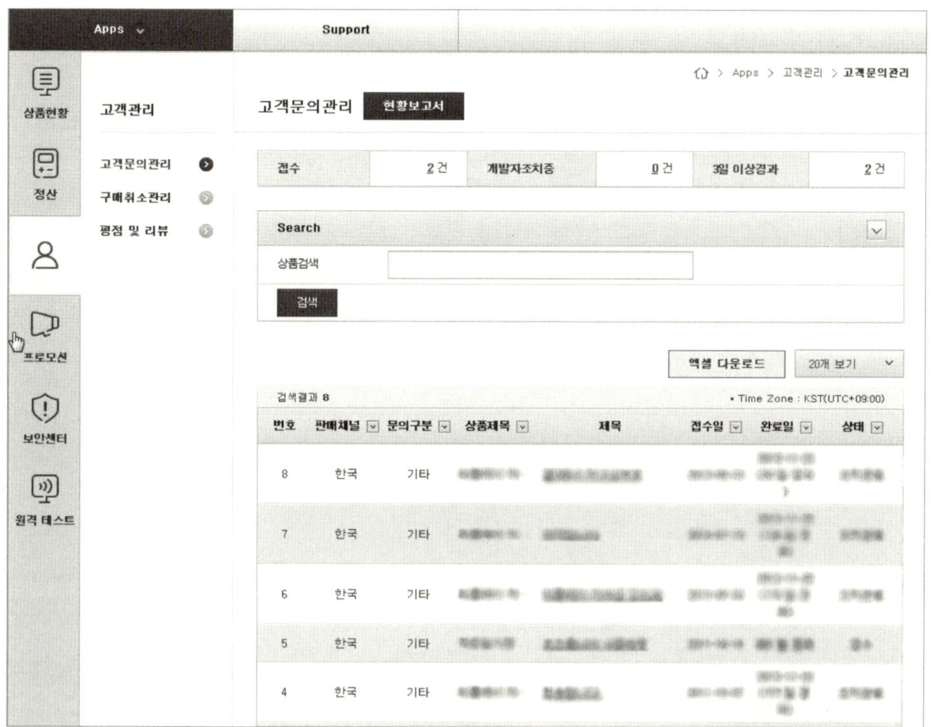

그림 10-13_ 고객 문의 화면

다양한 사용자들의 여러 가지 사용 환경에서 애플리케이션이 실행되면 애플리케이션 개발 시에는 미처 생각하지 못했던 문제들이 발생할 수 있다. 이러한 문제점의 원인을 최대한 빨리 발견하여 수정해서 애플리케이션을 자주 업데이트하는 것이 필요하다.

2. 구글 Play 스토어

구글의 「Play 스토어」는 구글 스타일대로 25달러만 지불하면 누구든지 개발자로 등록할 수 있고, 별도의 심의 과정을 거치지 않고 자유롭게 애플리케이션을 등록할 수 있다. SKT의 T스토어는 국내 스마트폰 시장에 특화된 앱스토어라면, 구글 Play 스토어는 전 세계의 안드로이드 사용자를 대상으로 한 글로벌 앱스토어라는 점이 큰 매력이다. 등록되는 모든 애플리케이션에 대해서 일정한 검증 과정과 시간을 필요로 하는 애플 앱스토어나 SKT의 T스토어의 운영 정책과 달리 애플리케이션 등록 과정이 쉽고 간단하다는 점 또한 장점이라고 할 수 있다.

다만 별도의 검증 과정을 거치지 않은 애플리케이션들이 무분별하게 등록이 될 수 있기 때문에 이로 인한 부작용도 많이 있는 편이다(사용자들의 개인 정보를 침해하거나 바이러스처럼 문제를 일으키는 애플리케이션들로 인한 피해 등). 최근에는 사후 검증 관리를 철저하게 함으로써 이러한 문제에 대해서 보완을 해나가고 있다. 게다가 서비스 초기에는 국내 사용자들에게는 유료 애플리케이션의 결제 방법이 제공되지 않아서 무료 애플리케이션만 이용할 수 있었는데 2010년 하반기부터는 유료 애플리케이션에 대한 결제도 가능해졌다. 무엇보다도 빠른 시간 내 애플 앱스토어의 규모를 능가하는 마켓으로 자리 잡았다는 점도 안드로이드 애플리케이션을 개발하는 개발자나 개발사에게는 큰 장점이라고 할 수 있다.

2.1 개발자 등록

구글 플레이스토어의 개발자로 등록하려면 먼저 구글 계정이 필요하다. 이미 사용하고 있는 구글 계정이 있다면 그것으로 로그인을 하고 계속 개발자 등록 과정을 진행하면 되고, 아직 구글 계정이 없다면 신규로 만들어서 사용해야 한다.

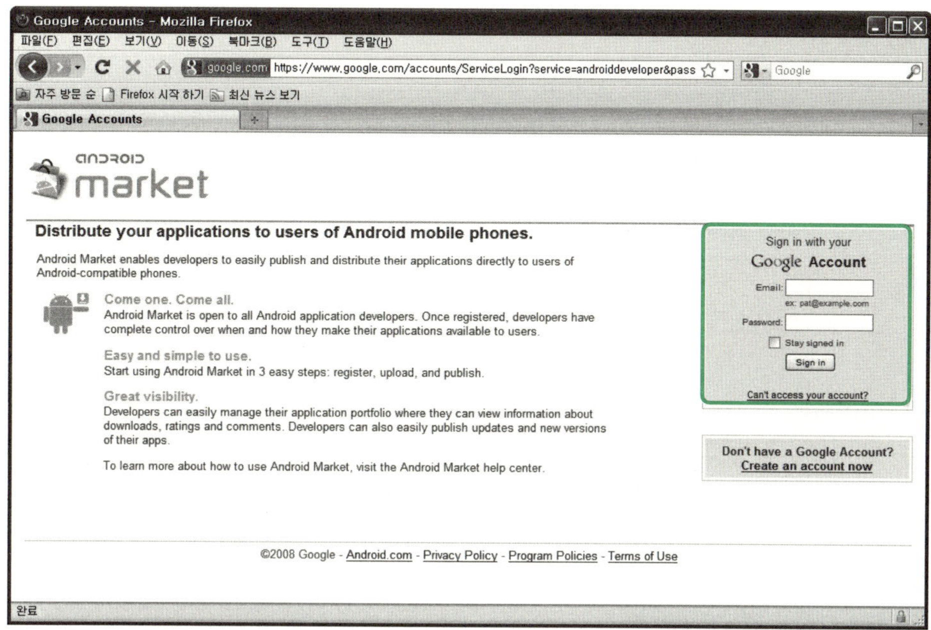

구글 계정으로 로그인하여 간단한 개발자 정보를 입력하면 다음 그림과 같이 개발자로 등록하려면 25달러의 등록비를 지불하라는 간단한 안내 페이지가 뜬다. 여기에서는 [Checkout] 버튼을 클릭해서 결제 페이지로 넘어가면 된다.

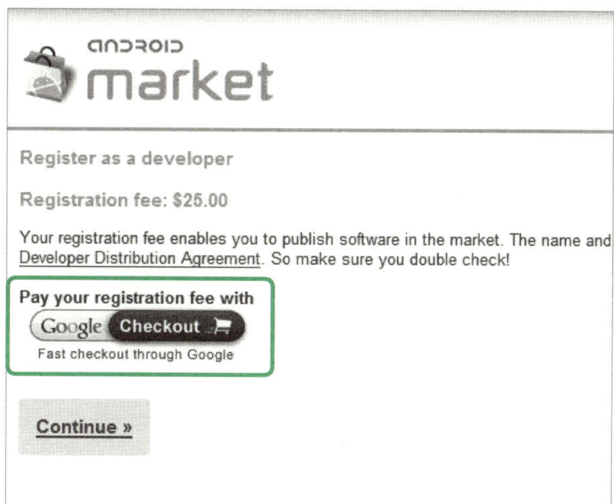

현재 거주하는 지역, 카드 정보, 주소, 전화번호 등을 입력한 다음, [Agree and Continue] 버튼을 클릭하면 결제 과정이 진행된다. 결제가 완료되면 이제부터 여러분은 구글 Play스토어의

개발자가 된 것이다.

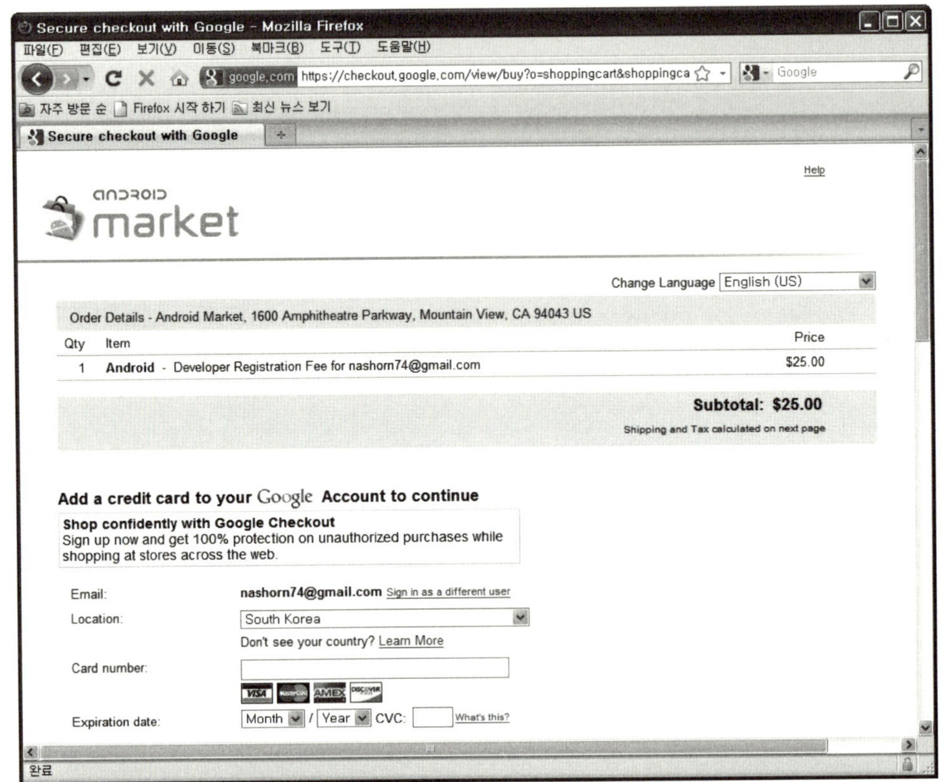

그림 10-17_ 개발자 등록비 결제 화면

2.2 애플리케이션 등록

등록한 개발자 계정으로 로그인을 하고 「Google Play Developer Console(구글 플레이 개발자 콘솔)」 페이지(https://play.google.com/apps/publish/)에 접속하면 다음과 같은 화면이 나온다. 개발자 콘솔 화면에서는 로그인한 개발자가 구글 Play 스토어에 등록하거나 출시한 모든 애플리케이션의 목록을 보여준다. 각 애플리케이션의 설치 수, 평점 등을 한눈에 볼 수 있으며 특정 애플리케이션을 클릭하면 해당 애플리케이션의 상세 정보를 조회할 수 있다.

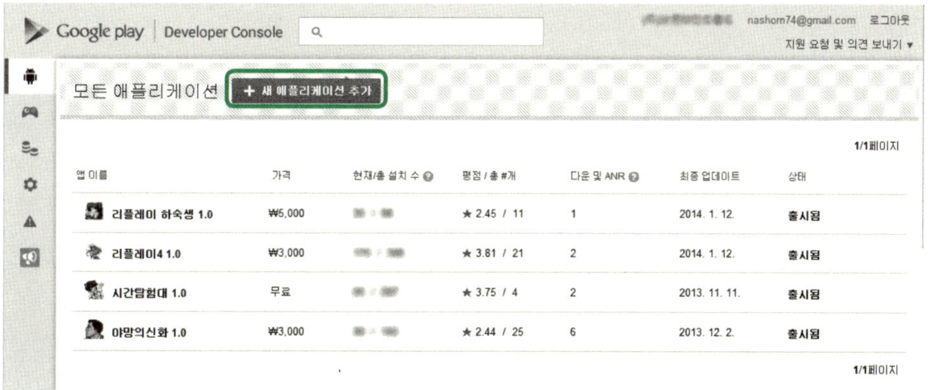

그림 10-18_ 구글 플레이 개발자 콘솔 화면

여기에서 상단의 [새 애플리케이션 추가] 버튼을 클릭하면 새로운 애플리케이션을 구글 Play 스토어에 등록할 수 있는 창이 뜬다.

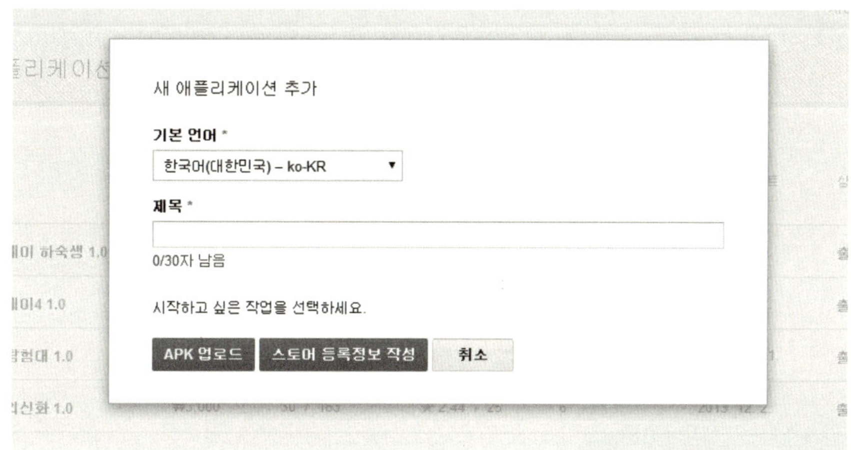

그림 10-19_ 새 애플리케이션 추가 화면

기본 언어와 애플리케이션의 제목을 입력하고 [APK 업로드] 또는 [스토어 등록 정보 작성] 버튼을 클릭하면 본격적으로 애플리케이션 등록 절차가 시작된다(어느 것을 먼저 누르던지 상관은 없음).

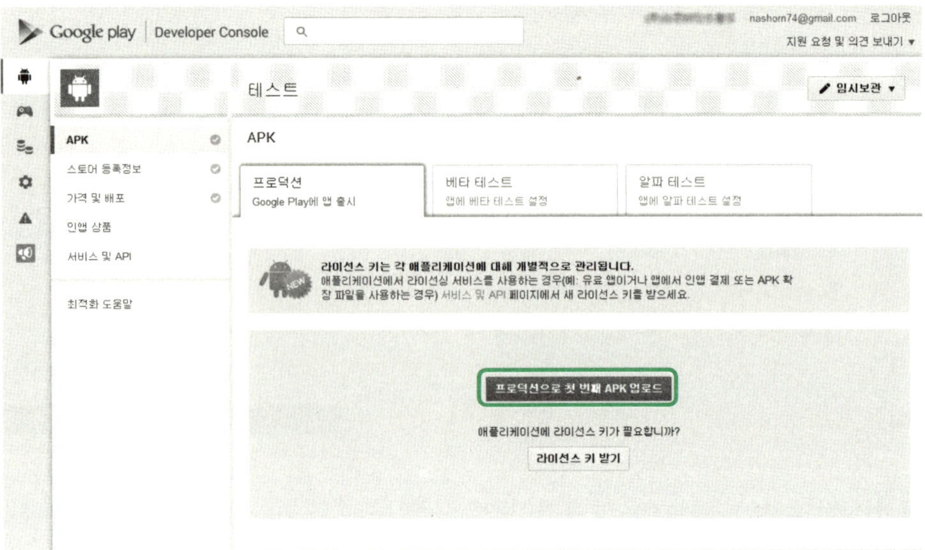

그림 10-20_ APK 페이지

APK 페이지의 "프로덕션" 탭에 있는 [프로덕션으로 첫 번째 APK 업로드] 버튼을 클릭한다.

그림 10-21_ 새 APK 업로드 화면

「APK 파일을 여기에 드롭하거나 파일을 선택합니다」라고 표시된 위치에 미리 준비해둔 APK
파일을 드래그해서 가져다가 놓는다. 그러면 자동으로 해당 파일이 업로드가 되고 앱스토어에
등록된다. 정상적으로 APK 파일이 등록되었다면 「스토어 등록 정보」 메뉴를 클릭하고 애플리
케이션에 대한 상세한 정보(이름, 설명, 종류, 카테고리, 가격 등)를 입력한다.

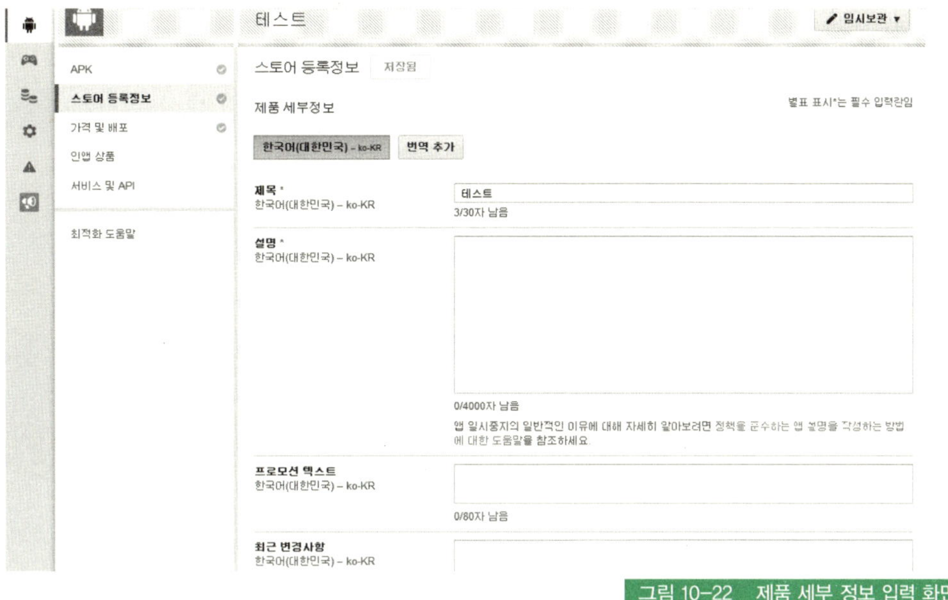

그림 10-22_ 제품 세부 정보 입력 화면

기본적으로 「한국어(대한민국)」이 기본 언어로 선택되어 있는데 필요에 따라서 [번역 추가] 버튼을 누르면 해당 언어로 내용을 입력할 수 있다. 필수 입력 사항인 제품의 제목과 설명을 가급적 자세하고 정확하게 입력한다.

그림 10-23_ 캡처 화면 등록 화면

제품 상세 페이지에서 보여지게 될 애플리케이션의 실행 화면 이미지들을 등록한다. 휴대전화

용과 태블릿용 스크린샷이 구분되어 있기 때문에 휴대전화에서만 구동되는 애플리케이션이라
면 휴대전화용 스크린샷만 추가해주어도 된다.

그림 10-24_ 아이콘 등록 및 카테고리 선택 화면

그 다음에는 제품의 아이콘 이미지로 사용될 512×512 사이즈의 PNG 파일을 등록하고 애플
리케이션의 유형과 콘텐츠 등급을 선택한다. 구글 Play 스토어가 별도의 검증 과정 없이 애플
리케이션의 등록 및 배포가 가능하기는 하지만, 구글에서 수시로 모니터링을 하면서 애플리케
이션에 맞는 컨텐츠 등급을 표시했는지를 체크하고 있다. 그래서 적합하지 않은 등급을 표기했
을 경우에는 이를 적합한 등급으로 변경하고 그 내용을 통보하면서 경고를 해오니 주의하자.

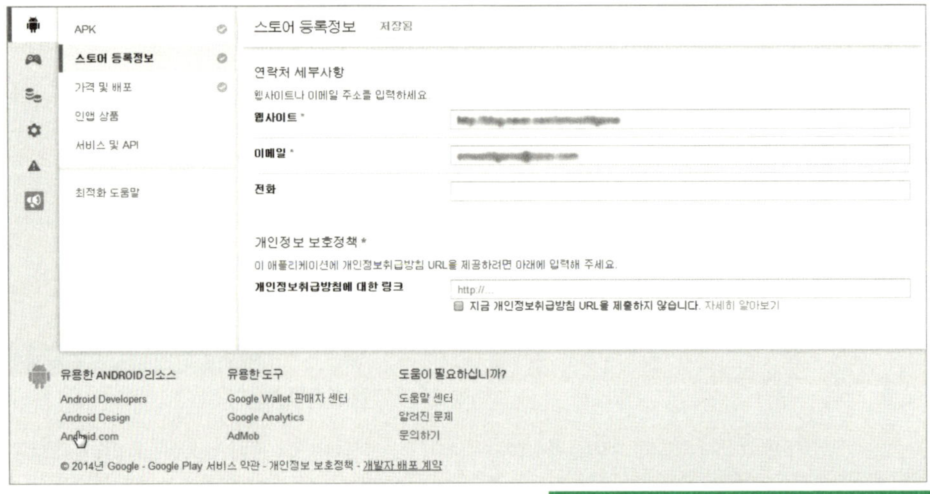

그림 10-25_ 연락처 및 개인정보 보호정책 입력

개발자의 연락처와 개인정보취급방침에 대한 항목을 입력하면 스토어 등록정보 입력이 끝난 것이다.

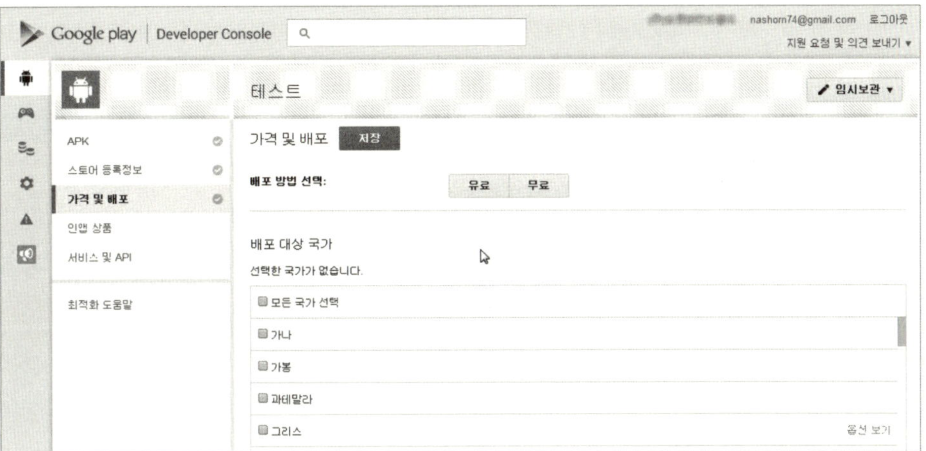

그림 10-26_ 가격 및 배포 메뉴 화면

「가격 및 배포」 메뉴를 선택한 후, 유료로 판매할 것인지 무료로 판매할 것인지와 배포할 국가를 선택한다. 유료로 배포할 경우에는 판매가격을 나라별 환율로 계산하여 등록해준다.

그림 10-27_ 동의 항목 선택 화면

마지막으로 「콘텐츠 가이드 라인」과 「미국 수출 법규」에 동의하면 애플리케이션을 등록할 수 있는 모든 준비가 끝난 셈이다.

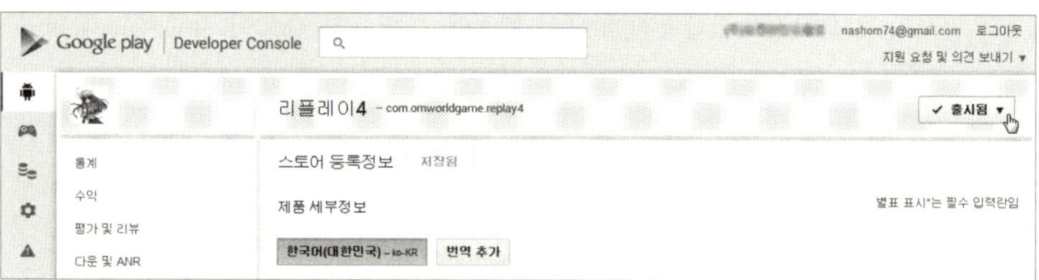

그림 10-28_ 제품 출시하기

모든 항목에 대한 입력이 끝났으면 오른쪽 상단에 있는 [출시하기] 버튼만 클릭하면 된다. 그러면 애플리케이션의 별도의 검수 과정을 거치지 않고 곧바로 안드로이드 마켓에 등록이 되고, 몇 시간이 지난 다음 부터는 다른 사용자들이 해당 애플리케이션을 안드로이드 마켓에서 다운로드할 수 있게 된다. 출시한다고 해서 곧바로 앱스토어에서 검색할 수 있는 것이 아님에 주의하자.

안드로이드 마켓에 등록한 애플리케이션의 다운로드 횟수나 평가는 수시로 확인하면서, 사용자들의 피드백에 대해서 성의있게 대응해주어야 한다. 안드로이드 마켓도 결국에는「오픈 마켓(열린 장터)」이기 때문에 고객과 같이 호흡을 하려고 노력하려는 좋은「판매자」만이 살아 남을 수 있는 시장이다. 특히, 구글 Play 스토어는 전세계의 안드로이드폰 사용자들을 대상으로 운영되기 때문에 T스토어처럼 국내 휴대폰 사용자로 사용자층이 제한되어있지 않아서 더욱 많고 다양한 피드백이나 요구 사항들이 발생할 수 있다는 점을 염두해두자.

2.3 애플리케이션 관리

구글 플레이 개발자 콘솔에서는 출시된 애플리케이션의 사용 통계, 수익, 평가/리뷰, 프로그램 다운(크래시) 정보 등을 조회할 수 있다. 통계 메뉴에서는 다운로드한 사용자들의 안드로이드 OS 버전, 단말기 기종, 국가, 언어, 앱 버전과 이동 통신사 등을 그래프로 확인할 수 있다.

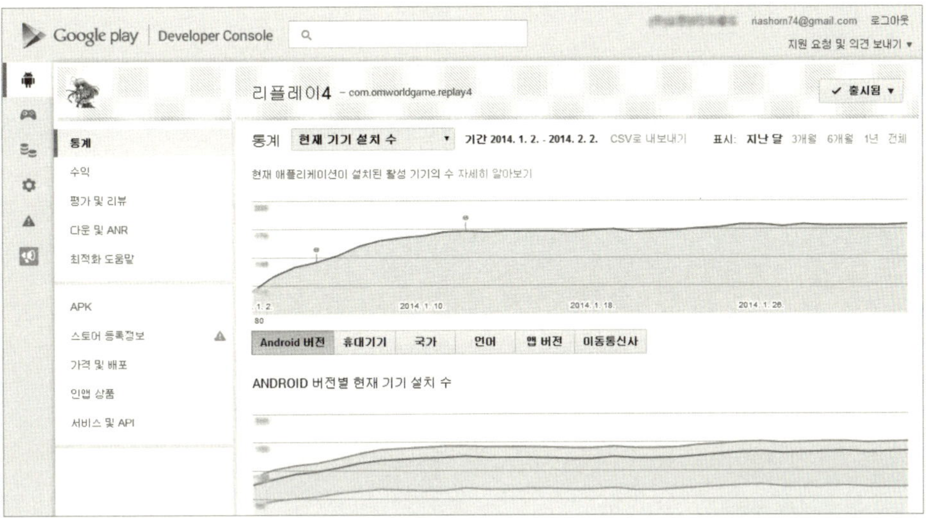

수익 메뉴에서는 해당 애플리케이션의 국가별 판매 수익을 다양한 방법으로 조회할 수 있고 상세한 판매 수익 정보를 확인하려면 「구글 월렛 판매자 콘솔」을 이용해야 한다.

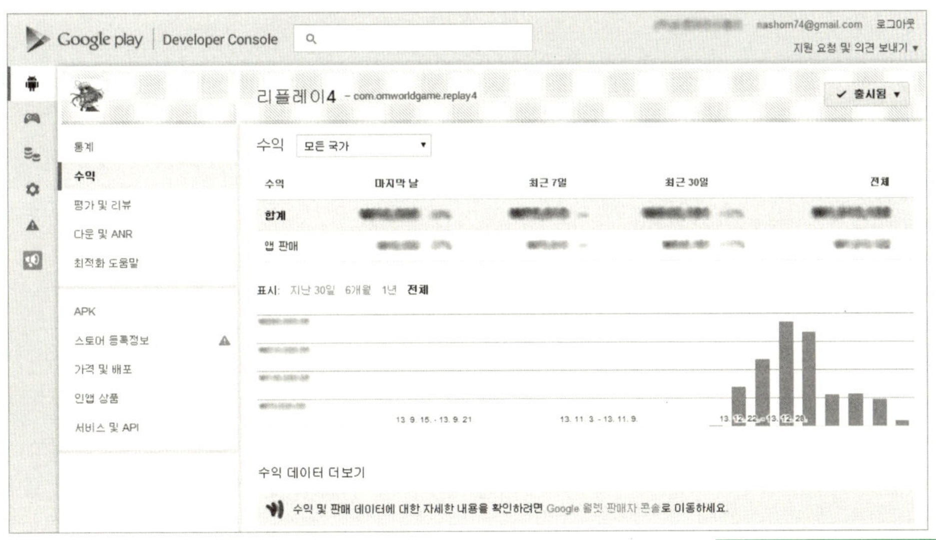

「평가 및 리뷰」 메뉴에서는 사용자들이 남긴 평점과 리뷰 글을 조회할 수 있고 특정 리뷰에 대해서 답글을 달아줄 수 있다.

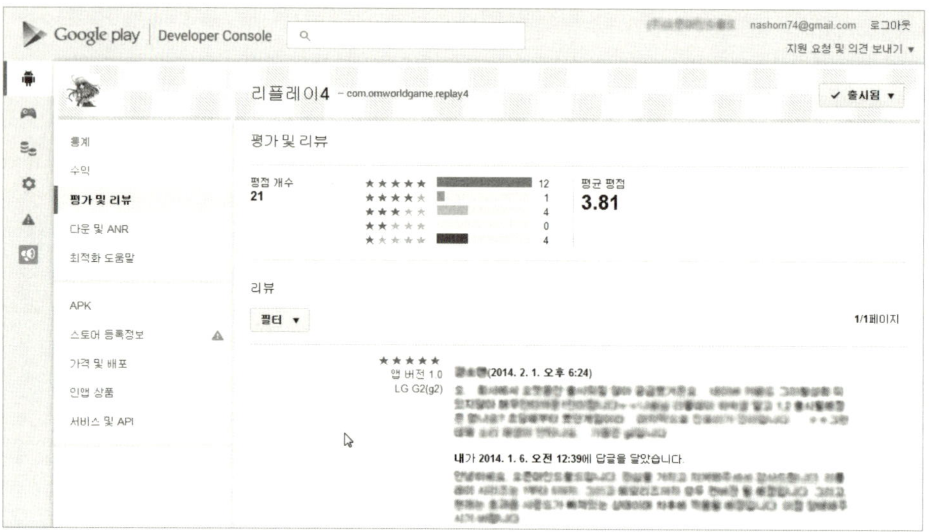

그림 10-31_ 평가 및 리뷰 화면

애플리케이션 출시 후에 발견되는 버그나 기능 개선을 위해서 지속적으로 업그레이드된 APK 파일을 업로드 해주어야 한다. 이때에는 반드시 이전에 업로드한 애플리케이션의 버전 코드 보다 높은 버전 코드를 가지도록 APK 파일을 생성해야 하는 점에 유의해야 한다.

그림 10-32_ APK 관리 화면

필자의 경험에 의하면 "좋은 상품"이란, 개발자가 생각하는 "완벽한 기능을 갖추고 버그가 하나도 없는 소프트웨어"이라기보다는 간단한 아이디어를 이용하여 만든 애플리케이션이라도 그것을 사용하는 사용자들을 행복하게 만들어줄 수 있는 것을 말하는 것 같다. 그렇기 때문에 구글 Play 스토어나 애플 앱스토어와 같이 사용자들과 직접 만날 수 있는 소프트웨어 오픈 마켓에서 자신의 애플리케이션을 판매하고 있는 개발자라면 사용자들이 정말로 필요한 것이 무엇인지, 어떤 것에 기꺼이 비용을 지불할 의사가 있는지 등에 대해서 열심히 귀를 기울이고 그에 맞게 대응하는 자세가 필요하다.

현재의 앱스토어 시장은 상당히 많은 애플리케이션들이 포화 상태로 공급되어 있기 때문에, 아무리 좋은 애플리케이션을 개발했다고 해도 단기간에 큰 성공을 거두기는 쉽지 않다. 하지만, 큰 기대를 하지 않는다면 반대로 개발자들이 적절한 시간과 노력을 투자하여 적더라도 꾸준한 수익을 창출할 수 있는 좋은 재테크 수단이 될 수도 있다. 필자의 경험 상, 낮은 수익률을 보이는 어설픈 수익형 부동산보다 훨씬 적은 초기 비용과 관리 비용을 투자해서 비슷하거나 그 이상의 월수익을 창출해낼 수 있었다. 이는 일반인들은 상상도 하지 못하는 개발자들만의 특권이라고 봐도 좋을 듯하다.

3. 애플리케이션 패키지 제작

구글 Play 스토어, SKT의 T스토어 등 공인된 형태로 운영되는 앱스토어에 안드로이드 애플리케이션을 등록하기 위해서는 반드시 다음과 같은 절차를 통해서 애플리케이션 패키징 작업이 필요하다. 서명되지 않은 APK 파일을 앱스토어에 등록하는 것 자체가 불가능하기 때문에 반드시 다음과 같은 방법으로 APK 파일에 서명 작업과 최적화를 해야 한다.

3.1 비서명 APK 파일 생성

이클립스의 Package Explorer에서 앱스토어에 등록하고자 하는 안드로이드 애플리케이션 프로젝트를 선택하고, 마우스 오른쪽 버튼으로 클릭하면 다음과 같은 메뉴가 뜬다. 여기서 [Android Tools] - [Export Unsigned Application Package] 메뉴를 선택을 하면 원하는 곳에 서명되지 않은 APK 파일이 생성된다.

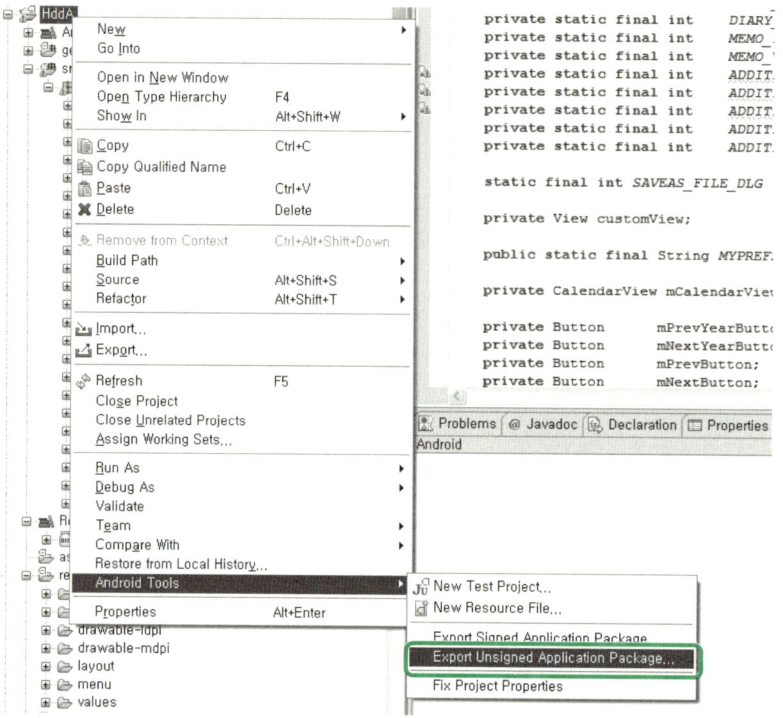

그림 10-33_ 비서명 APK 파일 생성 메뉴

3.2 서명용 keystore 생성

Java의 keytool 유틸리티를 사용하여 애플리케이션의 서명을 위해서 사용할 keystore 파일을 생성한다. 여기에서는 필자가 만든 HddA라는 프로젝트를 위해서 hdd_android.keystore를 생성해 보도록 하겠다. 명령 프롬프트에서 다음과 같은 명령을 입력한다.

```
keytool -genkey -v -keystore hdd_android.keystore -alias hdd_android
-keyalg RSA -validity 10000
```

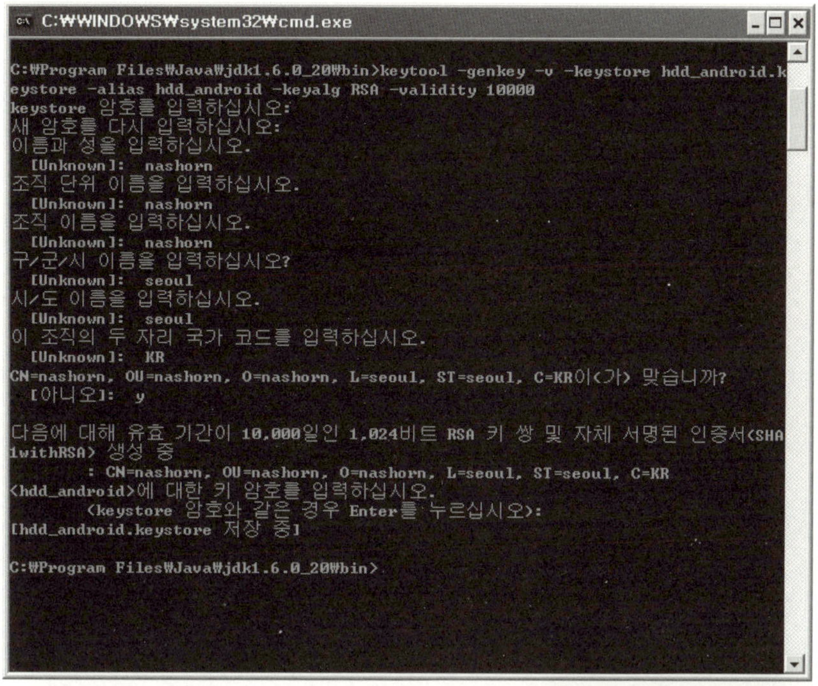

그림 10-34_ hdd_android.keystore 생성

keystore 파일을 생성하기 위해서는 암호, 이름, 조직, 지역 및 국가 코드 등의 부가 정보를 입력해야 한다. 각각의 내용은 임의로 작성하면 되고, 제일 마지막의 국가 코드만 KR, US와 같은 식으로 입력해준 다음 입력 내용이 맞는지 확인할 때 「Y」를 입력하면 keystore 파일이 생성된다.

3.3 Keystore를 이용한 APK 파일 서명

앞에서 만든 서명되지 않은 APK 파일을 hdd_android.keystore 파일을 이용하여 서명해보도록 하겠다. Java의 jarsigner 유틸리티를 이용하여 APK 파일에 서명을 해줄 수 있는데, 이때 반드시 APK 파일은 서명되지 않은 것이어야 한다. 만일 debug용 keystore로 이미 서명되어 있는 APK 파일에 서명을 하려고 하면 오류 메시지를 출력하면서 작업이 중단된다.

```
C:\WINDOWS\system32\cmd.exe                                    _ □ ×

C:\Program Files\Java\jdk1.6.0_20\bin>jarsigner -verbose -keystore hdd_android.k
eystore HddA.apk hdd_android
Enter Passphrase for keystore:
   adding: META-INF/MANIFEST.MF
   adding: META-INF/HDD_ANDR.SF
   adding: META-INF/HDD_ANDR.RSA
 signing: res/drawable/bg.png
 signing: res/drawable/diary_info.png
 signing: res/drawable/diary_new.png
 signing: res/drawable/diary_print.png
 signing: res/drawable/diary_write.png
 signing: res/drawable/icon_bookmark.png
 signing: res/drawable/icon_diary.png
 signing: res/drawable/icon_memo.png
 signing: res/drawable/icon_picture.png
 signing: res/drawable/icon_today.png
 signing: res/drawable/icon_weather1.png
 signing: res/drawable/icon_weather2.png
 signing: res/drawable/icon_weather3.png
 signing: res/drawable/inc_year.png
 signing: res/drawable/memo_write.png
 signing: res/drawable/splash.png
 signing: res/layout/about.xml
 signing: res/layout/diaryinfo.xml
 signing: res/layout/diaryinput.xml
 signing: res/layout/diaryview.xml
 signing: res/layout/locationinput.xml
 signing: res/layout/locationmanage.xml
 signing: res/layout/main.xml
 signing: res/layout/memoinput.xml
 signing: res/layout/memoview.xml
 signing: res/layout/pictureimport.xml
 signing: res/layout/specialday.xml
 signing: res/layout/specialdayedit.xml
 signing: res/layout/splash.xml
 signing: res/layout/twitter.xml
 signing: res/layout/userinfo.xml
 signing: res/menu/specialdaymenu.xml
 signing: res/menu/submenu.xml
 signing: AndroidManifest.xml
 signing: resources.arsc
 signing: res/drawable-hdpi/icon.png
 signing: res/drawable-ldpi/icon.png
 signing: res/drawable-mdpi/icon.png
 signing: classes.dex

C:\Program Files\Java\jdk1.6.0_20\bin>_
```

그림 10-35_ jarsigner를 이용한 APK 파일 서명

커맨드 창에서 hdd_android.keystore와 HddA.apk 파일을 지정해주고 jarsigner 유틸리티를 실행시키면 위 그림과 같이 APK 파일 내의 모든 리소스 파일에 서명이 되는 것을 확인할 수 있다.

```
jarsigner -verbose -keystore hdd_android.keystore HddA.apk hdd_
android
```

이렇게 서명된 APK 파일을 제대로 서명되었는지 확인하기 위해서는 다음과 같이 실행하면 된다.

```
jarsigner -verbose -certs -verify HddA.apk
```

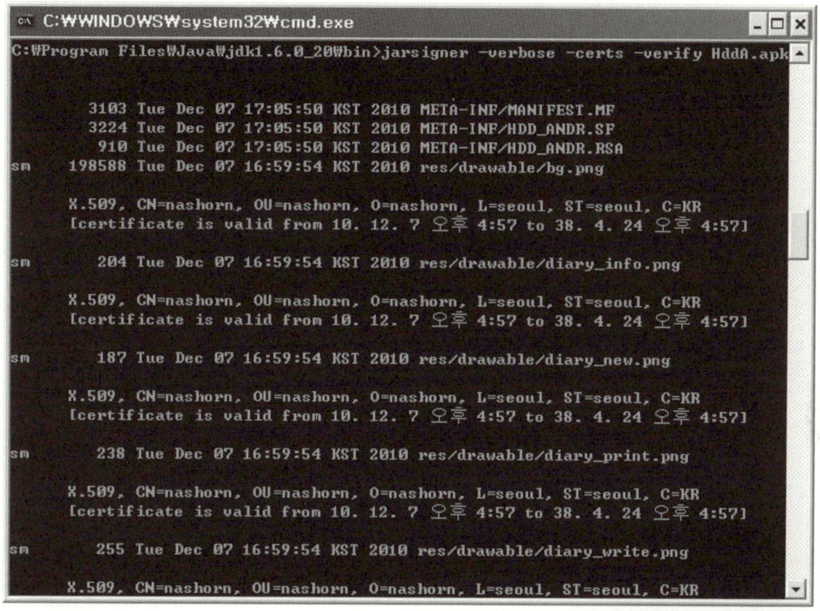

그림 10-36_ APK 파일 서명 확인

hdd_android.keystore를 이용하여 서명한 리소스 파일들이 2038년 4월 24일까지 유효함을 확인해볼 수 있다.

3.4 Zipalign을 이용한 최적화

Android SDK에서 제공되는 zipalign 유틸리티는 APK 파일 내의 리소스 파일 중에 압축이 가능한 파일들을 압축을 해줘서 APK 파일 자체를 최적화 시켜준다. 예전에는 안드로이드 마켓의 권장 사항이었기 때문에 생략해도 되었지만, 지금은 필수 요소로 반드시 zipalign을 적용해야 구글 Play 스토어에 APK 파일을 업로드할 수 있다.

그림 10-37_ zipalign을 이용한 APK 파일 최적화

연습 문제

1. 안드로이드 애플리케이션을 배포할 수 없는 앱스토어는 무엇인가?

① SKT T-Store

② KT alleh 마켓

③ Apple AppStore

④ Google Play store

2. 다음중 안드로이드 애플리케이션 패키징에 대한 설명으로 잘못된 것은?

① zipalign 유틸리티를 이용하여 서명된 APK 파일을 검증한다.

② keytool 유틸리티를 사용하여 신규로 keystore 파일을 생성한다.

③ jarsigner 유틸리티를 사용하여 APK 파일에 서명한다.

④ 서명하기 전에 반드시 Unsigned Application Package로 export해야 한다.

3. 다음 중 애플리케이션 서명을 위해 사용하는 keystore 파일을 생성할 수 있는 유틸리티는 무엇인가?

① zipalign

② eclipse

③ jarsigner

④ keytool

1. 나만의 애플리케이션을 기획하기

2. 간단한 아이디어를 이용한 프로그램 기획 사례

3. 벤치마킹을 통한 프로그램 기획 사례

4. 성공하는 애플리케이션을 기획하는 비법

5. 실패할 수 밖에 없는 애플리케이션을 기획하는 방법

이번 Chapter에서는 스마트폰용 모바일 애플리케이션이나 스마트TV용 애플리케이션의 기획 및 개발 방법에 대해서 다뤄보도록 하겠다. 누구나 프로그래밍을 잘하기 위해서 열심히 공부를 하지만, 어떤 방법으로 어떻게 공부를 했느냐에 따라 천차만별인 학습 성과를 보일 수밖에 없다. 그 중에서 프로그래밍 실력을 가장 빠르고 확실하게 키우는 방법은 "나만의 애플리케이션"을 만들어보는 것이다. 작건 크건 하나의 프로그램의 기획부터 시작해서 앱스토어 등록까지의 과정을 처음부터 끝까지 겪어보게 되면, 단순한 기술적이거나 언어적인 측면 이외의 프로그래밍 전반적인 부분에 대한 심도있는 학습이 되기 때문이다. 그렇기 때문에 필자 역시 항상 새로운 플랫폼을 접하게 되면, 해당 플랫폼에서 동작하는 나만의 프로그램을 만들어보면서 공부를 하고 있다. 덕분에 지금은 어떤 플랫폼이나 어떤 개발 언어, 개발 환경이나 개발 도구를 사용하더라도 빠르게 적응하여 프로그래밍을 할 수 있는 소프트웨어 개발자가 될 수 있었다.

1. 나만의 애플리케이션을 기획하기

사실 애플리케이션을 구현하는 것보다 더 어려운 일이 **"무엇을 만들 것인가"**를 정하는 일이다. 즉, 자신이 만들 애플리케이션을 먼저 기획하는 일이 자신만의 애플리케이션을 만드는 것을 어렵게 만드는 요소가 될 수 있다는 것이다. 그만큼 프로그래밍 공부를 하는 사람에게 「애플리케이션 기획」이라는 과정은 꽤나 버거운 걸림돌이 된다. 게다가 남들과 차별화되는 아이디어로 승부를 하겠다고 마음먹게 되면 그 난이도는 상상을 초월할 수 없는 수준이 되어버린다.

따라서 무엇을 만들어야 하는지에 대해서 갑자기 좋은 아이디어를 떠올리려고 머리를 쥐어짜기보다는, 평소에 자신이 보고 느끼는 것들을 잘 메모해두는 습관이 필요하다. 이렇게 쌓인 아이디어들 중에서 자신의 실력에 맞는 것을 필요할 때마다 하나씩 꺼내서 프로그램으로 만들 수 있기 때문이다. 실제로 이러한 아이디어 노트를 활용하여 한 달동안 여러 개의 애플리케이션을 개발하여 앱스토어에 등록하던 개발자도 있었다. 그 개발자는 그러한 과정을 통해서 프로그래밍 실력이 부쩍부쩍 느는 것은 물론이고 덤으로 앱스토어에서 판매 수익까지 챙길 수 있었다고 한다.

1.1 평소에 생활하면서 느끼던 불편함을 소재로 삼는다

처음부터 어렵고 복잡하게 접근하기 보다는 평소에 본인이 관심을 가지고 있는 분야나 생활을 하면서 불편하다고 느꼈던 부분 등 자신의 삶과 밀접한 소재를 선택하여 기획을 할 필요가 있다. 버스 정보 App이나 지하철 알리미 App 등이 가장 좋은 예라고 할 수 있는데, 평소에 생활을 하면서 몇 번 버스가 현재 어디까지 왔는지 궁금했던 것을 프로그램으로 만들거나 지하철을 탔을 때 졸다가 내려야 하는 역을 그냥 지나치는 것을 방지하기 위해 프로그램을 만든 것이다.

평소 일상 생활에서 불편했던 것이나 자신에게 유용하게 사용될 수 있는 소재를 선택하면 좀 더 적극적으로 프로그램 기획을 위한 고민을 해볼 수 있고, 프로그래밍을 하면서도 자신이 직접 테스트하면서 완성도를 높일 수 있기 때문에 가장 손쉽게 나만의 프로그램을 만들 수 있는 방법이 된다. 학교나 학원에서 내주는 과제를 위해 프로그램을 만드는 것이 쉽지 않은 가장 큰 이유는 대부분의 과제들이 본인의 관심사와는 연관이 없는 소재를 다뤄야 하기 때문이다.

1.2 내가 제일 관심이 있는 것을 애플리케이션으로 만든다

사람은 저 마다 관심있는 분야가 다르고 자신만이 좋아하는 분야가 따로 있다. 그리고 자신이 관심을 가지고 좋아하는 분야의 일을 하게되면 평범한 일을 할 때보다 성공할 확률이 높아진다. 마찬가지로 프로그램을 만들 때에도 자신이 관심있는 것을 찾아서 만들게 되면 아무래도 프로그램을 끝까지 완성하는 것이 가능해지고 완성된 프로그램은 다른 사용자들에게도 인정받기 쉬워진다. 그런면에서 자기 자신이 열심히 쓸 수 있는 프로그램을 기획하는 것도 좋은 방법이 된다.

필자가 안드로이드 프로그래밍 강의를 할 때, 수강하던 학생 중에 한 명이 자신이 좋아하는 헬스 트레이닝 관련 앱을 기획하여 개발하고 있다는 이야기를 하였다. 원래 아이폰 개발자였기 때문에 어렵지 않게 안드로이드 프로그래밍을 배우고 있었는데, 이렇게 명확한 목표를 가지고 자신만의 프로그램 개발 프로젝트를 진행하게 되면 안드로이드 프로그래밍 공부도 더욱 빠른 성과를 낼 수 있게 된다. 거기에 더불어서 자신이 좋아하는 분야의 프로그램을 만들었기 때문에 해당 분야에 관심이 있는 다른 사용자들도 좋은 프로그램을 사용할 수 있는 기회를 얻게 된 셈이다.

2. 간단한 아이디어를 이용한 프로그램 기획 사례

필자가 대학교를 졸업하고 처음으로 사회 생활을 할 때의 이야기이다. 대학생일 때 Win32로 개발을 했었던 일기장 프로그램을 MFC로 컨버전하면서 새롭게 만들어서 PC 통신 공개자료실에 공개한 적이 있었다. 그 당시는 컴퓨터 사용 환경이 도스에서 윈도우로 넘어가던 시절이라, 도스용 일기장들은 많았지만 윈도우용 일기장 프로그램이 많지 않았다. 그래서인지 나름 다운로드 수가 많은 애플리케이션이 될 수 있었다.

이 일기장 프로그램을 만들기 시작한 것은 윈도우 프로그래밍을 공부하던 시기에 가장 수월하게 만들 수 있는 프로그램이 무엇인지 고민을 하면서부터 였다. 그 전까지는 아마추어임에도 몇 년 동안 「스프레드시트」라는 작지 않은 스케일의 프로그램을 개발하고 있었는데, 윈도우 프로그래밍을 처음 공부할 때에 그렇게 무거운 프로그램을 컨버팅해보면서 공부하는 것은 아무래도 부담스러웠다. 그래서 가벼우면서도 다양한 기능을 가지고 있는 프로그램을 찾던 도중에 「일기장 프로그램」이라는 소재를 찾게 된 것이다.

이렇게 만들기 시작한 프로그램은 이후에도 새로운 플랫폼과 개발 환경을 공부해야할 때 유용하게 사용하는 프로그램이 되었다. MFC 공부와 인기 프로그램이라는 두 가지 결과를 얻었던 것처럼, 스마트폰 시대가 열리던 시기에 필자는 이 프로그램을 이용하여 Windows Mobile, Android, iPhone이라는 제각기 다른 모바일 플랫폼에 어렵지 않게 적응하는 것이 가능했다. 특히 Windows Mobile용 일기장 프로그램은 처음에는 카페를 통해서 배포하다가, T스토어와 올레 마켓을 통해서 유료/무료로 판매하기까지 했다. 물론 앞으로도 필자는 새로운 플랫폼이 나오면 제일 먼저 이 일기장 프로그램을 만들어 보면서 해당 개발 환경을 공부하면서 익히게 될 것이다.

2.1 좋은 프로그램의 아류작 만들기

「모방은 창조의 어머니」라는 말을 모르는 사람은 없을 것이다. 이러한 원칙은 프로그래밍 공부에도 그대로 적용될 수 있다. 어떤 프로그램을 만들어 볼 것인가를 결정하지 못했을 때, 현재 자신이 가장 많이 사용하고 있는 프로그램의 아류작을 만들어 보는 것도 좋은 방법이다. 또한, 이렇게 모방을 할 때에는 이왕이면 성공한 제품을 벤치마킹하는 것이 좋다. 아무래도 성공한 프로그램일수록 배울 것이 많기 때문이다.

대놓고 똑같이 만듦에도 불구하고 아직은 실력이나 경험이 부족하여 원래 프로그램이 가진 기능의 일부만 겨우 모방하여 만들 수 있을 것이다. 이런 사실에 개의치 말고 우선은 할 수 있는 만큼만 최대한 따라 만들어 보기를 권한다. 처음에는 10개 기능 중에 한 두 개만 만들 수 있겠지만, 실제로 프로그램을 만들면서 이리 저리 고민을 하다 보면 다른 기능을 구현하는 아이디어가 생각나거나 유사한 기능 구현을 위한 레퍼런스를 찾을 수도 있기 때문이다. 이런 식으로 원래 프로그램과 똑같게 만들기 위해서 다양한 노력을 하는 과정을 겪다보면 자연스럽게 프로그래밍 실력이 늘 수밖에 없다.

이렇게 열심히 베끼다 보면 그 프로그램이 성공한 이유를 확실하게 알 수 있게 된다. 그것이 바로 그들만의 「노하우」이며, 이런 과정을 통해서라도 배우지 않으면 쉽게 얻을 수 없는 소중한 경험과 지식이다. 사람은 누구나 태어날 때부터 모든 것을 다 알고 있는 상태로 태어나지 못한다. 성장하면서 직, 간접적으로 경험하면서 배우고 익힌 것들을 바탕으로 자신만의 능력을 키워가고 실력을 쌓아나갈 수 있게 된다. 따라서, 더 나은 프로그램을 개발하기 위해 훌륭한 제품(프로그램)을 분석하고 배우는 과정을 놓고 표절이나 아류라고 비난받는 것에 대해서 두려워할 필요는 없다. 잘나가는 원조 음식점 옆에 같은 종류의 음식점들이 많이 몰려서 생기는 것도 그런 이유라고 볼 수 있다. 겉모습만 베끼는 삼류 음식점이라면 금방 도태되어 사라지겠지만, 원조 음식점을 제대로 보고 배우고 더 나아가서는 그것을 발전까지 시킨다면 원조를 제치고 새로운 원조 음식점이 될 수도 있을 것이다.

2.2 유용하게 사용하는 프로그램 따라 만들기

필자의 경우에는 「남들이 잘 만들지 않는 종류의 애플리케이션」이라는 이유 하나로 대학교 1학년때부터 "스프레드시트"라는 프로그램을 선택하여 따라 만들기를 시작했다. 당시에는 아직 MS-DOS가 가장 많이 사용되는 시절이라 「Lotus 1-2-3」이나 「쿼트로 프로」 등의 외산 스프레드시트나 국산 「하나 스프레드시트」와 같은 프로그램이 많이 사용되고 있었다. 필자는 우선 스프레드시트 사용법을 다룬 서적을 제품별로 구입을 하여, 각각의 스프레드시트 프로그램에서 지원하는 기능 중에 공통적인 부분을 정리하였다.

처음에는 스프레드시트의 가장 기본적인 기능인 셀 입력, 수식 연산 등을 위주로 개발을 하였고, 그 다음에는 그래프(차트), 함수, 매크로 등의 기능까지 계속 업그레이드를 하면서 구현하였다. 그렇게 해서 완성된 필자의 프로그램을 상용 스프레드시트들과 비교를 해본다면 당연하게 상대적으로 기능도 미약하고 부족한 부분이 한두 가지가 아니었지만, 표준이 되는 프로그램들을 참고하여 나만의 스프레드시트 프로그램을 만들어냈다는 것이 무엇보다도 중요했다.

스프레드시트에서 제공하는 막대 그래프, 선 그래프, 면적 그래프나 원 그래프 등을 만드는 기능을 구현하기 위해서, 기존 스프레드시트 프로그램들에서는 차트 기능이 어떻게 구현되어 있는지를 분석하고 수많은 차트 종류 중에서 필자가 구현할 수 있는 것 같은 차트들을 선별하여 목표로 설정하고, 유사한 결과를 만들어낼 수 있도록 그래픽 함수들의 사용법을 공부해서 하나 둘 만들어 본 것이다. 이러한 과정을 통해서 실제로 필자는 프로그래밍 공부를 자연스럽게 할 수 있었고, 4년 동안 4번의 메이저 업그레이드를 할 만큼 꾸준히 스프레드시트 프로그램을 만들어보면서 C언어 공부를 마스터할 수 있었다.

3. 벤치마킹을 통한 프로그램 기획 사례

지금 소개하는 내용은 「성공한 제품을 벤치마킹 하여 모방부터 시작하라」의 실제 예이다. 2000년 초반 당시 필자가 만든 게임을 유통하던 유통사 담당자들을 통해서, 1990년대 초반에 만들어진 "프린세스 메이커" 시리즈가 10년도 넘게 베스트셀러라는 사실을 알게 되었다. 이는 초등학교 여학생들이 주로 타겟인 이른바 「틈새 시장」이 존재한다는 증거였는데, 이런 게임 시장이 존재한다는 유통사의 제안을 받아들여서 필자도 프린세스 메이커의 아류 게임을 만들기로 결정하였다.

그림 11-1_ 프린세스 메이커(Copyright 가이낙스)

그래서 기획한 게임이 바로 「딸기노트(딸을 기르는 노트)」라는 게임이었다. 2000년 하반기에 기획하기 시작해서 2001년도 초에 개발 완료하고 출시하였다. 판타지 세계가 게임의 배경이었던 프린세스 메이커와 달리 딸기노트는 현재의 우리나라가 배경이었다. 딸을 육성하거나 꾸미는 것이 주 기능이었는데, 아무래도 게임 개발 경험이 충분하지 못한 탓에 원작에 비해서 게임성은 많이 떨어질 수 밖에 없었다. 특히 게임의 일러스트에 대해서는 평가가 갈렸는데, 지금까지 보기 힘든 독창적인 일러스트라는 좋은 평가도 있었지만 반대로 육성 게임에는 전혀 어울리지 않다라는 평가도 있었다.

그림 11-2_ 딸기노트2(Copyright. 오픈마인드월드)

게임의 유통을 맡은 유통사는 의욕적으로 비싼 케이스로 제작하였으나 유통 방식의 문제인지, 게임 자체의 문제인지 파악되지 못할 만큼 판매 성적이 저조하였다. 다행히 저가형 주얼 패키지의 판매를 맡은 다른 유통사의 공격적인 전국 유통 방식으로 인해서 갑자기 대박 상품으로 둔갑되었다. 애초에 이런 류의 게임 개발을 제안했던 유통사의 안목이 들어 맞았기에 프린세스 메이커의 주 고객층에게 "대체제"로 인식이 되는데 성공한 것이다. 처음에는 철저하게 "프린세스 메이커"의 아류작이라는 한계를 가지고 있었지만, 이렇게 게임 자체가 인기를 끌기 시작하자 2005년 5번째 시리즈까지 출시하면서 자체 경쟁력을 가지게 되었다.

딸기노트 1,2의 성공(!?)을 계기로 그 이후에 만들어진 딸기노트 3와 딸기노트 4는 각각 새로운 시도를 하면서 자신만의 색깔을 만들어가기 시작했다. 물론 그러한 시도들이 모두 성공하지는 못했지만, 국내 패키지 게임 시장이 완전히 없어지는 시기까지 마지막 시리즈인 딸기노트5를 출시하는 저력을 보여주기에는 충분했다. 결과적으로 "딸기노트" 시리즈는 게임성 면에서 보면 너무나 부족한 아류 게임에 불과했지만, 특정 사용자층에게 맞는 컨셉과 재미를 제공해줌으로써 어려운 시기에도 꾸준한 판매를 할 수 있는 인기 게임이 될 수 있었다.

그림 11-3_ 딸기노트5(Copyright 오픈마인드월드)

이후에도 딸기노트는 아이폰, 안드로이드, Windows Mobile용으로 포팅이 되면서 계속 생명력을 유지하였다. 이처럼 단지 모방이라고 해도 나만의 프로그램을 만들어 보게 된다면 여러분이 생각하는 것보다 더 많은 프로그래밍 공부를 할 수 있는 기회를 만들어 줄 수 있다. 복잡하게 많은 것을 생각하다가 시작도 하지 못하는 것보다는, 간단하고 쉽게 생각을 해보고 먼저 시작을 해보도록 해보자. 그렇게 만들어진 나만의 작은 프로그램은 여러분의 프로그래밍 공부에 아주 큰 도움을 줄 수 있을 것이다.

4. 성공하는 애플리케이션을 기획하는 비법

성공하는 애플리케이션을 기획하는 것은 무척이나 어려운 일이다. 수년간 많은 사람들과 함께 새롭고 멋진 애플리케이션을 만들고자 노력해왔던 필자 입장에서는 이것이 얼마나 어려운 일인지도 잘 알고 있다. 하지만 일을 하다보면 매번 프로그램 기획에 있어서 많은 이들이 수많은 시행착오를 겪는 과정을 볼 수 밖에 없게 된다. 대부분은 사용자(고객)이 어떤 것을 원하는지 연구하기 보다, 자신이 만들고 싶은 것을 기획하고 그것을 모든 사용자들이 좋아할 것이라고 그저 낙관적으로 기대하기 때문에 실패하게 된다.

좋은 프로그램을 기획하기 위해서 사전에 고려해야 하는 몇 가지 원칙은 다음과 같다. 좋은 아이디어들을 발굴하고, 그것을 바탕으로 쓸만한 프로그램으로 기획하는 과정에서 여기 나열한 것들을 감안한다면 좀더 좋은 결과가 나올 수 있을 것이다.

- 더이상 독창적인 아이디어란 없다.

- 아이디어는 한번 공개되면 누구든지 금방 따라한다.

- 차별화되고 기발한 아이디어만 찾기보다는 "개선된 아이디어"를 만든다.

- 먼저 다른 프로그램의 좋은 사용자가 되어야 한다.

- 무조건 비난하거나 비판하기보다는 개선 방법을 연구하라.

사실, 인기 앱과 비인기 앱은 종이 한장 차이일 뿐이다. 그 동안 인기가 많은 애플리케이션들을 살펴보면 항상 대단하고 참신한 아이디어를 가지고 있었던 것은 아니다. **발전**된 형태의 메모장, **통합**된 무료 메시지 서비스, **편리**한 단문 블로그 서비스 등과 같이 기존에 서비스 되던 것들을 특화하거나 발전시켜서 사용성을 개선시킨 것이 더 많은 편이다. 따라서, 여러분도 자신이 현재 유용하게 쓰고 있는 좋은 프로그램들의 단점을 보완하고 좀 더 발전시킬 수 있는 방법을 연구하는 것이 생각보다 빨리 성공적인 프로그램을 새롭게 기획할 수 있는 지름길이 될 수 있다.

그런 면에서는 유명 공모전의 수상작들도 마찬가지이다. 거의 모든 수상작들이 유사 앱이 존재하며, 대부분은 기술적인 난이도도 높지 않은 편이다. 보통 공모전에서 수상을 하려면 무조건 독창적인 아이디어로 구현을 해야하거나 상당히 높은 수준의 기술력이 필요할 것이라고 추측하겠지만, 수상작 선정 시에 높은 점수를 주는 부분은 **사용성**이나 **유용성** 등이다.

5. 실패할 수 밖에 없는 애플리케이션을 기획하는 방법

실패하는 애플리케이션 프로젝트의 기획 패턴을 지켜보다 보면 실패하는 프로젝트들은 일정한 규칙을 가지고 있다는 것을 어렵지 않게 발견할 수 있게 된다. 실패하는 프로그램의 기획은 공통적으로 사용자의 말에 귀 기울이지 않고, 개발 주체들 자신의 목소리에만 관심을 가지는 성향을 보이며 그렇게 되면 금방 비슷한 패턴이 표면적으로 드러난다. 사용자의 사용 패턴과는 아무 상관없는 기술에 집중하는 개발 조직이나 제품 자체가 사용자의 요구에 적합하지 않음에도 불구하고 무조건 밀어붙이기식으로 판매를 강행하는 영업 조직도 이와 같은 기획에서부터 발생하는 부차적인 문제에 불과하다.

여러분이 계획하는 프로그램 기획이 실패하는 프로젝트로 끝나지 않게 하기 위한 조언은 다음과 같다. 아무리 확신이 드는 아이디어나 기획안이 있다고 하더라도, 「나는 절대 남들과 같지 않아서, 바보 같은 실수를 똑같이 반복하지 않는다」라고 방심하기 보다는 돌다리도 두르리고 건너가는 심정으로 거듭 반복하여 검토를 할 필요가 있다.

- "기술"이나 "기능"에만 포커스를 맞춰 아이디어를 짜내는 것은 무의미하다.

- 무조건 유행만 쫓는 것도 위험하다.

- 만든 나도 쓰지 않을 것은 애초에 만들지 말자.

- 나만이 최고의 아이디어를 가지고 있다고 착각하지 말자.

- 겸손한 자세로 나와 다른 의견에도 귀를 기울여야 한다.

- 시장은 급격하게 바뀐다.

- 사용자는 보수적이지만 변덕스럽기도 하다.

- 무엇보다 경쟁이 치열한 것이 문제이다.

그렇기 때문에 처음부터 욕심부리지 말고 작은 것부터 시작해보도록 하자. 성공하는 습관은 작은 것부터 쌓아가도록 노력해야 하고, 그러한 성공하는 습관을 들이게 되면 이후에는 얼마든지 큰 프로그램에서도 그러한 성공을 이끌어낼 수 있다. 이 세상에 존재하는 거의 모든 프로그램은 그것을 개발하는 본인 혼자만 사용하는 것이 아니라, 본인의 예상보다 훨씬 더 많은 다양한 성향과 개성을 가진 사용자들이 사용하게 될 것이기 때문이다. 그럼에도 불구하고 자신의 생각만이 최선이고 최고의 아이디어라는 자만심을 가지는 순간, 여러분은 어쩔 수 없이 실패하는 길로 들어서게 될 것이다.

개발 방법론 및 개발 도구의 활용

A

여기서는 필자가 그 동안 직접 다수의 프로젝트를 진행하면서 얻은 경험들을 바탕으로 실제 프로젝트에 애자일 개발 방법론을 적용하는 방법과 그것을 위해 반드시 필요한 개발 도구들에 대해서 설명하도록 하겠다. 여기에서 언급하는 내용은 5~10명 전후의 개발팀에서 애플리케이션을 개발할 때는 물론 혼자서 애플리케이션을 개발할 때에도 유용하게 활용될 수 있다.

1. 애자일 개발 방법론

애자일(Agile) 개발 방법이란 신속하고 효율적인 개발이 가능한 다양한 개발 방법론을 통칭하는 말이다. 불필요한 문서 작업 등에 대한 부담을 줄이면서 변화에 쉽게 대응하여 고객의 입장에 초점을 맞춘 방법론을 뜻한다. 최근 소프트웨어 개발 환경이 "적시배포"와 "time to market"이 중요해지면서 사용자의 요구가 다양해지고 제품의 수명 주기가 짧아졌다. 이러한 변화에 신속하게 적용하기 위해서 기존의 절차 위주의 개발 방법론 보다 변화에 빠르게 적응할 수 있고 효율적으로 소프트웨어를 개발할 수 있는 방법론이 필요하게 되면서 대두되기 시작했다.

애자일 개발 방법론으로 분류할 수 있는 개발 방법론은 다음과 같다.

- 익스트림 프로그래밍(Extreme Programming : XP)
- 스크럼(Scrum)
- 린 소프트웨어 개발(Lean Software Development : LSD)
- 기능 주도 개발(Feature Driven Development : FDD)
- 크리스탈 방법론(Crystal Light)
- 적응형 소프트웨어 개발(Adaptive Software Development : ASD)
- 동적 시스템 개발 방법론(Dynamic Systems Development Methodology : DSDM)

이러한 애자일 개발 방법론은 기존의 수동적이고 획일화된 프로세스 중심의 개발 방법론에 비해서 사회 공학적인 측면으로 접근을 한다는 점이 차별화 요소이다. 즉, 어떠한 방법으로 하나의 팀을 효율적으로 운영할 것인가, 어떻게 구성원들을 고무시키고 서로 협동할 수 있도록 만들 것인가와 같은 요소를 중요시하고 이를 위한 다양한 방법들을 제안하고 있다. 이 때문에 상호 의사 소통을 중시하는「사람 중심의 개발 방법론」이라고도 불리기도 한다.

애자일 개발 방법론의 반대 성향을 가진 개발 방법론으로는 대규모 소프트웨어 시스템 개발 시에 적합한 "RUP(Rational Unified Process)"가 있다. RUP은 UML 기반의 객체 지향 개발 방법론으로 여러 번의 릴리즈를 통해서 사용자가 원하는 시스템에 최대한 근접한 시스템을 구현하는 점(반복 개발)에서는 애자일 개발 방법론과 유사하다고 할 수 있다.

익스트림 프로그래밍

익스트림 프로그래밍(XP:Extreme Programming)이란 고객 만족에 포커스를 맞춰서 고객의 요구 변화에 부응할 수 있도록 하는 소프트웨어 개발 방법론을 말한다. 요구 사항이 많거나 잦은 변화가 예상되는 프로젝트를 진행할 경우에 적절하게 활용할 수 있는 장점이 있다. 이를 위해 수시로 고객과 팀원들 사이에 의사 소통을 하고, 프로그램을 단순하고 투명하게 만들면서 잦은 테스트를 통해서 빠른 피드백을 얻도록 노력하여 가능한 한 빨리 고객에게 결과물을 전달하도록 만드는 것이 핵심이다.

익스트림 프로그래밍에서 권장하는 규칙들은 다음과 같다.

- 모든 일을 단순하게 설계한다.
- 정규 일과 시간에만 작업한다(1주일 40시간).
- 조금씩 자주 결과물을 발표한다.
- 짧은 배포 주기에 맞추어 현실적인 작업 계획을 만든다(프로젝트 기간 내내 변화하는 개발 계획 수립).
- 스펙에 없는 것은 절대 추가하지 않는다.
- 사이클을 반복하여 개발한다.
- 수시로 코드를 개선시킨다(Refactoring).
- 코딩 표준을 정하고 철저하게 준수한다.
- 테스트 코드를 먼저 만든다(Test First Development : TFD).
- 모든 테스트를 통과하지 않으면 발표하지 않는다.
- 짝 프로그래밍을 한다(팀원 간의 커뮤니케이션 강화).
- 개발 팀 내에 사용자가 상주하여 고객 위주의 프로그래밍을 진행한다.
- 지속적으로 통합시킨다.

「조금씩 자주 결과물을 발표한다(짧은 배포 주기)」는 XP의 가장 핵심적인 룰이라고 볼 수 있다. 대부분의 소프트웨어 프로젝트들은 많은 기능을 한꺼번에 포함시키려고 하는 상황에서 어쩌다 한번 발표를 하기 때문에 예상치 못한 문제들이 많이 발생할 수 밖에 없다. 작은 결과를 자주 발표하면 고객도 그것을 감안하여 현실적인 대응을 하게 된다. 그러나 한번에 완벽하게 만들어서 거창하게 결과를 발표하고자 하면 고객 역시 큰 기대감을 가지고 결과를 받아들이기 때문에 실망감이 크게 되고 만족도가 떨어질 수밖에 없다. 따라서, 가급적이면 개발 과정에서 수시로 완성된 중간 결과물을 가지고 고객과 공유하면서 커뮤니케이션을 진행하면 최종적으로 조금이라도 더 고객이 만족할 수 있는 결과물을 만들 수 있는 확률이 높아지게 된다.

XP의 여러 규칙 중에 하나로 두 명의 개발자가 함께 코드를 작성하는 "짝 프로그래밍"이 있다. 이것은 빠른 개발 기술의 전파, 개발 코드의 안정화, 업무 집중도 향상 등의 다양한 효과를 이끌어낼 수 있는 아주 좋은 개발 방법이다. 짝 프로그래밍에 익숙하지 않은 개발자들은 다른 개발자와 함께 한대의 컴퓨터에서 같이 작업을 한다는 사실만으로도 짝 프로그래밍을 기피하는 편이다. 하지만, 개발 능력이나 성격, 작업 습관 등이 전혀 다른 두 명의 개발자가 같이 코드를 작성하게 되면, 본의 아니게 전혀 다른 두 가지 관점에서 작업 상황을 바라볼 수 있게 된다. 그로 인해서 서로가 놓치고 있는 부분을 보완해주거나 더 나은 해결 방법을 찾을 수도 있게 되어 의외로 혼자 코드를 작성할 때보다 더 나은 성과를 이끌어내는 것이 가능해진다.

소프트웨어 개발자라면 누구나 원하지만 현실적으로 어려운 것이 바로 "정규 일과 시간에만 작업한다."일 것이다. 필자가 15년 가까이 소프트웨어 프로젝트 관리자로 일을 해왔던 경험을 바탕으로, 결론적으로 다음과 같이 말할 수 있다. 「정규 일과 시간에만 작업해도 프로젝트를 완수할 수 있도록 프로젝트를 관리할 수 있다」 즉, 개발자들이 초과 근무를 해야 하는 상황이 되는 것은 어디까지나 무능한 관리자의 문제라는 것이다. 애자일 방법론이든 XP이든 어떤 개발 방법을 사용하여 프로젝트를 진행하더라도, 제대로 프로젝트를 운용하고 있다면 정규 일과 시간 근무만으로도 충분히 원하는 결과물을 만들어낼 수 있다. 우리는 그것을 프로젝트 관리자의 역량이라 부른다.

스크럼

스크럼(Scrum)은 애자일 소프트웨어 개발에 사용되는 프로그램 관리 기법으로, 특정 언어나 방법론에 의존적이지 않다. 스크럼의 장점은 작업이 진행되는 상황을 한눈에 파악할 수 있고, 초기부터 일정 예측이 가능할 뿐만 아니라 작업이 진행되는 과정에서 일정 변경이 다소 유연한 점이라고 할 수 있다. 또한, 팀원들 간에 서로의 작업에 대한 정보 공유가 용이하며 효율적인 업무 분장이 가능한 이점도 있다.

굳이 비교를 하자면 XP가 리팩토링을 통해서 언제든지 변화를 수용할 수 있는 방향으로 진행되는 방법론이라면, 스크럼은 변화를 최대한 빨리 감지하고 그에 대한 신속한 대응을 하기위한 방법론이라고 할 수 있다. 이러한 스크럼의 특징을 요약하면 다음과 같다.

- "스프린트 주기" : 개발 주기는 15~30일(2주~4주) 정도로 정한다.
- "스프린트 백로그" : 개발 주기 마다 적용할 기능이나 수정사항에 대한 목록을 작성한다.
- "스프린트 결과물" : 개발 주기 마다 실제로 동작되는 결과물을 완성한다.
- "일일 스크럼 미팅" : 날마다 15분 정도의 스탠딩 회의를 진행한다.
- 원활한 의사 소통을 위해서 개방된 형태의 공간에서 개발한다.

보통 개발실의 자리 배치를 보면 아래의 왼쪽 그림처럼 「파티션」을 이용하여 각각의 공간을 개발자 개인의 공간으로 나누는 것이 일반적이다. 하지만, 제대로 스크럼을 운용하기 위해서는 오른쪽 그림처럼 가장 먼저 파티션부터 없에버리는 것이 필요하다. 필자 역시 본의 아니게 개발팀원들과 열려진 공간에서 스크럼을 이용하여 프로젝트 관리를 한 적이 있었다. 그 프로젝트들이 성공적으로 진행될 수 있었던 중요한 이유 중에 하나가 바로 "개방적인 공간 배치"였다고 생각한다. 이렇게 모든 팀원들이 개방적인 환경에 놓이게 되면, 사소한 사항에 대해서도 수시로 다양한 의견을 주고 받으면서 항상 최상의 해결책을 찾을 수 있게 된다.

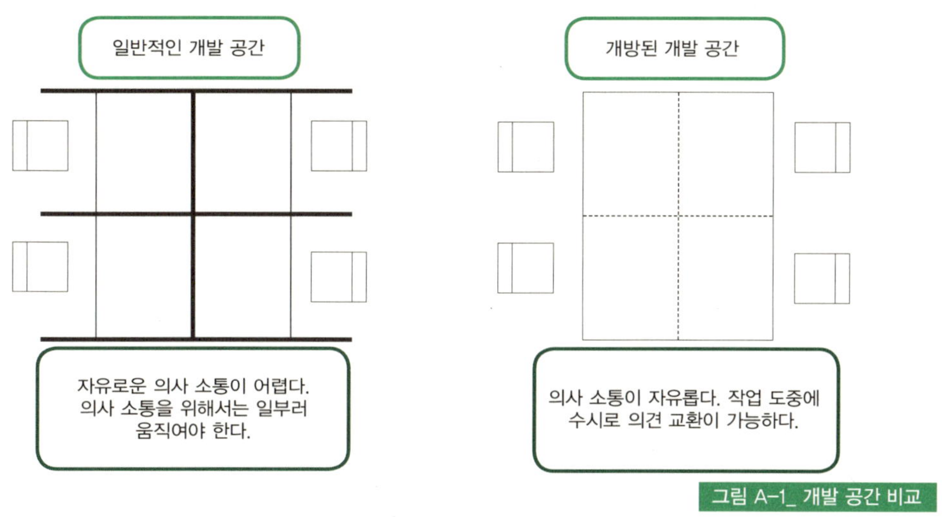

그림 A-1_ 개발 공간 비교

기본적으로 스크럼을 원활하게 운영하기 위해서는 「제품 책임자」와 「스크럼 마스터」가 필요하다. 제품 책임자는 말 그대로 제품의 개발과 출시를 책임지는 사람으로써, 스크럼에서는 제품 백 로그를 정의하고 우선 순위를 정하는 역할을 한다. 제품 책임자의 가장 중요한 역할은 스크럼이 제대로 운영되도록 외부의 압력이나 간섭을 적절하게 통제하는 일이다. 스크럼이 실패하는 가장 큰 요인이 제한된 리소스임에도 불구하고 무리한 출시 일정을 강요하는 외압 때문인 경우가 많다.

스크럼 마스터는 원활한 스크럼 운영을 위해 팀원들을 이끌어주고 중간중간에 발생하는 문제를 해결해주는 프로젝트 관리자이다. 팀원들은 스크럼에 관해서는 항상 스크럼 마스터의 지시에 따르고 순종해야 한다. 스크럼을 진행하기 위해서는 다음과 같은 요소들이 필요하다.

- **제품 백로그** : 개발할 제품에 대한 요구 사항 목록
- **스프린트** : 반복적인 개발 주기 (보통 15일~30일 정도)
- **스프린트 계획** : 해당 스프린트에서 수행하고자 하는 목표
- **스프린트 백로그** : 해당 스프린트 목표를 달성하기 위한 작업 목록
- **일일 스크럼 미팅** : 매일 정해진 시간마다 진행되는 15분 미만의 미팅
- **스프린트 결과 제품** : 스프린트 종료 후에 완성되는 실행 가능한 결과물

「일일 스크럼 미팅」은 매일 진행되는 간단한 이슈 공유 회의이기 때문에, 스탠딩 회의로 진행하는 것이 좋다. 대부분 회의 또는 미팅이라고 하면 의자에 앉아서 진행하고 30분에서 1시간 정도의 시간을 소모된다. 그러나 일일 스크럼 미팅은 모든 팀원이 그날의 특이 사항이나 문제점에 대해서만 간략하게 이야기를 하고 넘어가는 것이 좋다. 따라서, 억지로 이슈를 만들 필요는 없고 특별한 이슈가 없을 때에는 자기 차례에 "특별한 이슈 없습니다."라고 말하고 넘어가면 된다. 좀더 자세한 사항에 대한 협의는 관련자들끼리 나중에 수시로 진행하면 되고, 대부분의 개발 진행 상황은 이슈 관리 도구 등을 이용하여 체크하면 된다.

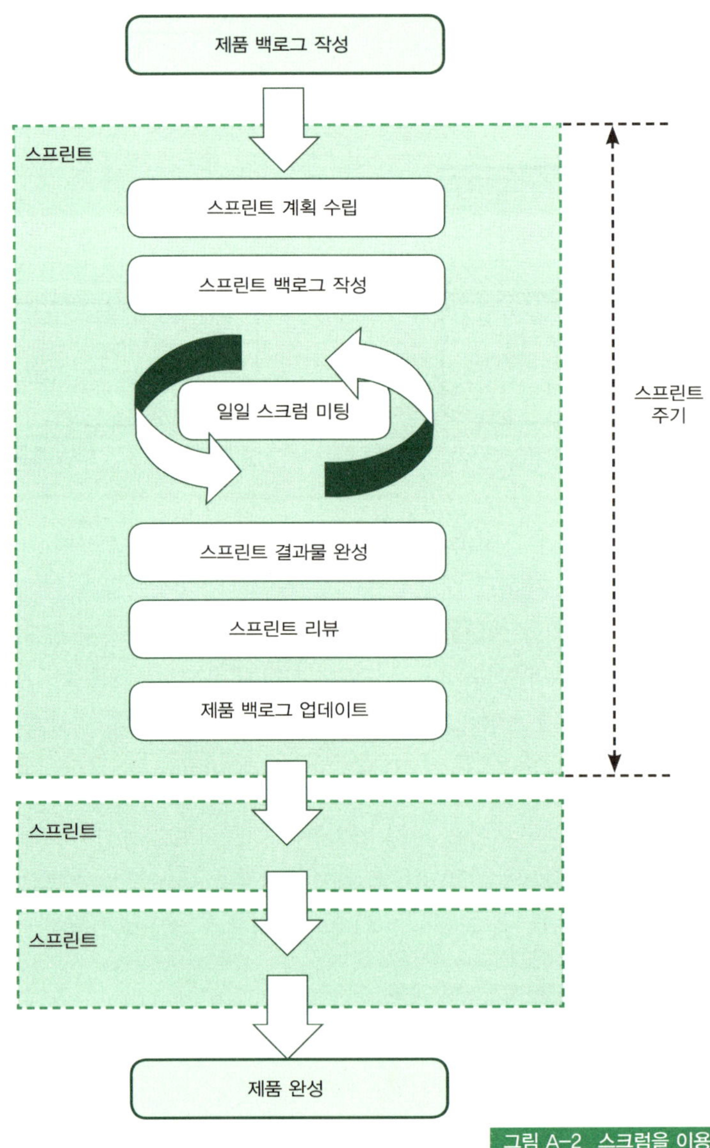

그림 A-2_ 스크럼을 이용한 제품 개발 과정

하나의 스프린트가 계획대로 추진되어 그에 걸맞는 결과물이 도출되고, 그러한 스프린트가 지속적으로 원활하게 운영되어 전체적인 제품이 계획된 스프린트 횟수 내에 완성되어야만 비로소 스크럼이 성공했다고 볼 수 있을 것이다. 따라서, 모든 구성원들은 매번 진행되는 스프린트를 통해서 시행착오를 줄여나가고 목표를 달성하기 위해 최대한 적극적으로 참여하는 자세가 필요하다. 마치 럭비 시합에서 선수들이 강력한 스크럼을 짜서 상대방을 이겨내는 것처럼 말이다.

2. 작업 일정판과 일일 소멸 차트

필자의 경험 상 애자일 개발 방법을 실제 프로젝트에 가장 손쉽게 적용할 수 있으면서, 그 눈부신 효과를 어느 누구든 쉽게 눈으로 확인할 수 있는 것이 바로「작업 일정판」과「일일 소멸 차트」였다. 이 도구들은 비용이 거의 들지 않고 간단하지만 개발팀의 팀원들에게 업무를 효과적으로 분배해줄 수 있다. 그 뿐만 아니라 업무 진행 상황을 수시로 확인하면서 관리할 수 있는 아주 획기적인 도구이기 때문이다.

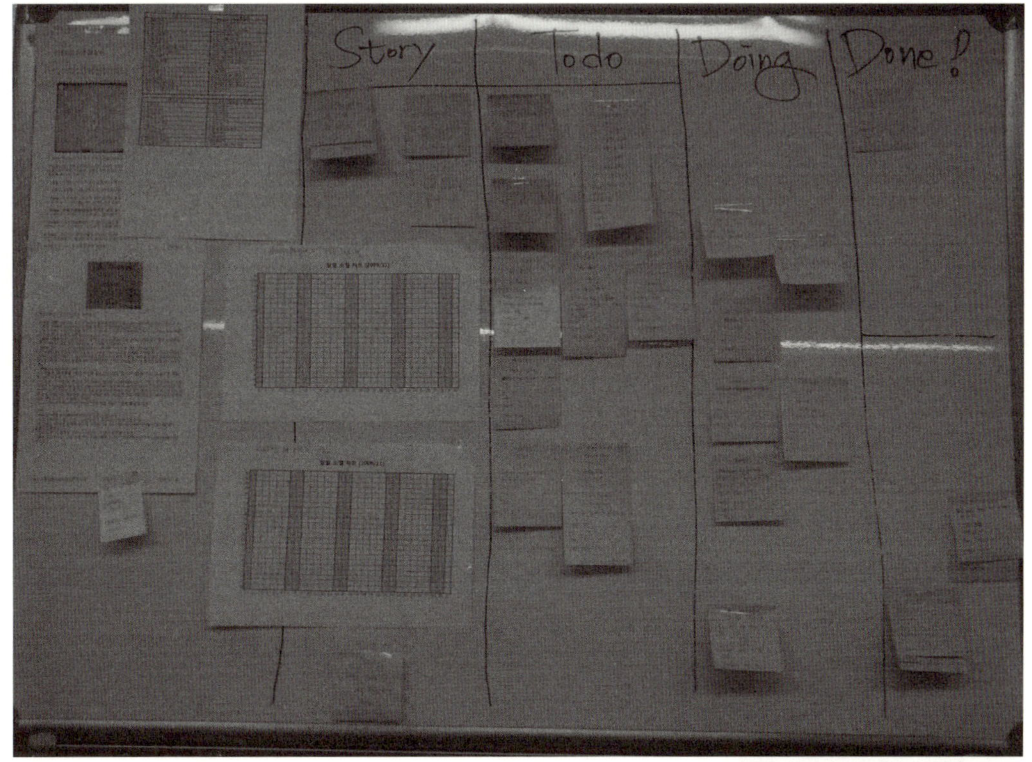

그림 A-3_ 작업 일정판 활용 예

위의 사진은 필자가 기획자 2명, 디자이너 2명, 개발자 2명 등 총 6명으로 이루어진 개발팀을 이끌면서 아이폰용 게임 프로젝트를 진행하던 시기의 작업 일정판 화면이다. 나중에는 더 많은 프로젝트들이 동시에 진행되다 보니 이것보다 더 많은 수의 포스트잇이나 일일 소멸 차트 등이 빽빽하게 들어차게 되었다. 그렇지만, 어느 누가 작업 일정판의 내용만 잠시 살펴보아도 현재 개발팀이 어떤 일을 하고 있는지 한눈에 알 수 있었다.

이렇게 작업 일정판과 일일 소멸 차트를 이용하여 체계적인 개발 업무를 진행하기 위해서는 다음과 같은 몇 가지 준비 사항들이 필요하다.

스프린트 주기 및 목표 결정

필자의 경우에는 당시에 진행하던 프로젝트들이 평균 2~3개월 단위로 종료가 되었기 때문에, 스프린트 주기를 1달 단위로 정해서 운용하였다. 월말이 되면 다음 달에 한달 동안의 스프린트 기간 동안에 어느 정도의 목표를 달성할 것인지를 팀원들과 미팅을 통해서 결정하였다. 물론 개발팀장의 주도해서 방향과 목표를 정하겠지만, 그것을 실제 수행하는 세부 사항은 팀원들의 적극적인 참여가 필요하다. 스프린트 목표가 결정되면 무엇보다 중요한 것은 이 목표가 외부적인 요인에 의해 변경되지 않도록 관리하는 것이 중요하다.

세부 업무 목록 작성

스프린트의 목표가 확정되면 그것을 완수하기 위한 세부 사항을 가능한 한 상세하게 목록으로 작성을 해야 한다. 기획, 디자인, 개발 및 테스트 등등 모든 파트에서 수행해야 하는 세부 업무를 꼼꼼하게 목록으로 만들고 해당 업무의 담당자를 배정한다. 하지만 초기에 아무리 디테일하게 세부 업무 목록을 작성하더라도, 스프린트 중에 추가되거나 빠지는 업무들이 있을 수 있기 때문에 세부 업무 목록 역시 수시로 갱신이 되는 것을 감안하여 사용해야 한다.

정리된 세부 업무들을 담당자들에게 배분할 때에는 스프린트 기간 내에 해당 담당자가 소화할 수 있는 정도의 업무들을 우선 순위에 따라 적절하게 배분하는 것이 중요하다.

여기까지 준비가 되었다면, 뒤에서 설명할 mantis와 같은 이슈 트래커에 정해진 세부 업무들을 각각 하나의 이슈로 등록을 하고 담당자들에게 할당을 해준다. 아날로그 방식의 작업 일정판이나 일일 소멸 차트는 누구나 쉽게 작업 진행 상황을 파악할 수 있다는 장점을 가지고 있지만, 각각의 작업에 대해 체계적인 관리가 불가능하다. 따라서, 아날로그 방식과 디지털 방식을 조화롭게 운영하여 각자의 장점을 최대한 활용할 수 있도록 하는 것도 중요하다.

작업 카드 작성

세부 업무 목록이 완성되고 작업 배분이 끝났다면 이제는 작업 일정판에 붙일 "작업 카드"를 만들어야 한다. 필자의 경우에는 팀원들에게 각자의 고유한 색을 가진 포스트잇을 나눠 주고 자신의 작업 카드를 만들도록 했었다. 이렇게 하면 누구의 작업 카드인지 금방 알 수 있기 때문에 작업 일정판에 붙어있는 작업 카드들만 보아도 어떤 팀원이 어떻게 일을 하고 있는지 쉽게 파악이 가능해진다.

작은 포스트잇에 많은 내용을 적으려고 하기보다는 하나의 작업 카드에는 해당 작업에 대한 가장 중요한 정보만을 요약해서 담도록 한다.

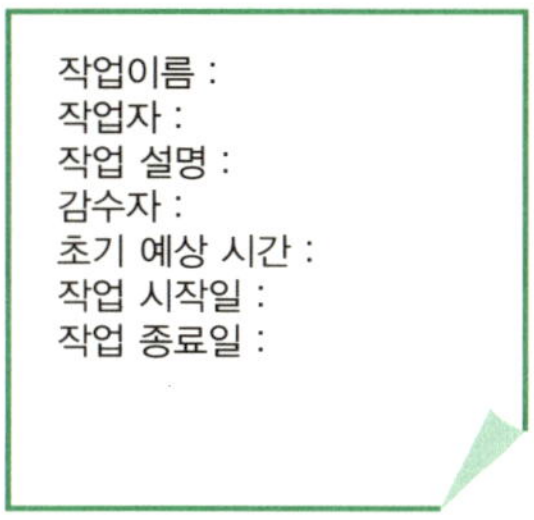

```
작업이름 :
작업자 :
작업 설명 :
감수자 :
초기 예상 시간 :
작업 시작일 :
작업 종료일 :
```

그림 A-4_ 작업 카드 작성 예

작업 카드에서 가장 중요한 항목은 바로 「초기 예상 시간」과 실제 수행한 「작업 시작일」과 「작업 종료일」이다. 이것을 이용하면 해당 작업을 처리하는데 처음에는 얼마의 시간이 필요할 것으로 예상했었는데, 실제로 작업을 해보니 어느 정도의 시간이 걸렸는지를 확인할 수 있다. 처음에는 초기 예상 시간과 실제 수행 시간의 오차가 클 수 있지만, 계속 이런 방법으로 개발을 하다 보면 대부분 실제 작업 시간과 크게 차이 나지 않게 예측이 가능해진다.

팀원들이 작업 시간을 비교적 정확하게 예측할 수 있게 되면 스프린트 초기에 세부 업무 목록을 작성하거나 작업 배정을 할 때 좀더 효과적으로 운용할 수 있게 된다.

작업 일정판 사용 방법

개발팀 내에 팀원들이 어디서든 보거나 접할 수 있는 위치에 화이트 보드를 설치하면 「작업 일정판」이 준비된 것이다. 먼저 화이트 보드에 크게 4개의 선을 그려 총 5개의 영역으로 구분한다. 그리고 왼쪽부터 차례대로 「Notice」, 「Story」, 「ToDo」, 「Doing」, 「Done」이라고 제목을 써준다.

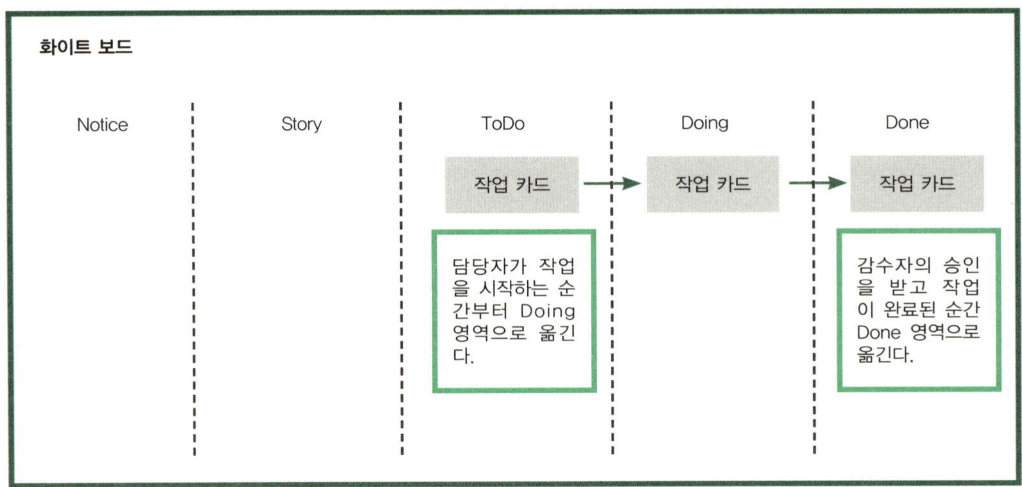

그림 A-5_ 작업 일정판에서의 작업 카드 이동 방법

항목	설명
Notice	공지사항이나 진행 중인 프로젝트의 일일 소멸 차트 등을 붙여놓는다.
Story	현재 진행되는 스프린트에서 개발하고자 하는 기능에 대한 설명을 붙인다.
ToDo	스프린트 중에 완수해야 하는 작업 카드들을 붙인다.
Doing	현재 작업 진행 중인 작업 카드를 붙인다.
Done	감수자의 승인을 받고 작업이 완료된 작업 카드를 붙인다.

표 A-1_ 작업 일정판의 영역별 기능

이제 앞에서 만든 팀원들의 작업 카드들을 ToDo에 모두 붙이고 스프린트를 시작하면 된다. 스프린트 기간 내에 ToDo 영역의 작업 카드들이 모두 Done 영역으로 옮겨간다면 이번 스프린트는 성공적으로 완수한 것이 된다. 이를 위해서 팀원들은 가능한 많은 작업 카드들을 Done 영역으로 옮기기 위해 필사적으로 일을 할 수 밖에 없는 상황이 되는 것이다.

일일 소멸 차트 사용 방법

일일 소멸 차트의 역할은 현재 남은 작업이 얼마나 되는지를 일 단위 그래프로 표시해서 쉽게 스프린트 진행 상황을 파악할 수 있도록 해주는 일이다. 작업 일정판의 ToDo 영역에 붙어있는 작업 카드들은 스프린트가 진행되면서 하나씩 Doing 영역에서 Done 영역으로 이동하게 된다. 따라서 제대로 스프린트가 진행되었다면, 스프린트 종료 시점에는 ToDo 영역이나 Doing 영역에 남아 있는 작업 카드는 없어야 한다.

일일 소멸 차트의 사용 방법은 간단하다. 스프린트 내내 현재 처리 중이거나 처리해야 하는 작업 카드의 총합을 매일 체크해서 선 그래프로 그려주면 된다. 예를 들어 스프린트 시작 전에 목

록으로 작성한 세부 업무 (작업 카드)의 개수가 30개라면 다음과 같은 그래프를 만들어 주면
된다.

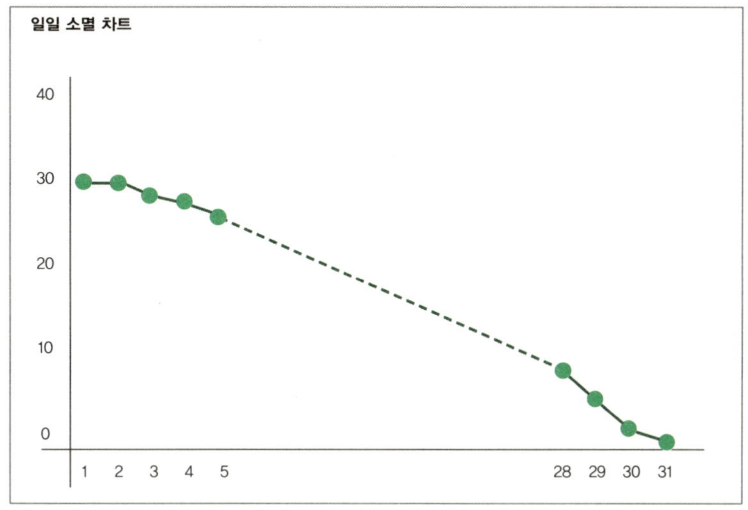

그림 A-6_ 일일 소멸 차트 예

세로 축이 남은 작업 카드의 총 합계이고 가로 축이 날짜를 의미한다. 여기서 주의할 점은 스프
린트 초기에 작업 카드의 수는 30개 밖에 안되는데 그래프에는 40개 칸까지 마련해두었다는
것이다. 이것은 스프린트가 진행되면서 작업 카드가 줄기보다는 오히려 잘못된 계획 수립에 의
해 차후에 추가가 되는 작업 카드들을 위해서 미리 확보해놓은 것이다. 또한, 날짜를 기재할 때
에는 반드시 주말(토요일, 일요일)과 공휴일은 제외하고 적어놓는 것에도 유의해야 한다. 쉬는
날까지 스케줄 상에 포함시켜놓으면 당연히 쉬는 날에도 일을 해야 하는 상황이 발생한다. 쉴
때는 충분히 쉬고 근무일에 집중해서 작업 카드를 줄여나가도록 만드는 것이 정답이다.

스프린트 기간 동안 일일 소멸 차트가 다음과 같은 형태로 그려진다면 여러분은 이상적으로 프
로젝트를 진행하고 있다는 사실에 자부심을 가져도 좋다.

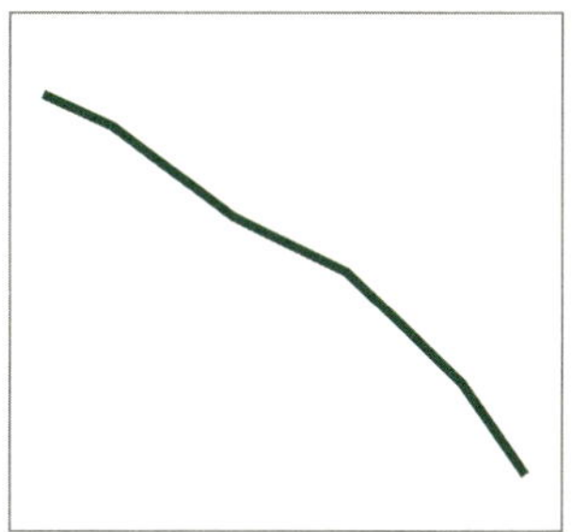

그림 A-7_ 이상적인 일일 소멸 차트의 모습

하지만, 상황에 따라서는 이러한 형태로 일일 소멸 차트가 그려질 수도 있다. 이 그래프는 전형적으로 초기 계획이 잘못된 경우로, 스프린트를 진행하면서 예상치 못한 세부 업무들이 대거 추가된 것이다. 그리고 스프린트 후반에 가파르게 남은 작업 카드 개수가 줄어드는 모습을 볼 수 있는데, 이런 경우는 초과 근무를 해서 가능한 한 많은 작업 카드를 처리했거나 우선 순위가 낮은 작업 카드들을 이번 스프린트에서는 제외시킨 것이다.

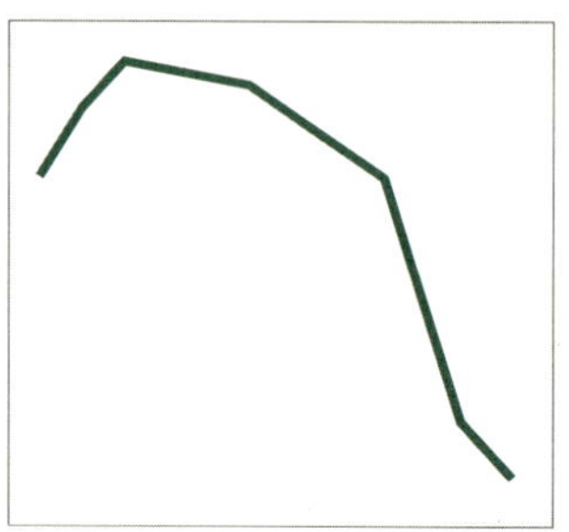

그림 A-8_ 전형적인 일일 소멸 차트의 모습

이런 식으로 매번 스프린트를 진행할 때마다 일일 소멸 차트를 그려나가다 보면, 갈수록 프로젝트 관리 노하우가 생겨 이전 스프린트보다는 좀더 나은 그래프가 그려지는 것을 볼 수 있을 것이다. 작업 일정판이나 일일 소멸 차트가 실제 업무에서 큰 효과를 발휘하기 위해서는, 다른 사람의 눈을 의식해서 단순히 형식적으로 그럴 듯하게 작성하기보다는 부끄럽더라도 솔직하게 작성을 하면서 더 나은 결과를 위해 팀원 전체가 함께 노력하는 태도가 중요하다.

3. SVN을 이용한 소스 코드 관리하기

「SVN(Subversion)」은 소프트웨어 개발 시에 버전 관리를 위해 사용하는 개발 도구이다. 가장 오랫동안 널리 사용되어온 「CVS(Concurrent Version System)」의 단점들을 보완하여 쉽고 편리하게 사용할 수 있도록 개선된 시스템이라고 할 수 있다. 덕분에 SVN은 현재 많은 개발자들이 사용하고 있는 버전 관리 도구이며, 수많은 플랫폼용으로 다양한 서버/클라이언트가 개발되어서 사용되고 있다.

SVN을 사용하는 기본 목적은 하나의 프로젝트를 여러 개발자들이 동시에 참여할 때 효율적인 소스 코드 관리를 하기 위해서이다. 소스 코드에 일종의 버전(리비전)을 부여하여 관리하기 때문에, 개발 시에 소스 코드의 백업이나 히스토리 관리가 용이해진다. 특히 이전 버전으로의 복귀가 필요할 때 손쉽게 처리를 할 수 있는 장점도 있다.

SVN을 비롯한 대부분의 버전 관리 도구는 다음과 같은 구조로 운영된다. SVN을 이용하여 소스 코드를 관리하려면, 가장 먼저 A라는 개발자가 오리지널 소스 코드를 SVN Server에 등록한다. 이 과정을 「임포트(Import)」라고 하는데, 이렇게 소스 코드가 임포트되면 이후에는 오리지널 소스 코드는 더 이상 사용하지 않는다. 해당 소스 코드로 개발을 해야 하는 모든 개발자들은 SVN Server에 등록된 소스 코드의 사본을 받아서 작업해야 한다. 이렇게 SVN Server에서 소스 코드를 받아오는 것을 「체크 아웃(Check Out)」이라고 부른다.

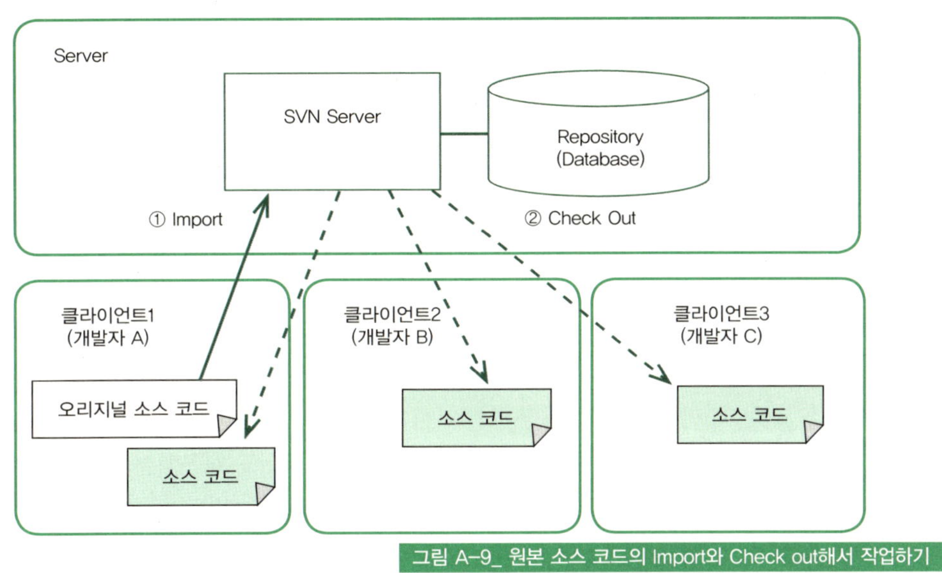

그림 A-9_ 원본 소스 코드의 Import와 Check out해서 작업하기

개발자B가 체크 아웃을 했던 소스 코드를 수정하였다면, 수정된 파일들을 「커밋(Commit)」하여 SVN Server에 최신 버전의 소스 코드를 등록해야 한다. 이렇게 수정된 사항을 다른 개발자들이 가지고 있는 (Check Out된) 소스 코드에 반영시켜 주려면 각자 「업데이트(Update)」를 해주어야 한다. 이렇게 함으로써, 모든 개발자들은 항상 동일한 버전의 소스 코드를 가지고 작업을 할 수 있게 된다.

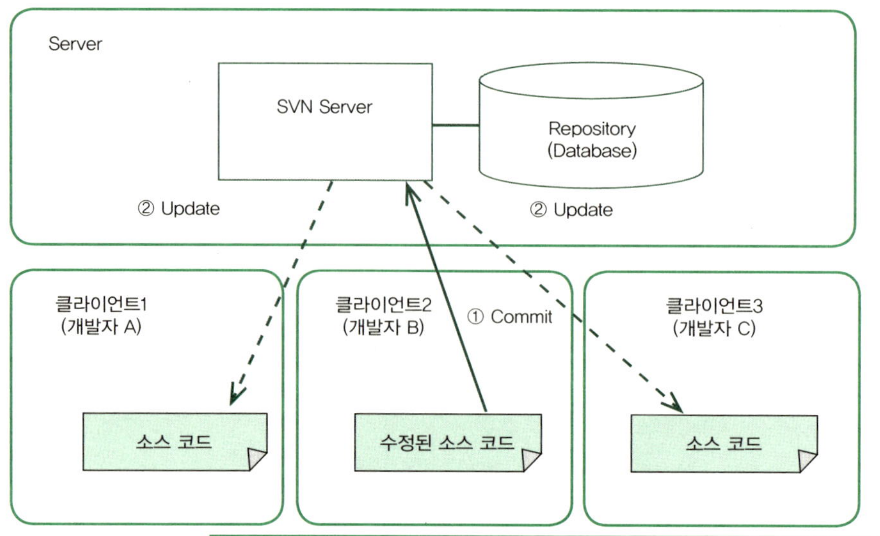

그림 A-10_ 수정된 소스 코드를 커밋한 다음, 업데이트를 이용하여 변경 사항 반영하기

다만, 대부분의 버전 관리 도구들이 파일 단위로 버전 관리를 하기 때문에 동일한 파일을 여러 명이 동시에 수정하고 커밋을 하게 되면 소스 코드가 엉킬 수 있는 문제가 있다. 버전 관리 도구에 따라서는 이러한 문제를 사전에 방지하기 위해 자신이 현재 수정 중인 소스 코드를 「Lock」시켜서 다른 개발자가 수정하는 것을 막도록 하는 기능을 제공하는 경우도 있다(비주얼 소스 세이프 등).

그렇게 때문에 다수의 개발자들이 하나의 프로젝트를 공동으로 개발할 때에는 소스 코드를 수정하기 전에 항상 업데이트(Update)를 수행하여 최신 버전의 소스 코드를 받아서 작업을 하도록 해야 한다. 가급적이면 하나의 파일을 여러 명이 동시에 수정하지 않도록 파일별로 담당자를 지정해주는 등 적절한 운영 룰이 필요하다.

SVN에서 기본적으로 사용하는 명령에 대해서 간략하게 알아보도록 하겠다. 자세한 사용법은 SVN 관련 레퍼런스를 참고하기 바란다.

명령	설명
import	프로젝트를 시작할 때 Repository에 오리지널 소스 코드를 넣는 작업
checkout	SVN Server로부터 버전 관리가 가능한 소스 코드를 받아오는 작업
update	Checkout해서 받은 소스 코드를 SVN Server에 저장되어 있는 최신 버전으로 업데이트하는 작업
commit	Checkout해서 받은 소스 코드를 수정하였을 경우, 수정된 내용을 SVN Server에 업데이트하는 작업
log	SVN Server의 Repository에 변경된 사항을 확인하는 작업
diff	예전 소스 코드와 지금의 소스 코드를 비교하는 작업
export	SVN Server로부터 소스 코드를 받아오는 작업
revert	잘못 수정된 소스 코드를 이전 버전으로 되돌리는 작업

표 A-2_ 기본 SVN 명령어

4. Mantis를 이용한 이슈 관리하기

「이슈 관리 도구(Issue tracking system, Issue Tracker)」은 개발팀 안팎의 다양한 이슈들을 관리하고 유지하는 소프트웨어이다. 이슈 관리 도구는 고객 지원팀이나 테스트팀과 같은 조직을 통해서 고객이나 전문 테스터들로부터 보고되는 이슈들을 등록하고 관리하여, 개발팀이 해결 방법을 모색하여 처리할 수 있도록 해준다. 이러한 이슈 관리 도구는 고객의 요구 사항이나 문제에 대한 해결 방법 등을 담고 있는 일종의 knowledge base라고 할 수 있다. 단순히 소프트웨어의 버그를 추적하여 처리하는 Bug Tracker에서 좀더 확장된 도구라고 할 수 있다.

대부분의 이슈 관리 도구는 설치 및 운용이 용이하도록 웹 기반 애플리케이션으로 만들어져 있다. 대표적인 이슈 관리 도구로는 유명한 버그릴라(Bugzilla), 트랙(track), 맨티스(mantis) 등이 있다. 여기에서는 필자가 오랫동안 유용하게 활용해오던 mantis를 이용한 이슈 관리 방법에 대해서 알아보도록 하겠다. mantis는 PHP 기반의 웹 애플리케이션이기 때문에 Windows Server에서 mantis를 운용하려면 웹 서버인 Apache와 PHP, 그리고 공개 DBMS인 MySQL이 필요하다.

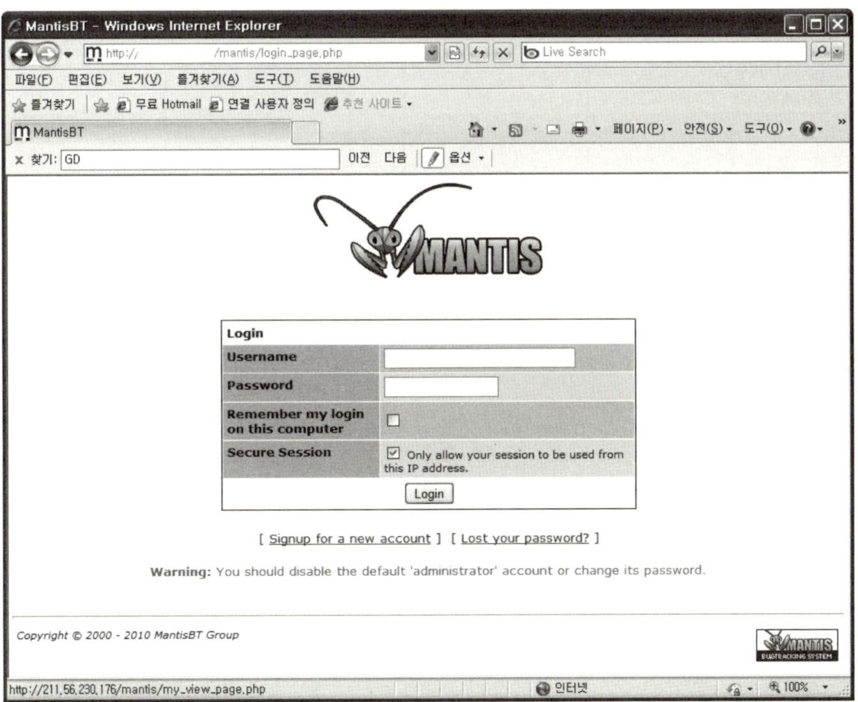

그림 A-11_ mantis 초기 화면

mantis는 다양한 스타일로 운용될 수 있지만, 여기서는 일반적인 운용 방법을 살펴보도록 하겠다. QA 팀의 테스트 결과나 고객 지원팀에 접수된 사항 등을 바탕으로 새로운 이슈가 보고되면, 개발 담당 매니저(팀장)가 해당 이슈에 대해서 검토한다. 검토 결과, 좀더 많은 정보가 필요한 경우에는 이슈를 보고한 사항에게 정보 보완을 요청한다. 그러나 해결해야 하는 이슈라고 판단되면 해당 이슈를 처리할 수 있는 개발자에게 해당 이슈를 할당(assign)한다. 이슈를 할당 받은 개발자가 그 이슈를 처리 완료하면, 해당 이슈의 상태를 "해결" 상태로 바꿔주어 관련된 모든 사람에게 이슈가 해결되었음을 알린다.

이와 같이 이슈 관리 도구는 소프트웨어 개발 시에 발생하는 다양한 이슈들을 체계적으로 관리하여 운용할 수 있도록 해주는 개발 도구이다. 이외에도 개인 업무 관리 용도나 타 부서와의 협업을 진행할 때에도 유용하게 활용할 수 있다.

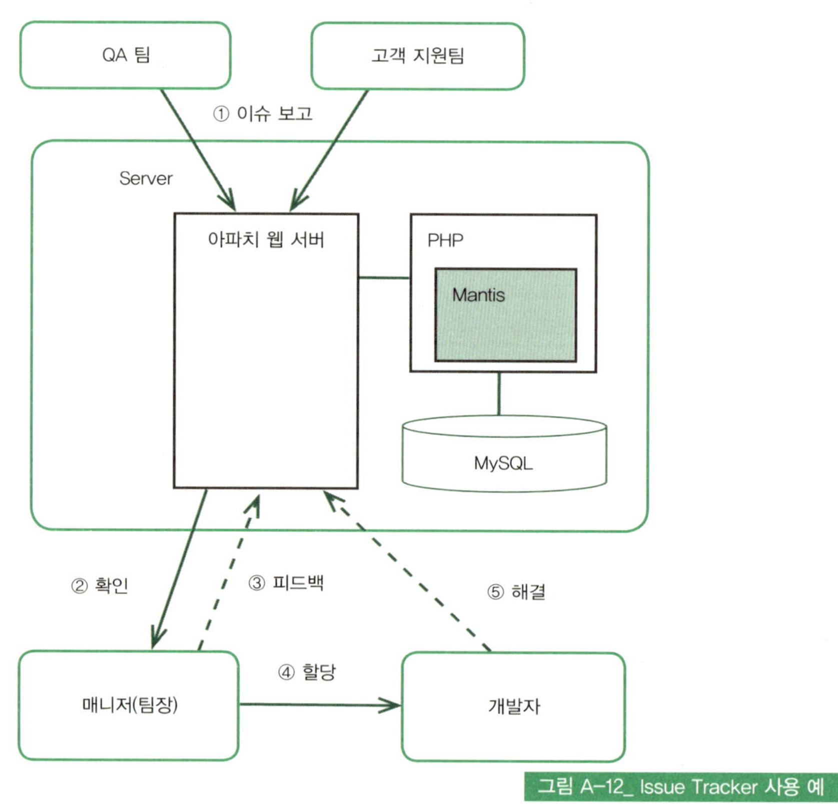

그림 A-12_ Issue Tracker 사용 예

5. MediaWiki를 이용한 개발 정보 관리하기

위키(wiki)란 사용자들의 협업을 통해서 컨텐츠를 생성하고 운영할 수 있도록 해주는 프로그램이다. 위키는 텍스트와 하이퍼링크만으로 컨텐츠를 관리하며 간단한 코딩 규칙만 지키면 손쉽게 자신이 원하는 컨텐츠를 만들어 낼 수 있다. 누구라도 컨텐츠의 내용을 변경할 수 있기 때문에 상호 신뢰하는 기본 원칙이 중요하다. 이렇게 사용자들에 의해 변경되는 내용은 모두 히스토리로 관리된다.

이러한 Wiki는 소프트웨어 개발 시에 개발 팀 내부의 원활한 정보 공유를 위해서 유용하게 활용할 수 있다. 앞에서 설명한 SVN, mantis와 메일, 일일 소멸차트, 그리고 일정판 등과 연계해서 사용하면 업무의 효율성을 극대화할 수 있다. 공개 위키 소프트웨어 중에서 필자가 개인적으로 추천하는 것은 가장 쓰기에 무난한 「MediaWiki」이다.

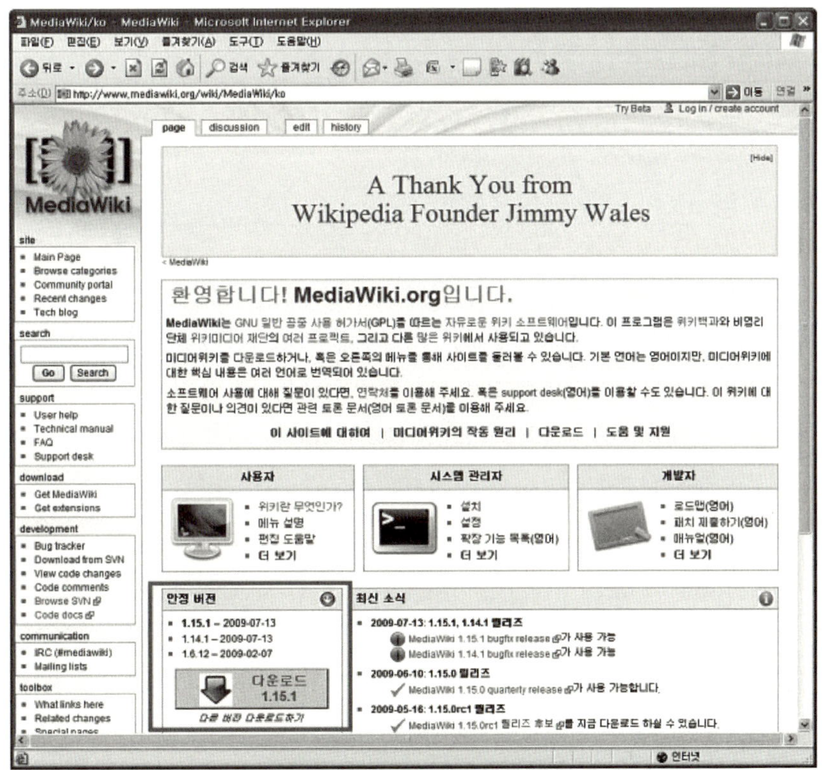

그림 A-13_ MediaWiki 사이트(http://www.mediawiki.org/wiki/MediaWiki)

Wiki는 다음 그림에서도 볼 수 있듯이, 개발팀의 모든 구성원들이 누구나 새로운 텍스트를 생성할 수 있다. 또한, 기존에 입력되어 있는 텍스트의 추가, 수정, 삭제 등을 할 수 있는 일종의

「온라인 공유 문서」라고 할 수 있다(구글 Docs에서 제공하는 공유 문서와 유사한 개념이다). 즉, 하이퍼텍스트와 HTML로 구성되어 상시 수정이 가능한 온라인 도움말이라고 하면 쉽게 이해가 될 것이다.

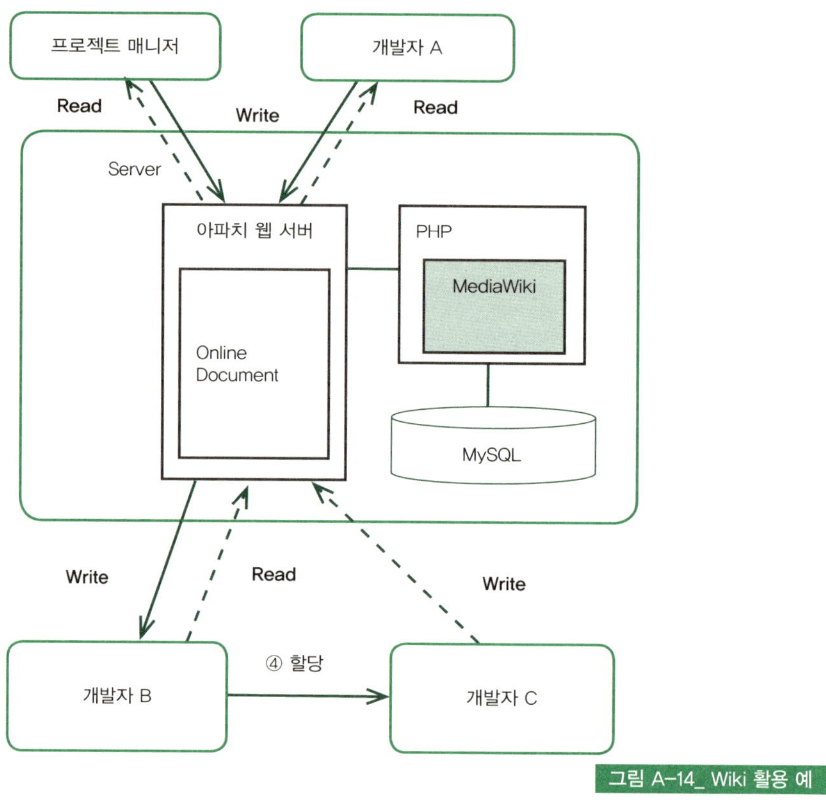

그림 A-14_ Wiki 활용 예

일반적으로 「기능 명세서」, 「개발 계획서」, 「제품 백로그」, 「스프린트 백로그」 등은 워드프로세서나 파워포인트와 같은 문서 편집기로 작성해왔다. 하지만, 이러한 문서들도 wiki를 이용하여 작성하면 구성원들과 쉽게 공유가 가능하게 되고, 항상 최신 버전의 내용을 공유할 수 있다는 장점이 있다. 문서 파일의 경우 체계적인 버전 관리가 어렵고, 업데이트가 될 때마다 구성원들에게 일일이 배포를 해야 하는 문제가 있기 때문이다. 물론, 현재는 구글 Docs의 공유 문서 기능을 이용하여 이러한 부분을 해결할 수 있다.

6. 팀 협업 시스템 소개

지금까지 소개한 Subversion, Mantis 그리고 MediaWiki는 개별적으로 사용해도 소프트웨어 개발 시에 큰 도움이 된다. 하지만, 좀 더 큰 프로젝트를 수행하기 위해서는 더 많은 개발자들이 투입되어야 하고 개발 업무도 복잡하게 될 수 밖에 없어서 각각의 개발 도구를 별도로 관리하는 것이 번거로울 수 있다. 이런 경우에는 "팀 협업 시스템"을 도입하여 활용하는 것이 대안이 될 수 있다. 여기서 간단하게 소개하고자 하는 팀 협업 시스템은 Microsoft의 "Visual Studio Team System (VSTS)"와 Collab.net의 "Source Forge Enterprise Edition (SFEE)"이다.

VSTS나 SFEE를 한마디로 설명하자면, 통합된 팀 관리 시스템을 제공해주는 솔루션이라고 할 수 있다. 이전에는 개별적으로 사용했던 이슈 관리, 버전 관리, 문서 관리, 일정 관리 등 소프트웨어 개발팀을 운영하는데 필요한 업무들을 하나의 솔루션을 통해서 해결할 수 있다는 것이 가장 큰 장점이다.

VSTS의 경우에는 MS-SQL 서버에 프로젝트와 관련된 모든 데이터가 관리되는 것이 장점이다. 그 동안 저마다 독립적인 데이터 시스템을 가지고 있었던 개발 도구들을 사용함으로써 발생하는 호환 및 통합 문제들에 대한 명확한 해결책을 제시했기 때문이다. 또한 Microsoft의 강력한 개발 도구와 관리 도구가 통합 환경에서 함께 사용될 수 있을 뿐만 아니라, 오피스 제품군과도 손쉽게 연동이 되는 차별성을 가지고 있다. 다만, 솔루션 및 라이선스 구입 비용에 있어서 지나치게 큰 부담이 있는 편이라 소규모 팀에서 사용하기 보다는 대규모 프로젝트를 진행하는 팀에서 운용하고자 할 때 추천할만하다.

반면에 SFEE의 경우에는 10인 이하의 소규모 팀에서는 비용 부담 없이 사용할 수 있기 때문에, 팀 협업 시스템을 처음 도입하여 시범 운영해보기에 적당하다. 다만, 웹 기반의 솔루션이다 보니 개발 도구와의 직접 연동 및 운용은 거의 불가능하다는 단점이 있다.

SFEE 설치하기

SFEE의 VMware용 배포판은 Collab.net 사이트에서 다운로드 받을 수 있다.

- http://downloads.open.collab.net/sfee15.html

먼저 SFEE의 배포판에 같이 들어있는 VMware Player를 서버로 사용할 PC (Windows)에 설치한다. 그 다음, SFEE 배포판 안에 있는 SourceForge.vmx 파일을 더블 클릭하면 VMware 상에서 CentOS가 실행된다. 설치하는 방법은 간단하기 때문에 어렵지 않게 설치할 수 있다.

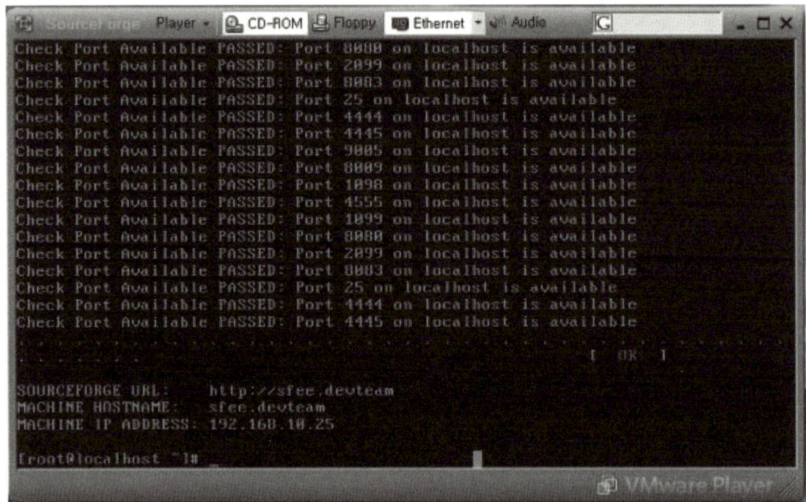

그림 A-15_ VMware 부팅 화면

부팅이 끝나면 root 암호를 재설정하고, SFEE의 환경 설정을 하게 된다. 주의할 점은 SFEE
의 환경 설정 시에 SFEE에 할당되는 IP는 VMware가 실행되는 PC의 IP 주소가 아닌 새로운
IP를 별도로 부여해주어야 한다는 점이다. SFEE의 환경 설정이 끝나면, 다른 PC에서 웹 브라
우저를 이용하여 SFEE 사이트에 접근할 수 있다.

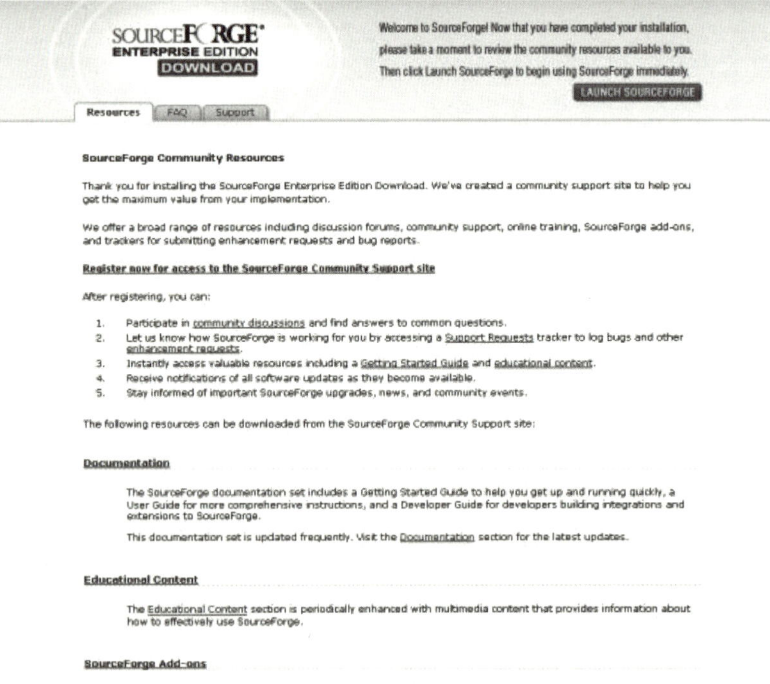

그림 A-16_ Source Forge Enterprise Edition 실행 화면

SFEE 기능 살펴보기

SFEE는 다수의 프로젝트를 관리할 수 있는데, 하나의 프로젝트마다 제공되는 주요 기능들은 다음과 같다.

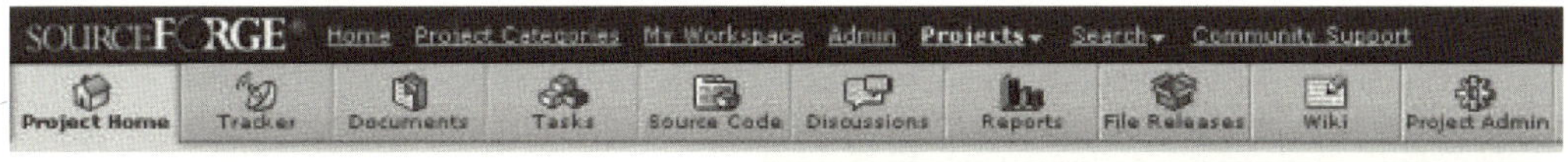

그림 A-17_ Source Forge Enterprise Edition 프로젝트 메뉴

메뉴	설명
Project Home	프로젝트의 이름, 개요, 생성일, 카테고리, 멤버, 관리자 등의 정보와 Task, Tracker, Document, File Release 활용 상태를 그래프 형식으로 보여준다.
Tracker	버그나 이슈를 관리한다.
Documents	문서를 관리한다.
Tasks	Task를 관리한다. (MS Project와 연동 가능)
Source Code	CVS나 SVN을 이용하여 소스를 관리한다.
Discussions	메일링 리스트를 이용하여 멤버들 간에 특정 이슈에 대한 토의를 진행할 수 있다.
Reports	Task, Tracker에 등록된 데이터로 리포트를 작성한다.
File Release	릴리즈된 배포판이나 파일들을 관리한다.
Wiki	멤버들이 위키를 이용하여 관련 자료를 정리할 수 있다.
Project Admin	프로젝트 개요 편집, 멤버 관리, 접근 권한 관리, Tracker 및 Task 세팅, 애플리케이션 링크 등의 기능을 제공한다.

표 A-3_ Source Forge Enterprise Edition 메뉴

SFEE의 Tracker는 "mantis"와 같은 이슈 관리 도구이고, Source Code는 SVN Server와 같은 역할을 한다. "media wiki"와 같은 "wiki" 개발도구가 내장된 것도 확인할 수 있다. 이러한 SFEE를 Visual Studio Team Foundation Server(TFS)와 기능적으로 비교해보면 다음과 같이 정리해볼 수 있다.

SFEE	VS-TFS
Source Code, Documents, File Release	Change Management (버전 관리)
Reports	Reporting
개발 툴과 직접적인 통합 환경을 구성하는 것은 불가능, 제공되는 기능들끼리는 통합 관리 가능	Integration Services
Tracking, Tasks	Work Item Tracking (이슈 관리)

웹 기반 환경이 기본으로 제공	Project Site (포탈사이트 – 쉐어포인트 서비스)
Project Admin 등	Project Management

표 A-4_ Source Forge Enterprise Edition와 VisualStudio Team Foundation Server 비교

그 동안 필자가 팀장으로써 관리했었던 소프트웨어 개발팀들(팀원 수 10~15명 전후)에 SFEE를 몇 차례 적용하여 프로젝트를 진행해보았었다. 아쉽게도 제공되는 모든 기능을 다 활용하지는 못했지만 이슈, 문서, 소스, 릴리즈 파일 관리 및 wiki 등의 통합 관리를 통해서 확실히 효율적인 팀 운영이 가능한 것을 확인할 수 있었다.

다만, "팀 협업 시스템"을 제대로 도입하여 정착시키려면 여러분들의 많은 노력이 필요하다. 이러한 도구의 활용을 본능적으로 기피하는 개발자들과 효율적인 팀 운영에는 전혀 관심이 없으면서도 신속히 만들어지는 산출물만 기대하는 관리자들의 관심과 참여를 이끌어내는 것이 쉽지 않기 때문이다. 그렇지 않으면 결국 이용하는 사람만 부분적으로 활용하는 반쪽 짜리 시스템이 되기 때문이다.

따라서 그저 하나의 개발 도구로 팀 협업 시스템을 이용하고 마는 것이 아니라, 팀 협업 시스템을 도입함으로써 눈에 띄는 성과(예를 들어 이전에는 거의 불가능했던 납기일 준수나 산출물 품질 향상 등과 같은 눈으로 확인할 수 있는 성과)들을 차근차근 이끌어내는 것이 중요하다. 이러한 가시적인 성과들을 보여줌으로써 임직원들의 팀 협업 시스템에 대한 신뢰도를 높이게 되면 자연스럽게 비효율적이고 비생산적인 요소들(예를 들어 불필요한 야근이나 주말 근무 등)을 줄일 수 있게 된다.

만일 여러분이 애자일 개발 방법론과 팀 협업 시스템을 적절하게 조화시켜서 운영을 할 수 있게 된다면, 모든 개발자가 꿈꾸는 이상적인 소프트웨어 개발이 더 이상 꿈이 아니라 현실이 될 수 있다는 사실을 직접 확인할 수 있을 것이다.

객관식 연습문제 해답

ch01 안드로이드 개요

1. ①

2. ②

3. ①

ch02 안드로이드 개발 환경 구축하기

1. ③

2. ④

3. ②

ch03 Java 기초 노트

1. ④

2. ①

3. ③

ch05 레이아웃 설계

1. ③

2. ①

3. ②

ch06 실전 안드로이드 애플리케이션 개발 팁

1. ④

ch08 외부 Java 라이브러리 활용하기

1. ④

ch09 SQLite 실전 응용

1. ②

ch10 앱스토어 소개

1. ③

2. ①

3. ④

※ 기능 구현 문제의 해답은 영진닷컴 홈페이지의 도서 자료실에서 예제 소스와 함께 제공됩니다.

찾아보기

이게 진짜
Android 프로그래밍이다

1판 1쇄 발행 2014년 4월 30일
1판 2쇄 발행 2014년 8월 14일

저   자 정금호
발 행 인 김길수
발 행 처 (주)영진닷컴
주   소 서울시 금천구 가산동 664번지 대륭테크노타운 13차 10층 (우)153-803

대표팩스 (02)867-2207
등   록 2007. 4. 27. 제16-4189호

값 23,000원

©2014. (주)영진닷컴

ISBN 978-89-314-4616-6

http://www.youngjin.com